教育部高等学校外国语言文学类专业教学指导委员会
非通用语种类专业教学指导分委员会

东方语言文化论丛

第39卷

信息工程大学洛阳校区国别与区域研究中心　编

世界图书出版公司
广州·上海·西安·北京

图书在版编目（CIP）数据

东方语言文化论丛. 第39卷 / 信息工程大学洛阳校区国别与区域研究中心编. -- 广州：世界图书出版广东有限公司，2021.2
ISBN 978-7-5192-8376-6

Ⅰ.①东… Ⅱ.①信… Ⅲ.①文化语言学—东方国家—丛刊 Ⅳ.①H0-05

中国版本图书馆CIP数据核字（2021）第010335号

书　　名	东方语言文化论丛（第39卷） DONGFANG YUYAN WENHUA LUNCONG (DI 39 JUAN)
编　　者	信息工程大学洛阳校区国别与区域研究中心
策划编辑	刘正武
责任编辑	张东文
出版发行	世界图书出版广东有限公司
地　　址	广州市海珠区新港西路大江冲25号
邮　　编	510300
发行电话	020-84451969　84459539
网　　址	http://www.gdst.com.cn
邮　　箱	wpc_gdst@163.com
经　　销	新华书店
印　　刷	广州市迪桦彩印有限公司
开　　本	787 mm × 1092 mm　1/16
印　　张	30.25
字　　数	640千字
版　　次	2021年2月第1版　2021年2月第1次印刷
国际书号	ISBN 978-7-5192-8376-6
定　　价	88.00元

版权所有　侵权必究

咨询、投稿：020-84460251　　gzlzw@126.com

（如有印装错误，请与出版社联系）

《东方语言文化论丛》编辑委员会

(按姓氏音序排列)

主　任：姜景奎（北京大学教授）
　　　　钟智翔（信息工程大学教授）
副主任：程　彤（上海外国语大学教授）
　　　　姜宝有（复旦大学教授）
　　　　梁　远（广西民族大学教授）
　　　　陆　生（云南民族大学教授）
委　员：池水涌（华中师范大学教授）
　　　　崔海洋（贵州大学教授）
　　　　崔顺姬（北京语言大学教授）
　　　　寸雪涛（云南大学教授）
　　　　丁　超（北京外国语大学教授）
　　　　金长善（天津师范大学教授）
　　　　刘志强（广东外语外贸大学教授）
　　　　罗文青（四川外国语大学教授）
　　　　骆元媛（天津外国语大学副教授）
　　　　马丽亚（大理大学副教授）
　　　　茅银辉（广东外语外贸大学教授）
　　　　牛林杰（山东大学教授）
　　　　权赫律（吉林大学教授）
　　　　全永根（广东外语外贸大学教授）
　　　　孙晓萌（北京外国语大学教授）
　　　　唐　慧（信息工程大学教授）
　　　　王　丹（北京大学教授）
　　　　吴杰伟（北京大学教授）
　　　　徐亦行（上海外国语大学教授）
　　　　杨　琳（南开大学副教授）
　　　　尹海燕（南京大学教授）
　　　　张国强（大连外国语大学教授）
　　　　赵　刚（北京外国语大学教授）
　　　　赵　华（天津外国语大学教授）

《东方语言文化论丛》编辑部

主　编：唐　慧
副主编：谭志词　吕春燕
编　辑：何朝荣　张立明　蔡向阳
　　　　赵　杨　兰　强　廖　波
　　　　王　昕　黄　勇　杨绍权

目 录

语言学研究

韩汉语的因果表达法………………………………………………… 2
  赵新建　魏雪娇

现代越南语动词 sang 和 qua 的认知语义对比分析………………… 17
  曾添翼

从方言看缅语复辅音的演变………………………………………… 34
  蔡向阳

老挝语定语移位现象及认知解释…………………………………… 44
  黄　勇

"语料-语义范畴"模式下的老挝语工具类介词语义研究………… 56
  舒导遊

泰语并列连词 และ 和 กับ 辨析……………………………………… 69
  杨绍权

高棉语动词后（post-V）baan 的依存句法分析…………………… 80
  帅洪福

乌尔都语中波斯语借词的文化背景探析…………………………… 92
  孔　亮

尼泊尔语拼写规范化问题初探……………………………………… 106
  朱鹏飞

尼泊尔语天城体罗马化转写问题研究……………………………… 118
  马　枭

普什图语句子体貌意义的合成模式分析……127
　　王　静

土耳其语句法名词化中动词的特征分析……143
　　丁慧君

文学研究

泰国名著《四朝代》的艺术风格……156
　　熊　韬

泰国传统节日歌曲歌词的修辞现象研究……164
　　蓝小雯

缅甸文学：源流、定义与争论……180
　　申展宇

后苏哈托时代印度尼西亚文学的新发展……188
　　唐　慧　林楚含

涅玛特·凯勒穆别托夫小说《永不言弃》中的人物形象分析……202
　　高　鑫

《敞开的门》叙事技巧解读……211
　　尚　臻

试论宗教因素对斯瓦希里创世神话的影响……221
　　李坤若楠

文化研究

阳明心学在李氏朝鲜王朝前期传播状况研究……232
　　刘吉文

越南民间信仰中的母道教……244
　　杨思家

天后信仰在越南南部的发展变迁及其原因……256
　　林婷婷

柬埔寨碑铭中梵语源地名之考释……267
　　郑军军

菲律宾维甘古城文化遗产保护研究 ·· 276
　　——基于文化价值认同视角
　　陈俊武

文学和文化交流研究

中国流行文学在东南亚的传播的理论思考：跨文化、跨语境和跨媒体·· 290
　　吴杰伟

中国网络言情小说在越南：继承与重塑 ······································· 300
　　陈田颖

中国网络文学在泰国的译介与跨媒介传播研究 ······························ 315
　　张晓桐

泰国社会对中国网络文学的文化想象 ··· 327
　　——以《步步惊心》在泰国的翻译与传播为例
　　袁文艳

抖音在东南亚的传播：影响、内容、特征与受众偏好 ····················· 339
　　马宇晨

新媒体背景下中国古装电视剧在越南的跨文化传播 ························ 352
　　张心仪

柬埔寨电视台视频网站在传播中国流行文化中的实践与影响 ·········· 363
　　巩　洁

中国流行文化在缅甸的传播与影响：传统联系与日趋多元 ············· 375
　　张　怡

印尼改革时期对外电影政策分析 ··· 388
　　温华翼

中国电视剧在菲律宾的传播 ·· 407
　　——以《流星花园》为例
　　许　洋

论中国电视剧作品在泰国的传播 ··· 423
　　黄钰惠

中国传统文化在泰国社会的本土化··433
　　——以节庆民俗活动为例
　　陈　義

19—20世纪柬埔寨对中国文学作品的译介··································447
　　王海玲

翻译研究

翻译转换视角下《茶馆》文化负载词泰译研究·······························460
　　段召阳　王圆圆

语言学研究

韩汉语的因果表达法[①]

上海外国语大学　赵新建　魏雪娇

【摘　要】 韩汉语都有因果表达法，但其表现手段各有不同，本文试从 CSM 分析法的角度做对比。首先，介绍 CSM 分析法的主要内容及其优点，再从整体上描述韩汉语因果表达的显赫度，然后在词典统计的基础上，对比韩汉语因果表达法的异同。本文的结论对把握韩汉语语法的特点具有一定的参考价值。

【关键词】 韩汉语对比；因果表达法；CSM 分析法；显赫度

一、问题的提出

韩汉两种语言都存在因果表达方式，但因两种语言在构造复杂句时，使用不同的完句策略，[②]所以它们在表现方法及连接手段上都有着很大的差异。韩国语的因果表达不仅可以和汉语的词相对应，而且还能和短语及框式结构相对应。

本文将介绍中国韩国语学界提出的语法要素分析法（CSM），以此来系统观察韩国语近义语法形态的系统和细致的差别。同时，选取大量成员（高达 70 多种形态方式）参与的因果语法场，面向韩国语汉语学习者，通过宏观的描述和具体实例的对比，了解韩汉语法表达方式的异同。

二、CSM 分析法

语法语义研究历来是韩国语语法研究的重要内容之一。至今已取得丰硕成果，如原因语法场研究已历时几十年，为韩国语教学提供了丰富的指导性内容。

韩国语现有的研究成果却存在如下 "6 偏" 问题，需要完善。其中包括数量偏少：少有全面整理的相关成果，一般研究多集中在一些典型成员上，还未能使人全面、系统地把握韩国语的整个原因语法体系；成果偏旧：语法形态的研究历来是韩国语语法研究的重要内容，成果不断增加，但一些语法书或词典由于编写的滞后性，未很好地吸收最新研究成果，包括我们学会的研究成果；分类偏粗：韩国语语法形态中多义成员很多，也就是说，有些成员其用法还可以进行详细的

[①] 本研究为国家社科基金（15BYY155）的阶段性成果之一。
[②] 陈振宇（2016：111—120）认为，SOV 语言通常比 SVO 语言有更强的主从倾向。汉语并列、主次（偏正）两种复杂句结构十分发达，并且内部也划分出不同的小类。

分类，但是一般解释性书籍给人一种分类不细的感觉，因而造成解释稍微模糊的结果；解释偏泛：很多书籍大多笼统以"原因""理由""根据"等几个有限的词汇，解释相关语法现象，造成不同形态都表示相同意义的假象，无形中给韩国语初学者制造了学习困难；分析偏浅：未能提供相对深层次或系统性的语义和句法研究，以便使人从宏观层面、理论角度，全面、系统地把握相关语法系统；说明偏长：有些语法解释叙述量太多，未能进行精练的概括，使初学者能够在一接触时就能一下子掌握部分实质性内容。

针对以上问题，韩国语学界提出了一种语法要素分析法（CSM）。CSM 分析法可以看成是一种构式分析法。[①]构式语法与汉语的句式研究有很多重合之处，具有一定的理论解释力。韩国语的语法形态是相关句法结构的高度结构化的表现，只要符合认知（构式）语法观，就可以视为认知构式理论的研究。

CSM 分析法的研究目的是，针对上述的几个"偏向"，将实践教学的经验与本体理论成果相结合，全面、系统地描写语法形态的具体用法（制约性条件），同时为一线教学提供一套具有可操作性的工具。

其主要内容包括：语义不够语境补，语境提示语义补，通过两者并行进行语法描述。语义研究由来已久，成果卓著，但语义要说清楚，绝非易事。如就因果而言，就有"强势性原因"和"一般性原因"、"理由"和"原因"等相关术语。这样的术语，如果区分好，就可以解决很大问题，但是不同的语言会出现不同的语感，对非母语的外语学习者而言，则更为困难重重，而一定的语境提示则成为最佳入手之处。其实，语境也是语义的外在形式，但我们对细微语义的命名是有限的，如果脱离语境，会使语义变得粗糙，只有求取两者的交集，才能更好地把握语义的妙处。另外，语境描写的结果显示（张光军，1999），语境条件也不是无限的，而是有限且成体系的，易于把握的。

CSM 涉及的关键术语是"语境素"，即不同层级的制约性条件[②]。使用该方

[①] 构式是认知语言学提出来，在新的理论背景下，用来考察语法单位的形义结合体（Goldberg，1995；Goldberg，2006 等）。从张光军（1999）来看，其中强调多义范畴的连续性、在用法中归纳语义共性、形态之间相互影响等观点，这些语义的演变观、用法的语用观、语义的系统观，与构式语法之精神是相互符合的，因此可以视为一种构式分析法。

[②] 张光军教授提出其体系描述如下：语境素根据语言内外的位置，可以分为语言语境素和语用语境素。语言语境素指语言内的语境要素。语言内的语境要素，根据关联的强度，又分为起限制作用的相关语境素和基本不存在关联的无关语境素，语用语境素分为社会语境素（又细分为时间、空间、语体三类）和交际语境素。根据处于语法形态前后的位置，语境素又分为处于语法形态之前的先行语境素和处于语法形态之后的后行语境素；根据语境要素的作用范围，语境素又可以分为在多处皆发生作用的交叉语境素和仅在某一位置单独作用的分离语境素；根据变化的程度，语境素又可以分为不变语境素和可变语境素；根据语境要素的语言层次，语境素又可以分为词汇语境素、语法语境素、词组（短语）语境素和小句语境素等。所谓语境素指的是与语法项目处于共起关系的各类语境要素条件的总和。

法能够展示（韩国语语法形态）语境条件的系统性，并能进行形式化描写。其追求的目标，一是要揭示一种语言相关项目的所有语境要素（制约性条件），当然要与语义探讨相结合；二是做跨语言推广，由韩国语推向汉语和其他语言。这也是我们选择该理论作为分析韩汉语因果表达法的原因所在。

这种分析方法具有以下的优点：可以创立表现语法，便于第二外语习得，可以防止产生错句，使学生在掌握语法规则时学有所依，可以区分同义形态，找出其间细微的区别，可以经济地描写句法，得出可以描述语法形态的简单有效的语境素体系，有助于机械翻译，提供可供机器识别的语境条件。

下面我们以"-느라고"为例，看一下 CSM 分析法的具体应用。一般词典对"느라고"的解释如下：

【条目】-느라고

【属性】连接语尾

【语义】表示前者是后者的目的或原因。

【例句】그는 공부를 하느라고 자주 밤을 새운다.

他因为学习，经常熬夜。

当然，词典有不同的种类和不同的用途，但这种解释方法有些过于简单了。其实，只要能够结合语境素做以简单的修补即可。例如：

【前+】过程性动词，不能是形容词或体词

【前-】前面不能用时称词尾

【前后】前后主语要一致

【后-】不能用于共动或命令句

【后+】可以是形容词或否定句

【后-】不用将来时称

通过以上语境素的添加，我们可以得知："-느라고"前面接过程性动词，不能与形容词或体词相连。并且，其前面要与动词原型相接，不能用于时称词尾，并要求前后小句的主语要保持一致。"-느라고"的后面可接形容词或否定句，但不能用于共动或命令句，不能用于将来时称等。

最后，通过 CSM 分析法的应用，我们试图找出类似韩国语的"느라고"和汉语的"（光）只顾着（……，都没/都不……）"的相关固定搭配。（황병강，2013：51）

但为什么"只顾着"能够和"느라고"对应起来呢？请参见图1：

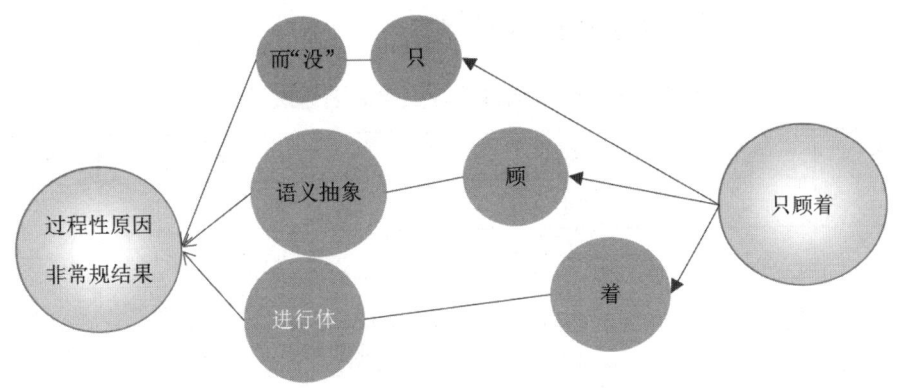

图 1　韩国语 "-느라고" 和汉语的 "只顾着" 的对应关系

其实 "只顾着" 它本身并不是表达过程性原因，但是在语境中，我们可以给它引申出过程性的用法。比如，指只做某件事的时候，可能会造成一定的结果。它关联着一种结果，使它具有了一种关联性，即关联性的副词。其次，"顾着" 和 "着" 的意思都涉及进行体，进行体就必然和过程性相关，所以 "只顾着" 虽然它本身不能表示原因，但是在语境当中它经常是和非常规的结果搭配的。所以，就会出现 "-느라고" 和 "只顾着" 的对应形式。由此我们可以得到一个认知公式："느라고" 有时可以对应汉语的 "只顾着"。

三、韩汉语的因果表达法

(一) 因果表达法的外延

在韩国语中，表达因果的手段，除了最典型的语法形态外，还包括句型、零形态等边缘性用法，都是需要提及的。譬如：

비 온다. 가자.

（下雨了[，/。]走吧。）

韩国语的两个独立句子之间无语法连接项，但从语义上看，仍表示因果关系。而这种以两句方式进行无标记表达的方法，在汉语中是随处可见的，因为在汉语口语中，不会过多强调逻辑关系，因而汉语母语者不太愿意过多使用 "因为""所以" 等连词。

在汉语中，在一些汉语句式（构式）中也能够体现因果关系。经常这样说[即苏怡莲（2017）给出的 "羡慕句"]：

"谢谢你的光临。"

上面的例句体现在汉语压缩句上，即 "因为您的光临，对此表示感谢"。汉语中，此类因果表达因较为常见，已逐渐演变成固定的汉语句式（构式）。

（二）韩汉语因果表达法的显赫度

表 1　基于构成成分的韩国语原因语法场分类

序号	类别				示例	数量
1	无形态				.Ø.	—
2	有形态	倒装（省略）语序			.-아서이다.	—
3		常规语序	助词		-에、-(으)로	4
4			词尾	连接词尾	-느라고	29
5				终结词尾	-거든	3
6			惯用句型		-는 바람에	26
7			组合		-니만큼	8
8			连接副词		그래서	—

从表 1 中可以看出，韩国语中表达因果的手段大体可以分为 2 大类 8 小类，多达 70 种以上。在常规语序的形态手段当中，占据主力的是连接词尾和惯用句型两种类别，其数量远远超过其他类别。[①]

表 2　基于构成成分的汉语原因语法场分类（苏怡莲，2017：39）

序号	类别		示例	数量
1	无形态		.Ø.	—
2	有形态	词 / 连词	因、因为、由于、既、既然从而、故、故而、结果、所以、惟其（唯其）、以至、以至于、以致、因此、因而、因之、于是、致、致使、可见	21（16+5）
3		副词	便、才、怪不得、就、难怪、原来、则	7
4		介词	因为、由于、因、由、为（了）	5
5		短语	是因为/正因为/正是因为/就因为/就是因为、是由于/正由于/正是由于、之所以/其所以、所以就/所以才、所以如此/其所以如此、由此可见/由此可知、无怪乎	17

从表 2 中可以看出，汉语的因果表达方式有 2 大类 5 小类，其中涉及 50 个关联词语。在常规语序的形态手段当中，主要通过连词和短语来表达因果关系，

[①] 因为不再是单纯的语法形态表达方式，因此，对于韩国语无形态类、倒装（省略）类、连接副词类，我们不再统计个数。

其数量远远超过其他类别。①

我们在考察了韩国语表达因果形态的汉译方式后发现，韩国语主要使用语法形态这一高度语法化的手段来表达因果关系，而汉语则会灵活地通过各种方式来对应，虽然复句连词越来越多，②占有重要地位，但其显赫度仍低于韩国语。从这一点上说，汉语因果表达法是通过一种灵活的"游击队"战术来完成任务的，而韩国语则相对是用"正规军"方法来达成目标的。当然，两种语言都服务于各自的语言特色，各有特色，也就是说，象似性有象似性的麻烦，经济性有经济性的好处。

那为什么会出现上述的显赫度差异呢？根源在什么地方？

廖巧云（2011）认为，汉、韩、英、日、法等语言都存在可以通过相同机制推导的因果构式。构式是认知语言术语，指固化于语言使用中的结构形式，因此，韩国语语法表达形式也可以看作韩国语的构式成员。我们可以看到，韩国语的因果句基本都可以很好地译到汉语中，反之，汉语的因果句也可以很好地译到韩国语中，但在对译的过程中，尤其对于初学者，会有那样或这样的诧异感。其中的原因在于：对于复（杂）句的构建方式，两种语言使用的策略是不同的。③

（三）韩汉语因果表达法的异同

1. 无形态

众所周知，韩国语是黏着语，其谓词词干之后，必须添加词尾，不能使用无形态方式关系，因此，在韩国语中表达语法关系，主要使用形态表达法。但是，在两个句子之间，如果表达因果关系时，则可以不使用连接副词之类的方式，通过零形态的方式来叙述，仍然十分正常。

가을이 왔다, 나가자 밖으로!④

---

① 因为不再是单纯的语法形态表达方式，因此，对于汉语无形态类，我们不再统计个数。

② 当代汉语也并不只是并列策略发达，在语法化之后，汉语中的主次策略正在一步步地越来越占据优势。这表现在"连词""连接副词"及其他连接小句的标记日益丰富，它们一般都构成封闭性的框式结构。（陈振宇，2016）

③ 这个结论来自陈振宇（2016）。其主要内容如下：韩国语主要使用并列、主次、主从等策略，而汉语除主从使用较少外，还会使用较多的合并策略，使原来的并列、主次句，再次向单句转化，因为汉语是孤立语，汉语母语者喜欢简洁、流畅，不会多使用形式化的连接方式。

④ 韩国语例句部分出自 NAVER 网页搜索，部分出自国立国语院大词典和 NAVER 电子词典。此处两句的出处网址为 https://blog.naver.com/eysince85?Redirect=Log&logNo=221356611318 和 https://cafe.naver.com/bada1986/51360。以下例句不再标记网页地址。汉语例句出自四本韩汉双语词典，分别为《新编韩国语实用语法》《韩国语基础语法》《韩国语语法教程》《韩国语助词和词尾词典》。

秋天到了，我们出去吧！
날씨가 따뜻하기에 밖에 나와 활동하는 사람이 많다.
天气缓和，出来活动的人很多。

第一个韩国语例句之前若分别添加连接副词"그러니까"和"그래서"等连接性手段，同无形态表达法相比，就会在原来意味的基础上，增加主观性（后面是命令句）和客观性（后面是陈述句）的意味。

而汉语属于孤立语，表达因果关系时，经常不使用表示因果关系的连词形态，而以无形态的方式，通过上下文，自然表达因果意义。当然，在以上的例句"天气暖和"后，若添加诸如"所以"等连词，原句仍流畅，只是其口语体的味道变淡，书面语的味道增强了。

2. 倒装（省略）句

倒装（省略）句也就是将原因放在结果之后叙述的方式。由于连接词尾的存在，韩国语因果表达方式主要是采用"先因后果"的方式来表达的，但是有时会出现倒述的情况，如：

여자는 네 번의 절을 올려야 된다는 가풍을 접어두고 이날은 두 번만 하기로 집안 어른들과 상의가 된 것이다. 날씨가 몹시 **추워서이다**.
跟家里的长辈们商量好了，收起女子行四次礼的家风，当天只行两次礼，因为天儿实在是太热了。

더워도 좋습니다. **'포도'니까요**.
热也行，毕竟是"葡萄"。

上面例句都可以倒过来叙述，只是话者为了首先表达一个结果，才将原因作为一种突显性较弱的项目，放在后面进行补充说明。当然，我们也可以说，这些连接词尾之后省略了诸如"그렇다"这样的内容，因此我们将这种用法合称为"倒装（省略）"类。

汉语因果表达的方式也可以通过倒装句来表达，多用于表示感谢或歉意的口语中，句子结构主要体现在动宾句和压缩句上。例如：

谢谢您的多多帮忙。
많은 도움을 주셔서 감사합니다.

不好意思给您添麻烦了。
폐를 끼쳐서 죄송합니다.

上面的致谢例句体现在汉语动宾句上。表达感谢的结构在前，即"谢谢"。原因在后，即"因为您的多多帮忙"。为突出表达感谢的含义，汉语中多使用倒装句来表述因果关系。

同样，道歉例句则体现在汉语复句压缩句上。两个单句分别为"给您添麻烦了"，"（对此）我（很）不好意思"，经过倒装后，两个单句压缩在一个复句中来表达因果关系。

3. 其他

韩汉因果表达法除使用以上两种共有的方式外，还具有各自的表达特色。①

韩国语除使用无标记、倒装句来表达因果关系外，还使用常规语序的语法手段。常规语序又包括助词、连接词尾、终结词尾、惯用句型、组合以及连接副词等方式。其中连接词尾和惯用句型是显赫的表达手段。

相比韩国语，汉语使用较为灵活的手段来表达因果关系。除上述与韩国语共有的无标记和倒装句的形式外，还存在介词、连词等方式。除此之外，我们通过查阅《新编韩国语实用语法》《韩国语基础语法》《韩国语语法教程》《韩国语助词和词尾词典》语法书中因果表达的韩汉对译情况，总结出汉语的副词"太"、致使性动词（引起、导致等）、被字句（"被"可以省略），以及反问句也可以通过语义手段来表达出因果关系。

四、基于 CSM 的实例分析

基于 CSM 的研究方法，我们给出韩汉因果表达的具体分析流程：首先我们以突显的语义或语境特色，对韩国语的因果表达方式进行逐一命名，以此来区别其各自性的特征。其次，分析其语义，但语义并不一定是完备的，因为语义命名不容易，有时会有语义而无合适概念的情况，所以，此时需要语境来进行补充。再次，我们重点分析每一种语法手段在具体语境中的使用情况。但不一定有特别突显的语境，有时是用语义来区分的。最后，参考 CSM 语义语境的研究方法，力求找出韩国语的因果表达方式在汉语中的相关固定格式，并考察汉语相关构式的来源、功能和条件等特点。

限于篇幅，我们以汉语介词或连"因为"和与之相应的韩国语语法形态为例，对比一下韩汉语因果表达法的微观特点。

（一）汉语的因果表达法："因为"

如上所述，由于汉语拥有大量无形态表达方式，与韩国语语法形态对应的外在形态（如介词和连词）并非汉语因果表达法的全部表达形式。因此，在对应汉语的"因为"类词时，往往会出现"一对多"的结果，并且这个"多"并不是一般的多。下面是我们从 NAVER 词典搜集以"因为"译文之后分析的结果：

---

① 此部分韩汉因果特色表达法的结论主要来源于对四本韩汉双语词典的总结。限于篇幅，省略其具体的表达方式及相关示例。

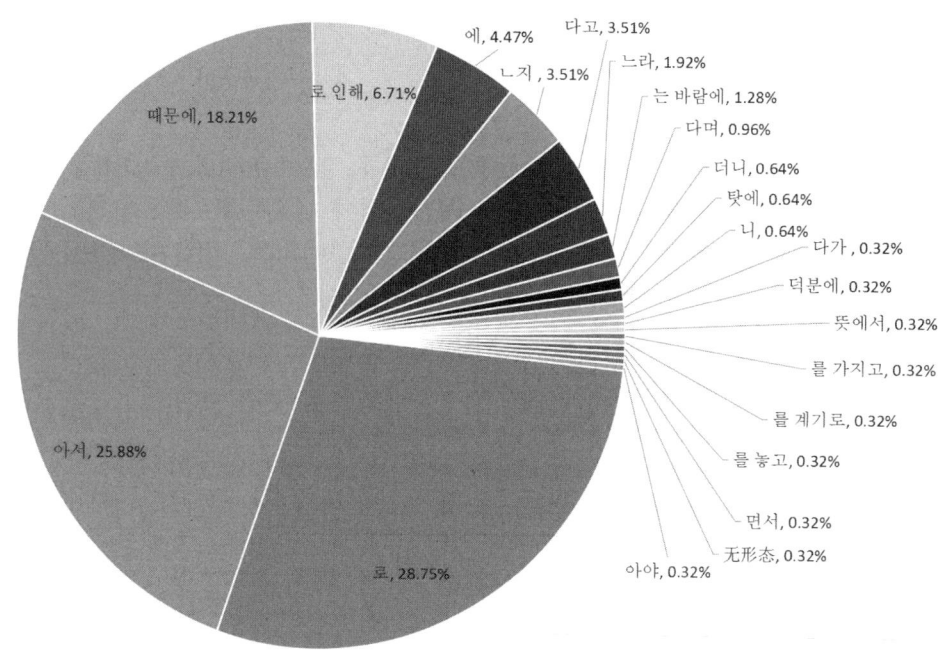

图2 汉语"因为"的韩国语对译方式

我们共选取了排在词典例句前面的300个例句，共涉及313处因果表达法。由图2可知，对应汉语"因为"的韩国语语法手段是极其丰富的，共有22种之多，分别是：로（90[①]）、아서（81）、때문에（57）、로 인해（21）、에（14）、ㄴ지（11）、다고（11）、느라（6）、는 바람에（4）、다며（3）、더니（2）、탓에（2）、니（2）、다가（1）、덕분에（1）、뜻에서（1）、를 가지고（1）、를 계기로（1）、를 놓고（1）、면서（1）、无形态（1[②]）、아야（1）。

我们知道，汉语的"因为"一词使用条件十分宽泛，不仅可以用于体词之后，还可以用于谓词之后，因此有介词和连词的词类差别。同时，"因为"对于句式、人称皆无具体的要求。由此我们只能将"因为"命名为"宽泛的（中性）原因"。之所以加一个"中性"的修饰语，是表示"因为"一词既可以用于书面语，也可以用于口语，表现出一种中和文体的特征。

因为没有订单，我们厂马上就没活儿了。（主句主语为第一人称）（口语）

---

① 括号内数字为对应的例句数量。
② 无形态方式数量是极少的，仅出现一例。主要是因为下面的例句是一个双重因果句，前面的因果关系"因为小事吵架"，由于受到整个句子因果关系的压制，而被进行了紧缩式处理，变为了一个具有因果关系义的复合词"말다툼"。
两人因为小事吵架，最后分手了。
두 사람은 사소한 말다툼 끝에 헤어지게 되었다.

주문이 끊기면서 우리 공장은 당장 일감이 떨어졌다.
你不必要因为矮而自惭形秽。(主句主语为第二人称)(口语)
넌 키가 작은 것 때문에 열등감을 느낄 필요가 없다.
他因为有诈骗嫌疑而被警方逮捕。(主句主语为第三人称)(书面语)
그는 사기 혐의로 경찰에 체포되었다.
因为发痒挠伤口的话,会破裂而流脓水,所以还是忍着吧。(命令句)(口语)
가렵다고 긁으면 상처가 터져 진물만 흐르니 참아라.
两人因为沉醉在故事之中而忘了时间。(陈述句)(口语)
두 사람은 이야기에 취해 시간이 가는 줄도 몰랐다.
你因为什么原因,干出了那件事?(疑问句)(口语)
너는 무슨 연고로 그 일을 저질렀느냐.

在对应的韩国语语法形态之中,不仅有直接表示因果的助词和词尾,还有本身并不表示而能间接表示因果的语法形态。

昨天学校发生了一件因为打斗而受伤的事情。
어제 학교에서 장난치다가 다친 사건이 발생하였다.
因为没有订单,我们厂马上就没活儿了。
주문이 끊기면서 우리 공장은 당장 일감이 떨어졌다.
最好在春季吃花蟹,因为那时不仅味道好,价格还便宜。
꽃게는 봄에 먹어야 맛도 좋고 가격도 싸다.
姐姐因为怀上了双胞胎,十分高兴。
언니는 쌍둥이를 가졌다며 매우 기뻐하였다.

我们知道,在上述例句之中连接词尾"-다가、-면서、-아야、-다며"分别表示"中断、同时进行、唯一、引用"之义,并不表示是因果关系,但是在相关的语境中却可以引申出因果关系来。其本身的"中断、同时进行、唯一、引用"义是其本质意义,而"原因"义则是推理得出的语境义,并非其本质义。如上面的韩国语"-다가"句,叙述的是"有些人在打架的过程,出现了受伤"的情况,但由于"打架"和"受伤"既存在一种动作的先后关系,又存在前因后果的因果关系,因此在对译汉语的"因果"句时,可以使用表示前后动作中断的连接词尾"-다가"了。

(二) 韩国语的因果表达法

下面是与"因为"相对的几个比较典型的连接词尾的用法,我们可以从中体会到韩国语语法形态对语境的细致切分,以及其限制性条件的严格性。

1. -아서

我们将"-아서"命名为"自然性原因",之所以如此命名,是因为其所表达的是相关语境的常规性因果关系,并没有过多主观性地参与其语义表达。如日常生活中,"下雨,路不好走"。

한국어 실력이 늘지 않아서 걱정이에요.[①]

韩国语水平得不到提高,很是担心。

토요일이라서 극장에 사람이 많을 것 같은데.

因为是星期六,所以电影院的人可能会很多。

但这里所说的"自然性原因"是不太好理解的,需要通过地道的例句,与"-니까""-므로"等形态从整体上去体会与把握。一个术语是不能解决所有问题的,只能是有限度地提示一下。从这里就看出语境条件的重要性了,因为语境条件给这些语义增添了修饰成分,使之外延和内涵相对更加准确一些。

比如:"-아서"的语境条件是在前不加过去时称,在后不用命令句。并多与副词"하도"连用,形成常用句式。其变型形式有"-(이)어서/-(이)라서"。

对应的汉语相关固定格式方面,有"ADJ+死"句,如:"더워서 죽겠어."译为汉语的复句压缩句"热死"等固方式。还有类似"도와주셔서 고맙다."译为汉语的"感谢类动词+原因"的倒装句,如"谢谢你帮我"等。

2. -니까

我们将"-니까"命名为主观性原因。这个命名是与"-아/어서"的自然性原因相对比的。有人称"-(으)니까"表示的是"理由",而"-아/어서"是"原因",便是在强调两种用法的主观性。

그렇게 음식을 마구 먹으니까 배탈이 나지.

那样胡乱吃东西,所以会拉肚子的。

근데 너니까 내가 봐준다.

因为是你,所以放过你。

单独讲"主观性"原因,也不是太好理解。"理由"与"原因"单独来讲也会颇费口舌。可以通过两点来理解:一是偏句的意思中含有主观性成分;二是后面主句经常使用共动句、命令句。但即使是一般的陈述句,仍会从中解释出其中蕴藏的主观味道。

从语境方面来看,"-니까"前根据时称意义,选用相应的时称。其后经常用命令性句式。"-니까"前如果是小主语,要使用主格助词,不能使用主题助词。而如果涵盖整句的主题或对比句,是可以使用主题助词。

[①] 此部分韩汉语例句除特殊标记外,均来源于四本韩汉双语词典。

汉语的相关固定格式方面，"主观性"的意思是要通过语境隐性表达的，因为后面语义比较强烈，因此对译这个语尾，是可以选用因果连词的。

3. -는 바람에

我们将"-는 바람에"命名为突发性原因。[①] 这个惯用句型与"-는 통에"构成近义语法形态对。两者意义相近，但稍有偏重。

그 근처에서 큰 교통사고가 나는 바람에 차들이 많이 밀렸다.

那附近发生了一起严重的交通事故，所以车堵得很厉害。

그녀는 실수를 연달아 하는 바람에 예선에서 탈락했다. (고려대 한한중사전)

由于连续失误，她在预赛中就被淘汰了。

这个句型的偏句一般是一个整体性的事实，其主语为小主语，所以要使用主格助词，不能使用主题助词。而主句主语的助词使用，则要视具体情况而定。既可以是主格助词，也可以是主题助词。

汉语没有固定的对应方式，可以使用连词"由于、因为"等，也可以使用无标记方式，如果能转化为体词，还可用压缩式体词表达，表达"突然出现的一种原因，造成了一种非常规性的结果"义。

-ㄴ/은/는지

我们将"-ㄴ/은/는지"命名为疑问性原因，这是一个插入语式的原因表达方式。

이 기계가 어쩐 일인지 갑자기 멈춰 섰다.

不知道是什么原因，这台机器突然停了。

감기가 걸렸는지 몸이 으슬으슬 춥다. (고려대 한한중사전)

好像是感冒了，冷得全身直发抖。

这个惯用句型是由"-는지 모르다"而来，用于因果时，其实在句中做插入语，表示的意思是"不知道是不是这个事实，造成了某种结果"。

汉语的相关固定格式方面，一般也不使用关联词表达这种"不确定性原因"义，而是通过一些不精确性的副词来体现这一用法的特点，如"好像、可能、大概"等词。甚至，有些情况下，这种不确定性词汇都可能不用了，只要语境中能够推测出来，就可以了。

[①] 一般语法书，都称这个句型为非常规性的因果关系，但这种描述还不完备，因为韩国语中表示非常规性的因果关系太多了。也就是说，在这个"非常规性"之前要加上一个修饰语，而这个修饰语就是这个句型的特点，即"突发性"。

4. -다고 (해서)

我们将"-다고 (해서)"命名为引用性原因。"-다고 (해서)"这个句型,如果单用"-다고",不用"해서",就是连接词尾;如果都用,则是惯用句型。也就是说,"-다고"就是从"-다고 해서"而来的。另外,"-다고"是多义词尾,还有其他用法。

아이가 밥을 많이 먹는다고 해서 건강한 것은 아니에요.
小孩子吃那么多饭不代表就健康。
돈이 많다고 더 행복한 것은 아냐. (고려대 한한중사전)
钱多并不意味着会更幸福。

前面的原因是一个间接引用句,成为后面结论的依据。当然,这个引用句的出处,是没有出现的,也就是说,其出处义十分微弱。该用法的后句,是一个否定性意义。也就是说,我们这里给出的这个用法,是用来表示"因某引用性的原因,而导致不能做某事"的否定性结论。

语境方面,其前主语为小主语时,要使用主格助词,不能使用主题助词。其后可出现否定句,一般使用主题助词。当然,这个否定性的结论,可以陈述,也可以疑问,也可以命令或共动,没有限制,因为在这里,这些句是等价的。

汉语的相关固定格式方面,如果是陈述句,建议使用副词"并",突显正式的意味。强调"引用和原因"味道时,连词"因为"是可以选用的,可以说成"不是因为说是",也可以说成"不是因为",甚至可以简练地说成"不是",只通过上下文来表达因果义,也没有问题。

五、小结

本文以 CSM 分析法为依据,对比了韩汉语的因果表达方式。在对比之前介绍了一些与 CSM 分析法有关的理论知识,其中包括 CSM 分析法的内容、主要观点和其优点。从外延上看,韩汉语在因果表达方面,除了最典型的语法形态外,还包括句型、零形态等边缘性用法。

通过统计和分类分析,我们可以了解到:张光军教授提出的语境素分析法("CSM"),可以为我们更为系统而精确地描写韩国语语法形态的用法。将其中的语境与语义相结合,可以系统观察众多的语法形态。韩国语语法存在"数量多、类义多、多义多"的"三多"现象,这不是韩国语独有的,汉语照样可以表达复杂的语义区别,但是,汉语与韩国语表达复杂句的手段是不相同的,我们可以从复杂句理论的角度加以观察:韩国语语法形态高度发达,喜好使用并列与主次策略,而汉语则灵活多变,喜好使用合并策略。

统计结果显示,韩国语共拥有 2 大类 8 小类 70 多种大大小小的表达方式,与汉语的 2 大类 5 小类表达方式（其中涉及 50 个有标记关联词语），形成一定程度的对比。我们从韩汉语因果库存中，选取了"因为"及其对应的几个具有代表性的语法形态作为例证，分析了其精细的语义表达方式和语境条件，从而进一步证明韩汉（因果）复句表达法的异同。从对比结果上看，韩汉语因果表达的显赫度均存在不同，具体表现为在韩国语的形态手段当中，占据主力的是连接词尾和惯用句型两种类别；在汉语中，主要是通过连词和短语来表达因果关系。

参考文献

［1］陈振宇. 汉语的小句与句子［M］. 上海：复旦大学出版社，2016.

［2］郭中. 现代汉语复句关联标记模式的类别研究［D］. 武汉：华中师范大学，2013.

［3］李得春. 韩国语语法教程［M］. 上海：上海外语教育出版社，2009.

［4］李姬子，李钟禧. 韩国语助词和词尾词典［M］. 北京：外语教学与研究出版社，2011.

［5］廖巧云. 因果构式的运作机理研究［M］. 北京：中国社会科学出版社，2011.

［6］刘丹青. 语言库藏类型学构想［J］. 当代语言学，2011（4）：289—303，379.

［7］荣丽华. 汉语因果复句研究综述［J］. 长春师范大学学报，2011（5）：47—51.

［8］苏怡莲. 现代汉语因果关系表达研究［D］. 上海：上海师范大学，2017.

［9］韦旭升，许东振. 新编韩国语实用语法［M］. 北京：外语教学与研究出版社，2006.

［10］宣德五. 韩国语基础语法［M］. 北京：社会科学文献出版社，2008.

［11］曾常年. 现代汉语因果句群研究［D］. 武汉：华中师范大学，2003.

［12］张光军. 韩国语语法语境素［J］. 解放军外国语学院学报，2000（6）：21—25.

［13］赵新建. 韩国语原因语法场的命名方法［G］// 中国中西部韩国语高等教育与韩国语学研究论文集. 石家庄：河北大学出版社，2019.

［14］赵新建. 韩国语语法多义现象研究［M］. 广州：世界图书出版广东有限公司，2012.

［15］고영근, 구본관. 우리말 문법론［M］. 서울: 집문당, 2008.

［16］고영근, 남기심. 표준국어문법론［M］. 서울: 탑출판사, 1985/1993.

［17］국립국어연구원. 표준국어대사전［Z］. 서울: 두산동아, 1999.

[18] 국립국어원. 외국인을 위한 한국어 문법 2 [M]. 서울: 커뮤니케이션북스, 2006.

[19] 김광해. 국어 어휘론 개설 [M]. 서울: 집문당, 1993.

[20] 李羮. 중국어 번역에 나타난 한국어의 인과관계 표현에 대한 고찰 접속어미 '-어서'를 중심으로- [J]. 中韓語言文化研究 11, 2016: 235-257.

[21] 마회하.《면서》연구에서의 품사분류기준의 활용 [J]. 중국조선어문 3, 1999: 26-28.

[22] 송엽휘. 한·중 인과관계 접속문 대조 연구 [J]. 한국학연구 18, 2008: 139-167.

[23] 유로. 한·중 인과관계 표현 형식과 분류 기준 연구 [J]. 어문논집 77, 2016: 233-280.

[24] 임지룡. 인지의미론 [M]. 서울: 탑출판사, 1999.

[25] 임채훈. 인과관계의 형성과정과 국어의 연결어미 [J]. 담화·인지언어학회 학술대회 발표논문집, 2006: 151-164.

[26] 장광군. 한국어 연결어미의 표현론 [M]. 서울: 도서출판 월인, 1999.

[27] 중국조선어문잡지사. 형태론. 교수법 [M]. 중국조선어문 창간 40주년 총서, 2016.

[28] 차광일. 조선어토대비문법 [M]. 심양: 료녕인민출판사, 1981.

[29] 황병강. 조선어 인과관계복합문과 중국어의 대응형식 [J]. 중국조선어문 2, 2013: 47-52.

[30] Goldberg A E. *Constructions at Work: The Nature of Generalization in Language* [M]. Oxford: Oxford University Press, 2006.

[31] Goldberg A E. *Constructions: A Construction Grammar Approach to Argument Structure* [M]. Chicago: Chicago University Press, 1995.

现代越南语动词 sang 和 qua 的认知语义对比分析

信息工程大学　曾添翼

【摘　要】现代越南语动词 sang 和 qua 的语义有相近之处，通常被认为是一对近义词。笔者以越南语词典释义为参考，在观察语料库语料的基础上，分析动词 sang 和 qua 的认知语义，发现两者在基本义项上存在突显"趋近"义和突显"通过"义的差异，以此为基础又通过概念隐喻、概念转喻等认知机制扩展出不同的空间域和非空间域义项，最终形成各自不同的认知语义网络。sang 和 qua 只是在个别义项上相近，两者的语义其实存在不小的差异。

【关键词】越南语；动词；认知；语义；对比

一、引言

一词多义现象不仅体现了语言的经济原则，更是人类认知范畴化和概念化的结果，体现了词的中心意义或基本意义向其他意义扩展延伸的路径。在现代越南语中，sang 和 qua[①]都属于多义词，通常趋向动词[②]相关论述中被提及。

黄慧（Hoàng Tuệ，1971）最早通过大量语料对 qua 的词义进行了比较全面的分析和描写，认为 qua 从表示空间的基本义扩展出表示时间的引申义。[③]黎氏青心（Lê Thị Thanh Tâm，2009）运用隐喻理论分析得出 qua 的语义从空间范畴义转化为时间范畴义、经验范畴义、心理范畴义。李全胜（Lý Toàn Thắng，2012：248—254）[④]运用认知语言学的识解、图式等理论，阐释了 qua 表达式涉

[①] 阮金坦（Nguyễn Kim Thản，1977）认为，qua 由汉源词 quá（过）演化而来。在现代越南语中，quá 多表示超出某一限度，单用的场合不多，例如：quá hạn（过期），đi quá rồi（走过了），quá tải（超载），quá mức（过度）等。

[②] 越南学者普遍称"指向动词"（từ chỉ hướng vận động）。

[③] 观点引自李全胜对黄慧文章《围绕越南语的一个小词》（Chung quanh một cái từ nho nhỏ của tiếng Việt）的评述。详见：Lý Toàn Thắng. Một số vấn đề lí luận ngôn ngữ học và tiếng Việt [M]. Hà Nội: NXB Khoa học Xã hội, 2012: 248.

[④] 文章题为《回到 qua 的故事》（Trở lại câu chuyện về từ qua），首次刊登于 2000 年 7 月 10 日发行的《今日知识报》（Báo Kiến thức ngày nay）第 357 期第 3 页到第 5 页，后收录于专著《语言学理论和越南语的若干问题》（Một số vấn đề lí luận ngôn ngữ học và tiếng Việt）。

及的多种空间运动模型，分析了 qua 的意象和语义表征，认为说话人的视角、对参照物空间维度的识解会影响 qua 的用法。

阮来（Nguyễn Lai，1990：167—176）运用义素分析法分析了 qua 的空间义，并与 sang 进行对比，认为 qua 的"通过"义素占优，sang 的"趋近"义素占优，qua 的空间义比 sang 更具体。武文诗（Vũ Văn Thi，1995：82）考察了越南语趋向动词的语法化过程，认为 sang 从空间义扩展出非空间义，而 qua 从"时间流逝"的时间义扩展出"跨越事物的表面或内部"的空间义。此外，我国学者黄敏中和傅成劼（1997：61—62）、梁远和祝仰修（2012：185）都对 qua 和 sang 进行了比较详细的词义描写，内容大体相近，表述稍有不同。

从既往研究来看，有关 qua 的论述比 sang 更翔实，而对两者语义差异的探讨不多见。经笔者观察，sang 和 qua 的差异很多母语者也难以分辨，非母语者更是疑惑。本文通过观察语料库语料，分析 sang 和 qua 的搭配情况，从认知视角归纳语义并对比异同，以期帮助越南语学习者准确掌握 sang 和 qua 的用法。

二、动词 sang 和 qua 在词典中的释义

词典释义是在一定语例的基础上对词义进行归纳、概括和描写的结果。就多义词而言，义项归纳需要把握适中的颗粒度。颗粒度过大，释义过于笼统；颗粒度过小，义项数目激增。我们以词典学中心版《越南语词典》（2017）[①]和社科院版《越南语词典》（2013）[②]为例，将动词 sang 的释义整理如表 1：

表 1 动词 sang 在词典中的释义[③]

词典学中心版（2017）			社科院版（2013）		
序号	释义	举例	序号	释义	举例
1	从事物的一边移动到另一边（同 qua）	sang đường 过马路	1	移动到另一个地方	xăm xăm đè nẻo Lam Kiều lần sang 疾赴蓝桥，冀望遂愿
2	移动到具有直接、	sang làng bên			

[①] 该词典由越南词典学中心（Trung tâm Từ điển học, Vietlex）组织编写，黄慧（Hoàng Tuệ）担任主编，岘港出版社（NXB Đà Nẵng）出版。本文简称为"词典学中心版"。

[②] 该词典由越南社会科学翰林院南部地区社会科学院（Viện Hàn lâm Khoa học Xã hội Việt Nam, Viện Khoa học Xã hội vùng Nam bộ）组织编写，阮尊颜（Nguyễn Tôn Nhan）和富文罕（Phú Văn Hẳn）共同主编，百科辞典出版社（NXB Từ điển Bách khoa）出版。本文简称"社科院版"。

[③] 中文释义根据越文原文译出，两版词典的越文释义不尽相同，故译成中文后会有一些差异。下同。

（续表）

	词典学中心版（2017）		社科院版（2013）		
序号	释义	举例	序号	释义	举例
	明显边界的邻近地方	去隔壁村			
3	动作指向其他对象或方向	chuyển sang vấn đề khác 转到其他问题	2	转入另一个阶段、状态或方向	trời đã sang thu 天已入秋
4	在运动、发展过程中转入某个阶段、状态	sang năm mới 到新年			
5	把所有权转给他人	sang nhà 移交房子	3	把所有权转给他人	làm thủ tục sang tên 办理过户手续
6	从原版碟片、磁带中复制内容	sang băng video 复制录像带	4	从原版碟片、磁带中复制	sang đĩa nhạc 复制唱片
7	到达当前时间或说话时间的后续时间段	sang tuần phải đi công tác 下周要上班	5	到达当前时间或说话时间的后续时间段	sang tháng sau nhà mới xây xong 到下个月房子才建完

对于动词 sang，词典学中心版描写为 7 个义项，社科院版描写为 5 个义项，我们分别用 $sang^1_n$ 和 $sang^2_n$ 表示。经对比发现，义项对应关系为：$sang^1_1 \cup sang^1_2 \approx sang^2_1$，$sang^1_3 \cup sang^1_4 \approx sang^2_2$，$sang^1_5 = sang^2_3$，$sang^1_6 = sang^2_4$，$sang^1_7 = sang^2_5$。因此，前者的义项颗粒度小于后者，前者对 sang 的义项划分比后者更细致。

类似地，我们将动词 qua 在词典中的释义整理如表 2：

表 2 动词 qua 在词典中的释义

词典学中心版（2017）			社科院版（2013）		
序号	释义	举例	序号	释义	举例
1	从事物的一边移动到另一边	qua đường 过马路	1	从这里移动到那里；去到某地	qua chơi nghe tiếng nàng Kiều 前去玩耍，听闻翠翘大名
2	跨过一段空间距离之后到达某地	qua Nhật dự hội nghị 赴日本参会			
3	动作沿着事物的一边到另一边，或转到其他对象或方向	nhảy qua mương 跳过水渠；nói qua chuyện khác 说到其他事情	2	动作沿着从这边到那边、从这个对象到那个对象的方向	nhìn qua bên đường 看向路边
4	在结束一段时	sắp qua mùa xuân	×	×	×

19

（续表）

词典学中心版（2017）			社科院版（2013）		
序号	释义	举例	序号	释义	举例
	间之后进入某段时间	即将入春			
5	度过某段时间	qua thời khó khăn 度过困难时期	×	×	×
6	流逝或成为过去	một năm đã qua 一年已过；nhắc lại những chuyện đã qua 重提往事	3	（时间）流逝或成为过去	Lần lần tháng trọn ngày qua 时光渐渐流逝
7	受到某个过程的直接作用	qua một lớp tập huấn 经历一个集训班；qua khâu kiểm tra 经过检查	4	受到某个过程的直接作用	qua một lớp tập huấn nghiêm ngặt 经历一个严格的集训班
8	躲避注意	cố tìm cách để qua mắt địch 尽量想办法躲开敌人的眼睛；Mọi việc không qua được mắt anh ta 所有事情都躲不过他的眼睛	5	躲避注意	Làm vậy không qua được mắt họ đâu 这么做逃不过他的法眼

对于动词 qua，词典学中心版描写为 8 个义项，社科院版描写为 5 个动词义项，我们分别用 qua^1_n 和 qua^2_n 表示。经对比发现，义项对应关系为：$qua^1_1 \cup qua^1_2 \approx qua^2_1$，$qua^1_3 = qua^2_2$，$qua^1_6 = qua^2_3$，$qua^1_7 = qua^2_4$，$qua^1_8 = qua^2_5$。$qua^1_4$ 和 qua^1_5 在 qua^2 中无对应项。因此，前者的义项颗粒度小于后者，后者的释义并未囊括 qua 的所有用法。

因此，不同词典对同一个词的释义存在颗粒度大小不一致的情况，而且对同一个义项的描写也存在差异，释义也不一定能够解释所有用法。可能是编撰者出于词典的实用性考虑，尽量不使义项数目过多。想要更加细致、全面地探索多义词的词义，还需要结合更多语料来归纳、概括义项。

三、动词 sang 和 qua 的认知语义分析

认知语言学家提出"基于用法的模型"（Usage-based Model），主张从具体实例中归纳、概括出语言使用规律，并结合频率进行验证。本文通过观察、分析语料库中的语言事实，归纳、概括动词 sang 和 qua 的认知语义。词典释义本身也是基于用例的概括，因此我们按照认知语义学的描写原则，对词典释义进行拆并、整合，得出新的语义框架，并以此为基础对语料库语料进行分析、归类。对

于超出语义框架的语料，归纳成新义项；对于没有对应语料的义项，则将该义项删除。

本文的语料库语料源于自建的 200 万词[①]小型语料库，分为非文学类语料和文学类语料。其中，非文学类语料从"现代越南语语料库"[②]中随机抽取，共计 1154 篇文章，1001483 个词[③]；文学类语料选用 30 部（篇）具有代表性的越南现当代文学作品，共计 1003285 个词[④]。两类语料的规模大致持平。我们分别以 sang 和 qua 为索引词在该语料库中检索，筛选不做动词的情况，得到 552 条和 769 条例句。

（一）动词 sang 和 qua 在语料库中的搭配情况

观察语料发现，动词 sang 和 qua 后有以下几种搭配情况：

表 3 动词 sang, qua 的后接成分

序号	搭配	sang	qua
1	名词	sông（河），Trung Quốc（中国）	cầu（桥），Việt Nam（越南）
2	代词	đây（这里），đó（那里），đấy（那里）	
3	动词	ăn cơm（吃饭）	chơi（玩）
4	形容词	muộn（迟）	nhanh（快），lâu（久）
5	φ[⑤]		

与代词搭配时，sang 和 qua 主要和指示代词搭配，多出现在对话中。以说话人所在位置为参照，表达趋近说话人的移动时，用表近指的 đây；表达远离说话人的移动时，用表远指的 đó 或 đấy。

与动词搭配时，sang 和 qua 与该动词构成连谓词组，表示"到某地做某

[①] 越南学者用 tiếng 来表示 âm tiết（音节）、hình vị（语素）和 từ（词）的"三位一体"关系，认为 tiếng 是越南语语法的基本单位：在语音学上，tiếng 是一个音节；在形态学上，tiếng 是一个语素；在句法学上，tiếng 具有词的地位。这里所说的"词"，指的是语料库语言学中的"形符"（token）。

[②] 该语料库为谢群芳副教授主持的洛阳市 2009 年度社科基金规划重点项目的最终成果，项目号 2009A028。

[③] 非文学类语料涵盖新闻、政论、科技、公文等文体类型，包括政法宗教、经济、社会、军事、艺术体育、合同法规、医药卫生、数理、地理气象、工业交通、农林、生化等 12 个次类。

[④] 文学类语料涵盖小说、散文、传记、报告文学、科幻等体裁。

[⑤] φ 表示动词 sang 和 qua 之后没有搭配成分。

事",两个动作发生的时间紧邻,且有比较明显的时间先后关系。一般可以根据语境在两个动词之间补足一个处所名词,兼而表示移动的终点和后续行为、活动发生的场所。例如:sang **nhà tôi** ăn cơm(到**我家**吃饭),qua **nhà thầy** chơi(到**老师家**玩)。

与形容词搭配时,sang 和 qua 主要和时间形容词搭配,表示移动时间的早晚(如 muộn, lâu)或移动速率的快慢(如 nhanh)。空间形容词多带有极性特征,比如 cao(高),thấp(低)xa(远),gần(近)等,当 sang 和 qua 表移动时,突显空间位置的对等性,因此很少与空间形容词搭配。

sang 和 qua 也可以充当光杆动词,后接成分缺省,其词义需根据移动主体的性质来判断。

sang, qua 与名词的搭配情况最为丰富多样。根据语义,这些名词可以分为以下多个类别:

表4 动词 sang, qua 后接名词的情况

序号	名词类别		sang	qua
1	方位名词		bên kia sông(河对岸),bên nhà cô(姑姑家),trái(左),phải(右)	bên trái(左边)
2	地形地貌		bờ kia(对岸)	núi(山),đồi(丘),đồng(田地),suối(溪),hồ(湖),đèo(岭),kênh(渠),ao(池)
3	地点名词	普通场所	buồng(房间),chùa(寺庙),đường(马路),sân bay(机场),ga(火车站),nhà hàng xóm(邻居家)	đường(马路),phố(街道),cầu(桥),đê(堤),bến(码头),bến xe(车站),chợ(集市),cổng(大门),cửa(门),cửa sổ(窗),đầu phố(街头),ngõ(巷),nhà hàng xóm(邻居家),ngưỡng cửa(门槛),cửa khẩu(口岸)
4		行政区划	xã bên(邻乡),làng bên(邻村)	huyện(县),làng(村),biên giới(边界)
5		地名	Hà Nội(河内),Mỹ(美国)	Bắc Kinh(北京),nước ngoài(外国),Mỹ(美国)
6	机构名词		bệnh viện(医院),bộ đội chủ lực(主力部队),tạp chí Văn học nước ngoài(《外国文学》杂志)	×
7	时间名词		giêng(正月),giai đoạn/tuổi/mùa/tháng/ngày...(…阶段/	giao thừa(除夕),quá trình/tuổi...(…过程/岁)

(续表)

序号	名词类别	sang	qua
		岁/季/月/日）	
8	事件名词	×	chiến tranh（战争），nhiệm vụ（任务），thử thách（挑战），nỗi hiểm nguy（危险），cơn nguy kịch（危机）
9	人称名词	cụ Nghị（议老爷）	chủ nhiệm（主任），lính canh（卫兵）
10	事物名词	nhà（房子），đất（地），đò（渡船）	đò（渡船）

观察语料可知，sang 和 nhà（家）、bên（边）、国名、时间名词的搭配频率较高，qua 和 đường（路）、时间名词的搭配频率较高。

（二）动词 sang 和 qua 的认知语义分析

认知语言学家认为，一个多义词就是一个具有中心义项和边缘义项的原型范畴，不同义项就是范畴的不同成员，各义项之间通过某种认知机制关联起来，构成语义网络。常见的认知机制包括概念隐喻和概念转喻。概念隐喻是一种基于人体经验的认知手段和思维方式，其实质是从始源域到目标域的跨域[①]的单向、系统映射。Radden & Kövecses（1999）将转喻定义为"转喻是在同一理想化认知模式中，一个概念实体（转喻喻体）为另一个概念实体（目标实体）提供心理通道的认知过程"[②]。简言之，概念隐喻基于相似原则，概念转喻则是基于接近原则和突显原则。接近原则是指在认知上，距离相近的事物容易被看作是一个单位；突显原则是指人们的注意力更容易观察和记忆事物比较突显的方面。[③]

在参考词典释义的基础上，我们运用上述认知语义学理论，分析 sang 和 qua 在语料库中的搭配，重新分析两者的语义。

[①] 这里的域（domain）指的是认知域（cognitive domain）。认知域的概念最早由 Langacker 在《认知语法基础》（*Foundation of Cognitive Grammar*, 1987: 488）一书中提出。根据 Langacker 的定义，认知域指概念化过程中形成的一个内在的、连贯的、凝聚在一起的范围，在这个范围内可以进行语义描写。也就是说，认知域是语义描写的参照背景。比如，定义"弦"的概念，需要借助"直角三角形"的概念，"直角三角形"就是"弦"的认知域。认知域既可以是一个简单的知识或概念，也可以是一个复杂的概念系统。根据复杂程度的不同，认知域可以分为"基本认知域"和"抽象认知域"。基本认知域根植于人的基本经验，无法再被简化。最基本的认知域包括时间域、空间域、颜色域等。

[②] 参见：李福印. 认知语言学概论[M]. 北京：北京大学出版社，2008：149，154.

[③] 参见：赵艳芳. 认知语言学概论[M]. 上海：上海外语教育出版社，2001：98—99.

1. 动词 sang 的认知语义分析

按照突显要素的不同，sang 的空间移动义分为以下两种情况：

（1）突显路径，表示从某个地形、地貌的上表面横跨，例如：sang sông（过河），sang đường（过马路）。

（2）突显终点，表示在跨越屏障之后趋近某个地域，且该地域通常有行政边界。此时，屏障的地形、地貌特征被淡化，可能是人为划定的边界线或者一段空间距离。例如：sang làng bên（去邻村），sang nhà bạn（去朋友家），sang Trung Quốc（去中国，与越南接壤），sang Nhật（去日本，与越南隔海相望），sang Pháp（去法国，与越南既不接壤也不隔海相望）。

以上情况可用图式表示为：

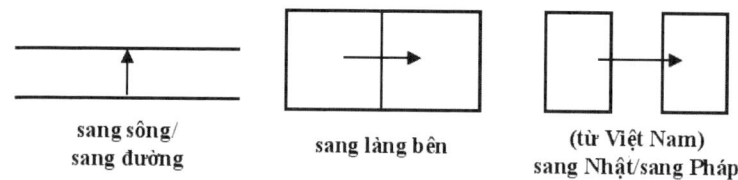

图 1　sang+N地点图式

第（2）种情况可以引申为表示向同类别、同级别的地方移动。此时，移动终点的地形、地貌特征完全淡化，终点多为具有一定社会职能或行政级别的组织、机构。例如：

Mới đây, bác sĩ Quang cũng được mời **sang bệnh viện Phụ sản Từ Dũ**.

最近，光医生也受邀**去了慈愈妇产医院**。

Lại đã thôi việc ở hội nhà văn, **sang tạp chí Văn học nước ngoài**.

阿吏已经辞去了作家协会的工作，**去了《外国文学》杂志**。

sang 也可以表示所有权的转移，其后接被转移的对象。例如：sang nhà（转让房屋），sang đất（转让土地）。sang 还可以表示内容的复制、拷贝，可以理解为将内容转移到其他载体上，例如：sang băng video（复制录像带），sang đĩa nhạc（复制唱片）。其图示可表示为：

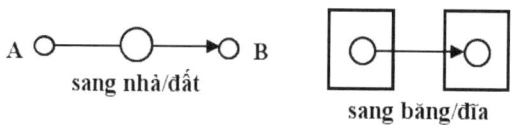

图 2　sang+N事物图式

sang 可以表达时间的运动，表示进入某个时段或阶段。时间的运动轨迹具有线性、单向性特征，因此 sang 一般表示从先前时段（阶段）进入后续时段

（阶段）。其图式可表示为：

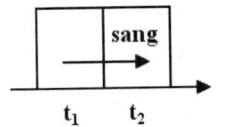

图 3　sang+N时间图式

图 3 中 t_1 表示先前时段（阶段），t_2 表示后续时段（阶段）。sang 后接 t_2，t_1 通常隐含。例如：sang ngày mai（到明天），sang mùa hè（到夏季），đời sang giai đoạn khác từ đây（人生从此进入另一个阶段）。有时 t_1 由介词 từ 引导显现，例如：từ thời trung cổ sang đương đại（从中古时期到当代）。

2. 动词 qua 的认知语义分析

与 sang 类似，qua 的空间移动义也分为以下两种情况：

（1）突显路径，表示从某个地形、地貌的上表面横跨，例如：qua sông（过河），qua đường（过马路）①。

（2）突显终点，表示在跨越屏障之后趋近某个地域，且该地域通常有行政边界。例如：qua nhà bạn（去朋友家），qua tỉnh bạn（去朋友所在省份），qua Trung Quốc（去中国）。

对于第（1）种情况，qua 除了表示水平横跨，还可以表示从上表面翻越，例如 bộ đội đã qua núi（部队已经翻过山）。参照物可以不在位移路径上，例如 xe qua nhà tôi（车路过我家）；也可以在位移路径上，例如 đường số 1 qua Thanh Hoá và Vinh（1号公路穿过清化市和荣市）。

实际上，参照物通常被拓扑化②，拓扑化之后的空间维度特征影响 qua 的意义实现，使 qua 表现为"经过""跨过""穿过"等不同意义。例如：cột dây điện（电线杆）通常被拓扑化为零维的点，qua cột dây điện 表示"路过""经过"充当参照物的电线杆；biên giới（边界）通常被拓扑化为一维的线，qua biên giới 表示从边界线的一侧到另一侧；sông（河）通常被拓扑化为二维平面，可以让人或船在这个平面上水平移动，而不是垂直移动；③ buồng（房间）通常被拓扑化为三维立体空间，qua buồng 表示"穿过"房间。相比之下，英语表达上述概念需

---

① qua 除了可以表示横向移动，还可以表示纵向移动，例如可以说 qua cầu。但是，sang 只能表示横向移动，不能表示纵向移动，例如不能说 sang cầu。

② 人在感知物体时通常只保留最主要的空间属性，淡化次要空间属性，尤其是形状属性。人们通过以点、线、面为基础的几何图式来感知、想象参照物。

③ 当然，sông 必须有两个河岸，到对岸的移动才是 qua sông（过河），而沿着与河岸平行的路径移动是 dọc sông（沿河）。

要借助 pass by, across, through 三种不同的方式，选用哪个词取决于参照物被拓扑化为几维空间。零维空间一般用 pass by，例如：pass by the telegraph pole（路过电线杆）；一维、二维空间一般用 across，例如：across the border（越过边境），across the river（过河）；三维空间一般用 through 或 across，例如：through the room（穿过房间），across the room（穿过房间）。上述表达可用图式表示如下：

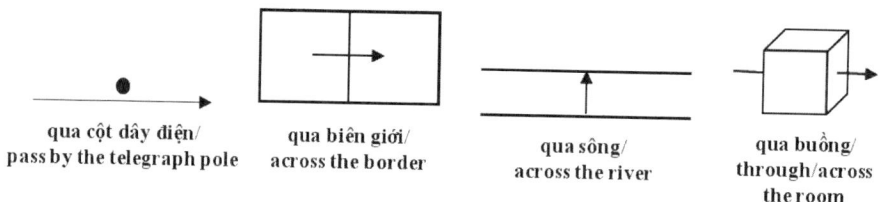

图 4　qua+N$_{地点}$的多维图式

可以认为，英语中参照物的空间维度是有标记的，可以通过不同介词来区分，而越南语中参照物的空间维度是无标记的，无法通过仅有的 qua 来区分，而要借助人们关于事物空间属性的认知经验来判断。例如，同为"穿过麦田"这一事件，如果麦子已被收割，麦田就相当于一个二维平面，英语表述为 across the wheatfield；如果麦子未被收割，麦田构成一个三维空间，英语表述为 through the wheatfield。在越南语中，两种情况都表述为 qua cánh đồng lúa mì。又比如，英语中有 pass by the mountains（从旁侧路过山脉）、over the mountains（沿山势越过山峰）、across the mountains（从顶部或内部穿越山脉）和 through the mountains（从内部穿过山脉）的区分，而越南语都用 qua núi。可见，空间位移的表达方式跟说话者的视角、参照物的空间属性有关，不同语言对客观世界进行概念化的方式可能会有所不同。

越南学者李全胜（2005：220）指出，qua 的表达还跟参照物的边长有关，只能表示在参照物两条长边之间移动。例如，在球场边线之间移动可以说 qua，而在泳池中沿着泳道游到对面不能说 qua，其位移图式可表示为：

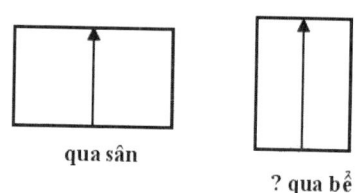

图 5　qua+sân/bể 图式

我们对此表示质疑。这只是 ngang qua 的用法，仅适用于 qua 表示"跨越"的情况。由上述可知，qua 还可以表示"通过"，此时参照物的长宽比例被淡化，位移不一定发生在参照物两条长边之间。例如：桥的宽度比长度要小得多，沿桥面纵向通过照样可以用 qua cầu 来表述。当然，如果长宽比大到宽度可以忽略不计，人们还是更习惯用 qua 来表示在参照物两条长边之间移动，比如：qua sông（过河），qua suối（过溪），qua kênh（过渠）。

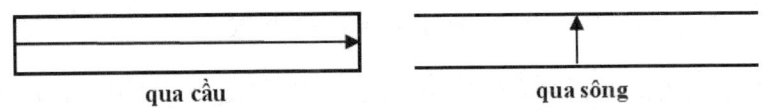

图 6　qua+cầu/sông 图式

除了尺寸可以淡化，形状也可以淡化。例如，qua 还可以表示通过湖泊、池塘等形状不规则的地形、地物：

图 7　qua+ao/hồ 图式

qua 的"通过"义可以引申表示经历某段时间。此时，时间处于静止状态，充当参照物；人或事物处于运动状态，充当位移主体，沿时间轴方向移动。例如：qua đêm（过夜），qua tuổi ngũ tuần（年过五旬），qua thời khó khăn（度过困难时期），qua giai đoạn suy thoái（度过衰退阶段）。其图式可表示为（箭头表示位移主体的运动方向）：

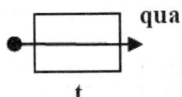

图 8　qua "通过" 义+N时间 图式

qua 的"路过"义可以引申表示时间流逝或时段、周期的结束。此时，观察者处于静止状态，充当参照物；时间处于运动状态，充当位移主体，朝观察者身后移动。例如：buổi sáng đã qua lâu（上午过去很久了），một năm đã qua（一年已过），xuân sắc đã qua rồi（春色已过）。位移主体还可以是顺着时间轴方向发展变化的某个事件或过程。例如：Chiến tranh đã qua ba mươi năm rồi（战争已经过去 30 年了），Đằng nào chuyện cũng qua rồi mà（不管怎样事情都过去了），chợt thấy cái rét chưa qua hẳn mà mùa xuân đến rồi（忽然感觉寒冷还未完全过去春天就到了）。这些事件、过程的变化发展与时间的线性运动密切相关，其图示可以统

一表示为(虚线箭头表示观察者的视线方向,实线箭头表示时间的运动方向):

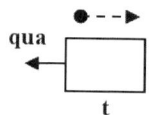

图9　N时间+qua "通过" 义图式

与 sang 类似,qua 的基本义还可以引申表示跨越不同时段之间的边界,从已经结束的时段进入新的时段。例如:qua Tết(到春节),qua năm mới(进入新年),sắp qua mùa xuân(即将入春)。其图式可表示为:

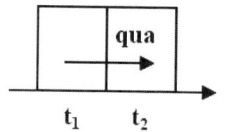

图10　qua "趋近" 义+N时间图式

qua 的"通过"义还能引申出"躲避注意"的意思,其后通常接 mắt(眼睛),实指视野、注意力范围,也可以理解为屏障。例如:cố tìm cách để qua mắt địch(尽量想办法躲避敌人的眼睛),mọi việc không qua được mắt anh ta(所有事情都躲不过他的眼睛)。其图式可表示如下:

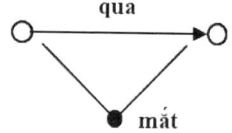

图11　qua "通过" 义+N事物图式

(三) 动词 sang 和 qua 的认知语义网络

通过上述分析,我们先将两版《越南语词典》中 sang 和 qua 的义项分别整合,再结合语料库中的搭配情况进行修订,最终将动词 sang 和 qua 的义项重新归纳如下:

表5　重新分析后动词 sang, qua 的义项

sang		qua	
序号	释义	序号	释义
1	从事物的一边移动到另一边	1	从事物的一边移动到另一边
2	跨越屏障移动到另一个地方	2	跨越屏障移动到另一个地方

(续表)

序号	sang 释义	序号	qua 释义
3	移动到同类别、同级别的地方	×	×
×	×	3	经历某段时间或过程
4	进入某个时段或阶段	4	在结束一段时间之后进入某个时段
5	动作指向其他对象或方向	×	×
6	把所有权转给他人	×	×
7	从原版碟片、磁带中复制内容	×	×
×	×	5	成为过去
×	×	6	躲避注意

推导多义词的认知语义网络，首先要确定中心义项（即基本义）。根据 Dirven & Verspoor（1998）的介绍，中心义项的确定主要有三种方法：（1）经验方法，如说到某词时，首先会想到的意义；（2）统计方法，多义词中使用频率最高的那个意义；（3）扩展方法，可成为扩展出其他意义的基础的那个意义。① 本文采用第（3）种方法。由表 5 可知，动词 sang 和 qua 的基本义都表示横向通过某个参照物，语义特征可以描写为：sang [+位移][+横向]；qua [+位移][+横向]。sang 和 qua 的基本义又通过概念隐喻、概念转喻等机制扩展出多个义项，最终形成语义网络。

由以上分析可知，sang 的基本义表示"通过"，移动路径被突显。当注意力聚焦终点，路径被拓扑化为屏障，终点被突显，结果转喻过程，义项 $sang_1$ 扩展出"趋近"义项 $sang_2$。基本义中的"横向"特征，意味着移动起点和移动终点的对等性，从而引申出义项 $sang_3$。义项 $sang_3$ 的位移特征抽象化，扩展出专门性义项 $sang_7$。空间域概念向时间域、行为域、关系域投射，义项 $sang_2$ 扩展出隐喻义项 $sang_4$, $sang_5$, $sang_6$。

类似地，qua 的基本义也表示"通过"，移动路径被突显。当注意力聚焦终点，路径被拓扑化为屏障，终点被突显，结果转喻过程，义项 qua_1 扩展出"趋近"义项 qua_2。空间域概念向时间域投射，义项 qua_1, qua_2 分别扩展出义项 qua_3, qua_4，义项 qua_3 又扩展出新的时间域义项 qua_5。除了时间域之外，qua 没有能够向其他非空间域扩展出新义项。义项 qua_1 的位移特征具体化，扩展出专门性义项 qua_6。

综上，动词 sang 和 qua 的认知语义网络可表示如图 12：

---

① 参见：王寅. 认知语言学[M]. 上海：上海外语教育出版社，2007：154.

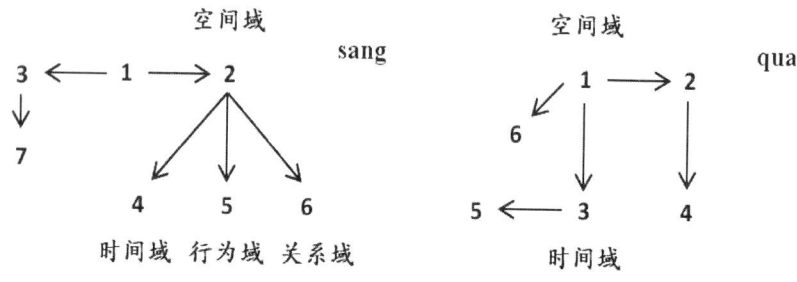

图 12 动词 sang, qua 的认知语义网络

四、动词 sang 和 qua 的认知语义差异

动词 sang 和 qua 通常被认为是一组近义词,但经本文分析发现,两者的语义存在较大差异。下面从空间域意义和非空间域意义两个方面具体阐述。

(一)动词 sang 和 qua 空间域意义的差异

动词 sang 和 qua 的空间域意义都表示隐含路径的横向移动,其后可以搭配包含移动路径的地点名词,也可以搭配表示移动终点的地点名词。但 sang 更倾向于搭配终点名词,要么终点和起点在同一个平面或彼此邻近,要么需要跨越天然屏障(如山、河、湖、海等),扩展开来也表示去往国外(不论和越南接壤与否)。qua 更倾向于搭配路径名词,用于表示跨越障碍物或空间距离,有时候也表示到国外。动词 sang 和 qua 的基本义都包含"通过"和"趋近"两个义素,受后接名词的影响,这两个义素互相竞争,占优的一方被突显,从而扩展出不同的空间域意义。sang 和 qua 与不同的名词搭配时,其空间域意义的差异体现为:

1. sang 和 qua 与 cầu(桥)、đường(路)、sông(河)、đồng bằng(平原)等名词搭配时,名词多为狭长的地形地貌,更容易被识解为界标,是移动路径中需要通过的对象,而不是移动目的地。此时,sang 和 qua 的"通过"义突显,但 qua 同上述名词的搭配能力比 sang 强,qua 的"通过"义突显程度比 sang 高,移动路径更依赖参照物①的空间维度特征。

2. sang 和 qua 与 xã(乡)、huyện(县)、tỉnh(省)、nước…(某国)等名词搭配时,名词多为具有一定边界的行政区域,更容易被识解为移动目的地。此时,sang 和 qua 的"趋近"义突显,两者同上述名词的搭配能力相当。但 qua 的"通过"义依旧很强,同这些名词搭配后可能有不同的理解,名词的指称越具体,qua 的"通过"义越强。例如:Hà Nội(河内)比 thủ đô(首都)具体,qua

---

① 此处参照物指途中要跨越的障碍。

Hà Nội 的"通过"义比 qua thủ đô 更强。因此，sang 的"趋近"义突显程度比 qua 高。

3. sang 和 qua 与 nhà bạn（朋友家）、làng bên（附近村）等名词性短语搭配时，nhà bạn 和移动起点在心理上邻近，làng bên 和移动起点在物理上相邻，两者更容易被识解为移动目的地。此时，sang 和 qua 的"趋近"义突显，sang 更强调移动起点和终点之间的对等性，qua 更强调移动起点和终点之间的邻近性。

4. sang 和 qua 后没有搭配名词（补语缺省）时，sang 一般表示"趋近"，例如：sang chơi（去某地玩耍）。qua 可能表示"通过"，也可能表示"趋近"。例如：祈使句"Qua! Qua đi!"可能表示通过某个空间，理解为"过！过吧！"；也可能表示趋近某个地点，理解为"去！去吧！"。

5. qua 和具有一定内部空间的普通场所名词搭配时，名词既可以识解为目的地，也可以识解为经过地。例如：在 Nam qua chợ 这句话中，chợ（集市）可以识解为目的地，也可以识解为经过地。如果扩充为 Nam qua chợ Đồng Xuân để lấy hàng（阿南去同春市场取货），则 chợ 被识解为目的地，qua 表示"趋近"义；如果扩充为 Nam qua chợ Đồng Xuân để ra bờ hồ（阿南路过同春市场去湖边），则 chợ 被识解为经过地，qua 表示"通过"义。但是 sang 不存在这种情况。

（二）动词 sang 和 qua 非空间域意义的差异

非空间域意义一般由空间域意义经由概念隐喻机制扩展而来。人体基于已知的、具体的、可见的过程来获取空间感知经验，又通过隐喻映射来认识新知的、抽象的、不可见的过程。因此，以空间域为始源域，以非空间域为目标域，sang 和 qua 的意义从空间域跨域映射到时间、行为、关系等非空间域，但两者的情况又不尽相同：

1. sang 在非空间域的语义扩展比 qua 更多样。qua 只扩展出时间域义项 qua_3、qua_4、qua_5，而 sang 除了扩展出时间域义项 $sang_4$，还扩展出行为域义项 $sang_5$ 和关系域义项 $sang_6$。sang 强调移动起点和终点的对等性，这一特征也映射到非空间域义项中：行为域义项 $sang_5$ 强调同为动作受事的对等，或动作方向空间特征的对等；关系域义项 $sang_6$ 强调所有权转让双方法律地位的对等。

2. qua 在时间域的语义扩展比 sang 更复杂。时间域也是非常重要的认知域，与空间域有相似的概念结构。认知语言学家普遍认为，时间域意义从空间域意义隐喻扩展而来。由于 qua 表"通过"义时，涉及参照物的空间维度情况比 sang 更复杂，分为"经过""跨过""穿过"等多种情况，在时间上也有时间点（零维）、时间段（一维）等不同识解方式。因此，qua 在时间域扩展出 qua_3、qua_4、qua_5 这 3 个义项，而 sang 在时间域仅扩展出 $sang_4$ 这 1 个义项。

五、结语

语义决定搭配，搭配反映语义。通过分析语料库中的搭配来归纳动词 sang 和 qua 的语义，发现其义项有典型和非典型之分，形成以基本义项为中心的原型语义范畴，各义项之间通过概念隐喻、概念转喻等认知机制发生关联。sang 和 qua 的基本义项都包含"通过"和"趋近"的语义特征，但 sang 更突显"趋近"义，强调移动起点和终点之间的对等性；qua 更突显"通过"义，强调移动起点和终点之间的邻近性。这一根本性差异也导致了两者在语义扩展上的差异：sang 的空间域意义比 qua 更丰富，sang 的跨域映射种类比 qua 更多样，qua 在时间域的映射情况比 sang 更复杂。由此，动词 sang 和 qua 形成了各自不同的认知语义网络。

参考文献

［1］黄敏中，傅成劼．实用越南语语法［M］．北京：北京大学出版社，1997．

［2］李福印．认知语言学概论［M］．北京：北京大学出版社，2008．

［3］梁远，祝仰修．现代越南语语法［M］．广州：世界图书出版广东有限公司，2012．

［4］王寅．认知语言学［M］．上海：上海外语教育出版社，2007．

［5］赵艳芳．认知语言学概论［M］．上海：上海外语教育出版社，2001．

［6］Dirven, Verspoor. *Cognitive Exploration of Language and Linguistics* [M]. Philadelphia: John Benjamins Publishing Company, 1998.

［7］Hoàng Phê. *Từ điển tiếng Việt* [M]. Đà Nẵng: NXB Đà Nẵng, 2017.

［8］Lê Thị Thanh Tâm. *Bước đầu nghiên cứu những cơ sở tri nhận của hiện tượng chuyển nghĩa theo phép ẩn dụ (trên ngữ liệu của nhóm từ chỉ hướng không gian trong tiếng Việt* [C]// Hội Ngôn ngữ học Việt Nam. *Kỷ yếu hội thảo Ngữ học toàn quốc 2009*. Hà Nội: NXB Khoa học Xã hội, 2009: 231-240.

［9］Lý Toàn Thắng. *Ngôn ngữ học tri nhận: Từ lý thuyết đại cương đến thực tiễn tiếng Việt* [M]. Hà Nội: NXB Phương Đông, 2005.

［10］Lý Toàn Thắng. *Một số vấn đề lí luận ngôn ngữ học và tiếng Việt* [M]. Hà Nội: NXB Khoa học Xã hội, 2012.

［11］Nguyễn Kim Thản. *Động từ trong tiếng Việt* [M]. Hà Nội: NXB Khoa học Xã hội, 1977.

［12］Nguyễn Lai. *Nhóm từ chỉ hướng vận động trong tiếng Việt* [M]. Hà Nội: Tủ sách trường Đại học Tổng hợp Hà Nội, 1990.

［13］Nguyễn Tôn Nhan, Phú Văn Hẳn. *Từ điển tiếng Việt* [M]. Hà Nội: NXB Từ điển bách khoa, 2013.

［14］Vũ Văn Thi. *Quá trình chuyển hoá của một số thực từ thành giới từ trong tiếng Việt* [D]. Luận án phó tiến sĩ Trường Đại học Tổng hợp Hà Nội, 1995.

［15］Lakoff G. *Metaphors We Live By* [M]. Chicago: The University of Chicago Press, 1980.

［16］Langacker R W. *Foundations of Cognitive Grammar – Theoretical Prerequisites (volume I)* [M]. Chicago: The University of Chicago Press, 1987.

从方言看缅语复辅音的演变

信息工程大学　蔡向阳

【摘　要】 复辅音在缅语语音系统中占重要地位，复辅音的发展演变是缅语语音历史演变的重要线索，通过对复辅音发展变化的研究，可以更加深刻地掌握缅语语音发展的内部规律。由于缅语各方言的复辅音发展是不平衡的，这种不平衡性为探寻缅语复辅音的发展演变提供了线索，本文以古缅语复辅音为参照，通过与实地田野调查的缅语方言材料的对比，探讨了缅语复辅音古今演变途径与规律，认为随着缅语的发展和变化，缅语复辅音经历了一个部分消失、融合发展的过程，呈现出由繁到简的变化趋势。

【关键词】 复辅音；方言；历史音变

复辅音是缅语语音的一个重要特点，历史上缅语有比较丰富的复辅音，随着语言的发展和变化，复辅音逐渐简化，部分复辅音完全消失。我们在研究缅语语音时，常可以看到调类的分合、新音位的产生、浊音的清化、元音的复化等现象都与复辅音及其发展变化有关系。本文拟通过古缅语与实地田野调查的缅语方言材料的对比，通过语言历史纵向的发展和语言方言的横向发展的探究，可以就缅语复辅音的性质、特点及其变化规律做一些分析，从而更加清楚地勾画出缅语复辅音的发展步骤，更加深入地探讨缅语复辅音的演变途径与规律。

一、缅语复辅音的性质、特点及其结构形式

现代缅语复辅音是在古缅语复辅音的基础上变化、发展而来的，与古代相比现代缅语复辅音已经大为减少。我们以12世纪到14世纪的蒲甘碑文中的缅文为基准，来看当时缅语中复辅音存在的情况，从中我们可以看到，复辅音的书写形式是大量存在的。由于缅文是拼音文字，每个音节包含有声母、韵母和声调三个基本组成部分，声母可以是零声母、单辅音声母或复辅音声母，缅文经创制后被大量地用于碑铭，碑文中的古缅甸文比较全面、真实地反映了当时的语音状况，碑文记录的文字材料应是当时活的语言，即语音实体与语音符号是同一的，虽然古复辅音发展到今天实际发音上已经发生了许多根本性的变化，但在古代表示复辅音的书写形式经过时代变迁到现在变化并不大。缅甸语复辅音声母中包括基本辅音和前置辅音、后置辅音，反映在文字上，缅甸文也在组成复辅音声母（包括

前置、后置或几个辅音组成的辅音群）中有一个主要的辅音字母，书写时把它作为基字，前置辅音写在基字之前，后置辅音写在基字之下或基字之后。下面我们可以从古缅文的书写形式出发，将其对转成相应的语音形式来分析碑文时期的缅语复辅音。

缅语复辅音是指缅语一个音节中两个或两个以上相邻辅音的结合。两个或两个以上的辅音结合成复辅音时，音素的限定关系是比较整齐和严格的，即哪些音可以和哪些音结合都有一定的规律。缅语复辅音只出现在音节的起首，即只能做声母。从构成音素的多少来说，缅语复辅音可以分为二合的（两个辅音的结合）和三合的、四合的（三个或四个辅音的结合）：

二合复辅音就其不同的结构方式，又可分为两类：

A 类。前置辅音+基本辅音，前置辅音由清擦音充当，基本辅音由鼻音、边音和无擦通音充当。主要有 hm, hn, hŋ, hɲ, hl, hj 等。

B 类。基本辅音+后置辅音，是塞音、鼻音、擦音、边音、半元音与闪音、边音、半元音的结合，依据后置辅音发音方法的不同又可分作三小类：（a）以边音 l 做后置辅音的复辅音，如：pl, phl, bl, ml, kl, khl, gl；（b）以颤音 r 做后置辅音的复辅音，如：pr, phr, br, mr, tr, thr, dr, ŋr, kr, khr, gr, hr；（c）以无擦通音 j/w 做后置辅音的复辅音，如：pj, phj, bj, mj, tj, thj, kj, khj, gj, pw, phw, bw, mw, tw, thw, dw, nw, ŋw, tsw, tshw, dzw, kw, khw, gw, hw, rw 等。

从发音来看，二合复辅音的 A 类前面的音素比后面的音素读得轻而短，后面的音素是主体，前面的音素具有附属的性质，B 类前后两个音素发音的强度和长短相仿，没有明显的强弱和长短的差别。从结合音素出现的情形来看，A 类的前一音素和 B 类的后一音素都有一定的限制，数量也比较少，而 A 类的后一音素和 B 类的前一音素出现的情形比较自由、数量也比较多。根据这种发音特点和结合的规律性，可将 A 类的前一音素称为前置辅音，B 类的后一音素称为后置辅音，而 A 类的后一音素和 B 类的前一音素统称为基本辅音。这是从发音上做一区别，在缅文的文字系统中，复辅音声母中的前后置辅音的书写形式属下加字的范围，而基本辅音为基字，它们与语音存在对应的关系。

缅文的三合复辅音和四合复辅音是基本辅音加前置辅音和后置辅音构成的，三合辅音和四合辅音不仅数量少，而且出现的频率很低。其中三合复辅音又可分为两类：A 类：前置辅音+基本辅音+后置辅音，此类复辅音结构为前两类二合复辅音的结合。主要音位有 hmj, hmr, hlj, hmw, hnw, hlw 等。B 类：基本辅音+后置辅音 A+后置辅音 B，主要音位有 mlj, mrj, klj, khlj, krw, khrw, plw, phlw, kjw, khjw, gjw 等。四合复辅音在构成上实际只有一种：前置辅音+基本辅音+后置辅音 A+后置辅音 B，如：hmjw。

二、缅语方言中的复辅音

要想深入研究缅甸语的复辅音及其演变,必然还要了解缅甸语方言的情况,这是因为方言作为语言地域性的变体,不仅有语言的历时发展的烙印存在,而且也有着在共时层面不断扩散中受到其他语言或方言的影响而产生的语音词汇和语法等方面的变化,这些是研究一个语言的十分可贵的资料。由于方言的形成情况复杂,各个方言发展不平衡,这种不平衡性为探寻其来源和发展提供了线索,通过对比找出缅甸语各个方言的异同之处,有利于进一步揭示缅甸语各方言的特点和所处的历史地位。缅甸语在各个方言中不同程度地保留了各个历史时期语言现象,尤其是在方言中保留了许多缅甸语语音的原始面貌,同时也保留了后来的演变过程中的各种轨迹,每一种方言都是缅甸语发展链中的重要环节,因此将这些方言进行对比研究,本身就是研究缅甸语发展历史的一个重要组成部分。

语言学家们一般认为缅甸语有七大方言,它们是东友方言、若开方言、茵达方言、土瓦方言、丹老方言、约方言、德努方言。方言与标准缅语(以仰光话为代表)在复辅音方面既有共同特点,又存在诸多差别,缅语各方言的复辅音发展是不平衡的,数量、类别皆有差别。首先从数量上来说,据我们统计,缅甸语方言中所有有可能出现的声母总共有 97 个(包括单辅音声母和复辅音声母),其中单辅音 34 个,复辅音 63 个,具体到各个方言中单辅音和复辅音的数目多寡不一,不尽相同,现列表如下:

	仰光话	东友	若开	土瓦	茵达	丹老	约	德努
单辅音	26	28	27	28	22	27	27	25
复辅音	38	53	48	43	42	28	38	21

上面我们看到的这个列表只是一个数量上的笼统统计,各方言中的复辅音在具体类别上情况更为复杂,前面我们讲到的二合、三合乃至四合的复辅音在各方言中的出现更是很不平衡的,下面我们将列表列举各方言声母中重要的复辅音现象并加以必要的说明,这些也是后面我们讨论缅语复辅音古今发展变化时重点关注的对象。

各方言声母重要的复辅音现象比较:(下列表中"〇"表示有,"✕"表示无)

复辅音现象 \ 方言	仰光话	东友	若开	土瓦	茵达	丹老	约	德努
有无复辅音 kl, pl, ml	✕	〇	✕	〇	✕	✕	✕	✕
有无复辅音 kr, pr, mr	✕	〇	〇	✕	〇	✕	✕	✕

（续表）

复辅音现象 \ 方言	仰光话	东友	若开	土瓦	茵达	丹老	约	德努
有无复辅音kj, khj	×	○	×	×	×	×	×	×
有无舌页音 tɕ, tɕh, dʑ	○	○	○	○	○	○	○	○
有无清化鼻音hm, hn, hŋ, hɲ	○	×	○	○	○	×	×	×
有无送气边音 hl（ɬ）	○	○	○	○	○	×	○	×
有无复辅音后置辅音j（pj phj）	○	○	○	○	○	○	○	○
有无复辅音后置辅音w	○	○	○	○	○	○	○	○
有无krw三辅音声母	×	○	○	×	○	×	×	×

关于缅甸语方言中复辅音的几点补充说明：

（1）缅甸语中可以作为复辅音的后置辅音并不多，只有r, l, j, w四个，而这四个复辅音声母中的后置辅音在缅甸语音发展史上，变化是比较大的，特别是其中三个，即：r, l, j。闪音只出现在东友方言、土瓦方言和蓬方言中。茵达方言中r可做复辅音声母的后置辅音，而且在茵达方言中与复辅音后置辅音l可以任意互换。l和j在各个方言中都有。在东友、土瓦、茵达方言中l还可以做复辅音声母的后置辅音。

（2）复辅音hr只有在若开方言中保留。

（3）几乎所有的方言中都有复辅音声母pj, phj, tj, mj, lj。

（4）几乎所有的方言中都有带后置辅音w的复辅音声母，只有茵达、德努方言中没有浊辅音与后置辅音w组成的复辅音声母。

（5）德努方言中没有舌面擦音ɕ。

（6）rw复辅音声母只有在若开和茵达方言中存在。

（7）古缅甸语中的kl, khl, pl, phl, ml等复辅音声母只有在东友、土瓦、茵达等方言中仍然保留着。

（8）古缅甸语中的kr, khr, pr, phr, mr等复辅音声母只有在东友、若开、茵达等方言中仍然保留着。

（9）h辅音在缅甸语方言中除了能当声母外，还可以作为复辅音前置辅音用。如hm, hn, hŋ, hɲ, hl, hlw, hmw, hnw, hlj, hmj。但是这种复辅音在东友、丹老、德努方言中没有。也就是说，在这些方言中，其他方言中的前置复辅音h已丢失。由复辅音声母变成单辅音声母。例如：

仰光话	东友方言	丹老方言	德努方言	约方言	词义
hŋɛʔ44	ŋɒʔ53	ŋa53	ŋɛʔ32	ŋa33	鸟
hmja55	mjɒ55	mja53	mja53	mja44	钓

| hmouˀ⁴ | mwiˀ⁵³ | mouˀ⁴² | mouˀ⁴⁴ | mouˀ³³ | 吹 |
| hmo²² | mu³² | mo³³ | mo³³ | mo¹¹ | 蘑菇 |

（10）缅甸语方言的声母中还有由 3 个辅音组成的三合复辅音，其中有 hmw, hnw, hlw, hmj, hlj, hmr 和 krw，但是分布也不平均。有些方言有这些辅音群声母，有些方言中就没有这些。例如：

hmw 三合复辅音声母在东友、丹老、约、德努方言中没有。其余方言中都有。

hnw 三合复辅音声母在东友、丹老、约、德努方言中没有。

hlw 三合复辅音声母在东友、丹老、约、德努方言中没有。

mj 三合复辅音声母在东友、丹老、约、德努方言中没有。

hlj 三合复辅音声母在东友、丹老、约、德努方言中没有。

hmr 三合复辅音声母只有在茵达方言中有，其他方言中没有发现。

krw 三合复辅音声母只有在东友方言、茵达方言和若开方言中有。例如东友方言的 krwɑˀ⁵³ 老鼠，若开方言中的老鼠为：krwɑ⁴²。有些方言如土瓦方言中，三合复辅音声母中的 r 却丢失，变成了复辅音声母 kw。例如：kwɑˀ⁴² 老鼠。

三、缅语复辅音的演变

通过缅文的复辅音同现代缅语语音的比较，可以看到缅语中复辅音的变化趋势是简化、消失，但现在在一些方言中还保存着的一些复辅音可以揭示标准缅语中一些已经发生变化的复辅音的原来面貌。古缅语复辅音中演变规模最大、变化最复杂的当属6基本辅音+后置辅音这一类型，这类音的变化影响甚大，它不但影响到了缅语的整个音系，而且对缅语的调值也颇有影响。

缅语的二合、三合、四合复辅音在演变的过程中，分别出现了不同的情况，下面分别做一介绍：

1. A 类二合复辅音。由前置清擦音[h]和边音、鼻音组成的这组复辅音在语音演变过程中，前置辅音与边音、鼻音融合，变成清鼻音和清边音。例如：

汉义	缅文	现代缅语音
菌子	hmo	m̥o²²
鼻子	hna	n̥a²²
谷穗	ahnaŋ	ə-n̥ã²²
舟	hlot	l̥ei²²

2. B 类二合复辅音。这类由基本辅音加后置辅音构成的二合复辅音，又可根据其不同的特点分为两类。一类是由基本辅音加 l, r, j 构成，另一类是由基本辅音加 w 构成，这两类复辅音的演变是不一样的，由于由基本辅音加 w 构成的复辅音古今并无变化，这里只讨论由基本辅音加 l, r, j 构成的复辅音的演变。

我们从缅甸迄今为止发现最早的用缅甸文镌刻的碑文——亚扎古曼碑中，可以看到 pr, phr, pl, kj, tj 等复辅音声母。从公元 12 世纪到 14 世纪的蒲甘碑文中，我们可以看到复辅音中的后置辅音 l 已经分化为 r 和 j 两类。通过对四译馆[①]杂字的研究，可以发现古缅语中的复辅音中后置辅音 l 已经消失，只有 r 和 j 存在。其中舌根音为基本辅音的复辅音，其后面的 l 已变成 j，双唇音为基本辅音的复辅音，其后置辅音 l 已变成为 r，l 已被 r 或 j 替代。这一变化趋势实际上早在蒲甘碑文时期及其以后的一二百年中就已经发生了。

中古缅甸语时期的后置辅音在四译馆时期（缅甸语中古时期）复辅音有了一些变化。碑文时期的后置辅音 l 变成上腭音 j。舌根软腭音 kj, khj 在有些方言中已进一步变成舌面硬腭音 tɕ□ tɕh。而在四译馆时期的后置辅音 l 与双唇音或鼻辅音结合的音节中，都变成了上腭音 j。例如：

碑文期	中古期	中古期拟音	四译馆汉字注音	汉义	现代仰光音
kla	kja	tɕia	贾	虎	tɕa^{55}
khliu	khjiu	tɕho	丘	甜	tɕho^{22}
plaa	pjaa	pja	比牙	蜂	pja^{55}
plɔk	pjɔk	pjɔk	表	失	pjauʔ^{44}
pliu	mjiu	mjo	谬	嚎	mjo^{22}

四译馆时期，后置辅音 r 仍然保留了碑文时期的（后期）特点，发成闪音 r。例如：

碑文期	中古期	中古期拟音	四译馆汉字注音	汉义	现代仰光音
kraa	kraa	kraa	革刺	闻	tɕa^{55}
kre	kre	kre	革类	铜	tɕe^{55}
kraj	kraj	krɛ	革来	星	tɕɛ^{22}
krɔ	krɔ	krɔ	革老	筋	tɕɛ^{22}
khrui	khrui	khrui	克路	角	dʐo^{22}
khrɔk	khrɔk	khrɔk	克老	六	tɕhauʔ^{44}
phruu	phruu	phruu	普路	白	phju^{22}
mraa	mraa	mraa	麦刺	箭	hmja^{55}
mre	mre	mre	麦类	地	mje^{22}
mruiw	mruiw	mrow	某路	城	mjo^{53}

从上列例子可以看出，后置辅音 r, l 在历史的发展中，变化的步骤是：从 r, l 分化后变成 r, l, j，后来流音 l 消失，剩下 r, j。后来颤音 r 又消失，只剩下 j。最

[①] 四译馆，明朝永乐五年（1407 年）朝廷设立"四夷馆"专司翻译外族来文之事，到清朝改名"四译馆"，《四译馆译语》便是由四译馆编纂的各种语言与汉语对照表。其中缅甸馆部分有缅甸杂字和来文，杂字分门别类，并有汉字注音和释义。

后 j 腭化，变成 tɕ。在现代标准话——仰光话中已经没有后置辅音 r, l 的踪迹。原先的后置辅音 r, l 都变成 j，而 j 与前置辅音 k, kh 等舌根软腭音相拼时都变成舌面音[tɕ]；当 l 与双唇音 p, ph, b, m 和流音 l 相拼时，作为后置辅音的 l 都演变成了[j]。

缅甸语方言中的后置辅音由硬腭音 k, kh, g 与后置辅音 r, l, j 结合后，逐渐向塞擦音 tɕ 变化以及双唇音 p, ph, b, m 与 r, l 结合，逐渐向舌页音 j 变化。这种变化的各个阶段，都可以从缅甸语方言中找到例证。但是，这种变化的速度各不相同，在缅甸语各方言中，并不是同步进行。有许多方言中至今仍然保持着多少不等的后置辅音 r, l, j。例如茵达方言中保留着 r, l；东友方言中却保留着 l, r, j；土瓦方言中只保留了 l。也正因为各个方言变化的不同步，语音变化留下了一步一步如何变化和发展的轨迹，使我们有可能总结出后置辅音的变化规律。

土瓦方言中保留了古缅语中的后置辅音 l 音。例如：

复辅音	缅文	汉义	转写	仰光音	缅古音	土瓦方音
kl	ကျ	落	kla	tɕa⁵³	kla	kla⁴²
pr	ပြ	灰	praa	pja²²	pra	pla¹¹
pr	ပြေ	跑	pre	pje²²	pre	ple⁴⁴
pr	ပြန်	回	pran	pjã²²	pran	plã¹¹
mr	မြေ	地	mre	mje²²	mre	mle¹¹

而在茵达方言中，存在着后置辅音 l, r，同时也存在着后来的变音 tɕ, pj 等。并且在现代茵达方言中，r, l 同样保留了古缅语中 r, l 可以通转的现象。这种上古语音和后来的变音同时并存的现象使我们可以有机会了解缅甸语言衍化的规律。例如：

复辅音	汉义	缅甸文	仰光音	缅古音	茵达方音
kl	落	ကျ	tɕa⁵³	kla	kla³¹ 或 kra³¹
kl	寺	ကျောင်း	tɕaũ⁵⁵	klɔŋ	klɔ̃⁵³ 或 krɔ̃⁵³
pr	白	ဖြူ	phju²²	phruu	phlu³³ 或 phru³³
pr	撕	ဖြ	phjɛ⁵⁵	phrɛ	phlɛ⁵³ 或 phrɛ⁵³

在东友方言中，也保留了古缅语中的后置辅音 r, l 音。例如：

上古字转写	东友音	仰光音	词义
a plaŋ	a praŋ	ə pjĩ²²	外面
a phluu	a phru³²	ə phju²²	白色
a plaa	pra	pja	蓝色
mla	mra	mjĩ⁵⁵	马
mle	mle	mje	土地
mraŋ	mraŋ	mji	响

缅甸语方言中只有东友方言中还保留了 l 音与舌根软腭音 k, kh 结合时，向

舌面塞音 tɕ 变化的中间音 j。在东友方言中有 kj, khj 等音。

我们从缅甸语主要几个方言——土瓦、茵达、东友等语言现状中看到了古缅语复辅音的后置辅音 l, r, j 向舌面音 tɕ 变化的步骤，这样的音，在历时的语言描写中，很难发现，只有在语言发展不平衡的方言的共时比较中，才能较全面地看到这个语言发展进程。这类后置辅音为 l, r, j 的复辅音演变到现代缅语，变化过程可描述为：

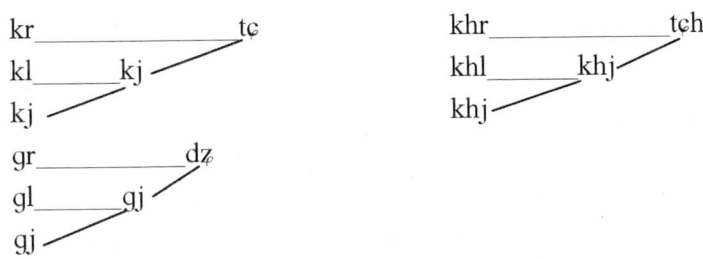

而出现在双唇音后面的 r, j 则未能影响前面的基本辅音，使其融合为单辅音。但在语音的不断演变过程中，r 这个后置辅音逐步被 j 取代，其区别性特征已不复存在，这样，以双唇音为基本辅音的复辅音中只有 j 这一个后置辅音。这类双唇音为基本辅音的复辅音的变化过程为：

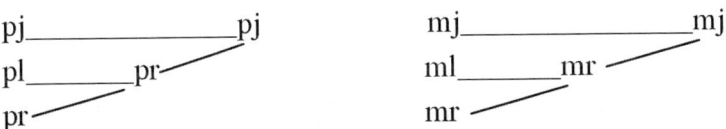

3. 以上看到的是二合复辅音的变化情况，那么三合、四合复辅音的变化情况如何呢？

缅文的三合、四合复辅音数量少（其中四合复辅音只有一个 hmjw），出现的频率也小，而且常常自由变读为二合或三合复辅音，从而脱落一个音素，这个音素既可能是基本辅音，也可能是后置辅音。例如：

汉义	缅文标音	自由变读音
蛇	mrwe	mwe^{22}
山谷	hljo	hjo^{22}
分开	hmjwa	hmwa^{22}

缅文中三合、四合复辅音，是由基字加两个或三个下加字构成。在现代缅语中，基字和下加字代表的基本辅音和前后置辅音或者脱落，或者与基本辅音融合，这样三合辅音和四合辅音在实际读音中已不是三合、四合复辅音。例如：

汉义	缅文标音	现代缅语音
蛇	mrwe	mwe^{22}

山谷	hljo	ço²²
分开	hmjwa	m̥wa²²
水牛	kjwɛ	tɕwɛ⁵⁵
埋	hmjot	m̥jo²⁴⁴

四、结语

如上所述，我们对缅语复辅音的发展变化有以下几点认识：

1. 通过缅文的复辅音同现代缅语语音的比较，可以看到缅语中复辅音的变化趋势是简化、消失，但现在在一些方言中还保存着的一些复辅音可以揭示标准缅语中一些已经发生变化的复辅音的原来面貌。复辅音演变的方式与基本辅音和前后置辅音的发音特征有密切关系，发音部位相近，逐渐紧化融合，凝聚成单一的语音要素，而发音部位相距较远的，常出现脱落的情况。后置辅音为 l, r, j 这一类复辅音中，基本辅音为舌根音的与基本辅音为双唇音的，分别出现不同的变化形式，正说明这一点。

2. 通过与方言的比较我们可以看到，由于复辅音的简化和消失，缅语语音结构的各要素随着旧要素的衰亡和新质要素的产生得到了新的调整和分配。比如新音位的形成、语音结合的重新分配、声调音位功能的加强等等。复辅音的简化和消失对声母、韵母和声调都有一定的影响。其中，对声母的影响最大，对韵母、声调的影响次之。

3. 缅语复辅音的变化规律，呈现出与亲属语言极大的共同之处。比如在藏缅语族诸语言的辅音系统中，基本上都存在着一套与 m, n, ɲ, ŋ, l 相对立的清鼻音和清边音：m̥, n̥, ɲ̊, ŋ̊, l̥。从缅语的情况看，清鼻音和清边音来源于由清擦音和鼻音、边音组成的复辅音。这一点，在整个藏缅语中也是成立的。这就给我们一个有益的启示：通过对亲属语言的研究可以促进缅语语音本身的研究，而从缅语语音研究中得出的结论也可为亲属语言的研究提供某些方面的佐证。缅甸语后置辅音与汉藏语系中的许多语言都是十分相近，这种语言变化的规律，对于同族语言比较来说是很有价值的，可以给我们以有益的启迪。

参考文献

[1] 蔡向阳. 缅甸语言问题研究 [M]. 广州：世界图书出版广东有限公司，2011.

[2] 戴庆厦. 藏缅语族语言研究 [M]. 昆明：云南民族出版社，1990.

[3] 萨耶道伦. 缅语文字学 [M]. 缅文版. 仰光：尼迪书局，1972.

[4] 汪大年. 妙齐提碑文研究（一）：十二世纪初缅甸语音初探 [J]. 北京

大学学报（哲学社会科学版），1986（4）.

[5] 汪大年，蔡向阳. 缅甸语方言研究［M］. 北京：北京大学出版社，2018.

[6] 吴埃貌. 蒲甘碑铭选［M］. 缅文版. 仰光：槟年南达书局，1958.

[7] 郑张尚芳. 上古缅歌《白狼歌》的全文解读［J］. 民族语文，1993（1）—（2）.

老挝语定语移位现象及认知解释

信息工程大学 黄 勇

【摘 要】 老挝语定语类别的移位特点表现为：发生后移现象的定语类别主要有功用定语、同一性定语、比况定语、状态定语等；发生前移现象的定语类别主要有数量定语、领属定语、关涉定语、时间定语、来源/去向定语等。其产生原因主要是受可别度领先原理、经济性原则以及文化语用、个人语用等因素的支配和影响，并与受距离象似性原则、语义靠近原则等影响和支配所形成的象似语序产生竞争关系，它们互相博弈的结果就是在兼顾满足语言结构映射客观世界的前提下，对部分定语成分进行移位、调整，以达到突出重要信息、简化语序结构、提高语言交际效率、增加语言表达灵活性和自由性的目的，并最终使得移位语序应运而生。

【关键词】 定语；移位；认知；解释

老挝语多项定语的各项成分在语序排列上较为复杂，但总体而言，从图形到背景的认知策略决定了老挝语中定短语的整体语序，即中心语在前、定语在后；语义靠近原则决定了老挝语多项定语的基本语序，即按照反映事物内在本质的程度来进行排列，越反映事物本质属性的定语越靠近中心语。根据上述两项原则，我们可以将老挝语多项定语的一般次序排列为：中心语——性质定语——功用定语——同一性定语——比况定语——数量定语——领属定语——状态定语——关涉定语——来源去向定语——时间定语/处所定语——指别定语。

但受多种动因的制约和影响，老挝语多项定语的位置也表现出很大程度的灵活性和不确定性，一个定语类别可以移位到另一个定语类别之前，也可以移位到其后，存在着非常复杂的移位现象。所谓移位，是指多项定语各定语类别的位置相对于上述一般次序的位置发生了前后移动，这种位置的前后变换并不影响整个中定短语的语义表达及句法结构。比如一般次序序列中，"数量"定语位于定 5 位，但在一个中定短语序列中，移动到定 10 位，我们就定义为该定语成分发生了移位现象。本文拟对老挝语多项定语语义类别后移和前移的各种现象给以鉴别和整理，归纳其移位的特点，并予以合理的认知解释。

一、定语后移

发生后移现象的定语类别主要有功用定语、同一性定语、比况定语、状态定语等。

（一）功用定语后移

功用定语在多项定语一般次序中排在第二位，当其结构较长和复杂时，常发生后移现象。如：

（1）ຂ້າງຕຽງມີຫ້ອມນ້ອຍຫ້ອງໜຶ່ງຂັ້ນສຳລັບໃຫ້ລູກສາວ.
床边有一间<u>专门为他女儿隔开的</u>小房间。(《生活的道路》1：79页）

（2）ຂົງເຂດໂຮງຮຽນບ່ອນໃໝ່ເປັນໂຮງຮຽນສຳເລັດຮູບທີ່ທາງກຳປຸກສ້າງຂຶ້ນໃໝ່<u>ສຳລັບໃຫ້ນັກ ຮຽນລາວໂດຍສະເພາະ</u>.
新校区是<u>专门为老挝学生</u>新建的完全小学。(《生活的道路》1：103页）

（3）ປຶ້ມເສັ້ນທາງແຫ່ງຊີວິດໄດ້ກາຍເປັນຫັກສູດວັນມະກຳປະຕິວັດໜຶ່ງ<u>ສຳຫັບສອນຢູ່ໂຮງຮຽນທຸກຂັ້ນໃນເຂດປົດປ່ອຍ</u>.
《生活的道路》这本书成为了解放区各级学校的一部革命文学教材。(《生活的道路》3：18页）

例1—3中，功用定语"ຂັ້ນສຳລັບໃຫ້ລູກສາວ"（专门为他女儿隔开的）、"ສຳລັບໃຫ້ນັກ ຮຽນລາວໂດຍສະເພາະ"（专门为老挝学生）、"ສຳຫັບສອນຢູ່ໂຮງຮຽນທຸກຂັ້ນໃນເຂດປົດປ່ອຍ"（解放区各级学校的）在一般次序中的位置应位于性质定语后，但在这三例中，分别向后移位到数量定语"ຫ້ອງໜຶ່ງ"（一间）、状态定语"ທີ່ທາງກຳປຸກ ສ້າງຂຶ້ນໃໝ່"（刚新建的）以及数量定语"ໜຶ່ງ"（一部）的后面。它们移位的原因主要是受到了经济性原则支配，从这三例功用定语的结构上看，都比较长和复杂，将其后移，能够减少认知主体的思考和记忆负担，以最大限度地提高语言交际的效率。

（二）同一性定语后移

同一性定语在多项定语一般次序中排在第三位，由于其作用主要是对中心语的解释和说明，因此结构一般都较长。受经济性原则影响，也常发生后移现象。如：

（1）ຂ້ອຍຄິດສຳນຶກເຖິງຄຳເວົ້າຂອງບັກຈົງຍີ ລູກເພຍຕົງໃນຕ່າວກ່ອນ<u>ທີ່ວ່າ:ອິດສະທະ ແມ່ນຜີ ຍັກ ໄປຮອດບ່ອນໃດຂ້າຜູ້ຄົນ ແລະ ກິນເລືອດ</u>.
我想起以前皮亚东儿子宗义那小子说<u>"伊沙拉是瘟神，到哪都杀人茹血"</u>的话。(《生活的道路》1：75页）

（2）ຂ້ອຍສາກລູກປືນເຂົ້າລຳກ້ອງ ແລ້ວຮັດໄລໄວ້ ເພາະຄິດເຖິງຄວາມເວົ້າຂອງລຸງເຖົ້າ

ມັ້ງ ທີ່ວ່າ "ຢູ່ບ້ານປັກຫຼັກ ມີເສືອກິນຄົນ".

我把子弹上了膛然后打开保险，因为我想起了苗族大伯"在巴拉村，有老虎吃人"的话。(《生活的道路》3：44页）

（3）ເພາະມັນເຄີຍຮູ້ດີ ່ງວກັບການຂາລີຂອງປະຊາຊົນເມືອງພັນທະບູນທີ່ວ່າ："ລຸງທິດຫາເປັນຄົນໜັງໜວຍຢິງບໍ່ເຂົ້າ".

因为他知道潘塔本县人民"提塔大叔是铜墙铁壁，打不穿"的传闻。(《生活的道路》3：64页）

上述三例中，同一性定语"ອິດສະຫຼະແມ່ນຜີຍັກ ໄປຮອດບ່ອນໃດຂ້າຜູ້ຄົນ ແລະ ກິນເສືອດ"（伊沙拉是瘟神，到哪都杀人茹血）、"ຢູ່ບ້ານປັກຫຼັກ ມີເສືອກິນຄົນ"（在巴拉村，有老虎吃人）、"ລຸງທິດຫາເປັນຄົນໜັງໜວຍຢິງບໍ່ເຂົ້າ"（提塔大叔是铜墙铁壁，打不穿）分别向后移位到时间定语"ໃນຄ່າວກ່ອນ"（以前）、领属定语"ລຸງເຖົ້າມັ້ງ"（苗族大伯）以及领属定语"ປະຊາຊົນເມືອງພັນທະບູນ"（潘塔本县人民）之后。从这三例定语与各自中心语的语义关系看，都是对中心语的解释和说明，其位置应分别在"ຂອງປັກຈ່ງຍີ ລູກເພຍຕົງ"（皮亚东儿子宗义那小子）、"ຂອງລຸງເຖົ້າມັ້ງ"（苗族大伯）、"ຂອງປະຊາຊົນເມືອງພັນທະບູນ"（潘塔本县人民）之前，但由于其结构都比较长和复杂，为减轻认知主体的记忆负担，尽快完成定语与中心词的信息整合，因此将其后移至句尾定位域位置。

（三）比况定语后移

比况定语排列在一般次序中的第四位，当其结构较长时，有时也发生后移现象，如：

（1）ບໍ່ທັນຮອດປີ ຕົນຍັງຢູ່ໃຕ້ການຄອບງຳຂອງຄອບຄົວເພຍຕົງ ຍັງເປັນຂ້ີຂ້າຫຼ້າຂ້ອຍຂອງ ເຂົາປານກັບສັດເດຍລະສານ.

不到一年，我还在皮亚东一家的禁锢中，成为他的像牲畜一样的奴隶。(《生活的道路》1：73页）

（2）ໄດ້ຍິນສຽງປ້ອຍດ່າຂອງມັນປານກັບນ້ຳຕົກຕາດ.

听见了她那像暴雨般的辱骂声。(《生活的道路》1：29页）

上述两例中，比况定语"ປານກັບສັດເດຍລະສານ"（像牲畜一样）、"ປານກັບນ້ຳຕົກ ຕາດ"（像暴雨般）分别向后移位到领属定语"ຂອງເຂົາ"（他的）、"ຂອງມັນ"（她的）后面。其移位原因，同样是受经济性原则的支配，将句式较短的定语前置、句式较长的定语后置，以达到减轻认知主体记忆负担的目的。

（四）状态定语后移

状态定语排列在一般次序中的第五位，由于状态定语常由一些主谓短语、动宾短语等动词性成分充当，因此其结构一般都比其后的数量、领属等定语成分句式较长和复杂，受经济性原则等认知规律的支配，常出现后移现象。如：

（1）ສິ່ງທີ່ປະທັບໃຈພວກຂ້ອຍກ່ອນເພີ່ນຫມົດແມ່ນແພສາມຜືນ<u>ທີ່ມີສີສັນຕ່າງກັນ</u> ພວມປິວ ສະບັດຢູ່ເທິງຫລັກເສົາທີ່ພິທີຢ່າງສະຫງ່າຜ່າເຜີຍ.

最吸引我们的是三块不同颜色的彩旗正庄严地飘扬在主席台的旗杆上。(《生活的道路》1：1页）

（2）ຂ້ອຍພ້ອມກັບຫມູ່ເດັກນ້ອຍສີ່ຫ້າຄົນ <u>ທີ່ຫາກໍ່ມາແຕ່ຕຶກເບັດ</u>ກໍຟ້າວປະລັບເບັດໄວ້ຫນ້າເຮືອນ ຂອງໃຜລາວ.

我和刚刚钓鱼回来的四五个伙伴赶快把鱼竿丢在各自家门口。(《生活的道路》1：1页）

（3）ພວກລູກຂໍສະແດງຄວາມຂອບອົກຂອບໃຈຕໍ່ບຸນຄຸນລົ້ນເຫຼືອຂອງພໍ່ແມ່ <u>ທີ່ໄດ້ ເອົາໃຈໃສ່ເບິ່ງແຍງລ້ຽງດູພວກລູກໃນໄລຍະຜ່ານມາ.</u>

我们对乡亲们一直以来关心照顾我们的无比恩情表示感谢。(生活的道路1：9页）

上述三例中，状态定语"ທີ່ມີສີສັນຕ່າງກັນ"（不同颜色的）、"ທີ່ຫາກໍ່ມາແຕ່ຕຶກເບັດ"（刚刚钓鱼回来的）、"ທີ່ໄດ້ເອົາໃຈໃສ່ເບິ່ງແຍງລ້ຽງດູພວກລູກໃນໄລຍະຜ່ານມາ"（一直以来关心照顾我们的）的句式和结构都比一般序列中位置在其后的数量定语"ສາມຜືນ"（三块）、数量定语"ສີ່ຫ້າຄົນ"（四五个）以及领属定语"ຂອງພໍ່ແມ່"（乡亲们）要长和复杂，为了减少认知主体的记忆负担，提高语言交际的效率，因此将这些状态定语移位到句式和结构都比其要简短和简洁的数量定语和领属定语之后。

二、定语前移

发生前移现象的定语类别主要有数量定语、领属定语、时间定语、关涉定语、来源/去向定语等。

（一）数量定语前移

受可别度领先原理的支配和影响，数量定语在多项定语语序中的位置非常活跃，存在十分突出的前移现象，其前移位置主要有两个，一是前移到状态定语前，二是前移到中心语前。

1. 前移到状态定语前

根据前文考察和分析，位置本应在数量定语前的状态定语由于其句式和结构较长和复杂，受经济性原则支配，常发生向后移位现象。而数量定语由于受可别度领先原理的支配，有着很强烈的前移现象。这两大认知规律的共同作用，使得句式和结构都比状态定语要简短和简洁的数量定语常移位到状态定语之前，形成

"数量定语+状态定语"语序。同时,可别度领先原理和经济性原则在这两种移位现象中的互相和谐、强化,又使得这一移位语序有了很强的稳定性,并进而形成"数量定语+状态定语"的优势语序。如:

(1) ພວກເຮົາສີ່ຫ້າຄົນທີ່ມີໜ້າທີ່ໄປປະຕິບັດງານຢູ່ວຽງຈັນໄດ້ຂຶ້ນຍົນອານ ໑໘ <u>ລຳໜຶ່ງທີ່ຂັບເປັນ ນັກບິນຈີນ</u>.
我们四五个要去万象出差的同志坐上了一架由中国飞行员驾驶的安-12 飞机。(《生活的道路》3: 104 页)

(2) ຢູ່ລະຫວ່າງກາງຂອງຊານລົງມີໂຕະນ້ອຍອັນໜຶ່ງທີ່ມີໂຖດອກໄມ້ຕັ້ງຢູ່ຢ່າງງຽບໆ.
在沙发中间有一张静静地摆放着花瓶的小桌子。(《生活的道路》2: 21 页)

(3) ຂ້ອຍໄດ້ຍ່າງໄປຫາເຮືອນຫຼັງໜຶ່ງທີ່ມີແສງເຕົາໄຟຮຸ່ງກວ່າໝູ່.
我走向火光最亮的一户人家。(《生活的道路》1: 56 页)

(4) ຄັນທີ່ຕັດຫຼັງພວກເຮົາແມ່ນບັນທຸກທະຫານທຸ່ມ ແລະ ໄທ <u>ຈຳນວນສິບປາຍຄົນທີ່ຖືກ ກອງທະຫານເຮົາຈັບເປັນສະເລີຍຜ່ານການສູ້ລົບຫ້ານື້ຫ້າຄືນທີ່ວຽງຈັນ</u>.
跟在我们后面的车是运送在万象被我方部队经过五天五夜战斗俘虏的十几个泰国军人和伪军。(《生活的道路》2: 105 页)

上述四例中,数量定语"ລຳໜຶ່ງ"(一架)、"ອັນໜຶ່ງ"(一张)、"ຫຼັງໜຶ່ງ"(一户)、"ຈຳນວນສິບປາຍຄົນ"(十几个)的位置应分别在状态定语"ທີ່ຂັບເປັນນັກບິນຈີນ"(由中国飞行员驾驶)、"ທີ່ມີໂຖດອກໄມ້ຕັ້ງຢູ່ຢ່າງງຽບໆ"(静静地摆放着花瓶的)、"ທີ່ມີ ແສງເຕົາໄຟຮຸ່ງກວ່າໝູ່"(火光最亮的)、"ທີ່ຖືກກອງທະຫານເຮົາຈັບເປັນສະເລີຍຜ່ານການສູ້ລົບ ຫ້ານື້ຫ້າຄືນທີ່ວຽງຈັນ"(在万象被我方部队经过五天五夜战斗俘虏的)之后,但由于这些数量定语和状态定语分别受可别度领先原理和经济性原则的支配,位置分别发生了前移和后移,形成了"数量定语+状态定语"的语序。同时,可别度领先原理和经济性原则这两个认知规律的共同作用、强化和和谐,又使得这一语序有了很强的稳定性。

2. 前移到中心语前

数量定语除可前移到状态定语前,形成"数量定语+状态定语"的优势语序外,单独的数词定语还可前移到中心语前,形成"数词+中心语"的定中语序。如:

(1) <u>ສາມສີ່</u>ອ້າຍນ້ອງພວກເຮົາທີ່ແຍກຕົວຈາກກອງຂອງລຸງທິດມ່ວນຈຳຕ້ອງອຳລາຈາກເມືອງ ເຟືອງໄປລ້ອງແມດ ແລະ ຈາກລ້ອງແມດໄປວັງງອຽງ.
我们三四(个)从提蒙大伯队伍中分离出来的同志必须告别孟峰县前往龙眉地区,然后从龙眉去往万荣。(《生活的道路》2: 93 页)

(2) <u>ສາມ</u>ຂະບວນຮັກຊາດດັ່ງກ່າວກໍຖືກປາບ ແລະ ປະລາໄຊ.
上述三(次)爱国运动也被镇压和失败了。(《生活的道路》1: 70 页)

(3) ສອງແມ່ລູກພວກຂ້ອຍໄດ້ໄປຊອດສັນພູແຫ່ງໜຶ່ງຢູ່ທາງທິດຕາເວັນຕົກສຽງເໜືອຂອງ

ແຂວງຮຽງຂວາງ.

我们母子俩走到了川圹省西北方向的一处山脊。(《生活的道路》1: 26 页)

上述三例中，数词定语"ສາມສີ່"（三四）、"ສາມ"（三）、"ສອງ"（二）都分别前移到中心语"ອ້າຍນ້ອງ"（兄弟、同志）、"ຂະບວນ"（运动）、"ແມ່ລູກ"（母子）之前，形成"数词定语+中心语"的定中短语语序。

（二）领属定语前移

可别度领先原理和经济性原则的共同作用和强化，使得领属定语常前移至状态定语前，形成"领属定语+状态定语"的优势语序。

(1) ຄຳເວົ້າທຸກຄຳຂອງລຸງນັ້ນກໍຄືກັນກັບຄຳເວົ້າຂອງພະນັກງານ ແລະ ທະຫານທີ່ເຄີຍເວົ້າຊ້ຳ ແລ້ວຊ້ຳອີກມາແລ້ວ.

大伯说的每一个字都与军人和干部反复说过的话一样。(《生活的道路》1: 7 页)

(2) ສຽງຮ້ອງລຳທຳເພງຂອງພວກເພິ່ນທີ່ເຄີຍດັງກ້ອງກາງຫາວໃນທຸກຄ່ຳຄືນນັ້ນກໍໄດ້ເຫືອດຫາຍໄປ.

他们的曾经在每个晚上都响彻天空的歌声也消失了。(《生活的道路》1: 12 页)

(3) ເຊົ້າມື້ນັ້ນ ນ້ອງຍັງບອກໃຫ້ຂ້ອຍລົງໄປເກັບເອົາໝາກບ້າຂອງລາວທີ່ໄດ້ເຊື່ອງໄວ້ຢູ່ກ້ອງ ລ່າງເຮືອນຂຶ້ນມາໃຫ້.

那天早上，她还让我下去把她的藏在高脚屋下的象豆拿上来给她。(《生活的道路》1: 22 页)

上述三例中，领属定语"ຂອງພະນັກງານ ແລະ ທະຫານ"（军人和干部）、"ຂອງພວກ ເພິ່ນ"（他们的）、"ຂອງລາວ"（她的）都分别前移到状态定语"ທີ່ເຄີຍເວົ້າຊ້ຳ ແລ້ວຊ້ຳອີກ ມາແລ້ວ"（反复说过的）、"ທີ່ເຄີຍດັງກ້ອງກາງຫາວໃນທຸກຄ່ຳຄືນ"（曾经在每个晚上都响彻天空的）、"ທີ່ໄດ້ເຊື່ອງໄວ້ຢູ່ກ້ອງລ່າງເຮືອນ"（藏在高脚屋下的）之前。

（三）时间定语前移

时间定语排列在一般次序中的第 10 位，但有时为了强调事件发生的时间或持续时间的长短，多项定语也将其前移至中心语或性质定语后，使其成为信息焦点。如：

(1) ຄຳເວົ້າໃນມື້ທຳອິດຂອງເພຍຕົງ ທີ່ວ່າໃຫ້ສອງແມ່ລູກພວກຂ້ອຍເຮັດວຽກຊ່ວຍໃນ ຄອບຄົວ ຂອງມັນນັ້ນ.

皮亚东在第一天说让我们母子俩在他家帮工的话。(《生活的道路》1: 31 页)

(2) ຂະບວນການຕໍ່ສູ້ເປັນໄລຍະ 25 ປີຂອງພີ່ນ້ອງຊົນຊາດລາວເທີງເຂດໃຕ້ ຊຶ່ງແມ່ນອ້າຍ ແກ້ວ ກົມມະດຳເປັນຜູ້ນຳພາແຕ່ປີ 1911 ເຖິງປີ 1936.

1911 年到 1936 年由库马丹领导的南部老听族人民的持续 25 年的斗争运动。(《生活的道路》1: 70 页)

(3) ຂ້ອຍກ່ຽວຂ້ອງຈັບຕັ້ງອັນທີ 22 ຕຸລາປີ 1957 ທີ່ໄດ້ລະບຸມີ 5 ເນື້ອໃນສຳຄັນ.

包括 5 项重要内容的 1957 年 10 月 22 日的万象协议。(《生活的道路》2: 1 页)

上述三例中，时间定语"ໃນມື້ທຳອິດ"（第一天）、"ເປັນໄລຍະ 25 ປີ"（持续 25 年）、"ຕັ້ງອັນທີ 22 ຕຸລາປີ 1957"（1957 年 10 月 22 日）都分别前移至中心语"ຄຳເວົ້າ"（话）或性质定语"ຕໍ່ສູ້"（斗争）、"ວຽງຈັນ"（万象）后，同一性定语"ທີ່ອ້າງໃຫ້ສອງແມ່ລູກ ພວກຂ້ອຍເຮັດວຽກຊ່ວຍໃນຄອບຄົວຂອງມັນ"（说让我们母子俩在他家帮工的）、状态定语"ອ້າຍແມ່ນອ້າຍແກ້ວ ກົມມະດຳເປັນຜູ້ນຳພາ"（由库马丹领导的）、"ທີ່ໄດ້ລະບຸມີ 5 ເນື້ອໃນສຳ ຄັນ"（包括 5 项重要内容的）前，其移位原因既与时间定语受可别度领先原理影响而发生前移有关，也与上述同一性定语、状态定语受经济性原则影响而发生后移存在较大关系，是可别度领先原理与经济性原则这两个认知规律共同作用的结果。

（四）关涉定语前移

关涉定语排列在一般次序中的第八位。但有时也可以前移到数量定语前。如：

（1）ພວກເຮົາກໍ່ຮູ້ຂ່າວກ່ຽວກັບຜູ້ນຳບາງເລັກນ້ອຍ.

我们也知道了一些关于领导的消息。(《生活的道路》2: 37 页)

（2）ຢູ່ຕາມຢູ່ກໍເປັນເວລາເຄິ່ງປີ ແຕ່ຍັງບໍ່ທັນມີຂ່າວກ່ຽວກັບການຮຽນແຕ້ມບາງຢ່າງ.

不知不觉地半年过去了，但还是没有多少有关学画画的消息。(《生活的道路》1: 109 页)

（3）ຂ້າພະເຈົ້າຂໍມີຄວາມຄິດຄວາມເຫັນກ່ຽວກັບຄຳຖະແຫຼງການຂອງພະນະທ່ານນາຍົກ ບາງ ຢ່າງ.

我谈几点有关总理公告的看法。(《生活的道路》2: 13 页)

上述三例中，关涉定语"ກ່ຽວກັບຜູ້ນຳ"（关于领导的）、"ກ່ຽວກັບການຮຽນແຕ້ມ"（有关学画画的）、"ກ່ຽວກັບຄຳຖະແຫຼງການຂອງພະນະທ່ານນາຍົກ"（有关总理公告的）分别前移到数量定语"ບາງເລັກນ້ອຍ"（一点）、"ບາງຢ່າງ"（多少）、"ບາງຢ່າງ"（几点）之前。其前移的原因主要是受语义靠近原则的支配，从语义角度看，语义关系接近的成分在线性序列中的位置也比较靠近。"关涉""来源/去向"等语义类别能够与事物内在属性产生联系，因此其前移到数量定语之前最靠近中心语的位置。

（五）来源/去向定语前移

来源/去向定语排列在一般次序中的第九位，受语义靠近原则的支配，其也常常前移到数量定语或关涉定语之前。如：

（1）ທ້າວຈັນ ນັກຮຽນຂີ້ດື້ທີ່ມາຈາກເມືອງຊໍາໃຕ້ຄົນນຶ່ງ.

陶占，一个来自桑代县的调皮学生。（《生活的道路》1：93 页）

（2）ຕົວແທນກໍາລັງປະກອບອາວຸດ ແລະ ປະຊາຊົນທີ່ມາຈາກທົ່ວປະເທດຈໍານວນ 101 ທ່ານ.

来自全国的民众和武装力量代表共101位。（《生活的道路》1：93 页）

上述两例中，来源/去向定语"ທີ່ມາຈາກເມືອງຊໍາໃຕ້"（来自桑代县的）、"ທີ່ມາຈາກ ທົ່ວປະເທດ"（来自全国的）分别前移到数量定语"ຄົນນຶ່ງ"（一个）、"ຈໍານວນ 101 ທ່ານ"（101 位）之前。其前移原因与关涉定语类似，都是受语义靠近原则的支配，在线性序列中尽量靠近中心语，同时达到语用上强调的目的。

三、移位现象的认知解释

上述我们考察了定语的移位现象。这些移位现象的形成原因多种多样，其中有语义方面的，有语用方面的，更有认知方面的因素。但同时我们也看到，一个定语语序中的移位现象并不是单一因素作用的结果，而是多种因素相互作用、相互竞争的结果，这些语义、语用、认知等因素的共同作用造成了老挝语定语的移位现象并最终形成了多种具有自身合理理据的定语语序。下面我们从语义靠近原则与可别度领先原理的竞争、象似性原理与经济性原则的竞争、语用优先与突显语序和自由语序等多角度分别讨论和解释。

（一）语义靠近原则与可别度领先原理的竞争

老挝语多项定语在线性排列时总体遵循的是语义靠近原则，即越是反映事物稳定的、内在本质的定语越靠近核心，如刻画属性概念作用最强的性质定语总是位于最靠近中心语的位置，而基本不反映事物本质属性的指别定语总是处于序列最末尾位置。同时，部分定语成分受可别度领先原理的支配而有着较强烈的前移倾向，如数量定语、领属定语前移至状态定语前并形成优势语序、时间定语的前移等，这说明可别度领先原理在老挝语定语语序排列时也发挥着重要的作用。但同时我们也发现，数量、领属、时间等定语成分在是否前移的问题上也有着非常高的灵活度，即有时可以前移，有时又不前移，或者前移也可，不前移也可，体现出很大的不稳定性。究其原因，实际上是语义靠近原则和可别度领先原理这两条语义和语用动因共同作用、相互竞争的结果。

正如陆丙甫所指出，语义靠近原则和可别度领先原理并不是两条互不相关的各自独立的原理，而是经常协同发生作用的原理。即当两条原理作用的结果一致时，它们所共同作用的语序就表现出较强的稳定性，而当两条原理作用的结果不一致时，其最终结果或是其中一方完全压倒另一方，或是两者折中一下，相互抵消，从而使它们所共同作用的语序表现出相当的自由度。[①]

"领属""时间""数量"等定语类别正是在上述两条原则的相互竞争和共同作用下具有了灵活、自由的移位特征，并最终形成了多种具有合理理据的定语语序。一方面，可别度领先原理要求这些可别度高的定语类别尽量前置；另一方面，语义靠近原则又要求这些并不反映事物内在本质属性的定语类别尽量远离中心语。这两条语序原则形成了互相冲突、互相竞争的局面，但最终结果是选择了折中方案，相互抵消其支配力和影响力。定语类别的位置也因这两条语序原则支配力和影响力的减弱而出现了不稳定状态，既可以前移，也可以不前移，表现出很强的灵活性，并进而导致形成的定语语序表现出相当的自由度和灵活度，存在多种具有合理理据的语序。例如在 ເຈັຍທີ່ມີພາບແຕ້ມແຜ່ນໜຶ່ງ（一张带图画的纸）这句话中，数量定语 ແຜ່ນໜຶ່ງ（一张）既可以受可别度领先原理支配前移至状态定语 ທີ່ມີພາບແຕ້ມ（带图画的）之前靠近中心语 ເຈັຍ（纸）的位置，也可以受语义靠近原则的支配处于状态定语 ທີ່ມີພາບແຕ້ມ（带图画的）之后远离中心语 ເຈັຍ（纸）的位置，在是否移位的问题上体现出较大的灵活性和自由性。

（二）象似性原理与经济性原则的竞争

人类语言具有象似性，这是一个不容争辩的事实；然而，人类语言又不仅仅是象似的，这同样也是一个明显的事实。语言里非象似的、任意性的一面大多是由象似性原则和经济性原则相互竞争所导致的。任何一个符号系统的构成，如果仅仅由象似性原则支配而不受经济性原则的制约，这种系统一定不可能是有效的。[②]正如 Croft 指出，语言的结构编码本质上是象似性和经济性理据相互竞争的结果。[③]象似性原则要求越准确越好，经济性要求表达的形式越简单越好，语言形式的形成和定型，多数情况下就是二者根据现实交际需要互相博弈的结果。[④]在象似性过强的地方，经济性原则就会发挥作用，从而导致象似性的降低；而在经济性过强的地方，象似性也可能出来作用，赋予本已规约化的构造以象似性的

---

① 陆丙甫. 语序优势的认知解释（上）：论可别度对语序的普遍影响[J]. 当代语言学, 2005, 7 (1): 1—15.

② 张敏. 认知语言学与汉语名词短语[M]. 北京：中国社会科学出版社, 1998: 183.

③ [美] 威廉·克罗夫特. 语言类型学与语言共性（第二版）[M]. 龚群虎, 译. 上海：复旦大学出版社, 2009: 121.

④ 金立鑫. 什么是语言类型学[M]. 上海：上海外语教育出版社, 2011: 181.

意味。① 两者竞争的结果是两种性质在语言中此消彼长，但最终达到平衡或者总体平衡。

象似性和经济性原则相互竞争的结果反映在定语语序序列上，一般都形成了结构紧凑并带有规律性的定语语序特点，结构紧凑表明了语言的经济性，而规律性则表明了语言对客观世界的临摹即象似性。作为人类语言编码的两种处理机制，象似性和经济性竞争的结果在老挝语定语语序序列上也得到了充分的体现。例如和中心语语义关系最密切的语言成分一般放在最靠近中心语的位置上，而最不密切的放在远离中心语的位置上，等等，这些都是距离象似性原则所发挥的作用，但这与要求语言表达尽量简洁，能省则省的经济性原则产生矛盾，解决这一矛盾的方法就是在兼顾满足语言结构映射客观世界的前提下，对部分定语成分进行移位、调整，以达到突出重要信息、简化语序结构、提高语言交际效率的目的。上文列举的数量定语、领属定语前移，功用定语、同一性定语、状态定语后移实际上就是象似性原理与经济性原则竞争的结果。

（三）语用优先与突显语序、自由语序

语用优先是汉语语法学的一条方法论原则。不仅如此，随着语用综观论的形成，② 语用已经成为任何语言以及语言的任何层次都不可或缺的成分。比如汉语语序选择的主要原则，如信息分布原则、主题前置原则、语篇连贯原则、时空象似原则等，都能够从语用角度得到合理的解释。③

如果我们将象似外部时空关系和因果关系的象似语序看成是人类认知规律在语序上的共性反映，并将作用于语用的因素做文化和个人的区分，那么当受到文化语用因素的影响时，相对于象似语序的突显语序就得以出现；而当受到个人语用因素的影响时，相对于象似语序和突显语序的自由语序也应运而生。较之象似语序在人类语言中的天然优势和稳定性，语用因素驱使下的突显语序和自由语序较好地满足语言表达的灵活性和自由性。

受文化语用因素如重视事物的领属、数量等因素的影响，老挝语将数量定语、领属定语前移并形成优势，产生了突显语序；同时，由于受个体对客观世界认知不同的影响，加上人们进行交际时各不相同的临时语用目的，部分定语成分

---

① 张敏. 认知语言学与汉语名词短语[M]. 北京：中国社会科学出版社，1998：185.

② 国际语用学学会秘书长 Verschueren 在其著作《语用学新解》中提出，从语言的应用的角度来看，语用学已经远远超出了普通语言学的研究范畴。语用学非但不是普通语言学中的一个毫不起眼的分支，而是平行并凌驾于普通语言学之上的一个规则系统。杨朝军. 语用综观论与语序变异的理据[J]. 外语教学，2005（2）：14—17.

③ 杨维秀. 英汉语序选择因素的语用综观论阐释[J]. 外语与外语教学，2007（6）：46—49.

如数量定语、领属定语、时间定语、关涉定语、来源去向定语等还保留了可以移位也可以不移位的自由倾向，从而产生了自由语序，以服务于言者或作者的临时语用目的。

可以说，在语用优先因素的介入下，突显语序、自由语序与象似语序之间形成了竞争关系，老挝语多项定语语序中的移位现象也是这三者互动的结果。但就数量而言，象似语序居于支配地位，其次是自由语序，最后是突显语序。

四、结语

由于受可别度领先原理、经济性原则以及文化语用、个人语用等因素的支配和影响，老挝语部分定语成分有前移或后移的倾向，并与受距离象似性原则、语义靠近原则等影响和支配所形成的象似语序产生竞争关系，它们互相博弈的结果就是在兼顾满足语言结构映射客观世界的前提下，对部分定语成分进行移位、调整，以达到突出重要信息、简化语序结构、提高语言交际效率、增加语言表达灵活性和自由性的目的，并最终使得突显语序和自由语序也应运而生。

总的来看，从图形到背景的认知策略决定了老挝语中定短语的整体语序，即中心语在前、定语在后；距离象似性原则决定了多项定语的基本语序，即按照反映事物内在本质的程度来进行排列，越反映事物本质属性的定语越靠近中心语；经济性原则、可别度领先原理则决定了多项定语语序的灵活性与自由性，由此产生了移位语序。对照老挝语多项定语的一般次序，老挝语定语类别的移位特点表现为：发生后移现象的定语类别主要有功用定语和同一性定语、比况定语、状态定语；发生前移现象的定语类别主要有数量定语、领属定语、关涉定语、时间定语、来源/去向定语等。

参考文献

［1］程书秋．现代汉语多项式定中短语优先序列研究［M］．北京：中国社会科学出版社，2013．

［2］崔应贤，等．现代汉语定语的语序认知研究［M］．北京：中国社会科学出版社，2002．

［3］丁声树，等．现代汉语语法讲话［M］．北京：商务印书馆，1999．

［4］金立鑫．什么是语言类型学［M］．上海：外语教育出版社，2011．

［5］金立鑫．语法的多视角研究［M］．上海：外语教育出版社，1999．

［6］刘丹青．语序类型学与介词理论［M］．北京：商务印书馆，2004．

［7］陆丙甫．核心推导语法［M］．上海：上海教育出版社，1993．

［8］陆丙甫．语言类型及其功能基础［M］．北京：北京大学出版社，2011．

[9] [美] 威廉·克罗夫特. 语言类型学与语言共性（第二版）[M]. 龚群虎, 译. 上海: 复旦大学出版社, 2009.

[10] 张敏. 认知语言学与汉语名词短语 [M]. 北京: 中国社会科学出版社, 1998.

[11] 赵艳芳. 认知语言学概论 [M]. 上海: 外语教育出版社, 2001.

[12] 陆丙甫. 语序优势的认知解释（上）: 论可别度对语序的普遍影响 [J]. 当代语言学, 2005, 7 (1): 1—15.

[13] 杨朝军. 语用综观论与语序变异的理据 [J]. 外语教学, 2005 (2): 14—17.

[14] 杨维秀. 英汉语序选择因素的语用综观论阐释 [J]. 外语与外语教学, 2007 (6): 46—49.

"语料-语义范畴"模式下的老挝语工具类介词语义研究

信息工程大学　舒导遊

【摘　要】工具类介词是老挝语广泛使用的多义虚词的代表。"从语料到语义范畴"的模式可以借助亲属语言和现代语言学理论,按"有效语料筛选""历时语义推导""共时语义识解""语义范畴分析"四个步骤对介词语义进行分析。通过排除同形异源词等无效样本,共搜集有效共时样本2979句,总结七个单一工具类介词共十三种语义类型。借助亲属语言和原型理论可推导各介词初始义和原型义,并将工具类介词分为手段型、伴随型和空间型三种。工具义是工具类介词语义范畴的原型义,焦点调整机制是串联原型和其他语义的重要方法。各语义类型因与原型关系不同,呈现不同的典型度。各介词因能表示的语义类型尤其是工具类语义的种类多少,在范畴中呈现不同的典型程度。此外,语义拓展时,拓展义可能取代原型义成为介词最常用的语义类型。

【关键词】老挝语;工具类介词;语义;语料-语义范畴

一、研究缘起

老挝语属孤立语,缺乏形态的屈折变化,以虚词和语序为主要语法手段,虚词系统丰富,语义复杂。虚词语义常常是外语教学中精读、语法等课程的重点内容,也是阅读、视听说等课程的重要基础。

从国内外研究来看,目前国内外既缺乏老挝语标注语料样本,对老挝语词汇语义的专门研究也比较少。现有成果主要为期刊和硕士论文,主要有齐春红、黄意财《现代汉语结构助词"的"和老挝语结构助词 thi[33] 的对比研究》(2011)、蔡慧兰《汉老相对应词对比》(2011),武智《汉语老挝语句末语气词对比研究》(2013)等。尚未发现对老挝语词汇语义的专门研究。张良民《老挝语实用语法》(2002),覃国生、谢英的《老挝语-壮语共时比较研究》(2009),N. J. Enfield《老挝语语法》(2007),ບົວລີ ປະພາພັນ《老挝语》(2002)等专著也有相关论述章节。上述研究多为基于"从语义到语料"的例举分析或传统语法分析,也有基于类型学、语用学的研究,尚未发现综合运用语料统计和现代语言学理论的相关研究。

老挝语工具类介词是指以 ດ້ວຍ, ໂດຍ, ກັບ, ຕາມ, ຜ່ານ 等为代表，能够以单一介词形式表示工具类语义（工具、材料、方式、依据、伴随）中的一种或多种语义的词类。此类介词在老挝语中使用广泛，是老挝语多义虚词的典型代表，历来都是老挝语教学研究中的重点与难点。

基于此，本文拟以老挝语工具类介词为例，选用"从语料到语义范畴"的模式，组建、分析老挝语工具类介词语料样本，以语法化理论、同源成分、原型理论、识解理论等为切入点，通过构拟"有效语料筛选"—"历时语义推导"—"共时语义识解"—"语义范畴分析"的分析模式，尽可能完整地对老挝语工具类介词语义及其内在联系进行分析，以期提高结论的科学性，更好地服务于老挝语教学与研究。

二、工具类介词及语料样本

工具、材料、方式、依据、伴随五大语义类型间联系紧密，在不少语言中，其相应介词间的关系也十分密切，许多介词可以表示其中两种或两种以上语义类型，在研究时常常被归为一类，适宜建立一个上位范畴进行综合研究。[1] 吴继光[2]、徐默凡[3]、石毓智[4]等人的研究表明，工具义是该上位范畴最为基本的成员，是连接其他各语义类型的纽带。因此，本文拟采用"工具类语义""工具类介词"这两个概念分别表示五类语义类型及相应介词的上位范畴。

我们将工具类介词引入老挝语研究，可以发现老挝语工具类介词数量众多，包括 ໂດຍ, ດ້ວຍ, ກັບ, ຕາມ, ນຳ, ຜ່ານ, ທາງ, ໂດຍອີງຕາມ, ໂດຍຜ່ານ, ໂດຍອາໄສ, ພ້ອມດ້ວຍ, ອີງຕາມ 等，[5] 能够表示一种或多种工具类语义（工具、材料、方式、依据、伴随）。这些介词包括单一介词和复合介词，且复合介词基本都由上述单一介词相互间或与其他词组合而成。本文以 ໂດຍ, ດ້ວຍ, ກັບ, ຕາມ, ນຳ, ຜ່ານ, ທາງ 七个单一介词为主要研究对象，复合介词将归入对应的单一介词进行研究。[6]

我们选取老挝《巴特寮》日报 2014 年 11 月上半月所有报纸、《东南亚文学奖老挝获奖短篇小说集》、中篇小说《越狱》和《老挝语汉语词典》作为本文的

---

[1] 关于此观点的研究较为丰富，较有代表性的论述参见黎锦熙《新著国语文法》（2007：169、178），黄伯荣、廖旭东《现代汉语》（2002：37），陈昌来《介词和介引功能》（2002：185），G. Lakoff and M. Johnson, *Metaphors We Live By*（1980：134—135）等。
[2] 吴继光. 用事成分的语义序列与语法规则 [J]. 中国语文, 1999（3）: 193—195.
[3] 徐默凡. 现代汉语工具范畴的认知研究 [D]. 上海: 华东师范大学, 2003: 58—65.
[4] 石毓智. 语法化的动因和机制 [M]. 北京: 北京大学出版社, 2006: 169—190.
[5] 具体推导可参见舒导遥. 老挝语工具类介词研究 [D]. 洛阳: 战略支援部队信息工程大学, 2017: 13—14.
[6] 除特别说明，下文中的工具类介词均指单一型工具类介词。

共时语料来源和语料统计的基础，对出现相关工具类介词的介词用法及与本文研究相关的连词、动（名）词用法[①]的所有句子进行了搜集整理，通过分析统计，得到有效语料样本2979句，具体如下：

表1 老挝语工具类介词语料统计

	ດ້ວຍ	ໂດຍ	ຜ່ານ	ກັບ	ນຳ	ຕາມ	ທາງ	总计
介词	223	376	61	520	88	357	190	1815
连词	66	17	0	84	0	0	0	167
动（名）词	0	0	225	0	345	40	387	997
总计	289	393	286	604	433	397	577	2979

根据语料统计，工具类介词主要可以表达十三种语义类型，除五大工具类语义外，还包括八种非工具类语义，即空间、对象、补充说明、状态、施事、原因、目的、并列。

三、有效语料筛选

有效语料是指出现工具类介词的样句中，与本文研究语义相关的样句。筛选有效语料，搭建正确的介词词汇语义网络，是增强介词研究科学性的重要基础。

在上文整理语料样本的过程中，我们遇到了一个情况，即一些工具类介词存在各义项间毫不相关的情况，以 ກັບ 为例，其义项主要有：

1. 动词：返回（ກັບບ້ານ）；变化（ກັບກາຍ）；颠倒（ກຳດຳເປັນຂາວ）。

2. 名（量）词：盒子（ກັບໄມ້）；捕鼠夹，捕兽器（ກັບທ້າງໜູ）；（一）盒（ໄມ້ຂີດໄຟສອງກັບ）。

3. 介词：随同（ທາຍໄປກັບຄວາມມືດ）；与……一起（ຢູ່ກັບ）；对，向（ໃຫ້ກັບ）；关于（ກ່ຽວກັບ）；在……旁边，在……周围，在……之中（ບອນກັບໂຮງຮຽນ）；就着，用（ກິນເຂົ້າກັບປາ）等。

4. 连词：和（ກ ກັບ ຂ，ແມ່ ພ້ອມກັບ ລູກ）。

这个现象的产生，除了正字法、外来词等方面的原因，很大一部分是因为同形异源词。一个世纪以来，老挝文字经过了两次大的改革[②]，这虽然使得老挝语

[①] 相关连词用法主要为工具类介词语义拓展中的连词性语义的用法。动（名）词用法主要用于介词语法化程度的分析。

[②] 一次是在20世纪30年代，另一次是在20世纪60年代，详见陆蕴联. 浅析老挝文字的历史渊源[J]. 东南亚纵横，2007（3）：58.

文字更加简化，基本消除了一音对应多字母的情况，但也使许多原本不同的词获得了相同的写法，进而成为同一个词，即同形异源词，它们不属于同源词，不能作为历史比较法的基础。相比而言，老挝语亲属语言泰语的古代字母与现代字母则一脉相承，较好地保留了一个音位对应多个字母的形式，①是区分老挝语同形异源词的重要途径之一，一些老挝语单词常常可以对应好几个泰语单词就是很好的例证。以 ກັບ 为例：

表2 老挝语 ກັບ 对应泰语词情况表

老挝语 ກັບ	泰语对应词
义项1，动词	กลับ
义项2，名词	ตลับ
义项3、4，介词、连词	กับ

在泰语中，กลับ, ตลับ 与 กับ 是三个互不相关的词，只有 กับ 的语义才与工具类介词相关，是本文研究的有效语料，กลับ, ตลับ 对应老挝语 ກັບ 的语义所在的样句为无效语料。因此上文整理语料样本时也只保留了老挝语 ກັບ 义项3、4出现的例句。

四、历时语义推导

老挝语工具类介词丰富的语义系统，是介词初始义在历史长河中不断拓展、借用与交融的结果。弄清这类复杂介词的历时语义，尤其是初始语义，是分析介词各语义类型间关系、整体性掌握介词的基础。但鉴于老挝语介词相关资料、研究比较匮乏，我们可以通过历史语言学同源词的理论，借鉴老挝语亲属语言泰语、傣语的相关研究，并结合语法化相关理论进行探索。

同源词（cognate word）是历史语言学的范畴，是词源（etymology）研究、词义类推的重要基础。徐通锵指出，"确定同源成分的原则主要是：语义上相同或相近，语音上存在完整的、成系统的对应关系"②。

老挝语、泰语、傣语同属汉藏语系壮侗语族壮傣语支西南语组，是同源语言，在语音、词汇、语法等许多方面都具有极大的相似性和成系统的对应关系。③其中，泰语和老挝语16世纪末才分化，且其后未受巨大冲击，关系更为密

---

① 杨光远. 十三世纪傣泰语言的语音系统研究 [M]. 北京：民族出版社，2007: 24, 67.
② 徐通锵. 历史语言学 [M]. 北京：商务印书馆，1996: 75.
③ 该观点在多位学者的论著中都有详细阐述与论证，如黄兴球《壮泰民族分化时间考》（2008），范宏贵《同根生的民族——壮泰各族渊源与文化》（2014）等。

切。① 加之语法的稳定性和介词的封闭性，现代老挝语、泰语在工具类介词的相关问题上具有类推的基础。

语法化（grammaticalization）理论认为，介词的主要来源是动词、名词和副词，其语法化原则之一为单向性原则。② 该原则主要表现为语义上由实（具体）到虚（抽象），句法上由可选到强制，对词汇义和句法环境的选择限制由严到松等。因此，确定虚化为介词前的实词义，是判断初始介词义最主要的方法。

我们以 ta:m^2, pha:n^5, tha:ŋ^2, doi^3（分别对应于老挝语 ຕາມ, ຜ່ານ, ທາງ, ໂດຍ）为例，根据杨光远的研究，这些词语属于傣泰同源词，即三种语言还未分化时就已存在的原生词汇。其中，ta:m^2, pha:n^5 为动词，分别意为"跟随""经过，通过"；tha:ŋ^2 为名词，意为"路"。③ doi^3（对应于老挝语 ໂດຍ）为介词，有"以""和，与""按照"三种意义。④

海因关于格标记语法化程度的参数中，第六条可表述为"如果两个范畴之间的差别只体现在：一个具有更大的指涉范围，也就是说，在特定的上下文语境里它可以包含另外一个范畴；那么指涉范围越大，语法化程度越高"⑤。结合前文论述的语法化的单向性原则，我们可以推断，"方式"成分比"工具"成分更加抽象、概括，具有更大的指涉范围，因此，同一介词表"方式"义项的出现应晚于其表"工具"义项的出现。也就是说，ຜ່ານ 初始介词义中的"通过"是介引工具成分⑥。同理，ທາງ 的初始介词义应为空间。

楠塔咖·帕宏育对泰语 ໂດຍ（对应于老挝语 ໂດຍ）在素可泰时期的介词义表述如下：⑦

โดย 做介词，主要表示工具，如：

例 1：ครั้นแล้วว่าลูกนั้นได้ยินพ่อแม่เจรจา<u>โดยภาษาอันนี้</u> นั้น ๆ ตามภาษาพ่อแม่เจรจานั้นเอง.（101 页）

如果孩子听到父母用这样的语言交谈，那么他也会模仿父母的谈话方式。

表示地点的仅有一例：

例 2：ครั้นออกพระพรรษาแล้ว เสด็จทรงทำมหาทานฉลองพระพุทธรูปสัมฤทธิ์ที่ทรงหล่อ

---

① 黄兴球. 壮泰民族分化时间考 [M]. 北京：民族出版社，2008：126.
② 刘丹青. 语序类型学与介词理论 [M]. 北京：商务印书馆，2003：329—330.
③ 杨光远. 十三世纪傣泰语言的语音系统研究 [M]. 北京：民族出版社，2007：266—277.
④ 杨光远. 十三世纪傣泰语言的语音系统研究 [M]. 北京：民族出版社，2007：262，311.
⑤ 吴福祥. 语义图与语法化 [J]. 世界汉语教学，2014（1）：13.
⑥ 下文 ໂດຍ 也遵循该条准则，分析时不再赘述。
⑦ นันทกา พหลยุธ. *การศึกษาเปรียบเทียบการใช้คำบุพบทในสมัยสุโขทัย อยุธยา กับปัจจุบัน* [D]. กรุงเทพฯ: จุฬาลงกรณ์มหาวิทยาลัย, 1983: 101.

เท่ากับพระองค์พระพุทธเป็นเจ้าซึ่งประดิษฐานไว้กลางเมืองสุโขทัย<u>โดยบุรพทิศด้านพระมหาธาตุ</u>นั้น.（101 页）

守夏期结束后，陛下举行大布施以庆祝佛像完成，佛像坐落在<u>佛塔东面</u>，是按照素可泰城中心的佛陀像的比例大小浇筑而成的。

在例 2 中，โดย 意为"在"，引入佛像的地点。

在阿育陀耶时期，โดย 的语义得到丰富，表示地点的例句数量增多，增加了表示依据的用法，但依据用法仅发现一例。

在现代时期，โดย 的语义进一步丰富，施事等其他用法陆续出现。

对 โดย 来讲，โดย 表示工具这一语义类型出现时间最早，后接对象也较为丰富，符合初始介词义的标准。而在素可泰时期，โดย 表示地点的用法只有一例，不具有典型性，且 โดย 依据语义的出现应该晚于工具语义。因此，โดย 的初始介词义为工具，意为"用，以"。

综上，根据上述词的早期实词义，并结合共时语料统计结果进行筛选[①]，各词初始介词义分别为：

ตาม：表示伴随，意为"随着，顺着"。

ผ่าน：表示工具，意为"通过"。

ทาง：表示空间关系，意为"在……方向（位）；从……方向（位）"。

โดย：表示工具，意为"用，以"。

需要说明的一个问题：

语法化是一个渐进的过程。根据表 1，ตาม, ผ่าน, ทาง, โดย 四词的虚化程度[②]分别为 89.9%、21.3%、32.9%、100%，表明除 โดย 外，其余三词兼有实词和虚词的用法，其语法化还处在实词向虚词的转化过程中，这也很好地解释了为什么老挝语中一些词既能做动词、名词等实词，又能做介词、连词等虚词，且实词义和虚词义紧密相关。

五、共时语义识解

传统的语义例举法由于缺乏理论阐释和语料支撑，很难阐释老挝语工具类介词各语义类型间的内在联系。同时，由于缺乏历时语料等原因，研究中难以构拟介词语义具体的历史发展顺序。因此，基于共时语料，引入认知语言学的原型理论和识解理论，可以帮助串联语义内在逻辑，促进认知系统化。

原型理论（the prototype theory）由罗施（E. Rosch）确立，是认知语言学的

---

① 详见表 3。

② 一词虚化程度＝该词虚词用法出现频次（包括介词和连词）÷该词出现总频次，例如，根据表 1，ตาม 虚化程度＝（357+0）÷（357+0+40）≈89.9%。

基本内容。人类对物质世界和精神世界中的不同事物进行分类，此过程即范畴化的过程，其结果是形成了范畴（category）。①

范畴内部各成员由"家族相似性"（family resemblance）联系在一起，即一个成员与其他成员具有相似性，但各成员之间不存在共享所有特征的现象。范畴内的成员依据具有该范畴共有特征的多寡而具有不同的典型性，原型（prototype）可以理解为与范畴内其他成员享有最多共性（家族相似性最大）的成员，是范畴最典型的代表。②

老挝语工具类介词的语义范畴也可以视为原型范畴。原型介词义位于介词性语义范畴的中心，是该范畴"最具有代表性的义项，也是语言符号最早获得的义项"③。可以看出，初始介词义是解释"家族相似性"的着眼点，具有充当原型介词义的条件，结合上文研究，我们将工具类介词的原型介词义分为三组：

1. 手段型工具类介词：ດ້ວຍ, ໂດຍ, ຜ່ານ，原型介词义为工具，意为"用，以；通过"。

2. 伴随型工具类介词：ກັບ, ນຳ, ຕາມ，原型介词义为伴随，意为"随着；跟同；与……一起"。

3. 空间型工具类介词：ທາງ，原型介词义为空间，意为"在……方向（位）；从……方向（位）"。

识解理论（the construal theory）可以用来描写"家族相似性"的联系。该理论由兰盖克（Roland W. Langacker）提出，是认知语法分析的重要基础。④

认知语言学认为语义即概念结构的形成过程。"识解（construal）是构建述义的必需因素，主要涉及焦点调整（focal adjustment）和意象（imagery）⑤其中，焦点调整主要包括：⑥

选择（selection）：决定所要涉及的场景部分；视角（perspective）：关乎场景的观察位置，其结果是情景参加者的相对凸显度；抽象（abstraction）：情景描写的详略度。

焦点调整可用于建构伴随介词的语义关系。识解者选定不同的成分作为场景、选取不同的观察视角、突显（弱化）不同的成分、从不同的抽象等级进行认识，都会导致不同的识解结果，即新的语义的产生。

---

① 李福印. 认知语言学概论［M］. 北京：北京大学出版社，2008：86.
② 蓝纯. 认知语言学与隐喻研究［M］. 北京：外语教学与研究出版社，2005：30.
③ 赵艳芳. 认知语言学概论［M］. 上海：外语教育出版社，2001：84.
④ 李福印. 认知语言学概论［M］. 北京：北京大学出版社，2008：10，268—271.
⑤ 兰盖克. 认知语法基础（第一卷）：理论前提［M］. 牛保义，等译. 北京：北京大学出版社，2013：121，499，502.
⑥ 同上，第121页。

以手段型工具类介词 ດ້ວຍ 为例，ດ້ວຍ 的原型介词义是工具。"人与世界互动的基本方式是物理接触"，工具是互动与接触的中介。[①] 根据识解理论，我们构建如下运动链场景[②]：

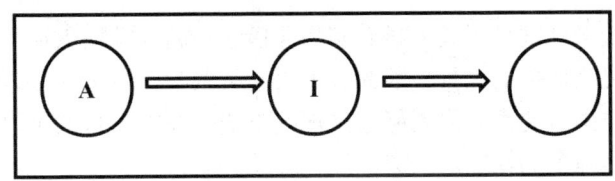

图 1 手段型工具类介词的语义范畴场景

图 1 中，事物 A 接触工具 I 并借助 I 作用于其他事物，工具 I 是事物 A 的受体，也是动作的凭借，还是下一个事物的施事。ດ້ວຍ 表示工具义时，意为"用，以；通过"，举例如下：

例 3：ຈາກນັ້ນ,ມັນກໍລ້ອມຮົ້ວດ້ວຍສັງກະສີ[③]ສູງຂັບຈົນຫຍງວອອກມາບໍ່ເຫັນເຮືອນທາງນອກ.（《越狱》, 4 页）

此外，他们还用镀锌铁皮在铁丝网外围成了一圈高高的墙，以至于向外望不到外面的房子。

工具具有较强的施动性，当这种特性被突显时，施事成分得以形成。但这种施事一般为被动施事，置于句子主干后，使观察者的注意力主要集中于受事——位于句子前端的主语。ດ້ວຍ 也可以表示施事，意为"由"：

例 4：ສັນຍານດ້ວຍແສງໄຟປະກອບດ້ວຍ 3 ສີ.（《巴特察》, 14.11.04）

灯光信号由三种颜色组成。

我们可以照此方法识解 ດ້ວຍ 的方式、依据、伴随等其他语义类型；然后拓展到手段型工具类介词，再拓展到工具类介词，最后形成工具类介词的语义网络。

六、语义范畴分析

在识解具体语义用法的基础上，为了进一步探究各介词语义类型多寡、各类介词典型用法等问题，我们可以从定量研究比较出发，通过整体个体相结合的方

---

① 赵艳芳. 认知语言学概论 [M]. 上海：外语教育出版社, 2001: 151.

② 运动链由兰盖克提出，参见 Langacker R W. *Foundations of cognitive grammar: descriptive application Vol. II*[M]. Stanford: Stanford University Press, 1991: 283.

③ 例句中的画线部分即为工具类介词短语，在译文中，我们通常也采取下划线对该介词短语对应的部分进行标注。对于因意译而不方便标注工具类介词短语的译文，我们将在该译文后单独进行解释。

法，多角度定性分析，实现"从语料到语义范畴"的闭环。

通过识解理论分析，我们发现：

1. 工具、伴随、空间是工具类介词的语义范畴中连接其他各语义的三大语义类型。

2. 材料、施事分别是工具突显其实物凭借性、施动性两大典型特征的变体，方式、依据可视为抽象的工具，因此五大语义类型与工具更为接近。此外，状态可以理解为不强调目的性、强调静态呈现的方式，原因、目的可以视为抽象的施事物，带有诸多施事的特征。

3. 对象是伴随的两个物体附加方向性、产生相互或对立关系的变体，补充说明是伴随抽象化的产物，而并列则可视为伴随弱化主次关系的结果，与伴随更为接近。

4. 空间是人类感知世界的基本途径，伴随和工具都具有各自对应的空间关系。

根据上述论断，本文构建老挝语工具类介词的语义范畴图如下：

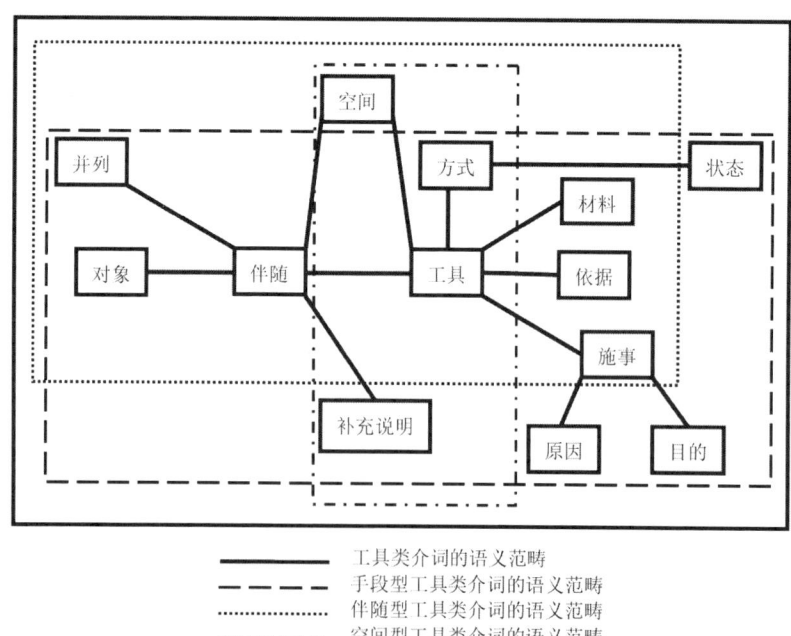

图2 老挝语工具类介词的语义范畴图

原型理论认为，范畴内的成员依据具有该范畴共有特征的多寡而具有不同的典型性，具有共有特征较多的是典型成员，反之是非典型成员。范畴呈放射状，原型处于范畴的中心位置，其他成员则根据典型度围绕原型分布，非典型成员常常处在范畴的边缘位置。①

在整个工具类介词的语义范畴中，工具位于范畴的中心，是语义衍生的基础，是该范畴的原型语义；伴随、方式、材料、依据属于工具类语义，空间同时连接着工具和伴随，距离原型语义较近，可以出现在两种或三种工具类介词的语义范畴中，且语料样本中相关的实例多体现出丰富的用法，可以视为范畴中较为典型的成员；对象、补充说明、状态、施事、并列、目的、原因七种语义类型属于非工具类语义，与原型语义之间的关系不如前几类语义类型紧密，其中原因、目的、并列三种语义类型距离原型语义最远，典型程度较低。这一结论也进一步论证了工具类介词间关系复杂，重合度高。

具体到数据，根据语料统计，工具类介词相关语义类型的出现频次反映如下：

表3 工具类介词语义类型出现频次统计

	手段型工具类介词				伴随型工具类介词				空间型工具类介词		总计
	ດ້ວຍ	ໂດຍ	ຜ່ານ	总计	ກັບ	ນຳ	ຕາມ	总计	ທາງ	总计	
工具	45	10	17	72	7	0	0	7	7	7	86
方式	37	166	44	247	13	0	0	13	14	14	274
材料	11	2	0	13	2	0	0	2	0	0	15
依据	0	11	0	11	0	0	210	210	0	0	221
伴随	3	0	0	3	151	35	27	213	0	0	216
空间	0	0	0	0	11	3	113	127	48	48	175
补充说明	0	129	0	129	0	0	0	0	121	121	250
状态	52	17	0	69	0	0	0	0	0	0	69
对象	43	0	0	43	336	46	7	389	0	0	432
施事	32	41	0	73	0	4	0	4	0	0	77
原因	24	8	0	32	0	0	0	0	0	0	32
目的	1	9	0	10	0	0	0	0	0	0	10
并列	41	0	0	41	84	0	0	84	0	0	125

原型理论认为，典型成员具有更多的范畴共同特征，是范畴中代表性很强的成员。对于介词来说，如果该介词在范畴中越典型，它包含的语义类型尤其是工

---

① 蓝纯. 认知语言学与隐喻研究[M]. 北京：外语教学与研究出版社，2005：30.

具、方式、材料、依据、伴随五大工具类语义的数量常常越丰富。基于此，我们对表3做如下分析：

1. 语义类型的类别

ด้อย, โดย, ກັບ 包含的语义类型种类和工具类语义种类都居于七词前列，其他介词包含的语义类型种类和工具类语义种类则相对较少。可以推断，ด้อย, โดย, ກັບ 的语义拓展力强，是工具类介词语义范畴中的典型成员，也是研究的重点。其他介词的典型性则相对较弱。

2. 语义类型的出现频次

（1）就整个工具类介词而言，方式、依据、伴随、空间、补充说明、对象六种语义类型的总出现频次较高，是工具类介词的常用语义类型，其中出现频次最高的语义类型是对象。

（2）就三种工具类介词而言，手段型工具类介词中，工具、方式、补充说明、状态、施事四种语义类型更为常用，其中出现频次最高（最常用）的语义类型是方式。伴随型工具类介词中，依据、伴随、空间、对象四种语义类型更为常用，其中出现频次最高的是对象。空间型工具类介词中，空间、补充说明两种语义类型更为常用，其中出现频次最高的是补充说明。

此外，无论是工具类介词整体，还是三种工具类介词，出现频次最高的语义类型与各自的原型介词义都不相符，这表明，某一类型的介词最常用的介词义不一定是其原型介词义。具体到单个介词而言，上述七个介词出现频次最高的语义类型与各自的原型介词义都不相符，也说明该结论成立。这说明焦点调整机制是丰富介词语义、强化介词功能的重要动力，拓展义常常取代词源义成为介词最常见的语义类型，构成介词语义的主要组成部分。

七、结语

根据老挝语虚词语义丰富、历时材料匮乏、具备亲属语言对比条件等特点，本文提出"从语料到语义范畴"的四步分析模式，借助多种现代语言学理论，运用定量与定性、历时与共时、整体与个体相结合的方法，对老挝语工具类介词语义进行研究，一定程度上拓宽了研究的深度和广度，规避了传统的例举法无法反映词之间和词内部用法间的内在联系的缺陷。

"从语料到语义范畴"的模式不仅适用于工具类介词，也可用于其他多义虚词教学研究，还可用于亲属语言比较、词根词缀、知识图谱等多领域教学研究。由于笔者时间、能力有限，本文语料样本的体积还不够大，因此对介词的语义类型的总结可能还有遗漏。随着语言信息处理技术的发展，用计算机组建、处理标注语料库，进一步对工具类介词开展研究，将是今后笔者努力的方向。

参考文献

［1］蔡慧兰．汉老相对应词对比［D］．昆明：云南大学，2011.

［2］陈昌来．介词和介引功能［M］．合肥：安徽教育出版社，2002.

［3］范宏贵．同根生的民族：壮泰各族渊源与文化［M］．广州：世界图书出版广东有限公司，2014.

［4］黄冰．老挝语汉语词典［M］．昆明：国际关系学院昆明分部，2000.

［5］黄伯荣，廖旭东．现代汉语［M］．北京：高等教育出版社，2002.

［6］黄兴球．壮泰民族分化时间考［M］．北京：民族出版社，2008.

［7］兰盖克．认知语法基础（第一卷）：理论前提［M］．牛保义，等译．北京：北京大学出版社，2013.

［8］蓝纯．认知语言学与隐喻研究［M］．北京：外语教学与研究出版社，2005.

［9］黎锦熙．新著国语文法［M］．长沙：湖南教育出版社，2007.

［10］李福印．认知语言学概论［M］．北京：北京大学出版社，2008.

［11］刘丹青．语序类型学与介词理论［M］．北京：商务印书馆，2003.

［12］陆蕴联．浅析老挝文字的历史渊源［J］．东南亚纵横，2007（3）：53—58.

［13］齐春红，黄意财．现代汉语结构助词"的"和老挝语结构助词 thi^{33} 的对比研究［J］．云南民族大学学报（哲学社会科学版），2011（6）：139—143.

［14］覃国生，谢英．老挝语-壮语共时比较研究［M］．北京：民族出版社，2009.

［15］石毓智．语法化的动因和机制［M］．北京：北京大学出版社，2006.

［16］舒导遴．老挝语工具类介词研究［D］．洛阳：战略支援部队信息工程大学，2017.

［17］吴福祥．语义图与语法化［J］．世界汉语教学，2014（1）：3—17.

［18］吴继光．用事成分的语义序列与语法规则［J］．中国语文，1999（3）：192—196.

［19］武智．汉语老挝语句末语气词对比研究［D］．南宁：广西民族大学，2013.

［20］徐默凡．现代汉语工具范畴的认知研究［D］．上海：华东师范大学，2003.

［21］徐通锵．历史语言学［M］．北京：商务印书馆，1996.

［22］杨光远．十三世纪傣泰语言的语音系统研究［M］．北京：民族出版

社，2007.

［23］张良民. 老挝语实用语法［M］. 北京：外语教学与研究出版社，2002.

［24］赵艳芳. 认知语言学概论［M］. 上海：外语教育出版社，2001.

［25］ບົວລີ ປະພາພັນ. *ພາສາລາວ*[M]. ວງງຈັນ: ວິສາຫະກິດໂຮງພິມສຶກສາ, 2002.

［26］ພູມີ ວົງວິຈິດ. *ໄວຍາກອນລາວ* [M]. ຊຳເໜືອ: ພະແນກສຶກສາສູນກາງພິມຈຳໜ່າຍ, 1967.

［27］Enfield N J. *A grammar of Lao* [M]. Berlin: Mouton de Gruyter, 2007.

［28］Lakoff G, Johnson M. *Metaphors we live by* [M]. Chicago: The University Press, 1980.

［29］Langacker R W. *Foundations of cognitive grammar: descriptive application Vol. II* [M]. Stanford: Stanford University Press, 1991.

［30］นววรรณ พันธุเมธา. *ไวยากรณ์ไทย* [M]. กรุงเทพฯ: โรงพิมพ์รุ่งเรืองสาส์นการพิมพ์, 1982.

［31］นันทกา พหลยุทธ. *การศึกษาเปรียบเทียบการใช้คำบุพบทในสมัยสุโขทัย อยุธยา กับปัจจุบัน*[D]. กรุงเทพฯ: จุฬาลงกรณ์มหาวิทยาลัย, 1983.

［32］พระยาอุปกิตศิลปสาร. *หลักภาษาไทย* [M]. กรุงเทพฯ: โรงพิมพ์ไทยวัฒนาพานิช จำกัด, 1971.

泰语并列连词 และ 和 กับ 辨析

信息工程大学　杨绍权

【摘　要】 และ 和 กับ 是泰语中常用的两个并列连词。在泰语并列连词的范畴内，และ 的典型性比 กับ 强。และ 既可以连接体词性成分和谓词性成分，也可以连接否定性成分、介词词组和结构助词词组。从连接功能来看，และ 既可以连接词、词组，也可以连接小句。而 กับ 的句法功能则相对受限，กับ 连接的并列谓词性成分主要充当主语或宾语，กับ 连接的并列谓词性成分的谓词性已经有所减弱而体词性增强，已经出现指称化的趋势。和 กับ 相比，และ 的句法功能更加丰富多样，使用更加自由，连接的意义关系也更为丰富多样。

【关键词】 泰语并列连词；连接功能；句法功能；典型性；指称化

泰语的并列连词用法灵活，是非常值得关注和研究的一类词。从现有的研究成果来看，国内外学界对泰语并列连词的关注不是太多。裴晓睿教授和薄文泽教授（2017）在《泰语语法》一书中，介绍了泰语连词的语法功能，认为泰语连词既可以连接词、词组，又可以连接小句。[①] 朱俊玄（2007）对汉语"和"与泰语 และ 进行了比较研究，认为泰语的 และ 比汉语的"和"更加典型，在分布上更加广泛、更加自由。[②] 杨丽周（2012）从意义、连接功能和句法功能三个方面比较分析了泰汉语常用并列连词的语法功能异同。[③] 泰国学者至今还没有专门研究泰语并列连词的成果，对泰语连词的研究也比较笼统，一般在泰语语法著作中作为一个词类做整体介绍。[④] 目前，还没有发现关于泰语并列连词 และ 和 กับ 异同的研究。

泰语中的 และ 和 กับ 是非常常用的两个并列连词，它们在用法上有很多共同之处，也存在一定的差异，这在泰语语法著作和教材中几乎没有专门做出区分，

[①] 裴晓睿，薄文泽. 泰语语法 [M]. 北京：北京大学出版社，2017: 114.

[②] 朱俊玄. 汉语"和"与泰语 และ 的比较 [J]. 云南师范大学学报（对外汉语教学与研究版），2007，5（5）: 87—92.

[③] 杨丽周. 泰汉常用并列连词语法功能比较 [J]. 云南师范大学学报（对外汉语教学与研究版），2012，10（4）: 70—75.

[④] 杨丽周. 泰汉常用并列连词语法功能比较 [J]. 云南师范大学学报（对外汉语教学与研究版），2012，10（4）: 70.

这就导致了在实际使用中,许多泰语学习者常常会感到疑惑:这两个并列连词在用法上有什么异同?可以连接什么成分?什么情况下可以互换,什么情况下不可以互换?因此,研究泰语并列连词 และ 和 กับ 在语法功能上存在的共性和差异,对于提高泰语学习者的口语、阅读、写作能力大有裨益,可以为我国的泰语教学提供一定的理论和方法依据。本文将从意义、连接功能和句法功能三个方面分析这两个并列连词的异同。

一、และ 和 กับ 的意义

และ 在《2554 年泰国皇家学术院词典》中作为连词时的解释为 "กับ, ด้วยกัน"。[①] 在《泰汉词典》中做连词时的意思是 "和、与、并、而、并且、而且"。[②] 例如:

例 1:ปากกาและดินสอเป็นเครื่องเขียนทั้งนั้น(杨丽周,2012)

译文:钢笔和铅笔都是文具。

例 2:เจมส์มีพี่ชายหนึ่งคนและน้องชายสองคน(杨丽周,2012)

译文:吉姆有一个哥哥和两个弟弟。

กับ[③] 在《2554 年泰国皇家学术院词典》中作为连词时的解释为 "เป็นคำที่เชื่อมคำหรือความเข้าด้วยกัน มีความหมายว่า รวมกัน"。[④] 在《泰汉词典》中作为连词时的意思是 "和,与"。[⑤] 例如:

例 3:ฟ้ากับดิน(天和地)

例 4:กินกับนอน(吃和睡)

由并列连词连接而成的并列结构,所表达的基本逻辑语义关系可以分为 "合取" 和 "析取" 两大类。[⑥] 从词典的解释中可以看出,และ 和 กับ 都有 "和、与、跟、及" 的意思,它们所表示的基本逻辑语义关系都是 "合取",表示两种或多种情况同时存在。如果我们从 และ 和 กับ 连接的各个部分之间的意义来考察的话,会发现两者连接的各个部分之间在意义上不完全相同,两者的用法也不完全相同。

---

① *พจนานุกรมฉบับราชบัณฑิตยสถาน* [M]. กรุงเทพฯ: บริษัท นานมีบุ๊คส์พับลิเคชั่นส์ จำกัด, 2554: 1089.

② 广州外国语学院. 泰汉词典 [M]. 北京:商务印书馆,2006:609.

③ กับ 作为语法虚词,兼有介词和连词两种词性。下文讨论 กับ 的语法功能时仅限于其作连词时的情况。

④ *พจนานุกรมฉบับราชบัณฑิตยสถาน* [M]. กรุงเทพฯ: บริษัท นานมีบุ๊คส์พับลิเคชั่นส์ จำกัด, 2554: 106.

⑤ 广州外国语学院. 泰汉词典 [M]. 北京:商务印书馆,2006:49.

⑥ 王晓梅. 英汉并列连词句法分布之对比 [J]. 湖北师范学院学报(哲学社会科学版),2009(2):47.

1. และ 所连接的前后两个部分在意义上是并列、平等的关系，没有主次、从属之分。例如：

例5：เขาและผมเป็นนักศึกษาวิชาภาษาไทย（杨丽周，2012）

译文：他和我是泰语专业学生。

例6：เธอสวยและเก่ง（杨丽周，2012）

译文：她漂亮又能干。

例7：ดิฉันชอบกินไข่เจียวและผลไม้（杨丽周，2012）

译文：我喜欢吃煎蛋和水果。

连词 และ 连接的前后两项位置比较自由，可以互换位置而不影响语义和关系。例如：

例8a：ครูและนักเรียนไปต่างจังหวัดด้วยกัน（裴晓睿、薄文泽，2017）

译文：老师和学生一起去外府。

例8b：นักเรียนและครูไปต่างจังหวัดด้วยกัน

译文：学生和老师一起去外府。

例8中将 และ 前后两个并列项互换位置，句子的语义没有发生变化，都表示"老师"和"学生"一起去外府。

2. กับ 所连接的前后两个部分在意义上既可以是并列、平等的关系，也可以表示跟随、从属关系或主动对象与被动对象关系。[①] 如：

例9：พ่อกับแม่เป็นครู（罗奕原，2012）

译文：爸爸和妈妈是老师。

例10：เราต้องซื้อดินสอกับปากกา（杨丽周，2012）

译文：我们要买铅笔和钢笔。

在上面两个例子中，กับ 连接的各个部分之间是并列、平等的关系，可以用 และ 来替换，句子语义不会发生变化。

但是当 กับ 连接的各个部分之间是跟随、从属关系或主动对象与被动对象关系时，则不能用 และ 来替换。例如：

例11：นุชกับหน่อยไปซื้อของด้วยกัน（裴晓睿、薄文泽，2017）

译文：努和诺一起去买东西。

这个句子中，连词 กับ 连接的两个名词在意义上既可以是平等的，也可以是从属的。这个句子可以分解出两种意思。第一种意思是：努和诺一起去买东西，这时候句中的连词 กับ 和 และ 用法相同，可以互换。第二种意思是：努跟随诺去买东西，此时 กับ 连接的两个部分之间带有跟随、从属的意义，กับ 不能用 และ 来替换。如果替换，它们之间的跟随关系就会发生变化。又比如：

---

① 杨丽周. 泰汉常用并列连词语法功能比较 [J]. 云南师范大学学报（对外汉语教学与研究版），2012，10（4）：70.

例 12：ฉันกับเขาไม่มีอะไรกัน（https://www.gotoknow.org/questions/12228）
译文：我和他没有什么（关系、矛盾等——笔者注）的。

这个例句中，从形式上看，กับ 连接的前后两个词都是人称代词，在句法结构上两个词是并列、同等的关系。但是从语义上看，ฉัน 是心理关注的重点，是主动对象，เขา 是被动对象，体现了两者之间的互动关系。如果把连词 กับ 换成 และ，那么句子就变成：

*ฉันและเขาไม่มีอะไรกัน
译文：我和他都没有什么（钱、权力、地位等——笔者注）。
显然，整个句子的语义发生了很大的变化，和原句的意思完全不同。

二、และ 和 กับ 的连接功能

泰语并列连词的比较研究，除了从语义进行比较外，还应从连词所连接成分的语法范畴和语言单位层级这两个层面进行深入分析。①

（一）连接词和词组的功能

1. 连接体词性成分

作为泰语中常用的并列连词，และ 和 กับ 都可以用于连接体词性成分，包括名词、代词、数量词（组）、时间词、方位词（组）以及中定结构等，二者的连接功能没有太大区别。例如：

例 13：นักศึกษาและครูไปเที่ยวที่ภูเก็ต（连接名词）（杨丽周，2012）
译文：学生和老师都去普吉岛旅游。
例 14：ตอนนี้ทั้งคุณและผมจะต้องอยู่ที่นี่（连接代词）（朱俊玄，2007）
译文：现在，你和我都必须待在这里。
例 15：หนังสือภาษาไทยเล่มนี้และปากกาด้ามสีแดงเป็นของเขา（连接中定结构）（杨丽周，2012）
译文：这本泰语书和红色的钢笔都是她的。
例 16：บุญส่งนอนหงาย หน้าเป็นสีเทาเหมือนทาขี้เถ้า หนังตาล่างกับบนปิดไม่สนิท...（连接方位词）（TNC：PRNV035）
译文：本颂仰躺着，脸上像抹了灰一样，上下眼皮没有完全合拢……
例 17：ใบนี้กับใบนั้นเหมือนกัน（连接量指结构）（裴晓睿、薄文泽，2017）
译文：这张和那张一样。
例 18：ลูกชายของเขากับลูกสาวของฉันเป็นนักเรียนภาษาไทยทั้งนั้น（连接中定结构）

---

① 杨丽周．泰汉常用并列连词语法功能比较［J］．云南师范大学学报（对外汉语教学与研究版），2012，10（4）：72．

(杨丽周,2012)

译文:她的儿子和我的女儿都是泰语专业学生。

2. 连接谓词性成分

(1) และ 可以连接谓词性成分,包括动词性成分、形容词性成分和述宾结构。例如:

例19:คุณครูต้องการให้นักเรียนทุกคนตั้งใจเขียนและอ่านบทที่สาม(连接动词)(朱俊玄,2007)

译文:老师要求学生们认真地抄写和朗读第三课。

例20:เขาทำงานเสร็จเร็วและดี(连接形容词)(朱俊玄,2007)

译文:他又快又好地完成了自己的工作。

例21:เขาไม่ชอบทำการบ้านและอ่านหนังสือ(连接述宾结构)(朱俊玄,2007)

译文:他不喜欢做作业和看书。

上面这些例句中,และ 分别连接了动词性成分、形容词性成分和述宾结构,由此可见 และ 的连接功能广泛,几乎不受限制。

(2) และ 还可以连接两个支配同一主语的动词性成分,即可以连接由两个动词性成分构成的连动式:S+VP1+และ+VP2。[①] 一般来说,连动式中两个动词性成分所包含的动作是由同一主体发出或承受,次第发生的,有时间上的前后继承关系。[②] 例如:

例22:นักเรียนลุกขึ้นและพูดว่าสวัสดีคุณครู(朱俊玄,2007)

译文:学生们站起来,说"老师好"。

例23:ไม่รู้ว่าเพราะอะไร เขานั่งที่เก้าอี้และร้องให้(朱俊玄,2007)

译文:不知为何,她坐在凳子上,然后就哭了起来。

(3) 另外,还存在一种有两个动词性成分由 และ 相连而构成的格式,表面上看很像连动式,但 และ 连接的两个动作并没有时间上的前后继承关系。其中一个动作是作为另一个动作的原因或状态而出现的,两者之间并非并列关系,而是修饰与被修饰的关系。在这样的格式中,และ 可以用来连接这两个"不平等"的动词性成分。例如:

例24:รถติดและขยับเขยื้อนไม่ได้มาเกือบชั่วโมงแล้ว(朱俊玄,2007)

译文:堵车已经将近一个小时了。

在例24中,"堵车"是"不动"的原因,"不动"是"堵车"的状态,ติด 和 ขยับเขยื้อน 两个动词之间没有时间上的前后继承关系,可以用 และ 连接,而不能

[①] 朱俊玄. 汉语"和"与泰语 และ 的比较 [J]. 云南师范大学学报(对外汉语教学与研究版),2007,5(5):88.

[②] 裴晓睿,薄文泽. 泰语语法 [M]. 北京:北京大学出版社,2017:168.

用 กับ 连接。

（4）กับ 也可以连接两个并列的谓词性成分，但并列后的谓词性成分所组成的结构仅限于充当主语或者宾语，不能充当句子的谓语。例如：

例 25：โดยสารเครื่องบินกับโดยสารรถเมล์ต่างก็สะดวก（连接述宾结构充当主语）（杨丽周，2012）

译文：乘坐飞机和乘坐汽车都方便。

例 26：เด็กสมัยนี้นิยมเล่นคอมกับดู TV มากที่สุด（连接述宾结构充当宾语）（杨丽周，2012）

译文：现在的孩子最喜欢在家玩电脑和看电视。

连词 และ 可以连接两个形容词充当句子的谓语，而 กับ 没有这样的功能。例如：

例 27a：ห้องเรียนห้องนี้แคบและมืด（连接形容词充当谓语）（裴晓睿、薄文泽，2017）

译文：这间教室又窄又暗。

例 27b：*ห้องเรียนห้องนี้แคบกับมืด

例 27a 中，两个形容词并列充当句子的谓语。如果我们将例 27a 中的连词 และ 替换成 กับ，得到的例 27b 这样的表达不符合泰语的语言习惯，句子是不成立的。

3. 连接否定性成分

泰语中，และ 可以连接两个并列的否定性成分，包括否定性的动词成分和否定性的形容词成分。กับ 则不能连接两个并列的否定性成分。例如：

例 28a：คนใช้ไม่กินและไม่พูด（连接否定性动词）（朱俊玄，2007）

译文：病人不吃（东西），也不说（话）。

例 28b：*คนใช้ไม่กินกับไม่พูด

例 29a：แฟนของหลิวกั๋งไม่อ้วนและไม่ผอม（连接否定性形容词）（朱俊玄，2007）

译文：刘刚的女朋友不胖也不瘦。

例 29b：*แฟนของหลิวกั๋งไม่อ้วนกับไม่ผอม

例 30a：แม่ของหลินอิงซักผ้าไม่หอมและไม่สะอาด（连接否定性形容词）（朱俊玄，2007）

译文：林英的妈妈洗衣服洗得不香也不干净。

例 30b：*แม่ของหลินอิงซักผ้าไม่หอมกับไม่สะอาด

以上例 28、例 29、例 30 中的 และ 都不能换成 กับ。带*的句子将 และ 换成了 กับ，不符合泰语的表达习惯，一般是不成立的。

4. 连接介词词组

连词 และ 可以连接两个介词词组，กับ 则没有相应的功能。例如：

例 31：ไม่ว่าผู้ใดจะปฏิบัติตัวเหนือ<u>และ</u>นอกกฎหมายไม่ได้（杨丽周，2012）

译文：任何人都不可以将自己置身于法律之上和之外。

例 32：วางของหนักบนโต๊ะ<u>และ</u>ในลิ้นชักไม่ได้（杨丽周，2012）

译文：不能把重东西放在桌子上和抽屉里。

5. 连接结构助词词组

และ 和 กับ 都可以连接两个结构助词词组。และ 连接的结构助词词组可以充当定语。กับ 连接的结构助词词组只能充当主语，且一般含有两者比较的意味。例如：

例 33：ชาวบ้านมีความภูมิใจในผลงานของตนเอง โดยเฉพาะชื่อเสียงของหมู่บ้าน<u>และ</u>ของจังหวัดพะเยาอันเกิดจากแพร่ขยายการจำหน่ายของผลิตภัณฑ์ในตลาดทั้งในและต่างประเทศ（TNC：ACSS110）

译文：村民们对自己的成就，尤其是对产品畅销国内外给村庄和帕耀府带来的名声感到自豪。

例 34：ของพี่<u>กับ</u>ของน้องไม่เท่ากัน（裴晓睿、薄文泽，2017）

译文：哥哥的和弟弟的不相等。

例 34 中，กับ 连接了两个结构助词词组充当句子的主语，同时也表示 ของพี่ 和 ของน้อง 两者之间的比较关系，含有两者相比的意味。如果将这个句子中的 กับ 替换成 และ 则无法体现二者相比的关系。

6. 连接多项并列成分

และ 可以连接多项并列的成分，且置于最后两个并列成分之间表示并列关系。例如：

例 35：พวกเรานำขนมปัง น้ำอัดลม<u>และ</u>ผลไม้ ก็สามารถไปปิกนิคอย่างง่าย ๆ ได้แล้ว（朱俊玄，2007）

译文：我们带一些饼干、汽水和水果，这样就可以来一个简单的野餐了。

例 36：ท่านผอ.สั่งให้คุณสมชาย คุณ<u>และ</u>ผมขึ้นเครื่องบินอาทิตย์หน้าไปอเมริกาเป็นเวลาหนึ่งเดือน（朱俊玄，2007）

译文：校长吩咐：颂差先生、你和我下周要乘飞机去一趟美国，为时一个月。

例 37：ทุกวันนักเรียนจะมาโรงเรียนเข้าแถว เรียนหนังสือ<u>และ</u>เล่นกีฬา（朱俊玄，2007）

译文：每天，学生们都要来学校参加升旗仪式，上课，（而且）还要参加体育活动。

例 38：คุณควรระวังคนที่นั่งข้าง ๆ คุณในโรงหนังที่มืด เย็นและเงียบ（朱俊玄，2007）

译文：在很暗、很冷又非常安静的电影院里，要小心坐在你旁边的人。

例 39：ฉันคิดถึงแม่ทุกชั่วโมง ทุกวัน ทุกเดือนและทุกปี（朱俊玄，2007）

译文：我时时刻刻都想念母亲。

而 กับ 只能连接两个并列成分，不能用于连接多项并列成分。例如：

例 40：ฉับกับเขาเป็นเพื่อนกัน（杨丽周，2012）

译文：我和他是朋友。

例 41：คุณพ่อกับคุณแม่ไปซื้อของแล้ว（杨丽周，2012）

译文：爸爸跟妈妈去买东西了。

也就是说，และ 连接词和词组的时候，其连接功能基本不受所连接成分词性和数量的限制。而 กับ 连接的谓词性成分一般只能充当主语或宾语，无法连接否定性成分、介词词组，且只能连接两项并列成分。

（二）连接小句的功能

泰语并列连词 และ 的连接功能基本不受语言单位层级的限制，除了可以连接词和词组，还可以连接小句，且前后两个小句之间可以表现为多种句间关系。而 กับ 连接小句的功能就比较受限，两个小句只能表示并列关系，且并列之后的两个小句只能整体充当主句的主语。

1.และ 可以连接两个小句，表示前后两句之间的并列、继承、递进、目的、因果等关系。例如：

例 42：ในพระอุโบสถของวัดต่าง ๆ ไม่อนุญาตให้ถ่ายรูปถ่ายวีดีโอและต้องถอดรองเท้าก่อนเข้าพระอุโบสถ ห้ามทิ้งก้นบุหรี่ ถ่มน้ำลายตามสวนสาธารณะ ไม่งั้นจะถูกปรับ และอย่าไปจับหัวของเด็กไทยนะเขาไม่ชอบ（表示各个注意项之间的并列关系）（朱俊玄，2007）

译文：在各佛寺的佛殿内禁止照相拍录像；进入佛殿前要脱鞋；请不要在公园里扔烟头和吐痰，不然会被罚款的；也不要去摸泰国儿童的头，他们会不高兴的。

例 43：ขโมยถูกตำรวจจับและจำคุกเป็นเวลาหนึ่งปี（表示前后继承关系）（朱俊玄，2007）

译文：那个小偷被警方捕获，最后被判刑一年。

例 44：บ้านของเขามีรถจักรยานหนึ่งคัน รถมอเตอร์ไซค์สองคันและมีรถยนต์อีกหนึ่งคัน（表示递进关系）（朱俊玄，2007）

译文：他家里有一辆自行车、两辆摩托车，而且还有一辆汽车。

例 45：กรุณาเรียกแท็กซี่ให้ผมและช่วยผมกลับโรงแรมครับ（后句为前句的目的）（朱俊玄，2007）

译文：请帮我叫一辆出租车，送我回饭店。

例 46：เขาตกจากต้นไม้ และมือเขาก็เจ็บ（表示因果关系）（朱俊玄，2007）

译文：他从树上摔下来，结果弄疼了手。

从上面的例句中我们可以看出，在泰语中 และ 不仅能表示并列关系，而且还有其他很多功能：表示继承关系、递进关系、目的关系、因果关系等，与这些关系相应的 และ 也就有了多种翻译方式（"然后、而且、所以、结果/于是"等）。那么，在泰汉翻译中，และ 很多时候就不能简单地以"和"直译之，而通常要使用其他表示并列、继承、递进、目的、因果等关系的连词甚至是标点符号等多种手段才能准确翻译其语义。

2. กับ 连接两个小句，表示前后两个小句之间的并列关系，整体充当主句的主语。例如：

例 47：เขาเชือดเนื้อกับเขาเฉือนเนื้อยังมีความหมายแตกต่างกันบ้าง（裴晓睿、薄文泽，2017）

译文：他割肉和他切肉的意思不完全相同。

例 48：ลูกชายไปเที่ยวกับลูกสาวไปซื้อของต่างก็ได้รับอนุญาตจากคุณพ่อ（杨丽周，2012）

译文：儿子去玩和女儿去买东西都得到了父亲的允许。

三、และ 和 กับ 的句法功能

泰语并列连词可以用来连接两个或两个以上的词、词组或小句。由于并列连词在句子中不充当任何成分，所以并列连词的句法功能主要取决于并列连词的连接功能和所连接的各成分的语法范畴。[①]

（一）และ 的句法功能

从连接成分的语法范畴来看，และ 既可以连接体词性成分和谓词性成分，也可以连接否定性成分、介词词组和结构助词词组。从连接功能来看，และ 既可以连接词、词组，也可以连接小句。和 กับ 相比，และ 的句法功能更加丰富多样，使用更加自由。如：

例 49：ตอนนี้ทั้งคุณและผมจะต้องอยู่ที่นี่（连接代词充当主语）（朱俊玄，2007）

译文：现在，你和我都必须待在这里。

例 50：เขานินทาและด่าฉัน（连接动词充当谓语）（杨丽周，2012）

译文：他说我坏话和骂我。

---

① 杨丽周. 泰汉常用并列连词语法功能比较［J］. 云南师范大学学报（对外汉语教学与研究版），2012，10（4）：74.

例51：แม่ของคุณยังสาว和สวยอยู่（连接形容词充当谓语）（朱俊玄，2007）
译文：你的妈妈还那么的年轻和漂亮。
例52：เขาจะไปซื้อรองเท้า和เสื้อผ้า（连接名词充当宾语）（杨丽周，2012）
译文：他要去买鞋子和衣服。
例53：หนังสือที่อยู่บนโต๊ะ和อยู่ในลิ้นชักของอาจารย์ทั้งนั้น（连接介词短语充当定语）（杨丽周，2012）
译文：桌子上和抽屉里的书都是老师的。
例54：เขาทำงานอย่างตั้งใจ和ขยัน（连接形容词充当状语）（杨丽周，2012）
译文：他认真努力地工作。

（二）กับ 的句法功能

从连接功能来看，กับ 可以连接词、词组，也可以连接小句。连词 กับ 主要用于连接体词性成分，充当主语或宾语。也可以用于连接谓词性成分，但是连接的谓词性成分仅限于充当句子的主语或宾语，不能充当句子的谓语。กับ 一般不能连接否定性成分和介词结构。所以，相对于连词 และ 来说，กับ 具备的句法功能比较有限。如：

例55：น้องชายเขากับน้องชายฉันไปดูหนังกัน（连接名词性成分充当主语）（杨丽周，2012）
译文：他的弟弟和我的弟弟一起去看电影。
例56：เชือดกับเฉือนต่างก็เป็นกิริยาที่ใช้มีดทำให้ส่วนใดส่วนหนึ่งหลุดไป（连接动词充当主语）（裴晓睿、薄文泽，2017）
译文：割和切都是用刀使某一部分剥离的动作。

从上面的例子可见，และ 的使用环境比 กับ 要自由得多。其中，กับ 连接的并列谓词性成分主要充当主语或宾语，不能自由地充当句子的谓语，其谓词性已经有所减弱而体词性增强，已经出现指称化的趋势。

四、结语

从以上的分析可以看出，และ 的语法分布比 กับ 更广，也就是说 และ 拥有并列连词的更多特征，在并列连词范畴内 และ 比 กับ 更典型，และ 比 กับ 更接近原型的并列连词。而且，กับ 兼属连词和介词两类[①]，这种处于"跨界"状态的词也不可能再成为连词范畴的典型成员。

因此，我们看到典型性更强的 และ 能够自由地连接并列的动词性或形容词性成分充当句子的谓语，可以连接连动式、否定性成分、介词词组、结构助词词组

---

① 裴晓睿，薄文泽. 泰语语法 [M]. 北京：北京大学出版社，2017：116.

以及并列多项的名词性成分、动词性成分、形容词性成分等,可以连接两个小句表示并列、继承、递进、目的、因果等多种关系。而典型性较差的 กับ 却要在这些用法中受到很大的限制。

参考文献

[1] 罗奕原. 基础泰语:2 [M]. 广州:世界图书出版广东有限公司,2012.

[2] 裴晓睿,薄文泽. 泰语语法 [M]. 北京:北京大学出版社,2017.

[3] 王晓梅. 英汉并列连词句法分布之对比 [J]. 湖北师范学院学报(哲学社会科学版),2009(2):46—51.

[4] 杨丽周. 泰汉常用并列连词语法功能比较 [J]. 云南师范大学学报(对外汉语教学与研究版),2012,10(4):70—75.

[5] 朱德熙. 语法讲义 [M]. 北京:商务印书馆,1982.

[6] 朱俊玄. 汉语"和"与泰语 และ 的比较 [J]. 云南师范大学学报(对外汉语教学与研究版),2007,5(5):87—92.

高棉语动词后（post-V）baan 的依存句法分析

信息工程大学 帅洪福

【摘　要】 高棉语多功能词 baan 是高棉语日常使用的高频词，具有丰富的语法、语义和句法功能。baan 的语法化问题备受学界关注，被认为能够体现出相似的区域语言学特点（Areal linguistics），是东南亚"得"义词语言现象的典型代表。在不同的句法位置上，baan 可以体现出复杂的语义，也可以与其他动词组成复杂动词结构。本文尝试利用词格依存理论对 baan 位于主动动词后，即"动词+baan"结构进行探讨，并分析该结构中 baan 的句法-语义特点。

【关键词】 baan；动词后；词格依存

高棉语多功能词 baan，一直是学界比较关注的研究对象。一是因为其本身句法灵活，语义丰富。比如 baan 既可以作为主动动词，也可以在主动动词前后进行搭配使用，既能形成常见的序列结构，也可以形成结果体结构。同时，语义方面，baan 既能表示"得到"，又能表示"成功"或者"可能"等。二是因为 baan 是整个东南亚语言中，"得"义现象的典型代表。所谓"得"义指的是"得到，获得"之义，即英文的"acquire"。东南亚语言谱系众多，有汉藏语系、南亚语系、南岛语系等。但在这些谱系不同的语言之中，几乎都有表示"得"义的动词，并且其语法和句法功能也都极其相似。baan 体现出的"得"义现象体现了相似的区域语言（Areal linguistics）现象，另外"得"义的语义是如何延展、变化和定型的语法化问题，也一直吸引着众多研究者的目光。尤其是许多专家对于动词后的"得"，究竟是语法化的终点还是过渡，争论十分激烈。那么厘清高棉语动词后（post-V）baan 的用法就显得很有必要。

一、前人研究情况

以往研究中针对"动词+baan"结构的讨论并不少见，比如：

（1）Haiman（2011）将高棉语 baan 置于"V1（动作）+V2（结果）"动词结构中进行讨论。Haiman 称该结构为结果体动词结构，并解释说"结果体结构，俗称完成体（completive），不只在高棉语中，在许多其他东南亚语言，包括越语、普通话、拉祜语、苗语、老挝语和泰语中都是非常著名的结构。"（Haiman，2011：271）该结构中，V1 表示动作，V2 表示 V1 的结果。Haiman

称 V2 为成功动词（succeess verb），因为 V2 代表主要动词 V1 的动作成功实现。在高棉语中，使用最广泛的成功动词包括：baan "得到"、pot "超过"、ruaj "逃离"、cenñ "离开"、chneah "赢"、dɔl "到达"、gaʉt "产生" 等。Haiman 认为这些是半语法化的（semi-grammaticalized）成功动词，当它们出现却没有任何关于原始特征的暗示（without any hint of their original specificity）时，通常被简单的翻译为 "成功"（succeed）或 "能够"（manage）。

（2）Jacob（1968）认为主要动词是指必要时动词前面可以添加否定小品词的动词。Jacob 发现在某些动词序列中第二个动词前面可以添加否定词，因此提出 "第二位置主要动词"（seconde position main verb）概念，并将其分为三类：

表 1 "第二位置主要动词"的分类（Jacob，1968）

第一类动词	序列中，两个动词（V1，V2）词汇上相互可以比较，V1 表示 "一个动作"，而 V2 表示 "动作的完成或结果"。V2 经常是否定的。	对应动词：rook\nək\məəl… kəəñ, sdab… lʉʉ, rian… jeh, gət… koh\dtrəʉw 等
第二类动词	序列中需要表示 "成功" 或 "失败" 含义，但是在第二位置上却因为词汇上没有特别适合的词而使用的动词。	对应动词：baan, min baan, gaut, min gaut, ruaj, min ruaj, min dtuan ruaj 等
第三类动词	有时动词的词汇意义与 "成功" 或 "完成" 含义没有关联，也可以在第二位置上做主要动词。在双动词结构中，主要动词\动词词序的倒装实际上可以应用于动词的任何近似序列。	例如：grua-saa kmae ñam baay min braʉ jɔɔng-geh dtee. niang nuh slcc sɔm-lɔɔ min dak mdteh dtee.

其中第一、二类动词都是结果体动词，并且第二类动词对应的是 Haiman 所说的成功动词或半语法化动词；而第三类动词与前两类动词并不相同，它其实并非真正的第二位置主动动词，它只是二元动词结构中主要动词或动词序列的倒装。

（3）Ehrman（1972）将位于主动动词后的高棉语 baan 当作结果体动词。他指出高棉语中一种非常普遍的修饰方式是 "MV1+MV2"（MV 为主动动词）。其中 MV2 表示 MV1 的可能性、完成状态或结果。他认为这并不是简单的动词修饰动词关系。对于一般动词，否定词位于主要动词前，如 min ni-yiay leeng。但对于结果体动词，否定词位于第二个动词前，如：məəl min daj。

（4）Huffman（1967）将此用法的高棉语 baan 当作普通完成体动词（general completive verb）。他认为完成体动词出现在发起动作（initiate an action）的动词之后，表达该动词的完成、期望结果或成功可能性。完成体动词常形成完成体结构，完成体结构隶属于非中心结构，由首动词（initiating verb）做第一成分，完成体动词（completive verb）做第二成分。在否定表达中，否定助词位于完成体动词前。

高棉语结果体动词结构受到广泛关注，Huffman（2011）与 Enfield（2004）均认为高棉语 baan 的语法化发展与结果体动词结构有千丝万缕的联系。为明确研究范围，本文对结果体动词结构定义如下：

同时具备如下特点的动词结构就是结果体动词结构：1. 序列中含有固有意义（intrinsic meanings）表示某种"结果"的动词，且动词间没有连词；2. 只有第一个动词可以接名词性短语做其主语；3. 结果体动词后不能接名词性宾语；4. 对结构进行否定时，否定词位于结果体动词前。

如：guat rook siaw-pəu kəəñ.

rook, kəəñ 两个动词构成结果体动词结构，其中 kəəñ 为结果体动词。本句中 kəəñ 后不可再接名词性宾语，kəəñ 本身含有固有意义"看见，看清"。

该句的否定形式为：

guat rook siaw-pəu min kəəñ.

*guat min rook siaw-pəu kəəñ.[①]

笔者总结 baan 做动词后词时的特点如下：一是 baan 可以与主动动词组成结果体动词结构。二是结果体动词结构中，baan 不是结构的词首，做非限定补语修饰主动动词。三是 baan 后面不可接名词性成分。四是否定句中，否定词位于 baan 前。

二、动词后（post-V）baan 的语义分析

（一）表示"能够"

高棉语 baan 位于主动动词前时可以表示情态意义"能够"，但是该用法与此处不同。此处的高棉语 baan 位于主动动词之后，表示"能够"。两种用法中高棉语 baan 的句法位置和词性均不同。动词前 baan 是助词，而动词后 baan 是词汇动词（lexical verb）。baan 的这两种用法之间语义完全相同，是否存在特殊联系？除语法化之外，笔者认为可以解释为："baan+V"结构经过倒装，形成"V+baan"结构。这种猜测与 Jacob（1968）提到的第三类"第二位置主要动词"用法一致。此外，baan 位于主动动词后表示"能够"之意时，需要突出与随后表示"成功或完成"之意间的区分。"能够"是"有能力成功实现或完成某动作"，而"成功或完成"则表示"'能够'实施的动作得到实现或成功"。在表示"能够"之意时，需要体现出"主观愿望"，即客观上完全可以实施该动作，

[①] *号表示该用法不符合一般语言使用习惯。

但主观上决定其是否得到执行。

例1：

ខ្ញុំ	ទៅ	មិន	បានៗ
kñom	dtəɨ	min	baan.
I	去	neg.	ACQ

我不能走。

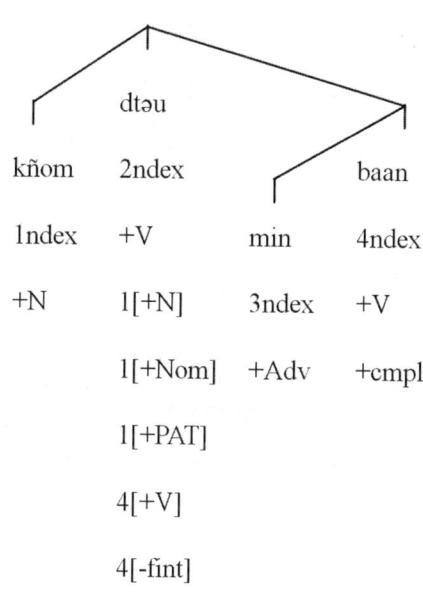

图 1

图 1 中，baan 为结果体动词，该句为有动词句，句子的词首是 dtəɨ。dtəɨ 与 baan 形成否定结果体结构，baan 作为非限定动词补语修饰 dtəɨ。本例中，"我"其实可以随时离开，没有人限制其活动范围，但可能因为"使命感或责任感"，"我"主动留下来了，所以是"我不能走"。

例2：

អត់	មាន	របស់	អ្វី	មក	ប្រៀបធៀប	បាន	ទេ?
ɔt	mian	robh	ɔvwey	mook	briab-tiab	baan	dtee.
neg.	有	东西	什么	来	比较	ACQ	Spart

没有什么东西可以拿来比较？

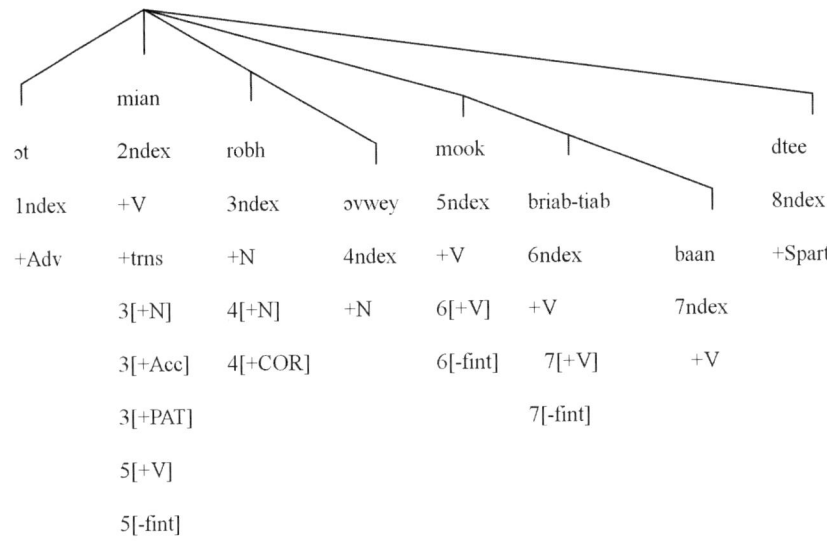

图 2

图 2 结构相对比较复杂,baan 为结果体动词。该句为有动词句,句子的词首是 mian。mook briab-tiab baan 三个动词组成结果体动词结构,作为非限定补语修饰 mian。本例中,baan 同样表示"能够",即随便拿什么来都无法与之比较。或许可能存在实际价值更高的东西,但是在主人公眼里,这个是无与伦比的。这就是"主观愿望"的体现。

(二)表示"成功或完成"

高棉语 baan 位于主要动词后时,也可以表示"成功或完成"。这与其位于主要动词前时语义保持一致,主要区别在于句法位置和词性。表示"成功"或"完成"时语义区分比较细微,若 baan 前面是获得性动词(acquisition verb)[①]时,两者意义完全相同(Enfield,2004)。同时,因为语法化的问题,当 baan 置于主动动词后时,如何区分是表示前面提到的"可能"之意,还是表示"成功或完成"之意。部分学者认为,两种意义似乎都不会造成理解的偏差。然而,如果我们执着于两者间的差别,其差异却也十分明显。判断的主要依据在于语境中,动作实现的外部环境是否客观存在。上例中 kñom dtəɯ min baan.(我 走 不 能。)我们分析 baan 表示"可能"。诚然,如果没有语境中的语义限制或其他条件约束,基本可以肯定该用法表示"可能"之意。但如果略加修改为 kñom ñaam min baan.(我 吃 不 能/成功),意思就存在争议了。"我不能吃"与"我吃不了"都是合理的解释。这时语境中的语义限制就十分重要。比如如果有纪律要

---

① 部分学者亦称"投射完成性动词"(projeted accomplishment verb)。

求，不能吃别人给的食物，那么这里当理解为"能够"。但如果是刚吃饱，作为对别人劝食的回应，应当理解为"成功，完成"，即"吃不了了"。因此以此语义为标准分析 baan，须重点关注外部条件是否成立，这点与英语条件句中，动词的形式用现在式还是过去式的区分是类似的。

例3：

រក   មិន   បាន
rook   min   baan
找   neg.   ACQ
没找到

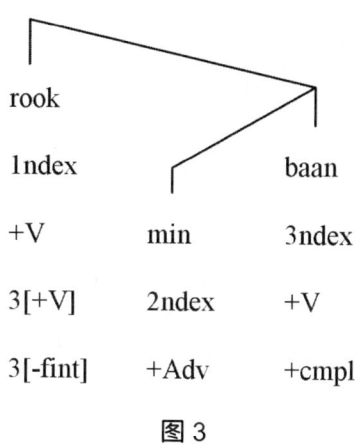

```
        rook
       /    \
      /      \
   1ndex    baan
    +V      min    3ndex
   3[+V]   2ndex    +V
   3[-fint] +Adv   +cmpl
```

图 3

图 3 结构比较简单，是典型的结果体动词结构。rook 任结构词首，baan 作为非限定补语从属于 rook。本例中"找"的动作客观发生了，"找"的结果是"未成功"。并且此处不可理解为"不能找"，"不能找"的表达用 ook min aaj，是 min aaj ook 的倒装形式。

例4：

តេ   ចាប់   ខ្ញុំ   បាន។   ខ្ញុំ   នឹក   ថា   អស់   បាន   ជួប
gee   jab   kñom   baan.   kñom   nək   taa   oh   baan   juab
3   抓   1   ACQ   1   想   说   neg. ACQ   见
មុខ   លោកគ្រូ   ហើយ។
muk   look-gruu   haɨy.
面   老师   Spart

他们抓住了我。我想，再也见不到老师了。

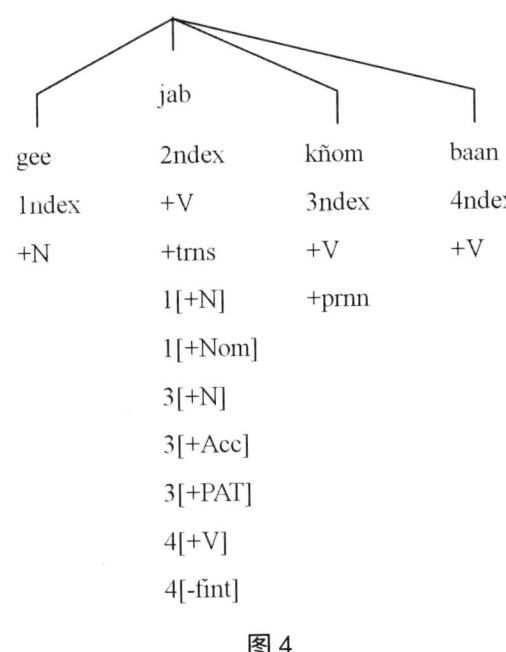

图 4

图 4 中包含两个句子,我们只解释第一个句子,该句中 baan 作为结果体动词,句子的词首是动词 jab。jab 与 baan 组成结果体动词结构,jab 支配 baan。本例中因为"他们抓住了我",导致客观条件限制"见老师"的动作,因此是典型的表示"成功或完成"之意。

(三)表示"连接词"

高棉语 baan 可以位于主动动词之后,其后接表时间、方式、程度和范围等意义的成分。此种用法的处理难点是 baan 的词类归属问题。Huffman(1970)认为此用法中 baan 表示情态意义"过去能够、过去有机会",同时对比两种结构:(1) kňom baan dtəʉ bpii dɔɔng(我 ACQ 去 两 次);(2) kňom dtəʉ baan bpii dɔɔng(我 去 ACQ 两 次)。他的结论是后句中的 baan 与前句中的 baan 意义没有改变或仅细微改变。Haiman(2011)则列举了 baan 后面接其他成分的多种用法。经笔者总结,可以将其结构概括为"V+(N1)+baan+(N2)+MP"。其中 N1 与 N2 几乎不同时出现,计量短语(MP)可以表示"具体的",也可以表示"抽象的"。Huffman 认为,此结构中的 baan 在某些语句中可以看作是"成功"动词,但是在其他某些语句中其"成功"意义并不明显。另外某些句子中,baan 也可以仅仅表示直接宾语的左分界。比如:haʉy bɔng-gʉat baan srey mneak(Spart 生 ACQ 女孩 一个)中,baan 就可以仅表示将直接宾语 srey mneak 与动词 bɔng-gʉat 分开。

关于此结构中 baan 的区分，笔者的观点是，词格理论下该结构中的 baan 句法上可以有两种解释，一是做介词，二是做动词。baan 做介词或做动词在句法上都是符合规范的，因此我们只能再以语义标准进行区分。若句中的 baan 含有"过去能够"之意，则 baan 为动词；若无此意，则 baan 为介词。我们根据 baan 后面所接成分的不同，借鉴 Haiman 的观点，将其划分为两种，即"接具体计量短语"（concrete measure phrases）和"接抽象计量短语"（abstract measure phrase）。

a. 接"具体计量短语"：

例1：

តេ ចាប់ ក្ដាម បាន មួយ ឡ៊ោ
gee jab gdtaam baan muay loo.
3 抓 螃蟹 ACQ 一 打

他们抓了一打螃蟹。或他们能抓一打螃蟹

本句有两种理解，若只说明"抓了一打螃蟹"这件事，则 baan 为介词。baan 无实际语义，仅表示连接功能。

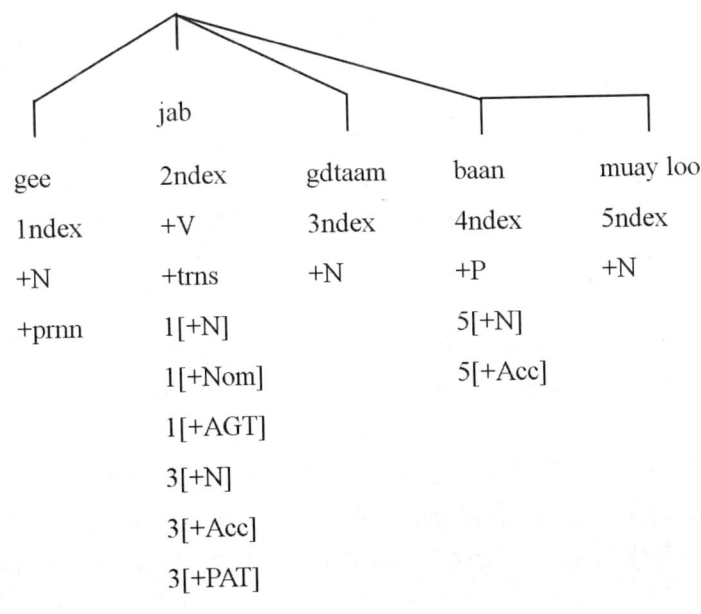

图 5

若该句强调"过去发生"，则 baan 为动词，此时 baan 的语义为"过去能够……"。当然 baan 做动词与做介词时区别比较轻微，有时难以弄清。

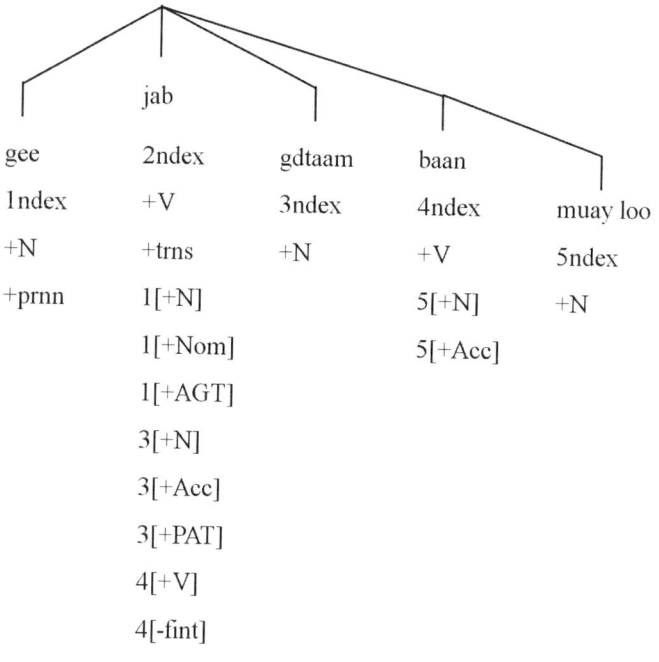

图6

此类用法还包括：

dau jeeñ bpii dtii snee-haa baan brɔ-maan brɔ-hael dɔl dɔb jəmhian.

从爱人那里走出大约 10 步。或从爱人那里走出已经大约 10 步。

（若为第一种理解时，baan 为介词；若为第二种理解时，baan 为动词。）

b. 接"抽象计量短语"：

例 5：

តេ	និយាយ	ភាសា	ខ្មែរ	បាន	ល្អ	ណាស់។
gee	ni-yiay	piasaa	kmae	baan	l-ɔɔ	nah.
3	说	语言	高棉	ACQ	好	非常

他们的高棉语说得非常好。或他们能把高棉语说得非常好

该句中，若仅仅描述"高棉语说得非常好"这件事，则 baan 为介词，无特殊语义；若该句强调能力，"能把高棉语说得非常好"，则 baan 为动词，表情态意义。

当 baan 做介词时，其依存图如下：

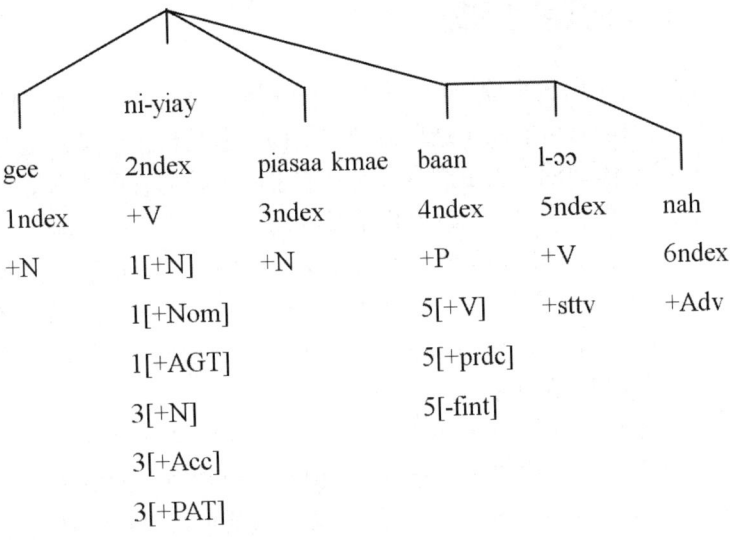

图 7

当 baan 做动词时,其依存图如下:

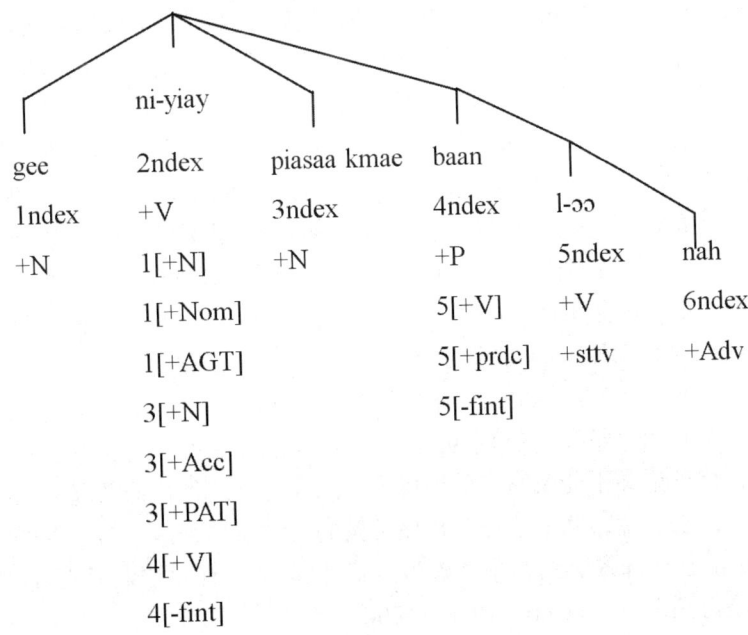

图 8

此类表达还包括:
gee min dael kəəñ s-baay ɔvwey baan yuu dɔl mleh.
从未见他们开心这么久。或从未见他们能开心这么久。

三、baan 的遗留问题

基于上述分析，那么高棉语中"行为动词+静态动词"结构属于何种结构？目前看来，该结构最有可能属于结果体动词结构。但是根据定义，结果体动词结构中必须含有结果体动词，表示固有含义。似乎静态动词有可能满足此要求。我们对此进行验证。我们将静态动词看作不及物动词，使其句法功能符合结果体动词结构定义。然而静态动词如何表示固有意义？我们不妨转换思维，静态动词本身具有形容词的语义，能够表示"某种状态"，自然可以理解为"某种结果"。因此，语义上也是符合结果体动词要求的。于是"行为动词+静态动词结构"经过验证，符合结果体动词结构定义。

词格理论分析句子主要基于句法-语义标准，并且又以句法标准为主，以语义标准为辅。如果某些结构句法功能一致，语义区分细微，词格理论处理这类语言现象时难免力有不逮。高棉语多功能词 baan 就能形成这种特殊结构，并且与 baan 的语法化过程关系密切。比如在 rook min baan 结构。我们将 baan 在该结构中的语义划分为"能够"。然而根据 Enfield（2004）的论述，该结构中的 baan 还可以理解为"成功或完成"。具体分析如下：

Enfield 认为 rook min baan 结构有两种理解，"实现"（realized）或"潜在"（potential）。简单地讲，就是看该结构表示的动作是否是确切的事情（a finite event）。如果是确切发生的事情，那么该结构就表示"确切的结果，即没找到"，baan 的语义就表示"成功"。如果该动作并没有确切发生，那么该结构就表示"可能性结果，即如果找，就能找到"，baan 的语义就表示"能够"。然而不论该结构中的动作是否确切发生，该结构的句法特点没有变化，该结构仍为结果体动词结构。就高棉语 baan 而言，baan 始终做非限定动词修饰结构词首 rook。因此词格理论分析此结构时，并不能反映出该结构语义方面的变化。

尽管我们对高棉语 baan 进行了句法-语义划分和依存句法分析，但是高棉语 baan 的各种功能和特点之间的区别并不是特别明显。某些结构中，高棉语 baan 甚至可以作多种语义解释，但是 baan 的句法功能却始终保持不变。对于语义上的差别，词格理论并不能及时有效地反应。因此对于这种特殊情况，我们必须依赖于具体的语法环境，联系语篇分析该结构的具体语义表达。当然也可以通过将高棉语 baan 在全部疑难语篇中考虑为"有（机会）、有（结果）"[①]，这样难点就能比较容易得到理解（Jacob，1968：120）。

[①] 'to get (the chance)', 'to get (a result)'

参考文献

［1］曹秀玲．"得"字的语法化和"得"字补语［J］．延边大学学报（社会科学版），2005，38（3）：82—85．

［2］高光新．动词"得"的语法化历程［J］．宁夏大学学报（人文社会科学版），2006，28（5）：35—39．

［3］吴福祥．从"得"义动词到补语标记：东南亚语言的一种语法化区域［J］．中国语文，2009（3）：195—211．

［4］昊颖．"动词+得+补语"的分类和语义特征分析［J］．苏州大学学报（哲学社会科学版），2002（2）：91—94．

［5］Chhany Sak-Humphry. *Adjectives or stative verbs in modern Khmer* [J]. *Mon-Khmer Studies*, 2003, 22: 153-165.

［6］Franklin Eugene Huffman. *An outline of Cambodian grammar* [M]. Cornell: Cornell University, 1967.

［7］John Haiman. *Auxiliation in Khmer: the case of baan* [J]. *Studies in Language*, 1999, 23 (1): 149-172.

［8］John Haiman. *Cambodian Khmer* [M]. London: John Benjamins Publishing Company, 2011.

［9］Judith M. Jacob. *Introduction to Cambodian* [M]. Oxford and London: Oxford University Press, 1968.

［10］Madeline E. Ehrman. *Contemporary Cambodian Grammatical Sketch* [M]. Washington: Foreign Service Institute, 1972.

［11］N. J. Enfield. *Areal grammaticalization of postverbal 'acquire' in mainland southeast Asia* [Z]. the 11th annual meeting of SEALS, 2004: 275-295.

［12］Walter Bisang. *Grammaticalization and the areal factor — the perspective of East and mainland Southeast Asian languages* [G]// Lopez-Couso, Maria Jose, Elena Seoane. *Rethingking Grammaticalization: New Perspectives*. Amsterdam: John Benjamins Publishing Company, 2009: 15-35.

乌尔都语中波斯语借词的文化背景探析

信息工程大学　孔　亮

【摘　要】 语言记录、传播着文化的创造成果，承担着不同文化间的交际重任。文化接触必须以语言接触为手段，语言接触首先涉及词汇系统，词语的借用是最初步、最基本的反映。词语的借用在文化交流中起到了承载文化信息的作用，具有记录功能，考察词语的借用情况，可以比较清晰地看到文化交流的媒介、方式和内容。乌尔都语是印度伊斯兰文化的重要组成部分，它在形成过程中大量借用、吸收了波斯语词汇。考察乌尔都语中波斯语借词的文化背景可大致了解波斯伊斯兰文化对印度伊斯兰文化的塑造与影响。

【关键词】 乌尔都语；波斯语；借词；文化

引言

　　乌尔都语是巴基斯坦的国语和官方语言，属印欧语系印度-伊朗语族印度雅利安语支，其起源最早可追溯至俗语（پراکرت）。俗语是印度本土语言长期受梵语影响而形成的，后来又在不同地域演化成有当地特色的方言。[①] 乌尔都语就是在流行于伯勒杰地区（برج）[②]的克利方言（کھڑی بولی）的基础上发展起来的，在这一过程中，波斯语对乌尔都语产生了重要影响。

　　乌尔都语作为一种印度本土发展起来的独立语言，形成于 12 世纪前后，这一时期恰逢中亚穆斯林连续入侵北印度。1000—1026 年，伽色尼王朝的苏丹马赫穆德先后 17 次挥军入侵印度西北部，在征服信德和旁遮普后，还吞并了恒河流域和西部沿海地区。伽色尼王朝对北印度的统治持续了约 200 年，在此期间，伊斯兰教在当地持续传播，拉合尔和木尔坦发展成了穆斯林文化中心，拉合尔后来甚至成了伽色尼王朝的首都。12 世纪中期，阿富汗古尔王朝的军队入侵并占领了印度西北部，之后又继续向朱穆纳河和恒河流域扩张，客观上扩大了伊斯兰文化的影响力。1206—1526 年，进入印度的穆斯林贵族以德里为统治中心相继建立了 5 个王朝，统称德里苏丹王朝。该王朝的历代统治者为了巩固政权皆大力

---

① 唐孟生，孔菊兰. 巴基斯坦文化与社会 [M]. 北京：民族出版社，2006：217.
② 旧时印度的一个地区，即如今印度北方邦的马图拉和阿格拉一带。

推行伊斯兰化政策，通过政治手段推动了伊斯兰文化的传播。①另一方面，进入印度的穆斯林总是尽可能地恪守自己的宗教信仰，保持自己的道德规范和生活习俗，这与此前入侵印度的诸多民族大不相同。换言之，伊斯兰教并未将印度完全伊斯兰化，印度本土文化也没有压制伊斯兰教自身的独特性。此外，在苏非派融合思想的影响下，伊斯兰文化与印度本土文化之间有了频繁互动，经过长时间的相互渗透、融合与吸收，最终形成了一种蕴含两大文化特征的新文化，②即印度伊斯兰文化（Indo-Islamic Culture）。这种文化在莫卧儿王朝迎来了大发展，取得了辉煌成就。

从古尔王朝到莫卧儿王朝前期，是伊斯兰文化在北印度逐步走向兴盛的阶段，同时也是乌尔都语在以德里为中心的广阔地区不断发展的阶段，二者在时间和空间上存在一致性。这种联系的背后存在复杂原因，其中，语言接触是绝对不容忽视的。事实上，文化接触必须以语言接触为手段。③语言是文化的重要组成部分，不仅参与人类创造文化、发展文化的实践活动，记录、传播着文化的创造成果，而且承担着不同文化间的交际重任。与此同时，文化间的交流与融合必定在语言上有所反映。

尽管伊斯兰文化起源于阿拉伯半岛，但在传播的过程中吸收了大量波斯的社会文化传统，形成了波斯伊斯兰文明，而波斯语也成了伊斯兰文化向东方传播的重要媒介。古尔王朝时期，波斯语是行政管理和穆斯林民众日常交流的用语；从德里苏丹王朝建立到莫卧儿王朝奥朗则布统治结束的约500年间，波斯语一直作为官方语言和教育语言使用。所以对乌尔都语来说，波斯语是一种"高势能"语言，其语音、词汇和语法皆自然流向了乌尔都语。

在语音、词汇、语法这三个语言组成部分中，词汇是最具有文化资格的，因为它有比较具体的内容。历来探讨语言和文化的关系都是从词汇入手的，而外来词则是这一课题的最好研究对象。④文化接触以语言接触为手段，而语言接触首先涉及的总是词汇系统。词语的借用是最初步、最基本的反映。⑤历史上每次文化接触的浪潮都有可能在一些语言中沉积下或薄或厚的借词层。⑥当两种相接触的文化呈现出一方特别强势的局面时，弱势一方语言中的借词层便尤为厚实。这种情况在乌尔都语和波斯语的词汇关系上得到了充分体现：在乌尔都语词汇系统

---

① 樊为之. 南亚伊斯兰文明的形成和影响 [J]. 世界宗教文化, 2005（1）: 26.
② 张玉兰. 德里苏丹国时期印度伊斯兰文化的发展 [J]. 南亚研究, 1989（1）: 54.
③ 戴昭铭. 文化语言学导论 [M]. 北京：语文出版社, 1996: 225.
④ 史有为. 异文化的使者——外来词 [M]. 长春：吉林教育出版社, 1991: 14.
⑤ 袁焱. 语言接触与语言演变：阿昌语个案调查研究 [M]. 北京：民族出版社, 2001: 38.
⑥ 邓晓华. 人类文化语言学 [M]. 厦门：厦门大学出版社, 1993: 250.

中，约40%的词借自波斯语。

词语的借用不仅在文化交流中起到了承载文化信息的作用，而且还有记录功能，考察词语的借用情况，可以比较清晰地看到文化交流的媒介、方式和内容。[①] 在词的构成要素中，意义是人对客观事物认识的主观反映，是语言对客观现实最直接的映射。因此，一个词与它记载的文化事实有了密切关联。词义的客观性直接源于文化事实，从词义的存在状况可以窥视到当时的文化存在状况。[②] 故从意义角度考察乌尔都语中的波斯语借词，有助于更清楚地了解波斯伊斯兰文化对印度文明的影响，特别是对印度伊斯兰文化的塑造作用。

一、波斯语借词的物质文化背景

物质文化是人改造自然界的活动方式及其全部产物，是文化系统的表层。在文化系统与外部环境联系、互动的过程中，物质文化具有获取功能；在文化系统内各层次间的互动中，它发挥着能量输出作用。因此，物质文化是文化系统不断发展的基础和动力，具体到文化接触，则是一种文化接受、吸收外来文化最快、最直接的层次。在接触新文化的过程中，人们总是根据自己的知识、需要和兴趣对新事物、新概念加以分类，并赋予意义，给予名称，而词语借用正是一种常见方式。历史上，北印度土著接触波斯伊斯兰文化的过程亦是如此，这在乌尔都语中的波斯语借词上有所体现。

乌尔都语中的波斯语借词从词类角度来说，包括名词、动词、形容词、副词、介词、连词、感叹词、数词等，其中名词占绝大多数。在这些名词中，有很大一部分涉及人们的日常生活，例如：

1. 服饰类

پاجامه	宽松裤，睡裤，灯笼裤	ازاربند	腰带，裤带
جراب	（长筒的）袜子	شال	毛或丝的披肩（巾）
دستانه	手套，臂铠	تہ بند	（代替裤子的）围腰布
موزه	长筒袜，皮袜，靴子	شلوار	肥腰窄裤管的裤子，马裤
دستار	缠头巾，包头巾	جامہ	外衣，外套，衬衫，朝服
پرده	面罩，面纱，衣服前襟	گلوبند	围脖，围巾

---

① 邢福义. 文化语言学 [M]. 武汉：湖北教育出版社，1989：198.
② 苏新春. 文化语言学教程 [M]. 北京：外语教学与研究出版社，2006：76.

2. 饮食类

کباب	烤肉，煎肉饼	کوفته	肉丸子
یخنی	肉汤，鸡汤	شوربا	汤，肉汤
نان	馕，地炉里烤出的饼	کلچا	发面烤饼
پلاؤ	抓饭	بریانی	拌入烤肉的抓饭
دانه	粮食，谷粒，鹰嘴豆	گندم	小麦
سبزی	蔬菜，菜食	ثمر	果实，果子
کدو	南瓜，葫芦瓜	شلجم	圆萝卜
نمک	盐	پیاز	圆葱，洋葱
دارچینی	桂皮，肉桂	زیره	小茴香，茴香籽
انار	石榴	امرود	番石榴
خوبانی	李子，杏子，杏干	آلوبخار	紫色李子
تربوز	西瓜	خربوزه	甜瓜
شهتوت	桑葚	آلوچه	（产在伊朗和中亚的）一种梅子
انگور	葡萄	کشمش	葡萄干
پسته	阿月浑子果，开心果	بادام	巴丹杏，杏仁
شکر	糖，白糖，食糖	شیره	糖浆，糖稀
گل قند	（玫瑰花和白糖酿制的）玫瑰糖酱	حلوا	用粗面、糖和黄油做成的软甜食，糖糕
آب	水，汁液，纯酒	چائے	茶
شیر	牛奶，奶汁，浆汁	برفی	奶油冰棍

3. 建筑类

دیوان خانه	客厅，会客厅	دالان	走廊，门厅，前厅
بالا خانه	阁楼，阳台，房屋的上层	برآمده	走廊，阳台，露台，房檐，遮阳篷
تہہ خانه	地下室，地窖，地洞	غسل خانه	澡堂，浴室
گنبد	圆屋顶，拱顶	سلامی	屋檐
دیوار	墙壁，城墙，护墙，隔墙	بنیاد	基础，根基，地基
کرسی	地基的高度，底座，柱基，台阶	زینه	梯子
میانه	中心，中央，轴心	سنگ مرمر	大理石

上述三类名词在乌尔都语中大量存在的背后有着深刻的物质文化背景。文化接触过程中，借词现象最容易出现在本土语言中缺乏异物质文化的对应表达之时。换言之，如果异文化中的某些物质在本土文化中是不存在的，那么本土语言常选择借词的方式来快速、准确地反映这些物质。

在农耕文明时代，借词一般优先反映植物品种和农作物的交流情况。以印度河、恒河流域为代表的北印度平原地区水系发达、土地肥沃，适合开展种植业，历史上这两个地区的确有良好的农业传统，是北印度的天然粮仓。因此，当地人对来自异域的农作物和农产品兴趣浓厚，词语借用自然记录了二者的交流情况。在上面列举的饮食类名词中，انار（石榴）、تربوز（西瓜）、خربوزه（甜瓜）、شہتوت（桑葚）、خوبانی（杏子）、پیاز（圆葱）、زیرہ（小茴香）、پستہ（阿月浑子果）、بادام（巴达木）等皆是典型例证，这些果蔬均由伊朗或中亚传入北印度。面对新的植物品种，当地土著很难在母语中找到恰当的词汇或表述方法与之对应，而这在外来者所操的波斯语中却不是问题，加之波斯伊斯兰文化处于强势输出的阶段，所以在主观愿望和客观现实的双重推动下，当地人自然而然地选择了从波斯语中借词。

由不同文化体系下的劳动人民精心创造、发明、制作的物品和相关技能是物质文化的精华。它们在不同文化间交流，当然也在词语借用中留下了烙印。众所周知，印度伊斯兰文化的形成基础是印度穆斯林人口的大幅增加，这主要源于大量穆斯林移民的涌入和印度本土其他宗教信徒的改宗，二者皆对印度本土的物质文化产生了深远影响。首先，除了生理特征外，移民与土著之间最显著的区别在于服饰打扮和饮食习惯。长期受波斯文化浸润的中亚穆斯林是穆斯林移民的主体。作为征服者，他们对自身文化充满自信，进入印度后长期保持了服饰和饮食传统，并且凭借政治、经济优势迫使部分印度土著接受了自己的服饰和饮食文化。一个典型例证是：巴基斯坦和印度穆斯林的主要菜肴至今仍是中亚式的，名称也沿袭了传统。前文所列的کباب（烤肉）、نان（馕）、کلچا（发面烤饼）、کوفتہ（肉丸子）、پلاو（抓饭）、بریانی（拌入烤肉的抓饭）等皆属于此类情况。此外，穆斯林对甜食青睐有加，《古兰经》里有句著名经文："享受甜蜜的味道是虔诚的一个标志"；另一方面，中亚游牧民族钟情乳品，马奶酒、奶茶是其最常喝的饮料。这些饮食习惯随中亚穆斯林军队和移民进入北印度，相关词汇随之被当地通行的语言吸收，所以乌尔都语中出现了诸如شکر（白糖）、شیرہ（糖稀）、گلقند（玫瑰糖浆）、حلوا（用粗面、糖和黄油做成的软甜食）、آب（水，纯酒）、چائے（茶）、شیر（奶汁）之类的波斯语词。

相较于饮食，服饰所具备的文化特征更加明显。دستار（缠头巾）和پردہ（面纱）是典型的伊斯兰教装束，گلوبند（围脖）、شال（披肩）、دستانہ（手套，臂铠）、شلوار（马裤）、موزہ（皮袜，靴子）、جراب（长筒袜）等则很符合中亚牧民或骑兵的形象。北印度的气候属于热带或亚热带气候,长期炎热是突出特点,最热时常刮起一种被当地人称为"卢"①的热风,能令不少树叶因过强的蒸腾作用而枯萎、掉落,呈现出盛夏落叶的奇景。在这种情况下,当地人习惯于穿着清凉,光头赤足现象非常普遍,头脑中没有头巾、披肩、手套、皮袜等概念,语言中自然缺乏相应表述。与此同时,大量北印度土著试图通过改宗提升社会地位,而改宗不仅是信仰和思想的转变,还包括生活习惯的调整。因此,这些改宗后的本土穆斯林主动接受了中亚穆斯林的服饰文化,在语言上就表现为相关的波斯语词被乌尔都语借用。

  词汇借用现象也可能出现在同义词之间,即尽管借入语和借出语对某种事物或概念皆有对应的词汇或表述方法,但词汇借用依然发生,这一点在建筑类名词上体现明显。在伊斯兰建筑进入印度之前,北印度比较有代表性的建筑包括佛教的窣堵波、印度教的神庙和耆那教的庙宇。窣堵波是一种半圆形建筑,外形似倒扣的饭钵,故又叫"覆钵";印度教神庙的形制参照集会建筑,一般由方形门厅、神殿和殿顶塔三部分组成,殿外一般有柱廊,厅、殿用梁柱叠涩券,屋顶和墙垣不分;耆那教庙宇较为开敞,一般由十字形柱厅和叠涩而成的八角形或圆形藻井组成。总体而言,北印度的传统建筑结构原始,空间狭小,不适应建筑类型和形制的发展。北印度传统建筑基本是平式的,多采用梁柱式结构,由于长横梁并不牢固,所以建筑物一般不大,且内部支柱很多,不仅缺乏曲线美,而且进一步压缩了空间。

  穆斯林在北印度确立统治后开始大兴土木,给当地带来了发达的波斯-中亚建筑传统:其建筑是穹隆式的,以券拱结构和拱形、圆形屋顶为特点。这种设计的优点在于可以无阻碍地覆盖较大空间,建筑物比较坚固,外形壮丽美观。与北印度传统建筑相比,波斯-中亚的伊斯兰建筑更为先进,所以在德里苏丹王朝和莫卧儿王朝时期,北印度的建筑逐渐伊斯兰化。德里、阿格拉、拉合尔、克什米尔等地纷纷建起了城堡、宫殿、陵墓和清真寺,如阿格拉红堡、拉合尔古堡、镜子宫、泰姬陵、贾汉吉尔陵、瓦齐尔·汗清真寺、巴德夏希清真寺等等。这些建筑的共同特点是:外观简约大气,设计对称工整,各部分比例和谐,内部分层且空间较大,外设阳台、讲究采光,广泛使用大理石做建材、肃穆明朗。更为重要的是,来自中亚的建筑师和印度本土建筑师共同参与了修建工作,在此过程中二者广泛探讨,深入交流。于是,一些波斯语中和建筑有关的名称、术语纷纷被乌尔都语借鉴、吸收,如前文列举的建筑类波斯语借词:دیوان خانه(客厅)、برآمده(阳台、露台)、تہ خانه(地下室)、گنبد(拱顶)、دیوار(墙、城墙)、کرسی(台阶)、میانه(中心、轴心)、سنگ مرمر(大理石)等等。

---

  ① "卢"为乌尔都语词"لو"音译,意思是热风。

二、波斯语借词的制度文化背景

制度文化是文化系统的中层,包括在社会中形成的制度、风俗和人际关系,以及相关理论、规范等等。[①]制度文化的交流是一种复杂现象,从历史进步的总体趋势来看,先进的、充满活力的制度文化得到广泛传播是主流,但也有落后的、僵化的制度文化在不同社会间传播的情况出现。当然,这些内容都在词语借用中留下了痕迹。

波斯语成为中亚穆斯林王朝的官方语言有着宏观的历史因素。750 年,阿巴斯王朝利用波斯人的力量推翻了倭马亚王朝,建立起政权。然而,阿拉伯人缺乏帝国管理经验,波斯人的高度文明和治国经验使阿巴斯王朝初期的哈里发们特别倚重波斯人,并仿效波斯人的统治方式,设立大臣、宰相职位,采取了波斯萨珊王朝的管理体制。于是,许多国家制度、机构及行政管理方面的词语也从波斯语借入。[②]波斯语在伊斯兰制度文化中的地位随之攀升。进入 9 世纪,波斯人渐渐尾大不掉,甚至在阿拉伯帝国内建立起了两个波斯人的王朝,即萨曼王朝和布韦希王朝。其中,萨曼王朝在 10 世纪成为中亚军事强国,其领土以如今的乌兹别克斯坦为核心,囊括哈萨克斯坦南部、土库曼斯坦、塔吉克斯坦、阿富汗以及伊朗大部。波斯文化在此期间复兴,并吸收了阿拉伯-伊斯兰文化的内容,为波斯文化圈的拓展奠定了基础。伽色尼王朝脱胎于萨曼王朝,承袭了萨曼王朝的各项制度,建立了较为完善的中央集权官僚体制。伽色尼王朝之后,历代统治北印度的王朝都借鉴了波斯的封建君主体制和军事制度,而且在行政管理和教育方面使用波斯语,此举导致乌尔都语在制度文化方面深受来自波斯语的影响,很多涉及国家机器的波斯语词被乌尔都语借用、吸收,例如:

1. 政治类

بادشاه	国王,君主,皇帝	بادشاہی	王朝,王权,王位
شہزادہ	皇子,王子,皇室成员	فرمان	圣旨,诏书,命令,通关文书
دیوان	大臣,部长	دیوانِ خاص	枢密殿,枢机部,宫廷会议,内阁会议
سردار	头领,司令官,官员,统治者	سرداری	统治,指挥,官长的职位
گرداور	农村事务检察官,巡视员,视察员	گردواری	巡视,视察,监督,巡视范围和地区

[①] 邢福义. 文化语言学[M]. 武汉:湖北教育出版社,1989:203.
[②] 国少华. 阿拉伯-伊斯兰文化研究:文化语言学视角[M]. 北京:时事出版社,2009:164—165.

زمیندار	土地占有者，地主	زمینداری	土地占有，地产，土地税收制度
داروغه	检查员，督察员，差役的头儿，狱卒	داروغهٔجیل	检查员，典狱长
ابلکار	（机关的）文书，职员	برکاره	信使，听差，办事员，密探，间谍
ضلع بندی	行政区划	ضلع دار	区或县的行政长官，征收土地税的官员
کوچه	街道，小巷，胡同	دیه	村庄，村子，农村
پرگنه	（包括几个村庄的）地区，行政区	جاگیر	（世袭的或领主的）封地，领地
قصبه	小镇，村镇，城镇	شهر	城市，城镇

2. 军事类

سپاه	军队，部队	لشکر	军队，非正规部队，民兵，军营
فوج دار	指挥官，司令员，军官	جمعدار	士官，班长，警长，巡长
حوالدار	中士，传令兵，勤务兵，警佐，巡佐	پیاده	步兵，卒，差役
سپاہی	军人，战士，士兵	دشمن	敌人，仇敌，对手
کوچ	出发，开拔，动身	رسد	军粮，后勤
بارود	火药	تفنگ	（能把箭头吹出去的）滑膛枪，土炮
تیغ	宝剑	شمشیر	剑，马刀，军刀，短弯刀
کمان	弓，弩	تیر	箭，镞，箭头

3. 司法类

دستور	法律，法规，法则	دستورالعمل	法律，法律书籍，行政法规
برآمد	调查，搜查	شناخت	识别，鉴别，辨认
رسید	踪迹，线索	آگاہی	通报，警告
فریاد	申诉，起诉，告状，原告	درخواست	请求，申请，申诉
فریادی	控诉的（人），起诉的（人）	پیروکار	拥护者，辩护律师
گواه	目击者，证人	گواہی	证词，证言，证明

فریادرسی	主持公道，伸张正义，庇护	دادگستری	主持公道，审判

4. 教育类

تخته	石板，木板，小黑板	دوات	墨水瓶
کاغذ	纸，书信，试卷，书面材料，文件	دفتر	记录，文件，登记簿，案卷，档案室
خاکه	草图，草稿，框架，轮廓，大纲，简历	جلد ساز	把书装订成册的，装订工
شکنجه	夹子，书籍装订工具，订书机，切纸机	پرچه	便条，小册子，试卷，考卷
سرنامه	信笺抬头，卷头，印有抬头的信笺	دستاویز	文件，证书，凭证

从北印度土著角度出发，上述四类波斯语词汇之所以进入乌尔都语，有主、客观两方面原因。客观上，从伽色尼王朝到德里苏丹王朝，统治者皆大力推行伊斯兰化政策，迫使土著在接触伊斯兰教的过程中被动学习了波斯语。伽色尼王朝时期，苏丹马赫穆德命人洗劫印度教神庙，修建清真寺，鼓励受波斯文化影响的中亚穆斯林迁入北印度，与当地土著通婚，开启了对他们的同化进程。古尔王朝的军队焚烧其他宗教的寺庙，强迫当地人改宗，将伊斯兰文化的影响力拓展到了恒河、朱穆纳河流域。德里苏丹王朝的统治者将军事与政治手段结合，一方面采用武力强迫当地人改宗，另一方面在税收和法律地位上区别对待穆斯林和异教徒，此外还通过新建清真寺和将印度教神庙改建成清真寺等方式强化伊斯兰教的统治地位。主观上，伊斯兰教强调平等、注重现世生活，比印度教更适应时代发展和社会需求，更有活力。伊斯兰社会所奉行的"信仰面前人人平等"的理念与印度教社会的种姓制度形成了鲜明对比，对印度教社会中的首陀罗和贱民来说具有极强的吸引力，他们主动接受了伊斯兰教，摆脱了种姓制的压迫。[①]因此，波斯语对于他们而言不仅是政治和教育语言，还具备了宗教文化语言的地位，波斯语词汇更为深入地融入了他们的母语之中。另一方面，作为被征服者，部分印度教徒为了政治利益、社会地位和生活需要而改信伊斯兰教，在这一过程中他们主动学习波斯语，以求获得融入统治阶层的机会。

基于上述原因，波斯语中有关政治、军事、司法和教育等领域的词汇被北印度土著广泛使用，从而逐步进入了乌尔都语词汇系统，有些甚至成了乌尔都语的底层词汇，至今仍然常用。例如：政治类中的 ابلکار（文书，职员）、دیه（村庄，农村）、قصبه（村镇，城镇）、شهر（城市）；军事类中的 سپاه（军队）、لشکر（军

---

① 张玉兰. 德里苏丹国时期印度伊斯兰文化的发展[J]. 南亚研究, 1989 (1): 55.

队，非正规部队）、سپاہی（军人，战士）、دشمن（敌人）；司法类的دستور（法律，法规）、برآمد（调查，搜查）、شناخت（识别，辨认）、رسید（踪迹，线索）、آگاہی（通知，警告）、درخواست（请求，申请）；教育类的تختہ（小黑板）、دوات（墨水瓶）、کاغذ（纸，试卷，文件）、دفتر（记录，文件，办公室）、خاکہ（草图，大纲，简历）、پرچہ（试卷，考卷）、دستاویز（文件，证书）等等。

三、波斯语借词的精神文化背景

精神文化是指属于精神、思想、观念范畴的文化，代表一定民族的特点，包括其思维方式、价值取向、伦理观念、心理状态、审美情趣等精神成果，是文化系统的深层。精神文化的交流同样在词语借用中留下了痕迹。词语借用的对象、范围和流向体现出一定的社会取向和群体意识。① 一些具体的词语借用现象则记录下了精神文化交流的内容。乌尔都语中涉及精神文化的波斯语借词主要存在于宗教和艺术方面。例如：

1. 宗教类

پیر	伊斯兰教圣徒，苏非长老	درگاہ	苏非修道堂，陵墓
صوفیانہ	苏非派的，神秘色彩的，朴素的	صومعہ نشین	修道士，隐士
نیاز	供品，祭品，从苏非那里得到的礼物	فرشتہ	天使，天神，善良的，单纯的
نیک	善良的，虔诚的，禁欲的，有节制的	بخت	命运，运气
نیک بختی	幸运，禁欲，节制，修行，善意	بخاری	布哈里圣训实录
بہشت	天堂，乐园，天国	بانگ	唤礼声，呼叫声
پرہیز	惧怕真主，禁忌的饮食，避免做坏事	گناہ	违反教规的行为，罪行，过错

2. 艺术类

فنکار	演员，艺术家，艺人	فنکاری	艺术，手艺，技艺，技巧
صورت گر	画家，雕刻家，工艺美术家	صورت گری	绘画艺术，雕刻艺术，工艺美术作品

---

① 邢福义. 文化语言学［M］. 武汉：湖北教育出版社，1989：205.

مجسمه	雕像，塑像	ساز	用具，物品，乐器
مجسمه ساز	雕塑家，做雕像的人	نقش بندی	绘画，雕刻
بت	雕塑，塑像，神像，偶像	گل کاری	刺绣，绣花，绘画，雕花
رنگ	颜色，颜料，油漆，式样，形式	دستکاری	手工艺，手工业，手工
مهر	印记，印章，图章	موسیقار	歌手，音乐家，笛子
ستار	西塔尔琴，冬不拉，弦乐器	دف	铃鼓，小手鼓
آرایش	装饰，点缀，庆典时用的装饰品	آراستگی	装饰，打扮，点缀，布置
نازک	精美的，雅致的，细致的	خوبصورت	美丽的，雅致的，漂亮的
کشش	诱惑力，美丽，吸引力	نازکی	柔软，娇嫩，优美，精致，微妙
افسانه	短篇小说，传说，传奇	داستان	传说，故事，传奇小说，传记
عاشقی	恋爱，爱情，谈情说爱，风流韵事	عاشقانه	爱情的，多情的，情人般的

乌尔都语中宗教主题的波斯语借词数量较少，这既是相对于同领域阿拉伯语借词而言，也是与其他领域波斯语借词相对比的结果，另一方面，与苏非神秘主义有关的词汇在宗教类波斯语借词中所占比例较大，如 پیر（苏非长老，圣徒）、درگاه（苏非修道堂）、صوفیانه（苏非派的，神秘色彩的）、صومعه نشین（修道士，隐士）、نیاز（从苏非处得到的礼物）、نیک（虔诚的，禁欲的）、بخت（命运）、بختی（禁欲，修行）等等。上述现象印证了两个事实：第一，波斯语虽然在伊斯兰文化东传过程中发挥了重要作用，但在宗教文献方面仍以阿拉伯语为主，波斯语只发挥了解释、说明等辅助作用；第二，苏非派对伊斯兰教在印度的传播至关重要。

苏非派是伊斯兰社会出现阶级分化后，因下层虔诚信徒对统治者严重不满而产生的一种思潮，在一定条件下形成了组织，吸引了大批信仰者和拥护者。[①] 苏非派教义的核心是弃世、顺从和坚忍，与伊斯兰教的宿命论一脉相通。中亚穆斯林入侵印度期间，即 11—12 世纪，大批苏非陆续来到印度，其活动范围广泛，形成了一股强大的社会力量。传播伊斯兰教基本教义是苏非派的首要任务。为了让伊斯兰教在全新的社会、文化环境中生存下来，苏非派在伊斯兰教的框架内吸收了佛教修道生活中的思想和习俗，以及奥义书的哲学，并使其成了穆斯林生活

---

① 曾琼. 历史上印度穆斯林早期发展的过程 [J]. 前沿，2012（9）：200.

中的组成部分。① 具体行动上，苏非派在军队征服过的地方建立修道堂，创办学校，积极传教布道，主要对象是印度教社会的下层民众。苏非们克己守贫，乐善好施，虔敬真主，爱护平民，在穷乡僻壤孜孜不倦地传道授业，一方面宣扬了伊斯兰教的内在精神，另一方面在无形中安抚了被征服者。同时，他们所宣扬的平等对待一切人的思想和所倡导的对神的神秘之爱受到了许多低种姓印度人的欢迎，对印度社会产生了重大影响，使得许多印度教徒纷纷改宗伊斯兰教。②

在苏非派形成时期，其信徒一般过着隐居的苦行生活，但逐渐形成了自己独特的社团制度。苏非教团的建立标志着苏非活动的群体化，随着组织趋于完善，有计划的传教活动得以开展。德里苏丹国时期，来自中亚和西亚的苏非教团相继进入北印度，它们设立修道堂，发展信徒，善待百姓，救济穷人。苏非教团的大师们以渊博学识和人格魅力令不少印度土著折服，在社会底层具有极强号召力。另一方面，苏非教团积极游说统治者，逐渐改变了他们残暴的统治方式，转而采取较为温和的态度对待被征服地区的民众，缓和了阶级、民族和宗教矛盾。总之，在苏非派的影响下，伊斯兰文化得以在北印度更为广泛、深入地传播，宗教主题的波斯语词汇亦随之被本土语言吸收。

苏非派的活动还开启了语言艺术类波斯语词汇进入乌尔都语的进程。乌尔都语文学形成于 14 世纪以前，在这一阶段，苏非派信徒是乌尔都语文学的创作主体。他们主要用波斯语创作表达神秘主义的诗歌，并在其中加入了一些印度地方语词汇，一些苏非还将波斯语和印度地方语言混合在一起，撰写了少量用于宗教宣传的小册子。苏非派诗人阿米尔·胡斯鲁是第一位尝试用半波斯语半克利方言的"混合语"进行创作的诗人。在他创造性的尝试之下，一种新的诗歌形式诞生了，即"莱赫达"（Rekhtah），它被公认为最早的乌尔都语诗歌。③ 14—16 世纪是乌尔都语文学的发展时期。这一时期，乌尔都语文学仍以诗歌为主，苏非派诗人围绕伊斯兰教和苏非神秘主义创作了大量作品，此外还借用民间流传的爱情传奇故事抒发对真主的爱。该阶段，波斯语对乌尔都语诗歌的影响依然很大。诗人们除了在诗句中直接使用波斯语词汇外，还将叙事诗、挽诗、颂诗等波斯语诗歌体裁运用到了乌尔都语诗歌创作中。此外，莫卧儿王朝鼎盛时期的波斯语宫廷文学也对乌尔都语文学产生了重要影响，很多波斯语的表述方式和伊斯兰文化元素均在乌尔都语文学作品中有所体现。

除了语言艺术外，波斯文化和印度文化还在造型艺术和表演艺术上产生了交集，这些内容同样被相关波斯语借词记录了下来。

印度穆斯林绘画源于莫卧儿细密画。莫卧儿王朝前期，许多来自波斯的建筑

---

① A. L. 巴沙姆. 印度文化史 [M]. 闵光沛，等译. 北京：商务印书馆，1997：420.
② 刘曙雄，等. 南亚伊斯兰现代进程 [M]. 北京：北京大学出版社，2014：10.
③ 唐孟生，孔菊兰. 巴基斯坦文化与社会 [M]. 北京：民族出版社，2006：223.

师和画家供职于莫卧儿宫廷，他们带来了波斯的文化艺术，与此同时，印度本土画师也受邀入宫作画。二者间的交流与合作不仅使两种艺术风格相互借鉴、融会贯通，还令许多有关绘画、雕刻的波斯语词汇进入了印度画师的话语体系，进而逐渐为乌尔都语借用、吸收。前文所列的نقش بندی、صورت گر（画家，雕刻家）、（绘画，雕刻）、گل کاری（绘画，雕花）、مجسم（雕像，塑像）、آرایش（装饰，点缀）、رنگ（颜色，颜料）等皆属于此类情况。

穆斯林音乐大规模传入印度发生在德里苏丹王朝时期。由于统治者均是来自中亚、操波斯语的穆斯林，故王朝初期的宫廷音乐是统治者熟悉的波斯音乐，其中采用吟唱形式的艳情诗、颂诗颇受青睐，而宫廷乐人也主要来自波斯和阿富汗。后来，随着部分乐人离开王宫，这些诗歌和曲调便流入了民间，后经民间吟游诗人不断传唱，逐渐被北印度人民接受。与此同时，许多印度民间艺人被请进宫廷献艺。为了博取统治者的欢心，民间艺人在演唱当地民歌时特意加入了波斯和中亚的曲调。音乐方面的接触、交流在语言上亦留下了痕迹，如前文所列的موسیقار（音乐家，笛子）、ستار（西塔尔琴，弦乐器）、دف（铃鼓，小手鼓）等等。

结语

文化交流给词语借用提供了条件和需要，同时，文化交流也依赖词语借用进行。各个时代、不同社会之间的文化交流都会在借词中留下生动的记录。借词不仅从宏观上记录下了文化交流的媒介和方式，而且还从微观上记录下了各个层次的文化，即物质文化、制度文化和精神文化的具体内容。换言之，从具体借词的词义可以考察文化交流的整体背景。

乌尔都语是印度伊斯兰文化的重要组成部分。乌尔都语以印度本土方言为基础，在穆斯林统治北印度的600多年间，大量借用、吸收了当时的官方语言——波斯语的词汇。这些词汇分布在物质文化、制度文化、精神文化等不同层次，较为全面地反映了波斯伊斯兰文化同印度本土文化的接触、交流情况，特别是前者对后者的塑造与影响。其中，中亚穆斯林军队与移民、印度穆斯林王朝的统治阶层、苏非派神秘主义者和各类艺人的活动皆产生了一定作用，共同构成了乌尔都语借用波斯语词汇的文化背景。

参考文献

[1] محمد حسین زرگر. اردو اور ہندی کا لسانی اشتراک [D]. سری نگر, شعبہٴاردو کشمیر یونیورسٹی, 2008.

［2］A.L.巴沙姆. 印度文化史［M］. 闵光沛，等译. 北京：商务印书馆，

1997.

［3］戴昭铭．文化语言学导论［M］．北京：语文出版社，1996.

［4］邓晓华．人类文化语言学［M］．厦门：厦门大学出版社，1993.

［5］樊为之．南亚伊斯兰文明的形成和影响［J］．世界宗教文化，2005（1）.

［6］国少华．阿拉伯-伊斯兰文化研究：文化语言学视角［M］．北京：时事出版社，2009.

［7］刘曙雄，等．南亚伊斯兰现代进程［M］．北京：北京大学出版社，2014.

［8］苏新春．文化语言学教程［M］．北京：外语教学与研究出版社，2006.

［9］史有为．异文化的使者——外来词［M］．长春：吉林教育出版社，1991.

［10］唐孟生，孔菊兰．巴基斯坦文化与社会［M］．北京：民族出版社，2006.

［11］邢福义．文化语言学［M］．武汉：湖北教育出版社，1989.

［12］袁焱．语言接触与语言演变：阿昌语个案调查研究［M］．北京：民族出版社，2001.

［13］张玉兰．德里苏丹国时期印度伊斯兰文化的发展［J］．南亚研究，1989（1）.

［14］曾琼．历史上印度穆斯林早期发展的过程［J］．前沿，2012（9）.

尼泊尔语拼写规范化问题初探

信息工程大学　朱鹏飞

【摘　要】 尼泊尔语自梵语演变而来，是尼泊尔的国语。为建立文字个性，实现所吸纳词汇的本土化，尼泊尔语自 18 世纪开启了拼写规范化进程，民间和官方力量均参与其中。由于在规范制定的过程中，制定者对尼泊尔语是否需要实现读写一致持不同理念，从而导致拼写不统一的问题。同时，由于语言规范缺乏统筹且落实不力，拼写问题进一步复杂化。

【关键词】 尼泊尔语；拼写规范化；拼写问题

拼写规范又称正字法或正词法，属于语言规划中语言本体规划的研究范畴。拼写规范是文字规范的主要内容，各国为推动文字健康有序发展，纷纷制定和出台了系列规范，尼泊尔也不例外。尼泊尔语的拼写规划化始于 18 世纪中叶，自 20 世纪初以来，这一问题成为尼泊尔语言学家研究的热点。但是，在尼泊尔语拼写规范化的过程中，由于各方所持理念不同以及官方落实不力，导致尼泊尔语的拼写至今仍然存在诸多问题，文字严谨性受到质疑。

一、尼泊尔语拼写规范化进程

尼泊尔语的拼写规范化发端于民间，始于 18 世纪中叶，语法学家和文学家是推动尼泊尔语拼写规范化的主要力量，他们或发表文章就拼写标准提出各自的诉求和见解，或将主张在著作中加以应用，或发起语言运动宣介主张，或召开座谈会磋商拼写规范。官方主导的尼泊尔语拼写规范化进程起步于 20 世纪 30 年代，尼泊尔学院、特里布文大学、共同出版社等是制定尼泊尔语拼写规范的官方机构，它们通过召集语言学家举行座谈就拼写问题形成官方决定，编撰出版官方工具书和教材等方式推动尼泊尔语的拼写规范化。

拼写规范涵盖的主要内容如下：一是辅音字母的拼写，包括 ऋ, ज्ञ, ण, क्ष, श, प 等梵语字母的使用条件，复合辅音的拼写形式，ब 和 व 的拼写原则；二是元音字母的拼写，包括长短元音的使用规范，鼻化元音符号 शिरबिन्दु 和 चन्द्रबिन्दु 的使用细则；三是单词连写的规则。

拼写规范主要基于三种理念提出，第一种强调语音至上，认为拼写与读音应保持完全一致；第二种秉持读写分离，认为拼写与读音不必保持完全一致；而第三种倡导求同存异，认为大部分单词的拼写应与读音保持一致，但允许例外存在。三种理念在民间层面均有体现，而官方牵头的规范化则相对保守，强调渐进式地推进规范化进程，因此大多采用第三种理念。

（一）民间层面的拼写规范化进程

英国语法学家艾顿（J. A. Ayton）和词典学家特内尔（Turner）是尼泊尔语拼写与读音应保持完全一致的最初倡议者。早在 18 世纪中叶，他们便指出尼泊尔语音素中无长元音，词汇写为长元音字母是受到梵语的影响，因此为了凸显与梵语的差异，同时推动拼写与读音一致，实现语言简化，尼泊尔语应弃用长元音字母，即单词中写为长元音字母之处应使用短元音字母替换。他们还将这一理念分别应用在其著作《尼泊尔语语法》（*A Grammar of the Nepali Language*）和《尼泊尔语比较与词源词典》（*A Comparative and Etymological Dictionary of the Nepali Language*）中。

尼泊尔语法学家比兰德拉·凯瑟里·阿尔贾勒（वीरेन्द्रकेसरी अज्र्याल）率先指出尼泊尔语中的"涉व字母词汇①"存在拼写与读音不一致的现象。在尼泊尔语吸收梵语词汇的过程中，原发为唇齿音的/व/在进入尼泊尔语后发生音变，当व不是单词的首个辅音字母时，व通常发为双唇音/व/，而在其他情况下，व通常发为双唇音/ब/。因此，阿尔贾勒认为，"涉व字母词汇"应按音拼写，提出发音为/ब/的应改写为ब，而发音为双唇音/व/的应改写为व̣（带下加点）。而与他同一时期的语言学家查克拉·帕尼·查利谢（चक्रपाणि चालिसे）、贾亚·普里特维·巴哈杜尔·辛格（जयपृथ्वीबहादुर सिंह）、拉姆·玛尼·阿查里雅·迪克西特（राममणि आचार्य दीक्षित）、赫姆拉吉·潘迪特（हेमराज पण्डित）、比什瓦·玛尼·迪克西塔查里雅（विश्वमणि दीक्षिताचार्य）等则认为，尽管发音不同，但由于词源是梵语，因此仍应沿用梵语拼写形式，不必过分追求拼写和读音一致。

1908 年，受印地语出版物的影响，尼泊尔语言学家兼出版商拉姆·玛尼·阿查里雅·迪克西特提出尼泊尔语应弃用"纯辅音符号"（हलन्त，底斜线）以实现印刷便利。他在印度瓦拉纳西发起"抵制纯辅音符号运动②"（हलन्त बहिष्कार आन्दोलन），并将这一理念应用到尼泊尔语杂志《马达维》（*माधवी*）中。"抵制纯辅音符号运动"使尼泊尔语的拼写变得更加简洁，印刷排版所需的字母模具数量也相应减少，从而推动了出版便利，但同时也进一步激化了尼泊尔语读音与拼写不一致的矛盾。如 राम, भात, इयाल, काम, धान, धुतार, असल, खराब, इमान 等

---

① 如 विशाल, विज्ञान, व्यवस्था, विशेषता 等词，这些词拼写为व但发音为/ब/。这一现象多见于尼泊尔语吸收的梵语词汇，也出现在少量外来词中（如阿语 वर्दी 和波斯语 वफादारी）。

② 纯辅音字母如 क्, ख्, ज्, त् 等，其下端的底斜线是辅音标记，"抵制纯辅音符号运动"主张去除纯辅音字母中的底斜线，如 गर्नु 写为 गरनु, जगत् 写为 जगत 等。

词原本写为 राम्, भात्, इयाल्, काम्, धान्, धुतार्, असल्, खराब्, इमान्, 其读音与拼写本保持高度一致，但受该运动影响，上述单词词尾表示纯辅音的底斜线在拼写时脱落，尽管词尾发音仍发为纯辅音，但拼写上却多了元音 अ, 这导致读音与拼写出现不一致。此外，"抵制纯辅音符号运动"还使得尼泊尔语动词与人称之间原有的一致关系陷入混乱，如 तँ लेख्। 和 तिमी लेख। 中，是否带纯辅音符号在动词中具有区别尊敬等级的功能。因此，同一时期的语法学家赫姆拉吉·潘迪特则认为，将纯辅音符号完全去除的诉求存在不合理之处，应稍做修订，即去除纯辅音符号只能应用于形变后意义不发生改变的词汇，他将这一理念应用在其著作《廓尔喀语钱德里卡语法》(गोर्खाली चन्द्रिका व्याकरण) 一书中[1], 并得到后世的继承。

1956 年，巴尔克里希纳·波克雷尔 (बालकृष्ण पोखरेल) 领导发起"纯化运动"(झर्रोवादी आन्दोलन), 认为尼泊尔语中梵语词比重过大，因此呼吁重视尼泊尔的本土语言，减少外来词和梵语长词的使用，并提出尼泊尔语中的外来词和梵语词应按尼泊尔语发音规则书写。波克雷尔指出，无长元音音素是尼泊尔语的一大特点，尼泊尔语词汇应按读音拼写并减少梵语字母的使用。例如，英语外来词 स्कूल 和阿拉伯语外来词 गरीब 的长元音 ऊ 和 ई 应"短化"(ह्रस्वीकरण), 改写为 स्कुल 和 गरिब, 而波斯语外来词 शहर 中的 श 也应按照尼泊尔语发音替换为 स, 成为 सहर。"纯化运动"的主张随后得到更多人的响应。

1960 年，《轮廓》(रूपरेखा)、《晨暮》(झिसमिसे)、《誓言》(सङ्कल्प)、《体悟》(अनुभूति)、《新文学》(नौलो साहित्य)、《瀑布》(छहरा) 等杂志联合发起"拼写短化运动"(ह्रस्वलेखन अभियान), 建议对尼泊尔语拼写进行如下改革：弃用长元音，将所有的 ई 改写成 इ, 将所有的 ऊ 写改成 उ; 使用 स 替换 श, ष; 根据发音确定 ब, व 的书写；此前使用 चन्द्रबिन्दु 之处全部替换为 शिरबिन्दु; 使用 न 替换 ञ 和 ण; 使用 द्रि, ध्रि, स्रि 替换 दृ, धृ, श्री 等。

除此之外，学者们还召开非官方会议就拼写问题展开研讨，先后发布《昌德拉加迪宣言》(चन्द्रगढी घोषणापत्र, 2010 年)、《勒利特普尔宣言》[2] (ललितपुर घोषणापत्र, 2012 年) 等重要倡议，对推动尼泊尔语拼写规范化产生建设性影响。《昌德拉加迪宣言》支持对文字拼写做出严格规范，明确指出要执行拼读一致和短化原则，认为在规范梵语同源词的拼写前应首先规范发音，同时尼泊尔语应减少例外和备用拼写。《勒利特普尔宣言》对制定拼写规范持保守态度，认为梵语同形词中的长短元音和 श, ष, स 字母，以及传统上写为长元音的词和已经流通的

---

[1] 赫姆拉吉·潘迪特认为，纯辅音符号具有区别词义的功能，如 किन 和 किन् 意义不同。如今，尼泊尔语中仍有不少词汇保留了两种写法，如 विद्वान (विद्वान्), यथावत (यथावत्), महान (महान्), 纯辅音符号在动词命令式不敬等级变位中也得到保留。同时，为了使尼泊尔语复合辅音字母便于辨认，部分学者还提出将复合辅音写为带纯辅音符号的形式。

[2] 约 130 名学者出席了该宣言的发布仪式，但仅有 66 人署名表示支持。

由梵语同形词加后缀构成的词不必刻意调整。它反对激进地推动拼写改革，认为这将使拼写陷入混乱。

（二）官方层面的拼写规范化进程

1934 年，尼泊尔语言出版委员会出版了首个官方规范《如何规范书写尼泊尔语？》(*नेपाली कसरी शुद्ध लेखे?*)。这是官方针对尼泊尔语拼写多样化做出的首次规范。这本小册子被视为《廓尔喀语钱德里卡语法》的产物，在塑造尼泊尔语当时的拼写规范中发挥了先驱作用。1972 年，尼泊尔共同出版社①召开座谈会，邀请语言学家和作家就尼泊尔语的拼写改革建言献策。在这次会议上，与会者达成共识，认为尼泊尔语中的梵语词应按梵语同形词的规范拼写，即梵语同形词不必遵循尼泊尔语所倡导的"短化原则"，而梵语同源词和外来词的前部和中部只可写为短元音。

1977 年，尼泊尔特里布文大学组织召开"必修尼泊尔语"课程教师座谈会，听取有关尼泊尔语拼写规范的意见建议，此次会议形成了名为《必修尼泊尔语教学指南》的决定。特里布文大学还组织出版了《所有人的尼泊尔语》(*सबैको नेपाली*, 2010 年) 教材供预科阶段的学生使用。该套教材在词汇拼写方面采用了以下原则：继续推动尼泊尔语拼读一致和元音短化，规定梵语同源词和外来词词前部和中部写为短元音，梵语同源词和外来词按发音确定写为 ब 或 व；继续推动尼泊尔语纯化，规定梵语同源词和外来词禁用 क्ष、ऋ、ज्ञ、श、ष、ण、ञ 等梵语字母；细化尼泊尔词的连拼条件，明确格缀和介词与前面的主词连写，以及合成词、叠词、小品词等的具体连拼规则等。

1983 年，尼泊尔皇家学院②编撰出版首部《尼泊尔语大词典》(*नेपाली बृहत् शब्दकोश*)，对梵语同形词、梵语同源词、外来词的拼写细则和单词连拼条件做出规范。此后，《尼泊尔语大词典》多次修订和再版，2018 年出版第 10 版。该版字典遵循了以下拼写规范：

1. 在复合辅音字母的拼写形式上：द 与其他字母复合时写成复合形式，如 विद्या、बुद्ध、द्वन्द्व、पद्म，弃用曾经试图推广的带底斜线的纯辅音拼合形式 (विद्‌या、बुद्‌ध、द्‌वन्द्‌व、पद्‌म)③；क 和 त 复合时可写成 क्त，也可写成 क्‌त；shirbindu 按规则写下来，如 अंग、शंख、मंगल、पंच 改写为 अङ्ग、शङ्ख、मङ्गल、पञ्च（左右复合形式），不建议写为上下复合形式，如 अङ्ग、शङ्ख、मङ्गल、पञ्च。

2. 在单词的连写上：表达单一意义且已形成拼写惯例的地名、星期名、机构名和人名连写，如 भक्तपुर、विराटनगर、सोमवार、विश्वविद्यालय、विद्यावारिधि、लक्ष्मीप्रसाद，

---

① 曾使用廓尔喀语言出版委员会和尼泊尔语言出版委员会等名称。
② 尼泊尔实行共和后改名为"尼泊尔学院"。
③ 鼓励复合辅音字母写为带底斜线的纯辅音拼合形式是为了便于认读。

लेखनाथ 等，但表示人名与身份的词也可按意愿分开写，如 कृष्णा बहादुर, जगदीश प्रसाद 等；所有介词按惯例与主词连写，如 टेबुलमाथि, घरबाहिर, रामसित, पूर्वतर्फ, भनेबमोजिम 等；复合动词连写，如 खानुपर्छ, खाइहाल्छ, मिलाइदिन्छ 等，但先时分词（खाई जान्छ, खाएर आउँछ）、待完成分词（खान जान्छ, पढ्न जान्छ）、完成时（भनेको छ）、进行时（भन्दै छ）和一般将来时（भन्ने छ）分开写；形容词和被修饰的词分开写，如 कान्छो बाबु, कालो कोट, सानो भाइ, ठुली आमा 等；由两个词组成的表达单一意义的合成词以及合成后发生音变的词，如 शुभयात्रा, प्रधानमन्त्री, सेतोपाटी, माल्दाइ, सान्दाइ, ठुल्यामा 等要连写。

3. 在长短元音的使用上：涉及民族/种姓、姓氏等词汇，其词尾按惯例使用 ई 和 ऊ，如 कामी, दमाई, लिम्बू, राई 等；形容词词尾按惯例使用 ई（रोगी, भोगी）和 उ（इखालु, विषालु, सिकारु）；除 तीन 外所有数词的前部和中部使用短元音，如 बिस, तिस, बत्तिस, चालिस 等；梵语同源词和外来词前部和中部写为短元音，但为补足音长而写为长元音的所有词（मीठो, दूध, मीत, तीतो, ठीक, कीरो 等）鼓励写为短化形式（मिठो, दुध, मित, तितो, ठिक, किरो 等），且发音相同但意义不同的单词在拼写上使用长短元音加以区别，如 फूल（花），फुल（蛋）；虚拟式动词中部写为短元音（गरुन, जाउन），尾部写为长元音（आऊँ, गरूँ）；表示复数的后缀 हरू 使用长元音 ऊ。

4. 在 श, ष, स 的使用条件上：民族/种姓，姓氏等词汇中可以使用 श；所有的外来词仅可使用 स，已经习惯使用的 शहीद, शहर 等拼写暂时保留，但其标准拼写为 सहिद, सहर。

尼泊尔学院还多次组织座谈会邀请语言学家就尼泊尔语的拼写问题开展研讨，先后形成《尼泊尔学院尼泊尔语大会决定》（2000 年）、《尼泊尔学院尼泊尔语大会决定》（2011 年）、《尼泊尔学院有关尼泊尔语拼写规范的决定》（2016 年）等重要决定。

二、尼泊尔语拼写规范化的背景、目的和现状

（一）凭借语言政策所建立的强势语言地位成为尼泊尔语推行拼写规范化的先决条件

语言规范化耗时耗力，在任何一个多民族、多语言国家，只有地位相对强势的语言才能优先开启规范化进程。语言的地位与国家的语言政策息息相关。在语言政策的特别扶持下，尼泊尔语取得独特地位并建立起强大影响力。

尼泊尔语起源于公元 10 世纪末，在 12 世纪形成文字。它最初仅是一门在尼泊尔西部卡尔纳利地区流通的方言。在廓尔喀王国征服各土邦邻国建立起统一的尼泊尔王国后，按照"一个民族、一种宗教和一门语言"的顶层设计，尼泊尔语被定为国语。在拉纳家族独裁统治时期，统治阶级将尼泊尔语视为巩固统治的工

具,并在 1905 年颁布了首个语言政策,规定尼泊尔语是尼泊尔的法律用语和官方用语。1951 年,民主化运动席卷尼泊尔,拉纳家族独裁统治垮台,尼泊尔开始实行君主立宪制,但尼泊尔语的地位丝毫没有改变。1962 年,尼泊尔国王走向政治前台,开始推行无党派评议会制度,随后颁布宪法,首次明确了尼泊尔语的国语地位。20 世纪 90 年代初,尼泊尔再次掀起民主浪潮,争取平等语言权利成为民主运动的一大诉求。尼泊尔语一语独大的单一语言政策受到攻击,语言政策开始向多元包容转型。

如今,尽管尼泊尔奉行语言平等的语言政策,规定尼泊尔所有的民族语言均为国语,但尼泊尔语长久以来形成的独特地位和巨大影响力不容小觑。据 2011 年人口统计数据显示,尼泊尔现有 125 个民族,123 种语言,人口近 2650 万,其中有 44.6%的尼泊尔人将尼泊尔语作为母语,尼泊尔语不仅是尼泊尔的官方用语和各民族的共同语,还在印度、不丹和缅甸等地拥有大量使用者。印度锡金邦和西孟加拉邦将尼泊尔语列为官方用语,尼泊尔语还是印度宪法规定的二十二种官方语言之一。

(二)建立词汇个性,实现梵语词和外来词拼写本土化是推动尼泊尔语拼写规范化的主观逻辑

尼泊尔语是一门从梵语演化而来的语言,尽管经历了普拉克利特俗语和阿布普朗斯俗语等过渡阶段,但梵语对尼泊尔语的影响至今仍然十分深远,有的语言学家甚至将梵语称为尼泊尔语的母语。尼泊尔语言学家曾将尼泊尔语词划分为梵语同形词、梵语同源词和外来词三种。梵语同形词是指被尼泊尔语吸收、拼写不做改变的梵语词汇;梵语同源词是指被尼泊尔语吸收,但拼写发生部分改变的梵语词汇;而外来词是指除尼泊尔梵语同形词和梵语同源词之外的来自其他语言的借词。

梵语同源词构成尼泊尔语词的主体,它是梵语词尼泊尔语化的产物,又叫作纯词(झरो शब्द),是在被尼泊尔语吸收的过程中因发生音变而形成的,其中大量词汇前部和中部的元音按照尼泊尔语的发音习惯发生短化。大部分梵语同源词在发生音变后拼写也随之发生改变,但少部分梵语同源词尽管发生了音变但鉴于各种原因仍然保留了部分梵语的拼写痕迹,导致词汇出现读音与拼写不一致的问题,因此如何为梵语同源词建立统一的拼写成为尼泊尔语拼写规范化的一大任务。

同时,在语言交际的过程中,尼泊尔语不仅吸收了大量外来词还创造了大量新词[①],特别是随着科技的进步和网络的发展,外来词在尼泊尔语中的占比与日

---

① 据坎提普尔在线新闻报道,过去 40 年尼泊尔语新增约 90000 个词汇。参见 https://ekantipur.com/news/2019/08/13/15656598878507125.html。

俱增。如何规范外来词的拼写成为尼泊尔语规范化的另一大议题。

（三）拼写问题错综复杂使尼泊尔语拼写规范化成为现实需求

在谈及尼泊尔语的拼写问题时，尼泊尔语言学家马达夫·普拉萨德·波克雷尔（माधव प्रसाद पोखरेल）曾痛心地指出，"尼泊尔语拼写上的不规范让人蒙羞"，"不管是尼泊尔的教育部部长、教育部秘书、大学校长、副校长、教育长、注册主任、教导主任、系主任、教授和普通教师，还是尼泊尔学院的院长、副院长以及科学委员会和科学大会的委员，均不知晓如何规范拼写，但是小学生若想通过五年级的考试，就必须知道如何规范拼写，否则试卷将会被扣分。"[1]

拼写规范具有强制性，拼写规范化是人们对自然状态下的文字开展有目的性的干预。如前所述，尼泊尔的语言学家、文学家等语言工作者纷纷就拼写标准提出各自主张甚至发起语言运动，但由于缺乏权威统筹，各类拼写主张反而导致尼泊尔语的拼写问题变得更加复杂。随着印刷技术的发展，大量尼泊尔语刊物面世，拼写问题伴随媒体的传播进一步放大。19世纪50年代，尼泊尔涌现出大量私营媒体。20世纪初，随着印刷技术和文学的发展，尼泊尔国内迎来出版高潮，大量尼泊尔语刊物面世，《廓尔喀报》成为首个有序出版的尼泊尔语报刊。20世纪90年代，随着保障新闻和出版自由写入尼泊尔宪法，这一时期出版发行的报纸数量激增至约200种。进入21世纪，随着网络技术的发展，尼泊尔在维持纸质传媒的同时积极推动网络媒体发展。目前，尼泊尔共有3865种注册报刊（其中655种为日报，30种为半周刊，2778种为周刊，402种为双周刊）和976个数字媒体网站（截至2017年）[2]。而与此同时，官方牵头的语拼写规范化进程起步较晚，直到20世纪30年代中期，尼泊尔语言出版委员会才出台首份官方文件《如何规范书写尼泊尔语？》（1934年）。随后，尽管一系列官方拼写规范相继出台，但遗憾的是，由于制定规范的机构间所持理念相异，导致部分规范内容上存在冲突，在付诸应用后进一步激化了拼写问题。

目前，在拼写规范上，已基本达成的共识主要有：

1. 元音方面

（1）梵语同形词的拼写不必遵循尼泊尔语所倡导的短化原则做出调整；（2）大部分梵语同源词和外来词词前部和中部应按短化原则写为短元音，如 ठिक, ठुलो, रुख, स्कुल, गरिब, मिठो 等；（3）梵语同形词加上梵语同源词后缀后合成的新词词前部和中部的元音应发生短化，如 पुर्बेली (पूर्व+एली), मुख्यार्इं (मूर्ख+यार्इं), स्विकार्नु

---

[1] 参见 https://neltaeltforum.wordpress.com/2017/08/05/english-in-nepal-from-a-guest-language-to-the-best-language。

[2] 参见 https://samakalinsahitya.com/index.php?show=detail&art_id=2869。

(स्वीकार+नु) 等；（4）词尾写为长元音的词在加上后缀后改写为短元音，如 असिओँ (असी+ओँ), सत्तरिओँ (सत्तरी+ओँ), त्रिसट्ठिओँ (त्रिसट्ठी+ओँ), दुइटा (दुई +ओटा)；（5）模拟词中部写成 इ 和 उ，如 टिलिक्क, मिलिक्क, सिनित्त, सुलुत्त, हुलुक्क, झिलिमिलि, सिरिरी तुरुरु, भुरुरु, टुलुटुलु；（6）表示复数的 हरू 和表示尊敬的 ज्यू 写为长元音，如 भाइहरू, उनीहरू, सम्पादकज्यू, प्रधानमन्त्रीज्यू；（7）शिरबिन्दु 和 चन्द्रबिन्दु 使用规则，包括：शिरबिन्दु 仅可在梵语同形词中使用；字母 य, र, ल, व, श, ष, स, ह 之前的 शिरबिन्दु 使用"ं"，其发音根据后面的辅音情况为 म्, ङ्, न् 中的一个，如 संवाद, संयम, संरचना, संरक्षण, संलग्न, संवत्, वंश, संसार, अंश, संहार 等；其他情况下，शिरबिन्दु 需要写下来，即按规则写出代表的鼻音字母，如 अङ्क, पण्डित, पञ्चम, बन्द, सम्बन्ध；（8）梵语同源词和外来词发鼻音时使用 चन्द्रबिन्दु，如 काँठ, आँप, अँध्यारो, सँग, काठमाडौँ 等。

2. 辅音方面

（1）除涉及姓氏、民族/种姓、职业等领域的专有名词外，ज्ञ, ण, क्ष, श, ष 等梵语字母仅可在梵语同形词中使用；（2）发音为/ड/时不写为 ड़，而写为 ड，如 गुरुड, तामाड, मनाड, मोरड, बागलुड, दाड, बझाड, दार्जिलिड, हडकड 等。

3. 单词连写方面

（1）格缀和复数后缀与被修饰词要连写，如 रामले, रामलाई, रामको, काठहरू；（2）构词后缀要连写，如 नाटककार, श्रममूलक, आत्मपरक, बलपूर्वक, केन्द्रीकरण 等；（3）表示拟声拟态的词或叠词要连写，如 सुलसुल, लुरुलुरु, फुरफुर, चटचट, बाटोघाटो 等；（4）连音时发生音变的合成词和复合动词要连写，如 मन्त्रालय, विद्यालय, सूर्योदय, जन्मोत्सव, भन्दिनु, भन्ठान्नु 等；（5）复合动词一般应连写，如 जानुपर्छ, जानुहोस्, खानुहुन्छ, पढिहाल्छ, गइसक्यो；（6）先时完成分词、进行时、完成时和一般将来时动词要分开写，如 ऊ भात खाई (खाएर) विद्यालय जान्छ। ऊ पढ्दै छ। मैले भनेको छु। ऊ जाने छ।।

存在的争议主要有：
（1）少数词汇中长短元音的书写细则；（2）"涉 व 字母词汇"的拼写原则；（3）部分单词连写的条件等。

三、尼泊尔语拼写规范化问题存在的原因

在推动尼泊尔语拼写规范化的进程中，民间力量积极作为，为官方制定尼泊尔语的拼写标准提供了多种方案。官方机构尽管出台了一系列拼写规范，但落实效果不佳，各种拼写问题层出不穷，乱象丛生。归结起来，导致拼写问题的原因主要有：

（一）规范制定缺乏统筹，权威性不够

在官方拼写规范的制定上，尼泊尔学院和尼泊尔特里布文大学秉承的理念相左，出台的规范互有冲突，而尼泊尔尚未组建专职部门来负责此事的统一协调和统筹推进，导致尼泊尔语陷入多套标准并行的尴尬局面，令人无所适从。

《尼泊尔学院尼泊尔语大会决定》（2011 年）和《尼泊尔语大词典》（2018 年）认为，虚拟语气词尾中部 उ 字母写为短元音（如 गरुन्, जाउन्, हेरुन् 等），而教材《所有人的尼泊尔语》却采用了虚拟式词中部写成 ऊ 的标准；有关 तिन/तीन, फुल/फूल, पुरा/पूरा, जुन/जून 等发音相同但意义不同的词，教材《所有人的尼泊尔语》落实梵语同源词的拼写规范，将词前部和中部统一写为短元音，认为可通过上下语境判断区别词义，而《尼泊尔语大词典》（2018 年）、《尼泊尔学院有关尼泊尔语拼写规范的决定》（2016 年）则认为，词义不同的应在拼写上加以区别，避免人为地制造一词多义；在数词的书写上，《尼泊尔语大词典》认为，除 तीन 外所有数词的前部和中部使用短元音，如 बिस, तिस, बत्तिस, चालिस 等，而《所有人的尼泊尔语》则认为 तीन 应写为 तिन。

在"涉 व 字母词汇"的拼写原则上，教材《所有人的尼泊尔语》提倡按发音确定写为 ब 或 व，如发/b/音写为 ब 的 बकुल्लो, बखत, बापत, बाकस, बहिनी；发/v/音写为 व 的 वकिल, पावर, वजन, वाकबाक, वारपार, वारिस, बेवास्ता, फेवा, मेवा, सरुवा, नेतृत्व, स्वर, स्वस्ति, श्वास, विश्व, स्वामी, स्वाद, स्वेच्छा 等①。而《尼泊尔语大词典》（2018 年）则沿用惯例写法，未刻意做出调整。

在单词的连拼条件上，《尼泊尔学院尼泊尔语大会决定》（2011 年）认为除 सँग, सित, तर्फ, तिर 等介词外，其他介词（如 बमोजिम, अनुसार）不与主词连写，而《所有人的尼泊尔语》则将 पछि, अघि, पूर्व, मुनि, माथि, वारि, बिच, भित्र, बाहिर, तर्फ, तिर, सामु, भन्दा, सम्म, पट्टि, तक, सँग, सित, बाहेक, समेत, समक्ष, मार्फत, पर्यन्त, उपर, लगायत, बमोजिम, सम्मत, अनुसार, मुताबिक, अन्तर्गत, अनुरूप, अनुकूल, प्रतिकूल 等词与主词连拼。

（二）部分规范中的条款合理性和严谨性欠佳

语言学家马达夫·普拉萨德·波克雷尔曾严肃批评道："数次修改规范，不仅没有使拼写简化，反而使其变得更复杂。"② 而语言学家卡比尔·拉米查尼（कपिल लामिछाने）则更尖锐地指出："关在黑屋子里制定的规范让所有人遵守是

---

① 在对《尼泊尔语儿童字典》（नेपाली बाल शब्दकोश）进行梳理后，笔者发现在以 व 作为首字母的单词中，只有少量的词发音为/v/，包括 वास्ता, वाकबाक, वारिपारि, वाक्य, वाक्, वडा, वक्र 等词及其派生词汇。

② [尼] 塞勒贾·波克雷尔. 尼泊尔语的发展规划与标准化 [G]. 马达夫·普拉萨德·波克雷尔. 尼泊尔语文学史. 卡马尔马尼出版社，2017：98.

不可能的。"① 拼写标准缺乏调研，过于激进导致规范合理性和严谨性欠佳成为规范难以落实的重要原因。

例如在复合字母的拼写形式上，《尼泊尔学院尼泊尔语大会决定》（2011 年）规定，复合辅音应尽可能地写为带纯辅音符号的形式以便认读（如 द्व, द्य, द्द, द्म, क्त 等），但由于该标准对复合辅音字母拼写的调整幅度过大且破坏文字美感，因此在《尼泊尔学院有关尼泊尔语拼写规范的决定》（2016 年）中修订为与涉 द 字母组成复合辅音字母时不再使用加纯辅音符号的形式，改用复合辅音字母形式（如 द्व, द्य, द्द, द्म, क्त 等）。在复合动词的拼写形式上，《尼泊尔学院尼泊尔语大会决定》（2011 年）中规定复合动词分开书写且位于词尾的 इ 字母写为长元音（如 लेखी सकी हाल्छ, गरी दिई छ），但这样容易与先时分词产生混淆，造成语言表意功能紊乱；在合成词的连写条件上，《尼泊尔语大词典》（2018 年）的《修订说明》规定，长度较长的合成词为了便于认读应分开写，但并未对"长度较长"做出明确定义，致使该条款标准难以落实。

（三）拼写规范落实不力

媒体是拼写规范的重要宣传者。笔者在随机抽样调查尼泊尔主流网络媒体"E-坎提普尔"（Ekantipur）、"廓尔喀报在线"（Gorkhapatraonline）和"在线消息"（Onlinekhabar）三家网站的 27 篇尼泊尔新闻报道后发现，三家媒体都存在编审把关不严的问题，其报道中使用的一些拼写与《尼泊尔语大词典》（2018 年）的规范不符，三家媒体可能自建有一套拼写规范，因而置官方规范于不顾。其中，"E-坎提普尔"网站曝光的一份尼泊尔政府内阁会议文件影像反映出政府公文也存在拼写问题。②

以下是笔者整理的调查结果，可以看出 शिरबिन्दु 的使用、"涉 व 字母词汇"的拼写、长短元音的使用、外来词的拼写以及动词进行时和将来时是否连拼等，都存在一些问题。（括号中为本文提倡的规范拼写）

E-坎提普尔	संकेत (सङ्केत)	पेश (पेस)	महान (महान्)	हरु/हरू (हरू)	कांग्रेस (कङ्ग्रेस)
	संचार (सञ्चार)	खेल्नेछ (खेल्ने छ)	सक्नेछन् (सक्ने छन्)	रुप/रूप (रूप)	देखिएकोधितालले (देखिएको धितालले)
	बेठीक (बेठिक)	उक्तबैठकले (उक्त बैठकले)	निर्णय गरेकोथियो (निर्णय गरेको थियो)	स्वीकार्नु (स्विकार्नु)	ठीक (ठिक)

---

① 《针对尼泊尔语规范使用对卡比尔·德维·拉米查尼教授进行的访谈》，参见 https://www.samakalinsahitya.com/index.php?show=detail&art_id=6021。

② https://ekantipur.com/news/2020/03/05/158340982867383385.html

(续表)

消息在线	बिना (विना)	तीव्र (तीब्र)	संघ (सङ्घ)	अरु (अरू)	जासूसी (जासुसी)
	कांग्रेस (कङ्ग्रेस)	रहनेछ (रहने छ)	छुँदैछ (छुँदै छ)	दिइनेछ (दिइने छ)	सहमति/सहमती (सहमति)
	हरु (हरू)	लगाइनेछ (लगाइने छ)	ठीक (ठिक)	रुप (रूप)	आफुखुसी (आफुखुसी)
廓尔喀报在线	रुप (रूप)	ब्यापार (व्यापार)	शहर (सहर)	ब्यक्त (व्यक्त)	आतंकवाद (आतङ्कवाद)
	महासंघ (महासङ्घ)	हरु/हरू (हरू)	कानूनी (कानुनी)	काँग्रेस (कङ्ग्रेस)	कारवाही (कारबाही)
	तीनवटै (तीन वटै)	खेलकूद (खेलकुद)	शुरु (सुरु)	भीड (भिड)	ब्यवस्थापक (व्यवस्थापक)
政府公文	हरु/हरू (हरू)	दोश्रो (दोस्रो)	कानूनी (कानुनी)	सहरी/शहरी (सहरी)	जाँचवुझ (जाँचबुझ)

四、结语

尼泊尔语为建立文字个性，凸显与梵语的差别，实现所吸收词汇的本土化，因而开启了拼写规范化进程。目前拼写的分歧主要在于是否有必要与读音保持一致。尽管民间力量为推动尼泊尔语拼写规范化提出了多个有益建议，但官方未能统筹推进，致使多套标准并行，且部分条款的合理性和严谨性欠佳，落实起来困难重重。如何统筹制定一份共识规范并推动该规范有效落实将是拼写规范化工作面临的首要任务。尼泊尔是民主国家，国民喜欢自由行事，且擅长争论，不喜服从，加之政府动员组织能力有限，可以预见，其语言文字规范化将是一个漫长的过程。

参考文献

[1] 冯志伟. 论语言文字的地位规划和本体规划 [J]. 中国语文，2004 (4).

[2] 何朝荣. 尼泊尔语言政策的演变及语言问题 [G] //东方语言文化论丛：第34卷. 北京：军事谊文出版社，2015.

[3] शैलजा पोखरेल. नेपाली भाषिक विकास योजना तथा मानकीकरण [G]// माधव प्रसाद पोखरेल. नेपाली साहित्यको बृहत इतिहास (क). 2017: 87-107.

[4] नन्दलाल आचार्य. नेपाली भाषामा वर्ण विन्यास [EB/OL]. https://www.samakalinsahitya.com/index.php?show=detail&art_id=4162.

[5] माधव प्रसाद पोखरेल. नेपाली हिज्जेका समस्या र स्थायी समाधान [EB/OL]. https://

www.samakalinsahitya.com/?show=detail&art_id=2869.

［6］नेपाल प्रज्ञा प्रतिष्ठान. *नेपाली बृहत् शब्दकोश (संशोधित र परिवर्धित संसकरण)* [Z]. 2018.

［7］नेपाल प्रज्ञा प्रतिष्ठान. *नेपाली भाषा सङ्गोष्ठी-२०६७ का निर्णयहरू*[Z]. 2011.

［8］नेपाल प्रज्ञा प्रतिष्ठान. *नेपाल प्रज्ञा-प्रतिष्ठान प्राज्ञ परिषद्को मिति २०७३/७/३० गते बसेको बैठक नं २६/०७३ बाट पारित भएको नेपाली भाषाको वर्णविन्यास सम्बन्धी निर्णय*[Z]. 2016.

［9］शर्वराज आचार्य. *अभिलेखमा नेपाली वर्ण विन्यास* [EB/OL]. https://www.samakalinsahitya.com/index.php?show=detail&art_id=6420.

［10］हेमाङ्गराज अधिकारी. *कार्यपत्र: नेपाली भाषाको मानकीकरणको प्रयासका घुम्तीहरू* [EB/OL]. https://sahityasangraha.com/2018/03/14/.

［11］रामप्रसाद ज्ञवाली, देवी नेपाल. *नेपाली भाषासम्बन्धी विवाद, समस्या र समाधान* [EB/OL]. https://archive.rajdhanidaily.com/14793/.

［12］राजेन्द्र गिरी. *नेपाली भाषामा देखिएका समस्या र निराकरण*[EB/OL]. https://echitwanpost.com/62779/2018011310/31/08/.

［13］शैलजा पोखरेल. *भाषा निति र नेपाल* [G]// माधव प्रसाद पोखरेल. *नेपाली साहित्यको बृहत् इतिहास (क)*. 2017: 19-34.

尼泊尔语天城体罗马化转写问题研究

信息工程大学 马 枭

【摘 要】 尼泊尔语采用天城体字母书写。随着社会进步和信息技术的发展，尼泊尔语天城体字母需要转写为罗马体字母，以实现信息传输的便利性。在转写过程中，由于受到语音变化、语言规范缺失和建立语言个性等因素的影响，存在着长短元音混淆、辅音字母混用以及一对多、多对一，甚至多对多转写的复杂现象。

【关键词】 尼泊尔语；天城体；罗马化；转写

尼泊尔语是尼泊尔的国语，由梵语演变而来，其字母属于天城体字母系统。国际通用的字母是罗马字母，亦叫拉丁字母，很多语言都制定了与罗马字母的转写规则，天城体字母亦不例外。随着现代社会的进步和信息技术的发展，人们对信息传输的便利性要求越来越高，尼泊尔语天城体字母进行"罗马化"转写应运而生。本论文将对尼泊尔语天城体"罗马化"转写的规则进行深入研究，总结分析转写中存在的问题和原因，以期能更好地实现尼泊尔语与国际语言的接轨，加强尼泊尔与国际之间的信息交流和资源共享，促进互联互通和文化传播。

一、尼泊尔语天城体字母罗马化转写的背景及现状

天城体亦称天城文，天城文是城文的优化及标准化，优化后的城文为彰显其神圣多加了个梵文的"天"（देव）字，称为天城文。天城体在尼泊尔语中叫"देवनागरी"，"देव"是"天""天神"的意思，"नागरी"是"城""城市"的意思。天城体兴起于 11 世纪，成熟于 12 世纪，12 世纪以后越来越广泛地被用于各种文献的书写。天城体是悉昙文（सिद्धान्त）的变体之一，悉昙文来自笈多文，笈多文犹如印度的其他文字一样，源于前 3 世纪的婆罗米文（ब्राह्मी）。现在亚洲不少民族使用的字母皆是属于婆罗米系列字母，这些字母分布于印度、缅甸、泰国、柬埔寨、老挝、尼泊尔等地。梵语、印地语、尼泊尔语、马拉提语等许多语言皆以天城体拼写。

除尼泊尔外，尼泊尔语还在印度、不丹、缅甸的一些地区使用。从语言谱系上看，尼泊尔语属于印欧语系印度-伊朗语族卡斯语支，属于屈折语，其字母有

11 个元音，33 个辅音，4 个辅助符号和 3 个不规则辅音丛[①]。元音字母是：अ, आ, इ, ई, उ, ऊ, ए, ऐ, ओ, औ, ऋ。辅音字母是：क, ख, ग, घ, ङ, च, छ, ज, झ, ञ, ट, ठ, ड, ढ, ण, त, थ, द, ध, न, प, फ, ब, भ, म, य, र, ल, व, श, ष, स, ह。辅助符号是：ं, ः, ँ, ्。不规则辅音丛是：क्ष, ज्ञ, त्र。尼泊尔语单词之间要用空格分开，不像梵文一样连写。

现代罗马字母有 26 个，其中 5 个元音字母，21 个辅音字母。目前，世界上很多语言皆可以和罗马字母进行转写，例如日语、俄语、藏语、维吾尔语等，尼泊尔语也不例外。尼泊尔语天城体字母与罗马字母的转写其实就是尼泊尔语的"罗马化"。现代信息社会，罗马字母作为世界通用字母，在网络、电码传输等领域运用十分普遍，且方便快捷。尼泊尔力图融入这个信息爆炸和网络飞速发展的时代，但是受制于语言受众小、字体难以书写等原因，信息传输十分不便。此时，罗马化转写就成为尼泊尔与外部交流的桥梁和纽带。

然而，从当前情况来看，由于语言的发展变化，尤其是语音的变化，使得尼泊尔语拼写和读音不一致，词的拼写不统一，必然导致罗马化转写出现困难。比如元音字母转写，除了一对一，还出现了一对多、多对一的情况；而辅音字母更复杂，有的甚至出现一对多、多对一、多对多的情况，给读者带来严重困扰。

二、尼泊尔语天城体字母罗马化转写中存在的问题

（一）元音转写存在的问题

1. 长短元音转写容易混淆

一般来说，长元音的转写有两套标准，一套是使用两个短元音表示（aa, ii, uu），另一套是元音字母上加一横（ā, ī, ū）。由于字母上加一横在电脑上很难打出，加之受尼泊尔推行"元音短化"的影响，部分尼泊尔人习惯把长元音 आ 转写为 a，这样短元音 अ 和长元音 आ 都转写为 a，容易混淆。根据国际音标，अ 转写为 a，आ 应转写为 aa 或 ā，但是为了追求简便，一部分尼泊尔人并没有这样做。例如，ताल（湖）和 तल（下面）的罗马化转写都是 tala，容易混淆。

इ 与 ई 是一对短长元音，根据国际音标转写，इ 的罗马化转写就是 i，ई 的罗马化转写是 ii 或 ī，但同样受"元音短化"的影响，两者都被转写为 i，混淆由此产生。例如，तिन（他）和 तीन（三）的罗马化转写都是 tin，两者难以区分。

उ 与 ऊ 也是一对短长元音，若根据目前的读音（不分短长），两者都可以转写为 u。但根据国际音标，उ 应转写为 u，ऊ 转写为 uu 或 ū。如果都转写为 u 的

[①] 尼泊尔传统语法认为，尼泊尔语的元音有 13 个，但现在一般认为只有 6 个元音，29 个辅音。本处按传统语法将所有元音和辅音字母列出。

话，也给认读带来困扰。例如，फुल（蛋）和फूल（花）都转写为 phula 的话，怎么区别两者的差别呢？由此可见，长短元音的转写是一个非常突出的问题。

2. 词尾元音 अ 是否写出意见不一

1908 年尼泊尔语言学家兼出版商拉姆玛尼·阿迪（राममणि आदि）领导发起了"抵制纯辅音符号运动"（हलन्त बहिष्कार आन्दोलन），使尼泊尔语的拼写变得更加简洁，但它却进一步激化了尼泊尔语读音与拼写不一致的矛盾。受到"抵制纯辅音符号运动"的影响，词尾没有底斜线的字母转写为罗马体时，词尾的元音 a 要不要写出来存有争议。例如 पसल（商店）的罗马化转写是 pasal，亦可能是 pasala，虽然常见的是 pasal，但究竟应该写为哪一个存在争议；同理，राम（拉姆）按照其拼写应该转写为 rama，但其常用的转写却是 Ram，关于这两种转写意见不一。

3. 元音鼻化符号 ं 和 ँ 的罗马化转写略有争议

ं 和 ँ 是尼泊尔语的两个元音鼻化符号，其中 ं 叫作 शिरबिन्दु（上加点），由于 ं 有可能是鼻辅音 म, न, ञ, ण, ङ 的简写，所以 ं 的罗马化转写可能是 m/n/ng。例如，संपादक（编辑）的罗马化转写是 sampadak；संसार（世界）的罗马化转写是 sansar，मंगलबार（周二）的罗马化转写是 mangalabar。另一个元音鼻化符号 ँ 叫作 चन्द्रबिन्दु（月牙点），其罗马化转写是 n。例如，आँखा（眼睛）的转写是 ānkhā 或 ankha；आँप（芒果）的转写是 anpa；खाँब（柱子）的转写是 khanba。在尼泊尔语的语言规范化进程中，曾有人提出把 चन्द्रबिन्दु 全部替换为 शिरबिन्दु，因此导致了两者的使用及罗马化转写存在争议。

总之，由于转写的标准和依据不同，有的元音字母存在好几种转写形式，从而给认读带来困扰。具体见下表：

天城体元音字母	अ	आ	इ	ई
罗马字母	a	a/ā/aa	i	i/ī/ii/ee
天城体元音字母	उ	ऊ	ए	ऐ
罗马字母	u	u/ū/uu/oo	e/ei/ey	ai/āi
天城体元音字母	ओ	औ	ऋ	
罗马字母	o	au/āu/ou	ri	
元音鼻化符号	ं	ँ		
罗马字母	m/n/ng	n		

从表格中可以明显地看出，尼泊尔语天城体元音字母的罗马化转写不仅有一

对一的转写，还存在一对多和多对一的转写情况。例如，ऊ 可以转写为 u/ū/uu/oo 这几种形式，उ 和 ऊ 都可以转写为 u 的形式，这些复杂的现象给读者带来诸多不便。

（二）辅音转写存在的问题

1. च, छ, ज, झ 的转写涉及两套标准

च, छ, ज, झ 这四个辅音字母涉及两套转写标准，其转写常常具有随意性，缺乏统一规范。具体转写见下表：

天城体辅音字母	च	छ	ज	झ
第一套转写标准	ca	cha	ja	jha
第二套转写标准	cha	chha	za	zha

目前，这两套标准都在使用，但有常用和不常用之分。例如，चामल（米饭）的罗马化转写有 camala，亦有 chamal，常用的是前者；छ 的转写为是 cha 或 chha，但常用的是 cha。ज 的转写可能是 ja，亦可能是 za，如 बजार 既可转写为 bajar，也可以是 bazar。由此可见，两套标准之间存在混用现象。

2. त 与 ट 两组辅音转写相同，不易辨认

त 与 ट 两组辅音在转写为罗马体时，都是 t, th, d, dh。例如：तार（电线）和 टार（低地）的罗马化转写都是 tar，两者很难辨认。如果再加上元音长短混用，情况就更加复杂了。例如，काठ（木头）和 कथा（故事）的转写都是 katha。此种情况并不少见，这给读者带来很大的判断难度。

3. ब, व 的拼读不一致导致转写混乱

尼泊尔语法学家比兰德拉·盖瑟里·阿尔贾勒（वीरेन्द्र केशरी अज्र्याल）率先指出尼泊尔语中的"涉 व 字母词汇"存在拼写与读音不一致的现象。在尼泊尔语吸收梵语词汇的过程中，原发为唇齿音/va/的 व 在进入尼泊尔语后发生了音变，当 व 不是单词的首个辅音字母时，व 通常发为双唇音/wa/，而在其他情况下，व 通常发为双唇音/ba/。这样，一个 व 就有三种发音。因此，阿尔贾勒认为，व 应该按照读音拼写，即发音为/ba/时写为 ब，发音为/wa/时写为 व（带下加点），发音为/va/时写为 व。而与他同一时期的另外一些语言学家则认为，尽管发音不同，但由于词源是梵语，因此仍应沿用梵语拼写形式，不必过分追求拼写和读音一致。目前的情况是，尼泊尔人经常将 व, ब 混用，对两者的发音有时候亦不做区分，因此根据两者的发音，ब 的转写为 ba，但 व 的转写既可以是 va，也

可是 ba，还可以是 wa。例如 बाबु（小孩）的罗马化转写是 babu；विवाह（婚姻）的罗马化转写是 viwah 或 biwah；विद्यालय（学校）的罗马化转写是 bidyalaya 等。

4. 语音变化导致 श，भ 存在两种转写方式

语音变化是一个历史的过程，现代尼泊尔语的语音与梵语有所不同。随着尼泊尔语语言文字规范化的推进，"语音至上"成为一个新的主张，它是指单词拼写应与其读音保持完全一致，由此，尼泊尔语天城体字母的罗马化转写也不可避免地受到其影响。श 按照发音，应转写为 sa，但传统上的 sha 也被保留。例如，सहर（城市）的罗马化转写是 sahara，但由于 शहर 被保留，因此 shahara 也会见到；再如 सहिद（烈士）的转写是 sahid，但 शहीद（shahid）也是存在的。

字母 भ 的罗马化转写有 bha，亦有 va。bha 是根据国际音标进行的转写，va 是受到"语音至上"主张的影响，根据其发唇齿音/va/进行的转写。从实际情况看，两种转写都存在，显得有些混乱。例如，विभाग（部门）的罗马化转写是 bibhag；而 भएर（हुनु 的完成分词）的罗马化转写是 vayera；भगवान्（神）的转写是 vagwan；भन्दा（比较）的转写是 vanda；के भो（怎么了）的转写是 ke vo。总的来说，转写为 va 的更常见。

5. 鼻辅音简化导致 न，ञ，ण 三者转写相同，容易混淆

ञ，ण 为梵语鼻辅音，但尼泊尔推行辅音简化，使用 न 替代 ञ 和 ण，从而使得三者的罗马化转写都是 na，不容易区分。例如，बाण（箭）与 बन（森林）的罗马化转写皆是 bana，पञ्चमी（初五）的转写是 pancami，पन्जाब（旁遮普）的转写是 panjab 等。

综上，辅音转写中存在诸多复杂情况，具体见下表：

天城体辅音字母	क	ख	ग	घ	ङ
罗马字母	ka	kha	ga	gha	ng
天城体辅音字母	च	छ	ज	झ	ञ
罗马字母	ca/cha	cha/chha	ja/za	jha	na
天城体辅音字母	त	थ	द	ध	न
罗马字母	ta	tha	da	dha	na
天城体辅音字母	ट	ठ	ड	ढ	ण
罗马字母	ta	tha	da	dha	na
天城体辅音字母	प	फ	ब	भ	म
罗马字母	pa	pha	ba	bha/va	ma

(续表)

天城体辅音字母	य	र	ल	व	श
罗马字母	ya	ra	la	va/ba/wa	sa/sha
天城体辅音字母	ष	स	ह		
罗马字母	sa/sha	sa	ha		
不规则辅音丛	क्ष	ज्ञ	त्र		
罗马字母	xa/ksa/ksha	jna	tra		

从表中可以看出，尼泊尔语天城体辅音字母的罗马化转写不仅有一对一的转写，还存在一对多、多对一和多对多的转写情况。例如，व 可以转写为 va/ba/wa 这几种形式，ब 和 व 都可以转写为 ba 的形式，श、ष、स 都可以转写为 sha 或 sa 的形式，等等，这些复杂的现象给读者认读造成了困扰。

三、尼泊尔语天城体字母罗马化转写问题的原因分析

（一）语音发展变化的影响

1. 元音短化运动致使元音短写成为常用

传统尼泊尔语有 13 个元音字母，分别是 अ, आ, इ, ई, उ, ऊ, ए, ऐ, ओ, औ, ऋ, अं, अः。随着语言规范化的推进，尼泊尔语元音也在逐步"短化"。1960 年尼泊尔的语言规范化运动对拼写做出如下改革：弃用长元音，将所有的 ई 改写成 इ，将所有的 ऊ 改写成 उ；使用 दि、धि、सि 替换 दू、धू、श्री。1972 年，尼泊尔共同出版社召开座谈会，邀请语言学家和作家就尼泊尔语的拼写改革建言献策。在这次会议上，与会者达成共识，认为尼泊尔语中的梵语词应按梵语同形词的规范拼写，即梵语同形词不必遵循尼泊尔语所倡导的短化运动，而梵语同源词和外来词的词前部和中部只可写为短元音。随着"拼写短化运动"的进行，"转写短化运动"也逐步展开。

由于受到尼泊尔推行的"短化运动"的影响，现代尼泊尔语只有 6 个元音音位，分别是/अ/、/आ/、/इ/、/उ/、/ए/、/ओ/，其他的元音字母，如 ई、ऊ、ऐ、औ、ऋ 等在拼写时仍然存在，但不是独立音位。尽管如此，语言惯性和传统习惯使得长元音在转写过程中仍存在，从而导致长短混用。

2. 辅音简化运动致使转写发生变化

伴随着元音"短化"趋势，辅音也呈现"简化"趋势。传统尼泊尔语有 33 个辅音字母，但在使用 स 替换 श 和 ष，以及 न 替换 ञ 和 ण 之后，辅音字母只剩下 29 个，其中，य 和 व 还被认为是半元音。

受辅音"简化"的影响，辅音字母的罗马化转写也发生了变化。在梵语同源词和外来词中，用 न 替换 ञ 和 ण 是一种趋势，但有些词并没有完全统一，坚持用 ञ 和 ण 的人也还存在，因此三者都被转写为 na。此外，尼泊尔的语言规范化运动提出使用 स 替换 श 和 ष，但由于"简化"并不彻底，这三个字母同时使用的现象仍然存在，श 和 ष 既可以转写为 sha，也可以为 sa。例如，विशेष（特别的）的罗马化转写有 bishesh, bises, vises 等，目前比较多见的是 bises。

3. 发音习惯的影响

发音习惯不同，也会影响到转写。尼泊尔语单词在转写为拉丁字母时，有的是根据尼泊尔人独特的发音习惯和发音特点来进行转写的。例如，元音字母 ए 按照国际音标转写应是 e，但受到发音习惯的影响，也有转写为 ei 或 ey 的情况。例如 आए（来）的罗马化转写是 aei；जाने（去）的罗马化转写是 janey。此外还有元音字母 ई 转写为 ee，ऊ 转写为 oo，औ 转写为 ou 等情况。

辅音字母的罗马化转写同样受到发音习惯的影响。例如，व 的转写，当发音为唇齿音/va/时，转写为 va；发音为双唇音/ba/时，转写为 ba；发音为双唇音/wa/时，转写为 wa。不规则辅音丛 क्ष 的罗马化转写是 ksa, ksha 或者是 xa，几种转写都在使用，其中 xa 就是根据尼泊尔人的发音来进行的转写。例如，क्षमा（原谅）的罗马化转写是 xama；क्षमता（能力）转写为罗马体是 xamataa；लक्ष्मण 的转写是 Laxman 等。

（二）拼写不规范导致转写问题产生

尼泊尔语中有梵语同形词、梵语同源词和大量外来词，如何规范这些词的拼写成为语言规范化的一大难题。关于尼泊尔语的拼写，尼泊尔的民间和官方都进行了规范化处理，但是由于尼泊尔语的规范制定缺乏统一标准、部分规范中的条款合理性和严谨性欠佳以及官方落实不力等原因，导致尼泊尔语的拼写比较混乱和复杂，从而造成尼泊尔语罗马化转写也呈现出复杂性。

就尼泊尔的拼写和转写的规范化问题，在尼泊尔形成了三大主张：第一种主张强调语音至上，认为拼写与读音应保持完全一致；第二种主张坚持读写分离，认为拼写与读音不必保持完全一致；而第三种主张认为大部分单词的拼写应与读音保持一致，但允许例外存在。三种主张在规范化进程中均有体现，但没有形成统一的标准，导致拼写不规范，部分词有多种拼写形式，这给罗马化转写造成很大的困难。因此，尼泊尔语拼写的多样性也是造成罗马化转写复杂化的原因之一。

（三）建立语言个性促使转写出现新变化

尼泊尔语中存在大量梵语同形词，随着科技的进步和网络的发展，尼泊尔语在语言交际的过程中还吸收了大量的外来词，如波斯语词、阿拉伯语词、印地语词、英语词等。

尼泊尔作为一个独立的国家，有着较强的民族自尊心和自豪感。随着与外部世界的交往增多，一部分尼泊尔社会精英逐渐意识到建立语言个性的重要性，于是他们推动语言规范化运动，并致力于建立自己的语言个性。1957 年，巴尔克里希纳·波克雷尔领导发起"纯化运动"。他认为尼泊尔语中梵语词比重过大，因此呼吁人们要重视尼泊尔的本土语言，同时减少外来词和梵语长词的使用，并提出尼泊尔语中的外来词和梵语词应按尼泊尔语拼写规则书写的主张。波克雷尔还指出，无长元音音素是尼泊尔语的一大特点，尼泊尔语词汇应按读音拼写并减少梵语字母的使用。减少梵语同形词的使用，鼓励使用梵语同源词，外来词实行本土化等，都是为了建立区别于梵语、印地语等语言的独特的语言个性。语言个性的建立，必然会导致传统的拼写方式的改变，从而增加了罗马化转写的复杂性。

四、结语

尼泊尔语天城体字母的罗马化转写是信息化和网络化时代的产物，尽管各种转写的标准不同，形式各异，但并不能阻碍它在网络和电码传输中的实际应用。当然，除了天城体转写为罗马体之外，还有罗马体转写为天城体也非常重要。一方面，大量英语借词进入尼泊尔语，如何将其转写为尼泊尔语，如何规范化拼写等也是备受争议的问题。另一方面，通过网络等渠道获取的大量关于尼泊尔的材料都是罗马化转写的材料，其中有很多字母或字母组合较为复杂，如何准确快速地转写为天城体以方便信息的获取非常重要。随着信息技术的发展，人们对信息的需求量越来越大，进而对天城体与罗马体的互相转写需求亦会越来越多，如何建立一套公认的转写标准，将是转写规范化的首要任务和现实需求。

参考文献

［1］祁坤钰，达召卡什吉．基于国际标准编码系统的藏文拉丁文转写规则模型［J］．西北民族大学学报（自然科学版），2008（4）：15—18.

［2］亚森·伊明．基于国际标准编码系统的维吾尔文拉丁文转写规则研究［J］．信息技术与标准化，2011（6）：49—51.

［3］包颖．浅谈尼泊尔语的特点［J］．新闻传播，2014（11）：38—39.

［4］冯志伟．论语言文字的地位规划和本体规划［J］．中国语文，2000

（4）：363—377.

［5］मोहनराज शर्मा. *प्रज्ञा नेपाली सन्दर्भ व्याकरण*[M]. काठमाडौं: नेपाली प्रज्ञा-प्रतिष्ठान, २०७१.

［6］प्रा. डा. देवीप्रसाद गौतम, डा. प्रेम प्रसाद चौलागाई. *भाषाविज्ञान*[M]. काठमाडौं: पाठ्य सामग्री पसल, २०७०.

［7］*नेपाली वर्ण विन्यासको शैक्षिक पक्षमाथि जिम्मेवार संस्थाहरूले गरेको अनावश्यक हस्तक्षेप*[M]. काठमाडौं: नेपाली भाषा शिक्षा सरोकार समूह, २०७४.

［8］शरच्चन्द्र वस्ती. *लहडबाजीमा वर्णविन्यासको शिष्ट परम्परा भत्काएकाले नेपाली भाषा अराजकताको सिकार हुन पुग्यो* [Z/OL]. (2019-11-07) [2020-04-18]. https://khabarmagazine.com/archives/31405.

［9］ध्वज राई. *सृजना सधैँ अमर रही रहन्छ* [Z/OL]. (2020-01-01) [2020-03-10]. https://pfs.com.np/blog/case-studies/jdr-fonts/.

［10］गणेश राई. *लिपि: बहस कम, विवाद धेरै*[Z/OL]. (2018-07-28) [2020-03-13]. https://ekantipur.com/koseli/2018/07/28/15327529686274356.html.

［11］नेपाल प्रज्ञा-प्रतिष्ठान. *नेपाली बृहत् शब्दकोश (संशोधित र परिवर्धित संस्करण)* [Z]. 2018-01-03.

普什图语句子体貌意义的合成模式分析

信息工程大学　王　静

【摘　要】在句子体貌意义的合成过程中，情状体义与视点体义不是简单的相加，而是存在着制约与压制的相互作用。在本质上，视点体构式的压制作用是由视点在话题时间与情状相交的具体情况（相交于整体还是内部阶段）决定的。运用 Mari Olsen 的体义相交理论研究普什图语句子体貌意义的合成，能够使系统更清晰，也有利于对一些语言现象进行深层次的解释。

【关键词】普什图语；视点体；情状体；体义相交

引言

体貌系统是体现和编码时间关系的语言范畴。每一个独立的句子都包含有特定的体貌意义，是说话者主观观察方式和客观事件或状态的时间语义特征相互作用的结果。研究普什图语句子体貌意义的合成过程，不仅有利于对一些语言现象进行深层次的解释，还能够使时间语义表达系统更清晰，是描写完整的普什图语体貌系统的重要步骤。

不同的语言具体的编码方式不同，但是视点与情状相交的认知原理相同，所以运用 Mari Olsen 的体义相交理论研究普什图语句子体貌意义的合成具有合理性和可行性。

一、体义相交的三要素

Mari Olsen 从说话时间 ST、参照时间 RT 和事件时间 ET 的关系出发，提出了体义相交理论（Mari Olsen，1997：61—62）。"体义相交理论"由以下三部分构成：一是时间语义特征的缺省对立；二是情状特征（即情状体）的单一合成；三是体标记所供视点在话题时间与情状时间结构的相交（尚新，2004：44）。其基本思路是：在缺省对立模式下，动相、时相和派生相通过语义正值标记特征相加，构建出情状的内部时间结构，实现单一合成模式；在形成情状体单一合成的基础上，视点与情状整体或内部时间结构相交，句子的体貌意义得以合成。

（一）语义特征的缺省对立

体义相交理论的"起点"就是时间语义特征的缺省对立，"缺省对立"并不强调两极对立，而是强调对立双方在整个封闭系统中或语义域中的互补性，因为零值特征可以包含正值特征。比如，普什图语完整体和一般体的对立体现为[+接续]vs[Φ 接续]的对立，虽然二者的对立不是理想的缺省对立模式（大多情况下，一般体不能无条件代替完成体），但是一般体的"非接续性"在视点上还是暗含了"接续性"意义。[Φ 有界]vs[+有界]和[+接续]vs[Φ 接续]两组对立可以表现为以下关系图：

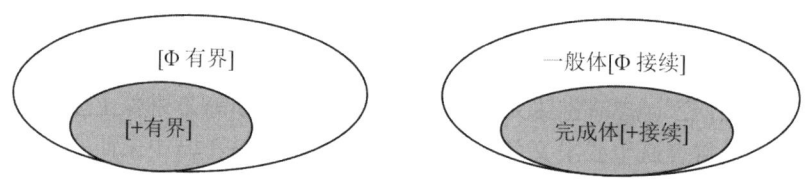

图1　[Φ 有界]vs[+有界]、[+接续]vs[Φ 接续]缺省对立关系图

时间语义特征的缺省对立是句子体貌意义合成的基础，在此基础上，以动相为核心的句子情状得以单一合成。

（二）情状特征的单一合成

语干情状特征的单一合成是生成句子体貌意义的第二步。

情状的三层级单一合成系统为：动相（动词）→时相（动词短语）→派生相（句子语干），由于缺省对立中零值特征是可删除的，不参与情状的合成，相当于一个"空位"，所以，由"动相"到"派生相"的合成过程主要是以正值特征填补零值特征所占"空位"，或减去正值特征成为零值特征的单向过程，如图：

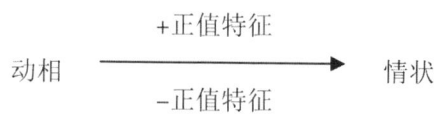

图2　缺省对立基础上的单一合成模式

以活动相动词"جوړول"（制作）构建语干"په تېرې کلونو کښې هغه دا څوکۍ جوړول"[①]（近些年来，他在做这把椅子）的过程为例，情状的合成过程如下：

[①] 这里讨论的"句子语干"指的是以原形动词为核心构建的尚未与时、体等语法范畴结合的"裸句"，不是实际言语中的"完型"形式。

动相："جوړول"（制作）
[+动态，+持续，Φ有界]

⬇ 添加[+有界]特征

时相:" 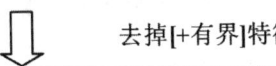 "（他做这把椅子）
[+动态，+持续，+有界]

⬇ 去掉[+有界]特征

派生相："په تېرو کلونو کې هغه دا څوکۍ جوړول
（近几年来，他一直在做这把椅子）
[+动态，+持续，Φ有界]

情状体的三层级单一合成理论能够直观、清晰、有效地描写出句子情状体生成的过程，由此生成的情状成为视点观察的对象。

（三）视点与情状相交

情状是客观的，不以人的意志为转移；视点是主观的，是说话者根据表达需要选取的。视点体和情状体各自独立，互不影响。主观视点在话题时间与客观情状相交，句子体貌意义最终形成，这是体义相交理论的"终点"。

情状本身的时间特征是句子整体时间特征生成的基础，对说话者如何选取视点有一定的影响，但是，视点体带有人的主观能动性，其语义特征值对情状体义具有"压制"作用，句子的体貌意义就是在视点与情状相交的过程中，情状体"顺从"视点体构式的体义产生的。

依据观察视角不同，视点在话题时间可以与情状相交于外部或者内部，完整视点与情状相交于外部或者内部的结尾阶段，非完整视点与情状相交于内部核心阶段。从语义来看，完整视点体不关心情状的内部阶段如何，只描写情状本身的时间语义或者情状到达终点的状态；非完整体不关心情状是否完成或到达终点，只描写情状持续过程中的状态。从视点来看，完整视点体把事件看作一个整体进行观察或表述，聚焦于情状本身或者终点；非完整体从内部观察情状的不同阶段，聚焦于情状的核心。

二、普什图语句子体貌意义的合成过程

（一）视点与状态情状相交

普什图语状态情状只能由状态相动词构成，除系动词外，以行为动词构建的状态情状与视点结合情况如下：

例1：状态情状+无标记体

PRES-UNF(SIM)-3SM 有　　ACC-3SM 一支笔　　3SM 他

他有一支笔。

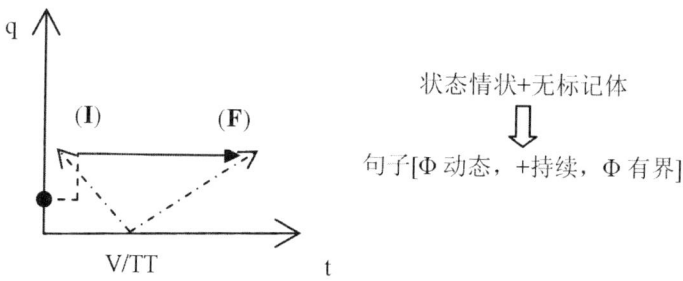

图3　无标记体视点与状态情状相交图

一般来说，无标记视点只能对状态情状整体进行观察，相当于一般体视点。视点在话题时间与状态情状相交于外部，情状是否有起点和终点不是观察的重点，所以此时，无标记体构式的语义特征值是开放的，二者结合后的句子体貌意义仍为[Φ 动态，+持续，Φ 有界]。

例2：状态情状+完成体

PRES-PER-3SM 有　　3SM 一支笔　　ERG-3SM 他

他已经有了一支笔。

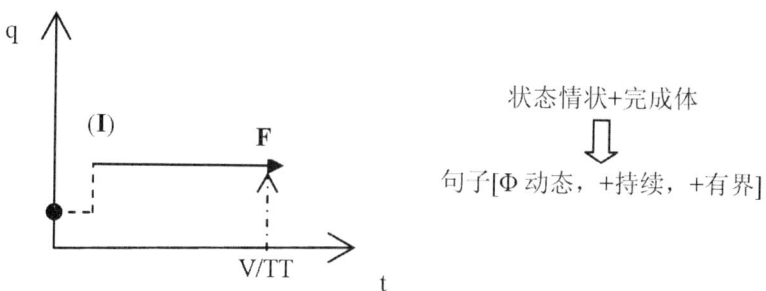

图4　完成体视点与状态情状相交图

完成体是完整视点体，视点在话题时间要与状态情状相交于结尾，所以完成体构式"强行"给状态情状加上了一个临时终点 F，二者结合后的句子体貌意义变为[Φ 动态，+持续，+有界]。

例 3：状态情状+一般体

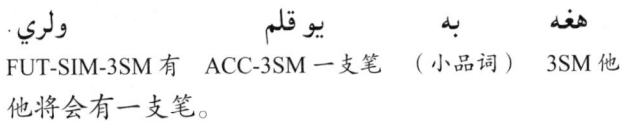

FUT-SIM-3SM 有　ACC-3SM 一支笔　（小品词）　3SM 他

他将会有一支笔。

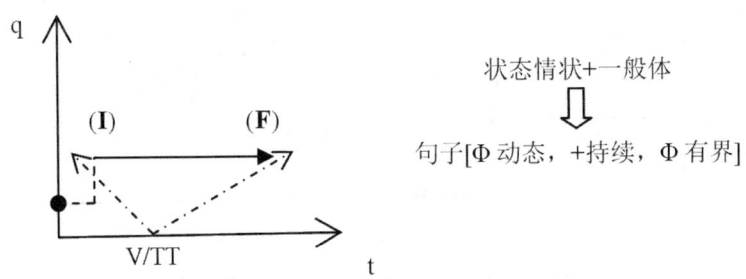

图 5　一般体视点与状态情状相交图

一般体视点在话题时间与状态情状相交于外部，情状是否有起点和终点不是观察的重点，所以，其语义特征值是开放的，二者结合后的句子体貌意义仍为 [Φ 动态，+持续，Φ 有界]。

例 4：状态情状+进行体

پههغووورځوکي　پهکابلکې　بريالى　اوسېده.

PST-PROG-3SM 居住　在喀布尔　3SM 巴里亚莱　那些日子里

那些日子巴里亚莱正住在喀布尔。

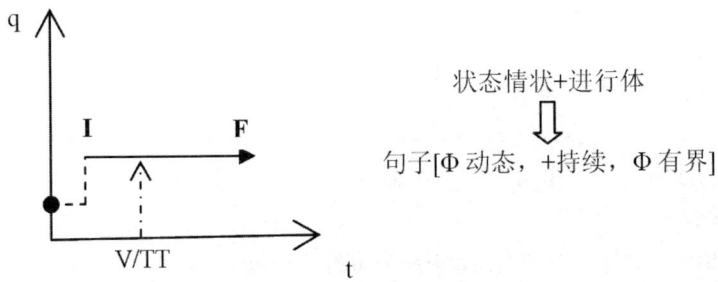

图 6　进行体视点与状态情状相交图

通常来说，进行视点不用来观察状态情状，进行体视点在话题时间要与情状相交于核心阶段，所以，进行体构式"强行"给状态情状加上了临时起点 I 和终点 F，但是观察范围又不包括 I 和 F，相交后的句子表达"开始居住在喀布尔"

和"结束在喀布尔居住"之间的临时状态,体貌意义仍为[Φ 动态,+持续,Φ 有界]。

例5:状态情状+惯常体

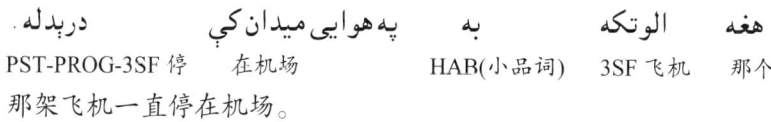

PST-PROG-3SF 停　　在机场　　　　HAB(小品词)　　3SF 飞机　　那个

那架飞机一直停在机场。

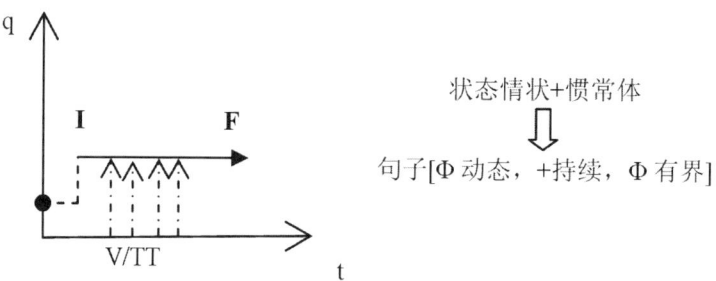

图7　惯常体视点与状态情状相交图

惯常视点关注情状在话题时间内的持续性,即在每个时间点上动作或状态相同,情状是否有终点不是关注对象,句子体貌意义为[Φ 动态,+持续,Φ 有界]。

此外,由系动词"دی"(是)构建的状态情状句在普什图语中只能用无标记体和一般体视点来观察,且结合后的句子也只能表达[Φ 动态,+持续,Φ 有界]这一种时间意义,如:

例6:状态情状+无标记体

دی.　　　　　　زده کوونکی　　　　هغه

PRES-UNF(SIM)-3SM 是　　学生　　　　3SM 他

他是学生。

例7:状态情状+一般体

و.　　　　　　زده کوونکی　　　　هغه

PST-SIM-3SM 是　　学生　　　　3SM 他

他以前是学生。

例6和例7的体义相交图示与图3和图5相同。

(二)视点与阶段水平情状相交

普什图语阶段水平情状也只能由状态相动词构成,阶段水平情状与视点结合有如下3种情况:

例8:阶段水平情状+无标记体

برالبېږم

PRES-UNF(SIM)-1SM（我）怀孕

我怀孕了。

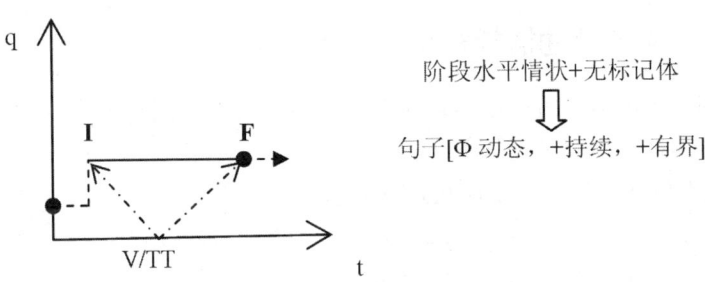

阶段水平情状+无标记体
⇩
句子[Φ动态, +持续, +有界]

图 8　无标记体视点与阶段水平情状相交图

与对状态情状的观察一样，无标记视点只能对阶段水平情状整体进行观察，相当于一般体视点。视点在话题时间与阶段水平情状相交于从起点到终点的外部，二者结合后的句子体貌意义仍然为[Φ动态, +持续, +有界]。

例9：阶段水平情状+完成体

پروسږکال دا کتاب په لس افغانۍ ارزېدلی و.

PST-PER-3SM 值　阿尼　10　（前置词）　3SM 这本书　去年

这本书去年已经值10阿尼了。

完成体视点在话题时间要与阶段水平情状相交于结尾，由于阶段水平情状本身有终点，所以二者结合后的句子体貌意义仍然为[Φ动态, +持续, +有界]。

例10：阶段水平情状+一般体

پروسږکال دا کتاب په لس افغانۍ وارزېد.

PST-SIM-3SM 值　阿尼　10　（前置词）　3SM 这本书　去年

这本书去年值10阿尼。

一般体视点在话题时间与阶段水平情状相交于从起点到终点的外部，二者结合后的句子体貌意义仍为[Φ动态, +持续, +有界]。

由系动词 "دی"（是）构建的阶段水平情状句在普什图语中只能用无标记体和一般体视点来观察，且结合后的句子也只能表达[Φ动态, +持续, +有界]这一种时间意义，如：

例11：阶段水平情状+无标记体

د نن د دي کتاب بیه په لس افغانۍ ده.

PRES-UNF(SIM)-3SF 是　阿尼　10　3SF 价格　这本书　（前置词）　的　今天

这本书今天的价格是10阿尼。

例12：阶段水平情状+一般体

پرون	د	دي کتاب	بيه	لس	افغاني	وه.
昨天	（前置词）的	这本书	3SF 价格	10	阿尼	是 PST-SIM-3SF

这本书昨天的价格是 10 阿尼。

（三）视点与活动情状相交

普什图语活动情状可以由活动相动词、单活动相动词和瞬成相动词构成，活动情状与不同视点结合情况如下：

例 13：（单活动相）活动情状+无标记体

د بربښنا ډېوه	بربښني.
3SF 电灯	PRES-UNF(PROG)-3SF 闪烁

电灯正在闪。

例 14：（瞬成相）活动情状+无标记体

هغه	دروازې	يوه پـه يوه	پرانيزي.
3SM 他	ACC-3PLF 门	一扇接一扇地	PRES-UNF(PROG)-3SM 打开

他正一扇接一扇地打开门。

例 15：（活动相）活动情状+无标记体

بريالی	ګرزي.
3SM 巴里亚莱	PRES-UNF(PROG)-3SM 散步

巴里亚莱正在散步。

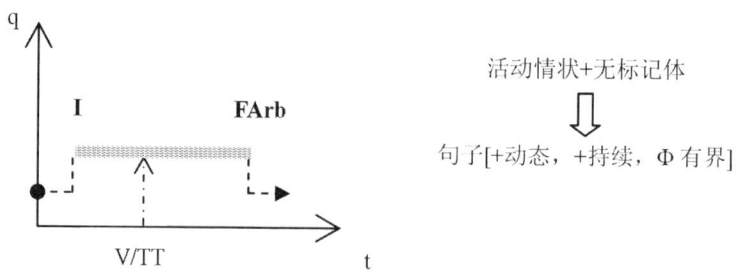

图 9 无标记体视点与活动情状相交图

普什图语无标记视点只能出现在现在时当中，即视点、话题时间与说话时间重合，活动情状发生或持续的时间一般都会超过（大于）说话时间，所以二者不会完全重叠，因此无标记体一般来说只能观察活动情状的核心，相当于进行体视点，即视点在话题时间与活动情状相交于核心，暗示情状有临时起点和终点，但是视点的观察范围不包括起点和终点在内，句子的体貌意义仍为[+动态，+持续，Φ有界]。

例16：（单活动相）活动情状+完成体

بربښېدلې ده.　　　د بربښنا ډېوه
PST-PER-3SF 闪烁　　　3SF 电灯

电灯已经闪了。

例17：（活动相）活动情状+完成体

راغلی دی.　　　بریالی
PRES-PER-3SM 来　　　3SM 巴里亚莱

巴里亚莱已经来了。

例18：（瞬成相）活动情状+完成体

پرانیستلې دي.　　　وار په وار　　　یې　　　دروازې
PRES-PER-3PLF 打开　　按顺序　　ERG-3SM 他　　3PLF 门

他已经按顺序把门都打开了。

完成体视点在话题时间要与情状相交于结尾，所以完成体构式"强行"给活动情状加上了临时终点，二者结合后的句子体貌意义变为[+动态，+持续，+有界]。

例19：（单活动相）活动情状+一般体

وبربښېدله.　　د بربښنا ډېوه　　څو ځله کېږدي چي
PST-SIM-3SF 闪　　3SF 电灯　　发生几次（补语）

电灯闪了几下。

例20：（活动相）活动情状+一般体

راشي.　　　به　　　بریالی
FUT-SIM-3SM 来　　FUT（小品词）　　3SM 巴里亚莱

巴里亚莱将会来。

例21：（瞬成相）活动情状+一般体

پرانیزي.　　　وار په وار　　　دروازې　　　به　　　هغه
FUT-SIM-3SM 打开　　按顺序　　ACC-3PLF 门　　FUT 小品词　　3SM 他

他将按顺序开门。

一般体视点在话题时间与情状相交于外部，情状是否有起点和终点不是观察的重点，所以，其语义特征值是开放的，一般体与活动情状结合后的句子体貌意义仍为[+动态，+持续，Φ有界]。

例22：（单活动相）活动情状+进行体

بربښېدله.　　　د بربښنا ډېوه
PST-PROG-3SF 闪　　　3SF 电灯

电灯闪烁着。

例23：（活动相）活动情状+进行体

گرزېده بريالی
PST-PROG-3SM 散步 3SM 巴里亚莱
(当时)巴里亚莱正在散步。

例24:(瞬成相)活动情状+进行体

پرانيستلې یوه پـه یوه یې دروازې
PST-PROG-3PLF 打开 一扇接一扇 ERG-3SM 他 3PLF 门
(当时)他正在一扇接一扇地开门。

进行体视点在话题时间与情状相交于核心阶段,所以,进行体构式"强行"给活动情状加上了临时起点和终点,但是视点观察范围又不包括这两个点,相交后的句子体貌意义仍然为[+动态,+持续,Φ有界]。

例25:活动情状+惯常体

کله چه زه کوچنی وم، د هغه سره به می لوبې کولې
PST-PROG-3PLF 玩耍 ERG-1SM 我 HAB(小品词) 和他一起 1SM 是 小的 1SM 我 当
我小时候总和他一起玩耍。

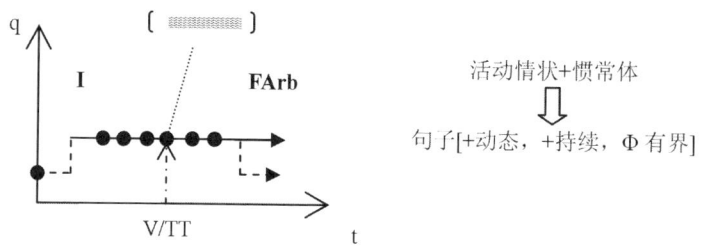

图10 惯常体视点与活动情状相交图

图10中,黑色圆点代表一个个单独的活动情状"لوبې کول"(玩耍),这些单独的活动情状在一段时间内构成了整体情状"لوبې به کولې"(常常玩耍),由于终结点 F_{Arb} 不确定,结尾阶段就不能确定,所以惯常体的视点实际聚焦于整体情状"لوبې به کولې"(常常玩耍)的核心阶段,句子体貌意义为[+动态,+持续,Φ有界]。惯常体视点与单活动情状、瞬成情状及渐成情状相交的图示和语义都与活动情状相同,后面就不再分别解释。

(四)视点与单活动情状相交

普什图语单活动情状只能由单活动相动词构成,且句中需有限定单次的补语从句,由于单活动情状没有内部阶段,所以单活动情状只能与完整视点结合,具体情况如下:

例26:单活动情状+完成体

يو خَل کبږي چي　دروازه　يې　تکولي ده．
发生一次（补语）　3SF 门　ERG-3SM 他　PRES-PER-3SF 敲
他敲了一下门。

例 27：单活动情状+完成体

يو خَل کبږي چي　د برېښنا ډېوه　برېښنېدلي ده．
发生一次（补语）　3SF 电灯　PRES-PER-3SF 闪
电灯闪了一下。

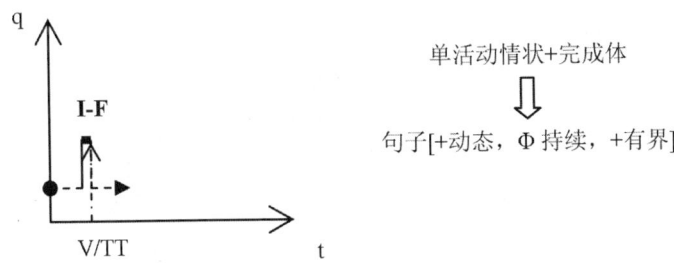

单活动情状+完成体
句子[+动态，Φ 持续，+有界]

图 11　完成体与单活动情状相交图

完成体视点在话题时间要与情状相交于结尾，单活动情状发生的时间很短，短到其过程可以忽略不计，即起点 I 和终点 F 几乎重合，记为 I-F，所以完成体视点与单活动情状的 I-F 相交，二者结合后的句子体貌意义仍为[+动态，Φ 持续，+有界]。

例 28：单活动情状+一般体

يو خَل کبږي چي　دروازه　يې　وتکوله．
发生一次（补语）　3SF 门　ERG-3SM 他　PST-SIM-3SF 敲
他敲了一下门。

例 29：单活动情状+一般体

يو خَل کبږي چي　د برېښنا ډېوه　برېښنېدله．
发生一次（补语）　3SF 电灯　PST-SIM-3SF 闪
电灯闪了一下。

一般体视点在话题时间与情状相交于外部，情状是否有起点和终点不是观察的重点，所以，其语义特征值是开放的，一般体与单活动情状结合后的句子体貌意义仍为[+动态，Φ 持续，+有界]。

进行体视点在话题时间要与情状相交于核心阶段，单活动情状没有内部阶段，所以，进行体不能与单活动情状结合。普什图语无标记体只能观察发生在说话时间段内的情状，即只能与"现在时"结合，而单活动情状发生的时间很短，在说话时刻已经成为过去，所以无标记体不能用来观察单活动情状。

137

（五）视点与瞬成情状相交

普什图语瞬成情状只能由瞬成相动词构成，由于瞬成情状开始即结束，也没有内部阶段，所以瞬成情状只能与完整视点结合，具体情况如下：

例 30：瞬成情状+一般体

پرانيستله دروازه توروپېکی
PST-SIM-3SF 打开　　3SF 门　　ERG-3SF 图尔佩凯

图尔佩凯打开了门。

例 31：瞬成情状+完成体

پرانيستلې ده دروازه توروپېکی
PRES-PER-3SF 打开　　3SF 门　　ERG-3SF 图尔佩凯

图尔佩凯已经把门打开了。

例 32：瞬成情状+一般体

ورسېدل دلته په یو وخت دوی درېواړه
PST-SIM-3PLM 到达　　这里　　同时　　3PLM 他们三个

他们三个同时到了这里。

例 33：瞬成情状+完成体

رسېدلي دي دلته دوی درېواړه
PRES-PER-3PLM 到达　　这里　　3PLM 他们三个

他们三个已经到达这里了。

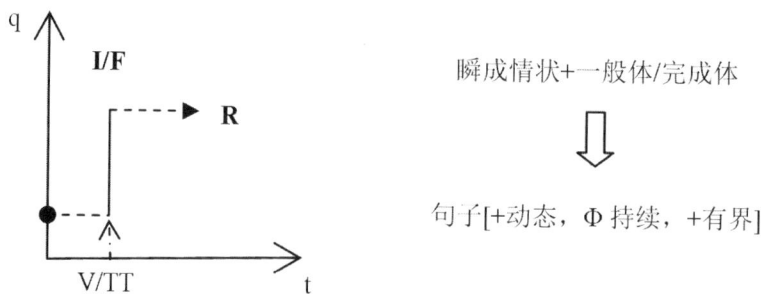

图 12　一般体/完成体与瞬成情状相交图

由于瞬成情状在时间轴上只占据一个点 I/F，所以，一般体视点、完成体视点都只能对这一点进行观察，两种视点与瞬成情状结合后的句子体貌意义仍为[+动态，Φ 持续，+有界]。

进行体视点在话题时间要与情状相交于核心阶段，如图 12 所示，瞬成情状没有内部阶段，所以，进行体不能与瞬成情状结合。与单活动情状的情况类似，由于普什图语无标记体只能观察发生在说话时间段内的情状，即只能与"现在时"结合，而瞬成情状发生的时间在时间轴上只是一个点，在说话时刻已经成为过去，所以无标记体也不能用来观察瞬成情状。

（六）视点与渐成情状相交

普什图语渐成情状可以由活动相动词、单活动相动词和瞬成相动词构成，渐成情状与不同视点结合情况如下：

例34：（活动相）渐成情状+无标记体

جوړوي　　　　　　څوکۍ　　هغه　　دی
PRES-UNF(PROG/SIM)-3SM 做　3SF 椅子　那（把）　3SM 他
他正在做这把椅子。

例35：（瞬成相）渐成情状+无标记体

پرانيزي　　　　یوه په یوه　　دروازي　　لس　　هغه
PRES-UNF(PROG)-3SM 打开　一扇接一扇地　ACC-3PLF 门　十　3SM 他
他正一扇接一扇地打开那十扇门。

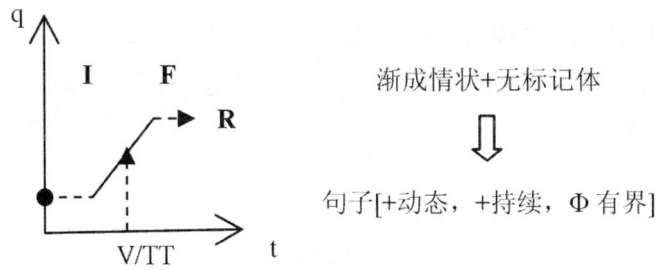

图13　无标记体视点与渐成情状相交图

普什图语无标记视点只能出现在现在时当中，即视点、话题时间与说话时间重合，渐成情状发生或持续的时间一般都会超过（大于）说话时间，所以二者不会完全重叠，因此无标记体一般来说只能观察渐成情状的核心，相当于进行体视点，即视点在话题时间与渐成情状相交于核心，视点的观察范围不包括起点和终点在内，句子的体貌意义变为[+动态，+持续，Φ有界]。

另外，以单活动相动词为核心构建的渐成情状句中必然有限定时间或次数的时间状语，如"یوه ورځ کېږي چي د بربنبنا ډبوه بربنبیدل"（电灯闪一天），在限定的时间"یوه ورځ"（一天）到达之前此情状都不成立，而当限定的时间到达之后，情状已成为"过去"，所以不能像观察其他渐成情状一样，用无标记体对其进行观察，即不能说"یوه ورځ کېږي چي د بربنبنا ډبوه بربنبي"（电灯正在闪一天）。

例36：（活动相）渐成情状+完成体

ليکل شوی دی　　پښتو　　په　　کتاب　　دا
PRES-PER-PASS-3SM 写　普什图语　（前置词）用　3SM 书　这（本）
这本书是用普什图语写的。

例37：（瞬成相）渐成情状+完成体

دروازې يې وارپه وار پرانيستلي دي．
PRES-PER-3PLF 打开　按顺序　ERG-3SM 他　3PLF 门

他已经按顺序把门都打开了。

例38：（单活动相）渐成情状+完成体

يوه ورځ کېږي چې د برېښنا ډېوه بربنډېدلې ده．
PRES-PER-3SF 闪烁　3SF 电灯　一天（补语）

电灯已经闪了一天了。

完成体视点在话题时间要与情状相交于结尾，由于渐成情状本身有终点，所以二者结合后的句子体貌意义仍然为[+动态，+持续，+有界]。

例39：（活动相）渐成情状+一般体

نويو خر، يوه هوسۍ او يو سوی ښکار کړل．
PST-SIM-3PLM 狩猎　ERG-3PLM 他们　3PLM 一（只）兔子　和　一（只）鹿　一（头）驴

他们捕到一头驴、一只鹿和一只兔子。

例40：（瞬成相）渐成情状+一般体

ټولې دروازې يې وارپه وار پرانيستلې．
PST-SIM-3PLF 打开　按顺序　ERG-3SM 他　3PLF 门　所有的

他按顺序打开了所有门。

例41：（单活动相）渐成情状+一般体

د برېښنا ډېوه به وبربنډېږي．
FUT-SIM-3SF 闪　FUT（小品词）　3SF 电灯

电灯将会闪烁。

一般体视点在话题时间与情状相交于外部，情状是否有起点和终点不是观察的重点，所以，其语义特征值是开放的，一般体与渐成情状结合后的句子体貌意义仍为[+动态，+持续，+有界]。

例42：（活动相）渐成情状+进行体

هغه يو خط ليکه．
PST-PROG-3SM 写　3SM 信　一　ERG-3SM 他

（当时）他正在写一封信。

例43：（瞬成相）渐成情状+进行体

لس دروازې يې وارپه وار پرانيستلې．
PST-PROG-3PLF 打开①　按顺序　ERG-3SM 他　3PLF 门　十

---

① 例句43和例句40的动词形态"پرانيستلې"完全一样，因为普什图语中以"پ"开头的动词不需要加完整体标记"و"，所以此时，视点体类型主要靠重音的位置来区别，重音在词首为一般体，重音在词尾为进行体。

（当时）他正在按顺序开那十扇门。

进行体视点在话题时间与情状相交于核心阶段，视点观察范围不包括起点和终点（参见图 13），进行体视点与渐成情状相交后的句子体貌意义变为[+动态，+持续，Φ 有界]。此外，进行视点不能用来观察以单活动相动词为核心构建的渐成情状句，原因与不能使用无标记体相同。

三、普什图语句子体义相交规律

以上，基于普什图语语言事实，在体义相交理论的指导下，利用二维几何图示，笔者对不同视点与不同情状相交后句子的体貌意义做了细致梳理。句子的体貌意义要以动相为核心，以情状为基础，以视点的观察范围为标准，得出的二体结合规律可以总结如下：

1. 普什图语无标记体不能与单活动情状及瞬成情状结合；在通常情况下，无标记体与状态情状和阶段水平情状结合时只取一般视点意义，句子体貌意义与情状体义相同；无标记体与活动情状和渐成情状结合时只取进行视点意义，句子的界限性特征变为[Φ 有界]。

2. 普什图语完成体和一般体可以与任何情状结合，完成体使句子的界限性特征变为[+有界]；一般体不改变句子情状体义，体貌意义与情状体义相同。

3. 普什图语进行体不能与阶段水平情状、单活动情状和瞬成情状结合，也不能与以单活动相动词为核心构建的渐成情状句结合，当进行体与状态情状结合时，表达一种处于某时间段内的临时状态。

4. 普什图语惯常体可以与任何情状结合，表示说话者的视点在话题时间内与由单个情状构成的整体情状的核心阶段相交，使句子的界限性特征变为[Φ 有界]。

情状体与视点体的结合规律可以表示为图 14：

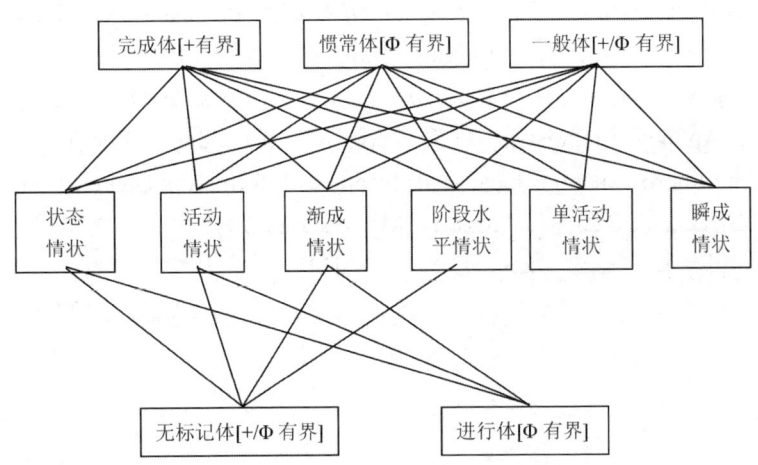

图 14　普什图语情状与视点结合情况图示

四、结语

总之,完整体视点是把事件当成一个整体来进行观察的,对于有界情状来说包括起点和终点,对于无界情状来说就是观察情状本身;非完整体视点则侧重于观察事件的内部阶段,不包括终点,非完整体可以和一个有界情状搭配,但说明的是这个界限没有达到。所以,无论是完整视点还是非完整视点,与不同情状结合后,可能发生改变的时间特征是"界限性"特征,如图 26 所示,完整视点或给无界情状加上[+有界]特征(完成体),或不改变情状本身的[+/Φ 有界]特征(一般体);非完整视点完全"忽视"情状的"界限性"特征,无论情状是否有界,与非完整视点结合后句子体貌特征都为[Φ 有界]。

综上所述,客观情状是表达的基础,视点是带有观察者主观能动性的观察"工具",句子的体貌意义是在视点对情状进行"加工"后形成的。

参考文献

[1] 陈前瑞. 词汇体与语法体的语义和语用模式评述 [J]. 当代语言学, 2001(3).

[2] 顾阳. 动词的体及体态 [G]. 北京:北京语言文化大学出版社, 1999.

[3] 何伟. 语法体和词汇体 [J]. 外语研究, 2009(2).

[4] 尚新. 体义相交理论对汉语语法体体系建构的启示 [J]. 西安外国语大学学报, 2007(3).

[5] 尚新, 语法体的内部对立与中立化 [D]. 上海:华东师范大学, 2004.

[6] Mari O. *A Semantics and Pragmatics Model of Lexical and Grammatical Aspect* [M]. New York: Garland, 1997.

[7] Shafeev D A. *A Short Grammatical Outline of Pashto* [M]. Translated and edited by Herbert H. Paper. Bloomington: Indiana University Press, 1964.

[8] Tegey H, Robson B. *A Reference Grammar of Pashto* [D]. Washington, D.C.: Center for Applied Linguistics, U.S. Dept. of Education, Office of Educational Research and Improvement, Educational Resources Information Center. 1996.

[9] صدیق الله، رښتین, پښتوګرامر [M]. پښتو تولنه. ل١٣٢٧.

[10] صدیق الله، رښتین, د پښتو ژب نيودونه [M]. کابل. ل١٣٤١.

[11] حبیب الله ترې, نوې ژب پوهنه او ژبنې مسایل [M]. پښتو تولنه. ل١٣٤٤.

土耳其语句法名词化中动词的特征分析

信息工程大学　丁慧君

【摘　要】 在土耳其语中，句法名词化应境而生，是临时的名词化现象。从形态角度来看，它是通过在动词后附加词缀，实现动词到名词的功能转变；从句法角度来看，它是核心句子转换为名词化结构的过程。句法名词化中的动词取得了名词的一部分特征，但并未完全转化为名词，它在一定程度内保留了原生动词的部分特征。

【关键词】 土耳其语；句法名词化；动词

一、引言

土耳其语学界一般认为句法名词化的实质是句子结构的转换，即动词附加词缀后，由核心句子转换为名词化结构的过程（Kıran, 1979; Hengirmen, 2009; Türkkan, 2008）。在句法名词化结构中，动词会投射出部分或完整的论元结构，其投射的动词性短语被转类为名词性短语，但动词仍保持部分动词属性或转类为名词，举例来说：

例1：
[Müdür'ün　toplantıya　gelmemesi]　herkesi　şaşırttı.
经理-GEN　会议-DAT　来-NOML-NEG--3sgPOS　每个人-ACC　使不知所措
经理没来开会让大家不知所措。

例1中有两个判断[①]，分别是"Müdür toplantıya gelmedi.（经理没来开会）"和"Bir şey herkesi şaşırttı.（有件事让大家不知所措）"。前一个判断为分句，后一个判断为主句。前一个判断名词化后变为"Müdür'ün toplantıya gelmemesi（经理的没有到来）"充当主句的主语。这一名词化过程中，动词 gel-（来）附加名词化词缀-me 和领属性词缀-si，与 Müdür（经理）构成领属关系，同时保留动词属性，支配补足语 toplantı（会议）。

由此我们可以看出，土耳其语句法名词化是动词附加词缀完成形态与功能转

---

① 在土耳其语中，主谓结构被称作判断（yargı），复合句中有判断的小句被称为分句（yan cümle）。

变的过程。其结果是产生与名词功能相当的名词化结构，结构中的动词仍保留部分动词的特征。土耳其语句法名词化通常应境而生，是临时的名词化现象。本文采取基于数据（data-based）的思路，收集整理来自土耳其语数据库 TS Corpus 中的真实语料，对它们进行深入观察，并在此基础上归纳分析，以期对土耳其语句法名词化中动词的特征有一个准确、全面的认识。

二、土耳其语句法名词化的主要类型

土耳其语句法名词化是通过词缀来实现的。具体而言，主要是通过类动词词缀构成名词化结构。类动词是土耳其语动词的一种特殊形式，它一方面具备动词的部分特征，如能够支配宾语和补足语，有肯定和否定形式；另一方面具备名词、形容词或是副词的部分特征。类动词通常要在具体的句子中实现一系列功能，它保留了动作义，但在句法上起名词（或形容词、副词等）的作用。也就是说在句子中，动词通过附加词缀变为类动词，最终形成分句，其形式发生改变的同时，句法地位也发生了变化。当类动词通过某种句法过程取得了名词的地位，我们有理由认为它已经名词化了[①]。在土耳其语中，句法名词化的主要类型包括动名词名词化和形动词名词化。

（一）动名词名词化

土耳其语中的动名词是指兼有名词和动词部分特征的类动词，用"isim fiil"（名动词）来表示[②]。动名词主要用来表示动作行为的名称或方式，它一方面具备动词的部分特征，另一方面在句中起到名词的作用，是句法层面上实现名词化最常用的手段。例如：

例2：
[Can'ın　bunları　　yanlış　　anlaması]　　　herkesi　　üzdü.
江-GEN　这些-3pl-ACC　错误地　　理解-NOML-3sgPOS　每个人-ACC　使难过
江误解了这些让大家很难过。

例 2 中动名词名词化结构"Can'ın bunları yanlış anlaması"（江对这些的误解）在句子中充当主语，整个句子结构分析如图 1：

---

① 这里的名词化是以动词在句子里的句法表现为依据。
② 由于国内土耳其语学界主张将其译为"动名词"，因此，本文采用"动名词"这一约定俗成的译名。

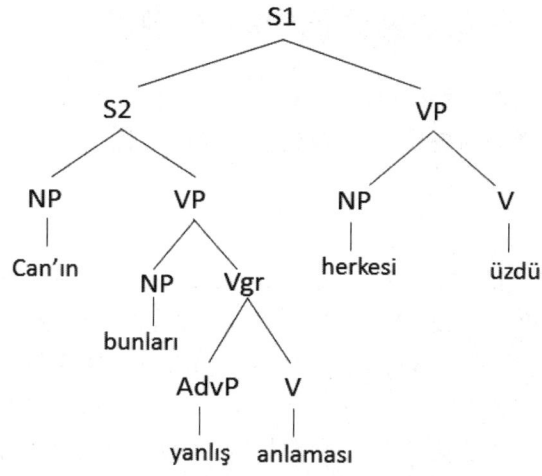

图 1 动名词名词化结构分析[1]

土耳其语动名词名词化主要通过在动词后附加-mAk, -mA 和-Iş 词缀实现。动名词名词化结构可以附加位格、从格、向格、宾格、工具格等各种格词缀，在句中充当主语、宾语、补足语、状语和谓语等成分。同时，动名词名词化结构中的动词可附加否定词缀，并支配分句中的宾语和补足语等。

（二）形动词名词化

土耳其语中的形动词则是指兼有形容词和动词部分特征的类动词。在土耳其语中能够实现名词化的形动词词缀有-An, -DIK, -AcAK 和-AsI[2]。有学者认为像-DIK, -AcAK 等名词化词缀可以称为"类名词–形容词（isimsi-sıfatsı）"，它们既可以像形容词一样用来修饰名词，也可以像名词一样具有复数、领属以及各种格的形式（Yılmaz，2009：71）。事实上，从历时的角度来看，土耳其语形动词最初的基本功能是在句中充当形容词，部分结构在语言的发展过程中实现了名词化，在句子中临时具备了名词功能。例如：-An 词缀是由古突厥语时期词缀-GAn 脱落"G"得来的（Tekin，2000：112），主要功能是使动词具备形容词功能。在土耳其语中它几乎可以附加在任何动词后，使其形容词化（adjectivisation）。在具体的上下文中，形容词化后的-An 结构可临时充当名词使用。

土耳其语形动词名词化结构可以附加复数、领属和各种格词缀，在句中充当主语、谓语、宾语、定语和补足语。同时，形动词名词化结构中的动词可附加否定词缀，能够支配分句中的宾语和补足语等。

---

[1] Turan, Köşe. *Turkish Syntax, Semantics, Pragmatics and Discourse* [M]. İstanbul: Anadolu Üniversitesi, 2013: 65.

[2] 以元音开头的词缀也可以表示为-(y)An, -(y)AcAk, -(y)AsI。

三、土耳其语句法名词化中动词的特征

土耳其语动词的典型特征包括时态、语态、语气、情态、否定和及物性等。句法名词化得以实现的前提是对这些典型特征进行调整。

(一) 时态

关于土耳其语中的时态（time），通常认为包括过去时、现在时和将来时三种（Demir 等，2013：121），其中过去时包括肯定过去时（Belirli geçmiş zaman）和主观过去时（Belirsiz geçmiş zaman），现在时包括现在进行时（Şimdiki zaman）和宽广时（Geniş zaman）（Benzer 等，2012：23）。所谓宽广时，即一般现在时，表示通常性、规律性、习惯性的状态或动作。

土耳其语中能够实现句法名词化的词缀有-mAk, -mA, -Iş, -An, -DIK, -AcAK 和-AsI，其中前三种已基本丧失体现时态的能力，我们无法通过词缀的形态去判定动作发生的时间，只能凭借上下文的时间参照点来确定，例如：

例3：
Sinemaya tek başına **gitmesi** beni çok üzdü.
电影院　　　单独地　去-NOML-3sgPOS　我　非常　使难过
他独自去看电影让我很不开心。

在例 3 中，我们无法通过句中-mA 动名词名词化结构本身确定动作发生的时间，但根据主句动词 üz-（使难过）使用的时态——肯定过去时，我们可以推断该动作已经发生。

而词缀-An, -DIK, -AcAK 和-AsI 则具有时间意义，其中词缀-An 表达宽广时，词缀-AcAK 和-AsI 表达将来时，词缀-DIK 表达过去或现在时，举例来说：

-DIK 形动词名词化结构通常表达过去时和现在时，也就是说-DIK 形动词名词化结构中的动作或发生在主句动作之前，或与主句动作同时发生。例如：

例4：
Ben sizin dün çok **eğlendiğinizi** duydum.
我　你们-GEN 昨天 非常　玩-NOML-2plPOS-ACC　得知
我听说你们昨天玩得很开心。（动作发生在主句动作之前）

例5：
Ben Ayşe'nin şimdi kitap **okuduğunu** biliyorum.
我　阿伊赛-GEN　现在　书　读-NOML-2sgPOS-ACC　知道
我知道阿伊赛正在读书。（动作同时发生）

-AcAK 形动词名词化结构通常表达将来时，由其构成的名词化结构中的动作发生在主句动作（说话当时）之后。例如：

例 6：

Biz kantinin dün **kapanacağını** unutmuştuk.
我们 小卖店-GEN 昨天 关-NOML-3sgPOS-ACC 忘记-DUB-PST-1pl
我们忘了昨天小卖店会关门。

再对比以下两个句子：

例 7a：

Orhan'ın bir şey **yapmadığı** belliydi.
奥尔汗-GEN 一 事情 做-NEG-NOML-3sgPOS 显然的
很明显奥尔汗什么事都没做。

例 7b：

Orha'nın bir şey **yapmayacağı** belliydi.
奥尔汗-GEN 一 事情 做-NEG-NOML-3sgPOS 显然的
很明显奥尔汗将不会做任何事。

例 7 中，句 a 和 b 分别使用了-DIK 和-AcAK 形动词名词化结构，两者在句子中均充当主语，前者的动作已经发生，而后者的动作尚未发生。

动名词名词化过程中，认知者认识到的是一个有时间终点的动作概念；而形动词名词化过程中，认知者往往能够观察到动作发展的内在过程，感知到时间距离的推近或拉远。因此，土耳其语句法名词化中，能够保留时态特征的通常是形动词名词化结构。

（二）语态

土耳其语中的语态是通过动词转动词词缀来实现的，即动词词根或词干附加构词词缀构成新的动词，意义不变，语态改变，最终使得句子的主、宾语发生改变（Korkmaz，2014：494—495）。土耳其语中的语态包括主动态、被动态、使动态、反身态、相互态以及复合态等六种形式，这六种语态均可以通过相应的词缀来实现。在土耳其语中，语态词缀位于名词化词缀之前，不影响名词化结构的实现，也不会出现歧解，例如：

例 8a：

Satılmayan balıkları denize **döktüklerini** gördüm.（主动态）
没有卖出的 鱼-pl-ACC 海-DAT 倒-NOML-3plPOS-ACC 看见
我看见他们把没卖完的鱼倒进了海里。

例 8b：

Satılmayan balıkların denize **döküldüklerini** gördüm.（被动态）
没有卖出的 鱼-pl-GEN 海-DAT 倒-PASS-NOML-3plPOS-ACC 看见
我看见没有卖完的鱼被倒进了大海。

例 8 中，句 a 名词化结构使用的是主动态动词 dök-（倾倒），句 b 使用的是被动态动词 dökül-（被倾倒）。虽然两个动词的主语不同，但由它们构成的名词化结构在主句中的地位不变，均充当主句的宾语。再如：

例 9a：
Fatma'nın　　bir　　mektup　**yazacağını**　　　　duydu.（主动态）
法特玛-GEN　　一　　信　　　写-NOML-3sgPOS-ACC　　得知
他听说法特玛会写封信。

例 9b：
Fatma'nın　　　başkasına　　bir　　mektup　**yazdıracağını**　　duydu.（使动态）
法特玛-GEN　其他人-3sgPOS-DAT　一　　信　　写-CAUS-NOML-3sgPOS-ACC　得知
他听说法特玛会让别人写封信。

例 9 中，句 a 名词化结构使用的是主动态动词 yaz-（写），句 b 使用的是使动态动词 yazdır-（使写），由它们构成的名词化结构均充当主句的宾语。

土耳其语句法名词化结构中动词的语态变化不影响名词化结构在主句中的地位，因此，句法名词化结构中动词的语态特征能够得以完整的保留。

(三) 语气

土耳其语中的语气主要是通过"式"①的形式来体现，即附加各种式词缀。"式"是用来表达陈述、疑问、祈使和感叹等语气的形态标记。土耳其语中，除了"式"词缀可以表达语气外，-mAk 和-mA 动名词名词化结构在一定的上下文中也能够表达祈使语气，例如：

例 10：
Onu　　korumak　için bu　　sırrı　　**saklamak**　　zorunda　　kaldın.
他　　保护　　　为了 这　　秘密　　隐藏-NOML　　不得不
为了保护他，你必须保守这个秘密。

例 11：
Herkesin　　biraz　　daha　　mantıklı　**düşünmesi**　　lazım.
每人-GEN　　一点儿　　更　　合乎逻辑的　想-NOML-3sgPOS　需要的
每个人都必须再好好想想。

需要说明的是，-mAk 和-mA 动名词名词化结构能够体现语气范畴通常是因为受到主句谓语动词（或形容词）的影响。也就是说，只有当主句动词（或形容词）为 gerek-（必须），tavsiye et-（建议），iste-（想要）等表达命令、建议或是愿望意义的动词时，名词化结构才能表达一定的语气。

---

① 式是用来反映说话人对行为动作所持态度的语法范畴。在土耳其语中，动词有五种式：陈述式、命令式、愿望式、必须式和条件式。

(四)情态

情态概括来说是指说话人对于句子所表达内容的主观态度。情态内部存在等级差别,有强弱之分,形成一个不可能、可能、概然、必然的连续体。对比以下两个句子[①]:

例 12a:

Yarın　okulda　seçim　**olduğunu**　bilmiyordum.
明天　 在学校　 选举　 有-NOML-3sgPOS-ACC　不知道
我不知道明天学校有选举。

例 12b:

Yarın　okulda　seçim　**olacağını**　bilmiyordum.
明天　 在学校　 选举　 有-NOML-3sgPOS-ACC　不知道
我不知道明天学校有选举。

例 12 中两个句子分别使用了-DIK 和-AcAK 形动词名词化结构,从句子结构和意义上来看,二者区别不大,但是它们表达的情态是有区别的。句 a 中-DIK 形动词名词化结构表达的"事件"从说话人的角度来看能够实现的可能性较高,而句 b 使用-AcAK 形动词名词化结构表达的"事件"发生的可能性较低(Erguvanlı-Taylan,1993:169)。

土耳其语句法名词化中,通常只有-DIK 和-AcAK 形动词名词化结构能够表达情态意义。-DIK 形动词名词化结构所表达的动作,通常是安排好并列入计划的,可以看作是一个整体事件,在未来实现的可能性极大,具有必然性。而-AcAK 形动词名词化结构所表达的动作实现的可能性相对较低。

(五)否定

土耳其语动词的否定形式是通过在动词词根/词干后附加否定词缀 "-ma/-me" 构成,不影响句子结构,如:koş-(跑)> koşma-(没有跑)。因此句法名词化结构中"否定"这一范畴被完全保留下来,例如:

例 13a:

Sigara　**içenler**　azalıyor.(肯定形式)
烟　 吸-NOML-pl　减少
吸烟的人正在减少。

例 13b:

Sigara　**içmeyenler**　daha　sağlıklı.(否定形式)
烟　 吸-NEG-NOML-pl　更加　健康的

[①] 例句引自 Erguvanlı-Taylan(1993:169)。

不吸烟的人更加健康。

(六) 及物性

土耳其语句法名词化结构完全保留了及物与不及物的对立，也就是说名词化结构中的动词和普通动词一样可以支配宾语、补足语等成分。例如：

例 14：
Onun **beni** **kırmayacağını** sanıyorum.
他-GEN 我-ACC 打碎-NOML-3sgPOS-ACC 认为
我觉得他不会驳我的面子。

例 15：
Burada herkes **bisiklete** **binmeyi** öğrenmeli.
这儿 每个人 自行车-DAT 骑-NOML-ACC 学
这儿的每个人都要学骑自行车。

例 14 中，名词化结构中的动词 kır-（打碎）可以直接支配宾语 ben（我）；例 15 中，名词化结构中的动词 bin-（骑）支配补足语 bisiklet（自行车）。

四、句法名词化中动词特征的变化

普遍的语言调查发现，动词做主、宾语时总要失去一些动词的典型特性，同时增加一些名词的典型特性（Hopper & Thompson，1985）。土耳其语句法名词化过程中动词特征的变化主要表现在以下四个方面：

(一) 动词的时间性受到限制，但并没有完全失去时间性

土耳其语的动名词名词化结构中，动名词词缀本身不具有时间性，但根据上下文的需要，动名词名词化结构可以被时间副词修饰，例如：

例 16：
Hemen **gitmem** lazım.
立刻 去-NOML-1sgPOS 需要
我得立刻去。

例 16 中动名词名词化结构 gitmem（我的去）陈述动作行为，不体现具体发生的时间，被时间副词 hemen（立刻）修饰，表达"我的立刻去"的意义。

形动词名词化结构中，形动词词缀本身具有时间性，如：-An 表示宽广时（一般现在时），-AcAK 和-AsI 表示将来时，-DIK 则根据上下文可以表示过去和现在。事实上，形动词名词化结构可以看作是时间词缀和名词化词缀的重合，从功能上来说，既可以表达时间意义，也可以构成名词化结构，例如：

例 17：
Ne zaman onay **verecekleri** belli olmuyor.
什么 时候 批准 给予-NOML-3plPOS 明确的 不是
他们什么时候能批准还不确定。

例 17 使用-AcAK 将来时形动词名词化结构，表明该动作目前尚未发生，将来会发生，表达"他们（的）将要批准"的意义，在句中充当主语。

此外，形动词名词化结构中的动词通常可以被时间副词修饰。例如：

例 18：
Sık sık bu kenti **ziyaret ettiğini** ifade etti.
经常 这 城市 拜访-NOML-3sgPOS-ACC 表示
他说他经常来这座城市。

例 18 中形动词名词化结构中的动词 ziyaret et-（拜访）带宾语 bu kent（这座城市），同时被时间副词 sık sık（经常）修饰，表达的意义为"他（的）经常拜访这座城市"，在句中充当宾语。

土耳其语句法名词化过程中，动词没有完全失去时间性这一特点与汉语和英语截然不同。在汉语和英语中，动词做主宾语时会失去时间性，带表示时间、时态的词语受到限制，如汉语动词做主宾语时不能带"曾经、正在、已经、将要、从来、早已、就要、终将、刚刚、马上、常常、一直、偶尔、当即"等时间副词，也不能带表时态的"了、着、过"（沈家煊，1999：275—276）。例如：

他的到来使人惊奇。　　　　　　? 他的曾经到来使人惊奇。

这本书的出版是件好事。　　　　* 这本书的已经出版是件好事。

我们在看表演杂技。　　　　　　* 我们在看表演着杂技

英语动词名词化时，同样必须消除其时间特征，时态语法标记与动词标记-ing 是不相容的（石毓智，2000：71—97），例如：

He looks the book. 　　　　* His looksing(looking) the book.
He looked the book. 　　　* His lookeding(looking) the book.

英语中，-s 是现在时第三人称，-ed 是过去时，当转换为名词时，这些时态标记必须去掉，否则就与名词的数量特征发生冲突。因此一旦动词被赋予了时间量，就不能再被名词化了。此外，英语中一个动词如果被时间词修饰，也不能再被名词化，但非时间词没有这一限制。例如：

I know somebody who works often. 　　*I know an often worker.
I know somebody who works hard 　　I know a hard worker.

当一个动词受时间词修饰时，它就被赋予了时间的数量特征，因此不能再被名词化。

（二）动词的情态、语气在一定程度上得以保留

动词的情态、语气可以通过不同的名词化结构来体现，并且可以受情态副词修饰，例如：

例 19：

Kabul edilemeyeceğimi düşündüm.
录取-PASS-NEG-NOML-1sgPOS-ACC 想
我想我可能不会被录取。

例 19 中形动词名词化结构中动词 kabul edileme-（不能被录取）一方面表达动作还未发生，另一方面表达动作发生的一种可能性，表达"我（的）可能将不被录取"的意义，在句中充当宾语。再如：

例 20：

Doktor ona bir süre **dinlenmesini** söyledi.
医生 他-DAT 一 时间 休息-NOML-3sgPOS-ACC 说
医生要求他休息一段时间。

例 20 中，动名词名词化结构 dinlenmesi（他休息）可以表达命令语气，表达"他（的）必须休息"的意义，在句中充当宾语。

而汉语中动词充当主宾语时，不能受一些表示情态的副词修饰，包括"的确、果然、恐怕、恰好、千万、未必、也许、可能、大概、幸好、终究、到底"等，因为情态总是跟动作行为联系在一起（沈家煊，1999：276—277），例如：

他的认错出自内心。　　　　　*他的能认错出自内心。
他的赢是有把握的。　　　　　*他的会赢是有把握的。

（三）动词带状语和补足语不受限制

土耳其语句法名词化结构中的动词和普通动词一样能够带状语、补足语等成分，其中补足语由向格、从格和位格等词缀来体现。例如：

例 21：

Daha geç kalmayacağını biliyorum.
再 迟到-NEG-NOML-3sgPOS-ACC 知道
我知道他不会再迟到。

例 21 中，形动词名词化结构中动词 geç kalma-（不迟到）被副词 daha（又、再）修饰。名词化结构表达"他（的）将不会再迟到"的意义，在句中充当宾语。

例 22：

Performansından **çok** memnun olduğunu belirtti.
表现-3sgPOS-ABL 非常 满意-NOML-3sgPOS-ACC 表示

他表示对他的表现很满意。

例 22 中，形动词名词化结构中的动词 memnun ol-（满意）被副词 çok（非常）修饰，同时带补足语 performans（表现）。

而汉语中动词做主宾语时，动词带状语和补语受到了限制，例如：

挨了批评　　　　　　　　*挨了又批评
这本书的出版　　　　　　*这本书的出版了三个月

（四）动词带主、宾语不受限制

土耳其语句法名词化结构中的动词能够支配宾语，同时带主语不受限制。例如：

例 23：
Erdem　bu　**hanımın**　kim　olduğunu　düşünüyordu.
埃尔德姆　这　女士-GEN　谁　是-NOML-3sgPOS-ACC　想
埃尔德姆正在想这位女士是谁。

例 23 中，形动词名词化结构 bu hanımın kim olduğu（这女士是谁）在句中充当宾语，bu hanım（这位女士）在这一名词化结构中充当主语。再如：

例 23：
Bunu　unutmadığıma　müteessifim.
这-ACC　忘记-NEG-NOML-1sgPOS-DAT　遗憾
很遗憾我没有忘记这事。

例 23 中，形动词名词化结构中的动词 unutma-（没忘记）支配宾语 bu（这）。名词化结构表达"我（的）没忘记这事"，在句中充当补足语。

而汉语动词做主、宾语时，动词带主、宾语会受到一定的限制，例如：

给予帮助　　　　　　　　*给予帮助物质
我喜欢打球　　　　　　　*我喜欢我/你打球

五、结语

土耳其语中，句法名词化是一种极为普遍的语言现象，无论是在口语中还是在书面语中出现频率都非常之高。它不仅是语言学习者学习的重点难点，也是机器翻译中最易产生歧义的语法内容之一。理解土耳其语句法名词化的核心要义是要准确分析名词化结构，尤其是动词的特征。土耳其语句法名词化中的动词处于典型动词和典型名词之间，它一方面取得了名词的特征，另一方面又未完全转化为名词，并在一定程度内保留了原生动词的部分特征，其内部的空间性和时间性是相互交融共存的。

参考文献

[1] Benzer, Ahmet. *Türkçede Zaman, Görünüş ve Kiplik* [M]. İstanbul: Kabalcı Yayınevi, 2012.

[2] Demir, Nurettin, Emine Yılmaz, Tabir Nejat Gencan. *Türkçe Biçim Bilgisi* [M]. Eskişehir: Anadolu Üniversitesi, 2013.

[3] Erguvanlı-Taylan, Eser. *Türkçe'de -DIK Ekinin Yantümcelerdeki işlevi Üzerine* [G]// *Dilbilim Araştırmaları*. Ankara: Hitit Yayınevi, 1993: 161-171.

[4] Göksel A, Kerslake C. *Turkish: A Comprehensive Grammar* [M]. London and New York: Routledge, 2005.

[5] Hengirmen, Mehmet. *Dilbilgisi ve Dilbilim Terimleri Sözlüğü* [M]. Ankara: Engin Yayınevi, 2009.

[6] Hopper P J, Thompson S A. *The iconicity of the Universal Categories "Noun" and "Verb"* [G]// John Haiman. *Iconicity in syntax*. Amsterdam: John Benjamins, 1985: 151-183.

[7] Kıran, Zeynel. *Türkçede Yantümcelerin Sonsuz sayıda Tekrar edilme Özelliği* [C]. Genel Dilbilim Dergisi içinde. Ankara: Ankara Dilbilim Çevresi Derneği, 1979: 37-53.

[8] Korkmaz, Zeynep. *Türkiye Türkçesi Grameri Şekil Bilgisi* [M]. Ankara: Türk Dil Kurumu Yayınları, 2014.

[9] Türkkan, Bilge. *Türkçe Tarih Söyleminde Adlaştırmanın İşlevleri* [D]. İzmir: Dokuz Eylül Üniversitesi, 2008.

[10] Yılmaz, Özlem Deniz. *Türkiye Türkçesinde Eylemsi* [M]. Ankara: Türk Dil Kurumu Yayınları, 2009.

[11] 丁慧君, 彭俊. 土耳其语语法 [M]. 广州: 世界图书出版广东有限公司, 2015.

[12] 沈家煊. 不对称和标记论 [M]. 南昌: 江西教育出版社, 1999.

[13] 石毓智. 语法的认知语义基础 [M]. 南昌: 江西教育出版社, 2000.

文学研究

泰国名著《四朝代》的艺术风格

信息工程大学　熊　辐

【摘　要】《四朝代》是泰国文学史上重要的长篇小说之一,它记录了一个贵族家庭的兴衰,是一部形象化的泰国皇室断代史。作者通过塑造理想化的人物形象、细致入微的心理描写和对人物性格的细致刻画,展示出独特的文笔和艺术风格,同时书中采用的文学形式和反映的思想内容也符合泰国人的审美观念,因此成书以来一直深受读者喜爱。

【关键词】泰国;《四朝代》;艺术风格

《四朝代》是泰国文学史上重要的长篇历史小说之一,它是泰国前总理克立·巴莫最负盛名的作品。小说通过叙述一个贵族女子帕伊的一生,反映了曼谷王朝五世王到八世王几十年间的社会变迁,用通俗易懂的文字描写了五世王至八世王时期发生在泰国的重大历史事件,皇室地位的变化,皇宫礼仪和习俗的演变以及泰国人民生活方式和价值观的变化,流露出作者对逝去日子的怀念。

克立·巴莫 1911 年 4 月 24 日出生于泰国中部信武里府,其祖父是曼谷王朝二世王之子,父亲在五世王时期任警察中将。克立·巴莫 15 岁中学毕业后赴英国留学,22 岁时获牛津大学哲学、政治经济学学士学位。回国后先后任教于法政大学和朱拉隆功大学。克立·巴莫长期活跃于泰国政治舞台,是一名举足轻重的政治家,他 35 岁时即竞选议员进入政界,长期担任社会行动党主席,并历任国会议员、议长、内阁部长等职,直至担任第 37 届内阁总理,在他任泰国总理期间,与中国建立了正式外交关系。

克立·巴莫早在 20 世纪 40 年代便以博学多才享誉泰国文坛,1950 年他创办了泰国发行量最大的报纸——《沙炎叻日报》,后又相继创办了《沙炎叻周刊》和《超公月刊》。他创作的作品很多,体裁也十分广泛,小说、戏剧、诗歌、文艺评论及翻译等无所不包,文学、艺术、语言、政治、经济、宗教及民俗等均有涉足。除此之外,克立·巴莫还每天为报纸专栏撰稿,最令读者喜欢的是他的小说创作,他以辛辣讽刺著称的短篇小说,为读者交口称赞。《殊途同归》《芸芸众生》《封建洋人》等长篇小说的发表,更在文坛上引起了一阵又一阵的轰动。《四朝代》是克立·巴莫最杰出的代表作,奠定了他在文坛的领袖地位。

《四朝代》最初在《沙炎叻日报》上连载时就在泰国国内引起了轰动,整理成书出版以后,几十年来一直都很畅销,被认为是泰国几百种小说中印刷次数最多的一本，后来还被改编成剧本和电视连续剧。小说中的故事情节和人物形象可谓家喻户晓，妇孺皆知。《四朝代》之所以能在泰国产生如此巨大的影响，固然与其采用的文学形式和反映的思想内容符合泰国人的审美观念有关，但作品独特的艺术风格也是功不可没的。

一、一个贵族家庭的兴衰，一部形象化的泰国皇室断代史

19世纪末20世纪初，泰国经历着历史上从未有过的痛苦变革。自1855年英国迫使泰国签订第一个不平等条约起，西方国家涌入泰国，泰国国内经济每况愈下，人民生活也苦不堪言，边民造反此起彼伏，封建统治摇摇欲坠。为了支撑风雨飘摇的王室政权，曼谷王朝五世王效法欧美开始改革。他先后多次出访欧洲，在国内实施了一系列富国强兵的改革措施。但西方国家的目的是殖民泰国，他们不但在经济上压榨泰国，还强占了泰国的大片土地，攫取巨额赔款。随着西方文化对泰国社会的渗透，泰国上下形成了一股崇尚西方文化的潮流，五世王去世后，六世王、七世王都效法前贤，苦心经营，但仍然回天乏术，无法与趋势相抗衡，1932年6月25日泰国发生政变，结束了君主专制，实行君主立宪制。

《四朝代》反映的就是这一风云变幻的时代。作品以曼谷王朝五世王中期到八世王末期泰国上层贵族社会的生活为背景，描述了泰国君主专制的衰落和人民民主思想初兴的历史过程。而这一切都是通过一个贵族家族盛衰兴亡的故事来反映的，这个故事的主人公就是作品中精心塑造的主人公帕伊。这部近百万言的巨著由两条主线并联，一条是帕伊出生的贵族家庭，一条是泰国的宫廷，而将这两条主线串联起来的是帕伊的生活。帕伊的父亲是位侯爵，她10岁入宫服侍贵妃，宫廷里的生活使她接受了上层社会的教育，成长为一名具有标准美德的少女。她美丽、端庄、娴静、善良，对主人公忠心耿耿，博得了贵妃的宠爱，对他人的友好宽容也赢得了众人的喜爱和尊敬。帕伊所处的特殊地位，使她目睹了宫廷内部的种种矛盾和斗争，对宫廷的变化有直观的感觉。她外嫁成为一名贵族家庭的女主人之后，仍与王宫保持着千丝万缕的联系，并密切关注着王宫内发生的每一个变故。在泰国历史上这个最动荡的年代，帕伊的家庭也同样遭受着一连串的冲击。如果说小说对帕伊出生的贵族家庭的日渐衰败是实写的话，那么对泰国皇室的日渐衰微则是虚写的。作者以小窥大，对泰国皇室的日渐衰微没有从正面描述，而是通过描写帕伊贵族家庭的日渐衰败来反映泰国宫廷的日渐衰落。故事开始时，泰国正处于繁荣昌盛的五世王时期，帕伊的家庭也十分富裕，父亲官至侯爵，过着锦衣玉食的生活。然而家庭内部矛盾重重，早已掌握了家庭经济大权的同父异母的大姐为了巩固自己在家庭中的地位用各种方法排除异己。在这个大家庭里，兄弟姐妹之间明争暗斗，争夺的中心是权力和财富。在五世王驾崩的前

一年，帕伊的父亲去世了，父亲在世时还可以成为家庭统一的象征，而父亲死后，这个家庭便分崩离析。大姐虽然成了家庭财产的继承人，但挡不住亲弟弟的一次次榨取，最后家产被荡涤一空，昔日辉煌的贵族之家沦落成了一个破落的晒衣场。从这里我们不难看出，帕伊出生的家庭在五世王时期是最兴旺的，父亲去世后，随着时光的流逝，这个贵族家庭也日渐衰败，这与五世王驾崩后泰国皇权的日渐衰微和泰国宫廷的日渐衰败一脉相承。与皇室关系密切的克立·巴莫在政治上是个保皇派，也许并不完全出于他的本意，但是他遵从历史的真实，从一个贵族家庭的兴衰写出了泰国皇室的兴衰，从而形象地再现了那个时代。帕伊在长辈的安排下嫁给了同是贵族家庭的坤伯雷为妻，她一直默默注视着王宫内的每一次改变，遵循贵妃的各种教导，努力维护好与丈夫的感情，养育好四个孩子，艰难地维系着这个大家庭，但生活对于她来说并非一帆风顺，儿子们相继被丈夫送到海外留学，这也是泰国在曼谷王朝六世王时期社会生活的真实反映，那时西方文化冲击着泰国本土的传统文化，而后演变为从皇室到民间的对西方文化的尊崇和流行，大批学生被父母送到欧洲留学。帕伊在面对孩子们相继离开自己出国留学肝肠寸断，而二儿子带回来的法国妻子更让她如鲠在喉。第一次世界大战的爆发加速了泰国社会历史变革的进程，封建君主专制制度最终分崩离析，1932年的政变建立了君主立宪制，当时正值曼谷王朝七世王时期，克立·巴莫通过帕伊的大儿子和二儿子的同室操戈反映了这个动荡的时期。帕伊面对分属两个不同阵营的儿子之间针锋相对却无能为力，而唯一的女儿违背她的意愿和卖国求荣的丈夫走进新时代更是让她心力交瘁。最后在自己生活了大半辈子的宅院被日本人的炮弹夷为平地时，她才痛苦地醒悟到自己所熟悉和崇拜的那个旧时代已经一去不复返了，一个崭新的她理解不了的新时代已经到来，最疼爱的小儿子奥德的去世使她失去活下去的勇气，而八世王的驾崩给了她脆弱心脏致命的一击，帕伊的一生就此谢幕。在克立·巴莫笔下，生活在五世王庇护下年轻的帕伊是幸福的，而生活在动荡的六世王至八世王时期的中老年帕伊是痛苦的，克立·巴莫正是通过帕伊这个虚拟人物的变化述说着泰国社会的变化和自己的好恶之感。

二、鲜明的人物形象

《四朝代》展现了曼谷王朝五世王到八世王时期几十年间的社会生活，而反映时代需要借助于人，人是艺术创造的主体，又是艺术表现的主要对象。《四朝代》在艺术上的最大成功是塑造了一批具有浓重时代色彩的人物群像，写出了他们在特定的历史条件下和特定的环境中所形成的性格，写出了他们不同的命运和遭遇。

克立·巴莫是一个写人物的能手，在刻画人物时做到了千人千面，有血有肉。《四朝代》以主人公帕伊为中心，刻画了大大小小75个人物形象，既有皇亲国戚、达官贵人，也有平民百姓、奴役仆人。这些人物个性鲜明，如帕伊好友曹伊的豪爽乐观、聪明能干，二姐翠伊的勤劳善良、勇于反抗，贵妃的威严和善，赛伊的善良和宽厚，丈夫比连对婚姻的专一，比连姑姑的干练和敏捷，初恋情人讷昂的软弱和缺乏主见，曹伊父母的乐观和随和，大哥启德的无赖和好吃懒做，大姐坤雯的自私和工于心计，二哥鹏姆的安于现状、游手好闲，大儿子欧恩对皇室的忠诚，二儿子达岸的专断和忧国之心，三儿子奥德的眼高手低、只善纸上谈兵，四女儿布拉菲的骄横和盲目，女婿沙威的自私和势力，奈殿下的高贵和风度翩翩，个个都写得栩栩如生，使人难以忘怀。

帕伊作为贯穿全文的女主人公，作者对她的性格、举止、言谈都进行了细致入微的描写。从帕伊生母将帕伊献给贵妃到帕伊第一次谈恋爱、在贵妃的安排下谈婚论嫁，最后成为一名封建贵族家庭的贵妇人，作者花费了大量篇幅来刻画这样一位鲜活的封建贵妇人形象。帕伊的性格是内向、少言和逆来顺受的，自小由于庶出，上面又有嫡出的哥哥姐姐压制，养成了性格中懦弱和胆怯的一面。父亲昭坤充分信任嫡出的大姐坤雯，掌管着家庭的一切事务，而母亲嫚彩虽是昭坤的妻子，却没有一丁点女主人的权利和地位。帕伊敏感地觉察到母亲嫚彩和大姐坤雯的关系紧张，使帕伊从小对坤雯就有一种恐惧感，一直持续到成年成婚以后。帕伊被母亲进献给贵妃做宫女是帕伊一生的重要转折点，从此以后，她就正式离开了那个让她谨小慎微的家，把自己最美好的青春年华献给了宫廷，并且在那里逐步形成了具有封建皇权烙印的价值观和人生观，影响了她的一生，她的一生是忠诚、善良的一生，忠诚于皇室，服务于家庭。她虽然对比连毫无爱情可言，但当她得知父亲和贵妃都认为比连和她很般配的时候，她就决定牺牲自己、满足他们的愿望是自己义不容辞的事情，在她的内心，她把父亲和贵妃比作自己的大恩人，她时刻准备着必要时愿以自己的生命来报答两位恩人的恩情，结合泰国当时的情况，皇权和父权对于帕伊的影响是深入骨髓的。当贵妃把帕伊婚事的想法告诉她时，她虽然大吃一惊，但却丝毫没有自己的立场，她仅仅以不想离开贵妃为理由，而不会正视自己内心的真实想法，她虽然觉得心里不痛快，但却也分析不出是什么原因，她自幼接受的是忠君教育，沐浴着贵妃的恩典，所以她觉得遵从贵妃的旨意并没有为难或者勉强之处，但是要她马上同意这桩婚事她又矛盾不已，一方面她觉得父亲生养了她，而贵妃抚养了她，他们的恩情永世都报答不尽，但是自己还从来没有想过成家，也不认识未来要一起生活的丈夫，并不想冒冒失失地结婚，最后她居然产生出一种悲情的心态，觉得父亲和贵妃都是自己的大恩人，觉得有义务牺牲自己，满足他们的愿望，决定答应与比连的婚事就是为了报答父亲和贵妃的恩德。

成婚后的帕伊按照贵妃的教导来相夫教子，和丈夫的婚姻生活并非一帆风顺，主要源于丈夫作为朝廷重臣经常与一些先进的观念和事物打交道，自然会有一些新奇的想法和举动，但帕伊自结婚后就生活在这个封建大家庭中，操持着四个孩子的生活教育，根本没有心思与这个时代的新思想和新事物接触，所以她的思想是因循守旧的，思想上的不同步也自然导致生活中的小摩擦，但帕伊在与丈夫讨论国王恩德的时候，他们的思想又是高度一致的，比连深情而真挚地表达对国王的感情其实也映衬出帕伊对国王相同的情感，她和丈夫一样爱戴着国王，他们对一切的爱，对国家、民族的爱，对父兄、亲友的爱，对儿女的爱，似乎都集中在国王一人身上了，甚至不惜为国王献上自己的生命。她对于儿子娶回洋媳妇虽颇有微词，但作为母亲对儿子的慈爱和包容，最后她也表示了理解。在战争中，帕伊也表现了坚强果断的一面，当她得知儿子在外有了女人和孩子而遮遮掩掩时，她并没有嫌弃那名女子的出身，而是大度的将儿媳和孩子接回家里住，在飞机轰炸的时候，冷静果敢地安排家人撤离到防空洞，这些都体现了帕伊良好的美德。

　　克立·巴莫在塑造帕伊这个人物形象时采用了理想化的模式，帕伊在他的笔下是一位近乎完美的泰国妇女形象，她不仅美貌无双，而且心地善良、温柔贤淑，富有同情心和包容心，忠于皇室，拥有幸福的家庭，过着衣食无忧的生活，是一个典型的贤妻良母。作者在刻画帕伊这个理想化的人物形象时，突出了她一颗包容的心和幸福的归宿。当帕伊长大成人后，面对与自己山盟海誓的初恋男友移情别恋，与其他女人有了小孩、即将成婚时，她所表现出来的不是愤怒，而是异常的冷静，不仅没有咒骂这个负心汉，反而极力为他辩解，宽容他，说他是个男子汉，做了男子汉该做的事。结婚后，面对丈夫婚前已育有一个小孩的秘密败露，帕伊坦然地接受这一切，并当场向丈夫提出要抚养这个小孩，在以后的生活中，帕伊更是将这个丈夫婚前与其他女人生育的小孩视同己出。她广阔的心胸，高尚的品格令旁人折服，因此家中的仆人对帕伊更加信任和尊敬，丈夫所有的亲属也更加喜欢她了。大姐坤雯的财产被亲弟弟荡涤一空无依无靠时，帕伊不计前嫌，照顾她的生活起居，让她度过了一个幸福的晚年。作者对这些细节描写得很细致，刻画出帕伊一颗无比宽容的心。帕伊的善良、宽容也得到了相应的回报，她的父亲爱她，培养她的贵妃疼她，家中的兄妹关心她，皇宫中的朋友帮助她，成婚后丈夫对她很专一，孩子们也十分孝顺她，生活富裕、衣食无忧。作者之所以这么写，是因为在作品中帕伊是真善美的代表，在她身上寄寓着作者对美好人生的向往和追求，他心目中完美的女性形象就是这样的，他也希望泰国的女性都能有帕伊这么好的品德。泰国是一个信奉佛教的国家，在佛教文化的长期熏陶和影响下，泰国人民普遍心地善良。他们相信命运，宣扬因果报应，主张人与人之间的宽恕与仁爱，把"恶有恶报，善有善报"奉为人生准则。作者把帕伊塑造成这么一个高度体现泰国人文价值观的形象，因此受到泰国人民的普遍欢迎。

三、细致入微的心理描写

克立·巴莫的心思很细腻,帕伊复杂的情绪变化在他的笔下展现得淋漓尽致,让读者能感受到帕伊的高兴和痛苦、幸福和失落,这也是广大读者喜欢帕伊,喜欢《四朝代》的重要原因之一。

当初次进宫的帕伊面对不能踩踢的大门槛时,害怕和紧张使她不敢挪动半步。"帕伊愈走近门槛,就感觉那门槛变得越高越大、愈加可怕了。周围的东西似乎也变得很模糊,那些熙熙攘攘进进出出的人也都渐渐看不见了。帕伊每走近一步门槛,那包着铜皮的门槛也就愈加突出,那原是最普通的木头,在她的眼中却变成了令人毛骨悚然、张着血盆大口的野兽了。它横卧在那儿,两眼闪射着凶恶的光芒。帕伊好像听到野兽在吼叫:别进来!别进来!不许踩!不许碰!帕伊越想越怕:跨不过去,跨不过去!这是王宫,是国王的宫殿!谁错了一点就要抓去鞭打,送去坐牢、杀头!谁要是踩了门槛,就会捅大娄子,要杀头!看,没有谁敢去踩一下,进进出出都是一跃而过!我是肯定过不去的,这么高,这么大……帕伊由于害怕,心跳得更加剧烈了。两只眼睛瞪得很大,紧紧地盯着眼前的巨兽,两手紧紧地握成拳,像是准备战斗!"①作者寥寥数笔,将一个十岁大的小女孩初次进入皇宫时的那种紧张、兴奋、害怕的心情淋漓尽致地展现在读者面前,使读者忍俊不禁,心中充满了对这个小女孩的怜爱之情。

当初尝爱情滋味的帕伊与心上人讷昂约定见面的日子到来时,帕伊感觉"那天的天气特别的清新,看什么东西都觉得很美好。风儿特别凉爽,不仅使身体舒适,而且沁人心脾、舒畅无比。每天搽的粉、洒的香水只有在讷昂来的日子才散发出特别诱人的香味。每样东西都好像要求帕伊在这天要特别精心地打扮修饰。早上起来,帕伊的心比平时要跳得更剧烈,而且越是接近外出见面的时间就越是跳动得剧烈,以致有时血涌上脸来,使脸颊变得绯红。在挑选穿的衣服时,总是拣自己最心爱的穿"②。作者通过细腻的语言,将一个情窦初开的少女的心理活动描写得绘声绘色,使读者的心也和帕伊的心一起跳动。等待总是让人感觉漫长,尤其是对于热恋中的帕伊来说,等待使他抓狂。当心上人离开自己的身边去那空沙旺府服役后,帕伊"没有哪一天不怀念远在异乡的讷昂哥哥。她看到的每一件事物,都使她想起讷昂,都触动她思念讷昂的愁绪。即使过去身边一些毫无意义的琐琐碎碎的东西,只要讷昂见过、摸过或者玩过,现在也变成了使她思念讷昂的信物了。哪些衣服曾经穿了去见过讷昂,哪一件讷昂曾经赞美过,哪一件曾经被他取笑,每一件从小到大的物品,甚至是吹拂在身上的微风,滴落在身上的雨点,太阳、月亮,每一样都触动着她的情思,都在指向光明的道路,要她去

---

① ม.ร.ว.คึกฤทธิ์ ปราโมช. สี่แผ่นดิน [M]. กรุงเทพฯ: นานมีบุ๊คส์พับลิเคชั่น, ๒๕๔๘: หน้า ๒๔.
② ม.ร.ว.คึกฤทธิ์ ปราโมช. สี่แผ่นดิน [M]. กรุงเทพฯ: นานมีบุ๊คส์พับลิเคชั่น, ๒๕๔๘: หน้า ๔๘.

寻找那变成了自己生命一部分的心上人"[①]。读者读到这里，眼前不禁浮现出帕伊那惆怅的面容，心上人远在他乡，她只能睹物思情，将满腔思念化作等待的动力。

当帕伊的初恋情人移情别恋，即将与其他女子成婚时，对帕伊的打击是巨大的，她看完讷昂写给她好友曹伊的信后，"手顿时无力地垂放在膝上，感到全身没有力气，好像什么东西在用力地撞击着脑袋。她抬起头来漫无目的地向窗外望去，不一会儿便失去了知觉。当她渐渐恢复知觉时，她没有愤怒，没有咒骂讷昂这个负心汉，有的只是无尽的痛苦。我深爱的讷昂有妻子了……我曾经想过某一天要去侍奉他，这一点我从不曾忘记过，但现在这个义务变成别人的了。她怎样照顾讷昂讷？她是否了解讷昂喜欢什么，不喜欢什么呢？讷昂要我把他忘掉，但我又怎能忘得了他呢？火可以马上熄灭，要忘记他就像要熄灭太阳、月亮的光芒一样，我怎能办到呢？"[②]克立·巴莫将帕伊的心理活动细致地描绘出来，使读者不禁感同身受、引起共鸣，多么痴情的女孩啊，竟然被讷昂这个无情的负心汉抛弃，读者的心为帕伊的不幸遭遇感到难过，为她的不幸打抱不平，也为讷昂的背叛而感到愤怒。

读者喜欢帕伊，不仅是因为她美丽的容貌、高尚的品格，更重要的是同情她不幸的遭遇，和欣赏她能坚强面对人生每一个转折点的勇气。面对长辈为自己安排的婚姻，帕伊也感到彷徨，不知该答应还是反对。经过激烈的思想斗争和听取了好友曹伊的建议，她下定决心答应了这门婚事，克立·巴莫将她的心理活动清晰地描述了出来："她知道在自己生命中的两位大恩人（父亲和贵妃）从来没有向自己提出过什么要求，目前仅希望自己去跟比连结婚。这是两位恩人第一次表达他们的愿望。帕伊感到自己义不容辞的义务就是牺牲自己，去满足两位长辈的愿望。自从我懂事时就时常想，如果什么时候有必要为他们献出自己的生命，我是随时都乐意去做的。这次并不需要我为他们献出生命，只不过是要自己拿今后的生活冒一次险罢了。……来吧，生活；来吧，未来！"[③]读者读到帕伊的内心独白，一方面为帕伊的前途担心，另一方面钦佩她时刻为长辈着想的品德，欣赏她宁愿牺牲自己也要报答对自己有恩之人的想法。

小说中克立·巴莫对帕伊心理活动的描写有很多，使读者更深层次地了解帕伊，越是了解她，就越是喜欢她、同情她、关心她，以致当小说发表到帕伊怀孕时，甚至有热心的读者立即将未熟的芒果送到《沙炎呐日报》的编辑部。这些无不展示出克立·巴莫在《四朝代》创作上的成功。

---

① ม.ร.ว.คึกฤทธิ์ ปราโมช. *สี่แผ่นดิน* [M]. กรุงเทพฯ: นานมีบุ๊คส์พับเคชั่น, ๒๕๔๘: หน้า ๖๕.
② ม.ร.ว.คึกฤทธิ์ ปราโมช. *สี่แผ่นดิน* [M]. กรุงเทพฯ: นานมีบุ๊คส์พับเคชั่น, ๒๕๔๘: หน้า ๑๔๕.
③ ม.ร.ว.คึกฤทธิ์ ปราโมช. *สี่แผ่นดิน* [M]. กรุงเทพฯ: นานมีบุ๊คส์พับเคชั่น, ๒๕๔๘: หน้า ๑๔๗.

结语

克立·巴莫的代表作品《四朝代》无论在整篇文章的构思上、人物形象的塑造上、人物性格的刻画上，还是人物心理的描写上，都有其独特的风格。这些风格和特色要么是符合平民大众的审美思想，要么是符合泰族人民的思维方式和表达习惯，要么是能给以极强的艺术感染力。《四朝代》能够在泰国家喻户晓，深得人民喜欢也得益于这些独特的艺术风格。

参考文献

［1］李健.泰国文学沉思录［M］.北京：世界图书出版北京公司，2007.

［2］栾文华.泰国文学史［M］.北京：社会科学文献出版社，1998.

［3］吴漂兰.一个时代的回忆：克立·巴莫《四朝代》研究［D］.昆明：云南大学，2011.

［4］王颖.女性学视角下《四朝代》女性形象研究［D］.昆明：云南大学，2017.

［5］苏欣怡.《飘》与《四朝代》女主人公形象比较研究［D］.大连：大连外国语大学，2018.

［6］吴圣杨.从《四朝代》主人公子女的命运设计看作者的佛教业报观［J］.嘉应学院学报，2012（3）：98—100.

［7］张美娟.泰国文学杰作——蒙拉查翁·克立·巴莫《四朝代》［J］.文教资料，2017（9）：24—25.

［8］ม.ร.ว.คึกฤทธิ์ ปราโมช. *สี่แผ่นดิน* [M]. กรุงเทพฯ: นานมีบุ๊คส์พับลิเคชั่น, ๒๕๔๘.

泰国传统节日歌曲歌词的修辞现象研究

广西民族大学东南亚语言文化学院　蓝小雯

【摘　要】 歌曲作为文化传播的重要手段,是我们能感知到他国文化的重要途径之一,而歌曲中的歌词语言作为一种特殊的文学体裁,更是语言文化的映照。泰国是一个能歌善舞的民族,在其社会发展中创作出了无数脍炙人口的优秀节日歌曲作品,这些歌曲不仅可以带我们接触到泰国的风土人情、风俗习惯,还能带我们了解到泰国的语言创作特点和文化观念。本论文从修辞学的角度出发,从语音、词汇、句法辞格等方面对泰语传统节日歌曲中歌词的修辞现象及修辞效果进行研究。通过研究分析,笔者发现语音修辞层面出现的押韵、叠音、衬字等修辞构成了泰国传统节日歌曲的音韵美;词汇修辞层面出现的联绵词、同族复合词、四音格词等修辞构成了歌曲的画面感;句法辞格层面的比喻、拟人、对偶、夸张等辞格丰富了歌曲的情感表达。

【关键词】 泰国歌曲;歌词语言;修辞

一、引言

音乐是人类最美丽的语言,它是人类创造出的语言艺术,是语言的载体,也是语言的极致。人类通过音乐来表达情感,表现社会生活。《毛诗序》中有云"情动于中而形于言。言之不足,故嗟叹之;嗟叹之不足,故咏歌之"[①]。这道出了音乐对于人类表达情感的重要作用。

泰国作为一个能歌善舞的民族,音乐与人民生活水乳交融。在泰国人民的婚典、丧葬等民俗礼仪上,在万佛节、水灯节、宋干节等传统节日庆典上,音乐扮演着不可或缺的角色。泰国节日歌曲是泰国传统节俗文化的重要组成部分,它与节俗活动融为一体,传递着人文情怀,体现着泰人的文化背景。而节日歌曲中的歌词更是能与其乐曲相辅相成,歌词作为音乐的载体,不仅具有抒情写意的文学性,更是文化的写照。节日歌曲里的歌词往往与该节日的主题、宗旨、功能作用环环相扣,其或庆祝农耕,或传承宗教,或赞颂国王,它与节日歌曲一起传达节日信息,蕴含着丰富的象征意义,诠释着泰国人的文化语境和价值观念。研究泰国传统节日歌曲中的歌词,不仅能让我们深入了解到泰国节日音乐这一璀璨的

---

① 十三经注疏 全2册 [M]. 上海:上海古籍出版社,2019.

艺术果实，更能帮助我们从语言学的角度更为细致地把握泰国的文学创作特点。纵观当下，有关歌词语言的研究硕果颇丰，但有关泰国歌词语言的研究在国内基本上仍属空白。本文将从修辞学的角度来研究泰国文化背景下泰国传统节日歌曲歌词文本的修辞艺术表现，从语音、词汇、句法这三要素与修辞的关系来全面重点分析泰国传统节日歌曲歌词中存在的修辞现象及修辞效果。目的是探究在不同文化背景之下语言的艺术创造性，同时也是为了加深我们对泰语语法的学习和了解，进一步把握泰语文学作品的创作特点及魅力，从中获得新知从而提高自身的泰语写作水平。

二、泰国传统节日歌曲歌词的语音修辞分析

陈望道在《修辞学发凡》中指出"修辞原是达意传情的手段，主要为着意和情，修辞不过是调整语辞使达意传情能够适切的一种努力"[①]，所谓修辞，简单来说就是美化语言为达到高效表达的一种手段。而歌词作为一种特殊的文学载体，正是修辞运用得最活跃、最广泛的领域。语音、词汇、句法是语言创作的三大要素，在歌词创作中，修辞必定与这三大要素不可分割。因而，探究泰国传统节日歌曲歌词语言的修辞艺术就离不开探究其在语音、词汇、句法方面出现的修辞现象。

语音修辞作为修辞的类型之一，是指人们运用语言（包括书面语和口语）进行交际时利用语音因素对话语进行修饰，加工的语言现象。[②] 优美的语言韵律，不仅能使歌曲朗朗上口，还能给听者以美感。廖广莉在《语音修辞浅论》中指出，"语音修辞形式多样，既可通过语音本体如重音、叠音、双声、叠韵、语调及节奏等方式实现，也可通过对音高、音强、音长、音色等语音四要素的组合而获得"[③]。泰国传统节日的歌曲从古时人们的口头相传而发展至今，在口头咏唱的过程中，除歌曲旋律之外必定伴随着对语音的精心调整与修饰。由于语音修辞形式多种多样且不拘泥于固定格式，因此在此小节，笔者仅对泰语传统歌曲歌词中出现的押韵、叠音、衬字这三类语音修辞现象进行分析总结。

（一）押韵（สัมผัส）

押韵是典型的语言修辞手段。所谓押韵，就是将韵母互相谐音的文字放在固定的地方。在文句中，一般是放在每一句或隔一句的末尾处，所以又称"韵脚"。在泰国传统歌曲歌词中，押韵是其最常见的语音修辞手段。

---

① 陈望道. 修辞学发凡 [M]. 上海：复旦大学出版社，2014.
② 王玲玲. 语音修辞与语音表征 [J]. 泰安教育学院学报岱宗学刊，2006（4）：58—61.
③ 廖广莉. 语音修辞浅论 [J]. 湘南学院学报，2010，31（4）：47—50.

1. 排韵

例 1:
เดือนสิบเอ็ดน้ำนอง เดือนสิบสองน้ำ**ส่ง** /sòŋ/
พอถึงเดือนอ้ายเดือนยี่ น้ำก็รี่ไหลลงไหล**ลง** /loŋ/
ลมหนาวก็พัดโชยมา หนุ่มนานั้นเฝ้าคอย**หลง** /lǒŋ/
แฟนสาวเจ้าไปบางกอก ลืมบ้านนอกเสียแล้วโฉม**ยง** /joŋ/
ได้ข่าวไปเรียนเสริมสวย คงร่ำรวยช่วยกันเสริม**ส่ง** /sòŋ/
พี่เลยต้องนั่งใจลอย พี่ยังหลงคอยน้องมาลอย**กระทง** /kràtoŋ/

("คอยเธอลอยกระทง", คำร้อง สนิท มโนรัตน์)

(歌词大意：十一月水涌，十二月水稳，一到正月二月，水就汹涌澎湃，冷风缓缓吹来，男子还在等待，女子去了曼谷，忘记了这外府，听说去学美容，应该富裕有成，我只能耐心等待，期待着她回来一起放水灯)

如例 1 所见，这首歌每一句的句尾都要押在/oŋ/音上，出现了一韵到底的修辞现象，此种押韵方式称作"排韵"，即每句都押韵且韵脚一致。这种排韵使得歌曲连贯流畅、朗朗上口、富有旋律美。

2. 随韵

例 2:
บนเส้นทางฝันที่ต้อง**เผชิญ** /phàcha:n/
ยังมีขวากหนามบนเส้นทาง**เดิน** /da:n/
ต้องแบกภาระมากมายที่รู้ว่าหนักเหลือ**เกิน** /ka:n/
ตราบจนวันนี้ฉันยังไม่เคยหยุด**เดิน** /da:n/
ก็มีบ่อยครั้งที่ฉันเคย**ท้อ** /thɔ́:/
อยากหยุดชีวิตไม่ให้ไป**ต่อ** /tɔ̀:/
ผู้อาวุโสกล่าวไว้เป็นคำพูดกึ่งด่า**ทอ** /thɔ:/
เพิ่งมาไม่ไกลใยเจ้าจึง**ยอม** /jɔ:m/

("สงกรานต์", คำร้อง รังสรรค์ ปัญญาเรือน)

(歌词大意：在通往梦想的道路上，还有很多障碍在阻拦，知道要承担的那些负担有多重，但直到今天也没停止步伐，虽然也有沮丧灰心的时候，也想就此停住不再前行，但长者说这是半途而废，才刚开始怎么就要放弃)

例 3:
โพยภัยอย่ามา**ราวี** /ra:ri:/
ทำบุญตาม**ประเพณี** /pràpheni:/
เปรมปรีดิ์ในวันปี**ใหม่** /màj/
ปีทองฉลองกัน**ใหญ่** /jàj/

อวยชัยส่งกำลัง**ใจ** /caj/

ลงทุนให้มี**กำไร** /kamraj/

("ต้อนรับปีใหม่", คำร้อง ยศ กอบัว)

(歌词大意：祸难别来打扰，佳节行善积德，新年喜气洋洋，庆祝这黄金岁月，送上祝福与鼓励，祝身体康健力气充沛)

除了一韵到底之外，也有变换韵脚的修辞现象，如例 2 中所示，以四句为单位变换韵脚，前四句句尾押/aːn/音，后四句句尾押/ɔː/音。同样的在例 3 中，以两句为单位变换韵脚，分别押/iː/ /aj/音。此种押韵方式叫作"随韵"，即在文句中分节分段有规律地变换韵脚。这种随韵虽不如排韵一般连贯流畅，但却比排韵更具有灵活性，可使得歌词韵律波荡起伏，语言富有变化美。而此种押韵方式正是泰语传统节日歌曲歌词中最为常见的一种押韵现象。

(二) 叠音（การซ้ำคำ）

所谓叠音，指的是"一种在句中使用相同或类似的音以达到音乐美感的修辞方式"[①]。叠音可以是相同的音节、词语或短语句子的重叠。在泰语歌曲歌词中，叠音也是其形成音乐美的修辞手段之一。其最常见的叠音现象一般有三种，一为单一音节词以 AA 形式叠音；二为多音节词的叠音，以 ABAB 的形式出现；三是短语或句子的重叠。

1. 单一音节词的重叠形式

例 4：

น้ำ น้ำ น้ำ เล่นสาดน้ำด้วยความสุขใจ / **รัก รัก รัก** ด้วยความรักและความคิดถึง

น้ำ น้ำ น้ำ สาดทั้งถังก็ยังไม่กลัว / **ร้อง ร้อง ร้อง** ชวนมาร้องเพลงปีใหม่ไทย

น้ำ น้ำ น้ำ สรงน้ำพระให้ใจร่มเย็น / **ร้อน ร้อน ร้อน** ใจมันร้อนไม่ยอมปลดปลง

("สงกรานต์บ้านเรา", คำร้อง ประภาส ชลศรานนท์)

(歌词大意：水水水，开心地玩水，爱爱爱，充满爱意和想念，水水水，洒完缸水都不怕，唱唱唱，来唱泰国新年歌，水水水，沐浴佛陀让心平静，热热热，心热不愿停止)

例 5：

หนาวๆๆๆ นั่งๆ นอนๆ ต้องห่มผ้าห่ม

ใครไปภูกระดึงผิงไฟ **ดูๆๆๆ** เห็นนาฬิกามันพาเราไป

ดีๆๆๆ ถึงไงก็ดีกว่าอยู่**เปล่าๆ** เอายังไงก็เอาไม่ว่ากัน

("สวัสดีปีใหม่", คำร้อง จักราวุธ แสวงผล)

[①] 弓晓峰. 日语歌词语言表达特点研究[D]. 哈尔滨：黑龙江大学, 2017.

（歌词大意：冷冷冷坐坐坐睡睡睡，要盖被子，谁去烤火，时钟在带着我们走，好好好，怎样都是好，怎么做都不会急眼）

如例 4、5 所示，是单个音节词以 AA 形式重复叠音，这是泰语传统节日歌曲歌词中最常用的一种叠音方式。此种单音节叠音方式是加强歌曲节奏的一种手段，常出现在每句的开头，单个词重叠而咏，犹如鼓点般富有节奏，率先将听者带入到歌曲的情境之中，达到先声夺人的效果，增加听者听觉上的美感。

2. 多音节词的重叠形式

例 6：

รำวง**ตบแผละตบแผละ** / เสียงดัง**เปาะแปะเปาะแปะ**

เรามาเริงรำวง / ถ้าแม่โฉมยง

ตบแผละตบแผละโย่นโย่น / **ตบแผละตบแผละตบแผละ**

เสียงดัง**เปาะแปะเปาะแปะ** / เรามาเริงรำวง

("รำวงตบแผละ", คำร้อง แก้ว อัจฉริยะกุล)

（歌词大意：群舞拍手拍手，声响噼啪噼啪，我们来跳舞，群舞拍手拍手，声响噼啪噼啪，我们来跳舞）

如例 6 所示，为多音节词以 ABAB 形式叠音。在泰语传统节日歌曲中，多音节词叠音通常为动词和拟音词，而其叠音多为了强调该动作。这种多音节的叠音方式，可使得话语表达生动形象，增加了歌词的表现力和形象效果，能给听者以想象美。

3. 短语或句子的重叠

例 7：

สวัสดี สวัสดี สวัสดีปีใหม่ / เอาหัวใจมาสวัสดีกัน
สวัสดี สวัสดี สวัสดีชื่นบาน / ให้ชื่นใจนานๆทั้งปีเลย
สวัสดี สวัสดี สวัสดีปีใหม่ / ใครรักใครให้ได้แต่งงานกัน
สวัสดี สวัสดี สวัสดีชื่นบาน / รักกันไปนานๆไม่มีเบื่อ

("สวัสดีปีใหม่", คำร้อง จักราวุธ แสวงผล)

（歌词大意：新年好新年好新年好，真诚地彼此祝福，新年好新年好新年好，让整年都有好心情，新年好新年好新年好，真心相爱的人都能结婚，新年好新年好新年好，感情长久永不会腻）

如例 7 所见，是短语或句子的叠音形式。此种叠音形式常常是句中同一短语或同一句子重复出现，目的是强调语句，加强歌词的声律美，使得声音韵律回环，达到较强的音乐效果。

(三) 衬字 (การใช้ตัวหนังสือ)

"衬字，又称垫字、配头、称头等。它是在有连贯意义的词语外，加一个或数个衬垫的虚字（有时是实词虚用），以修饰正词，补足语气，深化感情，丰富曲趣，畅达文理，是音乐表现意义大于文学表现意义的一种特殊的艺术手法。"[①]衬字本身虽无意义，但在歌词却不可或缺，衬字是调节音节的重要手段。在泰语传统节日，作为一种口头传唱发展起来的歌曲，大量衬字的运用是其形成音乐美的一大因素。

例8：
มาละโหวยมาละวา มาซิมาเรมารื่นรมย์ / สุขสมชมชื่น รื่นเริงสุขสำราญ
เอ้า มาละโหวยมาละวา มาซิมาเรมารื่นรมย์ / สุขสมชมชื่น รื่นเริงสุขสำราญ
("รำวงสงกรานต์หวานใจ", คำร้อง ครูสุรัฐ พุกกะเวส)

（歌词大意：来了哟来了呀，快来一起快活，开心快乐幸福美满，来了哟来了呀，快来一起快活，开心快乐幸福美满）

例9：
ฟ้าใหม่แล้วละนะน้อง / สงกรานต์เราร้องทำนองเพลงโทน
โน่นไงจ๊ะโทนป๊ะโท่นโทน / ทั้งโยกทั้งโยนเย้ายวนยั่วใจ
("เริงสงกรานต์", คำร้อง สุนทราภรณ์)

（歌词大意：变天了呀妹妹，宋干我们要唱托歌，托托托托托，心神荡漾欢喜盈盈）

如例8、9所示，上述歌词中运用了大量的衬字。这些衬字在歌曲中无固定格式，它可以单独使用，亦可以依附其他词语使用，任其穿插在歌曲中的各个位置。在泰国传统节日歌曲歌词中，其使用的衬字多为表示感叹、吃惊或情感语气词。其目的多是重在强调音调，以表达强烈情感。这些衬字的使用可调节歌曲音节，使音韵承接自然，音调优美，让歌曲更加悦耳顺口；同时也有助于歌曲情感的表达，增强语感，使歌曲更加生动形象。

(四) 语音修辞效果小结

从上述分析可知，泰国传统节日歌曲歌词中的语音修辞是其形成音乐美的重要因素。首先，灵活多变的押韵方式使得歌曲连贯流畅，和谐悦耳，排韵和随韵的变换使用丰富了歌曲的韵律节奏的同时也表现了泰国人崇尚自由、不拘一格的音乐风格；其次，回环往复的叠音修辞，大大强化了歌词的语感，一方面使得话语表达生动形象，另一方面丰富了歌词的节奏，音节的重叠，不仅能给听者带来一种回环绕耳、连绵不断的美感，还能引发读者的无限想象，增加歌曲的感染

[①] 金明春. 论中国歌曲的衬字运用 [J]. 中国音乐，1992（1）：20—22.

力；最后，丰富多样的衬字搭配，充分扩展了歌曲情感的抒发，妙用泰语富有特色的语气词，使得歌曲富有泰国独特韵味，同时直接反映了泰国人民生活方式的自由悠然、随性大方。以上三类修辞都共同构成了泰国传统节日歌曲的音韵美，使得歌曲娓娓动听、朗朗上口，这也是其流传至今的原因。

三、泰国传统节日歌曲歌词的词语修辞分析

刘勰在《文心雕龙》中指出："夫人之立言，因字而生句，积句而成章，积章而成篇。"① 由此可见，词语是语句、篇章最基本的语法要素。考察一种语言的修辞艺术，必定少不了要探究其词语的修辞表现。本节，笔者将着重对泰国传统节日歌曲歌词里出现的叠韵词、同族复合词、四音格词这三类词语修辞现象进行分析。

（一）联绵词（การเล่นคำที่มีเสียงสัมผัส）

联绵词是汉语词汇学中的一个概念②，根据《中国语法理论》中对联绵词的解释："中国有所谓联绵字，就是声音相同或相近的两个字，叠起来成为一个词……即一个语位（morpheme）包含二个音节者。"③ 汉语由声母和韵母构成，汉语中的联绵词指的是以声母重叠或韵母重叠构成的具有意义的词。泰语与汉语同为汉藏语系的语言，在语音系统和构词上有较大的相似性。因此，本文将运用联绵词的理论到泰语中。泰语由元音和辅音构成，泰语联绵词则指的是以泰语元音重叠或辅音重叠构成的词。

1. 元音重叠联绵词（สัมผัสสระ）

元音重叠联绵词指的是泰语中以相同或相似元音进行重叠构成的词语。

例 10：

แม่**โมโห** /moː hǒː/ ใครมา

หรือเป็นตำราให้ลูก**แข็งแกร่ง** /khɛ̌ːŋ krɛ̀ːŋ/

（"นววาสงกรานต์"，คำร้อง ร๊อคสะเดิด）

（歌词大意：母亲很生气，但或许这是让孩子变坚强的教科书）

例 11："กระทงน้องลอย**อ้างว้าง** /ʔâːŋ wáːŋ/"

（"รักร้าวลอยกระทง"，คำร้อง นก พรพนา）

---

① 黄叔琳. 文心雕龙辑注［M］. 北京：中华书局，1957.
② 赵付美. 联绵词古今辨［J］. 黄海学术论坛，2012（2）：157—163.
③ 王力. 中国语法理论［G］//王力文集：第 1 卷. 济南：山东教育出版社，1984：384—385.

（歌词大意：小小的水灯独自漂流）

例 12: "รับพร**ใฉไล** /chǎj laj/ ชโลมนา"

（"วิมานสงกรานต์", คำร้อง ศรีสวัสดิ์ พิจิตรวรการ）

（歌词大意：获得功德润泽心田）

如例 10、11、12 所示，是泰国传统节日歌词中出现的利用元音重叠构成的联绵词。

2. 辅音重叠联绵词（สัมผัสอักษร）

辅音重叠联绵词指的是泰语中以相同或相似辅音进行重叠构成的词语。

例 13:

"ลมหนาวก็พัด**ครวญคราง** /khruan khra:ŋ/

ขาดนางพี่ยังคอยหลง"

（"คอยเธอลอยกระทง", คำร้อง สนิท มโนรัตน์）

（歌词大意：冷风缓缓吹来，失去你我找不到方向）

例 14:

"แสงเดือนส่องกระทบน้ำ

เป็นเกล็ดงามล้ำ

ดูแวววาว /wɛ:w wa:w/ จับนัยน์ตา"

（"อธิษฐานรักลอยกระทง", คำร้อง พงษ์ศักดิ์ ถนอมใจ）

（歌词大意：月光反射在水面上，闪闪发光引人注目。）

例 15:

"ให้**รุ่งเรือง** /rùŋ rwaŋ/ ในวันปีใหม่

ผองชาวไทยจงสวัสดี"

（"พรปีใหม่", คำร้อง พระเจ้าวรวงศ์เธอ พระองค์เจ้าจักรพันธ์เพ็ญศิริ）

（歌词大意：祝新的一年国家繁荣昌盛，国民健康安好。）

如例 13、14、15 所示，是泰国传统节日歌词中出现的利用辅音进行重叠构成的联绵词。

综合上述例句可知，在泰国传统节日歌曲歌词中，出现了不少联绵词，联绵词是泰语语法存在的类似汉语语法的一个特点，这类词汇不仅意思具体，而且音节匀称，富有节奏，能增加语言表达的音韵美。而其也是作词者深厚文字功底的体现。作词人通过对音节的调配将音韵一致的词素组合在一起，不仅传达了其所想表达的意思，还兼顾了语言的韵律，实现了音律和内容的共美。

（二）同族复合词（การใช้คำซ้อน）

"汉语中有一种特殊的复合词，它的两个词素声音相近或相通，意义相同或相关，是有族属关系的同族词。"[①] 所谓同族复合词，指的便是由相近或相似意义的同族词做词素构成的复合词。在泰语中，也有这类词汇，泰语中称为"คำซ้อน"，泰语里的"คำซ้อน"是由两个意义相同、相近或相反的词素进行组合，构成意义和功能在与复合前的自由词相近或相反的新词，这与汉语中的"同族复合词"概念十分相似。因此本节笔者将借鉴汉语中的同族复合词的概念，将之运用到对泰语词汇的修辞分析中，就泰国传统节日歌曲歌词中出现的同族复合词构词要素进行分析归纳。

1. 名词语素+名词语素→名词

例 16："เหมือนนกไพรไร้**พงพนา** / ไม่ได้จับไถเลยไปจับปลา"

（"นาวาสงกรานต์"，คำร้อง ร้อคสะเดิด）

（歌词大意：就像失去森林的鸟儿，没有抓犁而去抓鱼）

例 17："เริงร่าสำราญชื่นบานอุรา / **หนุ่มสาว**เฮฮา"

（"สงกรานต์งานนัดพบ"，ศิลปิน รำวง เพลงเทศกาล）

（歌词大意：喜庆佳节开心欢快，青年少女欢喜雀跃）

例 18："ไปบวง**สรวงสวรรค์**วิมาน / มะน้องพี่แต่งเนื้อตัวนี้เสียใหม่"

（"วิมานสงกรานต์"，คำร้อง ศรีสวัสดิ์ พิจิตรวรการ）

（歌词大意：男女老少皆穿新衣，到天堂佳境游玩）

词语分析：

พง 树林 + พนา 森林 → พงพนา 森林

หนุ่ม 少年 + สาว 少女 → หนุ่มสาว 青少年

สรวง 天空 + สวรรค์ 天堂 → สรวงสวรรค์ 天堂

2. 动词语素+动词语素→动词

例 19：

"ประเพณีไทย เมื่อสมัยครั้งเก่าก่อน / เล่น**แอบซ่อน**ลูกช่วงพวงมาลัย"

"ตรุษสงกรานต์ สนานสนุกกันพอใจ / พี่**วิ่งไล่**น้องก็หลบเมื่อพบหน้า"

（"สงกรานต์บ้านนา"，คำร้อง จำรัส ศรีวิเชียร）

（歌词大意：上古传承的泰国习俗，在花环中躲藏打闹，宋干时节大家欢声笑语，你追我来我追你）

例 20："งามแท้รำไทยเรื่อยไหลลดเลี้ยว / เราร้อยกรเกลียวเพรียว**พลิ้วปลิว**ลม"

（"เริงสงกรานต์"，คำร้อง สุนทราภรณ์）

（歌词大意：泰式舞蹈唯美动人，如随风飘扬的细丝般柔美）

---

① 刘又辛，张博. 汉语同族复合词的构成规律及特点 [J]. 语言研究，2002（1）：60—65.

词语分析：
แอบ 偷偷 + ซ่อน 藏匿 → แอบซ่อน 藏
วิ่ง 跑 + ไล่ 追赶 → วิ่งไล่ 追赶
พลิ้ว 飘扬 + ปลิว 飞扬 → พลิ้วปลิว 飘扬

3. 形容词语素+形容词语素→形容词

例 21："ตรุษสงกรานต์ **สนานสนุก**กันพอใจ / พี่วิ่งไล่น้องก็หลบเมื่อพบหน้า"

（"สงกรานต์บ้านนา", คำร้อง จำรัส ศรีวิเชียร）

（歌词大意：宋干时节大家欢声笑语，你追我来我追你）

例 22："ผู้ชายพายเรือน้องเบื่อพิลึก เหมือนโคหนุ่ม**ฮึกคึก**คะนอง"

（"รำวงสงกรานต์หวานใจ", คำร้อง ครูสุรัฐ พุกกะเวส）

（歌词大意：哥哥划船妹妹感到无趣乏味，就像小鱼虎一样恼怒不满）

例 23："รำคู่อยู่**เคียงใกล้**กัน / สายทรวงมันสั่นมันซึ้งเสียวๆ"

（"เริงสงกรานต์", คำร้อง สุนทราภรณ์）

（歌词大意：相拥起舞，身段婀娜）

词语分析：
สนาน 有趣的 + สนุก 有趣的 → สนานสนุก 热闹有趣的
ฮึก 高兴的 + คึก 兴奋的 → ฮึกคึก 兴高采烈的
เคียง 相邻的 + ใกล้ 临近的 → เคียงใกล้ 相邻、临近的

同族复合词（คำซ้อน）是泰语中构成新词的重要手段，也是泰语语法的特点之一，作词人在歌曲中运用同族复合词，极大地丰富了歌词语言的文学性。从上述例子中可知，在泰国传统节日歌曲中出现的同族复合词大多是名词、动词和形容词，这些同族复合词在歌曲中起到了强调及渲染的作用，使得歌曲画面感十足，同时同族复合词又比单音节词富有韵律，在一定程度上也增强了歌词的音韵美。

（三）四音格词（คำซ้อนสี่หน่วย）

"四音格"又称为"四字格"，指的是由四个音节构成的带有具体意义和功能的词语。在汉语里，我们对四音格词并不陌生，它是我们汉藏语系所特有的一个词汇单位。而泰语属于汉藏语系的分支，四音格词也普遍存在于泰语中。在本小节，笔者主要从音节形式来分析泰国传统节日歌曲歌词中存在的四音格词，其主要有两大音节形式，一为 ABCD 式，二为 ABAC 式。

1. ABCD 式

例 24："เดี๋ยวก็ย่างเข้าเดือนหก **ฟ้าพรำฝนตก**อกหนาวเอย"

("รำวงสงกรานต์หวานใจ", คำร้อง ครูสุรัฐ พุกกะเวส)
（歌词大意：六月份即将到来，绵绵细雨天气转凉）

例 25："เจออะกันวันงาน / ต่าง**เบิกบานยินดี**"
("สงกรานต์งานนัดพบ", ศิลปิน รำวง เพลงเทศกาล)
（歌词大意：佳节遇见，各皆欢喜）

ABCD 式词语是由四个不同音节构成的词语，但是从词素组合意义上来看，这四个不同音节的词又不是丝毫没有关系，它们内部其实存在一定的语义联系，例如"ฟ้าพร่ำฝนตก（下雨）"这个词，其中"ฟ้า 天空""พร่ำ 毛毛雨""ฝนตก 下雨"，都与天空、下雨等意思有关联，因而语义之间的联系是泰语中构成 ABCD 式词语的重要因素。

2. ABAC 式

例 26："สรงน้ำขอพร / **ผู้เฒ่าผู้แก่**ให้ชื่นชีวา / ดอกคูณบ้านนา"
("สงกรานต์สัญญาใจ", คำร้อง สลา คุณวุฒิ)
（歌词大意：沐浴求福，祝长辈们快乐健康）

例 27："ตื่นเช้า**ล้างหน้าล้างตา** ไล่จับความฝันอย่าให้หลุดลอยไปไหน"
("ปีใหม่ทุกวัน", ศิลปิน ปิติ ลิ้มเจริญ)
（歌词大意：早起洗漱打扮，用力追逐梦想不让它溜走）

例 28："ร่วมฉลอง**ปีทองปีเงิน** ส่งสรรเสริญเจริญพรพลัน"
("เก่าไปใหม่มา", คำร้อง ศรีสวัสดิ์ พิจิตรวรการ)
（歌词大意：让我们一起庆祝黄金岁月，歌颂赞语祈求赐福）

ABAC 式词语是在泰国传统节日歌曲歌词中被运用得最多的四音格词。这类词语构成要素是由两个有具体意义，且意义相近的词组合在一起，构成的新词第一个和第三个音节要相同，这也是泰语四音格词最典型的表现。

泰语四音格词是泰语词汇修辞中重要的表现形式之一，这些词语的作用是可加强语言的表现能力，使得语言简洁有力而生动形象。作词者在歌曲中运用四音格词，一方面体现了其深厚的语言功底，另一方面使得歌词语调优美、内涵丰富。

（四）词汇修辞效果小结

综上可知，在泰国传统节日歌曲的歌词里，无论是联绵词、同族复合词还是四音格词，都共同体现了作词者的语言运用能力，丰富了歌词语言的内涵。首先，韵律动人的联绵词从词语层面丰富了歌曲的音韵效果，词语之间音节相仿，双声叠韵，大大增强了歌词语言的声韵节奏感；其次，巧妙组合的同族复合词则是从词义上对歌词语言进行了锤炼，同族复合词意义相近，强调了歌曲所表达的情感，使得歌曲充满画面感；最后，朗朗上口的四音格词更是对歌词语言的升华，一方面四音格构词整齐、节奏鲜明、富有音乐感；另一方面四音格词使得歌词语义表达更加形象，达到了表达生动的效果。

四、泰国传统节日歌曲歌词的句法辞格分析

句子是构成段落篇章的基本单位，句式运用的不同能引起情感抒发的变化。在歌词创作过程中，为了增强语言的表现力，作词者往往采用一些修辞手段或修辞格来调整与修辞歌词语言，使之能够更好地配合曲子来表达一定的主题。本节笔者主要就泰国传统节日歌曲歌词中出现的修辞格进行分析。

（一）比喻（อุปมา）

比喻是文学创作中最常见的修辞格。陈望道先生在《修辞学发凡》中对比喻做了如下解释："思想的对象同另外的事务有了类似点，文章上就用那另外的事物来比拟这思想的对象的，就叫譬喻，也叫比喻。"[①] 在泰国传统节日歌曲歌词中，被用得最普遍的辞格就是比喻。

比喻，就是用另外的事物来比拟文中的事物，以揭示其特征。

例29："ฉันเกิดอยู่แดนอีสาน / ถิ่นกันดารที่เขาดูหมิ่นดูแคลน / จากไกลไปหากินต่างแดน / ก็อาลัยแสนเมื่อจำต้องพรากบ้านมา / **เหมือนนกไพรไร้พงพนา**"

（"นาวาสงกรานต์"，คำร้อง ร้อคสะเดิด）

（歌词大意：我出生在东北，一个荒凉的地方，万里离家，寄宿于遥远的地方，就像失去森林的鸟儿。）

例句中作者将离开家乡的自己比喻为失去森林的鸟儿，无依无靠，给人一种游子离家千里的悲伤寂寞之感。

例30："ก่อนเคยเคียงเขา / **เหมือนดาวเคียงเดือน**"

（"อดีตรักวันลอยกระทง"，คำร้อง สายัณห์ สัญญา）

（歌词大意：之前在他身旁，就像星星依偎着月亮）

例句中作者将依偎在一起的恋人比喻为空中相邻的星月，表现出了恋人之间的你侬我侬，深情厚谊。

综合上述例句可知，歌词中运用比喻辞格，能准确表达作词者的思想情感，使得歌词情感表达更加生动形象，能将听者带入情感之中，产生情感共鸣。

---

① 陈望道. 修辞学发凡[M]. 上海：复旦大学出版社，2014.

(二) 比拟 (บุคลาธิษฐาน)

比拟是一种将非人类的东西或事物赋予人类特征的修辞方式,可分为拟人和拟物两种。在泰国传统节日歌曲歌词中,最常运用的就是拟人修辞。

例 31:"เพื่อนฝูงลอยเป็นคู่ / ได้แต่ดูคนอื่นเขาสดใส / <u>**กระทงฉันกลายเป็นกระทงหม้าย**</u>"

("กระทงรักกระทงหม้าย", คำร้อง เอ๋ พจนา)

(歌词大意:朋友们双双结伴放水灯,我只能看着别人欢喜,我的水灯成了鳏夫)

例句中作者写到朋友们都双双结伴放水灯,而我独自一人只能看着别人欢喜,我的水灯成了鳏夫。作者将水灯比拟成鳏夫,赋予了人的行为特征,以此来表达自己在佳节时孤身一人,孤独落寞之感。

例 32:"อธิษฐานเถิดหนา / ขอให้เรามาคู่กันนานๆ / <u>**ฟ้าดินจงเป็นพยาน /สายน้ำจงเป็นพยาน**</u>"

("ลอยกระทงโชคดี", คำร้อง โอ ระยอง)

(歌词大意:祈祷吧,让我们的恋情能够长久,天地为证,河流为证)

例句中作者让天地和河流来作为证人,祈求自己和恋人的感情能长久。将天地和河流人格化,让其成为证人见证自己的感情,更好地抒发了作者对其感情的重视。

从上述例句可知,作词者在歌词中运用拟人修辞,将人以外的事物赋予人的行为特征,但重点不是写物而是写人,抒发一定的情感。这些拟人修辞同样丰富了歌词的情感表达,增加了歌词的语言生命力。

(三) 对偶 (ภาวะแย้ง)

对偶指的是用语法结构相同或相似、音节数目相同的两个句子排列在一起以表达意义相同或相反的一种修辞手法。在泰国传统节日音乐歌曲中,对偶也是使用得比较普遍的一种修辞格。

例 33:"ขวบปีจะผันไป / ใหม่พลันจะผันมา"

("ใกล้ปีใหม่", คำร้อง ศิลปิน พรพิรุณ)

(歌词大意:旧年将辞去,新年将到来)

例 34:"บุญกุศลนั้นจงเสริมส่ง / ลอยกระทงแล้วคงโชคดี"

("รำวงคืนลอยกระทง", คำร้อง สุนทราภรณ์)

(歌词大意:好功德将会增多,放水灯将获好运)

例 35:"เดือนสิบเอ็ดน้ำนอง / เดือนสิบสองน้ำทรง"

("คอยเธอลอยกระทง", คำร้อง สนิท มโนรัตน์)

(歌词大意:十一月水涌,十二月水稳)

从上述例子可知，对偶的两个句子音节整齐匀称，富有韵律感；其次内容上意思相近或相对，语言高度精练集中，有较强概括力。在歌词中使用对偶，可使得歌词语言简洁，富有韵律，便于咏唱和记忆。

（四）夸张（การกล่าวเกินจริง）

夸张是通过夸大客观事物来达到强调或渲染的效果。在泰语传统节日歌曲歌词中，运用夸张这一修辞手段比较少。

例 36："ปีใหม่นี้บุญบารมีช่วย ให้หล่อ ให้สวย รวย ฉลาด สมปรารถนา / **มีสมบัติเต็มแผ่นดินจนท่วมฟ้า ไร้โรคาสุขสันต์กันทั้งปี**"

（"สุขสันต์วันปีใหม่"，คำร้อง ตะวันธรรม）

（歌词大意：新年有新功德，祝你新的一年更美、更富、更聪明、心想事成，有可以淹没天地般的数不尽的财富）

例句中作者写到祝福新的一年有可以淹没天地般的财富。运用夸张手法，将新年的祝福表达得真切且幽默。在歌词中运用夸张修辞，可使得歌词语言幽默风趣，使得歌曲更具有感染力。

（五）句法修辞效果小结

在泰语传统节日歌曲歌词中，出现最多的辞格是比喻，其喻体大多为大自然中的事物，这是由于泰国传统节日与人民日常生活息息相关，泰国人的生活状况都与农业、大自然休戚相关，因而在文学创作中不免出现了很多大自然的身影。而无论是运用比喻、拟人等描述类辞格，或是对偶、夸张等引导类辞格，都赋予了歌词强大的生命力。语句和辞格的结合，大大丰富了歌词语言的文学性，同时也将歌曲情感抒发得淋漓尽致，生动形象，给听众以不仅韵律之美，还有意境之美。

五、结语

歌曲源于文化，而歌曲歌词语言不仅是文化的载体，更是文化的写照。泰国作为中国的友好邻国，中泰两国情谊源远流长，尤其是随着中泰旅游业的发展、泰国影视作品、文学作品等的输入，激起了我国国民对泰国文化的探索欲，国人对泰国文化的热爱日益高涨。泰国歌曲，正是给国人打开了一扇理解邻国文化的窗口。特别是泰国传统节日中的音乐，不仅可以带我们接触到泰国的风土人情、风俗习俗，还能带我们了解到泰国的语言创作特点和文化观念。

本文分别从语音、词汇、句法辞格等方面，结合修辞学理论对泰语传统节日歌曲的歌词做了详尽的分析。在语音修辞层面，对出现的押韵、叠音、衬字等修辞方式做了阐述，指出了在语音层面的修辞构成了泰国传统节日歌曲的音韵美。在词汇层面，主要介绍了其中出现的联绵词、同族复合词和四音格词，这些词汇修辞的运用构成了歌曲的画面感。在句法辞格层面介绍了泰语传统节日歌曲中常用的比喻、拟人、对偶、夸张等辞格，指出了辞格的运用可使得歌曲情感表达生动形象。

目前国内对泰语歌词的研究还较匮乏，本文从修辞这一视角来审视泰国传统节日歌曲中存在的修辞现象，希望能以绵薄之力丰富国内研究空缺。但由于本文所涉及主题范畴较小，语料偏少，只能从有限的语料里进行分析与总结，因而研究成果稍显单薄。在未来，对泰语其他类型歌曲的歌词研究有很大空间，希望本篇论文能为日后相关泰语歌词语言的研究提供些许帮助。

参考文献

[1] 陈望道. 修辞学发凡 [M]. 上海：复旦大学出版社，2014.

[2] 弓晓峰. 日语歌词语言表达特点研究 [D]. 哈尔滨：黑龙江大学，2017.

[3] 金明春. 论中国歌曲的衬字运用 [J]. 中国音乐，1992（1）：20—22.

[4] 康冉. 流行歌词中的修辞艺术 [D]. 武汉：华中师范大学，2008.

[5] 廖广莉. 语音修辞浅论 [J]. 湘南学院学报，2010，31（4）：47—50.

[6] 黄叔琳. 文心雕龙辑注 [M]. 北京：中华书局，1957.

[7] 刘又辛，张博. 汉语同族复合词的构成规律及特点 [J]. 语言研究，2002（1）：60—65.

[8] 毛雪燕. 师宗山歌歌词修辞研究 [D]. 昆明：云南师范大学，2019.

[9] 唐蒋云露. 论泰国传统节日的佛教文化特色 [J]. 传承，2012（16）：87—89.

[10] 王力. 中国语法理论 [G]//王力文集：第1卷. 济南：山东教育出版社，1984：384—385.

[11] 王玲玲. 语音修辞与语音表征 [J]. 泰安教育学院学报岱宗学刊，2006（4）：58—61.

[12] 张鹭. 当代流行歌曲歌词的语言艺术 [D]. 武汉：华中师范大学，2006.

[13] 张琼. 当代流行歌曲歌词的修辞策略 [D]. 福州：福建师范大学，2008.

[14] 赵付美. 联绵词古今辨 [J]. 黄海学术论坛，2012（2）：157—163.

[15] *พรเพ็ญ ตันประเสริฐ.* (2533). *เพลงไทยสากลระหว่างปี พ.ศ.2529-2531: การศึกษาในด้านลักษณะภาษาและการสะท้อนวัฒนธรรมไทย.* (วิทยานิพนธ์ปริญญาอักษรศาสตรมหา

บัณฑิต), จุฬาลงกรณ์มหาวิทยาลัย, บัณฑิตวิทยาลัย, ภาควิชาภาษาไทย. (颇片·丹布拉森. 泰国国际歌曲的语言特点和文化内涵研究：以 1986 年至 1988 年歌曲为例 [D]．曼谷：朱拉隆功大学，1990）

[16] วัชราภรณ์ อาจหาญ. (2535). *การศึกษาวิเคราะห์บทเพลงไทยสากลของสุนทราภรณ์.* (วิทยานิพนธ์ปริญญาอักษรศาสตรมหาบัณฑิต), จุฬาลงกรณ์มหาวิทยาลัย, บัณฑิตวิทยาลัย, ภาควิชาภาษาไทย. (婉查拉颇·安涵. 泰国素他拉颇乐团的歌曲歌词研究 [D]．曼谷：朱拉隆功大学，1989．）

缅甸文学：源流、定义与争论

信息工程大学　申展宇

【摘　要】从蒲甘碑铭诞生至今，缅甸文学发展历经 900 多年的历程，古代文学以佛教文学和宫廷文学为主。近代以来，受域外文学影响，兴起多次文学思潮、文学运动，文学内容和形式都发生巨大变化。伴随缅甸近现代文学的发展，雅文学作为一种新的文学概念的意见纷呈、争论不断。对缅甸文学的源流和定义进行考察和辨析，有助于准确把握缅甸文学的发展脉络，全面窥探缅甸文学的内涵和外延。

【关键词】缅甸文学；源流；概念；雅文学

缅甸语中"文学"（စာပေ）一词由"စာ"（文字）和"ပေ"（贝多罗叶）两个字的组合而成，缅甸学者将该词释义为书写在贝多罗叶上的文字。随着时代的发展，缅甸人不仅在贝叶上书写，也在石板、摺子[①]、纸、金属片等物体上书写，这些书写文字也被称为"စာပေ"。《缅甸语词典》中对"စာပေ"的释义是"包含内容、事件、思想等信息，能使人产生美的感受或增长知识的文字"。[②]

"စာ"和"ပေ"这两个字常见于如"စာကောင်းပေမွန်"（良品佳作）、"စာကြီးပေကြီး"（经典著作）、"စာတိုပေ"（小品文）等词汇中。但在缅甸文学史的早期阶段，"စာပေ"一词集中出现在"စာပေပိဋကတ္တ"（三藏经）、"စာပေပိဋကတ်"（三藏）、"စာပေကျမ်းဂန်"（佛学典籍）等佛教词汇中。在比釉诗《九章》[③]中有诗句"ပုထိုးဘုရား၊ ကျောင်းကန်သွား၍၊ တရားစာပေ၊ နာပါချေအံ့"，便出现了"စာပေ"一词。小说《天堂之路》句子"တရားစာပေဟောပေတတ်သော အရည္ဟ"[④]中，也有关于"စာပေ"一词的记载。后来在世俗文学中，"စာပေ"一词开始大量出现，现在它有了更广泛的搭

---

① 缅甸古代时一种用于写字或画图的工具，一般由纸、金箔、银箔、铜片等材质制成。
② မြန်မာစာအဖွဲ့။ မြန်မာအဘိဓာန် ဒုတိယအကြိမ်၊ မြန်မာစာအဖွဲ့ဦးစီးဌာန (၂၀၀၈)။ စာ ၉၆ ... ။
③ 阿瓦王朝时期著名僧侣诗人信摩诃拉塔达拉的代表作，由诗人于 1523 年根据第 509 号佛本生故事《哈梯巴拉本生》改编而成，全诗分九章 324 节，共计数万言。该故事长诗被缅甸人民传诵至今，对缅甸文学的发展产生巨大影响。
④ 缅甸第一部小说，阿瓦王朝时期信摩诃蒂达温达（1453—1518）所作，诗人为传播佛教思想，从浩瀚纷杂的巴利文经典中选出了 8 位僧俗圣人的故事穿插在一起而创作的一部小说，描述了渡苦海到彼岸的天堂之路。

配，被用在"ရသစာပေ"（感染力丰富的文学）、"သုတစာပေ"（知识类文学）、"သိပ္ပံစာပေ"（科技类文学）、"ခရီးသွားစာပေ"（游记文学）等词组中。

一、缅甸文学的源流

国家或民族的文学没有无水之源，在缅甸书写文学尚未形成之前，缅甸境内的骠、孟、缅、掸等民族都有形式多样的民间传说和数量丰富的神话故事，如动物、谚语、神怪故事等。20 世纪 30 年代廷昂博士的英文版著作《缅甸民间故事》对民间故事进行了初步发掘和整理，曼德勒吴拉在 60 年代通过搜集，先后出版了数十册缅甸各个民族的民间故事集。另外还有许多流传在民间的民歌、民谣，散见于古籍或其他作品之中，可为研究缅甸早期口头文学提供有价值的参考材料。这些口头文学作品理应在缅甸文学史上占有相应地位。通过对早期的缅甸口头文学的研究，可以更好地梳理缅甸文学发展脉络以及缅甸文学与其他国家文学的关系。

关于缅甸文学的起源，在缅甸学界有一个流行说法——"缅甸文学，始于碑铭"。这个说法既表达了缅甸人民的民族情感，又有历史考古学的依据。公元 1044 年阿律陀耶建立缅甸历史上第一个统一的封建王朝——蒲甘王朝，蒲甘既承载了缅甸民族辉煌灿烂的民族文化，又是缅甸人民追忆先民的神圣之地。在蒲甘古发现的刻于公元 112 年的妙齐提碑是目前为止发现的最早石碑之一，它用骠、孟、巴利、缅文四种文字对应刻成，记述了一段王室成员在寺院做功德布施的情景，文字书写流畅、言简意赅，碑铭也带有了一定的文学成分。蒲甘时期的碑铭目前发掘数量不多，内容也不算丰富，少数是历史文献，大多是有关敬佛和善行的记录，文体主要是散文。蒲甘时期是缅甸书面文学的奠基时期，其从后世流传的《卜巴神山》《翠湖颂》等少数几首诗歌来看，能清晰地发现当时四言诗已有相当高的水平。随后的几百年中，缅甸封建王朝几经更迭，王权不断加强，封建社会发展臻于鼎盛。整个封建社会时期的文学，诗歌占主要地位，多是四言诗。为了满足封建统治的需要，为王室歌功颂德的宫廷诗人受到了国王的高度重视，宫廷文学也就自然而然地得到了蓬勃发展。随着上座部佛教在缅甸统治地位的确立，佛教文学也得到了空前发展，佛教故事与佛家经典被历朝文人所弘扬，缅王时期的诗人，在自己的作品中或多或少都体现出了宗教意识与个人情感。封建社会后期，四言诗更为成熟，其他各类诗歌也有了长足的进步，在借鉴域外文学的基础上诞生了混合诗体。小说也从纯粹描写佛经故事的"事论"，发展到宫廷小说和神怪小说的阶段。能吟唱的词曲类作品、戏剧文学在该时期有了长足发展。1885 年，缅甸沦为英国的殖民地，缅文和缅语遭到殖民当局的刻意矮化和打压，文学发展进入黑暗时期。但由于受到西方文化的浸染以及得益于报纸杂志出版事业的发展，现代小说开始兴起，小说作者在创作上借鉴了某些西方文学的写作方法，在内容上反映时代生活，与封建时期的小说相比有了质的变化。1930年前后，仰光大学的青年师生不满文坛的颓废和守旧现状，发起了改造文学的"实验文学运动"。他们开始尝试创新文体和写作风格，发表了大量的新内容、新形式的诗歌和短篇小说。这一时期，短篇和长篇小说都渐于成熟，新体诗突破了以往四言诗的严格格律，戏剧方面也出现了新颖的话剧、歌剧和说唱剧。实验文学运动促使文学内容和文坛思想发生重大变革，极大推动了缅甸文学的发展。

1948年缅甸独立后不久，缅甸文学界发生了一场有关文学创作目的的大讨论。多数作家倾向于文学创作不能单纯为了艺术，文学作品要反映时代和生活，为社会各阶层人民发声。这次文学辩论被称为"新文学运动"，影响深远，持续至今。从文体上看，文学作品仍以小说为主，现代小说历经百余年的发展，题材多样、形式纷呈，已成为当前缅甸文学中最流行的文体。但诗歌和戏剧创作相对黯淡，无押韵且词句自由的现代诗歌发展后来居上，传统诗歌的时代似乎正在终结。近年来，缅甸现政府对文学发展事业非常重视，积极呼吁并主导在缅甸各地举办读书会和书籍展销会以助推缅甸文学发展。随着政治转型深入和社会持续发展，文坛正逐步摆脱以往长期的沉闷、低迷局面，缅甸文学界提倡自由的创作风气，一些小说和诗歌打破了以往的政治禁忌，一度被禁锢的文学创作出现了生机。新兴作家脱颖而出，他们的作品多集中在社会现实的解读，体现出独到的视角和深刻的思想内涵，文学发展呈现蓬勃之势。

二、缅甸文学的内涵与外延

缅甸学者对"文学"的定义向来观点不一。有一种观点认为，"文学"是对所有文字材料的统称，依此观点，从文字书写时代肇始，所有书写的文字都应归于"文学"的范畴中。这个观点争议颇多，持异见者认为如果规定所有书写的文字都属于文学范畴的话，那么文学作为一种概念将与另一个概念——"文化"所涵盖的领域陷入重叠，也就意味着该观点忽视了文学作为一种学科的属性，并严重将其含义扩大化。另外一种观点认为，文学应被看作是大部头的艺术作品，不管是什么样的文字内容，只要它具有文学的艺术属性，可读性强，为读者所喜爱，即可归入文学范畴。照此观点，不仅是诗歌、小说、戏剧，写作手法高超的历史、哲学、经济、政治等学科的大部头书籍，也可视为文学作品。这个观点同样存在异议，这些被称为文学的涵盖各门科知识的大部头书籍，并非都是对相应门类知识进行深入挖掘和剖析。如果读者对这些学科知识不甚熟悉，也就无法对其进行深入研究。虽然这些书籍具备高超的创作技法和水平，但不能仅从形式和外观就贸然将其归入文学作品的范畴。为了更好地窥探缅甸文学的含义，我们从缅甸文学史著作和国家级文学奖的角度来进行分析。

(一) 文学史著作视角下的缅甸文学

被誉为"缅语之父"和"缅语系的创始人"仰光大学前校长吴佩貌丁是缅甸教育界、文学界乃至史学界上颇有影响力的一位学者。殖民地时代，缅文经典文学著作只有古文书籍，反映现代文学元素的作品匮乏，缅甸文学发展严重落后于时代。吴佩貌丁号召文学青年用缅甸白话文书写当代文学作品，引导他们开创了当代缅甸文学之路。他积极呼吁殖民当局在仰光大学为学生们开设缅甸文学课程，为了能在仰光大学教授缅文，吴佩貌丁亲自编写缅文文法、缅文文学等教材。1938 年，其编著的《缅甸文学史》首次出版，有力地证明缅文是一门系统的、有悠久历史的语言文字，缅甸文学是有着辉煌成就和历史传统的文学。《缅甸文学史》甫一问世，便成畅销书籍，截至 2013 年，已是第十一次再版。貌沙亚评价该书是"关于缅甸文学的百科全书，直到今日，仍是我们所依赖的一部重要文学史经典"[①]。在这部书中，吴佩貌丁将缅甸文学按封建王朝的朝代进行历史分期，梳理了从蒲甘王朝早期至殖民地时期之前 900 多年的缅甸文学发展史，详细介绍了缅甸封建王朝时代近百位僧侣、世俗作家的生平简概及其文学作品，书中记录了埃钦（摇篮曲）、雅都（颂歌）、茂贡（志事诗）、比釉（叙事体四言长诗）、雅甘（谐趣诗）等各种诗体，也囊括了佛教小说和宫廷戏剧等常见文体，同时也将碑铭、历史著作、词曲等尽数纳入其中。总的来说，吴佩貌丁对文学的定义是宽泛的、全面的，缅甸文学不仅包括无文字记录的口头文学，也几乎囊括了缅甸历史上所有的文字材料。

继吴佩貌丁的《缅甸文学史》之后，当代著名作家、文学评论家貌钦敏·达努漂也著有一部影响力很大的缅甸文学史著作——《殖民地时代的缅甸文学史》。作者在该书中，对 1826—1948 年期间的缅甸文学作品按照小说、诗歌、戏剧、散文进行分类，按时间顺序分章详细记述了各个时期的代表性文学作品及重要作家，并对新颖文学形式、文学思潮和文学运动进行客观评论。貌钦敏·达努漂似乎把小说、诗歌、戏剧之外的文学作品都归入到散文（စကားပြေ）的范畴。如报刊文章（သတင်းစာကားပြေ）、学生教材（ကျောင်းသုံးစကားပြေ）、佛经（ဘာသာစာပေကျမ်းများ）、民族运动文章（အမျိုးသားရေးစကားပြေ）、成功指南（ကြီးပွားရေးလမ်းညွှန်စကားပြေ）、文学杂文（စာပေရေးရာစကားပြေ）、觉醒文学（နိုးကြားရေးစာတမ်းများ）、成长指南（တိုးတက်ကြီးပွားရေး စကားပြေ）、生活经验杂记（ဘဝနှင့်အတွေ့အကြုံ စကားပြေ）、文学艺术评论（စာပေအနုပညာ စကားပြေ）、实验文学小品文（အစမ်းစာ စကားပြေ）等。作者在该书序言中对缅甸文学范畴的解释是"缅甸文学包括小说、诗歌、戏剧、档案以及富有文学性的传记，此外还包括可读性强的知识类书籍"，相比于吴佩貌丁的《缅甸文学史》，貌钦敏·达努漂已经将文学范

[①] မောင်ဇေယျာ။ မြန်မာစာပေသမိုင်း(၁၉၆၇) ၂၀ ရာစု အထူးခြားဆုံး မြန်မာစာအုပ်များ(၂၀၀၂)။ စာ ၅၁ ... မှ

畴有所缩减，但仍比较宽泛。

（二）文学奖视角下的缅甸文学

当今缅甸最有分量的四个文学奖是国民文学终身成就奖、国民文学奖、文学宫文稿奖和帕库古文学奖。缅甸文学宫负责前三个文学奖的遴选和颁授，它是宣传部下辖机构之一，总部设在仰光市，定期召集国内作家、学者举办文学报告会和座谈会，专门负责对缅甸文学发展现状的研究工作。缅甸文学宫的前身是1947年成立的"缅甸翻译文学协会"，翌年改称现名，现隶属于缅甸政府宣传部。缅甸文学宫长期致力于缅甸文学研究与评论工作，每年都组织开展文学报告会与研讨会，并在会后将会议主题论文编辑成册出版。缅甸文学宫于1948年设立"文学宫奖"，下设小说、诗歌、杂文、翻译文学等12个奖项。1962年增设"国民文学奖"，包括诗歌、小说、戏剧等14个奖项。2001年又增设了终身成就奖，以表彰在世的知名老作家及其文学成就。经过60多年的发展，国民文学奖下设奖项已增至18个，每个奖项仅有一人获奖。文学宫文稿奖也有13个奖项，每个奖项包括若干等级。授奖情况每年都有变化，往往会出现某个奖项或某奖项下的分级奖项缺失。为促进缅甸文学发展、维护传统文化与风俗、弘扬缅甸价值观，缅甸文学宫每年颁发国民文学终身成就奖、国民文学奖与文学宫文稿奖。国民文学奖对上个年度出版的书籍进行择优授奖，文学宫文稿奖对上个年度非知名作家的优秀文稿进行遴选并资助出版。国民文学奖与文学宫文稿奖这两个文学奖是当今缅甸文坛的最高级别的文学奖，获奖作品具有文学创作风向标意义。帕库古出版社为纪念缅甸当代著名文人帕库古·吴翁佩于1993年开始设置的文学奖项，包括诗歌集、长篇小说、短小说集、文化类著作、研究类著作五个奖项，该文学奖在实力上虽不及文学宫下辖三项文学奖，但在缅甸也有一定的影响力。

从具体奖项设置和获奖情况来看，这些文学奖的覆盖范围差距比较大。比如国民文学终身成就奖，从设置以来每年有1—3位人士获奖，但获奖人士的职业并非都是文学作家，也有医生、社会学家和经济学者。国民文学奖中的知识类奖项涉猎范围比较广，包括数学、物理、化学、生物类的作品，翻译类奖项也分为知识类、纯文学类两个子奖项，尤其是还设置了英文著作奖，该奖项历年获奖作品多是诸如农业、建筑、考古、艺术等方面英文著作。文学宫文稿奖和国民文学奖的奖项设置大同小异，其中缅甸文化和艺术奖的获奖作品皆是对缅甸境内各民族的风俗习惯、文化艺术的细微研究或知识普及。帕库古文学奖中的文化类著作奖和研究类著作奖所颁发的作品内容也是包罗万象，涉及文化和自然科学的多个领域，每年评出的获奖作品内容差异很大。总体来看，这些文学奖所认定的文学范围是非常宽泛的，授奖目的有对缅甸文学与作家的肯定和鼓励，更多是出于对出版事业的促进与繁荣的考虑。

三、雅文学——概念的兴起与争辩

缅甸学者多数倾向认为凭借作家的生活经验与个人智力创作出来的作品才算作是文学。对于这些作品,有一个专有名词,即"ရသစာပေ","ရသ"一词源于巴利语,有存在、感知和喜爱之意,后来专指众生对外部环境的情绪反应和心理变化。一般而言,"ရသ"可分为九种,即 သိင်္ဂါရ(喜)、ဟာသ(乐)、ကရုဏာ(悯)、ရုဒ္ဒ(嗔)、ဝီရ(励)、ဘယာနက(惧)、ဝိဘစ္ဆ(憎)、အဗ္ဘုတ(惊)、သန္တ(慰)。《缅甸语词典》对"ရသစာပေ"释义是"有文学感染力的诗歌和散文"①。对于"ရသစာပေ"汉译,既有音译,也有意译,尚无统一意见,笔者暂且将其译为"雅文学"。

贡榜王朝时代的文学家约敏纪·吴波莱认为文人凭借经验和智慧创作出来的文学作品,读之如食甘饴,愉悦感官的同时获得对生活的相关认知。他从文学的审美功能角度来定义雅文学,没有感染力的作品不应归入雅文学之列。②文学作品作为一种精神产品,是具有社会功能的。文学作品能通过影响读者的心灵世界、改变读者的内部精神状态,包括理想、信念、情感、意志等,改变接收者的生活态度和生活习惯,来间接地对社会发生作用。富有深度的文学作品,能够诱导和引发读者对特定社会生活中的人性问题的思考。现代文学大家瑞乌当从文学的教育功能上来定义雅文学,雅文学需具备教化青年、改良社会的作用。他认为小说是文学主体,好的小说是作家对社会生活进行细微描述和客观批判,可让读者发思审辨,发现自我的缺点和不足,并能由己度人,学会换位思考,体谅别人。③缅甸当代作家、文学评论家、文学理论家吴道仁巧妙地运用比喻来阐释何谓"雅"(ရသ),"就像品尝蜂蜜和黄油的味道让人口齿留香一样,阅读好的作品也让人读时爱不释手、读毕回味悠长"。吴道仁认为要使作品达到雅文学的高度,有两条路径可走,一是诗歌路径,作者可通过写作技巧和秀语美词创作出比釉、雅都、雅甘之类的诗歌;另一条是修辞路径,即运用各类高超的修辞手法,使作品达到通达、雅致的高度。他以威丹德亚佛本生故事为例,阐述如何通过描写使文章达到"悯"这个层次。在这个本生故事中,贪婪的婆罗门茹沙戈受其妻怂恿,前往檀特山求乐善好施分威丹德亚王子将子女施舍与他做奴婢,侍奉娇妻。王子虽有不舍,但仍将子女捆送与婆罗门,任由婆罗门鞭打驱使。后来,王子见到儿女被打惨状,不禁涕泗交颐。威丹德亚虽不吝捐施,儿女却遭此惨遇,使读者如临其境,悯心顿起。④

---

① မြန်မာစာအဖွဲ့။ မြန်မာစာအဘိဓာန် ဒုတိယအကြိမ်၊ မြန်မာစာအဖွဲ့ဦးစီးဌာန (၂၀၀၁)။ စာ ၉၆ ... မှ
② မောင်ခင်မင်(ဓနုဖြူ)၊ ၂၀၀၁၊ စာပေ၊ ရန်ကုန်၊ ကလျာမဂ္ဂဇင်း(၂၀၀၁)။ စာ ၁၀၁ ... မှ
③ မိုးခ(ဒေးဒရဲ)၊ လူငယ်နှင့်ရသစာပေ၊ ကြေးမုံ၊ ၂၃-၂-၂၀၂၀၊ စာ ၃၅ ... မှ
④ မောင်ခင်မင်(ဓနုဖြူ)။ ၂၀၁၃၊ 'ဆရာကြီးဦးသော်ဇင် လမ်းညွှန်ခဲ့သော စာပေသဘောတရားနည်းနာများ'၊ ဘာသာစာပေ အသွေးအရောင်အဆင်အကွက်။ စာ ၂၈၁-၂၉၆ ... မှ

雅文学主要包括小说、诗歌、戏剧三种文体。另外，极富文学感染力的作品，如传（အတ္ထုပ္ပတ္တိ）、志（မှတ်တမ်း）、散文（စာတမ်းငယ်(အက်ဆေး)），也常被归入雅文学范畴。关于文学的定义，缅甸学者至今仍争议不止。如果仅将雅文学类作品视为文学的话，自然就将等药典（ဆေးကျမ်း）、吠陀经（ဗေဒင်ကျမ်း）、星相典籍（နက္ခတ်ကျမ်း）摒弃在缅甸文学大门之外，但这些作品却在缅甸文学发展历程中占据重要地位。这种定义遭到很多学者的反对，如殖民地时代的著名作家、实验文学运动的"三杰"之一——貌廷（ဆရာမောင်ထင်）就认为，雅文学的范畴过于狭窄。不仅是药典、吠陀经与星相典籍，甚至包括佛经（ကျားစာ）和箴言集（နီတိကျမ်း），只要这些作品具有高超的修辞手法或具备超强感染力，能启发智慧或激励感情，引起读者产生深度共鸣，也就意味着其具有文学属性，那么此类作品也理应归入到文学范畴之中。

一些学者认为，世界上各个民族在没有文字之前，都出现过口头文学，即劳动人民在基于社会实践进而创作出很多富有生活气息的诗歌和民间故事。优秀的诗歌和民间故事不仅为妇孺所知，且能代代流传。对此，有学者认为，所谓文学最起码要基于文字创作而产生。文字没有出现前，那些依靠人类的智力而创造的歌曲、诗歌，不能视为文学。在缅甸原始社会也存在民间故事与口头文学，但是在后世缅甸文学的发展中影响甚微，人们普遍认为和接受的缅甸文学还是依靠佛教文学而发展起来的。更激进的学者认为，缅甸古代缺乏民族文学经典，碑铭、佛教文学和宫廷文学主要以记录宫廷佛院相关内容为主。比釉诗歌的内容主要是以佛本生经故事进行改编创作的，茂贡主要内容记载的是佛塔寺院的情况。雅都、埃钦、达钦（雅歌）、连韵诗、四言诗、四节短诗、宫廷剧、戏剧等由王公贵族、宫廷文人创作的诗歌，内容大多以帝王皇室故事为主。这些作品远离现实，不能反映时代特征和人民生活。严格地说，都不能视之为严格的文学作品。

但缅甸现代著名作家、翻译家、文学评论家佐基认为，蒲甘时期的碑铭文学以散文的形式记载了佛塔寺院、功德善事，对当地风土人情进行了一定的反映。蒲甘碑铭文学使读者宁静喜悦，带给人审美愉悦，其简短的白话文写作风格是缅甸文学史上散文写作的开端，为后世散文写作开创了典范。多以佛教故事、经文典籍进行内容改编缺乏创造力的缅甸古典文学与佛教息息相关，是基于佛教的传播及影响之上的，但佛教文学、宫廷文学为主之外还有以平民生活为主创作的文学作品。被佐基称为"新文学作家"的巴德塔亚扎大臣、盛达觉杜吴奥、信埃加达玛底、吴格拉、信欧甘达玛拉五位作家的创作以现实生活为基础，都不是依据佛经典籍进行的，作家们的创作是在社会交往活动中，将自己的所见所闻，通过想象而进行创作的，抑或是对缅甸历史、文学、语言的研究而著，作品中包含了作家的思想感悟，具有深刻的社会意义。佐基还认为在缅甸古代文学发展史中，蒲甘碑铭文学为缅甸的散文、阿瓦文学为缅甸诗歌创作开创了典范，是缅甸古典文学的两大成就，对缅甸后来文学影响较为深远。

四、结语

对于缅甸文学的起源，认为源于蒲甘时期的碑铭文学的观点是缅甸人民对于民族悠久历史和辉煌文化的情感表达，学者们更倾向于把源头指向比碑铭文学诞生时间更早的口头文学。对于缅甸源流问题，似乎已无异议。但近代以来，对于文学的定义，一直存在争议。缅甸学者对文学定义常从三个方面进行研究：一是对文学史著作和文学奖中的文学范畴的历史梳理；二是对文学理论、文学批评进程中关于文学定义的演替研究；三是对文学定义进行定义的途径及构成要素的分析。围绕文学定义问题，缅甸学界进行了多次论争，意见纷呈。综合来看，相关定义逐渐从外缘性研究开始逐渐深入到文学内部，揭示文学本性。也有学者既注重文学与外部因素的关联，从审美功能和价值功能来探讨文学实质。文学发展是一个动态过程，进行文学定义的争论对于优化文学定义有巨大促进作用，有助于准确把握缅甸文学的内涵，对其外延的界定也有指导意义。

参考文献

[1] ဇော်ဂျီ၊ ၂၀၀၄၊ ရာသာပေ အဖွင့်နှင့်နိဒါန်း(ဒုတိယအကြိမ်)၊ ရန်ကုန်၊ စိတ် ကူးချိုချိုအနုပညာ

[2] မခင်ရီဝင်း၊ ၂၀၀၆၊ ၁၉၄၅ မှ ၁၉၆၂ အတွင်း မြန်မာစာပေဖွံ့ဖြိုးတိုးတက်မှု၊ ရန်ကုန်တက္ကသိုလ်၊ ပါရဂူဘွဲ့အတွက်တင်သွင်းသောကျမ်း၊

[3] မိုးခ(ဒေးဒရဲ)၊ လူငယ်နှင့်ရာသာပေ၊ ကြေးမုံ၊ ၂၃-၂-၂၀၂၀

[4] မောင်ခင်မင်(ဓနုဖြူ)၊ ၂၀၁၄၊ ကိုလိုနီခေတ် မြန်မာစာပေသမိုင်း(ဒုတိယအကြိမ်)၊ ရန်ကုန်၊ စိတ်ကူးချိုချိုအနုပညာ

[5] မောင်ခင်မင်(ဓနုဖြူ)၊ ၂၀၀၁၊ စာပေ၊ ရန်ကုန်၊ ကလျာမဂ္ဂဇင်း

[6] မောင်ခင်မင်(ဓနုဖြူ) ဘာသာစာပေ အသွေးအရောင် အဆင်အကွက် ၂၀၁၃ ရာပြည့်စာအုပ်တိုက်

[7] မောင်ဇေယျာ၊ ၂၀၀၂၊ ၂၀ ရာစု အထူးခြားဆုံး မြန်မာစာအုပ်များ ရန်ကုန်၊ စိတ်ကူးချိုချိုအနုပညာ

[8] မြန်မာစာအဖွဲ့၊ ၂၀၀၈၊ မြန်မာစာအဘိဓာန်(ဒုတိယအကြိမ်)၊ ရန်ကုန်၊ မြန်မာစာအဖွဲ့ဦးစီးဌာန

[9] ဦးဖေမောင်တင်၊ ၂၀၁၃၊ မြန်မာစာပေသမိုင်း(ကောဒသမအကြိမ်)၊ ရန်ကုန်၊ ရာပြည့်စာအုပ်တိုက်

后苏哈托时代印度尼西亚文学的新发展

信息工程大学　唐　慧　林楚含

【摘　要】 "新秩序"政权结束后,印度尼西亚进入后苏哈托时代,政治体制、权力结构、社会秩序出现较大变化,在整个社会呈现出崭新面貌的同时,文坛上也出现蓬勃发展的景象,拥有不同教育背景、社会地位、学识阅历、宗教信仰的读者皆有可能找到符合自己理想信念的文学作品。后苏哈托时代印度尼西亚文学创作的繁荣与发展,彰显出不同于"新秩序"时期受到禁锢压制的文学解放精神。

【关键词】 印度尼西亚;文学;后苏哈托时代

1998年5月21日,印度尼西亚共和国(以下简称"印尼")总统苏哈托宣布辞职,结束了32年的威权统治,一场被称为世界上最大的民主实践就此拉开了序幕,印尼进入后苏哈托时代,也称为改革时代,由此开启了印尼的民主转型进程。改革时代印尼的政治体制、权力结构、社会秩序出现较大变化,为各利益集团提供了更大的参与空间,在印尼社会呈现出崭新面貌的同时,文坛上也吹来阵阵新风,揭开了新时期印尼文学发展的新篇章。

一、苏哈托时代:文学发展面临困境

1965年9月底"九三〇事件"的突发和1967年苏哈托取代苏加诺成为印度尼西亚共和国的代总统(第二年正式就任总统),使印尼政局发生大逆转,并由此进入"新秩序"时期[①]。随着政权的更迭,文艺界两种对立的文艺路线和文艺思潮的对抗局面暂告结束,"人民文协"(Lekra)的大批作家因与印尼共的牵连或被囚禁,或被迫流亡国外,在短时间内从文坛上消失了,取而代之的是西方现代主义和泛人性论之类的普遍性思潮的回流。在突变的时局之下,作家们热衷于文学形式上的标新立异,而在思想内容上却日益远离现实政治。尽管苏哈托政府

---

① 苏哈托执政期间将印尼的政治历史分为"旧秩序(Orde Lama)"和"新秩序(Orde Baru)"两个阶段。按照苏哈托政权的说法,所谓的"旧秩序"指的是印尼第一任总统苏加诺执政时期(1945年至1966年),而"新秩序"则指苏哈托上台后的时代,与苏加诺时期的政策形成区别。

执政伊始便致力于振兴萧条的经济和调整对外政策方略,但是出版业的不景气难以快速为文学的发展提供稳固的阵地。直至进入20世纪70年代后,随着经济发展和社会稳定,学术氛围日益浓厚,文学市场得到一定复兴,涌现出一批优秀作家和作品。然而,由于苏哈托政权具有浓厚的"威权"色彩,大力推行铁腕政治,严格限制政党、新闻媒体、社会团体活动,将整个社会置于政府的严密控制之下,文学发展也因此失去了创新的动力和勃勃生机。

苏哈托上台后,不但彻底摧毁了人民文协,严禁一切革命和进步文艺思想的传播,还将"统一宗教、统一民族思想"作为管理国家各机构(包括报纸、广播、电视等媒体)的指导思想,并强调一切领域均要服从经济发展的总目标。同时,非印尼文印刷的报刊和不听从政府指令的报刊均被查封。苏哈托认为,媒体必须维护政府权威、号召和激励广大人民拥护政府和积极支持国家发展事务。1966年,印尼通过的新闻法还规定媒体要对社会实行"有建设意义"的控制,所有重大新闻报道都应与政府态度保持一致。这部法律还授权政府部门可以通过电话直接指示媒体如何报道新闻,并且政府部门有权力要求媒体对涉及敏感话题的新闻报道进行删除。因此,这一时期,政府将媒体看作是协助行使政府职能、加强统治的工具,成为政治的附属工具。[1]

为进一步加强对媒体的控制,苏哈托政府成立了专门审查新闻的信息部,该部门对任何媒体都实行严格的审查,打压不利于统治的声音、压制媒体和社会表达的观点和意见。可以说,信息部是"新秩序"时期政府体系中最有权势的部门之一,"因为信息部具有双重作用——既是信息机构,也是经济机构"[2]。直到20世纪80年代中期,信息部还监管着新闻纸的供应。1969年,当时的信息部部长还对印尼记者的工作隶属关系做出指示——所有记者都必须是记者协会组织的成员,且该协会必须由政府授权。截至1998年,只有印度尼西亚记者协会(PWI)一家被政府认可。该协会由政府严格监管,其领导层成员一般都是现役或退役军官,以及专业集团党(Golkar)的成员,或是与政府拥有良好关系的新闻界元老。面对政府屡次干涉记者进行新闻报道的行为,该协会一直坐视不管,甚至当报社的运营执照被任意吊销时,它也未给予任何回应或支持。因此,尽管政府要求所有从业记者必须加入协会,但据信息部1995年的统计数据,还有三分之一的记者并未加入该协会。与印尼记者协会类似,报刊出版协会(SPS)自1975年成立以来是唯一被授权有资格代表报业公司的机构。

在政府的严格管控之下,"新秩序"时期印尼多家报刊因批评政府而被停

---

[1] 刘新鑫,李婧,梁孙逸. 印度尼西亚大众传媒研究[M]. 北京:中国传媒大学出版社,2015:27.

[2] Dhakidae D. *The State, The Rise of Capital and The Fall of Political Journalism: Political Economy of Indonesian News* [D]. PhD dissertation, Cornell University, 1991.

刊。1965—1994 年被政府禁止发行的出版物多达 2000 种，售卖禁书和诽谤总统都是被捕获罪的理由。① 由于《时代》(*Tempo*) 的时评较为激进，话题经常涉及国家政治、领导人等敏感话题，因此曾于 1982 年和 1994 年两度因发表反政府言论而被政府强行关闭。同样在 1994 年被吊销出版许可证的还有另外两家新闻周刊——《编辑人》(*Editor*) 和《点滴》(*Detik*)。此举引发了印尼报人和记者的不满，这部分人随之成立了独立记者联盟 (Aliansi Jurnalis Independen, AJI)，提出"反对任何形式的干预、恐吓、审查以及禁止媒体报道的行为，它们剥夺了我们的言论自由以及获取信息的自由"。独立记者联盟不断受到政府的恐吓，1995 年至 1997 年，共有四名成员被判处监禁。②

在这样的背景下，报纸杂志遂变成维护当权者利益的工具，发表反对意见的出版物均遭到取缔。③ 苏哈托政府甚至出台《社会组织法》插手社会组织内部事务，并进行严格监控，社会组织和民众的言论自由名存实亡，任何反对苏哈托的积极人士都会遭到当局的指控。此外，政府还成立了特别军事法庭专门对被认为是"叛乱分子"的人进行秘密处决④；不仅大量文学作品被禁止出版，许多文学创作者都因"反政府"的罪名而被捕入狱。著名的民族主义理论家、美国知名的印度尼西亚研究学者本尼迪克特·安德森也于 1972 年因撰写的文章得罪了苏哈托政权，在长达 27 年的时间内被拒绝进入印度尼西亚。⑤ 除颁布专门的法令禁止未经许可的出版物传播外，苏哈托政府还设置特务机构严密监察文艺工作者的活动，由此导致读者难以享受到有价值、高水平的文学作品。⑥ 印尼著名作家普拉姆迪亚·阿南达·杜尔 (Pramoedya Ananta Toer) 在"九三〇事件"后被禁锢达 14 年之久，直至 1979 年底才获释。而他在狱中坚持以口头形式创作的《人世间》(*Bumi Manusia*)、《万国之子》(*Anak Semua Bangsa*) 等经典作品被许多文学评论家认为"不比那些荣获诺贝尔文学奖的巨著逊色"，却被"新秩序"政权

---

① 杨晓强. 后苏哈托时期的印尼民主化改革研究 [M]. 厦门：厦门大学出版社，2015：53.

② 刘新鑫，李婧，梁孙逸. 印度尼西亚大众传媒研究 [M]. 北京：中国传媒大学出版社，2015：28.

③ Dhaniquinchy. *Pers di Masa Orde Baru* [EB/OL]. (2010-06-01) [2020-02-18]. http://dhaniquinchy.wordpress.com.

④ Kampekique. *Perbandingan Kebebasan Pers Pada Masa Orde Baru Dan Masa Reformasi Di Indonesia* [EB/OL]. (2011-08-11) [2020-2-20]. http://kampekique.wordpress.com.

⑤ 本尼迪克特·安德森. 想象的共同体：民族主义的起源与散布 [M]. 吴叡人，译. 上海：上海人民出版社，2016：2.

⑥ Mohammad Takdir Ilahi. *Sastrawan, Karya, dan Banalitas Rezim Orba* [EB/OL]. (2009-05-17) [2020-02-15]. http://mohammadtakdirilahi.blogspot.com.

宣布为禁书，禁止在印尼全境收藏和传播。①

文学是一种个人信息向大众传播的过程，这个过程的速度和质量极大程度取决于传播媒介的水平。由于苏哈托政府对印尼媒体和新闻出版的严格监管和限制大大钳制了人们的思想和言论自由，使作家的创作积极性大受影响，印尼文坛变得死气沉沉，1965 年以来基本上没有召开过真正的文学会议，文学越来越远离政治，极力回避当前社会的现实矛盾。②这种严格而又残酷的政治管控直至苏哈托下台后才结束。

二、后苏哈托时代：媒体自由成为趋势

1998 年 5 月 21 日，众叛亲离的苏哈托宣布辞职，结束了对印尼 32 年的独裁统治。哈比比上台后，政府放松了对媒体的管控，取消了苏哈托时期的新闻特许制度，建立了新的新闻自由规范，并强调绝不干涉新闻界的自由。1998 年 6 月，印尼政府宣布取消五项实行多年的限制新闻自由的法规，涉及出版许可证及办理手续、新闻记者的地位、私人电台或电视台转播官方媒体节目等，这些法规曾对新闻业的发展和记者做出了严格的限制。1999 年 9 月，印尼政府颁布了新的《新闻法》。这部《新闻法》规定，媒体不再需要接受新闻审查，也不再受制于政府为政治宣传目的而做出的各种限制。媒体的主要目标是提供重要信息，发挥其政府监督职能来提升政府机构的执行能力，政府机构也包括总统个人。媒体享有新闻报道的自由，包括报道国家官员的不法行为等。对于新闻报刊的出版，新的法规规定，将简化出版业许可证办理手续，不持记者公会的推荐书也可免费受理。新闻记者及报业出版人可以成立一个以上的协会组织；对于广播，该法规定私营电台可以自由播出新闻节目，将转播官方电台新闻的次数由过去的每天 14 次减少为每天 3 次。③针对政府对新闻媒体的管理，时任新闻部部长的约斯菲亚曾表示，"今后新闻部不会随意吊销报刊的出版许可证，吊销报刊出版许可证必须经由法院裁定，报刊若有错失，将交由法院处理"。④

---

① 1981 年 5 月 29 日，印度尼西亚共和国总检察长伊斯玛伊尔·沙勒发布禁令，禁止普拉姆迪亚·阿南达·杜尔的作品《人世间》和《万国之子》在印度尼西亚出版发行，理由是因为在这两部著作中，作者"以娴熟和生动的笔锋，巧妙和隐晦的手法，通过历史素材，在作品中塞进了马克思主义-列宁主义学说，从而与一九六六年印度尼西亚临时人民政府协商会议第二十五号决议相抵触"。转引自：北京大学普·阿·杜尔研究组译. 人世间 [M]. 北京：北京大学出版社，1982：扉页.

② 梁立基. 印度尼西亚文学史 [M]. 广州：世界图书出版广东有限公司，2014：422.

③ 刘新鑫，李婧，梁孙逸. 印度尼西亚大众传媒研究 [M]. 北京：中国传媒大学出版社，2015：28.

④ 政府取消五项法规，新闻界可享更多自由 [N]. 联合早报，1998-06-08.

哈比比卸任后，瓦希德上台继续推行哈比比时期的新闻政策，保障新闻自由。在他执政后不久，信息部被裁撤，此举引发了由不同政党、社团和利益团体主办的报刊的大量涌现。梅加瓦蒂执政期间，政府继续推行新闻自由的政策，并组建了通信与信息部，行使之前信息部的职能。新任部长桑苏·慕阿立夫曾公开向媒体表示，通信与信息部将"与新闻界密切合作，并缔结伙伴关系，今后不会封闭报刊或限制新闻自由"。①从宏观的角度看，随着许多成立于"新秩序"时期的监管媒体的政府部门和法律法规被撤销，后苏哈托时代的印尼社会民主改革瓦解了"新秩序"时期的诸多规定和观念，其中最显著的变革之一就是媒体和新闻出版机构获得自由。以报刊为例，在"新秩序"时期，"持有出版许可证的报刊从289家激增到1600余家，虽然其中半数左右在2000年前后由于财政和管理问题已倒闭"，但增长率仍可见一斑。②媒体成为苏哈托下台后印尼社会中发展最快的行业之一。③

总之，苏哈托下台后，规范媒体的专门法律法规的要求放宽，《"四五"宪法》第二次修订和1999年第39号人权法的通过成为保障媒体自由的基本法律依据；1999年第40号新闻出版法和2002年第32号广播法成为媒体业运行的基本法律框架，印尼纸媒不再需要向国家申请出版和印刷许可证（SIUPP）。现在的印尼媒体是亚洲最自由、最有活力的媒体之一。④一系列非渐进式的民主改革措施让印尼社会力量获取了更大的活动范围，使民众对过去和现任政府的不满情绪有了发泄的机会。在这样的社会氛围之下，印尼文坛呈现出勃勃生机。

三、文学发展：呈现新面貌与多样性

苏哈托政权土崩瓦解之后，印尼社会生活各领域的枷锁被打破，在民主改革的政治气氛下，媒体和新闻出版获得自由，文学学术活动不断繁荣，文坛涌现出

---

① 刘新鑫，李婧，梁孙逸. 印度尼西亚大众传媒研究［M］. 北京：中国传媒大学出版社，2015：31.

② 刘新鑫，李婧，梁孙逸. 印度尼西亚大众传媒研究［M］. 北京：中国传媒大学出版社，2015：31.

③ 目前印尼发行量最大的报纸是《罗盘报》（Kompas），其他在全国有影响力的报纸有《论坛报》（Tribun）、《独立之声报》（Suara Merdeka）、《世界新闻报》（Berita Buana）、《人民思想报》（Pikiran Rakyat）、《新印尼之光报》（Sinar Indonesia Baru）等。大型报业集团如《罗盘报》《论坛报》等开始在首都以外的大城市创办地方专题版面或地方特刊。影响较大的杂志有政治评论类的《时代》（Tempo）、经济和社会评论类的《佳得拉》（Gatra）、时尚和女性类的《菲米娜》（Femina）、娱乐和旅游类的《今日雅加达-爪哇》（JJK）、电脑科技类的《电脑信息》（InfoKomputer）等。

④ 许利平，薛松，刘畅. 印度尼西亚［M］. 北京：社会科学文献出版社，2019：366.

一批令人瞩目的"改革一代"（Angkatan Reformasi），或被称为"2000 年代派"。他们运用文学大胆发声，或批判苏哈托威权政府的高压政治，或关注当今印尼社会中的偏见和不公正现象，或作为女性作家从现实世界与精神领域等多个层面展开对女性命运和对民族现状及未来的思考，文学界呈现出欣欣向荣的发展态势，不论诗歌、小说还是戏剧，可以说都经历了井喷式发展，并逐渐形成自身特色。

（一）大众传媒的繁荣为文学发展提供稳固阵地

众所周知，大众传媒的发展与兴盛会大大加快文学的生产和传播速度，同时为文学的繁盛提供市场和发展空间。截至 2015 年 6 月，有 1317 个出版商在印尼出版商协会（IKAPI）登记，其中约 1200 个有经营活动，绝大部分出版商是私营公司。著名的出版公司包括 Gramedia, Mizan, Agromedia, Erlangga Group 等，其中格拉梅迪亚（Gramedia）的市场占有率几乎达到 40%，米赞出版社（Mizan）是最有影响力的伊斯兰宗教图书出版社。印尼全境约有 1200 个书店，其中 300 余家由七大出版商经营。最大的图书零售商是格拉梅迪亚，在全国开设了 100 余家书店。[①] 抛开商业化运作的影响，从出版社的发展中可窥见印尼文学出版业的繁荣。

出于历史传承和战略定位的考虑，首都雅加达仍是印尼全国文学中心。与此同时，各地图书出版活动也日渐多样化，新手作家与成名作家竞相角逐。雅加达、万隆、日惹、泗水等大城市的图书出版商迎来了"解放时代"，登巴萨、望加锡、马辰、棉兰、巴东等城市也出现了新兴出版商。此外，纯文学杂志《地平线》（*Horison*）（及其副刊 *Kakilangit*）、《卡拉姆》（*Kalam*）、《罗盘报》（*Kompas*）、《共和国报》（*Republika*）、《印尼媒体》（*Media Indonesia*）、《时代》（*Tempo*）等报刊登载的文学作品广受欢迎，读者遍布印尼各地。同样，一些专门的文学组织和机构，如印尼文学家协会（Hiski）、印尼表演艺术学会（MSPI）、口头传统协会（ATL）、雅加达艺术委员会（DKJ）等也获得广泛支持。一些地方性的文学杂志也越发活跃起来，譬如日惹特区的 Gong 杂志社、德波的 *Desantara* 杂志社以及雅加达的 *Matabaca* 杂志社等，为印尼文学的发展注入了新的活力。[②]

出版业的繁荣推动着文学创作活动在印尼各大城市迅速展开，不同题材的短篇小说合集、散文、诗集等图书纷纷出版。《罗盘报》自 1992 年起刊载的罗盘短篇小说选集（CPK）对印尼文学的评论与历史研究产生了积极影响。此后，图书

---

① 许利平，薛松，刘畅. 印度尼西亚 [M]. 北京：社会科学文献出版社，2019：369.

② Yudiono K S. *Pengantar Sejarah Sastra Indonesia* [M]. Jakarta: Penerbit PT Grasindo, 2010: 290.

编译局、Gramedia Pustaka Utama、Grasindo、Indonesiatera 等出版社也纷纷出版了短篇小说合集，Grasindo 出版社还出版了关于评价文学作家并鉴赏其作品的系列图书。

后苏哈托时代大众传媒的繁荣发展、小说杂志的出版以及图书出版过程的简化等等推动了印尼文学发展的复苏和兴盛。尚且不论上述出版物和文学机构的质量如何，文学界的这种繁盛现象的确是苏哈托时代不曾出现的。

（二）学术活动为文学繁荣营造浓厚氛围

苏哈托政府垮台后，各种学术活动如雨后春笋活跃在印尼文坛，不断刺激着文学创作活动的开展，并从中涌现出了一批文学名家和佳作。雅加达艺术委员会（DKJ）于1998年成功举办了以长篇小说、大众戏剧、儿童戏剧为题材的写作比赛，最终阿尤·乌塔米（Ayu Utami）的长篇小说《萨满》（*Saman*）获小说类一等奖，里延迪亚尔诺（N. Riantiarno）的《布袋戏》（*Opera Sembelit*）获戏剧类二等奖（一等奖空缺），威斯兰·哈迪（Wisran Hadi）的《妈妈在哪儿》（*Mama di Mana*）获儿童剧一等奖，诗人苏达尔齐（Sutardji Calzoum Bachri）获得凯利尔·安瓦尔文学奖等。在 2003 年举行的比赛中，评委会给当年长篇小说奖的五位获奖者做出了这样的评价：写作风格自由轻快，创作题材涵盖了同性恋、宗教信仰、死亡之谜、异国生活、虚幻世界等话题，充分彰显了时代创新精神。① 印尼文学士协会（Hiski）定期举办的活动同样印证了上述结论，2000 年在该协会举行的以"文学：意识形态、政治与政权"为主题的第六届全国学术会议上，就出现了一些饱含解放思想、创新精神的学术论文。②

同一时期，东盟成员国文学家之间建立的联系也更加紧密。印度尼西亚、马来西亚、新加坡和文莱联合成立的"东南亚文学协会"（Majlis Sastera Asia Tenggara）开始于 1999 年举行"东南亚文学奖"（Hadiah Sastera Mastera）评选活动，从东南亚国家用马来语/印度尼西亚语创作的或翻译成马来语/印度尼西亚语的各种体裁的文学作品中遴选出高质量的文学作品，并对该作品和作家给予地区级别的承认。东南亚文学奖设立后，不仅激励了知名作家的创作热情，也给新

---

① Yudiono K S. *Pengantar Sejarah Sastra Indonesia* [M]. Jakarta: Penerbit PT Grasindo, 2010: 280.

② 这些论文包括：布迪·达尔玛（Budi Darma）的《文学与权力》（*Sastra dan Kekuasaan*）、苏迪罗·萨多多（Sudiro Satoto）的《政治与权力的傲慢，及其对文化和表演艺术的影响》（*Arogansi Kekuasaan dan Politik, Dampaknya terhadap Sastra dan Seni Pertunjukan*）、赫尔曼·瓦鲁佐（Herman J. Walujo）的《普拉姆迪亚·阿南达·杜尔：社会主义现实主义意识形态中的权力与历史话语》（*Pramoedya Ananta Toer: Wacana Sejarah dan Kekuasaan dalam Ideologi Realisme Sosialis*）等。

人创造了机会；不仅催生了很多虚构类作品，还产生了更多涵盖文学理论、文学批判的非虚构类作品。东南亚海岛国家涌现出大量优秀的文学文艺作品。同样在 1999 年，在马来西亚《文学园地》(*Dewan Sastera*)、文莱《回声》(*Bahana*) 等刊物的配合下，印度尼西亚《地平线》(*Horison*) 杂志开辟了"东南亚文学协会专栏"，专门刊登这几个国家文学家的作品，激发文学创造的繁荣和文学水平的提高。①

在印度尼西亚基金会和《地平线》杂志的策划下，还举行了名为"作家讲学生问"(Sastrawan Bicara Siswa Bertanya，SBSB) 的大型活动。据《罗盘报》报道，从 2000 年开始至 2007 年，这一活动已经覆盖全印尼 164 个城市的 213 所学校，参与其中的文学家达百人。②此次活动让各方意识到，在苏哈托长达 32 年的威权统治时期，印尼社会各界在文学的阅读、写作、赏析等方面存在的缺失和忽略是多么严重。

在文学繁荣发展的同时，印尼还出现了一批专门研究特定文学现象的专家，比如诗歌研究者、短篇小说研究者、戏剧研究者、本土文学研究者等。他们在研究过程中重视遵循文学发展的基本规律，以便将研究成果互相关联起来。上述文学研究现象也出现在读者群体中，他们成立了不同类型的文学团体，比如西瓜哇省加鲁特县 (Garut) 的加鲁特戏剧家与文学家协会、日惹特区的 Anom 剧院 (Sanggar Anom)、三宝垄的"小海湾"文化艺术实验室 (Lengkong Cilik)、南苏拉威西省肯达里市的文学联合会 (Ika Sastra) 等。③

值得注意的是，印尼各地还纷纷建立与文学鉴赏有关的艺术表演场所，诸如雅加达的 Utan Kayu 戏剧院 (Teater Utan Kayu)、Koma 戏剧院 (Teater Koma)、Ananda 剧院 (Sanggar Ananda) 以及万隆的 Kiwari 巽他戏剧院 (Teater Sunda Kiwari) 等。尽管不够专业化的管理导致了包括文学团体在内的大部分文艺组织的表现都不尽如人意，但仍有一部分文学团体确实助推了充满发展潜力和动力的印尼文学，而这样的文学显然对印尼民众摆脱混乱的政治与社会生活有所帮助。

(三)"自由"和"解放"的思想激发了文学创作的繁荣

1. 涉"敏感"问题的禁书开始畅销

苏哈托下台后，印尼民主解放思想大爆发，数以百计的小说、诗歌、戏剧，无论是新创作的还是旧版重印，都能在书店里自由出售或者出现在图书馆的书架

---

① Mahayana, Maman S. *Sembilan Jawaban Sastra Indonesia: Sebuah Orientasi Kritik* [M]. Jakarta: Bening Publishling, 2005: 35.

② *kompas*, 2007-2-15 (14).

③ Yudiono K S. *Pengantar Sejarah Sastra Indonesia* [M]. Jakarta: Penerbit PT Grasindo, 2010: 288.

上，感兴趣的读者可以轻松获取，其中就包括那些之前被苏哈托政府列入"黑名单"的"禁书"，而首先进入大众视野的就是普拉姆迪亚及其作品。人们争相购买普拉姆迪亚原版书籍或者复印版图书，是因为他被视为与"新秩序"政权做斗争的象征，其代表作"布鲁岛四部曲"（Tetralogi Pulau Buru）[1]就是他被拘留在偏远的布鲁岛时完成的，被公认为是印尼文学史上前所未有的伟大著作，至今已翻译成英文、法文、德文、西班牙文、意大利文和中文等十多种文字出版，在国内外引起巨大反响。其中的第一部《人世间》在问世后的第 39 年，即 2019 年，被搬上银幕，深受广大民众，尤其是青年人的欢迎。

人们将普拉姆迪亚创作的多部长篇小说当作反对政治霸权和追求人民解放的精神象征，这种解放精神在一部分印尼当代文学作品中得到传承与体现，尤其是在诗歌和短篇小说领域。进入后苏哈托时代，一些文学出版物也延续了普拉姆迪亚作品精神，在此之前这些图书无疑是被禁止出版的，例如以印尼"九三〇事件"为创作主题的《1965—2005 年人间悲剧：诗歌、短篇小说、散文选集》（Tragedi Kemanusiaan 1965-2005: Antologi Puisi Cerpen Esai Curhat），再如印尼共产党政治家陈马六甲（Tan Malaka）创作的关于其反抗荷兰殖民统治斗争历程的《群众行动》（Aksi Massa），而当他因茉莉芬事件被关押进监狱后，他又在深刻反思印尼独立战争的基础上创作出了《游击战、政治与经济》（Gerpolek）。鉴于"新秩序"时期陈马六甲的名字被列入了"黑名单"，他的上述两部著作在当时是不可能出版的。[2] 此外，批判苏哈托威权政府高压政治的代表作还有拉克斯米·帕姆恩查克（Laksmi Pamuntjak）以 1965 年大屠杀为背景的小说《安巴》（Amba，2012），描写了在政治旋涡中普通人沉浮不定的命运。埃卡·古尼阿弯（Eka Kurniawan）被称为"普拉姆迪亚的继承者"，他的作品受魔幻现实主义影响颇深，又展现出与普拉姆迪亚作品相似的史诗气质，代表作有《虎男》（Lelaki Harimau，2002）和《美丽是伤痕》（Cantik Itu Luka，2004）。[3]

澳大利亚学者阿德里安·维克尔斯曾以普拉姆迪亚这位最著名和最富争议性作家的生活经历为框架，追踪印尼国家的社会观念和文化习俗，聚焦普通人的生活，撰写了《现代印度尼西亚史》一书，他认为："在苏哈托时代，历史学科被严厉压制，遭受了基本资料饥荒——没有任何档案资料和批评性论证可以利用。在后苏哈托时代，书籍和文章像洪水般涌入印尼。尽管其中的许多只不过是反对新秩序的宣传材料，但是，它们对之前人们接受的历史研究是一种挑战。再

---

[1] "布鲁岛四部曲"包括：《人世间》（Bumi Manusia）、《万国之子》（Anak Semua Bangsa）、《足迹》（Jejak Langkah）和《玻璃屋》（Rumah Kaca）。

[2] Yudiono K S. Pengantar Sejarah Sastra Indonesia [M]. Jakarta: Penerbit PT Grasindo, 2010: 285.

[3] 许利平，薛松，刘畅. 印度尼西亚 [M]. 北京：社会科学文献出版社，2019: 347.

版的普拉姆迪亚的著作成为这滔滔书籍洪流中的一朵浪花，有助于公众辩论，而这种辩论给大众历史的复兴带来希望。"①

2. 女性文学作品大放异彩

1998年5月21日，苏哈托总统在一片呼声中宣布下台，而阿尤·乌塔米（Ayu Utami）的第一部小说《萨曼》（*Saman*）于此前两周问世，甫一出版便立即轰动文坛，被誉为是改革时代象征精神解放与自由的代表作。阿尤·乌塔米曾在多家杂志担任记者，参与创建了抗议新闻封禁政策的"独立记者联盟"，进行地下记者工作，但不久独立记者联盟也被取缔。面对"新秩序"政权的独裁统治和文化高压政策，当时的印尼文艺界出现了一句名言"当新闻被封禁时，文学就应当发声"。乌塔米正是在这一理念的指引下开始进行小说创作的。"小说常常就是对现实的抗争，《萨曼》正是为了反抗这一时期的束缚。"乌塔米曾这样表达她对自己作品的看法。②1998年《萨曼》荣获雅加达艺术委员会小说比赛一等奖，并受到很多评论家的称赞。在小说中，作者颠覆了爪哇文化和穆斯林文化中女性逆来顺受、温顺服从的传统形象，表达了对女性自由的追求以及对"新秩序"政权的尖锐批判。澳大利亚学者哈利·埃夫林（Harry Aveling）曾表示，1998年以来，一大批女性作家发出的新声音都与苏哈托政权对文坛控制的终结紧密相关。③《萨曼》被称赞为"开辟了印尼文学的新天地"，而阿尤·乌塔米本人更是被评论为是苏哈托政权倒台后印尼文坛出现的新一代作家代言人，开创了"芬芳文学"（sastra wangi）的先河。④

"芬芳文学"一词首次出现于2000年前后，它最大的特点就是由一批女性创作者开放、自由地书写原本不允许公开讨论的禁忌话题，其中包括女性地位与性自由的问题，以及对政府的批评、对社会阴暗面的揭露等等。印度尼西亚大学学者伊努·瓦友迪（Ibnu Wahyudi）在一篇评论文章中谈到，"芬芳文学"是对一批女性作家所创作的流行文学的暂时性概括，她们不仅依靠自身的能力进行文学创作，同时也得益于美丽的外表从而在社会上引发关注。⑤然而不可否认的是，后苏哈托时代的印尼文坛确实因这样一批女性作家而迸发出新的生机。一般认为，阿尤·乌塔米、戴维·莱斯塔丽（Dewi Lestari）、杰纳·玛爱莎·阿尤

---

① [澳]阿德里安·维克尔斯. 现代印度尼西亚史[M]. 何美兰，译. 北京：世界知识出版社，2017：6—7.

② 周启宇. 印尼女作家阿尤·乌塔米笔下的历史与现实[J]. 当代外国文学，2018（1）：72.

③ Aveling, Harry. *Rumah Sastra Indonesia* [M]. Magelang: Indonesia Tera, 2002: 10.

④ Khiristianto. *Beberapa Aspek Seputar Sastra Wangi* [J]. Leksika, 2008, 2 (2): 11-20.

⑤ Agus Sulton. *Sastra Wangi Aroma Selangkangan* [EB/OL]. (2010-04-01) [2019-03-19]. http://nasional.kompas.com/read/2010/04/01/01481963/sastra.wangi.aroma.selangkangan.

（Djenar Maesa Ayu）与菲拉·巴苏吉（Fira Basuki）是"芬芳文学"的典型代表，然而这些作家实际上并不认同这一标签，她们甚至认为"芬芳文学"是一种"嘲笑"和"讽刺"。事实上，她们的作品并不像"芬芳文学"的名字那样给人一种无病呻吟或只抒发女性情怀的印象，相反，其作品对政治和社会的思考深度可比肩所谓的严肃政治小说。

毋庸置疑，更多独具个性的女性作家集体走上文坛可以说是后苏哈托时代印尼文学界令人瞩目的事情。随着新的时代政治经济因素所带来的社会氛围的改变，女性作家以她们的创作参与到国家的民主化进程之中，与男性作家一起构筑民族精神文化的大厦。她们的作品充满了对女性命运的关怀，对女性生存状况的洞察，对社会不公与暴力的批判，并在一定程度上将女性的生存困境与发展诉求，和国家的生存与发展相联系，从现实世界与精神领域等多个层面展开对女性命运和对民族现状及未来的思考。这既是文学繁荣的标志，更是社会进步的象征。

3. 文学创作主题极具多样性

后苏哈托时代的印尼文坛还出现了一部分关注当今印尼社会中的偏见和不公正现象的作品，揭露传统习俗与当代社会的矛盾。欧卡·鲁斯米妮（Oka Rusmini）的《大地之舞》（*Tarian Bumi*, 2000）讨论了巴厘印度教卡斯特传统对女性的束缚。法伊萨·欧当（Faisal Oddang）的作品探讨了托拉查族的厚葬习俗在传统社会解体的背景下为现代人带来的生活压力。诺尔曼·帕萨里布（Norman Erikson Pasaribu）的诗集描写了同性恋群体试图逃离宗教和社会偏见的故事。[1]

此外，伊斯兰文学和阿拉伯现代文学在印尼的兴起或许不是巧合，作家和批评家们已认识到文学在充满挑战和变数的生活中所发挥的作用。而伊斯兰教题材也出现在青少年文学小说中，例如阿斯玛·纳迪亚（Asma Nadia）创作的《妈妈眼中的月亮》（*Rembulan di Mata Ibu*），同时，伊斯兰文学理论的出版也逐渐丰富起来。

据勒迪安托·努尔的观察，在苏哈托下台后的十年，印尼出现了数以百计的青春小说，不少年轻人崭露头角，希尔曼·哈利威查亚（Hilman Hariwijaya）、阿格尼斯·耶希加（Agnes Jessica）、阿斯杜迪·尤迪亚萨利（Astuti Yudhiasari）、迪安·努拉因迪亚（Dyan Nuraindya）、艾迪·D. 伊斯坎达尔（Eddy D. Iskandar）、艾斯迪·吉纳希（Esti Kinasih）、希尔曼和勃伊姆（Hilman & Boim）等作家作为青春小说的代言人，一时声名鹊起。[2]青春小说作家自成

---

[1] 许利平，薛松，刘畅. 印度尼西亚[M]. 北京：社会科学文献出版社，2019：348.
[2] Yudiono K S. *Pengantar Sejarah Sastra Indonesia* [M]. Jakarta: Penerbit PT Grasindo, 2010: 295.

一派，笔下的角色往往"偏离"现实社会中的理想人物，反映出他们对印尼社会文化既定准则的一种自由观，同时饱含着印尼青少年内心的渴望与精神追求。不少青春小说受到市场好评，诸如格拉梅迪亚图书出版公司这样的知名出版社都多次再版此类小说。[①]

地方文学的发展也逐渐受到重视。1989 年阿吉普（Ajip Rosidi）成立了 Rancage 文学基金会，主要目的是关注印尼地方文学发展，尤其是针对巽他族、爪哇族和巴厘族的文学研究。起初，阿吉普只是以个人的名义奖励优秀的巽他文学作品，后来在匿名赞助者的支持下，基金会也开始表彰对巽他文学发展做出贡献的作家，甚至出现了专为儿童巽他语读物作家颁发的 Samsudi 奖。从 1994 年起，该基金会的颁奖对象也涵盖了爪哇文学作家和巴厘文学作家，颁奖规模进一步扩大。截至 2019 年，马都拉、巴达克、楠榜和班查文学已被纳入颁奖范围。Rancage 文学基金会的举动激发了巽他、爪哇以及巴厘文学作者的创作热情，受到外界肯定和推崇。

（四）新的文学体裁和载体推陈出新

除传统的纸质图书外，网络文学[②]也逐渐在印尼流行起来，Mizan 数字出版商及其线上文学网 Mizan-Online（hhtp://www.mizan.com）就是印尼出版界开通网络渠道的先行者。一些年轻的文学爱好者通过各种网站和文学列表开启了印尼网络文学的时代，其中知名度较高的有 Gedongpuisi, Penyair, Puisikita 等。一些私人网站也层出不穷，如 Angelfire.com, Thepentagon.com/penyair, surf.to/inong, Members.tripod.com/jaranireng 等，[③] 通过邮件列表在文学爱好者之间进行信息交流和信息发布。尽管受众仅限于那些有条件上网的读者，不过受欢迎的网络文学也会以纸质图书的形式出版。网络文学的发展有利于读者方便快捷地阅读各种作品，而文学研究者或评论家也可以获取大量的研究资料。

与传统媒体长期受国家控制不同，印尼新媒体互联网产生于"新秩序"政权末期，直接推动了印尼民主化进程。作为"新秩序"晚期唯一不被直接监控的信息渠道，互联网成为塑造印尼公共领域和公众进行政治议题讨论的最初媒介。最

---

① 在短时间内由格拉梅迪亚出版公司再版超过 10 次的作品包括 Hilman Hariwijaya 创作的 *Tangkaplah Daku Kau Kujitak*、*Cinta Olimpiade*、*Topi-topi Centil*、*Idih, Udah Gede!*；Hilman & Boim 创作的 *JIS Jalan Jalan Seram*；Esti Kinasih 创作的 *Fairish* 等。

② 网络文学，指新近产生的，以互联网为展示平台和传播媒介的，借助超文本链接和多媒体演绎等手段来表现的文学作品、类文学文本及含有一部分文学成分的网络艺术品。其中，以网络原创作品为主。

③ Loekito, Medy. *Cyber-Sastra, Sebuah Catatan Kecil* [J]. *Sastra*, Volume 04, Agustus, 2000: 87.

早在"你好"（Apakabar）、"乔治·安迪君德罗"（George Aditjondro）、"明灯"（Pijar）、"印尼界"（Munindo）、"新印尼"（Indonesia Baru）、"CSVI"、"SiAR"等邮件列表或论坛上传播民主思想的群体正是引领印尼民主化改革的主要力量。苏哈托时代结束后，印尼互联网也迎来了一个快速发展的时期。根据世行数据，2000年印尼网络普及率只占总人口的0.9%，2013年已超过15%，增长率接近全球平均水平。根据印尼通信信息部数据，截至2014年印尼有超过8370万互联网用户，排全球第八位。研究调查公司WeAreSocial的最新研究认为印尼已成为全球互联网用户增长速度最快的国家之一。[①]

目前，印尼的网络文学尚处在自发、随意的创始过程中，还难以与传统的纸上文学相抗衡。但不少网络文学创作者认为，当网络成为人们更习惯和熟悉的媒体时，网络文学将成为文学流通的重要方式。应该看到，网络写作的意义超过了以往任何一次文学革命。后苏哈托时代印尼文学最重要的新变化之一应该就是网络文学的出现。经过一段时间的发展，网络写作已经不单单是一种文化现象，还成为一种社会形态。因背靠着强大互联网，依托高科技的支持，网络文学已经显示出了以纸张为载体、印刷技术为依托的传统文学无可比拟的巨大的媒体优势，并表现出更新快速、传播广、阅读群体庞大、不受传统限制等特点。考虑到印尼约八成网民是15—19岁的青年，互联网的社交媒体服务在印尼尤其受欢迎，雅加达拥有全球最活跃的推特用户群，因此，作为在一定意义上是青年人文学的网络文学，值得关注和重视。

四、结语

"新秩序"时期印尼在经济发展和物质文化方面取得了一定成就，但苏哈托威权统治的政治独裁遏制了文学家的创造力。进入后苏哈托时代，印尼社会政治经济和思想文化都发生了巨大变化，文学领域也开始出现新的风潮，文学流派和创作理念日趋多样化，各地纷纷举办文学研讨会，出版事业欣欣向荣，新老出版社互相争夺市场，新秩序时期的禁书得以出版，女性文学、通俗文学、青春小说、儿童文学也愈发畅销。拥有不同教育背景、社会地位、学识阅历、宗教信仰的读者皆可找到符合自己理想信念的文学作品。印尼文学界呈现出的蓬勃发展景象，彰显了不同于苏哈托时代受到残酷压制的文学解放精神，不难想象在未来的日子里，更多的具有印尼时代特色的文学作品将呈现在世人眼前。同时，随着信息化时代新媒体的快速发展，印尼文学作为社会的产物，其内涵和风格将呈现出更加丰富更加多元的色彩。

---

① 许利平，薛松，刘畅．印度尼西亚［M］．北京：社会科学文献出版社，2019：370—371．

参考文献

[1][澳]阿德里安·维克尔斯. 现代印度尼西亚史[M]. 何美兰, 译. 北京：世界知识出版社, 2017.

[2][英]伊丽莎白·皮萨尼. 印尼 Etc：众神遗落的珍珠[M]. 谭家瑜, 译. 上海：上海三联书店, 2019.

[3]梁立基. 印度尼西亚文学史[M]. 广州：世界图书出版广东有限公司, 2014.

[4]刘新鑫, 李婧, 梁孙逸. 印度尼西亚大众传媒研究[M]. 北京：中国传媒大学出版社, 2015.

[5]王向远. 东方文学史通论[M]. 北京：高等教育出版社, 2013.

[6]温北炎, 郑一省. 后苏哈托时代的印度尼西亚[M]. 北京：世界知识出版社, 2006.

[7]许利平, 薛松, 刘畅. 印度尼西亚[M]. 北京：社会科学文献出版社, 2019.

[8]杨晓强. 后苏哈托时期的印尼民主化改革研究[M]. 厦门：厦门大学出版社, 2015.

[9]尹湘玲. 东南亚文学史概论[M]. 广州：世界图书出版广东有限公司, 2011.

[10] Aveling, Harry. *Rumah Sastra Indonesia* [M]. Magelang: Indonesia Tera, 2002.

[11] E. Ulrich Kratz. *Sejarah Sastra Indonesia Abad 20* [M]. Jakarta: Kepustakaan Popular Gramedia, 2000.

[12] Maman S. Mahayana, Oyon Sofyan, Achmad Dian. *Ringkasan dan Ulasan Novel Indonesia Modern* [M]. Jakarta: Penerbit PT Grasindo, 1992.

[13] Yudiono K S. *Pengantar Sejarah Sastra Indonesia* [M]. Jakarta: Penerbit PT Grasindo, 2010.

涅玛特·凯勒穆别托夫小说《永不言弃》中的人物形象分析

信息工程大学　高　鑫

【摘　要】在小说《永不言弃》中，作者通过描述叶尔江身患重病，高位截瘫后，自强不息地与命运抗争的 35 年艰辛历程，呈现了一位勇敢顽强、坚忍不屈、面对困难时永不言弃的哈萨克斯坦伟大作家；通过对高赫莉等女性形象的描写，诠释了哈萨克女性热爱家庭、为爱牺牲的珍贵品格，凸显了女性对于个人和社会发展的重要意义。作者笔下的两位典型人物形象不仅生动演绎了一段精彩的人生大戏，也为读者诠释了非凡的生命真谛。

【关键词】涅玛特·凯勒穆别托夫；小说；永不言弃；人物形象

作为涅玛特·凯勒穆别托夫（Немат Керімбетов，1937—2010）的代表作，《永不言弃》（Үміт үзгім келмейді）被认为是 21 世纪对人类精神世界具有突出贡献的一部作品。这部作品自问世以来，得到了国际文学界的广泛关注。在哈萨克斯坦，以该作品为蓝本的戏剧已经在穆赫塔尔·艾乌耶佐夫国立科学院剧院等数家大型剧院多次上演，得到了广大观众的一致肯定与好评。2010 年，小说《永不言弃》的德文译本荣获欧洲最具影响力的文学奖之一——"弗兰茨·卡夫卡协会奖"。值得一提的是，该奖项此前在世界范围内仅有 3 人获得。与此同时，该部作品的汉语和土耳其语译本也相继出版。

《永不言弃》是涅玛特·凯勒穆别托夫撰写的一部自传体小说。作品完成于作者 70 岁高龄。整部鸿篇巨制由两部分构成，第一部分以《永不言弃》为题，讲述了 35 年间，叶尔江从罹患重病，到手术失败导致高位截瘫，从而失去生活信念，再到重拾信心、在亲人和朋友的帮助下、在自身的不懈努力下最终凤凰涅槃的艰辛历程[1]。第二部分以《写给儿子的信》为题，详细记载了叶尔江通过 32 封信教育孩子成长成才的过程[2]。在这些信件中，叶尔江通过回顾往事、追忆先祖等方式，教导儿子牢记先辈教诲、学会独立、热爱祖国、珍视青春，严肃的话

---

[1] 叶尔江为作品中作者对自己的称谓。
[2] 艾克拜尔·米吉提. 一部用生命写就的书：读涅玛特·凯勒穆别托夫的《永不言弃》[J]. 文艺报，2010（6）：1.

语中流露出一位热爱生活、敬畏生命的慈父对儿子的浓浓爱意和殷切期望。

在这部作品中，涅玛特从第一人称的视角，以自身经历为内容，描述了手术前后的心路历程，凸显了永不言弃的生活态度，展现了坚忍不拔的意志品质，是小说中最重要的人物形象，也是整部作品的灵魂。此外，危难之际对涅玛特不离不弃的爱人高赫莉，是这部作品中最鲜明的女性形象[①]。身残志坚的人生楷模哈尔泰叔叔、为叶尔江行医治病的医护人员、困难之时伸出援手的努尔勒别克和阿丽玛夫妇等形象同样耐人寻味[②]。

一、热爱生命、永不言弃的叶尔江

在《永不言弃》这部自传体小说中，叶尔江是最主要的人物形象。正如小说所述，叶尔江身患绝症，即使手术也无法保证他的生命一定能够延续。然而，手术后的叶尔江并未让自己的生命之火就此而熄灭，而是通过不懈的努力最终战胜了病魔，感人故事的所有内容均来自作者真实的经历。手术前后，叶尔江的不同言行既深刻表现了其复杂的思想斗争历程，又完整刻画了其矛盾的人物性格。

（一）恐惧与勇敢的矛盾体

时年35岁的叶尔江因一场疾病的到来站在了人生的十字路口。摆在他面前的是一个残酷的选择，是一次生与死的考验。若接受手术，生命可能延续，但要面临瘫痪的危险；若放弃手术，将直面死神，别无选择。在如此艰难的抉择面前，叶尔江如常人一样，表现出了极大的恐惧。接受手术前的这段时间，涅玛特的内心充斥着令人窒息的压抑感和恐惧感。尽管人人都有脆弱的一面，但在面临可能即将到来的死亡时，叶尔江的极度恐惧和脆弱展现得淋漓尽致。他将这种可怕的感觉形容为身处空旷的原野，在敌人的枪林弹雨中找不到藏身之处的士兵。面对死亡叶尔江内心生发出强烈的恐惧，而这种无助感恰恰来自他对手术的不自信。形象的心理描写彰显了作者内心的不安，也使读者产生了强烈的代入感，甚至使人能够体味到恐惧感将叶尔江紧紧包围时的心情。

在经历恐惧的同时，叶尔江也产生了巨大的疑问。他无法理解是什么让自己陷入深深的恐惧。带着十足的理性，叶尔江通过一系列反问来叩击自己的内心，并试图解答这些疑虑。对手术缺乏足够的信心、因缺乏信心而产生的疑虑、自身肩负的责任、害怕遭遇不幸，这些都是叶尔江对自己恐惧产生根源的思考。最终，叶尔江找到了答案，他的恐惧来源于对失去妻子、两个孩子、心爱的工作、

[①] 高赫莉为作品中作者对妻子的称谓。
[②] ［哈］涅玛特·凯勒穆别托夫. 永不言弃［M］. 叶儿克西, 译. 北京：民族出版社，2010：1—4.

亲朋好友的害怕，但让叶尔江最割舍不下的还是生活。他对生活的爱如此浓烈，甚至将生活视为自己的情人。充满敬意与热情的话语将叶尔江对生活的爱展现得淋漓尽致。

这些最不愿割舍的事物激起了叶尔江对生活的重新思考。在叶尔江的心中，失去双腿却依然身残志坚的哈尔泰叔叔，以及参加战争后仅剩一条腿的坚强病友，这些人都是值得自己学习和崇敬的榜样。作者对这两个特殊人物进行的描写，看似赞扬其崇高精神，实则通过他们感人的事迹汲取力量。甚至，在手术临行前的一刻钟，叶尔江还不忘从小说《牛虻》中收获信心。他将自己视为无畏的牛虻，并告诫自己应该像牛虻一样对待病魔的伤害，勇敢地面对命运的挑战。这些伟岸的英雄形象使叶尔江产生了无尽的敬意，也让他真切地体会到，最困难的时刻，人最需要的是宁死不屈的斗志和勇气。

随着手术时间的慢慢临近，叶尔江渐渐明白了诸多人生道理。在他看来，人生的意义何尝不是为了给彼此间带来快乐而活着。为了给深爱的高赫莉带来快乐，叶尔江表现出了大无畏的气概与豪情，他将活着走下手术台视为一种责任，既然是责任，就别无选择。因此，他告诫自己必须跟死神奋战到底，将每一分每一秒都用来与命运进行抗争，直到最后。与此前表现出来的极度恐惧相比，叶尔江此时的勇敢品质让人对这个直面死亡的形象产生了深深的敬意。叶尔江对生活的热爱同时具有多面性：他热爱家庭，渴望为家人带来幸福；他热爱社会，希望为社会做出贡献；他热爱生活，盼望为生活找到真正的意义。是爱的力量为叶尔江带来了面对死亡的勇气。可以说，面对手术叶尔江是恐惧与勇敢的矛盾体。伴随恐惧来临的，是叶尔江对榜样、责任、快乐和生命的思考。在此过程中，叶尔江找到了克服恐惧、说服自己接受手术的力量源泉[1]。

（二）感恩与奋进的融合体

尽管叶尔江冒着生命危险，勇敢地接受了手术，但手术的结果并不理想。35岁的叶尔江从此患上了高位截瘫。值得庆幸的是，卧病在床的叶尔江并没有被生活抛弃，而是在亲友的帮助下，凭借着坚定的信念和顽强的意志一步步走向人生新的巅峰。

手术结束后，叶尔江完全丧失了自理能力，身边一直需要有人照顾。叶尔江的命途是多舛的，但他的生活又是幸运的。在这个人生的特殊阶段，叶尔江遇到了生命中的众多贵人，这些人不计得失，为了叶尔江能够早日康复，做出了无私的付出和牺牲。麦丽古丽大姐是一位深受病人拥护和爱戴的老护士。在叶尔江刚刚接受完手术的日子里，麦丽古丽无微不至的精心呵护让叶尔江感受到了无尽的

---

[1] 玛蒂娜．哈萨克斯坦当代作家涅玛特·凯勒穆别托夫 [J]．剑南文学：经典教苑，2013（2）：109.

温暖。在叶尔江的心中，麦丽古丽与普通人不一样，她不仅有血肉之躯，还有丰富的情感世界。叶尔江庆幸自己在最需要帮助的时候遇到了如此令人感激的人，她不光懂得给病人的身体用药，而且还懂得给病人的心灵用药。她不光会用心做好自己分内的事，还会竭尽全力帮助别人，只要能做的，她都不会说半个"不"字，总是像一只忙来忙去的"鸟妈妈"，她的世界就是为了养育好自己的"儿女"。麦丽古丽大姐的关怀甚至让叶尔江想起了自己生命里最亲近的人。叶尔江觉得，麦丽古丽带着那份深切的关爱，她的手就像母亲温暖的体温通过指尖传到婴儿的脸上，让叶尔江想起了自己的母亲。通过如此细腻的描写，叶尔江抒发的不仅是对麦丽古丽大姐的崇高敬意，还表达了对她的无限感恩之情。

出院后，叶尔江被妻子接回了自己的家中。面对卧病在床的叶尔江，可怜的妻子只能一个人艰难地撑起整个家庭的重担。然而，令人意想不到的是，就在此时，出现了不计前嫌、内心坦荡、勇于伸出援手的努尔勒别克和阿丽玛夫妇。他们的出现让叶尔江感到无限的喜悦，更感到特别的温暖。努尔勒别克夫妇的出现对于叶尔江的生活来说犹如雪中送炭，他们每周都会来看望叶尔江一次，并把其中一个人的工资拿出来给叶尔江补贴家用。这对夫妇的帮助令叶尔江的感激之情无以言表。那段时光也成了叶尔江毕生难以忘怀的经历。纵然有过众多朋友来看望生病的叶尔江，也为叶尔江带来了继续生活的勇气，但是从来没有人能像努尔勒别克和阿丽玛夫妇这样，做到尽心尽力，仁至义尽。诚然，患难见真情，努尔勒别克夫妇能在叶尔江最困难的时期伸出援手，完美诠释了世间最真挚的友情。这种最纯粹的友谊使叶尔江的内心弥漫着感恩之情，也为叶尔江病情的好转带来了希望。

怀着一颗感恩的心，叶尔江逐渐找到了绝地求生的力量源泉，奋进的冲劲使他内心升腾起巨大的动力。他告诫自己，不要无所事事地躺在床上，空瞪着一双大眼睛。而是要行动起来，让自己的大脑也行动起来，做一些对社会有意义的事情。这样一种看似平淡无奇的想法，却折射出叶尔江内心的巨大变化，对自身的不满与对未来的憧憬不断激励着叶尔江重新成为一名"战士"。在叶尔江看来，尽管身体出现残疾，但仍可以通过大脑寻找自己的价值。从此，叶尔江开始投身写作，他要为那些在生活磨难中顽强生存着的人，为那些在依然幸福生活的人，写下所有关于生命的感悟。此时的叶尔江似乎做出了生命中最正确的决定，并为此感到前所未有的快乐和解脱，他将这种幸福的感觉比作一股暖流，瞬间传遍全身，让自己热血沸腾，好似自己化身为一只将要展翅高飞的大鹏，时刻准备展翅翱翔。在叶尔江的一生中，还从未体验过如此的豪情壮志。因决定写作、决定奋斗而激发出的无比澎湃的斗志，映衬出叶尔江无比高大的奋进形象。尽管叶尔江的写作历程一波三折，但凭借着多年与病魔斗争、与苦难斗争积淀下来的坚强意志，叶尔江最终还是找到了适合自己的写作方式，并在文学创作中闯出了自己的一片天地。病魔缠身、瘫痪在床的叶尔江以顽强的毅力度过了生命中的至暗时期，以催人奋进的非凡经历书写了一部荡气回肠的旷世传奇。生活的悲剧给叶尔江带来病痛的同时，也给他带来了大器晚成的机会。在病床上，叶尔江完成了从一名高位截瘫的病人向一名文学巨匠的华丽转变[①]。

（三）儿子的人生导师

叶尔江找到人生新方向的同时，不忘教育自己的孩子。作品的第二部分完整记载了叶尔江写给儿子的 32 封信。在这些信中，叶尔江作为父亲，把自己生命中的所学所感毫无保留地传授给儿子，也将生命中无形的财富教给了后人。

1. 家国情怀的传播者

由于儿子身处国外，身体残疾的叶尔江只能通过书信的方式与远在他乡学习深造的儿子进行沟通。在与儿子进行书信往来的过程中，叶尔江最在意的并不是自己的身体健康，而是儿子的成长成才。叶尔江坚信，优秀的儿子定将学有所成，但更为重要的是，儿子能够利用自己的聪明才智，报效自己的祖国。此时叶尔江的内心充满愧疚之感，在他看来，就在自己的事业如日中天之际，却因身患残疾而不能继续为国家贡献力量，是人生莫大的遗憾。因此，他将这一宏愿寄托在了儿子的身上。在信中，叶尔江表达了自己因无法完成愿望而悔恨的心情，他希望自己的儿子一定不忘牢记热爱自己的祖国。

为此，叶尔江向儿子讲述关于民族与国家的精神财富，培养儿子的家国意识。在叶尔江看来，作为哈萨克斯坦的公民，每个人都要对国家的独立有着更为深刻的认知和理解。这不应仅仅停留在独立后的几十年光景，更为重要的是，要关注哈萨克斯坦的历史，理解哈萨克民族的心灵史。要了解一个国家的历史，就必须知晓这个国家的民族史，即本民族的祖先。从自己最亲近的先父，到最值得敬重的哈萨克族先民，叶尔江通过向儿子讲述先父一生的艰苦奋斗、英雄先民的可歌可泣和睿智先贤们的丰功伟绩，激励儿子时刻牢记祖国，以先人为引领，以家国为己任，始终铭记先辈们的遗愿，矢志将自己的一生奉献给祖国和人民。从这个角度来看，叶尔江是一位忠诚而伟大的家国情怀传播者。

2. 才华修养的领路人

叶尔江不但注重培养儿子的家国情怀，更注重塑造儿子的能力素质。成为一个德才兼修的人是他对儿子沉甸甸的期许。

在能力培养方面，叶尔江尤其强调儿子要做到心力与臂力的平衡。所谓心

---

① Дауылбаева М. *Н. Келімбетовтің көркем әдеби мұрасы* [D]. Шымкент: Қазақстан Республикасының Білім және Ғылым Министірлігі Қ. А. Ясауи атындағы Халықаралық қазақ-түрік университетті Шымкент институты дипломдық жұмыс, 2008: 38-39.

力，即一个人的内心积淀，它涵盖了社会成员之间的彼此关爱、包容、理解，以及人与人之间的热情和厚道；而臂力则是一个人追求卓越、开创新业的能力。努力使心力和臂力趋于正比，才是一个人应该追求的理想境界。为了达到这种平衡境界，叶尔江教导儿子要做到品行端正、心地善良，这样才不至于使自己变为蛮力的附庸。

在素质培养方面，叶尔江着重强调了口才的重要性。在哈萨克人眼中，口才是评判一个人才华的重要标准，并被认为是"万艺之本"。常言道：他们可以不服你的拳头，却可以服你的"舌头"。这也是叶尔江注重培养儿子"口才"的重要原因之一。在督促儿子努力储备知识的同时，叶尔江教导儿子要学会将知识发挥出来，从而使知识尽其所用，实现其应有的价值。在此过程中，只有口才足以支撑知识，才能够得到别人的认可。简言之，积累知识固然重要，但表达的作用同样不容忽视。为了使儿子认识到口才的重要性，叶尔江为儿子深刻剖析了哈萨克族雄辩文化所蕴含的智慧与哲理，并不忘告诫儿子，历史上的雄辩家无不集才华与品德于一身，留名千古。因此，谦逊的品格是真正的辩才所应具备的基本素质，既要学会适当表达，也能做到认真聆听。叶尔江教育儿子的理念与中国的"君子之道"不谋而合，修身齐家治国的思想不仅为叶尔江教育儿子指明了方向，也体现了叶尔江睿智大气的人格与品质。

二、淳朴善良、为爱牺牲的高赫莉

高赫莉是整部作品中最为突出的女性形象，也是这部自传体作品倾诉的直接对象。这一女性形象的凸显不仅源于作者使用大量的笔墨对这一人物形象进行的细致刻画，更为重要的是在描写过程中该人物形象展现出来的人格魅力与良好品行。无论在叶尔江身体健全时，抑或卧病在床期间，一直陪伴、照顾，并对叶尔江不离不弃的人始终是他的妻子高赫莉。她的存在是叶尔江生命得以延续的前提，也是整部作品得以完成的前提。字里行间中，既展现着高赫莉对丈夫叶尔江的浓情深意，也流露着叶尔江对妻子高赫莉的依恋与谢意。每当叶尔江提到自己的妻子，都犹如热恋期间如胶似漆的情侣，语言亲昵而热烈，似乎其他方式无法更加准确地表达自己内心对妻子的复杂感情。如果没有妻子高赫莉，很难想象叶尔江能否勇敢的面对现实，坚强地走下去。在叶尔江看来，妻子在他最艰难的时刻看到了他心中的脆弱，向他伸出了温暖的手，让他远离黑暗、远离孤寂、远离悲哀，避免心灵陷入困境，是妻子将他从死神的手中抢回来，是妻子的爱让他重获新生。

（一）命运的舵手——哈萨克女性对责任的认知

从与叶尔江相识的那一刻起，善良的高赫莉便成为叶尔江生命中一直默默付出的那个人。当年身为高才生的高赫莉为了追求爱情,果断放弃学业,屈尊来到工厂上班。尽管年龄比叶尔江小很多,尽管自己的父母并不赞成她与叶尔江两人的结合,但高赫莉却拥有远超同龄人的主见和精干,她的心智似乎远远超出她的年龄界限。生活中,高赫莉不仅对叶尔江悉心照料,而且几乎承担了所有的家庭责任,包括教育子女、洗衣做饭、购买柴米油盐,各种家务都由高赫莉一人完成,无需叶尔江费心。她用自己瘦小的身躯和实际行动诠释了一位哈萨克女性崇高的精神品质——责任感。尽管叶尔江连一丁点家务活都没有做过,甚至连去哪买柴米油盐都不知道,但高赫莉依然没有对他表达任何埋怨与不满,而是一如既往地维持着整个家庭的正常运转,书写着自己的大度和宽容。叶尔江曾经许下的种种诺言,在婚后也没能逐个兑现,不仅旅行、买金戒指这样的诺言没有变为现实,甚至连高赫莉的生日都能屡屡忘却,而高赫莉却没有因此而有任何的怨言。在他的心中,家庭和爱人的地位高于一切,那些无关痛痒的小事完全可以忽略不计。自此,高赫莉的谦逊无私与叶尔江的自我反思形成了鲜明的反差。

手术后,陷入高位截瘫的叶尔江深刻感受到妻子高赫莉对自己的重要意义。就在叶尔江万念俱灰的时候,年仅 27 岁的妻子独自一人扛起了家里的一切。除了照顾瘫痪在床的叶尔江,高赫莉还需要抚养两个乳臭未干的孩子。用一个人的担当撑起三个人的天堂,高赫莉选择的并非沉沦或忧伤,而是为了叶尔江和两个孩子的梦想,挥手告别青春时光。面对遥遥无期的病痛和愚蠢亲人的险恶用心,高赫莉选择用柔弱的双肩扛起了本不属于她一个人的担当,展现了一个平凡女性所特有的坚韧与勇敢。

(二)重生的塑造——哈萨克女性对爱情的理解

为了满足叶尔江的写作梦想,妻子高赫莉想尽一切办法为叶尔江提供帮助。从叶尔江决定写作开始,高赫莉除了完成每日必做的家务,其余所有时间都用来完成叶尔江的心愿。她亲自为叶尔江阅读文章,制作阅读书架,购买文学作品,不厌其烦地记录文稿,凡此种种,事无巨细地为叶尔江做好服务。她的付出不仅给叶尔江带来了巨大的信心和力量,也为叶尔江排除了痛苦,带去了快乐。当第一本著作被送到手中时,叶尔江竟激动得不能自持。因为他深知,这部作品的功劳不在自己,而在高赫莉不知疲倦的默默支持和夜以继日的无私付出。而这些对于高赫莉而言,都是自己对叶尔江的爱,对属于自己的爱情的表达,没有任何事物可以阻挡她对叶尔江最纯粹的爱情。在叶尔江的笔下,妻子高赫莉对爱情的解读与实践堪称哈萨克爱情的典范——纯粹而持久,坚韧而细腻。

高赫莉对于叶尔江的真爱是坚如磐石的无懈可击,是真诚与忠贞的现实写照。就在叶尔江卧病在床,需要有人陪伴和照料之时,不乏别有用心之人想趁机落井下石。甚至有人暗示高赫莉为了青春和未来,离开残疾的叶尔江,试图离析两人之间的感情。然而，善良的高赫莉不但对此嗤之以鼻，不屑一顾，反而更加用心呵护自己的丈夫，为叶尔江的病愈做出了巨大的努力和牺牲。尽管命运的枷锁让她的生活变得异常艰难，但她对于叶尔江的爱却没有丝毫减少。在她的信念中，同甘共苦方为夫妻之本，自己岂能在爱人落难之际选择逃离。对爱情的笃定与忠诚是现代女性处理感情生活难能可贵的品质，而高赫莉却用自己的行动诠释了这种品质的高贵与历久弥新。同命运的抗争是艰难的，更是幸福的。高赫莉用她的包容、坚韧、无私与忠诚，为不幸的叶尔江带去了涅槃的火种、生命的光芒、精神的甘泉和心灵的寄托，也塑造了一个平凡而伟大的女性形象。

三、结语

涅玛特·凯勒穆别托夫的《永不言弃》通过叙述叶尔江的个人经历，呈现了一位勇敢顽强、坚忍不屈、面对困难时永不言弃的哈萨克斯坦伟大作家；通过对高赫莉等女性形象的描写，诠释了哈萨克女性热爱家庭、为爱牺牲的珍贵品格，凸显了女性对于个人和社会发展的重要意义[①]。然而，事物的两面性决定了人物形象并非完美无瑕。主人公叶尔江与命运抗争的精神固然值得赞扬，但其在家庭中的种种"大男子主义"表现却并不值得推崇。值得庆幸的是，一场疾病不仅带给叶尔江重新生活的机会，也为叶尔江重新审视自己、认识自己提供了难得的契机，能够意识到妻子的重要意义，可谓叶尔江因祸得福。

此外，尽管小说中处处萦绕着对高赫莉人格的歌颂与赞美之音，但是透过高赫莉的人生经历，我们依然能够清晰地看到，哈萨克女性的家庭地位与当今全球社会所倡导的男女平等思想存在着诸多违和感。从人生的价值角度来看，高赫莉为了爱人和家庭，牺牲了自己的青春与梦想，兑现了作为妻子和母亲应尽的责任和义务，严格顺应了伊斯兰教"男尊女卑"的传统宗教观念，这种因符合大众思维而获得的伟大形象固然无可厚非，但与此同时，其作为独立个体的人生价值却未能得到应有的实现，这种一味的牺牲与人生的真正意义相比，似乎并不足以成为被传颂和弘扬的必要条件。无论对于哈萨克斯坦，还是整个人类社会而言，提升女性的社会地位和权利、尊重女性实现社会价值都不应仅仅作为女权运动的倡导性宣言，而应该成为全球社会始终践行的共识。

值得称赞的是，作者不忘将自己的人生感悟分享给孩子，使生命的智慧与精髓得以延续和传承，让读者领略到了人性的伟大与美好，也让作者的伟岸形象得以进一步升华。整部作品中，主人公给人留下的最直接形象始终是正面的、积极的。他的作品既能使读者深切感受到岁月的短暂，也能清晰触摸到生命的刚毅。正如著名俄罗斯文学作品《钢铁是怎样炼成的》主人公保尔·柯察金一般，叶尔

---

① 刘爽. 外国文学作品教学中的人物形象分析[J]. 语文建设，2016（8z）：9—10.

江的精神激励着所有热爱生命、怀抱理想的人。作者以自己的亲身经历启迪世人，任何人的生命之路都不可能始终一帆风顺，必定充满荆棘与坎坷。但无论遇到任何挫折，都不能退缩，而是要迎上去，战胜它。我国著名作家张海迪也在本部作品的序中坦言：人生的价值就在于珍惜时光，并要不断创造生命的价值，活着就要创造，就要探索①。毫无疑问，作者的内心世界本就如此豪迈宽广、刚毅顽强，这不仅是作者的人格魅力所在，也是这部小说散发光芒的魅力所在。

参考文献

[1] 艾克拜尔·米吉提. 一部用生命写就的书：读涅玛特·凯勒穆别托夫的《永不言弃》[J]. 文艺报，2010（6）：1.

[2] 刘爽. 外国文学作品教学中的人物形象分析 [J]. 语文建设，2016（8z）：9—10.

[3] 玛蒂娜. 哈萨克斯坦当代作家涅玛特·凯勒穆别托夫 [J]. 剑南文学，2013（2）：109.

[4] [哈] 涅玛特·凯勒穆别托夫. 永不言弃 [M]. 叶儿克西，译. 北京：民族出版社，2010：1—4.

[5] 张海迪. 对生命存在的更多思考：在涅玛特·凯勒穆别托夫新书发布会上的讲话 [J]. 中国残疾人，2012（6）：22—23.

[6] Дауылбаева М. *Н. Келімбетовтің көркем әдеби мұрасы* [D]. Шымкент: Қазқстан Республикасының Білім және Ғылым Министірлігі Қ. А. Ясауи атындағы Халықаралық қазақ-түрік университетті Шымкент институты дипломдық жұмыс, 2008: 38-39.

---

① 张海迪. 对生命存在的更多思考：在涅玛特·凯勒穆别托夫新书发布会上的讲话 [J]. 中国残疾人，2012（6）：22—23.

《敞开的门》叙事技巧解读

信息工程大学　尚　臻

【摘　要】埃及女作家拉蒂法·宰雅特创作的小说《敞开的门》，被认为是埃及"现实主义小说"的开山之作。小说讲述了 1946—1956 年间，埃及人民反抗英国殖民统治的故事。本文以叙事学的角度解构小说故事框架，分析叙事手法，来帮助读者更好地理解作者的创作意图。

【关键词】《敞开的门》；拉蒂法·宰雅特；叙事学

拉蒂法·宰雅特（1923—1996）是埃及著名的活动家、小说家、评论家。她出生于埃及北部的杜姆亚特（دمياط）市，1957 年获得开罗大学英国语言文学博士学位，1952 年开始在艾因夏姆斯大学女子学院任教并担任英国语言文学系系主任，直至 1996 年病逝。拉蒂法·宰雅特一直对社会和妇女问题极为关注。20 世纪 40 年代，活跃于政治舞台上的她成为埃及学生运动的领导人之一，并作为"全国学生和工人委员会"学生秘书长，在组织反对英国殖民的民众示威活动中发挥了重要作用。70 年代后期，宰雅特同其他一些知识分子共同创立了"保卫民族文化委员会"来反对犹太复国主义和文化殖民，并在 1979 年至 1996 年担任该委员会的主要负责人。

拉蒂法著述颇多，其中最为著名的就是创作于 1960 年的小说《敞开的门》（الباب المفتوح）。小说描写了 1946 年至 1956 年间，埃及人民团结一致抵抗英国殖民主义，最终在塞得港战役中获得胜利，并于 1956 年恢复对苏伊士运河的使用权。小说以女主人公"莱拉"的成长经历为线索，塑造了一个从个人抗争到走上革命道路的知识分子的艺术典型。她在政治舞台上与男性并肩抵抗，并对社会产生了深远的影响，体现了妇女解放与民族解放是密不可分的。该篇小说是埃及现代文学史上第一部女性长篇小说，[①]并于 2000 年被阿拉伯作家联盟评选为 20 世纪百部最佳阿拉伯小说之一。《敞开的门》也被认为是埃及女性作家具有里程碑意义的一部作品，不仅因为其紧凑的叙事结构和鲜活的人物特征，而且还使女性摆脱了生活和文学创作的社会边缘化。因拉蒂法在文坛做出的巨大贡献，1996 年，她被授予埃及最负盛名的奖项之一：国家文学奖。[②]

[①] 哈赛宁. 现代中国文学在埃及 [D]. 北京：北京语言大学，2008：82.

[②] رضوى عاشور. لطيفة الزيات [EB/OL]. [01-06-2020]. http://www.latifaalzayyat.net/node/161.

小说的叙事，就是指小说家们通过文本来叙述某一个故事。叙事学则是对这些叙述故事的技巧进行理论分析。本文以叙事学理论为依据，对小说《敞开的门》的故事建构，及叙事技巧进行分析。

一、《敞开的门》故事建构

（一）人物

叙事活动离不开"人"这个主体，因此对人物的分析也是叙事学的一个重要内容。

小说的女主人公莱拉出生在一个埃及中产阶层传统家庭。她从小就受到信奉传统观念的家庭所给予的压力以及重男轻女观念对她的残害。因此她从很早就表现出对压迫自己的旧传统，和对压迫整个埃及人民的英帝国主义的反抗精神。中学时代的莱拉就开始喊"我长大之后一定要打英国人，我一定要用武器打他们"[1]。莱拉的哥哥马哈茂德是一个具有革命精神的大学生，莱拉在他那儿开始接触到关于国家事业与民族反抗的精神。高中时代，她开始慢慢冲破家庭的牢笼，和表哥伊萨姆陷入了爱情，"伊萨姆爱我，我也爱他"[2]，但同时她也开始表现出更广博的对祖国的爱，认为什么都比不上爱国，"爱埃及，爱祖国，那才是真正的爱"[3]。不久，哥哥马哈茂德离开家去参加志愿军，受到了父母的强烈反对，但赢得了热爱祖国的妹妹的鼓励。哥哥走后，经常给妹妹写信，谈到自己同志愿军一同反抗殖民主义的英雄事迹，"我今天向英国军营投掷了第一个手榴弹，当我站在远远的地方看到爆炸，感到心里充满光明"，"莱拉，我现在长大了，我觉得来到苏伊士战地之后才长大了"[4]。马哈茂德就是女主人公莱拉生活中的第一个引导者。他帮她意识到除了对父母的爱、对伊萨姆的爱，还有对祖国的爱。马哈茂德走后，莱拉开始发现表哥伊萨姆的背叛，以及他的自私和平庸。不久，她认识了哥哥的战友侯赛因，从哥哥给他的信中经常听到侯赛因的反抗思想与热爱祖国的精神。她越来越崇拜侯赛因的革命性与反抗性以及为了祖国牺牲的大无畏精神，慢慢与侯赛因相爱了。侯赛因到德国之后，给莱拉的信中，经常谈到埃及人民的反抗、热爱祖国的精神，鼓励她摆脱旧传统的樊篱，摆脱个人的小圈子走到社会，投身于民族事业。侯赛因曾在信中写到："你现在已经成了我爱祖国的象征，当我想念埃及的时候，就想到你，怀念埃及的时候，就怀念你，

---

[1] لطيفة الزيات، الباب المفتوح، القاهرة: الكرمة للنشر والتوزيع، 2015، ص20.
[2] لطيفة الزيات، الباب المفتوح، القاهرة: الكرمة للنشر والتوزيع، 2015، ص73.
[3] لطيفة الزيات، الباب المفتوح، القاهرة: الكرمة للنشر والتوزيع، 2015، ص73.
[4] لطيفة الزيات، الباب المفتوح، القاهرة: الكرمة للنشر والتوزيع، 2015، ص132.

说实话，我不能停止对埃及的怀念。"①"亲爱的，你一定要出发与广大人民结合，与我们埃及的土地和百姓结合，到时候你会找到比我们之间的爱更伟大、更美的爱。别人所不能抢走的爱，就是对祖国人民的热爱"②。侯赛因就是莱拉走向集体、走向民族事业的第二个也是最重要的引路人。侯赛因在国外的时候，莱拉家庭开始给她安排做一个大学教授夫人的婚姻。但订婚不久，莱拉就发现了教授拉姆西的自私、不抵抗主义、对国家毫不关心。她开始讨厌这个教授，便逃到塞得港做了一名志愿者，等待侯赛因回来。

在小说《敞开的门》中，宰雅特细致地描绘了莱拉在各个年龄阶段所展现出的性格特征，以及不同心理状态下她的语气所发生的变化。通过跃然纸上的文字，读者的情绪被主人公的喜怒哀乐所牵引。

小说将莱拉成长历程分为童年、青春期和青年时期三个阶段。在童年时代，读者会感受到所有家庭成员对莱拉的粗暴行径：父亲试图压制她的个性，母亲则经常言辞激烈地对她进行斥责。家庭的因素使她非常渴望在家以外的地方证明自己，因此她在学校生活中不断展现自己，表现出色。她甚至梦想着有一天加入到从殖民者手中解放家园的人群中去。

进入青春期后，父母更是对她严加看管。这使得她更加感受到作为女性参与社会生活的不便。1936年埃及政府与英国签订了不平等的同盟条约，遭到人民的强烈反对。民众纷纷走上街头，举行游行示威。莱拉也加入到了学生游行的队伍中，与所有学生一起为自由而呐喊。然而回到家后，她遭受了父亲的殴打，还有母亲和哥哥的指责，这让她感到绝望无助。但是在那个时代，女性仍然承受着传统和习俗所带来的压力。因遭到表哥伊萨姆对感情的背叛，莱拉决定与他分开。进入大学后，莱拉结识了拉姆兹博士并与之相恋。拉姆兹博士在其生活中扮演着另一个"父亲"般的角色，他视莱拉为其手中的一块"黏土"，不许她拥有自己的立场和见解，而是根据他的意愿来塑造她的行为和想法，并对她多加挑剔和限制。这使得莱拉感觉如陷泥沼，无法自拔。

作者对莱拉成长历程中性格的描写是非常细腻的，展现出了她性格的复杂性。有时她很善变，时常自我否定，使读者也无法预判故事将如何发展。同时她又勇于接受挑战，拥有顽强的意志力。正如她对数学的坚持引起了老师的注意："这是莱拉在压抑的学校生活中唯一的必需品；它可使她忘却所有，感觉自己与男性无异。"③

对莱拉青春期的描写，是小说叙事中最重要的部分。因为这是她性格形成以及与传统思想抗争的重要阶段，她感觉她的青春期就仿佛是座监狱，"生活对于

---

① لطيفة الزيات، الباب المفتوح، القاهرة: الكرمة للنشر والتوزيع، 2015، ص272.

② لطيفة الزيات، الباب المفتوح، القاهرة: الكرمة للنشر والتوزيع، 2015، ص274.

③ لطيفة الزيات، الباب المفتوح، القاهرة: الكرمة للنشر والتوزيع، 2015، ص23.

狱卒和囚犯而言都是痛苦的。狱卒因担心囚犯越狱冲破界限而夜不能寐，而这一界限不正是人们自己划出，并由心灵的守卫者所搭建。"① 由于青春期女孩不断的生理变化，父亲对莱拉做出了更多的限制。母亲对莱拉的管束也如水滴石缝般渗透在生活的方方面面。她总是不停地对莱拉说："循规蹈矩的人永远不会出错。"②

小说的第二章将叙事直接跳转到了五年后，莱拉已成为一名 17 岁的青年，并对她身体特征的变化进行了详细的描述："（她是个身材）丰满的女孩，中等身高，圆盘脸，额头宽大，眼睛深邃狭长有光泽。当她微笑时，粉扑扑脸颊就会鼓起，眼睛则变成一条闪光的细缝。当她沉静时，脸、唇、眼、鼻也满是笑意。如果谈话引起了她的兴趣，她就会歪着头听着，仿佛那些话语从她的耳朵流进了心里。如果谈话的内容引发了她的热情或同情心，她的眼睛就会流泪。"③ 这段对女主人公身体特征的描述，暗含了作者对于这个角色的同情与喜爱，因为小说中其他角色都没有获得像对莱拉这样准确、亲密的描述。莱拉的情感世界也在同伊萨姆、拉姆兹博士和侯赛因三位男性的故事中走向成熟。莱拉与代表着埃及家长制的伊萨姆和拉姆兹博士关系的破裂，也展现出她在与社会传统做斗争中赢得了一些胜利。

（二）事件

这部小说涵盖了埃及近代史上的一个重要时期（1946—1956）④。并从对政治问题的关注转移到了对当时社会问题的关注。它强调女性与男性共同参与保家卫国，摒弃社会偏见与歧视，以及独立自主的重要性。作者将政治事件与社会，乃至文化问题紧密联系，并强调知识分子对于国家总体地位方面的作用。因为在作者眼中，这些事件不只是单纯的政治问题，而是包含了埃及社会各个方面的问题。在小说结尾，作者通过对女主人公莱拉到塞得港（Port Said）参加游行示威活动的描写，展现了埃及人民——包括男男女女，知识分子和工人，老人和青年之间团结一致、相互扶持以捍卫自己的家园。小说描写的斗争体现在两个层面

---

① لطيفة الزيات، الباب المفتوح، القاهرة: الكرمة للنشر والتوزيع، 2015، ص31.
② لطيفة الزيات، الباب المفتوح، القاهرة: الكرمة للنشر والتوزيع، 2015، ص32.
③ لطيفة الزيات، الباب المفتوح، القاهرة: الكرمة للنشر والتوزيع، 2015، ص34.
④ 在此期间，为废除英埃同盟条约和实现埃及真正的独立，埃及人民展开了大规模的反英、反封建的斗争。这些斗争取得了一定的成果：1946 年英埃签订的关于英军继续留驻埃及的秘密协定被迫废止；1951 年埃及政府宣布废除英埃同盟条约和英埃共管苏丹协定；1952 年纳赛尔领导自由军官组织发动革命推翻法鲁克王朝；1953 年，埃及废除君主制，成立共和国；1956 年埃及通过新宪法，实行总统制。同年英军被迫全部撤出埃及，苏伊士运河收归国有。

上，一是内部斗争：莱拉与家人的斗争。二是外部斗争：全体埃及人民同殖民者的斗争。莱拉通过与侯赛因一起参加解放运动而民族斗争意识觉醒。"当他们望向在他们前后的人群时，又再次沉默了，仿佛是一股强烈的胜利浪潮在推着他们向前。侯赛因眼含深情地对她说：亲爱的，这才是开始！"①

《敞开的门》揭示了个人自由与社会自由这两个层面的辩证关系，并提出二者同时实现的必要条件。小说认为，个体实现自由是建立在社会自由的基础上的。女主人公的哥哥马哈茂德不顾父母的反对，前往苏伊士运河参加反对《英埃同盟》条约的运动。但在写给妹妹的信中，他却表现出极大的失望。因为他和他的同伴们感到孤立无援。他们感觉这个国家其他人都沉浸在自己的事务中，对他们的抗争毫不在意。而像伊萨姆这种顺从于家庭的人，反而得到了家人的认可和支持。这本小说既展示了社会与政治变革，也表现了阻碍变革的一些相反观点。

（三）小说的时空

1. 空间

对于文学作品的研究，必然离不开空间维度与时间维度。因为任何故事的发生都有其特定的时间、空间属性。这个空间，可以是完全或部分来自现实，也可以是作者的凭空想象。

（1）家

在小说《敞开的门》中，当马哈茂德和伊萨姆向家人宣布他们去苏伊士的决定时："我希望你能明白！爸爸，我希望你能试着理解！我必须去！""如果你要走，那么你就不再是我儿子，我也不认识你，你再也不要踏进我的家门！"②父亲的激烈反抗，成为这个年轻人实现理想，获得人生价值的最大阻碍。而在这个家中所产生的意识形态的冲突，正是这个国家所发生的意识形态冲突的一个缩影。年轻人们试图从这所房子走出来，摆脱束缚成为家园的捍卫者；而解放者则将冲破阻碍，努力夺回他们的家园。对于莱拉来说，这所房子则是她的"监狱"。"在家里，她的母亲总是指责她做的都是不该做的，该做的都不做。然后，她的父亲总是镇定，沉默，无表情地出现，并把这种沉默和镇定强加给家里的每个人。"③家庭所带来的压抑感，使得她在学校这个相对轻松的氛围里得到释放。所以她表现得非常活跃与积极，并且参加了学生游行。在父亲的家里，只有她自己的房间是属于她的小天地。在这间屋子里，她和好友谈天说地，阅读着哥哥寄给她的信件，幻想着纯真美好的爱情……在这所房子里，我们还时常能听到父亲同莱拉、

---

① لطيفة الزيات، الباب المفتوح، القاهرة: الكرمة للنشر والتوزيع، 2015، ص462.

② لطيفة الزيات، الباب المفتوح، القاهرة: الكرمة للنشر والتوزيع، 2015، ص123.

③ لطيفة الزيات، الباب المفتوح، القاهرة: الكرمة للنشر والتوزيع، 2015، ص36.

马哈茂德、伊萨姆讨论政治、战争、殖民主义、社会上的压迫和不公现象,阿拉伯革命、1919 革命等等内容。小说《敞开的门》搭建了"家"这个空间,作为家庭与社会内外关系的纽带。发生在这个家里的事情,就是家外世界的真实写照。

（2）监狱

阿拉伯小说家通常用监狱来表现最突出、清晰和具体的镇压制度。无论是在殖民时期还是在独立时期,这源于阿拉伯小说家遭受统治者对公民镇压的痛苦记忆。[1]

拉蒂法·宰雅特自 1946 年当选为全国学生和工人委员会秘书长以来,一直在政治领域为反对英国占领和服务政府的全国抵抗运动而工作。她于 1949 年被指控试图推翻政府而两次入狱。1981 年又因被控勾连外国势力而再次入狱。由于不公正的指控受到了残酷的对待。监狱在拉蒂法·宰雅特作品中经常出现。那些来自自由世界的囚犯,在这一空间内遭受了多种酷刑和惩罚。其中最为残酷的就是囚犯与囚犯之间不能自由地交流。在《敞开的门》中拉蒂法·宰雅特是这样描写监狱的:"时间还没到,监狱长却下达了开门的命令。囚犯们相互拥抱,笑中带泪……拘留者被分成几组,在一起说笑。"[2] 这正是作者将亲身经历的感受融入到自己的作品之中。这种带有真情实感的描述令读者产生怜悯之心。

2. 时间

小说开篇的第一句话就将小说的叙述时间定在了过去,"那是 1946 年 2 月 21 日的傍晚,七点钟"[3],紧随其后的是一个描述性的长句,将时间与空间相交汇。在开罗的伊斯梅利亚广场（现名为解放广场）,那里的空气很清新,"天空好像已经下过雨,将大地冲洗干净,开罗不同往日,没有闪烁的灯光。"[4] 隐藏的叙述者继续描述空间。小说的叙述从伊斯梅利亚广场上发生的这一幕开始,最终在塞得港结束,中间跨越了十年。这十年就是小说的时间框架。

小说的第二次时间移动是"7 月 23 日上午,埃及军队发动革命",叙述者描述了当埃及人知道革命开始时的感受:"内心深处由于巨大的喜悦而震颤,嘴唇瑟瑟发抖,喜悦的泪水哽在喉头,人们纷纷从家中出来,与那些军官握手。"[5]

第三次时间移动是 1956 年 10 月 29 日,以色列对西奈沙漠的袭击开始。"10

---

[1] حسن بحراوي، بنية الشكل الروائي، المركز الثقافي العربي، 2009، ص.26.

[2] لطيفة الزيات، الباب المفتوح، القاهرة: الكرمة للنشر والتوزيع، 2015، ص.201.

[3] لطيفة الزيات، الباب المفتوح، القاهرة: الكرمة للنشر والتوزيع، 2015، ص.1.

[4] لطيفة الزيات، الباب المفتوح، القاهرة: الكرمة للنشر والتوزيع، 2015، ص.1.

[5] لطيفة الزيات، الباب المفتوح، القاهرة: الكرمة للنشر والتوزيع، 2015، ص.198.

月31日，英国和法国加入了对埃及的侵略，战争在埃及的土地上打响了。"①

小说的最后一次时间移动，同之前一样是一种类似新闻的描述，"1956年11月5日，今天早上11点"②。之后描写了英勇的人民同敌军对抗的场面。在这里暗示了小说人物的命运：莱拉、侯赛因、马哈茂德、伊萨姆，还有反对占领军侵略的人民的命运。

小说的时间成线性结构，过去时态的动词串联了整个故事，并打破了描述和故事之间的界限。故事与文本之间的时间差距是必然存在的。文本与时间的关系有时是一种省略和概括，有时又是延缓和停顿。对于现实主义体裁小说，时间的波动是其叙事技巧的特征。《敞开的门》在一些章节的第一句话，就体现了这一特征。例如：

章节	句子
第一章	"那是1946年2月21日的傍晚。"
第二章	"莱拉17岁了。"
第三章	"早上，莱拉上学迟到了。"
第四章	"已经四天了，伊萨姆都没有出现。"
第八章	"十五天过去了，莱拉每天都在紧张与不安中度过。"
第十章	"7月23日上午，埃及军队发动革命。"
第十二章	"十五天来，侯赛因的眼神一直追随着莱拉。"
第十三章	"侯赛因离开的那天，莱拉没有任何感觉。"
第十七章	"从那天起，莱拉和拉姆齐医生之间的关系因为一些东西而变得不一样了。"
第二十二章	"时间就这样日复一日，一件事接一件事地过去了，周而复始，不断重复。"
第二十六章	"1956年11月5日，今天上午11点。"
第二十九章	抵抗运动始于英法联军占领塞得港，并且抵抗运动每天都在扩大

二、《敞开的门》的叙事技巧

（一）叙述者

叙述者是叙事学中的核心概念。所有的叙事作品都有一个叙述者，他将故事进行组织和表达，是小说内容的传达者。阅读的意义，正是要从叙述者的讲述

---

① لطيفة الزيات، الباب المفتوح، القاهرة: الكرمة للنشر والتوزيع، 2015، ص410.
② لطيفة الزيات، الباب المفتوح، القاهرة: الكرمة للنشر والتوزيع، 2015، ص418.

中，增加对这个世界的了解与认知。叙述者可以是一个客观的记录者，也可以作为真实作者与被叙述者之间的价值传导纽带。虽然叙事文本中不一定存在评论性的语句，但是叙述者通过对文本中事件的安排，以及人物的矛盾和冲突，向被叙述者传达着他的价值倾向。例如在本篇小说中，莱拉认为婚姻的基础是爱情，但是母亲、姑妈却告诉她"金钱是幸福婚姻的基础"[①]。而她和她的爱人拉姆兹博士虽是同龄人，但在面对国家危难，一个选择同广大的人民站在一起共同抵抗，另一个却选择独善其身。虽然小说中的叙述者并不等同于作者，但是我们总能从叙述者的身上发现作者自身的经历和个性。在《敞开的门》中，女主人公同作者拉蒂法·宰雅特一样，都是在学生时期参与了革命运动，也都为了女性的独立和解放振臂高呼。

胡亚敏在《叙事学》中从四个方面将文本中的叙述者类型界定和阐发为：（一）异叙述者与同叙述者；（二）外叙述者与内叙述者；（三）"自然而然"的叙述者与"自我意识"的叙述者；（四）客观叙述者与干预叙述者。[②]

《敞开的门》作为一部现实主义体裁的小说，在第一种类别里，它的叙述者属于异叙述者。异叙述者指的是故事并不是由小说中的某个人物来讲述，而是一个隐藏在故事之后，看不见摸不着的人在讲述这个故事。他的特点是能将故事的内容不仅仅局限于某个人物的视角，而是能够掌握所有人物的动向和内心，以及全部的故事线索。不论是在电影院门口聚集的人群所进行的讨论，还是苏伊士运河战场上的烽火连天，抑或是主人公面对爱情时的内心起伏，叙述者都无所不在无所不知。在第二种类别里，小说的叙述者则属于内叙述者。因为小说的内容随着线性时间的框架展开，整部小说只讲了一个故事，而不存在其他层次。在第三种类别里，根据叙述者的行为，该小说属于"自然而然"的叙述者。小说通篇没有刻意的叙述痕迹，所有的事情都像只是随着时间自然而然地发生了。而在第四种类别中，小说的叙述者自始至终仅仅是对人物和时间进行客观的记录，他并不参与到事件之中，又不对任何人物妄加指责。

（二）视角

叙事视角指叙述者与他所讲故事之间的关系。关系越远，叙述者则更接近"全知"的"上帝"。他可以随意借用小说中人物的角度，甚至了解他们的内心。关系越近，则叙述者视角变成人物视角，而单一人物的观察感知范围是有限的，因此传统小说通常选用"全知全能"的视角来增加写作灵活性，拓展叙述内容的丰富性。由叙述者和故事之间的亲疏远近，视角被分为三大类型：非聚焦型，内聚焦型，外聚焦型。

[①] لطيفة الزيات، الباب المفتوح، القاهرة: الكرمة للنشر والتوزيع، 2015، ص80.

[②] 胡亚敏. 叙事学[M]. 武汉：华中师范大学出版社，2004：19.

《敞开的门》就采用了非聚焦的视角。例如在小说一开始，先是讲述了开罗的街道不同往日、空空荡荡，几个不知身份的人聚在电影院门口，讨论最近发生的反对英国殖民者的学生游行。镜头一转，就来到了苏莱曼（莱拉的父亲）的家。他正坐在客厅对着门的椅子上，嘴里默诵着《古兰经》。因为他的大儿子马哈茂德参加学生游行中枪，由于担心警察上门抓捕，他便在门口一边观察动静，一边为儿子祈祷。

我们从叙述者的口中既能看到伊萨姆对莱拉的爱意，"她突然笑了起来，伊萨姆凝视着莱拉，他想：要是能将她拥在怀中，将她的笑脸紧贴我的胸膛那该多好啊。就让这笑声被亲吻所代替……"①。又"听到"关于贾米拉②迫于现实的包办婚姻，"新郎是在都奇（地名）帮杜莱特·哈尼姆③盖房子的包工头，他跟杜莱特说想找个白人女孩。杜莱特想到了贾米拉，就把她的照片拿给他看。他答应了这门婚事，给了 300 埃磅的彩礼钱，这些钱够装修四间房子的了。她的姨妈发现这个新郎是个'宝藏'，哪个女孩还能有运气再次遇上这样的人。但是她的经济状况没法举办婚礼，所以她就和贾米拉和伊萨姆一起用过世丈夫的退休金生活，医学院的开支就占去了一大半，其他物品的价格也在不断上涨，真是人间炼狱。"④

非聚焦叙事视角既展示了像莱拉和马哈茂德这样的年轻人，渴望通过革命和斗争获得国家独立以及社会公正的愿望。也给像父亲、母亲、拉姆兹博士、姨妈这样被社会传统所禁锢的人表达自己立场和观点的机会，而他们的观点恰恰反映了那个时代社会主流的意识形态。文本为代表不同阶层人物的观点提供了相互争论的机会和场所。

三、结语

《敞开的门》因其在处理个人自由与社会自由之间冲突的艺术手法、戏剧性的叙述风格，以及对社会问题的关注成为阿拉伯小说史上的一个标志。在对自由的探讨方面，宰雅特成了新一代女性作家的标杆。她认为个人自由的实现是基于国家的自由和富强，并把帮助改变社会思想，创造、发展和改变社会的可能性作为己任。

作者将莱拉的命运与埃及 1946 年至 1956 年的民族运动相联系。展现了一个埃及中产阶级女孩的 11 岁到 21 岁。她与人民一起从殖民者手中解放自己的国

---

① لطيفة الزيات، الباب المفتوح، القاهرة: الكرمة للنشر والتوزيع، 2015، ص101.

② 莱拉姨妈的女儿，也是莱拉最亲密的朋友。

③ 莱拉的姨妈。

④ لطيفة الزيات، الباب المفتوح، القاهرة: الكرمة للنشر والتوزيع، 2015، ص77-78.

家,击败三方侵略①,她用坚定的意志打开了之前在她面前紧锁的"大门"。作者成功地描绘了埃及女孩在发生叛乱与冲突的社会中遭受的苦难,以及国家从被侵占到独立的过程中所遭受的苦难。

小说描写了莱拉在顺从父母命令和顺从自己个人意志之间的挣扎。从顺从到独立的过程,是作者对当时压迫女性社会的有力抨击。小说讨论了埃及女性在社会生活中的尴尬境地,"她们什么都没有,一切都被剥夺了。没有意见,没有思想,没有美德或同情的感觉。面对所有这些,人们仍然保持沉默。因为她们的头脑已经僵化,灵魂已经死亡"②。宰雅特在她的小说中谴责埃及社会的负面因素及陈规陋习,希望社会赋予妇女一些权利。

参考文献

[1] 胡亚敏. 叙事学 [M]. 武汉:华中师范大学出版社,2004.

[2] 申丹. 叙事结构与认知过程:认知叙事学评析 [J]. 外语与外语教学,2004(9).

[3] 徐岱. 小说叙事学 [M]. 北京:中国社会科学出版社,1992.

[4] [美] 华莱士·马丁. 当代叙事学 [M]. 北京:北京大学出版社,2005.

[5] إبراهيم جنداري، الفضاء الروائي عند جبرا إبراهيم جبرا، دار الشؤون الثقافية العامة، ط1، بغداد، 2000.

[6] آمنة يوسف، تقنيات السرد في النظرية والتطبيق، مطبعة دار الحوار للنشر، اللاذقية، ط1، 1997.

[7] لطيفة الزيات، الباب المفتوح، القاهرة: الكرمة للنشر والتوزيع، 2015.

[8] رضوى عاشور. لطيفة الزيات [EB/OL]. http://www.latifaalzayyat.net/node/161. [01-06-2020].

---

① 指1956年"苏伊士战争"(或称"第二次中东战争")中,英、法、以色列三方对埃及的侵略。

② عبادة، عبد الفتاح، نهضة المرأة المصرية والمرأة العربية، القاهرة: مطبعة الهلال،1919، ص18.

试论宗教因素对斯瓦希里创世神话的影响

北京大学外国语学院　李坤若楠

【摘　要】斯瓦希里文明是南阿拉伯半岛、波斯湾、印度、东南亚与东非地区通商及文化交流的产物，随着欧洲殖民者对非洲的入侵，东非本土的传统宗教受到了基督教、伊斯兰教、琐罗亚斯德教等宗教的影响，不同宗教之间出现了调和现象。这些外来宗教为了达到传教目的，影响甚至否定东非本土的传统宗教，反映在斯瓦希里语的创世神话中，就是《圣经》《古兰经》《阿维斯塔》等宗教经典的神话对斯瓦希里创世神话的影响。本文首先概述了斯瓦希里文明的成因以及斯瓦希里语在非洲的地位，然后通过分析斯瓦希里语创世神话文本中的宗教因素，阐述基督教、伊斯兰教及琐罗亚斯德教等宗教对东非本土传统宗教的影响。

【关键词】斯瓦希里语；创世神话；宗教因素

一、引言

　　兴起于东非的斯瓦希里文明是南阿拉伯半岛、波斯湾、印度、东南亚与东非地区通商及文化交流的产物。西印度洋特有的季风体系，使得南阿拉伯半岛、南亚和东南亚大陆到东非地区的远程贸易成为可能。印度洋的温度、风向等海上条件非常适宜海上长途旅行，所以早在公元1世纪，奥斯特罗尼西亚语民族的航海者就曾经设法从印度尼西亚抵达东非，而使得这一切成为可能的是季风。印度洋上的季风从每年的11月到次年的4月刮东北季风，从5月末、6月初到9月末、10月初刮西南季风，这就为南阿拉伯半岛、波斯湾、南亚、东南亚地区到东非的往返航行提供了便利条件。航海者可以安排周期性的航线，在两地各停留若干月，他们可以上岸居住，与港口城市的居民交往、通商甚至通婚。公元8至9世纪，斯瓦希里城镇开始兴起，城镇中的居民大多是穆斯林。这些居民是最先在海岸地区定居并与阿拉伯人或波斯人做生意的班图人的后代。公元11至16世纪，斯瓦希里海岸地区经济繁荣程度惊人，吸引了部分阿拉伯人和一些波斯人移民到东非。

　　斯瓦希里人属于非洲东部地区的跨界民族，主要分布在坦桑尼亚、肯尼亚、乌干达、布隆迪、卢旺达、马拉维、赞比亚、刚果（金）、莫桑比克北部沿海等地，另有一些支系或群体散居于索马里南部沿海的一些城市。斯瓦希里人的构成较为复杂，主要由沿海地带及桑给巴尔岛、奔巴岛、马菲亚岛的班图人与阿拉伯人、印度人、波斯人、马来人等长期通婚融合而成。

斯瓦希里语是非洲三大语言之一,也是东非的通用语及欧盟的工作语言。同时,斯瓦希里语还是坦桑尼亚和肯尼亚的国语,在两国的普及度极高。斯瓦希里语神话作为斯瓦希里语民间文学中的一部分,在研究当地的宗教、历史等方面发挥着重要作用。

二、斯瓦希里创世神话

《非洲神话故事》这部神话集中收录了两则有关斯瓦希里人的神话——《斯瓦希里人的创世神话》和《斯瓦希里人的天地开辟神话》。由于神话的创作年代久远,因此文中并未说明这两则神话的产生年代。在民间文学范畴内,创世神话与开天辟地神话均属于创世神话,都采用了神话故事的方式讲述了世界是如何产生的,人类是如何来到这个世界的等诸多问题。这本神话故事集出版于2004年,分为"美索不达米亚神话故事"和"非(澳)洲神话故事"两部分,共85则神话,24万余字。除了本文提到的以上两则斯瓦希里人的神话,其余的神话均未标明具体区域、国家或民族。因此本文选取这两则题目标明为"斯瓦希里人"的神话进行分析。

(一)《斯瓦希里人的创世神话》的主要内容

早在太初之前,上帝就存在。他从来无生无死。如果他想要一种东西"要有"那种东西,那种东西就存在。

所以,上帝说:"要有光!"光就存在了。他创造出了先知穆罕默德的灵魂,进而创造出人类,让穆罕默德作为他与人类之间的信使。

上帝具有无限的知识,能预见以后若干世纪直至世界末日将会发生的事件。上帝拥有无限的力量,开始创造他所需要的一切东西,服务于只有他才知道的某种目的。

上帝先后为自己创造了宝座、毡毯、书板、笔、喇叭、乐园、火,共七种事物。上帝还创造了很多天使——吉布瑞里、米凯里、塞拉费里、泽莱里、马里基、里德安尼,等。

上帝的宝座有四条腿,由四只强壮的野兽支撑着。毡毯由五颜六色的帷幔构成,圣光透过帷幔渗出来,明亮而又柔和。书板有它自己的灵魂,是上帝最忠实的奴仆之一。它永远携带着上帝所有的智慧和所有的训诫。上帝的笔一直忙碌地在书板上写着人的一切事迹。天使塞拉费里把上帝创造的喇叭放到嘴上,耐心等待着,直到上帝乐意结束历史的时候,如果上帝发出信号,天使便会吹出第一声响,世界末日就会到来。上帝创造的乐园会使人们忘掉他们在大地遭受的痛苦。

上帝创造的天使也各司其职,有的负责传送上帝的命令,有的负责维持大地上一切生物的生计,有的单纯等待世界末日的信号,有的是火的卫士,有的负责看守乐园,还有很多别的天使住在天国。

天国也有公鸡。它的功能就是在上帝指定黎明的时刻啼叫。这就成为人们起来进行一天第一次祷告的信号。①

(二)《斯瓦希里人的天地开辟神话》的主要内容

上帝开始创造物质世界。他创造了白昼、夜晚、星星、月亮、太阳、云彩。接着,上帝建造了宇宙,共有七重天。每重天都有自己的行星,各重天的卫士都是上帝八大先知的灵魂。这七重天由低到高分别由月亮、水星、金星、火星、木星、土星、太阳管理和统治。与这七重天相对的还有七层地狱,每一层都比上一层更可怕。

接着,上帝把大地展开,把陆地同大海分开,让岛屿密布,给风以声音,吩咐大地充满昆虫,命令海洋要有各种各样的鱼类,又呼唤大型动物出现。牛、羊、长颈鹿、水牛、羚羊、斑马、河马、大象、母牛、骆驼、萤火虫等都出现了。上帝决定他创造的法则:小鱼被大鱼吃掉,大鱼又被更大的鱼吃掉。他让秃鹰从天空下来吃动物的尸体,他创造绿叶喂养山羊,让鸽子躲不过鹰隼的猛扑,把死尸丢给蛆和蠕虫,把蚯蚓送给小鸡,又把小鸡交给老鹰。

最后,神话发出了震撼心灵的问话:"还有什么是上帝忘记了的?所有这些奇迹对你来说,难道不是他无限智慧的标记,不是他无限力量的标记吗?"②

三、宗教因素对斯瓦希里创世神话的影响

以上两则东非斯瓦希里人的创世神话文本中都蕴含着丰富的宗教因素。由于历史、地理、经济等原因,非洲东海岸出现了民族融合现象,形成了斯瓦希里人和斯瓦希里文明,加之后来欧洲殖民者的入侵,在东非地区便出现了宗教调和现象。东非本土的传统宗教受到了基督教、伊斯兰教、琐罗亚斯德教等宗教的影响,反映在斯瓦希里人的创世神话中,就是《圣经》《古兰经》《阿维斯塔》等宗教经典中的神话对斯瓦希里人创世神话的影响。

(一) 基督教对斯瓦希里创世神话的影响

有些学者认为,非洲人之所以信仰上帝是由于等级社会的影响,上帝即杰出的酋长或祖先。马其顿的希腊哲学家欧伊迈罗斯认为,"祖先崇拜"是一切宗教之根源。著名人类学家弗雷泽认为,在非洲,信仰上帝是自然崇拜的反映,绝非

---

① 晓红. 非洲神话故事 [M]. 北京: 中国言实出版社, 2004: 85—88.
② 晓红. 非洲神话故事 [M]. 北京: 中国言实出版社, 2004: 89—91.

来源于祖先崇拜。19世纪五六十年代进入非洲的欧洲传教士认为，起初非洲人只信奉圣化了的上帝，后来才变成了信仰众神。同时，还有一些学者认为，非洲宗教源于埃及。

在非洲的传统宗教中，上帝在不同地区有不同的称谓。以东非为例，乌干达的干达人称上帝为"卡通达（Katonda）"，肯尼亚的吉库尤人称上帝为"穆隆古（Murungu）"，坦桑尼亚的斯瓦希里人称上帝为"穆恩古（Mungu）"。

不论上帝有多少种称呼，他们都将上帝看作一种神——"至高神"或称"至高体"。几乎所有的非洲人，都有想象中的上帝。他们中的大多数人认为，上帝是万物的创造者，但是他高高在上，因此不易接近。相比之下，普通人对起中介作用的神灵和祖先要关注得更多。

综合以上分析可以看出，基督教在非洲尤其是东非沿海地区的传播，是在否定非洲传统宗教的基础上进行的。"早在太初之前，上帝就存在。"则很明显地说明了基督教对斯瓦希里人的影响。

（二）伊斯兰教对斯瓦希里创世神话的影响

穆罕默德是伊斯兰教中的先知，安拉的使徒。穆罕默德出生于大约公元570年，祖先是麦加的一个望族。他性格温和、忠诚、负责任，愿意帮助穷人和弱者。穆罕默德只崇拜安拉——他是造物者、无上的供养者以及人类命运的决定者。大约在公元610年，穆罕默德接受了安拉的神谕，成了安拉的使者，即伊斯兰教的先知。而在基督教中，至高神是上帝，他派自己的儿子耶稣来到世间拯救世人并传授神的旨意。

伊斯兰教一直被西方称为穆罕默德主义，这不但是不正确的而且是冒犯性的。穆斯林说，它不正确，因为穆罕默德并没有创造这个宗教，神才是创造者，穆罕默德只不过是神的使者罢了。① 因此，穆罕默德作为先知或神灵，在人与安拉之间起到了中介作用。同时，基督教传教士也借助穆罕默德这位先知，将"安拉"改为"上帝"，将"穆罕默德"改为"耶稣"，从而达到了传播基督教教义的目的。

1. 宝座是王权的象征

在乌干达，已故国王的首席大臣把新国王领到宝座前，告诉人民："这是你们的国王，你们要听从他、尊敬他、顺从他、为他而战斗。"② 在加纳的阿散蒂族中，谁都不可以非法地宣布为王，而且宣布为王时必须要有蕴含着国魂的金凳。登基典礼是秘密进行的，先把酋长带到凳子房，凳子房里有其祖先用过的许多黑

---

① 休斯顿·史密斯. 人的宗教[M]. 刘安云，译. 海口：海南出版社，2013：209.
② 帕林德. 非洲传统宗教[M]. 张治强，译. 北京：商务印书馆，2004：78.

糊糊的凳子；然后把该酋长放在名望最高的祖先的凳子上稍作片刻；最后把他连举三次。这样他就可以凭借与其祖先的关系进行统治。①

国王不是绝对的，他有可能被撵下宝座。假如他滥用职权，从祖凳中流出的美德就会消失。人们经常采用使国王犯忌的办法亵渎他的神圣。阿散蒂人就曾用将酋长摔倒在地，脱掉他的鞋子或毁伤其躯体的办法把酋长拉下宝座。……即使最典型的专制君主国也有明文规定，靠这些规定能控制或取消王权。②

在《圣经》中也出现了"宝座"的字眼。例如，《创世记》41:40 中写道："你可以掌管我的家；我的民都必听从你的话。惟独在宝座上我比你大。"《诗篇》103:19 中写道："耶和华在天上立定宝座；他的权柄统管万有。"《启示录》19:4 中写道："那二十四位长老与四活物就俯伏敬拜坐宝座的神，说：'阿们！哈利路亚！'"等等。

在埃及神话中，伊西斯的名字表明伊西斯最初是神化的御座。③依靠各种既定的表达，人们知道了在埃及早期已经是崇敬物的御座。在孟菲斯神学中，孟菲斯被称为"伟大的御座"。西部三角洲国家的首都，希腊人称为布陀，在埃及语中是"帕"，这个单词的意思是王座、座位或御座。阿蒙-拉被称为"在卡尔纳克掌握两地之御座的主人"。对大地的掌控用短语"盖伯的御座"表达出来了。上尼罗河的希卢克人部落保留了很多特征，可以回想起埃及人的习俗和信仰，在这些人当中，国王掌管着王族成员超自然的力量，方式是登上神圣的座位，后者恰恰支持令人尊敬的涅啊康，他与奥西里斯一样，既是一位神，又是新君主的祖先。在埃及，登基的中心仪式也发生在统治者登位并获得王权和权杖时。④

可以看出，在众多神话中，只要涉及宝座或御座的说法，一定会与王权相关联，宝座是王权的象征，并且统治者通过一系列登上宝座的仪式，来彰显自己王权与神权的合二为一，向民众宣布王权神授的道理，令民众信服听命于他。在这则斯瓦希里语的创世神话中，上帝创造出来的第一件物品就是宝座，由此可见，王权是最高等级的，是凌驾于其他一切事物之上的。

宝座"由四只强壮的野兽支撑着"，在这里，斯瓦希里创世神话并没有写明这四只野兽具体是什么，但在《圣经》的《启示录》4:6—4:7 中写道："宝座前好像一个玻璃海，如同水晶。宝座中和宝座周围有四个活物，前后遍体都长满了眼睛。第一个活物像狮子，第二个像牛犊，第三个脸面像人，第四个像飞鹰。"

---

① 帕林德. 非洲传统宗教 [M]. 张治强，译. 北京：商务印书馆，2004：79.
② 帕林德. 非洲传统宗教 [M]. 张治强，译. 北京：商务印书馆，2004：79.
③ 亨利·弗兰克弗特. 王权与神祇：上 [M]. 郭子林，等译. 上海：上海三联书店，2007：60.
④ 亨利·弗兰克弗特. 王权与神祇：上 [M]. 郭子林，等译. 上海：上海三联书店，2007：61.

这四个活物昼夜不停地敬拜神。这则神话中的四个"野兽"可以认为是受到了《圣经》中四个"活物"的启发和影响，就连强壮的野兽也要对上帝俯首称臣，所以就更加凸显了神权的至高无上。

2. 书板和笔也是较为重要的物品，因为他们可以配合起来共同完成一个使命——书写上帝的训诫

这与《圣经》中记载的神通过石版和法版记录他的律法和诫命如出一辙。在《出埃及记》24:12 中写道："耶和华对摩西说：'你上山到我这里来，住在这里，我要将石版并我所写的律法和诫命赐给你，使你可以教训百姓。'"《出埃及记》32:18 中写道："耶和华在西奈山和摩西说完了话，就把两块法版交给他，是神用指头写的石版。"《出埃及记》34:28 中写道："摩西在耶和华那里四十昼夜，也不吃饭也不喝水。耶和华说的这些话，就是十条诫，写在两块版上。"

上帝创造的书板是上帝最忠诚的仆人之一，说明上帝在书板上所写的文字与上帝的旨意丝毫不差，而上面的文字只有上帝才能解读，则表明了上帝的至高无上，无人能够企及，所以才需要通过上帝的使者穆罕默德来传达上帝的旨意和诫命。这里的"笔"，与《圣经》中神的手指的功能相同，它们都是用来书写上帝的训诫的，这也是"笔"的最重要的功能。可见书板和笔的创造是为了传达上帝的训诫，让民众顺服上帝，顺服神权，从而顺服与神权合二为一的王权。

3. 喇叭是古代波斯末日神话中的一个意象——金号角

天使塞拉费力（Serafili）把喇叭放在嘴上，一个世纪接着一个世纪地等待着，直到上帝想要结束历史的时候发出信号，他将吹响第一声，世界末日便到来了。

在古代伊朗，广泛流传着有关世界末日的神话，根据内容可分为讲述过去世界的末日神话和描绘未来世界的末日神话两种类型。讲述发生在过去的末日神话与一位名叫贾姆的文化英雄有关。据《阿维斯塔》记载，贾姆是霍尔莫兹德派到人间的第一位帝王，当政一千年。贾姆统治期间，大地上风调雨顺，人们安居乐业，万物没有病痛、衰老和死亡。由于人口越来越多，大地变得拥挤不堪，人满为患，贾姆借助霍尔莫兹德赐予的金鞭和金号角，先后三次将大地向四方扩展，使大地比原来整整扩大了一倍（一说为三倍），才使万物有了足够的栖居之地。[①]

喇叭同时也是伊斯兰教中的一个主题——末日审判中的意象。"当号角被吹响的时候，在那时，将有一个艰难的日子。那个日子对不信道的人们，是不容易度过的。"（74:8—10）[②]

[①] 张玉安，陈岗龙. 东方民间文学概论：第 2 卷 [M]. 北京：昆仑出版社，2006：26.
[②] 米尔恰·伊利亚德. 宗教思想史：第 3 卷 [M]. 晏可佳，姚蓓琴，译. 上海：上海社会科学院出版社，2011：999.

基督教中也有对号角的描述。《帖撒罗尼迦前书》4:16 写道:"因为主必亲自从天降临,有呼叫的声音和天使长的声音,又有神的号吹响;那在基督里死了的人必先复活。"《哥林多前书》15:52 中写道:"就在一霎时,眨眼之间,号筒末次吹响的时候。因号筒要响,死人要复活成为不朽坏的,我们也要改变。"而在《启示录》中关于天使吹号的意象是最多的。《启示录》8:2 至 11:19 讲的就是神将七只号赐给七位天使,每一位天使吹响号角之后都发生了不同的灾难。《启示录》11:15 中还写道:"第七位天使吹号,天上就有大声音说:'世上的国成了我主和主基督的国;他要作王,直到永永远远。'"

(三)琐罗亚斯德教对斯瓦希里创世神话的影响

在《阿维斯塔》中,贾姆吹号角是在世界末日到来之时拯救了人类,使人类不至于毁灭。而在伊斯兰教和基督教中,喇叭或号角是末日审判时的意象,当然,这里所说的世界末日还未到来。因此,这则斯瓦希里创世神话更加接近伊斯兰教和基督教的末日神话,换句话说,它受伊斯兰教和基督教末日神话的影响更大。同时,末日神话还蕴含着更深一层的意思,即如果相信了上帝,那么在世界末日到来之时便可顺利地度过末日审判,不会因为不信道而下地狱。

斯瓦希里创世神话中对乐园的描述,是与《圣经》中对于迦南地的描述相吻合的。如《出埃及记》3:8 中写道:"我下来是要救他们脱离埃及人的手,领他们到美好、宽阔、流奶与蜜之地,就是到迦南人、赫人、亚摩利人、比利洗人、希未人、耶布斯人之地。"这样的描述在《出埃及记》《利未记》《民数记》《申命记》《约书亚记》《耶利米书》《以西结书》中共出现了 12 次。

在《圣经》中,火与地狱是有密不可分的关系的。《马太福音》5:22 中写道"凡骂弟兄是魔利的,难免地狱的火";《马太福音》18:9 中写道"你只有一只眼进入永生,强如有两只眼被丢在地狱的火里"。

此外,"乐园"与"火"也是古代波斯宗教中对"善恶二元论"的体现。公元前六世纪,波斯人琐罗亚斯德创立了琐罗亚斯德教,其宗教经典为《阿维斯塔》。此教崇尚的是二元论,它的教义是将世界上所有的事物都划分为对立的二元,包括善良与邪恶,光明与黑暗,所以在波斯神话中才有了代表光明和正义的至高善神阿胡拉·玛兹达与代表邪恶的至高恶神安格拉·曼纽之间的战争。他们之间的战争持续了整整三千年。在这场战争中,至高善神阿胡拉·玛兹达创造了世界上的万事万物,并最终击败了至高恶神安格拉·曼纽。因此可以看出,善恶二元论有两个基本观点,分别是:善战胜恶,就要做好百折不挠、长期斗争的准备;善最终会战胜恶。

苏联民俗学家、宗教学家托卡列夫认为,《阿维斯塔》中蕴含的所谓二元论,首先是定居的农耕部落同逐水草而居的游牧部落之间的抗争和仇视之反映。① 元文琪研究员认为，这类旨在表现善恶两大本源对立斗争的神话，深刻地阐明了琐罗亚斯德教独具特色的宇宙观——以善恶二元的活动来解释世界的本源、形成、发展和结局，以及在此基础上产生的，以抑恶扬善、拯世救人为主旨的神学目的论，从而构成了鼎盛时期琐罗亚斯德教神话——哲学体系的核心。②

在斯瓦希里创世神话中，"罪人的灵魂将在火中受苦，受到永远的折磨"这样的对于"火"的描述，表现出其受到了基督教和琐罗亚斯德教的双重影响。

此外，在《斯瓦希里人的天地开辟神话》中，上帝创造的七重天以及相对应的先知可以总结为下表：

第一重天	月亮	亚当
第二重天	水星	伊萨及其表弟叶海亚
第三重天	金星	尤素福
第四重天	火星	伊迪里斯
第五重天	木星	哈儒尼
第六重天	土星	穆萨
第七重天	太阳	亚伯拉罕

在琐罗亚斯德教的开天辟地神话中也有七重天（七层天）的说法。霍尔莫兹德在创造世间万物时，设计并制造出七层天，置于苍穹与大地之间。只不过与斯瓦希里开天辟地神话稍有区别的是，琐罗亚斯德教开天辟地神话中的这七重天分别是：云彩、星斗、众星体、月亮、太阳、光源和霍尔莫兹德的宫殿。

地狱的概念也是基督教和伊斯兰教中重要的概念之一。《彼得后书》2:4 中写道："就是天使犯了罪，神也没有宽容，曾把他们丢在地狱，交在黑暗坑中，等候审判。"《古兰经》2:39 中写道："不信道而且否认我迹象的人，是火狱的居民，他们将永居其中。"《古兰经》4:14 中写道："谁违抗真主和使者，并超越他的法度，真主将使谁入火狱，而永居其中，他将受凌辱的刑法。"因此斯瓦希里创世神话中关于"火"的描述，也在告诫信众，信教者得永生，不信教者则会入地狱，且是最深层的地狱，永远受着拷打与折磨。

"奇迹乃是基督教之本质重要的东西，是本质重要的信仰内容。但是，什么是奇迹呢？是一个被现实了的超自然主义的愿望；除此以外，便什么也不是了。"③ 斯瓦希里创世神话在结尾处将上帝创造万物归结为奇迹，将上帝无所不在

---

① 谢·亚·托卡列夫. 人类与宗教 [M]. 魏庆征, 译. 北京: 中央编译出版社, 2009: 353.

② 元文琪. 二元神论 [M]. 北京: 中国社会科学出版社, 1997: 226.

③ 费尔巴哈. 基督教的本质 [M]. 荣震华, 译. 北京: 商务印书馆, 1984: 180.

的大能认为是上帝具有无限的智慧和力量。正如《圣经》中的《创世记》18:14所说："耶和华岂有难成的事吗？"斯瓦希里创世神话如同《圣经》中将耶和华视为至高神一样，将上帝置于至高无上的地位，正体现了基督教对斯瓦希里创世神话的影响。可以看出，基督教的传教士希望信众能够信仰那位可以满足一切人的愿望的全能者——上帝。

四、结语

随着非洲东海岸出现了民族融合现象，东非本土的传统宗教受到了基督教、伊斯兰教、琐罗亚斯德教等宗教的影响。东非斯瓦希里语创世神话文本中的宝座、书板、喇叭、乐园、火、七重天、七层地狱等意象，均来自《圣经》《古兰经》《阿维斯塔》等宗教经典，并且具有一定的训诫意义。神话要满足深切的宗教欲望，道德的要求，社会的服从与表白，……所以神话乃是人类文明中一项重要的成分。①本文分析的两则斯瓦希里创世神话，蕴含着丰富的宗教因素，其核心便是王权与神权的合二为一，因此这两则神话的目的也是现世斯瓦希里文明中社会秩序的合理解释。

参考文献

[1] 埃里克·吉尔伯特，乔纳森·T.雷诺兹. 非洲史[M]. 黄磷，译. 海口：海南出版社，2007.

[2] 休斯顿·史密斯. 人的宗教[M]. 刘安云，译. 海口：海南出版社，2013.

[3] 帕林德. 非洲传统宗教[M]. 张治强，译. 北京：商务印书馆，2004.

[4] 亨利·弗兰克弗特. 王权与神祇：上[M]. 郭子林，李岩，李凤伟，译. 上海：上海三联书店，2007.

[5] 张玉安，陈岗龙. 东方民间文学概论：第2卷[M]. 北京：昆仑出版社，2006.

[6] 米尔恰·伊利亚德. 宗教思想史：第3卷[M]. 晏可佳，姚蓓琴，译. 上海：上海社会科学院出版社，2011.

[7] 谢·亚·托卡列夫. 人类与宗教[M]. 魏庆征，译. 北京：中央编译出版社，2009.

[8] 元文琪. 二元神论[M]. 北京：中国社会科学出版社，1997.

---

① 马林诺夫斯基. 巫术、科学、宗教与神话[M]. 李安宅，译. 北京：中国民间文艺出版社，1986：86.

[9] 费尔巴哈. 基督教的本质[M]. 荣震华, 译. 北京: 商务印书馆, 1984.

[10] 马林诺夫斯基. 巫术、科学、宗教与神话[M]. 李安宅, 译. 北京: 中国民间文艺出版社, 1986.

[11] 中国基督教两会. 圣经: 中英对照中文和合本[M]. 上海: 中国基督教三自爱国运动委员会, 2007.

[12] 古兰经[M]. 马坚, 译. 北京: 中国社会科学出版社, 2013.

[13] 贾利尔·杜斯特哈赫. 阿维斯塔[M]. 元文琪, 译. 北京: 商务印书馆, 2010.

文化研究

阳明心学在李氏朝鲜王朝前期传播状况研究

信息工程大学　刘吉文

【摘　要】 阳明心学早在王阳明生前就已传到朝鲜半岛，后又传入日本，对明治维新影响极大。但是在李氏朝鲜时期前期，朱子学以绝对权威支配着整个社会，阳明心学一直遭受排斥，纵然如此，阳明学在郑齐斗及霞谷学派弟子的隐忍坚持下，不仅把阳明学理论传承下来，还结合本国实情完成了阳明学本土化过程，在韩国儒学史的拼图上保留了一块阳明学的空间，丰富了朝鲜半岛思想史。

【关键词】 阳明心学；朝鲜半岛；朝鲜王朝；传播；受阻因素

自孔子创立儒家学说后，历经多个朝代，儒学成为中国传统文化的主干，对中国历史和中华文明的发展产生了相当深远的影响。儒学在对朝鲜、日本等周边国家的传播过程中，不仅促进了当地的政治、思想和文化的发展，而且能够与当地文化很好融合，形成了凸显出本土个性的儒家文化。但在传播和发展过程中，却没有呈现出百花齐放、百家争鸣的局面，程朱理学作为南宋及明清时期的统治思想，一直都是官学，基本上一家独大。与程朱理学多有分歧的陆王心学却始终没有成为思想的主流，明朝时期代表心学形态的阳明学形成的初衷就是为克服程朱理学的因循守旧、思想僵化、重视辞章、空谈性理之弊端，作为官学对立面的阳明心学自然处处受到传统思想势力的压制，在论辩中难以争得上风。阳明学在传到朝鲜半岛后，一直处于被压抑的状态，传播非常困难。朴祥斥《传习录》为禅学，李滉则撰作《传习录论辩》，批判王阳明心学。阳明心学初入朝鲜半岛就受到李退溪、李滉等主流儒学派的打压，几无立足之地，阳明心学被视为异端邪术，研究和传播都会受到处罚甚至遭受极刑，使得朝鲜半岛成为东亚地区阳明学发展最为艰难的地方。但即便如此，在朝鲜半岛仍有诸如郑齐斗儒学大家在重重困难下依然坚持学习、传播阳明学，并结合自身的感悟，创立了韩国（朝鲜半岛）阳明学。为此学者金忠烈感叹道："有明三百年间，思想界中贡献最大、对程朱反抗最烈的阳明学，在邻国日本成为开导明治维新的宝贵精神，唯在朝鲜，则一直受谤而不见天日。此是阳明学之不幸，也是儒教在朝鲜之失败。近人将朝鲜亡国之责，归因于儒教，亦有人认为应归因于程朱学。"[①]

---

① 郑德熙. 王学东传与李滉之排王思想 [C] // 蒋希文, 吴雁南. 王阳明国际学术讨论会论文集. 贵阳：贵州教育出版社，1997：598.

一、李氏朝鲜时期阳明心学的传播

中国明代时期的哲学家、思想家、军事家、政治家和教育家王阳明在程朱理学基础上发展而成的儒家学说——阳明心学①在明朝中后期为中国社会逐渐认可,并对日本等周边国家也产生了重要影响。但在近邻朝鲜阳明心学所遭到的境遇与中国、日本完全不同,自传入之初由于受到官学——朱子学派的打压,朝鲜社会对阳明学表现出了强烈的排斥与抵制,为此阳明学一直为生存而努力。韩国学者琴章泰把阳明学在朝鲜半岛的传播分为4个阶段,第一,初期的输入阶段,指的是16世纪前半期开始输入到16世纪后半期李退溪批判阳明学著作,成为后世批判阳明学的理论框架;第二,深化和论辩阶段,17世纪末至18世纪初郑霞谷与其师友的论辩;第三,实学派的活用阶段,指18世纪后半期实学派李瀷(1681—1763)摆脱朱子学的过程中理解与活用阳明学;第四,近代改革的首创阶段,指20世纪初作为爱国启蒙思想家的朴殷植和郑寅普政府所标榜且具有儒学改革色彩的阳明学。但在唯朱子学独尊的学风影响下,当时连阳明学的存在与否都只能通过迂回的方式进行探讨。由于资料缺乏,甚至连阳明学在何时,以哪种途径传入朝鲜半岛等问题,在学术界都有不同的论述。②直到目前,对于阳明学何时传入朝鲜半岛这个问题仍是众说纷纭。

(一)传入时间与途径

韩国学术界大致有以下四种说法:一是以李滉(1502—1571,号退溪)所著的辨斥王阳明的《传习录论辩》为依据,而主张阳明学是在朝鲜中宗时代东传至朝鲜的。二是以柳成龙(1542—1607)所著的《西崖集》中《阳明集后》一文为依据,而肯定阳明著作东传是在明宗十三年(1558)。三是以洪仁佑的《耻斋日记》为依据,而主张阳明学的传入时间是在明宗八年(1553)。四是吴钟逸提出的阳明学东传朝鲜的时间是在中宗十六年(1521)以前。③但也有学者认为阳明学是王守仁(1472—1528,号阳明)在宋代学者陆九渊(1139—1192,号象山)

---

① 所谓阳明学,从狭义角度讲,是指由王阳明本人创立的儒学学说,又称"王阳明学"或"阳明之学";从广义角度来讲,阳明学不仅包括王阳明的心学思想,还包括王阳明的弟子以及后来的阳明学者在阳明学基础上发展形成的阳明后学,又称为"王学"或"陆王学"。在本文中统称为阳明心学。

② [韩]金容载.韩国阳明学研究现况与新探索:以江华学研究为中心[G]//郑仁在,黄俊杰.韩国江华阳明学研究论集(东亚文明研究丛书50).台北:台湾大学出版中心,2005:493.

③ [韩]韩睿嫄.韩国阳明学研究的历史和课题[G]//国际儒学联合会.国际儒学研究.北京:中国社会科学出版社,1998:70.转引自钱明.朝鲜阳明学派的形成与东亚三国阳明学的定位[J].浙江大学学报(人文社会科学版),2006(3):139.

创立的心学基础上继承发扬光大的，最终形成了阳明心学。而在王阳明生前陆九渊所著的《象山集》就已经传入朝鲜，《象山集》中体现出的实学性的学问态度在朝鲜学者之间也受到肯定。① 朝鲜中宗十二年（1517）韩效元（1468—1534）在教育王室元子的文章中，曾引用陆象山的话（《中宗实录》卷 27，中宗十二年一月乙未）。朝鲜中宗十三年（1518），金安国（1478—1543，号慕斋）作为谢恩使到明朝时，曾携带《象山集》并进行刊印。金安国在刊行《象山集》时，对象山学进行了肯定的评价。他认为，陆九渊作为和朱子同时代的人，能够潜心于尊德性，并与朱子展开反复辩论，确实很令人佩服。即使其学问与朱子的宗旨不同，但因其讲明了心性之学，所以对崇尚程朱之教的学者来说，此书也是非常有益处的（慕斋集》卷 9）。② 这说明朝鲜学者确实在王阳明之前就已经开始接触心学理论。而上文所述的韩国学者普遍认可的阳明学最初传入朝鲜半岛时间的四种主流看法都是以王阳明著作《传习录》的刊发作为标志，但根据资料记载，《传习录》在中国发行时间为 1518 年，在朝鲜半岛刊发时间为 1593 年。③ 在 16 世纪初，朝鲜朝使臣出使中国对盛行的阳明学风有所见闻，而且中宗十四年（1519）以后，中国明朝内阁与体部等官场已有王门出身官使多人出现，因此阳明学风得以向北方扩散并形成讲学的盛况。④ 此外，韩国学者郑仁在指出在朝鲜朝时期，比起王阳明的《传习录》，批判阳明学拥护朱子学的罗钦顺《困知记》首先传入朝鲜半岛，并在知识界传播开来。⑤ 而《困知记》在中国的出版时间为 1528 年。⑥ 而因此可以推断吴钟逸提出的阳明学东传朝鲜的时间是在中宗十六年（1521）以前的说法更为准确些。

目前学术界公认在朝鲜半岛最早接受阳明学是南彦经、李瑶等学者，他们认可阳明"心即理"思想，认为天理只是人事、吾心，而非另有客观存在。其后崔鸣吉、许筠、张维等人响应阳明学的主张，提倡人人平等和学术自由，反对独尊理学而排斥异学。张维扬尊重个性、强调心的自主、自立的思想在朝鲜阳明学的

---

① [韩]宋锡准. 阳明学的传入与吸收 [J]. 儒学研究，2007（16）：35.

② 转引自邢丽菊. 朝鲜时期阳明学的发展：以霞谷为中心的考察 [J]. 贵州学院学报，2016（1）：8.

③ [韩]金容载. 韩国阳明学研究现况与新探索：以江华学研究为中心 [C] // 郑仁在，黄俊杰. 韩国江华阳明学研究论集（东亚文明研究丛书 50）. 台北：台湾大学出版中心，2005：509.

④ [韩]郑次根. 韩国阳明思想成立的政治背景 [J]. 山东大学学报（哲学社会科学版），2003（3）：59.

⑤ [韩]郑仁在，黄俊杰. 韩国江华阳明学研究论集（东亚文明研究丛书 50）[G]. 台北：台湾大学出版中心，2005：3.

⑥ 中国社会科学网.《困知记》简介 [EB/OL].（2013-02-22）[2019-12-23]. http://www.cssn.cn/sjxz/xsjdk/zgjd/zb/rj/kzj/201311/t20131120_851819.

发展中起到承上启下的作用。

(二) 传播过程与郑齐斗的贡献

在朝鲜半岛学界除程朱理学外的其他学派概被视作异端而遭排斥，阳明学长期被学界和政界视为异端邪说，受到正统朱子学的否定和压制，但阳明学仍然顽强地生存着，在 17 世纪由于郑齐斗（号霞谷）的出现使得阳明学在朝鲜半岛得到更大范围的传播。韩国阳明学一般以 17 世纪的郑齐斗为分水岭，在他之前是接受期，在他之后为形成发展期。[①]

郑齐斗作为朝鲜著名的阳明学者，堪称朝鲜半岛阳明学的开创者、泰斗。韩国学者郑仁在认为，"如果不是郑齐斗，韩国阳明学将无异于不毛之地。"[②] 事实上，郑齐斗并非是朝鲜半岛最早的阳明学接受者，南彦经、李遥、崔明吉、张维、奇高峰、尹拯等人接触阳明学业都早于郑齐斗，但都没有留下系统性的研究，郑齐斗是最早把传入朝鲜半岛的阳明学具体化，最终形成朝鲜阳明学理论体系的。但由于受到朱子学的压制，郑齐斗在朝鲜半岛思想和儒学史上的地位一直没有得到重视；另外，郑齐斗的著作《霞谷集》直到 20 世纪 70 年代才公开出版，这也影响了世人对郑齐斗阳明思想的认识。

郑齐斗隶属栗谷门下，拜强调务实之学的尹拯为师，接受吸收阳明学。由于朱子学的压力，处处必须与朱子学缠斗，必须用隐微的折中方式来展现其对阳明学的体认。因此必须步步为营，解释经典先须绕过朱注，再强调其心学要义，折中色彩甚为明显。[③] 在郑齐斗的文集中经常会出现朱子学和阳明学并论的情况，而且从郑齐斗的《年谱》和《行状》中几乎看不到其宗奉阳明学的痕迹。阳明学与朝鲜性理学都是以朱子学为根本的思想体系，朝鲜性理学扎根于朱子学是事实，阳明学虽然以对朱子学的反省为出发点，但其根基也是朱子学。但当时朱子学与阳明学作为相互对立的关系，而且在朝鲜唯朱子学独尊的政治与学术体制下，郑齐斗只能以一种隐忍的方式去研究、传播阳明学。幸运的是，也许正是因为采取隐微的折中方式传播研究阳明学，最终创立了研究阳明学的韩国江华学派，否则就会在朝鲜半岛儒学史研究中出现一片空白。

郑齐斗六十一岁迁居江华岛终身研究阳明学。以扬弃的方式去探触阳明学，继承积极因素，抛弃消极因素和缺点。郑齐斗定居江华岛后，研究阳明学的学者们也集中到此处，从此门人与再传门人相传的学风形成一种学派。虽然因为遭到

---

① 钱明. 阳明学在域外的传播、发展与影响 [J]. 人文天下，2017（12）：26.

② [韩] 郑仁在. 郑齐斗的良知说 [G] // 郑仁在，黄俊杰. 韩国江华阳明研究论集（东亚文明研究丛书 50）. 台北：台湾大学出版中心，2005：139.

③ 张昆将. 阳明学在东亚：诠释、交流与行动（东亚儒学研究丛书 10）[M]. 台北：台湾大学出版中心，2012：67.

严重排斥，郑齐斗与其门徒没能公开形成学派，展开旺盛的活动，但郑齐斗与门人为维护其家学，留下了很多著作，足以证明郑齐斗及其创建的江华学派作为一个学派存在的价值。[①]郑齐斗尽毕生精力在与朱子学的辩争中，以坚定的信念不断吸收、融化阳明心学，在钻研理解阳明学的同时，融入了自己的思想主张，再将自己领悟的道理，传授给当时愿意接受阳明学的朝鲜学者们。由于当时阳明学在中国明朝和朝鲜的政治、社会背景不同，郑齐斗在论述、讲解阳明学时虽整体忠于阳明学，继承了阳明学的正统性，但其出发视角不同，自然会产生独特而新意的见解，而且解说更为详细。著名阳明学者郑寅普在《薝园国学散藁》中曾评论道"绍述王学，倾注一生，独到之处甚多，使阳明之学更明白易懂"[②]。郑齐斗全面阐述了王阳明"心即理""致良知"及"知行合一"等学说，形成自己独特的思想理论体系。他反对朱子学者的"析心与理为二"，赞成王阳明"心外无理""心即理"的理论，根据王学"理者，气之条理，气者，理之运用"的观念，认为理与气、心与性、性与理都是不可分离的，并统一于心，"凡言理气两决者，诸子之支贰也，理气不可分言。言性于气外者，理气之支贰也，心即理也，性即理也，不可以心性支贰矣"。郑齐斗在阳明学研究中最重要的成就是关于"性体"与"至善"的解释，他认为性体论是"仁是全体，知是一端"，良知应归属于性体，不归之于心体。这一解释就克服了朱子学关于"体用二元"的误解。也解决了王学中有关"无善无恶"的问题。此外，郑齐斗以人心为"感应之主，万理之体"，特别强调心、"良心"的作用。在知行观方面，郑齐斗继承了王阳明的知行合一说，批判朱子"知先行后"观点，主张"致知"与"力行"一体而不可分离，以此证明朱子学者脱离实际，虚论空理，空谈道德修养的行为，特别强调"行"的重要，以"力行"为真正的学问，主张以有益于社会为要。具体来说郑齐斗立足体用论主要在心即理、致良知、无善无恶三个方面进行了创造性阐释，创立了有别于中国和日本的朝鲜阳明学。郑齐斗在习得继承阳明学过程中，并不是盲目全盘地接受，而是带着批判性目光，谨慎地审视着阳明心学中的优缺点。例如，他针对阳明后学中的"任情纵欲"的担心曾说："吾观阳明集，莫道简要又精细，心中甚是高兴。辛亥年（1731）六月，留东湖，在梦中得到启迪。王氏的致良知学虽精密，但唯恐有任情纵欲之祸。"为此，郑齐斗专门强调

---

① [韩]金容载. 韩国阳明学研究现况与新探索：以江华研究为中心 [G]// 郑仁在，黄俊杰. 韩国江华阳明学研究论集（东亚文明研究丛书 50）. 台北：台湾大学出版中心，2005：501.

② [韩]郑寅普. 薝园国学散藁 [G]. 汉城：文教社，1955：278. 转引自吴震. 郑齐斗思想绪论 [G]// 郑仁在，黄俊杰. 韩国江华阳明学研究论集（东亚文明研究丛书 50）. 台北：台湾大学出版中心，2005：114.

"诚意"和"慎独",希望通过加强自身修养,避免产生任情纵欲之弊端。

不过,在朱子学一统天下的朝鲜王朝时代,郑齐斗的阳明学思想还不能完全独立于朱子学,仍然深深地刻有朝鲜朱子学的烙印,甚至可以说,比中国和日本阳明学更多地富有朱子学色彩,其晚年更是展现了自觉地向程朱理学回归的态度。虽然阳明学是从批判朱子学起家的,但朝鲜阳明学从未真正批判过朱子学,反倒是在朱子学的打压中、与朱子学联手中成长的。朝鲜阳明学一方面在理论上更好地探索了克服阳明学的弊端——"任情纵欲"的可能性,另一方面又使"阳明学在维持性理学框架的同时,创造出比朱子学更易实现道德的哲学体系"①。由此可以看出,朝鲜阳明学受时势和政治的影响,没有单纯地继承中国阳明心学的理论,而是通过在寻找朱子学的弊端过程中,采取扬弃的方式,与朱子学既抗争又暗合,最终形成了具有朝鲜特色的阳明学,这也是郑齐斗及江华学派阳明学思想的价值所在。

(三)江华学派对阳明学的传播及本土化过程

由于朝鲜阳明学的出发点是对朱子学的反省,其思想体系的基础仍然是朱子学,从根本上说,朝鲜朱子学和阳明学比任何思想体系都呈现出同质性。②因此朝鲜朱子学学者,包括李退溪、李栗谷的学术思想都与阳明学有着千丝万缕的联系,或多或少都与阳明学的思想有重合、相似之处。受郑齐斗的影响,朝鲜阳明学者逐渐都移居江华岛,并形成了以郑齐斗的延日郑氏、李建昌的全州李氏、郑东愈的东莱郑氏为中心的江华学派。

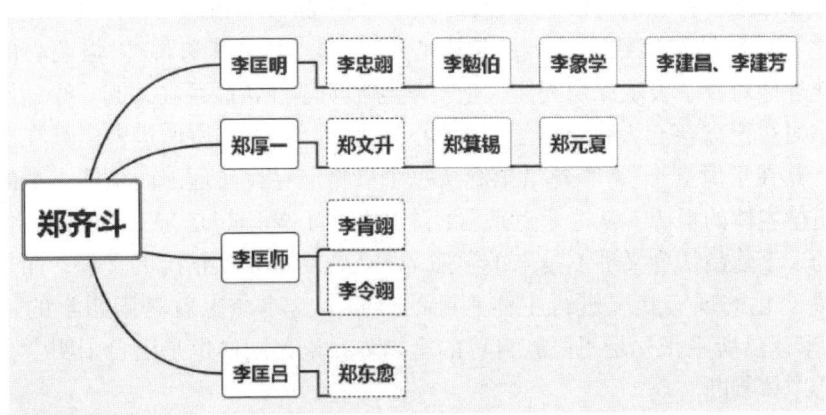

郑齐斗的儿子郑厚一和玄孙郑文升及郑文升之子郑箕锡,继承家学。郑齐斗

---

① [韩]李相虎.郑齐斗的阳明右派哲学[G]//韩国江华阳明学研究论集.台北:台湾大学出版中心,2005:264.

② 钱明.阳明学在域外的传播、发展与影响[J].人文天下,2017(12):21.

的门人李匡师、李匡臣、李匡明和李匡师之子李肯翊、李令翊，李匡明之子李忠翊，李忠翊之子李勉伯，李勉伯之子李象学，李勉伯之孙李建昌、李建异及李建芳，以及李匡吕的门人郑东愈形成了初期江华学派的主要支柱。尽管他们没有公开声明自己是阳明学派，但却不屈从于政治排挤，默默地持续从事阳明学研究，为维护其家学为后人留下了大量著作，为朝鲜学界做出了巨大贡献。通过这些著作，可以看出他们实际上已经形成了学派。江华学派除了三大家族外，还有申大羽、李匡吕、金泽秀等江华学派主要人物。江华学派弟子和门人没有向世俗妥协，仍然沿着郑齐斗走的路，以致良知的精神，研究诗文、正音、史学等，使阳明学与实学、天主教、开化思想等相联系，在极其艰难的条件下延续着阳明学和江华学派的命脉，一直坚持了约二百年，促进了阳明学的本土化。李匡臣作为郑齐斗作祭文的弟子，在《拟朱王问答》一书中试图折中朱子学和阳明学对格物的认识差异。他认为朱子学和阳明学的差异源于对格物的解读。即朱子把格理解为"至"，把格物解释为"穷究事物之道理"。阳明把"格"解释为"正"，把格物解释为"诚心本源，端正学习"。李匡师27岁结识83岁的郑齐斗，接触了江华学派的实学思想感悟颇深。他综合了性即理论和心即理论，认为理气不相离，批评程朱理学把气质之性与天命之性对立起来的观点。他基于《孟子》之说，批评朱子学中"性皆善，气均善与恶"的观点，认为"性皆善，气均善"，甚至主张性、情、才、气都是善。李忠翊师从李匡吕，与养父李匡明、郑厚一、申大羽等共同构成了江华派的核心队伍。他在严格区分"真"与"假"的基础上，对假托仁义行使暴力政治的执政势力进行了尖锐的批评。郑文升为郑齐斗高孙，他重视思无邪和慎独，将心视为根本。曾言"心和则形和，形和则气和，气和则天地之和应之，此所谓和气致祥也，反是则心形与气，俱失其和"，以强调心的重要性。此外他对实学表示深切关注，把实学与阳明学经常联系在一起。李建昌是朝鲜景宗时少论派核心人物。曾道："舍心而为学，吾不知所谓道者，其在于瓦砾之于，其在于虚空于"。李建昌拒绝从每个事物上寻找义理，而是把人类的本心作为道德主体的根源，从这一点来看，李建昌的心学思想是与王阳明的心学思想相通的。李建昌认为义理不是朱子学强调的无需考虑现实情况的义理，而是对随时产生变化的现实状况进行主体判断的产物，这本质上就是阳明学的"义理论"。李建昌所主张立足于民族自尊的富国强兵论，同样也是出自阳明学义理论的本心主体判断。

江华派弟子虽然师从郑齐斗门下，秉承了郑齐斗的学问与学风，但同时又显现出年轻一代的特性，积极进取，不拘泥于传统惯例，追求多样化发展，形成了自由学风。在极端艰难的情况下，由霞谷门人及弟子形成的江华学派一直坚持传播研究阳明心学，并把阳明学与朝鲜半岛的现实状况结合在一起，不断丰富阳明学的内涵。由于一直处于隐忍不发的状态，直到20世纪30年代，随着《霞谷集》手抄本向世人的公开，朝鲜阳明学才走到了台前。江华学派根据人的天赋良知，注重于心学。他们以王阳明的"心即理说"与"知行合一说"以及"致良知说"为哲学的理论根据，广泛涉足诗文学、训民正音及史学等领域，致力于确立主体史观，追求从根深蒂固的奴隶思想到人的解放，注重天文、地志、医药、历法等实用与实事方面。

二、李氏朝鲜时期阳明学传播受阻原因

中朝两国地理位置相邻，文化交流源远流长。在中国生成、发展的各种学说、思想几乎都传入到朝鲜半岛，如儒学（包括孔孟儒学、程朱理学）、佛教、道教等都经过朝鲜民族本地化，在朝鲜半岛扎根并得到发展。尽管由于历史环境的变化，各种学说、思想经历起起伏伏，但都曾在朝鲜半岛发展史上留下辉煌的痕迹。但唯独阳明学从传入之日起就一直未见天日，长期受到朱子学的批判乃至官方体制的抑制，始终只以"家学"的形式立足和发展而未能在正统学术界争得一席之地。[①] 纵观东亚地区，阳明学在中国曾经盛极一时，成为明朝中、末期的主流学说；在日本阳明学甚至超过了朱子学，不仅有鲜明的阳明学派，更在近代明治维新前后成为日本社会的普遍哲学。阳明学缘何在李氏朝鲜时期如此沉寂？还需要从历史背景、文化因素、个人因素三方面进行分析。

（一）历史背景

在儒学、佛教、道教传入朝鲜半岛后，都经过吸收、消化、扬弃的过程，并且形成了一些具有代表性和独创性的学派和学说。即便是在推行崇佛政策的高丽王朝，代表儒学复兴标志的朱子学的影响力越来越大。特别是在李氏朝鲜王朝建立后，起到推动朝鲜王朝建国作用的儒学击败了佛教，作为统治国家的理念成为立国之本。朱子学作为儒学的正统被朝鲜王朝赋予官学地位，统治了近五百年的朝鲜历史。朱子学在朝鲜通过各种形式，将抽象内在的儒家道德价值，转换成具体细密的外在行为德目和规范体系，最终使儒家道德规范意识依仗制度的载体在朝鲜社会确立并深深扎下了根。[②] 因此朱子学在当时是一家独大，具有不可动摇、无与伦比的地位和影响力。

（二）文化因素

作为挑战和批判朱子学理论弊端的阳明学尽管在儒学宗主国——中国明朝

---

① 潘畅和. 古代朝鲜阳明学的理论走向及原因：以郑齐斗为中心[J]. 世界哲学，2014（3）：126.

② 潘畅和. 古代朝鲜阳明学的理论走向及原因：以郑齐斗为中心[J]. 世界哲学，2014（3）：128.

晚期曾形成一股风潮，并且也曾受到朝鲜部分学者的推崇，甚至朝鲜国王宣祖在君臣廷议及经筵讲论时，认为朝鲜儒学学者在王阳明从祀圣庙问题上的争论反应过度，适度肯定了王阳明的事功。① 即便如此，朱子学是从高丽末期到朝鲜朝初期经过崇儒斥佛的残酷斗争而逐渐成为当时的主要政治理念，朝鲜王朝建国的既得利益集团——士大夫阶层为进一步巩固儒学作为政治权力正统性的理论根据，自然会对佛教等悖逆理论采取严厉的压制措施。而心学是儒释道三教的精华，在"安心"功能上类似佛禅，与禅宗比，不遗弃人伦物理。② 阳明学本身就与朱子学有论辩之争，再加上许多学者认为阳明心学是孟子学说与佛教禅宗观念的融合，自然是犯了执政理念大忌，被利益集团打击、排挤是必然的命运。十六世纪是朝鲜思想史上百花齐放的年代，儒学等各类学派为了能占据思想理论的制高点，掌握更多的话语权，先后经历了四端七情、湖洛、礼颂、心说四大论争，争论的结果就是见证了朱子学在朝鲜半岛本土化的过程，也奠定了两位程朱性理学代表性人物的历史地位。

（三）个人因素

在朝鲜半岛性理学鼎盛时期最著名的朱子学者是李滉和李珥，这两位儒学大家分别创立的退溪学、栗谷学被誉为朝鲜性理学发展史上的两座丰碑。作为朝鲜性理学的一代宗师李滉（号退溪）"集大成于群儒，上以继绝绪，下以开来学，使孔孟程朱之道焕然复明于世"。③ 退溪一生服膺朱子之学，结合当时本国社会政治需要，倾注半生心血编纂了《朱子书节要》一书，把朝鲜程朱理学的发展推到了顶峰境界，创出朝鲜儒学的性理学体系，为朝鲜半岛后世学者研习朱子哲学奠定了基础。但在阳明学初传入了朝鲜半岛之时，李退溪为维护朱子的正统地位，在对待与程朱理学抗衡的阳明心学以及王阳明本人都进行了严厉的批判。他以极为严厉的言辞批评"阳明乃敢肆然排先儒之定论，妄引诸说之瞀髦者，牵合附会，略无忌惮，可见其学之差而心之病矣。由是求之，种种丑差皆是此病，略举

---

① 宣祖曾与群臣论朝鲜重文武之俗时，感叹地说道："予意庶孽许通公私贱为良，则常人皆习武矣；试於生进，则两班皆习武矣。假使秀吉死，日本乃我国，与天地无穷之仇，此时岂可更拘前规乎？闻庆尚道风俗，人有子兄弟，一子能文，则坐于堂上；一子业武，则坐于庭中，如视奴隶。国家之有今日，庆尚道误之也。昔陆象山教子弟习武，王阳明善骑射，我国只持册子，以教子弟，歧文武为二道，甚无谓也。"可见宣祖对王阳明有相当的好感。参见《朝鲜王朝实录》，第 25 册，43 卷，宣祖二十六年（1593 年，癸巳/万历二十一年）十月二十二日，15 页，转引自张昆将.阳明学在东亚：诠释、交流与行动（东亚儒学研究丛书 10）[M].台北：台湾大学出版中心，2012：123.

② 周月亮.简述阳明学在东亚的影响[J].唐山学院学报，2016（9）：27.

③ 陈来.明嘉靖时期王学知识人的会讲活动[G]//中国学术：第四辑.北京：商务印书馆，2000：16.

数条于后……"① 又指责说："至如阳明者，学术颇武，其心强狠自用，其辩张皇震耀，使人眩惑而丧其所守。贼仁义乱天下，未必非此人也。"②

李滉在维护儒学排斥佛教之时，就批评说"东方异端之害，佛氏为甚，而高丽氏以至于亡国"③。而他在文章《传习录辩论》和《白沙诗教传习录抄传因书其后》对王阳明的"知行合一"说与"致良知"说进行逐条批判，认为"王阳明之学皆出于象山而以本心为宗，盖皆禅学也"。他认为阳明学含有禅学成分，自然属于斥佛范围之内，由此可以看出，这与李退溪排斥儒学以外的一切不符合正统思想的学说的做法一脉相承。

另外，李退溪之所以如此大力排斥阳明学，是因为李退溪对朱子思想有一种"创造性的解释"，这一创造性的解释与阳明学思想有"暗合"之处。这"暗合"之处在于退溪对阳明学的误解，如退溪主张四端（仁义礼智）与七情（喜怒哀乐爱恶欲）为异质，承认其具有活动性，而四端即是理本身的活动，这与朱子思想的"理只存有不活动"之说是有差别的，而与阳明学却不谋而合，因为阳明"心即理"说同时也包含"理具有活动性"与"四端与七情异质"。因此学者李明辉认为作为创造出朝鲜新朱子学的李退溪与阳明之间到底是思想的对手还是同道让人不免产生遐想。④

李珥（1536—1584，号栗谷）评价阳明学时则说，"中朝之士，靡靡入于陆学，传闻王阳明得参从祀之列。然则邪说之祸，怀山襄陵，匹夫之力，难以救止。"⑤ 因为被朝鲜王朝的儒学大家李退溪视为"异端"，栗谷斥之为"邪说"，自此"异端邪说"便成了阳明学的标签。李滉、李珥这两位韩国儒学大家对阳明心学的评价和批判也基本决定了阳明学后来二三百年的晦暗命运。"异端邪说"这一标签犹如巨石一样压在阳明学头上。在此情形下，朝鲜王朝学者们自然不敢冒天下之大不韪，皆跟随李退溪批判阳明学。其中代表人物有李退溪的弟子柳成龙，柳成龙作为退溪李滉的嫡传弟子，不仅继承退溪学派的性理学，维持退溪性理学的正统，创新性地提出"心无出入说"。他以《中庸》为根据反对阳明学"知行合一"说，支持"知行并进"说。柳成龙对王阳明的"致良知"的批判

---

① [韩]李滉.退溪先生文集（卷41）：杂著[G]//韩国文集丛刊.汉城：民族文化推进会，1990，30：416.

② [韩]李滉.退溪先生文集（卷41）：杂著[G]//韩国文集丛刊.汉城：民族文化推进会，1990，30：419.

③ 陈来.明嘉靖时期王学知识人的会讲活动[G]//中国学术：第四辑.北京：商务印书馆，2000：188.

④ 张昆将.阳明学在东亚：诠释、交流与行动（东亚儒学研究丛书10）[M].台北：台湾大学出版中心，2012：18.

⑤ [韩]李珥.栗谷先生全书（卷13）：学蔀通辨跋[G]//韩国文集丛刊.汉城：民族文化推进会，1990，44：275.

中，更加肯定人在读书、修养、见闻过程中的行为上的努力，反对陆王心学的禅学性质。①柳成龙还屡屡在朝鲜国王宣祖面前攻击阳明学，甚至在出使明朝时还批评明朝人学习阳明学的风潮。有学者评价说柳成龙对朝鲜朝学术史上的最大影响是与退溪一同抑制和抹杀了阳明学在朝鲜朝的生存、发展的现实可能性，为朱子学在朝鲜朝的独尊奠定了基础。②

面对朱子学强烈打压，阳明学在朝鲜确实难有伸展的空间，此种状况一直持续到十九世纪左右。韩国学者李丙焘的《韩国儒学史略》在介绍韩国儒学发展状况的最后一章，也不免感叹："彼阳明学，则除极少数学者外，举皆斥之以异端，无以见其盛况。"③

三、结语

程朱理学在朝鲜王朝的统治地位持续了将近500年。阳明心学在朝鲜半岛的存在和发展虽然没能打破朱子学沉溺于对天理与人性的不切实际的、空洞无聊的思辨藩篱，但其在以郑齐斗为首的众多阳明学者的坚持下，还是给朝鲜半岛儒学思想保留了一块阳明学的立身之地。因此朝鲜、韩国学界应该感谢霞谷郑齐斗及其江华学派弟子，是他们的隐忍、坚持才不至于朝鲜半岛哲学史存在一块空白。江华学派郑齐斗的阳明心学思想在理论体系上不仅重视思辨，他们更注重以现实的人为基础建立理论，摆脱了形而上学思辨逻辑的理论体系。这一思想不仅影响着江华派后学，也对朝鲜王朝末期和大韩帝国时期的实学派学者产生非常大的影响，促进了阳明学的本土化和民族化，同时也使得阳明心学向着更宽广、更深邃的领域发展。

参考文献

[1]陈来.明嘉靖时期王学知识人的会讲活动［G］//中国学术：第四辑.北京：商务印书馆，2000：16.

[2]［韩］韩睿嫄.韩国阳明学研究的历史和课题［G］//国际儒学联合会.国际儒学研究.北京：中国社会科学出版社，1998：70.转引自钱明.朝鲜阳明学派的形成与东亚三国阳明学的定位［J］.浙江大学学报（人文社会科学版），2006（3）：139.

[3]［韩］金容载.韩国阳明学研究现况与新探索：以江华研究为中心［G］//郑仁在，黄俊杰.韩国江华阳明学研究论集（东亚文明研究丛书

---

① 田东彬.西厓柳成龙哲学思想研究［D］.延吉：延边大学，2016：1.
② 田东彬.西厓柳成龙哲学思想研究［D］.延吉：延边大学，2016：1.
③ ［韩］李丙焘.韩国儒学史略［M］.首尔：亚细亚文化社，1980：332.

50）. 台北：台湾大学出版中心，2005：493.

[4] [韩] 李丙焘. 韩国儒学史略 [M]. 首尔：亚细亚文化社，1980：332.

[5] [韩] 李珥. 栗谷先生全书（卷13）：学蔀通辨跋 [G] // 韩国文集丛刊. 汉城：民族文化推进会，1990，44：275.

[6] [韩] 李滉. 退溪先生文集（卷41）：杂著 [G] // 韩国文集丛刊. 汉城：民族文化推进会，1990，30：416.

[7] [韩] 李相虎. 郑齐斗的阳明右派哲学 [G] // 韩国江华阳明学研究论集. 台北：台湾大学出版中心，2005：264.

[8] [韩] 宋锡准. 阳明学的传入与吸收 [J]. 儒学研究，2007，16（35）.

[9] [韩] 郑次根. 韩国阳明思想成立的政治背景 [J]. 山东大学学报（哲学社会科学版），2003（3）：59.

[10] [韩] 郑仁在，黄俊杰. 韩国江华阳明学研究论集（东亚文明研究丛书50）[G]. 台北：台湾大学出版中心，2005：3.

[11] [韩] 郑仁在. 郑齐斗的良知说 [G] // 郑仁在，黄俊杰. 韩国江华阳明学研究论集（东亚文明研究丛书50）. 台北：台湾大学出版中心，2005：139.

[12] [韩] 郑寅普. 薝园国学散藁 [G]. 汉城：文教社，1955：278. 转引自吴震. 郑齐斗思想绪论 [G] // 郑仁在，黄俊杰. 韩国江华阳明学研究论集（东亚文明研究丛书50）. 台北：台湾大学出版中心，2005：114.

[13] 潘畅和. 古代朝鲜阳明学的理论走向及原因：以郑齐斗为中心 [J]. 世界哲学，2014（3）：126.

[14] 钱明. 朝鲜阳明学派的形成与东亚三国阳明学的定位 [J]. 浙江大学学报（人文社会科学版），2006（3）：139.

[15] 钱明. 阳明学在域外的传播、发展与影响 [J]. 人文天下，2017（12）：21.

[16] 田东彬. 西厓柳成龙哲学思想研究 [D]. 延吉：延边大学，2016：1.

[17] 邢丽菊. 朝鲜时期阳明学的发展：以霞谷为中心的考察 [J]. 贵州学院学报，2016（1）：8.

[18] 张昆将. 阳明学在东亚：诠释、交流与行动（东亚儒学研究丛书10）[M]. 台北：台湾大学出版中心，2012：67.

[19] 郑德熙. 王学东传与李滉之排王思想 [C] // 蒋希文，吴雁南. 王阳明国际学术讨论会论文集. 贵阳：贵州教育出版社，1997：598.

[20] 周月亮. 简述阳明学在东亚的影响 [J]. 唐山学院学报，2016（9）：27.

越南民间信仰中的母道教

信息工程大学　杨思家

【摘　要】母道教是越南重要的民间信仰之一，深刻地影响着越南人的精神生活，丰富了越南的文化空间，具有极大的意义和价值。越南的母道教有着古老的起源，以东南亚文化背景下的农耕文化和女性文化作为其孕育的背景，无论从历史发展还是社会结构上看，都体现出越南女性的独特地位，母道教在其他各种宗教和民间信仰的影响下逐渐演变和成熟，最终以柳杏圣母的出现为定型的标志。母道教拥有数量庞大的神灵体系和特色鲜明的"上童"崇拜仪式，具有本土性和自发性、萨满教的巫术性以及功利性的特点。

【关键词】越南；母道教；民间信仰

一、引言

越南有许多宗教信仰。首先是带有浓厚本土色彩的各种信仰和习俗，如祖先崇拜和城隍信仰。其次是外来的各种宗教，如佛教、儒教、道教、基督教、伊斯兰教等。越南还有一些本土宗教，如高台教、和好佛教等。越南人接纳各种宗教和信仰，无论是源自本土还是外来传入的，只要符合越南人的传统美德以及对真、善、美的价值追求，越南人就乐于接受并加以创造。本土民间信仰受到外来宗教的影响，获得了更多的发展空间。外来宗教在不断适应本土民间信仰的过程中，其本来面貌也发生一定程度的改变，这也体现出根植于越南土地的民间信仰的强大力量。越南民间信仰与人们的日常生活息息相关，对各种外来宗教具有较强的吸收与融合能力，从而呈现出多元化的面貌特征。

在越南，民间信仰可称为"民族魂"。越南民间信仰可以分为繁殖信仰、对大自然的信仰以及对人的信仰三种。[①]而母道教在这三个方面都有体现，对繁衍和生存的需要体现在越南人对女性的崇拜和信仰，对家庭和祖先的重视体现在越南人对母亲的崇拜和信仰，对自然力量的敬畏与渴望体现在越南人对女神的崇拜和信仰。母道教是越南传统民间信仰中的重要组成部分，带有浓厚的民族特色，是了解越南、走进越南的一座桥梁。

回望历史，母道教以不同的姿态存在于各时期的越南社会中，直到形成如今

---

① 刘志强. 越南的民间信仰[J]. 东南亚纵横，2005（6）：45．

以供奉"三府""四府"①圣母为主的民间信仰，在近些年来更是受到越南民众的大力推崇，人们将这种信仰与自己的实际生活结合在一起，发展了越南本土的文化空间，丰富了越南民众的精神世界。

在当代越南，尊奉母道教的信仰活动遍布各地，全国有多处关于母神信仰的神殿和建筑群。1975年，越南文化信息部（现为文化体育与旅游部）向仙香府遗迹授予国家级文化历史遗迹证书。2013年，文化体育与旅游部将南定和河南两省的嘲文和候童礼仪列为国家非物质文化遗产。2016年12月1日，联合国教科文组织正式将越南三府母神信仰列入《人类非物质文化遗产代表作名录》。②随着"上童"仪式的唱文和表演在世界多地演出，该民间信仰也受到更多人的关注。

二、越南母道教的来源

（一）母道教的产生背景

在原始时代，人类的繁衍生存主要依靠大自然，由于当时的生产力水平低下和知识经验的极度匮乏，人们对于自然的力量有着深深的敬畏甚至是恐惧，在学会观察、吸取经验并逐渐形成对大自然的意识后，生发出"灵魂"的概念。原始万物有灵论的一切，毫无例外地都是一切蒙昧人所固有的。在原始人类看来，整个自然界都居住着并且充满着灵物，是灵物使之活跃繁荣的。③原始人类将自然之力人格化，通过崇拜、祈祷、供奉成为神灵。后人利用神话传说将神灵塑造得更加丰满也更加符合人们的实际需要，这些现象的出现与其背后的文化基础是分不开的。

越南位于亚洲的东南半岛，属于热带季风气候，雨水丰沛，阳光充足，形成了典型的农耕文化，适宜种植水稻和热带经济作物。在越南水稻文明发展的过程中，妇女常常在农业生产中扮演核心角色。越南的陈玉添教授认为越南农业文化的一个固有特点就是偏向阴性，这就形成了越南人在生活方式上重视感情和女性的特点，在农业领域供奉农业女神，"水稻母"就是其中的典型代表。④农耕文化

---

① "三府""四府"：三府是各位女神和诸位神灵所掌管的三个区域，包括天府、地府和水府。四府是各位女神和诸位神灵所掌管的四个区域，包括天府、地府、水府和山岳府。女神之首为圣母，圣母的位数决定了所供奉的为"三府"还是"四府"。府（越南语：phủ）：原指越南的各位女神和神灵所掌管的地方，后将供奉母神以及进行相关仪式的场所也称为"府"。

② 越通社．越南三府祀母信仰成为世界遗产［EB/OL］．(2016-12-06)［2020-01-28］．https://zh.vietnamplus.vn/越南三府祀母信仰成为世界遗产/58976.vnp.

③ 爱德华·泰勒．原始文化：神话、哲学、宗教、语言、艺术和习俗发展之研究［M］．连树声，译．桂林：广西师范大学出版社，2005：408，552.

④ Lâm Viên. Truyền thống trọng phụ nữ trong văn hóa Việt Nam [EB/OL]. (2020-03-27) [2020-04-07]. http://baodongnai.com.vn/dong-nai-cuoi-tuan/202003/truyen-thong-trong-phu-nu-trong-van-hoa-viet-nam-2995432/.

的定居模式还使得越南人表现出重视房屋、重视厨房、重视女性的特点,越南妇女被赋予管理家中经济和财政的责任。从文化背景上看,在一定的环境和历史条件下,原始时期的东南亚文化就得到了发展,东南亚地区在文化上的特点在发生和萌芽状态时,就已经显现出来了,即便是外来传入的文化,也无可避免地打上当地环境影响的烙印。① 地处东南亚的越南受地缘因素的影响,也表现出较为明显的女性文化和农耕文化特征。

古代的越南最初是原始母系制度的社会,女性在越南社会中占据重要地位。越南先有女性崇拜的文化,而后孕育出母神信仰的文化基因,最终才形成了母神信仰。② 越南学者陈国旺说:"母系制度对越南居民社会产生了深刻影响。他们保留了崇拜女神的传统习俗——这是当地农民信仰的典型特征之一。"家庭和氏族的母亲形象作为构成人类社会的基础元素而存在。③ 在人类改造自然的活动中,女性除了扮演自然劳动分工的角色外,还要承担孕育后代和教育下一代的任务,成为妻子和母亲。越南妇女的重要地位在许多谚语俗语中都有所体现,而母亲这一身份也十分重要,越南人有"Phúc đức tại mẫu④"(福德在母)的说法,老祖宗们认为,一个母亲能否给子女带来福德,取决于这个母亲的生活方式和为人处世之道。越南还有这样一句俗语"Con có nạ như thiên hạ có vua⑤",意思是孩子有了母亲就像国家有了君王,这充分体现了母亲对于孩子和家庭的重要性。

越南以水稻种植形式为主的农耕文化是孕育母神信仰的沃土,在此背景下形成了越南浓厚的阴性土壤和重母现象,这种农耕文化深刻影响了越南人民的观念与传统。人类需要繁衍生息,维持生存和发展,女性的生殖能力被当作神力崇拜,而大地也具有孕育万物的生殖能力,"天为父、地为母"⑥的观念也由此形成。大地就是母亲,人类从出生到死亡的整个过程,都和大地紧密相连。几千年来,稻米是绝大多数东南亚人的主食,其重要地位不言而喻,稻米的收割往往是由妇女负责,她们使用的是一种东南亚特有的手指刀,每次只收割一株,以示对谷神的敬重,⑦ 这也在一定程度上反映出越南妇女在农耕文化中的重要性。

---

① 贺圣达. 东南亚文化发展史 [M]. 云南:云南人民出版社,1996:38.

② 乔氏云英. 越南北方母神信仰:以柳杏母神为代表 [J]. 宗教与民族,2014(9):339.

③ 阮荣光,叶荣椿,刘明修. 越南女神信仰概况 [J]. 莆田学院学报,2014(6):24.

④ Thương Vũ. *Phúc đức tại mẫu* [EB/OL]. (2007-06-15) [2020-02-14]. https://tuoitre.vn/phuc-duc-tai-mau-205972.htm.

⑤ Nick Pat, Ngân Giang. *Cách gọi mẹ khác nhau trong tiếng Việt* [EB/OL]. (2016-05-08) [2020-03-12]. https://zingnews.vn/cach-goi-me-khac-nhau-trong-tieng-viet-post647974.html.

⑥ Kiều Nguyên Tá. *Phật Trời Đất Người (P4): Đất* [EB/OL]. (2019-01-29) [2020-02-14]. http://cuocdoimoi.com/phat-troi-dat-nguoi-p4-dat/.

⑦ 安东尼·瑞德. 东南亚的贸易时代:1450—1680 年(第一卷)[M]. 吴小安,孙来臣,译. 北京:商务印书馆,2010:10.

从历史发展上看，越南曾经历长期的母系社会时期，这一阶段主要依靠女性组织社会生活，母系社会的妇女在家庭和氏族中发挥着主导作用。而后在母系社会向父系社会转变之时，其农耕文化的形成与发展也带有某些东南亚的共同特征，越南不像许多国家那样实行强制且严苛的模式（如妇女被剥夺社会权力，成为家庭的奴隶），而是以一种"温和"的方式进行过渡。女性在世袭、仪式和农业生产中的主导作用是东南亚根本性的社会文化特质中最核心的特质之一。①越南文化虽然不属于东南亚文化，但在一定程度上受其影响，原本承担采摘、参与狩猎的越南妇女在进入阶级社会后，她们仍然能够充分参与家庭和社会中的各个劳动环节，这一点不同于其他国家的妇女只能参与家中事务的限制。

从社会结构上看，由于地处东南亚，越南也具有东南亚文化的某些共同点。在社会制度方面的特征，是妇女与母系的重要作用，由灌溉农业需要而产生的社会组织。②越南黎氏壬雪教授认为：在阶级社会中，家庭由男性做主，但对越南而言这只是名义上的，女性才是实际上掌握着家中事务的人。从原始时代到阶级社会，各地女性渐渐丧失了领导和参与社会活动的身份，但对于越南来说，广大的妇女仍然是特殊的"政治公民"，这也成了古代越南女性能够继续为民族历史做出巨大贡献的前提。③正因为女性在社会中的作用受到重视，越南妇女的形象得以塑造和流传，从而奠定了女神和母神崇拜的基础。

农耕文化和女性文化造就了母道教得天独厚的文化基础。在不同的历史时期，母神的形象和数量在不断变化，从远古之初将各种自然现象尊为母亲：大地母、山岳母、森林母、水域母等。到后来各类民间的女英雄和历史人物也受到敬重和尊崇，成为圣母的化身之一。母神信仰供奉对人民、对国家有功劳的太后、皇后、公主，希望他们能帮助人民实现安居乐业的愿望。一些具有国家和民族象征的形象也与"母"联系在了一起：雒越的姬妪母、占婆地区的天依圣母。具有文化价值的"母"：水稻母、甘蔗母、火母等。各种职业的女性祖师以及在国家权力层的女将女神：二征夫人、赵妪、杨云娥、倚兰夫人、裴氏春等等。④这些

---

① 安东尼·瑞德. 东南亚的贸易时代：1450—1680 年（第一卷）[M]. 吴小安, 孙来臣, 译. 北京：商务印书馆, 2010：11.

② 贺圣达. 东南亚文化发展史 [M]. 昆明：云南人民出版社, 1996：101.

③ Hội Liên Hiệp Phụ Nữ Việt Nam. Vai trò của người phụ nữ Việt Nam trong lịch sử [EB/OL]. (2011-07-25) [2020-04-11]. http://hoilhpn.org.vn/web/guest/tin-chi-tiet/-/chi-tiet/vai-tro-cua-nguoi-phu-nu-viet-nam-trong-lich-su--16958-10.html.

④ Ngô Đức Thịnh. Đạo mẫu ở Việt Nam [EB/OL]. (2013-11-19) [2020-04-11]. http://khoavanhoc-ngonngu.edu.vn/home/index.php?option=com_content&view=article&id=4443%3Ao-mu--vit-nam&catid=97%3Avn-hoa-dan-gian&Itemid=155&lang=vi. 二征夫人：是 1 世纪在今天的越南北部武装反抗中国东汉政权的两个姐妹，征侧（Trưng Trắc）和征贰（Trưng Nhị），越南人对她们有极高的评价，在历史上得到越南皇帝的追封和百姓的推崇。赵妪：也叫赵氏贞，在越南

女神被尊为圣母（柳杏公主、主处圣母、灵山圣母、林宫圣母）、国母（妪姬国母）和王母（扶董天王之母），关于这些母神的事迹也在民间得到广泛流传。

（二）母道教的定型

越南现今的母道教已经是一个结构体系完备、受众规模庞大的民间信仰，该信仰经历了一定的发展过程。越南信仰文化研究和保护中心主任吴德盛[①]教授认为，越人的三府母神信仰活动是在奉祀女神信仰的基础上形成和发展起来的。[②]

母道教这一民间信仰本质上与宗教信仰形式不同，而是一个宗教信仰体系，其中至少包括了不同的三个层次，它们之间存在相互支配的有机关系，这三层便是崇拜女神的信仰层次、崇拜母神的信仰层次，以及崇拜三府、四府圣母的信仰层次。[③]在本质上，崇拜女神和崇拜母神带有本土性和自发性，崇拜三府、四府是在女神信仰和母神信仰的层次的基础之上形成的，且还受到了中国道教的影响。从历史的角度来看，母道教崇拜的对象所代表的文化意义在不断发展，满足人们不同时期的心理需要，也符合越南人社会发展的进程。

越南对女神和母神的信仰起源很早，并一直存在于越南的民间生活之中，但越南也经历了漫长的封建时期，来自中国的中央集权君主专制和儒家文化的影响，强化了对男权的肯定，国家的政治力量压制了女性的地位，这种状况在后黎得到改变。越南人认为，在十五六世纪的时候出现了一位圣母——柳杏圣母，民间有很多关于柳杏圣母的传说，关于柳杏的第一次降尘以及尘世生活被记录在一些成文资料中并刻在了碑记上。[④]民间确立了柳杏公主作为圣母之首的重要地

民间尊称为赵夫人，是中国孙吴起义领袖，被越南人视为民族英雄，亦有"越南圣女贞德"之称。杨云娥：是越南丁朝唯一一位皇太后，也是前黎朝的第一位皇后。后来在宋朝南下进攻时，杨云娥指使范巨俩拥立黎桓为皇帝，建立前黎朝，随后被黎桓立为皇后，成为越南历史上第一位嫁给两个皇帝的人。倚兰夫人：是李圣宗之妃，为李仁宗的生母。在李圣宗攻打占城之时，倚兰夫人主持朝政，当时李朝国内太平，民众都认为是倚兰夫人的功劳，尊称她为"观音女"。裴氏春：是越南西山朝一位女将军。她少年就学武术，很早就加入了西山起义，并赢得了多场战役的胜利。裴氏春被当作越南历史上的一位女英雄。

① 吴德盛：1944年生于越南南定省，河内综合大学历史系民族学的首届毕业生，担任过越南民间文化院院长，后为越南信仰文化研究和保护中心主任，于2020年6月6日病逝。吴教授在越南以及东南亚民族物质文化研究领域做出突出贡献，特别是为非物质文化遗产母道教和西原史诗的研究开辟了道路，被视为研究越人母神信仰的理论奠基人之一。

② 清和．信念与渴望的依托——三府母神［EB/OL］．（2017-01-16）［2020-01-29］．https://vietnam.vnanet.vn/chinese/信念与渴望的依托——三府母神/272026.html．

③ Ngô Đức Thịnh. Đôi nét về Đạo Mẫu của người Việt Nam [EB/OL]. (2018-10-01) [2020-01-29]. http://redsvn.net/doi-net-ve-dao-mau-cua-nguoi-viet-nam/.

④ Bùi Quang Thanh. Sự Hình Thành Tín Ngưỡng Thờ Mẫu Tam/Tứ Phủ Và Nghi Lễ Hầu Đồng [J]. Tín Ngưỡng Dân Gian, 2017 (22): 6．

位，三府和四府的母神供奉形式也逐步趋于稳定。柳杏公主地位的确立也成了母道教定型的标志，母道教在这一时期的改变主要有三个因素。

首先有历史的因素，在后黎时代，越南的政治情况复杂，常常发生政变，越南社会也动荡不安。在这样的社会环境下，百姓没有稳定的生活环境，他们的心态产生了变化，人们对政治感到失望，对统治者感到不满。人们希望出现一位人世间的"母"给他们以庇护，并为他们的人生带来新的希望。[①]再加上当时战争不断，男人们大多都被征召入伍，女性成为社会中的主导力量，并涌现出丰富的女性文化，出现了许多女性的传奇故事，这也为柳杏母神的诞生以及地位的确立提供了强大的推动力。

其次有宗教的因素，从柳杏圣母的故事就可以看出儒、佛、道三教与越南民间信仰有密切关系。[②]柳杏的身份是玉皇大帝的女儿，因为犯错而被降尘，这一点与道教相关。柳杏的母亲怀孕的时候不吃鱼肉、不杀生，符合佛子的戒律，柳杏圣母普度众生，赏善罚恶，在她身上显现出佛的特质，这就和佛教相关联。在越南封建社会中，儒士的地位很高，而柳杏具有写诗的才能，经常跟当时的儒士交流，在她身上表现出了儒教人物形象的特质，加上柳杏在降尘后相夫教子，符合儒教思想中对妇女的要求，这一点又与儒教相关。

另外还有民间文化的因素，由于越南地处东南亚，即便在儒教思想进入越南后，越南妇女在社会和家庭中的地位也相对比较高，这种观念已经渗透到社会生活的各个方面，不管宗教、政治有怎样的变化，母神信仰仍能在民间传播，总是保有一席之地，受到老百姓的持续崇拜，而女神信仰的诞生重要原因之一，就是母权制的残余。[③]柳杏在传说中总是以一个平凡人的身份，与百姓生活在一起，受到民众喜爱，她敢爱敢恨、疾恶如仇的形象符合人们想要打破统治者压迫的愿望，也给长期以来受到儒教限制的女性找到了自己身份的认同感，母道教有着很好的民众基础，吸引着下层人民自发信仰和崇拜。

三、越南母道教的构成

（一）母道教的神灵体系

母神信仰在越南各地得到普遍信仰，虽然每个地方所供奉的母神会根据实际

---

① Thu Hà. *Tín ngưỡng thờ Mẫu: Hướng đến chân-thiện-mỹ* [EB/OL]. (2017-01-27) [2020-03-17]. https://baotainguyenmoitruong.vn/tin-nguong-tho-mau-huong-den-chan-thien-my-283661.html.

② 乔氏云英. 越南北方母神信仰：以柳杏母神为代表［J］. 宗教与民族，2014（9）：347—348.

③ 杨翠明. 红河三角洲的越南人在母信仰中体现的人生观［D］. 武汉：华中科技大学，2012：12.

情况有所区别，但就整体而言，母道教的神灵体系基本是一个格局，在神殿中所供奉的神灵有六十多位，自上而下有九个层级，分别是：观音、玉皇大帝、圣母（三位或四位）或陈兴道、大官（五位或十位）、圣婆（四位、六位或十二位）、皇子（五位或十位）、侍女或仙姑（十二位）、侍童（十位）以及五虎神、蛇神等。[①] 其中圣母处于神灵体系的核心地位，她们掌管着宇宙各界，包括天府（天界）、地府（地界）、水府（水界）和岳府（山岳），在圣母之下，各位神灵被列入各层级和各府之中，各府有不同的颜色象征。[②]

越南北方女神信仰历史悠久，到了封建时期，一些女神被宫廷化和历史化，成了相应时期的母神，在封建国家封神以前，崇拜的母神被称为国母、王母、圣母。而后出现了柳杏圣母以及三府、四府的母神供奉形式。越南中部的母道教信仰主要在中南部地区，其供奉形式的基本特点是并未出现三府、四府，而只有供奉女神和母神的形式。供奉的女神为四位圣娘、五行婆，供奉的母神为天依圣母。越南南部的女神信仰和母神信仰较北方有一定区别，主要是各位神灵的名称和出身不太一样，而在供奉形式上的差别不大，这是因为越南南部是越人后来才开发的土地，他们移居时把原有的信仰传统带到南部，并吸收了遗留在南部的影响，在信仰上呈现出多样性的局面。南部供奉的女神为五行婆、水龙圣母等，供奉的母神为主处圣母、黑婆、主玉圣母、天后圣母等。

柳杏是母道教神灵体系中的核心人物，在她的身上有着传奇的经历和故事，她不仅是生命力的象征，具有解放和自由的意识，还怀揣一颗仁爱之心，经历过妻子、母亲、家主、族长的角色，身上凝聚了母亲、家主、将领和圣人的美好品质。后黎朝至阮朝各封建帝王对柳杏不断加封，到阮朝已经被称为"母仪天下——万民之母"，从而成为最重要的母神之一，其影响直至今天。[③] 柳杏圣母既是四不死神[④]之一，又位列圣母之首，受到百姓的推崇和敬仰。

（二）母道教的仪式：上童

上童（也叫候影、候童）仪式是越南人母道教信仰中最重要也最典型的呈现仪式，颇具越南本土特色。仪式的执仪者有男性和女性之分，男性执仪者叫作童公，女性执仪者叫作童婆，童婆的数量多于童公。一般来说，进行"上童"仪式

---

① Tamlinh.org. *Hệ Thống Thần Linh Trong Đạo Mẫu* [EB/OL]. (2019-09-25) [2020-02-17]. https://tamlinh.org/he-thong-than-linh-trong-dao-mau.html.

② 红色象征着天府，黄色象征着地府，白色象征着水府，绿色象征着岳府。

③ 孙衍峰，兰强，徐方宇，等. 越南文化概论［M］. 广州：世界图书出版广东有限公司，2014：95.

④ 四不死神（Tứ bất tử）：四不死是越南民间文化中的四大神圣人物，包括：伞圆山圣、扶董天王、褚童子和柳杏公主，他们在民间被广为奉祀。

的童公、童婆具有不同于常人的特点。首先，这些人对环境的变化表现得很敏感，在社会生活当中与他人的关系也很微妙，情绪容易大喜大悲，但在必要的时候他们又会表现得果断坚决，这种特质在民间被称为"通灵"的特质。其次，这些人通常具备艺术才能，尤其是在舞蹈、唱歌、音乐上表现突出，即便事先没有足够的时间练习，也能将"上童"仪式娴熟地呈现出来。[1]

童公、童婆每年根据节历，特别是在"八月祭父，三月祭母"[2]的时候就会组织"上童"仪式，根据民间的观念，来自各地的神灵会按照一定的顺序附身到童公、童婆的身上。但并不是所有的神灵都会降童，在一场上童仪式中，一般会出现20位左右的神灵。[3]在各位神灵附体于童公、童婆后，就会对信众们进行训导劝诫、驱邪治病、颁赐福禄等活动，[4]这种仪式集合了多种文化现象和艺术形式，如音乐、演唱、舞蹈、服饰等，其中的嘲文演唱形式是越南一种典型的民歌。与越南"上童"仪式类似，在中国东北地区的原始土著民间宗教——萨满教的祭祀过程中，"跳萨满"（俗称"跳大神"）的祭祀形式也表现出融音乐、舞蹈、诗歌为一体，萨满教音乐在萨满教活动仪式中起着传递信息，表达情感和渲染气氛等多种功能。[5]同样，越南的"上童"仪式还与韩国萨满教的"固特"仪式相似，也表现为神灵多次附体的现象，并包含神歌、舞蹈、神服等许多文化因素。[6]

在仪式过程中，执仪者会更换不同的服饰以区别不同的神灵降童附身，运用体态手势暗喻将要邀请赴体的神灵，祭坛一侧嘲文乐队唱奏也随执仪者手喻引导而发生相应改变，为神灵附体构建一个神圣的声音场域空间，配合执仪者顺利完成神灵附体行为。[7]被神灵附体的执仪者，身穿丝绸服饰，双手夹着蜡烛或是手摇扇子，随着奏唱音乐起舞，若被男性神灵附体，则剑术会变得高超。

---

[1] Phạm Xuân Phương. Lên Đồng- Nghi Lễ Trong Tín Ngưỡng Thờ Mẫu [EB/OL]. (2019-02-19) [2020-02-07]. http://9119.vn/tin-tuc/257-len-dong-nghi-le-trong-tin-nguong-tho-mau.

[2] "八月祭父，三月祭母"：阴历三月是越南祭祀女神以及母道教的时间，每到这个时候，在各处府祠、神殿会组织大量的奉祀圣母的活动。阴历八月是越南进行祭父活动的时间，这里的"父"指的是玉皇大帝，或是地位比肩玉皇的陈圣人。同时，"上童"仪式也是必不可少的一个环节。

[3] Bảo Khánh. Lên Đồng là gì? [EB/OL]. (2016-02-05) [2020-04-10]. http://thegioidisan.vn/vi/len-dong-la-gi.html.

[4] Ngô Đức Thịnh. Về tín ngưỡng và lễ hội cổ truyền [M]. Hà Nội: Viện Văn hóa và Nxb Văn hóa Thông tin, 2007: 219.

[5] 闫秋红. 萨满教与东北民间文化 [D]. 武汉：武汉大学，2003：58.

[6] 孟慧英. 韩国萨满教印象 [J]. 当代韩国，2005（1）：70.

[7] 凌晨. 越南母道教"上童"仪式的音乐、性别与认同 [J]. 中国音乐，2017（4）：42.

"上童"仪式是在母神的神殿中进行的，神殿多为开放式的，所有人都可以自由参观供拜，欣赏"上童"仪式。前来膜拜的信徒会奉上贡品，诚心祈祷，之后会抢着接下"灵媒"撒下的纸币或是小礼物，收到东西即寓意着将获得幸福和财富。近年来，越南人在世界各地的多个国家进行上童仪式的展演，将自己的这种民间信仰文化介绍到了全世界。

四、越南母道教的特点及象征意义

（一）母道教的特点

在漫长的历史时期中，越南的女神信仰和母神信仰与不同的文化交融，受到中国道教、佛教、儒教的影响，吸收了许多其他宗教的女神一同作为信奉对象。在越南北部，大多数寺庙里都设有供奉母神的供桌，常常呈现出"前佛后神"或是"前佛后母"的供奉模式。[①] 不仅如此，越南各地母道教呈现的差异也是该信仰与当地文化融合的结果。母道教信仰发源于本土，历史悠久，在封建社会时期得以定型完善，在"南进"的过程中从北方普及到了南方，并融合了南方的文化特色，不论民族和地区，都有信仰母道教的自由。母道教在当代社会发展态势良好，信仰者众多，上童仪式及一系列的风俗习惯都深刻影响着人们的日常生活。从母道教的起源、文化背景和历史发展情况来看，这一民间信仰具有以下特点：

首先是具有本土性与自发性。越南自古就是一个农业社会，以种植水稻为主，这种依靠土地延续的民族，在原始社会的母系氏族中，由于生产力低下，妇女成了氏族的核心，其重要地位得以凸显，而先民们都有"母阴"崇拜的历史，这为后来的女神信仰、母神信仰的产生和发展提供了肥沃土壤。虽然在母道教发展过程中，也吸收了不少外来宗教的因素，但无论从母道教的起源还是供奉的神灵来看，仍然保留了民间本土的特色。

母道教具有萨满教的巫术性。在仪式方面，一般有崇拜女神和母神习俗的地方，通常会有跳童的演唱，在供奉有三府、四府母神神殿的地方，就会有上童的展演。像这样由多个神灵多次附身于童公和童婆的仪式，是存在于世界上多个国家的萨满教的一种形式。为了实现这种带有萨满性质的仪式，产生并融合了各种艺术与文化现象，如唱文、嘲文乐、圣舞等，这些现象一同构建了一个精神的舞台，通过童公和童婆的身体来传达三府、四府神灵重生和显灵的特征。[②] 而童

[①] Trần Thi. *Tính hòa đồng của những ngôi chùa cổ Việt Nam* [EB/OL]. (2010-08-29) [2020-02-22]. https://www.sachhiem.net/VANHOC/TVHAC/Vanhac34.php.

[②] Nguyễn Thị Kim Voanh. *Tín Ngưỡng Thờ Mẫu Ở Nam Bộ* [EB/OL]. (2014-05-27). [2020-02-22]. http://www.baotangphunu.com/index.php?option=com_content&view=article&id=231:2014-10-03-07-29-24&catid=48:i-sng-vn-hoa&Itemid=71.

公、童婆上童过程中不断更换的衣服也具有类似萨满教"面具"的功能。[①]不仅如此,萨满巫师做仪式的目的往往是祛病消灾,且巫师在整个巫术过程中表现出非理性的无意识外露,[②]这些特点同样是母道教所具备的。

母道教还具有明显的功利性。与其他宗教不同,母道教指引人们向往现世生活,追求实现人生非常自然而切实的愿望,追求福禄寿,追求今生的幸福,而不是把期望寄托在死后的世界,不需要长期的修炼,也不需要解脱之道,只针对当下的追求和愿望,求取健康、求取钱财。在当代越南,具有很强的适应性,能够普遍满足越南人对现实生活的精神追求。

(二) 象征意义

越南母道教信奉圣母,圣母作为一种女性象征符号,代表了繁殖、生育、自主等多重隐喻,她可以激发女性的集体情感与历史记忆,唤起女性对自我价值的建构与认同。在母神信仰的演变中,女性力量发挥了主导作用。每一个时期,母神信仰都成了女性的精神支柱,体现了当时社会下的越南女性所需的价值追求。反过来,圣母神职也指导女性于婚姻、生育、家庭幸福、家庭经济的方方面面。[③]在生活中,肯定了母亲这一女性角色对于家庭的贡献和付出,展现了越南人敬母爱母的传统美德。在历史上,人们还可以通过缅怀对国家做出贡献的女性,从而增进自己的爱国之情和民族凝聚力。在精神上,通过供奉母道教的神灵,人们获得了心灵上的寄托与安慰,构建积极向上的人生观。

在母道教的"上童"仪式中,执仪者不断被各种神灵附体跳童,附体的神灵在男、女两种性别之间会不断互换,这体现出执仪者的自然性别在仪式表演过程中被社会性别颠覆,表现出与自身性别相反的社会行为。[④]童公被女性神灵附体后,其行为完全按照女性执仪方式呈现神灵附体行为,跳童姿势甚至更加柔美,也更能展现出女性的特点。童公这类男性群体加入了女性信仰为主的上童仪式展演,这还原了女性在社会中应有的地位和作用,构建了一种新的性别认同理解方式。没有一种性别是"真正的"社会性别,性别既是被构建的也是表演的。[⑤]仪式中的性别颠覆现象以及执仪者的行为特点,将两性的常规关系打破后重建,直

---

① 孙衍峰,兰强,徐方宇,等. 越南文化概论 [M]. 广州:世界图书出版广东有限公司,2014:96.

② 徐义强. 萨满教的宗教特征及与巫术的关系 [J]. 宗教学研究,2009 (3):176.

③ 张秋贤. 走向经济母神:越南女性母神信仰研究 [D]. 上海:华东师范大学,2015:77.

④ 凌晨. 越南母道教"上童"仪式的音乐、性别与认同 [J]. 中国音乐,2017 (4):45.

⑤ 宋方方. 流行音乐与性别研究 [J]. 人民音乐,2015 (5):80.

到达到新的平衡，这个过程满足了心理上的需求。

正确认识母道教的文化意义在理论和实践上都有重要意义，以此可以确定母道教信众的态度，以及社会管理者和民众对该精神文化遗产的态度。越南官方可以倡导一些具有代表性的价值观念，比如越南人古老的世界观——视大自然为母亲，引导人们和谐融洽的生活观念，继续发扬母道教中体现出的爱国主义精神，让母道教成为民族多元文化的象征。

五、小结

母道教是越南重要且极具特色的民间信仰，以东南亚文化背景下的农耕文化和女性文化作为其孕育的背景，以柳杏圣母地位和三府、四府供奉形式的确立为定型标志。该信仰是三层有机联系的信仰体系：女神信仰、母神信仰和供奉三府四府的信仰。在历史因素、宗教因素和民间文化因素的作用下，母道教在十六世纪得以定型。母道教的神灵体系十分庞大，但层级分明，圣母的地位突出，在越南的不同地域，所供奉的神灵又各有当地特色。母道教的"上童"仪式是一种心灵演唱方式，给越人确立了积极向上的人生观，构建对两性新的认识，是越南民族文化的生动展现。人们通过参与该仪式来祈求平安幸福、身体健康、财源广进。母道教具有本土性与自发性、萨满教的巫术性以及功利性的特点。母道教对越南人的物质生活和精神世界都具有一定的指导意义，是越南一种精神化、信仰化的爱国主义。

参考文献

[1] 安东尼·瑞德. 东南亚的贸易时代：1450—1680 年（第一卷）[M]. 吴小安, 孙来臣, 译. 北京：商务印书馆, 2010.

[2] 爱德华·泰勒. 原始文化：神话、哲学、宗教、语言、艺术和习俗发展之研究 [M]. 连树声, 译. 桂林：广西师范大学出版社, 2005.

[3] 贺圣达. 东南亚文化发展史 [M]. 昆明：云南人民出版社, 1996.

[4] 凌晨. 越南母道教"上童"仪式的音乐、性别与认同 [J]. 中国音乐, 2017（4）.

[5] 刘志强. 越南的民间信仰 [J]. 东南亚纵横, 2005（6）.

[6] 乔氏云英. 越南北方母神信仰：以柳杏母神为代表 [J]. 宗教与民族, 2014（9）.

[7] 阮荣光, 叶荣椿, 刘明修. 越南女神信仰概况 [J]. 莆田学院学报, 2014（6）.

[8] 杨翠明. 红河三角洲的越南人在母信仰中体现的人生观 [D]. 武汉：

华中科技大学，2012.

[9] 张秋贤. 走向经济母神：越南女性母神信仰研究 [D]. 上海：华东师范大学，2015.

[10] Bùi Quang Thanh. *Báo Cáo Tổng Quan Về Kiểm Kê Khoa Học Tín Ngưỡng Thờ Mẫu Tam Phủ Của Người Việt* [R]. Hà Nội: Viện Văn hóa Nghệ thuật Quốc gia Việt Nam, 2014.

[11] Bùi Quang Thanh. *Sự Hình Thành Tín Ngưỡng Thờ Mẫu Tam/Tứ Phủ Và Nghi Lễ Hầu Đồng* [J]. *Tín Ngưỡng Dân Gian*, 2017 (22).

[12] Kiều Thu Hoạch. *Đối Thoại Với Hát Chầu Văn Và Lên Đồng Ở Việt Nam* [J]. *Di Sản Văn Hóa Phi Vật Thể*, 2017 (1).

[13] Lý Thị Ngọc Dung. *Tìm Hiểu Tín Ngưỡng Thờ Mẫu Và Việc Trưng Bày Chuyên Đề Này Tại Bảo Tàng Phụ Nữ Việt Nam* [D]. Hà Nội: Trường Đại học Văn hóa Hà Nội, 2012.

[14] Nguyễn Thị Cẩm Tú. *Những Yếu Tố Triết Học Trong Tín Ngưỡng Dân Gian Của Người Việt Vùng Đồng Bằng Bắc Bộ* [D]. Hà Nội: Viện Hàn Lâm Khoa Học Xã Hội Việt Nam, 2018.

天后信仰在越南南部的发展变迁及其原因

云南民族大学南亚东南亚语言文化学院　林婷婷

【摘　要】 通过了解当前天后信仰在越南的概况，揭示天后信仰在越南南部的影响力。从越南南部的天后信仰佛教化、不分体系的多神共供奉和供奉神祇地点的多样化，看天后信仰在越南南部的发展变迁。最后从其中探寻天后信仰发展变迁的动力机制。

【关键词】 越南南部；天后信仰；发展变迁；原因

由于越南南部土壤肥沃、交通便利和越南官方政策等拉力，我国国内明清政权更迭耻事异族、贸易需要等推力，我国东南沿海一带居民以家族宗亲带动式移居东南亚十分盛行。在早期科技不发达的情况下，人们面对变幻莫测的海洋容易产生恐惧心理，为了寻求精神寄托，作为"海上保护神"的天后信仰[①]应运而生。《中国与东南亚文化交流志》中对天后信仰描述道："郑和下西洋对天后的宣扬，首先在我国南方各省尤其福建、台湾、广东等沿海省区产生了深刻影响；随着福建、广东人徙入东南亚的增多，天后信仰在东南亚盛传不衰。"[②]

有鉴于此，天后信仰在越南广泛流传，而越南南部的天后信仰最具有代表性。近年来，学界不断有新成果推出，例如：中国的学者有李天赐初探越南华人华侨信仰，陈丽琴关于妈祖信仰在越南的传播研究，林明太探析妈祖信仰在越南的传播与交流；越南的学者有陈鸿连《在越南南部的华人文化：宗教和信仰》一书探讨了华人华侨的民间信仰，阮玉诗分析在越南南部的天后信仰特征。总体而言，关于天后信仰在越南南部的发展变迁表现及其内在原因探析的著述有限，本文试图在前人的基础上对天后信仰发展的表现和其背后促成变迁的原因进行探析。

---

① 宋代妈祖受朝廷册封为灵惠夫人、灵惠妃等；元朝封天妃；明代封圣妃、天妃等；清代封天妃、天后、天上圣母。在国内常用妈祖称之，而在越南多用天后称之，在此考虑翻译问题，选用天后更为贴切。

② 王介南. 中国与东南亚文化交流志 [M]//中华文化通志编委会. 中华文化通志：第10典. 上海：上海人民出版社，1998：109.

一、天后信仰在越南南部的概况

传说天后本姓林，名默，民间称她为林默娘，其诞生于福建省莆田市湄洲屿。"妈祖勇敢聪明、善观天象、精通医术，经常驾舟出海行善救人深受百姓爱戴。她去世后，乡人建庙祭祀，香火不绝。"[①]后来官方进行册封，由此发挥着日益深远的影响。在沿海的福建、广东、浙江、山东等地，随着商人的远行和移民的浪潮，天后信仰由此传至世界各地，尤其在东南亚沿海国家。

早期在华人华侨出国之时，由于身处异国他乡，出于怀念故土和共渡难关的目的，在当地的同乡或讲同一种方言华人华侨聚集成群，后逐渐发展成帮会，比如：潮州帮、福建帮、海南帮等。在帮会的基础上建立了会馆。会馆中常常供奉天后、福德正神[②]和关公等，以祈求和感谢神灵的护佑。郑怀德的《嘉定通志》载："柴棍铺距镇南十二里，当官路之左右……大街北头本铺关帝庙。福州、广东、潮州三会馆分峙左右。大街中之西天后庙，稍西温陵会馆。大街南头之西漳州会馆，凡佳晨良夜，三元朔望，悬灯设案，斗巧争奇，如火树星桥，锦城瑶会，鼓吹喧闹，男女簇拥，是都会闹热一大铺市。"[③]

越南南部集中了越南大约百分之九十的华人华侨，因此越南南部也是天后庙最为集中的地方。"古代南洋各角落，华人华侨人数未多之时，贩海之商舶一到其地，憩息无所，常建简陋之亚答屋，以资登岸时之用，同时可供奉其所迷信之水神，后华人华侨人数渐多，资力渐富，乃改建巍峨之庙宇。"[④]越南南部的天后庙基本都是 18 世纪到 20 世纪这个时间段建成。华人华侨对天后庙尤为重视，因此一般由华人华侨集资修建的天后庙通常是装潢华丽而精致。由于安土重迁的观念，华人华侨最初修建时极力仿照家乡的天后庙建筑样式修建。天后庙多是木材建造，由于建筑材料和越南南部气候湿热的原因，时间一久，需要进行维护、重修和翻建，在这个过程中渐渐融入越南本土的文化色彩。

表 1 是越南南部天后庙统计，整合自阮玉诗的《九龙江平原的天后信仰特征》[⑤]、《神灵文化与发展：越南南部的天后信仰》[①]二文。

---

① 许永璋. 东南亚华人华侨的妈祖信仰[J]. 黄河科技大学学报，2012（5）：86.

② 福德正神和下文出现的本头公，还有大伯公，关于这三位形象众说纷纭，有说福德正神即本头公，也有说本头公即大伯公，但不管是大伯公、本头公还是福德正神，这三者都和土地公发挥的效用相似，此处不做详述。

③ [越]郑怀德. 嘉定通志[M]// 戴可来，杨保筠. 岭南摭怪等史料三种. 郑州：中州古籍出版社，1991：213.

④ 平兆龙. 越南华侨华人文化地理研究：1405—1945[D]. 广州：暨南大学，2015：61—62.

⑤ Nguyễn Ngọc Thơ. Đặc trưng tín ngưỡng thờ Thiên Hậu ở đồng bằng sông Cửu Long [J]. Tạp chí Phát triển Khoa học và Nghiên cứu, 2014 (17): 92-93.

表 1 越南南部天后庙统计表

序号	省/城市	数量	名称
1	平阳省	5	富强天后庙、莱烧天后庙、蹦天后庙、泽桥天后庙、油声镇天后庙
2	巴地-头顿省	2	五帮妃庙、裂妃庙
3	同奈省	2	拳树庙、和平天后庙
4	西宁省	6	陈兴道社天后庙、明义会馆、七府和安后明乡会、家棉庙、清安庙、二府庙
5	胡志明市	13	穗城会馆、温陵会馆、霞漳会馆、琼府会馆、三山会馆、群新会馆、广肇天后会馆、间照庙、广肇会馆、馆市天后庙、黎直第21天后庙、芹盛天后庙、中东天后寺
6	前江省	4	美寿天后庙、丐礼天后庙、丐皮天后庙、永金天后宫
7	同塔省	2	福建天后庙、广东天后庙
8	槟知省	4	垅簪天后庙、巴知天后庙、安顺天后庙、槟知市天后庙
9	永隆省	4	永隆七府古庙、三更天后庙、双富天后庙、平明天后宫
10	茶荣省	8	福明宫、头岸村天后宫、永宝村天后宫、丰富天后庙、苟格天后庙、小芹镇天后宫、明顺A组天后宫、协和天后庙
11	安江省	2	客家天后庙、永美天后庙
12	坚江省	5	迪架天后庙、迪架天后宫、河仙天后宫、稷苟天后宫、码州-主处庙
13	芹苴市	3	宁侨广肇会馆、盖齿天后庙、乌门天后宫
14	朔庄省	13	朔庄天后庙、永州镇天后庙、海福安寺、堤海岸天后庙、永和天后宫、永海天后宫、求横天后庙、美川广东天后庙、美川潮州天后庙、玉诉社天后庙、安峡婆寺、武香天后宫、盛治天后宫

---

① Nguyễn Ngọc Thơ. *Văn hoá tâm linh và phát triển: tín ngưỡng Thiên Hậu tại Nam bộ Việt Nam* [J/OL]. *Tạp chí Phát triển Kinh tế - Xã hội Đà Nẵng*, 2012: 3-5 [2020-06-21]. http://vanhoahoc.hcmussh.edu.vn/Resources/Docs/SubDomain/vanhoahoc/Ly%20luan%20van%20hoa%20hoc/Nguyen%20Ngoc%20Tho-T%C3%8DN%20NG%C6%AF%E1%BB%A0NG%20THI%C3%8AN%20H%E1%BA%ACU%20T%E1%BA%A0I%20NAM%20B%E1%BB%98%20VI%E1%BB%86T%20NAM%20-%20g%E1%BB%ADi%20anh%20S%C6%A1n.pdf.

(续表)

序号	省/城市	数量	名称
15	薄寮	3	永朝明会馆、永泽天后庙、京豪天后庙
16	金瓯省	7	潮州天后庙、福领天后庙、三兴古庙、督江天后庙、工厂A村天后庙、复兴社天后庙、太平镇天后庙
总共			83

  通过表1数据表明：胡志明市和朔庄省所修天后会馆数量最多，都多达13座。其中胡志明市穗城天后会馆闻名遐迩，是广州华人华侨拜祭的主要庙宇。"清同治五年（1866），张德彝（本名明德）曾前往越南西贡游览。他后来在《航海述奇》中写道'早晨驾小舟行数里登岸。……行数里至一处，名穗城会馆，系粤人所建。入内过穿堂，后殿内供奉天娘娘像，明（即明德）倒拜默祝神佑一路平安。'"①现穗城会馆在胡志明市已是有名的景点，每天上香的人摩肩接踵。

  许多潮州华人华侨移居越南金瓯省，因此金瓯半岛上的天后会馆多由潮州人所建。同理，福建人广泛分布在越南南部的同奈省和平阳省，因此同奈省和平阳省的天后庙多由福建人所建。

二、天后信仰在越南南部的发展变迁

  从明清鼎革之际到现今，天后信仰由华人华侨移植至越南南部已有300年历史。随着经济社会的发展，越南南部的天后信仰在融入越南社会的过程中发生了许多变化。天后信仰的发源地福建莆田至今还保留着很多传统迷信的活动习俗，如："湄洲岛上的'游灯'、'数丁分饼'、'乞天后花，生男孩'、'天后挂胆'、'谢恩'、'拜祖'、'祈天地'、'过洋'、'认符'、'卜杯求签'、'演社戏'、'吹鼓头'、'弄先'、'打十番'、'奏八乐'、'张灯挂彩'。"②但是在越南南部像求签、占卦这样的迷信活动，正在从天后信仰的活动中慢慢消失。相反是把更多的香火钱用于学校、医院和各种公益事业。"兴建情义屋与温情屋，赈济台风洪涝灾胞，赞助消饥运动，协助橙黄色毒剂受害者，参与免费医院辅助基金筹款，赞助阮氏明开支及阮德景奖学金……穗城会馆……荣获胡志明市授予'好人好事单位'的光荣称号。"③这是天后信仰在当地与时俱进的表征，也是华人在当地互相

---

  ① 李天赐. 越南华人华侨妈祖信仰初探：以胡志明市穗城会馆天后庙为重点[J]. 莆田学院学报，2011（1）：5.

  ② 周丽妃. 社会人类学视野下的湄洲妈祖信仰仪式探析[D]. 厦门：华侨大学，2012.57.

  ③ 李天赐. 越南华人华侨妈祖信仰初探：以胡志明市穗城会馆天后庙为重点[J]. 莆田学院学报，2011（1）：5.

帮助的佐证。

天后信仰在越南还以另一种风俗的形式表现出来：在农历正月十五，信众在天后庙中向天后借钱，通常借 300 千越南盾[①]。这个风俗最受商人青睐，都想借天后的香火钱在生意中讨个好彩头。一般在月末或者年末还钱，还来的钱一般远远多于借去的钱，这也是越南南部天后庙收入来源之一。天后信仰从各个方面吸收越南文化，借以丰富自身，虽然其中不乏被同化的色彩，但这正是天后信仰发展变迁的表现，形成了富有特色的海外天后信仰文化。

（一）天后信仰的佛教化

越南受中国影响由来已久，越南佛教是由中国传入的大乘佛教，后来结合越南本土文化，发展成不同的宗教派别，如密宗、禅宗等。在越南信仰佛教的人数仅次于越南本土的民间信仰，天后信仰传入越南受佛教影响颇深。越南各种宗教之间界限不明晰，主要以实用为主。

在越南南部有些天后庙被称为阿婆寺，这里的天后改称为阿婆，观音菩萨在越南语中也用"婆"这个词。在朔庄的安峡婆寺，寺中祭拜天后，但称"寺"，不称"庙"或"宫"。"一般来说，道教的祭祀场所或建筑多称为'宫'、'观'、'庙'，而佛教的祭祀场所或建筑则称为'寺''庵'。"[②] 越南南部许多天后宫或天后庙偏殿祭祀观音，或者两位神并祭不悖，如越南茶荣市天后庙。由此可以看出天后信仰和佛教在越南相互交融。与此相似的是很多佛教寺庙如朔庄的海福安寺，正殿祭祀观音，而偏殿则祭祀天后。为了吸引更多的香客，天后庙有意在庙宇装饰方面跟佛教相似，也会请僧人来天后庙中主持活动。

在越华人华侨的观念中，天后圣母是两位神，一位是帮助祖先，远洋险渡，平安到达他乡的海神；另一位是保护华人华侨共同体的菩萨。从特征和职能上看，在这里的天后和观音很相似。而且在社会大趋势的发展环境下，天后信仰的佛教化特征会日益明显。

（二）越南南部天后庙中不分体系的多神共供奉

多神共供奉的现象在中越之间都常见，在中国一般分体系供奉，如佛教的神灵，共同供于同一殿中；或者是主祀的神单独在一个大殿中；或者是一个寺庙中分不同的供奉方向，如西轴线寺庙中供奉佛教，东轴线的寺庙中供奉道教。以福建莆田湄洲岛天后庙的供奉方式为例，正殿供奉天后，还有圣父母祠，祀奉天后父母，还有天后的兄弟姐妹，"在圣父母祠中天后只是作为一个陪祠而供奉，反

[①] 大约相当于人民币 90 块。
[②] 许永璋. 东南亚华侨华人的妈祖信仰 [J]. 黄河科技大学学报，2012（5）：88.

映了儒家思想的孝道。"[①] 以及其他侧殿、阁楼、庙宇分别供奉着其他水神体系，如四海龙王，或天后降服的神怪等。

而越南的供奉常常不分体系，佛教和道教的神灵可以置于同一座庙中一起供奉。薄寮省的永朝明会馆在正殿中间祭祀城隍，偏殿供奉天后。胡志明市平盛郡的天后寺，寺中供奉天后和观音，祭祀仪式明显带有两种风格。平阳的天后庙供奉天后和福德正神。在胡志明市的温陵会馆中，除了供奉天后，还有福德正神、玉皇大帝、观音、包公、城隍神等。不仅是多神共供奉，而且是中越之间的共同神和越南本土的神共供奉。

天后信仰在越南本土供奉方式和位置的演变，其主要目的是让这座主要供奉天后的庙宇发挥的功用更大，吸引更多信众。因此在越南的天后庙中供奉不同体系的神灵并不奇怪，这恰是天后信仰在越南南部妥协、包容和发展的一个体现。在几乎所有的天后庙中天后和各神互相配套，体现了华人灵活的祭祀特征。中越两国是山水相连的邦邻，两国之间具有文化亲缘关系，由于文化上的共性，出现中越共同神的共供奉。综合来看，中国的天后庙主要是为了突出主神天后，其他偏殿的神灵实质上是为了突出天后人物形象的陪衬；而越南天后庙则带着一种对当地文化的融合，体现整个庙宇的香火功用，并不刻意突出天后地位。

（三）供奉天后地点的多样化

福建莆田地区很少在家中供奉天后，一般以村为单位建宫来供奉天后。而在越南南部许多人在家中供奉天后的神龛。如越南金瓯省的华人和越南人常常是从天后宫分香，然后回去在家中供奉天后。天后已经从公众神明渗透到家中，在这里天后不仅仅作为海上的守护女神，同时也是家庭的保护神与福神。在家中供奉天后的位置在祖先牌位的旁边或者在观音像的旁边，天后神像或挂在墙上，或立在柜子上，并在供桌上放一个用汉字书写"天后圣母"的牌位。家主在每月初一、十五进行祭拜，供品为水果、香烛、糕点。在春节或天后的诞辰或忌日，家主单独做席面供奉天后。在家中供奉天后，成为华人华侨寻根怀祖情感表达的需要，故乡联系的纽带；也是为了祈求家宅平安与生意兴隆。

受市场经济的影响，天后的功用从海上保护神成为一位保佑生意兴隆、财源广进的"财神"。不管是供奉天后位置的多样，还是天后功用的变化，这都反映天后信仰在华人华侨的日常生活中变得更为重要。

---

① 周丽妃. 湄洲妈祖祖庙的陪祀神体系及其特征［J］. 莆田学院学报，2015，22（3）：16.

三、天后信仰发展变迁的原因

天后信仰之所以流传世界各地经久不衰,首先肯定跟天后信仰自身所具有的圆融性是有关系的,能够对他乡的文化兼容;其次本文研究对象所在区域主要是越南南部,那么天后信仰在越南南部的兴盛自然也离不开越南南部对外来文化的兼收并蓄。越南的文化由此呈现出一种各种文化交流杂糅又寓于民族文化特性的奇观。由于越南文化排他性很弱,因此天后信仰传入越南,并逐渐走向本土化,是不言而喻的。我国东南沿海和越南都有长长的海岸线,而天后则是属于海神信仰,在越的华人华侨作为文化交流的载体,依靠这样具有优势的地理环境和在他乡的精神需要,天后信仰成为移居越南南部华人华侨一拍即合的选择。

(一) 天后信仰自身的圆融性

"民间信仰是在长期的历史发展过程中,民众自发产生的一套神灵崇拜观念、行为习惯和相应的仪式制度。民间信仰具有多样性、多功利性、多神秘性等特征。"[①] 天后信仰属于民间信仰体系,但天后信仰中蕴含的佛教和道教属性却是很明显的。"历代古籍中有关天后的记载均将天后归入道教系统的神灵。例如,《宋会要》在介绍张天师祠时,说该祠内配祀天后《大明续道藏洞神部》之《太上老君说天妃救苦灵验经》将天后列为道教神祇。"[②] 这是天后的一种分类,而且国内的多数天后庙、天妃宫归入道观之列由道士主持。天后信仰佛教属性体现如:天后在中越两国人心中,经常都扮演观音的化身。"例如,《三教源流搜神大全》中说天后之母梦见观音'予优钵花,吞之已而孕'生下天后;《敕封天后志》中也说天后之母梦见观音大士授予丸药,'服后而生林默'。"在天妃宫中有很多仪式有时也由僧人主持。

"民间信仰与宗教相区别表现出无宗派教律、无完整体系制度,自发选择的无明确宗教意识,有着随机性、多样性、多神性、多功利性等特征。"[③] 圆融性是民间信仰的具象特征。天后信仰作为民间信仰本身就容易在文化共性中得到认可,加之天后信仰的佛教化趋势和道教属性,使其相对如天主教和基督教这种宗教派别而言,未来天后信仰在越南的传播更具优势。

---

① 陈毅香. 民间信仰视角下的永泰庄寨仪式空间探析 [D]. 武汉:华中科技大学,2019:5.

② 许永璋. 东南亚华侨华人的妈祖信仰 [J]. 黄河科技大学学报,2012 (5):88.

③ 陈毅香. 民间信仰视角下的永泰庄寨仪式空间探析 [D]. 武汉:华中科技大学,2019:5.

(二) 越南母神信仰使天后信仰更易融入和发展

越南最时兴的民间信仰是对母神的信仰，越南人称之为"供母教"。崇拜"母神"始于原始母系社会，越南人认为"母神"是创造世界万物的神灵，由于传统的农耕具有稳定性，直到今天"母神"信仰仍然是越南人民间信仰的基调。"为了发展和适应统治阶级的需要，'供母教'不仅把'四法'（云、雨、雷、电）和越南创世神话中生百卵孵百子的越南民族始母瓯姬视为母的化身，而且把包括雄王、二征夫人、黎利等在内众多立国、创业有功的传说和历史人物，也都视为母和母的化身。"①

"南部越族人相信跳大神，非常敬重女神，如：玉主女神、洞主女神、火精女神、水龙女神、红姑和杏姑，等等。"②母神信仰表现主体的多种多样，其实质是南部越人、占人和华人和睦相处扎根于越南南部的见证。如玉主女神是越南京族和占族在各自信仰的基础上融合建立的。《大乾国家南海四位圣娘王、灵湫瓜瓜夫人事迹》载"国母王婆皇越国家南海四位上等神，一位宋度宗之后，三位宋度宗之女也……实赖四位扶持之力也，师还，敕封上等国母王婆四位圣娘，旧洪德经过灵祠，亦命官致祭，传下居民大修庙宇以祀之。至此最有灵应，凡客商经过海门，诚心望拜，必无波涛之患，仍此，海滨江边各社村立庙奉事。"③据记载这四位圣娘是宋朝的妃子和公主，流落越南，在越南攻打占婆的时候显灵帮助越人，越南朝廷官方册封祭祀，民间也有众多信徒，四位圣娘逐渐替代越南供奉的鱼神。越南的官方政府和民间百姓对于中华民间信仰中女神的接受，似乎是顺其自然的。中国的道教传入越南，给越南母神带来深远的影响，如越南人崇拜的柳杏圣母是玉帝的女儿，把中国道教的玉皇大帝与越南母神加以联系，使柳杏圣母的身份更具有神圣性和合法性。在越南人的心中天后就如越南本土的柳杏圣母和黑娘娘一样，都是母神。"母神"信仰在越南已从拜物教演变为民族神和民族宗教。母神崇拜作为基础而存在，越族人将天后娘娘请进自己的祭母神殿中或者去参加华人举办的天后诞辰的仪式，不单纯是受华人的影响，而是在越南人的潜意识中供奉天后娘娘就是合情合理的习俗。"在槟知省的承德社承天村的天后祠完全是由越南人来供奉的，根本没有华人。"④

---

① 罗长山. 越南传统文化与民间文学[M]. 昆明：云南人民出版社，2004：34.
② [越]阮志坚. 越南的传统文化与民俗[M]. 郑晓云，译. 昆明：云南人民出版社，2012：145.
③ 佚名. 大乾国家南海四位圣娘王、灵湫瓜瓜夫人事迹[M]//孙逊，郑克孟，陈益源. 越南汉文小说集成：第3册. 上海：上海古籍出版社，2010：185—186.
④ [越]阮志坚. 越南的传统文化与民俗[M]. 郑晓云，译. 昆明：云南人民出版社，2012：138.

(三)天后信仰作为联系华人的纽带

中国人多数有着很强的乡土观念,去海外谋生是迫不得已的选择。初到异乡的华人华侨安土重迁,在他乡建立天后庙,以祈求天后保佑和寄托对家乡的思念,"诚如有学者指出'人们醉里呼唤着神灵的名字,心里呼唤的是自己的故乡,他们虔诚的拜倒在神灵之前,念念不忘的是祖祖辈辈生活过的地方。'"[①] 而面对新的生存环境,华人华侨们骨子里的民族凝聚力便由此激发出来,产生患难与共的心理。"尝闻建设会馆者,是谓藉神恩而酬报答,叙乡里以笃情谊也。"[②] 天后在这里不只是一个给人间广施福德的"圣母",而且还是一股紧紧联系华人,团结华人的纽带。不管华人遇到什么困难,或者是产生某种纠纷,在天后会馆都可以得到妥善的解决。借助祭祀天后的活动,敦睦亲情,增强民族及文化的认同感。天后信仰对于华人社会起着不可替代的作用,这也是天后信仰漂洋过海,并在越南扎根发展的重要原因。

随着华人华侨定居在越南,天后信仰渐渐发展成华人华侨家庭的保护神,也发挥着保佑华人华侨生意兴隆的作用。由于华人在外,尤其是闽南和潮汕一带的人民勤劳肯干,世代经商,经验丰富,做事灵活,在越南的华人华侨生意做得很好,生活水平也较高。很多越南人认为华人华侨是依靠天后的护佑而发财,因此越南南部的商人对天后信仰也是趋之若鹜。

四、结语

越南南部的天后信仰随着华人华侨的传入而在越南扎根,随着时间的推移和越南人的同化使得天后信仰的佛教化特征更为明显,天后信仰的供奉方式和地点变得更为多样。比如出现道教和佛教杂糅的多神供奉;华人和越南人在家中供奉;从原来的海上保护神性质,到现在也具备家庭和生意的护佑功能。由此可见天后信仰在越南南部广泛传播的300年中,在形式和意义上更加丰富,而且逐渐本土化。是一种取其精华,弃其糟粕,谋求发展的步伐。

天后信仰的发展变迁,体现了文化传播变迁的历史规律,从侧面反映了越南对于中华文化的态度,及中越文化之间的共性。推进中越关系从文化入手,通过文化增进中越人民的感情,优化两国关系;为21世纪海上丝绸之路的发展提供借鉴意义。

[①] 陈丽琴. 妈祖信仰在越南的传播研究[C]// 当代社会中的传统生活国际学术研讨会论文集. 天津:天津社会科学院出版社,2013:287.

[②] 陈丽琴. 妈祖信仰在越南的传播研究[C]// 当代社会中的传统生活国际学术研讨会论文集. 天津:天津社会科学院出版社,2013:286.

参考文献

[1] 陈丽琴. 妈祖信仰在越南的传播研究 [C] // 当代社会中的传统生活国际学术研讨会论文集. 天津：天津社会科学院出版社，2013：286—287.

[2] 陈毅香. 民间信仰视角下的永泰庄寨仪式空间探析 [D]. 武汉：华中科技大学，2019：5.

[3] 罗长山. 越南传统文化与民间文学 [M]. 昆明：云南人民出版社，2004：34.

[4] 李天赐. 越南华人华侨妈祖信仰初探：以胡志明市穗城会馆天后庙为重点 [J]. 莆田学院学报，2011（1）：1—7.

[5] 平兆龙. 越南华人华侨地理研究：1405—1945 [D]. 广州：暨南大学，2015：61—62.

[6] 阮玉诗，阮俊义. 天后上天与回家：越南金瓯华人天后信仰的变迁与在地化 [J]. 妈祖文化研究，2019（1）：31—41.

[7] [越] 阮志坚. 越南的传统文化与民俗 [M]. 郑晓云，译. 昆明：云南人民出版社，2012：138—145.

[8] 王介南. 中国与东南亚文化交流志 [M] // 中华文化通志编委会. 中华文化通志：第10典. 上海：上海人民出版社，1998：109.

[9] 许永璋. 东南亚华侨华人的妈祖信仰 [J]. 黄河科技大学学报，2012（5）：86—89.

[10] 佚名. 大乾国家南海四位圣娘王、灵湫瓜瓜夫人事迹 [M] // 孙逊，郑克孟，陈益源. 越南汉文小说集成：第3册. 上海：上海古籍出版社，2010：185—186.

[11] [越] 郑怀德. 嘉定通志 [M] // 戴可来，杨保筠. 岭南摭怪等史料三种. 郑州：中州古籍出版社，1991：213.

[12] 周丽妃. 湄洲妈祖祖庙的陪祀神体系及其特征 [J]. 莆田学院学报，2015，22（3）：15—17.

[13] 周丽妃. 社会人类学视野下的湄洲妈祖信仰仪式探析 [D]. 厦门：华侨大学，2012：57.

[14] Nguyễn Ngọc Thơ. Đặc trưng tín ngưỡng thờ Thiên Hậu ở đồng bằng sông Cửu Long [J]. Tạp chí Phát triển Khoa học và Nghiên cứu, 2014 (17): 88-107.

[15] Nguyễn Ngọc Thơ. Văn hoá tâm linh và phát triển: tín ngưỡng Thiên Hậu tại Nam bộ Việt Nam [J/OL]. Tạp chí Phát triển Kinh tế - Xã hội Đà Nẵng, 2012: 3-5 [2020-06-21]. http://vanhoahoc.hcmussh.edu.vn/Resources/Docs/SubDomain/vanhoahoc/Ly%20luan%20van%20hoa%20hoc/Nguyen%20Ngoc%20Tho-T%C3%8DN%20NG%C6%AF%E1%BB%A0NG%20THI%C3%8AN%20H%E1%BA%ACU%20T%E1

%BA%A0I%20NAM%20B%E1%BB%98%20VI%E1%BB%86T%20NAM%20-%20g%E1%BB%ADi%20anh%20S%C6%A1n.pdf.

柬埔寨碑铭中梵语源地名之考释

信息工程大学 郑军军

【摘 要】 作为东南亚历史最为悠久的文明古国,柬埔寨拥有极为丰富的碑铭资源。作为最易于长久保存和流传的文字载体,柬埔寨碑铭是高棉语研究最可靠的资料来源和最重要的文献形式。在柬埔寨碑铭中留存了大量的梵语源地名,它是柬埔寨文化与印度文化长期深度接触的直接产物。基于碑铭对118个梵语源地名的重点考释,揭示了梵语源地名的源词形式、总体特征以及词汇结构等,展现了不同历史时期的梵语源地名状况及其历史流变轨迹。

【关键词】 柬埔寨;碑铭;梵语源地名

早在柬埔寨历史上最早期的国家扶南王国建立之初,印度文化便开始在柬埔寨传播,绵延整个柬埔寨古代史,与柬埔寨文化进行了长期、持续而又深入的碰撞和融汇。作为印度文化传播的载体,梵语源外来词伴随之源源不断地输入到高棉语中,出现于柬埔寨古代各类文字作品中。由于古代柬埔寨没有纸张和印刷术,这些富含梵语源外来词的历史文献或雕刻于碑铭上,或记载于加工过的贝叶[①]上,或书写于兽皮上。由于柬埔寨气候炎热潮湿,碑铭成为最易于长久保存和流传的文字载体,所以柬埔寨碑铭是我们研究高棉语中梵语源外来词的最可靠的资料来源和最重要的文献形式。

在柬埔寨碑铭中,地名类梵语源外来词,即梵语源地名数量庞大。据统计,在目前已发现的所有柬埔寨碑铭中,大约有400个高棉语地名是梵语源外来词,约占碑铭中高棉语地名总数的三分之一以上。[②] 并且,梵语源地名在梵语源外来词中特色鲜明,值得探究。在对柬埔寨碑铭中梵语源地名进行考释之前,我们有必要对柬埔寨碑铭的概况做一总体考察。

---

① 贝叶是用于刻写经文的树叶。这种树叶需要经过一种特殊工艺的加工才可用于刻写经文。写有经文的树叶用绳子穿成册,可保存数百年之久。后来,贝叶亦借指佛经。
② ឡង់ សៀម. ហាននាមខ្មែរមានប្រភពពីភាសាសំស្ក្រឹត[J]. កម្ពុជសុរិយា, ១៩៩៦, ១: ៣៦.

一、柬埔寨碑铭概况

"碑铭"一词在高棉语[①]中的对应词是"សិលាចារឹក",它是一个复合词,由"សិលា"和"ចារឹក"这两个词复合而成。សិលា 表示"石;岩石"之意,ចារឹក 表示"雕刻;书写;标记"的意思,两词合二为一意为"刻在竖石上的文字,即碑铭"。[②]简而言之,柬埔寨碑铭是通常雕刻于寺庙的墙壁上、石柱上、大门上或屋梁上的文章,是具有史学性、纪念性、叙述性的文章,是公文类文章,或是关于人名、地名清单的文章。

作为东南亚历史最为悠久的文明古国,柬埔寨拥有极为丰富的碑铭资源,其碑铭数量在全世界名列前茅。法国学者乔治·克代斯(Georges Coedès)称,人们发现的柬埔寨碑铭数量共计 1005 块。[③]1971 年,法国学者克罗德·雅克(Claude Jacques)在其发表的文章中表示,人们又新发现了 45 块柬埔寨碑铭。[④]1988 年,他又在一篇文章中补充说明道,柬埔寨碑铭现在共有1150 块。[⑤]

据考证,在越南南部的芽庄市[⑥]乌干村发现的大约为公元 2 世纪或 3 世纪(属扶南时期)[⑦]的碑铭是柬埔寨历史上,是东南亚历史上最早的碑铭,上面的文字被鉴定为"印度南部的文字"。[⑧]而柬埔寨历史上最晚的碑铭则雕刻于公元 14 世纪。这意味着柬埔寨的碑铭时代是从公元2、3 世纪直至公元 14 世纪,即柬埔寨碑铭始于扶南王朝时期,终止于吴哥王朝末期。

法国学者亨利·帕尔芒捷(Henri Parmentier)曾根据柬埔寨碑铭覆盖的地域范围绘制出高棉帝国的地图。从地图中我们发现,柬埔寨碑铭覆盖的领土面积广阔,这片领土横跨今天的柬埔寨、泰国和老挝三国。仅公元 7 世纪即扶南王朝末期的碑铭,在今日柬埔寨领土上就发现了 230 块,在柬埔寨邻国土地上发现了

---

① 高棉语是柬埔寨主体民族高棉族的民族语言和柬埔寨王国官方语言。高棉语属南亚语系孟-高棉语族,是孟-高棉语族中最早有书面语言记载的语言,其起源与高棉族的形成紧密相关。

② 汉语词"碑铭"在《现代汉语词典》(第 6 版)中被认为与"碑文"一词同义,对其做两种解释:一是,刻在碑上的文字;二是,准备刻在碑上的或从碑上抄录、拓印的文字。该词在汉语中最早见于《后汉书·翟酺传》:"酺免后,遂起太学,更开拓房室,学者为酺立碑铭於学云。"

③ Georges Coedès. *Inscriptions du Cambodge*, Vol. XVIII [M]. Paris, 1966: 73.

④ Claude Jacques. *Supplèment au tome VIII des Inscriptions* [M]. Cambodge BEFEO. t.LVIII, 1971.

⑤ Claude Jacques. *enrevue Dossiers, Histoire et Archèologie* [M]. No. 125, Paris, 1988.

⑥ 芽庄曾是古代柬埔寨扶南王国的属地。

⑦ 这块碑铭究竟是成文于公元 2 世纪还是 3 世纪,在学界尚无统一定论。

⑧ ព្រះមហាវិរិយ. បណ្ឌិតោ ប៉ាង ខាត់. *ពុទ្ធសាសនា ២៥០០* [M]. ភ្នំពេញ: ពុទ្ធសាសនាបណ្ឌិត្យ, ព. ស. ២៥៤៤: ៩.

55 块。在今天的泰国，无论是城市还是偏远省份，都曾发现过公元 7 世纪的柬埔寨碑铭。

历史上，柬埔寨碑铭以梵文、高棉文或巴利文书写而成。以这三种文字雕刻的碑铭特点各异。据统计，目前已发现的柬埔寨的梵文碑铭共有 503 块，[①] 其文章体裁为诗歌，通常叙述的是宗教（即婆罗门教和佛教）活动。梵文碑铭经常一开始先按照诗韵对婆罗门教的神灵进行祈祷，使整篇诗文充满神灵论和吠陀哲学的气息。碑铭诗歌的内容通常是对国王的歌功颂德，如描述王族史的变迁、叙述国王在沙场奋勇抗敌的功绩、赞颂国王的统治铸就了国家的繁荣昌盛。有一些碑铭诗歌赞颂僧侣或教徒等高层人物建庙筑塔、建苑筑坝等佛事功德，还有一些诗歌描述了与外敌浴血奋战的重大历史战事。

法国学者 K. 巴塔沙里亚（K. Bhattacharya）在其关于柬埔寨碑铭中梵语词研究的书中表示，柬埔寨碑铭中对梵语的运用准确而优美。的确，柬埔寨碑铭中的梵文诗歌呈现出高贵而又磅礴浩大的风格，充满着生动形象的辞藻比较与隐喻。诗歌按照优美的韵律和动听的音节撞击性创作而成，为了吟诵，如诵经，或为了吟唱歌颂婆罗门教诸神、佛祖、菩萨和国王的赞歌。

高棉文碑铭目前共计 619 块，年代横跨前吴哥王朝时期和吴哥王朝时期。其中前吴哥王朝时期（即公元 6 世纪至 8 世纪）有 164 块，吴哥王朝时期（即公元 9 世纪至 14 世纪）有 455 块，[②] 其文章体裁为散文。除了一部分文章与历史事件有关外，大部分高棉文碑文可看作是国家事务、民政、司法等方面的资料。从这些文章中我们可获取关于古代柬埔寨的社会形态和社会管理制度方面的信息，如新土地上寺庙、经堂和村落的建造；贵族阶层、婆罗门祭司和僧侣在国家发展事务中的宗教与经济活动；赠予寺庙和用于祭奠神灵的众多供品：从田地、庄园到奴隶、牲畜、金银器皿，不一而足；关于开展各项王国事务的圣旨的颁布实施，尤其是垦荒拓地、建设村落、建造寺庙、开渠筑坝等活动。前吴哥时期和吴哥时期的几乎所有高棉文碑铭都有一个共同特点，那就是叙述了寺庙和贵族阶层被国王赐予的村庄、田地和庄园的地理状况，并呈现了为寺庙服务的人员的姓名。因此，通过高棉文碑铭，我们能收集到大约 5000 个人名和 1500 个地名。[③] 从高棉文碑铭中，我们还发现，寺庙是古代柬埔寨社会的经济和文化中心，是柬埔寨人民宝贵的精神家园。与梵文碑铭的文风和语言风格不同的是，所有的高棉文碑铭都以平实、清晰的语言风格组织成文，文章内容能被大多数不懂梵语的普通百姓所理解。

---

① ឡូង សៀម. សិលាចារឹកជាប្រភពនៃការសិក្សាអក្សរសាស្ត្រ. កម្ពុជសុរិយា, ២, ១៩៩៩: ២២៥.

② 同上。

③ 同上。

至于巴利文碑铭，在柬埔寨这类碑铭的数量极少，在此便不详述了。

柬埔寨碑铭不仅为研究柬埔寨的历史、宗教、社会、文学等提供了极为珍贵的资料，而且它还是高棉语研究的富矿，尤其是研究前吴哥时期和吴哥时期高棉语的重要基础，它使我们得以知晓古高棉语的语言状况，了解高棉语在历史长河中的演变和发展。

二、梵语源地名的特征

梵语源地名有着与高棉语固有词地名迥然不同的特点。

第一，就产生方式而言：

首先，从社会层面上看，高棉语固有词地名是由高棉语本族语使用者以一种无意识的方式在日常语言交际中自然而然地创造出来的，而梵语源地名则是由柬埔寨本国精通梵语的学者或受过教育的人经过深思熟虑创制而成的。这些梵语源地名经常出现于圣旨中，用于表示柬埔寨本国各种行政区划，如省、王都、市、县等，或表示各种宗教场所和建筑物，等等。例如，梵语源地名 រុទ្របុរ: 出现于 K.9 碑铭中：ទីក្រុងណេះរុទ្របុរ:，其源词为 rudrapura，意为"楼陀罗神之城"。梵语源地名 វិស្ណុបទ: 出现于 K.292 碑铭中：ស្រុកណេះវិស្ណុបទ:，其源词为 visnupada，意为"毗湿奴神的住处"。

其次，从语言层面上看，高棉语固有词地名是借助植物学和动物学术语的自然命名，而梵语源地名是通过将婆罗门教诸神之名加以拆分或精选用于祈福、祷告仪式的名词和形容词创制出来的。例如，梵语源地名 លក្ស្មីន្ទ្រតដាក: 出现于 K.702 碑铭中：អាងទឹកណេះលក្ស្មីន្ទ្រតដាក:，其源词为 laksmindratatāka。លក្ស្មីន្ទ្រ 由 លក្ស្មី（拉娓诗米）①和 តន្ទ្រ（因陀罗）两个词组合而成，表示"拉娓诗米女神和因陀罗神"之意，因此 លក្ស្មីន្ទ្រតដាក: 便意为"拉娓诗米女神和因陀罗神的大水池"。出现于 K.314 碑铭中的梵语源地名 ឝសានបុរ:，其源词为 içānapura。意为"伊奢那神（即湿婆神的别称）之城"，简称"伊奢那城"，是伊奢那跋摩国王时代的王都，位于今天柬埔寨磅同市的北边。

第二，就指称对象而言：

高棉语固有词地名通常指称山、湖、池塘、森林、高原、土地等等，而梵语源地名则一般指称国家、地区、城市、寺庙及各种宗教场所等等。例如，梵语源地名 ហរគ្រម: 出现于 K.175 N 碑铭中：ស្រុកណេះហរគ្រម:，其源词为 harāçrama，意为"诃罗神（湿婆的别名）的圣所"。梵语源地名 វីរេន្ទ្របត្តន: 出现于 K.713 碑铭中：ស្រុកណេះវីរេន្ទ្របត្តន:，其源词为 virendrapattana，意为"维伦

---

① លក្ស្មី 音译为"拉娓诗米"，是婆罗门教的幸福与财富女神——吉祥天女，传统上被认为是毗湿奴的妻子。

德拉城"。

三、梵语源地名的结构解析

梵语源地名的词语结构通常呈现出以下两种状况：

第一，含有表示地方、处所类含义的后缀。这些后缀列表如下：

后缀	源词	含义
បុរៈ/បុរី	pura/puri	有城墙的城市
គ្រាម:	grāma	村庄；居住地
បទ:	pada	住处，居住地
បត្តន:	pattana/paṭṭana	城市
អលយ:	alaya	避难所，避难地；住处，居住地
និវាស:	nivāsa	住处，居住地；避难所，避难地
ក្សេត្រ:	kṣetra	广场；场院；庭院
ទេត:①	deça	国家；地区
គិរិ/បវ៌ត:	giri/parvvata	山；山脉；小山
តដាក:	tatāka	一座大型人工蓄水池
អាគ្រម:②	āçrama	寺庙；圣所；隐士住处

在上述 11 个表示地方、处所类含义的后缀中，បុរៈ/បុរី 这一后缀当属梵语源地名构造中使用率最高的后缀。因为依据对 4—14 世纪高棉文碑铭的统计发现，在梵语源地名中有 180 个地名以 បុរៈ/បុរី 为后缀，其重点表现为前吴哥时期和吴哥时期柬埔寨的历代王都名称几乎都以 បុរៈ/បុរី 为后缀。例如：

វ្យាធបុរៈ，其源词为 vyādhapura。意为"猎手之城"，位于今天柬埔寨波罗勉省的巴普农县一带。该词出现于 K.276 碑铭中。

ភវបុរៈ，其源词为 bhavapura。意为"拔婆神之城"，简称"拔婆城"，是拔婆跋摩国王时代的王都，位于洞里萨湖的东岸。该词出现于 K.939 碑铭中。

សម្ភុបុរៈ，其源词为 sambhupura。意为"桑普神（即湿婆神的别称）之城"，简称"桑普城"，坐落于湄公河桔井市河段的河岸上。该词出现于 K.293 碑铭中。

---

① 其现代高棉语词形为 ទេស:。
② 其现代高棉语词形为 អាស្រម。

ឥន្ទ្របុរៈ，其源词为 indrapura。意为"因陀罗神之城"，简称"因陀罗城"，位于今天柬埔寨磅湛省的德邦克门县。该词出现于 K.235 碑铭中。

អមរិន្ទ្របុរៈ，其源词为 amarendrapura。意为"因陀罗神的不朽之城"，位于今天柬埔寨暹粒市附近。该词出现于 K.235 碑铭中。

យសោធបុរៈ，其源词为 yaçodharapura。意为"耶输陀罗神之城"或"美丽而光荣的城市"，是公元9—14世纪即吴哥时期的柬埔寨王都。该词出现于 K.70 碑铭中。

第二，梵语源地名前通常加上表示地方、处所类别的类名。

梵语源地名词汇除了含有表示地方、处所类含义的后缀外，通常还需与表示地方、处所类别的词语相组合，这样才是一个完整的地名词语结构。这是借用梵语源外来词创造高棉语地名的有效方式之一，也使地名的指称范畴显得更为明确，还促进了梵语源外来词在高棉语语言体系中的同化进程。

表示地方、处所类别的词语有的是高棉语固有词，有的是梵语、巴利语源外来词。在此列举一二：

（一）ស្រុក，是高棉语固有词，在此表示"（行政）区域；地方"之意，是碑铭资料中与梵语源地名搭配率最高的词语之一。例如：

ស្រុក + មង្គលបុរៈ = ស្រុកមង្គលបុរៈ，意为"幸福都市"，出现于 K.205 碑铭中。

ស្រុក + វិក្រន្ត = ស្រុកវិក្រន្ត，意为"胜利地区"，出现于 K.697 碑铭中。

ស្រុក + វនបុរៈ = ស្រុកវនបុរៈ，意为"森林城市"，出现于 K.957 碑铭中。

ស្រុក + វិស្ណុបទ = ស្រុកវិស្ណុបទ，意为"毗湿奴神的住处"，出现于 K.292 碑铭中。

（二）ប្រាសាទ，是高棉语固有词，意为"寺庙；宫殿；大建筑物"。例如：

ប្រាសាទ + គ្រីសុរ្យបវិត្ត = ប្រាសាទគ្រីសុរ្យបវិត្ត，意为"太阳神宫殿"，出现于 K.31 碑铭中。

ប្រាសាទ + អភយបុរៈ = ប្រាសាទអភយបុរៈ，意为"安宁城寺庙"，出现于 K.357 碑铭中。

ប្រាសាទ + ភទ្របុរៈ = ប្រាសាទភទ្របុរៈ，意为"美丽的宫殿"，出现于 K.56 碑铭中。

ប្រាសាទ + វិទ្យាស្រមៈ = ប្រាសាទវិទ្យាស្រមៈ，意为"知识的圣殿"，出现于 K.262 碑铭中。

（三）ភ្នំ，是高棉语固有词，意为"山"。例如：

ភ្នំ + ចន្ទនគិរី = ភ្នំចន្ទនគិរី，意为"檀香树山"，出现于 K.258 碑铭中。

ភ្នំ + មលយៈបវិត្ត = ភ្នំមលយៈបវិត្ត，意为"马来亚山"，出现于 K.136 碑铭中。

（四）ទីក្រុង，是高棉语固有词，意为"城市"。例如：

ទីក្រុង + រុទ្របុរ： = ទីក្រុងរុទ្របុរៈ，意为"楼陀罗神之城"，简称"楼陀罗城"，出现于 K.9 碑铭中。

ទីក្រុង + សិរីវត្តន = ទីក្រុងសិរីវត្តនៈ，意为"湿婆城"，出现于 K.163 碑铭中。

（五）ដែនដី，是高棉语固有词，意为"领土；领地；管辖地"。例如：

ដែនដី + អមោយៈ = ដែនដីអមោយបុរៈ，意为"富饶的城市"，出现于 K.221 碑铭中。

ដែនដី + ប្រសាន្តគ្រាម = ដែនដីប្រសាន្តគ្រាម，意为"和平之地"，出现于 K.187 碑铭中。

ដែនដី + ស្រស្បុរ： = ដែនដីស្រស្បុរៈ，意为"美丽的城市"，出现于 K.944 碑铭中。

ដែនដី + សតគ្រាម = ដែនដីសតគ្រាម：，意为"百村之地"，出现于 K.207 碑铭中。

（六）តំបន់，是高棉语固有词，意为"地区，区域"。例如：

តំបន់ + ជនបទ： = តំបន់ជនបទៈ，意为"人们的居住地"，出现于 K.235 碑铭中。

（七）ភូមិ，是梵语、巴利语源外来词，意为"村庄"。例如：

ភូមិ + មជ្ឈមទេត = ភូមិមជ្ឈមទេតៈ，意为"中心村"，出现于 K.873 碑铭中。

ភូមិ + ស្រស្សនិវាស = ភូមិស្រស្សនិវាសៈ，意为"美地村"，出现于 K.467 碑铭中。

四、对前吴哥时期和吴哥时期碑铭中柬埔寨国名的考释

在众多的梵语源地名中，柬埔寨在前吴哥时期和吴哥时期的国名值得我们深入探究。通过对公元 4 至 14 世纪的柬埔寨碑铭进行研究我们发现，在前吴哥时期和吴哥时期，柬埔寨的国名有三个，分别是 កម្វុជៈ（即 កម្ពុជៈ）、កម្វុទេសៈ（即 កម្ពុទេសៈ）和 កម្វុជទេសៈ（即 កម្ពុជទេសៈ）。[①] កម្វុជៈ 在公元 4 至 14 世纪的碑铭中出现了大约 40 次，កម្វុទេសៈ 先后出现于公元 868 年的 K.400 碑铭和公元 14 世纪左右的 K.300 碑铭中，而 កម្វុជទេសៈ 则出现于吴哥时期的 K.935 碑铭和 K.956 碑铭中。由此可见，在 កម្វុជៈ、កម្វុទេសៈ 和 កម្វុជទេសៈ 这三个古代柬埔寨的国名中，កម្វុជៈ 这个名称在当时使用得最为频繁。

在中国史籍中也可发现对前吴哥时期和吴哥时期柬埔寨国名的记载。中国学者苏继顾先生说："然我国史乘自三世纪前期起，则名此国曰扶南，至六世纪又名此国曰真腊，致其国名遂遮没不闻。至元初，始又重见于著录。如《元史·世

[①] 在梵语源外来词中，辅音字母 "វ" 与 "ព" 的语音联系极为紧密，许多词中的辅音字母 "វ" 逐渐衍变为辅音字母 "ព"，如文中 កម្វុជៈ 即 កម្ពុជៈ。

祖本纪》八之干不昔，《真腊风土记》之澉浦只、甘孛智，《明史·真腊传》之甘武者、甘菩者、甘破蔗、柬埔寨等是。"① 例如，《元史》卷一一《本纪第一一》载："诏谕干不昔国来归附。"② 《真腊风土记》载："真腊国或称占腊，其国自称曰甘孛智。今圣朝按西番经名其国曰澉浦只，盖亦甘孛智之近音也。"③ 《明史·真腊传》载："……其国自称甘孛智，后讹为甘破蔗，万历（1573 年至 1619 年）后又改为柬埔寨。"④ 显而易见，上述中国史籍中的柬埔寨国名，无论是干不昔、澉浦只、甘孛智，还是甘武者、甘菩者、甘破蔗，都是对 កម្ពុជ:（即 កម្ពុជ:）一词的音译。中国史书的记载恰好是对上述碑铭研究结果的印证，说明 កម្ពុជ:（即 កម្ពុជ:）一词的确是当时使用率最高的柬埔寨国名。

កម្ពុជ:、កម្ពុទេស: 和 កម្ពុជទេស: 这三个词的共同特点不仅是都源自梵语，⑤ 而且都含有相同的词根 កម្ពុ（即 កម្ពុ）。据发掘于今天柬埔寨暹粒省的公元 947 年的 K.286 碑铭可推知，កម្ពុ 一词是柬埔寨历史上最早期国家的开创者——一位伟大的修行者的名字。这块碑铭讲述了另一个版本的柬埔寨建国传说。据这块碑铭记载，这位名叫 កម្ពុ 的修行者来到柬埔寨，与当地的女王 មេរា 结合在一起，建立了柬埔寨历史上的第一个王国，并孕育了高棉王族，即太阳王族。而法国学者乔治·克代斯（Georges Coedès）认为，កម្ពុ 与 មេរា 这两个名字合二为一的缩写形式 ខ្មែរ 便成为今天柬埔寨的主体民族——高棉族的名字。ខ្មែរ 一词最早出现于 K.227 碑铭中。

通过研究公元 4 至 14 世纪的柬埔寨碑铭我们还发现，កម្ពុ 一词也被用于构造重要的地名、神名和人名。例如：

កម្ពុជរាជលក្ស្មី：其源词为 kamvujarājalaksmi。该词是前吴哥时期一位王后的名字，这位王后是真腊王国的开国之君拔婆跋摩一世的妻子。该词出现于 K.272 碑铭中。

កម្ពុបុរី：其源词为 kamvupuri。该词是吴哥时期王都的名称，可译作"甘武城"。该词出现于 K.283 碑铭中。

កម្ពុជេន្ទ្រ:：其源词为 kamvujendra。该词由 កម្ពុ（kamvu）和 ឥន្ទ្រ（indra）两个词组合而成，表示一位神灵的名字。相传这位神灵是保护柬埔寨的。该词出现于 K.549 碑铭中。

依据碑铭资料我们还发现，កម្ពុជទេស: 这一国名还具有非常重要的政治意

---

① 苏继庼. 岛夷志略校释 [M]. 北京：中华书局，1981：75.
② [明] 宋濂, 等. 元史 [M]. 北京：国家图书馆出版社，2014：61.
③ [元] 周达观. 真腊风土记 [M/OL]. (2012-02-27) [2014-03-06]. http://ishare.iask.sina.com.cn/f/11359997.html.
④ [清] 张廷玉, 等. 明史 [M]. 北京：国家图书馆出版社，2014：2572.
⑤ 三词的梵语源词分别为：kamvuja, kamvudeça, kamvujadeça.

义。在斯多高通碑铭和桑隆碑铭这两块关于高棉王族史的碑铭中，កម្ពុទេស：一词出现于吴哥王国的开国之君阇耶跋摩二世登基仪式的记载中，作为表示吴哥王国的官方术语。在公元 14 世纪即吴哥王朝末期的 K.177 碑铭中，កម្ពុទេស：这一国名已被 កម្ពុរស្រ 一词所替代，该词意为"柬埔寨王国"。

综上所述，本文努力突破以往高棉语研究单纯依据经验或思辨的方式，以柬埔寨碑铭为依托，在大规模真实历时语料的基础上重点考释了 118 个梵语源地名，大量使用碑铭资料进行论证，揭示了梵语源地名的源词形式、总体特征以及词汇结构等，展现了不同历史时期的梵语源地名状况及其历史流变轨迹。

参考文献

［1］陈显泗. 柬埔寨两千年史［M］. 郑州：中州古籍出版社，1990.

［2］［明］宋濂，等. 元史［M］. 北京：国家图书馆出版社，2014.

［3］［清］张廷玉，等. 明史［M］. 北京：国家图书馆出版社，2014.

［4］苏继庼. 岛夷志略校释［M］. 北京：中华书局，1981.

［5］ត្រឹង ងា. ប្រវត្តិសាស្ត្រខ្មែរ[M]. ភ្នំពេញ: គ្រឹះស្ថានបោះពុម្ពនិងចែកផ្សាយនៃក្រសួងអប់រំ យុវជន និង កីឡា, ២០០៩.

［6］ត្រឹង ងា. អរិយធម៌ខ្មែរ[M]. ភ្នំពេញ: រោងពុម្ពសុខលាភ, ១៩៧៥.

［7］ព្រះមហាវិរិយ. បណ្ឌិតោ ប៉ាង ខាត់. ពុទ្ធសាសនា ២៥០០ [M]. ភ្នំពេញ: ពុទ្ធសាសនបណ្ឌិត្យ, ព. ស. ២៥៤៤.

［8］ម. ត្រាណេ. ប្រវត្តិសាស្ត្រកម្ពុជា [M]. ភ្នំពេញ: ពុទ្ធសាសនបណ្ឌិត្យ, ២០០២.

［9］មីសែល ត្រាណេ. ប្បូរធម៌ អារ្យធម៌ខ្មែរ: អំពីសាសនាខ្មែរតាំងពីសម័យបុរេប្រវត្តិសាស្ត្រ[M]. ភ្នំពេញ: បណ្ណាគារ ដឹង ងួនហុត, ២០០៤.

［10］យិន គឹមវណ្ណ. ប្រភពប្បូរធម៌ អរិយធម៌ចរិតខ្មែរ[M]. ភ្នំពេញ: រោងពុម្ពមេងហារ, ២០១០.

［11］Georges Coedès. *Inscriptions du Cambodge (Vol. XVIII)* [M]. Paris, 1966.

［12］Claude Jacques. *Supplèment au tome VIII des Inscriptions* [M]. Cambodge BEFEO. t.LVIII, 1971.

［13］Claude Jacques. *enrevue Dossiers, Histoire et Archèologie* [M]. No. 125, Paris, 1988.

菲律宾维甘古城文化遗产保护研究
——基于文化价值认同视角

信息工程大学 陈俊武

【摘 要】 维甘古城是菲律宾著名的历史文化名城和旅游胜地之一,在其漫长历史进程中汇聚中国、西班牙及菲律宾本土等多种文化特色,形成独具特色的历史建筑风格。在多方合作、多措并举的保护和开发基础上,维甘古城于1999年被联合国教科文组织列入世界文化遗产名录,并在此后被评为"世界文化遗产保护区管理最佳实践奖"。如今幽雅恬静的维甘古城映射菲律宾人民对待殖民遗产和多元文化所秉持的开放包容、为己所用的情怀。笔者通过梳理维甘古城千年历史,结合文化遗产保护相关理论,归纳具体指导思想及保护利用举措,从中探索古城保护背后折射的菲律宾民族文化价值认同。

【关键词】 文化遗产;菲律宾;维甘;古城保护;文化价值认同

维甘历史古城位于菲律宾吕宋岛西北部的南伊洛戈省(Ilocos Sur),是菲律宾著名旅游胜地之一,也是目前亚洲保存最为完好的西式风格古城之一。该地历史上曾是东南亚地区重要的贸易港湾,而后成为西班牙殖民时期的殖民重镇,因此古城内的规划设计,在西班牙式建筑风格的基础上,融入菲律宾、中国、墨西哥等其他多种地区文化风格。其中从西班牙移植而来的文艺复兴时期西式棋盘格状街道分布,加之多元文化元素的细节点缀,是目前维甘古城标志性样式。近千年的文化沉淀,使得维甘古城内到处洋溢着历史和文艺的气息。1999年,该历史古城被联合国教科文组织列入世界文化遗产名录。2012年,该地被评为"世界文化遗产保护区管理最佳实践奖"。

维甘古城的历史是整个菲律宾历史的缩影。前殖民时代,维甘地区居民便开始与东方各古国建立海上贸易关系,该地成为地区商业贸易和人员流动中心。在西班牙人到来之后,殖民者开始在维甘地区大兴土木,建造西班牙风格的建筑,同时与其他东方国家,特别是与中国的往来不曾间断,多元文化在这里相互融合。之后又经历美国、日本等国的占领和侵略,屡次面临严重破坏的危险。直到菲律宾独立,特别是20世纪80年代之后,当地政府和民间组织开始重视并齐心协力保护历史古城,相关的政策措施陆续出台,保护的效果愈发明显,以古城保护开发为基础的地区经济收益蒸蒸日上。因此,笔者将通过回顾维甘古城发展史和保护史，结合文化遗产保护理论及前人研究成果，对维甘古城建设、保护和开发等各项举措进行梳理，从中探讨当地人民对多元文化遗产和自身文化符号的价值认同。

一、维甘古城的历史沿革和保护历程

维甘古城之所以能成为菲律宾国内为数不多的世界文化遗产，与其特殊的文化多元性和遗产完整性分不开。历史上来自不同区域的人群对维甘古城进行建设和保护，共同构造和维护这座东南亚地区独一无二的城镇。

（一）原始聚居与文明形成时期

早在古代海上商贸活动开展之前，维甘及其附近区域便有原始居民居住。据菲律宾考古发现，当时原住民定居点可能北及今日北伊洛戈省（Ilocos Norte）的班吉市（Bangui），南至联合省（La Union Province）的纳马卡潘地区（Namacpacan）。在原始时期，维甘地区称为"三堤"（Samtoy），这一词语源自伊洛戈地区方言，意为"我们的语言"。根据历史学家推测，维甘地区拥有得天独厚的地理条件优势，是阿布拉河（Abra River）、梅斯蒂索河（Mestizo River）和戈万特斯河（Govantes River）三条河流交汇的地方。该地水源充足，原住民依水而居，以捕鱼为业，同时引水灌溉，因此河流孕育维甘地区最原始的文明。

由于水路运输较为便捷，历史上维甘地区很早便成为繁荣的贸易中心，这里因商贸往来而闻名内外。在古代时期，来自中国、日本和马来亚等地的商人通过近岸航行的途径抵达维甘，与当地人进行物物交换，用异国的商品换取维甘地区的黄金、蜂蜜和白蜡等多种产品。随着贸易的繁盛，人口定居成为港口地区风尚，其中有若干来自中国福建地区的移民居住于此。由于该地盛产一种名为Biga'a的热带植物，因此中国的移民结合自身的方言，将该地称为Bee Gan，即并译为汉字的"美岸"。[①] 此外，中国的移民与维甘当地人通婚，形成之后有较强地区影响力的混血家族势力，其中塞奎亚家族（Syquia）如今仍保留华裔姓氏"施"姓（Sy）。

从文化遗产的样式而言，该地的房屋建设与装修内饰便集中反映出外来文化的影响，其中不乏中国文化的影子。在今日古城核心保护区，依然可以看得到些许中国文化的痕迹，例如在古城主干道的老旧房屋上，门前通常镶有中国古代传统狮头门叩。利于排水的中国南方两面坡式的屋顶也深受维甘居民青睐，无论时代如何演变，该地区多数私人房屋的屋顶仍采用该设计理念。

---

① Vigan city Official Website. *History-Vigan City* [EB/OL]. [2019-01-17]. http://vigancity.gov.ph/city/history/.

（二）文化融合与古城建设时期

16 世纪中叶，随着以麦哲伦为代表的第一批西班牙人的到来，西方殖民者陆续登陆菲律宾，开始长达三百余年的殖民统治。1572 年 6 月，在西班牙国王菲利普二世和总督拉维扎雷斯（Guido de Lavezares）的指示下，西班牙官员胡安·萨尔塞多（Juan de Salcedo）率领约 80 名士兵，历经 23 天从马尼拉抵达维甘，并借助该地优良的地理位置建立殖民据点，宣布对伊洛戈地区实施殖民统治。之后西班牙国王任命萨尔塞多为伊洛戈地区总督，他的管辖区域大体与殖民之前原住民定居点相似。①

1574 年，第一批奥古斯丁会的传教士以协助殖民政府统治为由抵达维甘，将天主教带入维甘地区。传教士负责监督当地的教育活动，并对本土古建筑进行观察、研究并记录。1758 年，由于之前选定的教区遭遇洪灾，经教皇本笃十六世和国王费迪南多六世的批准，教会决定将维甘作为新塞戈维亚（Nueva Segovia）教区的宗教中心，维甘也因此提升为"城市"一级行政级别，下设 19 个村落（Cabezas de Barrio）。由于西班牙语中"V"和"B"发音相近，新来的西方殖民者将原先城市名 Bee Gan 改为 Vigan，并将城市全名改为 Ciudad Fernandina de Vigan。②当地居民被殖民者称为比格尼奥斯人（Bigueños）——即"维甘人"，他们依然继续原先的农业生产模式，而华人以及混血的"梅斯蒂索"继续经营当地的工商业，他们居住点名为 Pariancillo，该地是殖民者专门为华人聚居而规划的地方，规划和命名均与马尼拉华人聚居区"八联"（Parian）相似。该混血阶层不断通婚融合，逐渐发展成为商业精英阶层，向欧洲、中国、婆罗洲等地出口石灰、烟草、甘蔗酒和编织布等地方产物，也在一定程度上对古城多元文化的建设和保护起推动作用。

三百余年间，西班牙殖民者开始在维甘建设别墅和庄园，修建城墙，高耸的城墙使得殖民者与当地人和其他东方人区分开来。与此同时，传教士兴建教堂，将西方巴洛克式风格的教堂建筑艺术带入维甘。此外，朴素实用的中国建筑材料、挂件、屋顶样式等，受到西班牙人及当地人民的青睐，在整体古城搭建过程中给予利用和保留，增强古城内部异域风情。因此，目前整个维甘古城基本维持西班牙殖民时期的样貌，城内以西式建筑艺术为基础，外加当地菲律宾和中国等传统东方文化点缀，该地成为文化交汇的典型案例。

与此同时，在整个西班牙殖民时期，以维甘地区为代表的吕宋岛北部，是反抗西班牙殖民统治的主要阵地。维甘地区诞生过不少为民族独立献身的英雄，如

---

① De la Torre, Visitacion. *The Ilocos Heritage* [M]. Makati City: Tower Book House, 2006: 2.

② Vigan city Official Website. *History-Vigan City* [EB/OL]. [2019-01-17]. http://vigancity.gov.ph/city/history/.

殖民时期菲律宾独立运动中的著名领导人迭戈·西朗（Diego Silang）及其夫人——菲律宾历史上首位女性革命领导人加布里埃尔·西朗（Gabriel Silang）等。如今，古城内南北走向的主干道便以菲律宾民族英雄博尼法西奥（Bonifasio）和维甘起义领袖西朗的名称命名。① 该地区纪念反西英雄的建筑清晰可见，与西式风格的建筑遥相呼应，这一"矛盾综合体"在维甘显得格外瞩目。同时许多反映当时抗争历史的多件艺术作品，如历史学家圣地亚哥·皮拉尔（Santiago Pilar）所搜集的十四幅反映1821年巴塞起义的历史名画（The Basi Revolt Paintings of Ilocos），现今均收藏于维甘革命博物馆内。② 当地珍贵的历史文物能妥善保存至今，也为该世界文化遗产增添浓郁的艺术气息和沉甸甸的历史厚重感。

（三）战火洗礼与竭力捍卫时期

1898年，菲律宾宗主国西班牙与新兴殖民大国美国签署"巴黎条约"，西班牙拱手将在菲律宾殖民的权力交给美国。吕宋岛北部依然延续反抗殖民统治的热情，成为菲律宾反抗美国统治的重要阵地。然而最终由于势单力薄，加上起义军内部出现部分叛变势力，维甘地区的反抗运动以失败告终。和菲律宾其他地区一样，维甘在1901年革命活动失败后，被美国殖民者完全控制。然而就目前古城的样貌看，美国殖民者对维甘古城的影响较小，既没有真正意义上的破坏与保护，也没有额外附加美国文化元素，保留西班牙殖民时期所建造的大致模样。20世纪40年代，日本人在二战时期南下进攻东南亚，于1942年兵临维甘城下，美军不战自败落荒而逃。1945年1月，日本侵略者大势已去，当军队开始撤退时，侵略军指挥官藤桥高桥上尉下令烧毁维甘古城。但关键时刻当地人民在牧师的率领下劫持日本人的亲眷，迫使日本军官放弃烧城计划。③ 古城也得以在战火中幸免于难，被较好地保存下来。

（四）意识觉醒与保护利用时期

1946年，菲律宾与宗主国美国达成协议，获得民族独立。独立之后，维甘市的行政隶属关系归为南伊洛戈省。此后让维甘居民骄傲的是，维甘人季里诺（Elpidio Quirino）当选为菲律宾独立之后共和国的第二任总统。菲律宾北部在20世纪70年代一直是地方势力政治斗争的焦点，维甘也不例外，地区家族间的

---

① 赵冲，严巍，胡安·拉蒙·希梅内斯·弗德乔，等. 西班牙殖民体系下的维甘城市街道格局初探 [J]. 城市规划，2018，42（11）：135.

② Tse N, Soriano M, Labrador A M, et al. Decision making, materiality and digitisation: Esteban Villanueva's Basi Revolt Paintings of Ilocos [J]. Aiccm Bulletin, 2018, 39 (1): 42-54.

③ Vigan city Official Website. History-Vigan City [EB/OL]. [2019-01-17]. http://vigancity.gov.ph/city/history/.

权力斗争成为时代主题。由于建国初期文化遗产保护意识较为薄弱，当地政府并没有出台全面的配套措施对历史古城加以保护。

1986 年 2 月，马尼拉万人空巷，民众集会举行盛况空前的"人民力量运动"，彻底推翻独裁总统马科斯长达二十余年的专制统治。在此之后，菲律宾国内加紧民主化和正规化建设，政府逐渐重视国家法律法规修订和完善，在国家发展过程中更加重视经济和文化建设。因此，菲律宾国内文化遗产保护才逐渐被制度化和规范化。

当代菲律宾民众保护维甘古城的举措始于 1987 年。当时菲律宾国家博物馆初步对维甘古城民房进行摸底调查，协助当地居民列出维甘古城遗产房屋清单，统计结果显示该地区约有 190 间古屋。7 年之后，由日本丰田基金会资助成立的"保护维甘古建筑联盟"（Save Vigan Ancestral Homes Association，简称 SVAHAI）在古城内进行进一步调查，再次勘察整理出约 120 间古屋。

基于民间机构对维甘古城保护的热情，菲律宾政府顺应民意，逐渐开始重视对维甘古城的保护和开发。1997 年，维甘市市政厅颁布第 12 号条例，将维甘古城保护范围划分为核心区和缓冲区，重点保护核心区的濒危建筑，同时维持缓冲区现状，视情况开放及开发。1999 年，联合国教科文组织正式将维甘古城列入世界遗产名录，维甘申遗成功。申遗成功是维甘古城保护史上最具有里程碑式意义的事件，使得菲律宾国内外进一步重视古城的保护和建设，在政策措施和落实效果上将更加全面和完善。

申遗成功次年，即 2000 年，维甘市政厅颁布市政条例，通过《维甘古城保护准则》，这份准则对此后一段时期的保护和开发工作起到指导性作用。该准则对古城内部的各个方面保护工作进行规范，无论是单体建筑内部的地板、墙壁、门窗、台阶、屋顶及天花板的维护，还是整个城市的道路、城墙、下水道等的修复，均列举了细致且全面的保护举措。同时宣布成立维甘古城保护委员会，牵头开展具体保护工作。2006 年，市政厅通过该准则的修正案，对准则细节加以完善。

维甘市政厅不仅从法律上为维甘古城保护提供支持，也通过组织相关科研机构开展活动，号召更多专业人士参与到保护活动当中。2008 年，市政厅组织一批维甘市内专业建筑师，参与绘制"维甘文化地图"项目（The Cultural Mapping Project of the Heritage City of Vigan）。2012 年，市政厅发起维甘古城保护培训研讨班，为维甘当地的文化从业者提供培训。在此之后，该研讨班每两年举办一届，吸引更多民众加入遗产保护行列。

联合国教科文组织也高度重视并积极配合维甘古城的保护工作。2010 年，教科文组织派出观察团对古城进行实地考察调研，并结合实际情况，出版《维甘古城保护手册》。2012 年，在《世界遗产公约》颁布 40 周年前夕，世界遗产委员会发起倡议，征集遗产地管理的最佳实践案例，评审委员会最终宣布维甘古城荣获 2012 年"世界遗产保护区管理最佳实践奖"。[①] 2013 年，教科文组织派遣专家组前往遭遇台风"海燕"袭击的维甘古城进行实地勘探，指导当地灾后修葺工作。

总而言之，在菲律宾独立后，特别是 1986 年结束威权统治之后，国内外多方力量积极参与到遗产勘察和保护活动当中，保护措施及时有效，确保维甘古城在经济建设时期能较好保留下来，为民族留下难得的历史遗产。

二、维甘古城的保护与开发策略

文化遗产是历史留给人类的宝贵财富。文化遗产所产生的价值是多方面的，包括历史价值、艺术价值、精神价值和社会价值等等。所有的保护行为均基于文化遗产的意义，这也是遗产资源的核心价值所在。文化遗产的保护与发展问题一直是发展中国家在国家建设过程中的一个焦点问题。任何民族对待自己传统文化和文化遗产的情感往往是较复杂的，既想保存传统文化，又想发展传统文化是各民族普遍存在的矛盾心理。[②] 如今的文化遗产保护，以遗产价值为核心，结合保护管理规划和地方经济发展，形成"保护+发展"新模式。

菲律宾圣托马斯大学教授、热带文化遗产和环境保护中心主任埃里克·泽鲁多（Eric Babar Zerrudo）认为，"保护+发展"模式包括四个阶段：遗产认知、遗产鉴赏、遗产保护和遗产利用。[③] 遗产认知，即遗产资源探索挖掘环节，在遗产所在地识别值得保护利用的遗产实物。遗产鉴赏，即对资源进行美学鉴赏，利用当地居民对遗产的共同认知，增进资源的内在价值。遗产保护，即修葺保护环节，通过宪章、法规或指南等规章制度，实现合理化保护，修缮遗产残缺部分，不造成结构性破坏。遗产利用，即开发利用环节，通过教育规划转化为教化育人价值，或者对项目进行可行性开发，创造遗产经济价值。

笔者根据上述文化遗产保护开发理论，结合维甘古城实际情况，总结归纳出维甘古城在保护的发展过程中的环节和策略。

（一）遗址勘察与资源挖掘

文化遗产保护与可持续发展，需要从勘查和挖掘资源开始，包括明确当地地形、人力、财政、技术和企业等多种资源情况，因此需要以保护和发展为基础，

---

① 袁菲. 城市发展历史与遗产保护[J]. 城市规划学刊，2013（2）：121.
② 色音. 应用人类学视野中的文化遗产保护[C]// 庆贺黄淑娉教授从教 50 周年暨人类学理论与方法学术研讨会论文集. 广州：中山大学，2002：68.
③ Zerrudo E B. *Pamanaraan: Writings on Philippine Heritage Management*[M]. Manila: UST Publishing House, 2008: 12.

明确、记录并研究遗产资源。在遗产所在地发觉遗产实物的措施有以下几点：第一，识别出当地相对于其他社区而言独特的文化遗产资源；第二，地毯式搜索和妥善记录文物资源，以供日后考究；第三，让文化使用者和非文化使用者都能对文物资源产生兴趣；第四，制定必要的遗产保护章程、法规、条例和指南。

"维甘古城文化地图"项目是在维甘古城保护者在遗产资源勘查阶段所开展的一项创新性工程，旨在保护和利用古城文化遗产资源，促进社会发展。前维甘市市长费迪南德·梅迪纳（Ferdinand Medina）重视遗产资源保护利用工作，多次讨论将文化遗产开发和资源转化的问题。① 这一项目是由市长牵头，圣托马斯大学主持，多位学者、教师、学生以及当地的政府官员、建筑师、文化从业者、商人参与其中。维甘市将该项目作为遗产识别环节中的一项重点工作，深入开展文物保护和开发、文件整编以及市场推广等多项活动，并整理总结出大量维甘文化遗产资源的概要性书籍，其中包括自然遗产三卷、建筑遗产两卷、非物质文化遗产六卷以及物质文化遗产两卷。②

（二）美学鉴赏与社区动员

文化遗产在挖掘到一定程度之后，需要从专业的视角为遗产增值，这就离不开本地居民对文化遗产美学进行评估和鉴赏，从中发掘学术和艺术价值。加拿大著名遗产保护专家赫伯·斯托维尔（Herb Stovel）曾表示，在遗产保护过程中，公众与专业保护人士扮演两个重要的角色。他指出："公众参与能丰富对遗产及其存在意义的理解，增强社会凝聚力和开发的可持续性，努力形成当地人民对遗产的共同意识。文化遗产不属于政府，而是属于人民。在当地举办社区咨询、领导培训、团队建设、文物引导、本地历史研讨会等多种形式的社区活动，旨在让社区文化遗产保护受众凝聚在一起，对文化遗产产生共同的情感、认识和价值观。"③

美学鉴赏可以通过社区组织和能力建设来培养。社区组织是一种以群体为基础的活动，将本地个体成员塑造成一个遗产受众整体，朝着共同的愿景、目标和利益而努力。而能力建设则是一项关键的小组活动，旨在向个别成员灌输新技

---

① Arch. Fatima Nicetas A. Rabang-Alonzo. *PH architects' role in conserving, managing Vigan heritage houses* [N/OL]. *The Manila Times*, (2018-10-10) [2020-4-19]. https://www.manilatimes.net/2018/10/10/business/real-estate-and-property/ph-architects-role-in-conserving-managing-vigan-heritage-houses/450263/450263/.

② Eric Babar Zerrudo. *The Cultural Mapping Project of the Heritage City of Vigan* [R/OL]. (2015) [2019-01-17]. http://www.unesco.org/new/fileadmin/MULTIMEDIA/HQ/CI/CI/pdf/mow/mow_3rd_international_conference_eric_babar_zerrudo_en.pdf.

③ Stovel H. *Managing Change in Vernacular Settings* [J]. *Apt Bulletin*, 1987, 19 (3): 4-6.

能、新技术和新思想，以提高他们在特定保护和发展项目中的技术绩效。专业保护人士可以在保护过程中的各个环节担当不同角色，引导群众鉴别和欣赏。他们是政府政策制定的指导者，是公众认识文化遗产的引路人，是公众参与活动的支持者。这些角色从侧面促使专业人士更加积极主动开展科研活动，想方设法提高社区公众参与的兴趣。专业保护人士的工作通常包括组建地方博物馆、开办筹款研讨会、组织文化旅行、定期开展文化修复等活动。

维甘古城在绘制"文化地图"的同时，多次召开协商会议和研讨会，以实现遗产增值，让所挖掘的遗产能最大限度地发挥其价值。在社区组织层面，维甘市内组织开展"伊洛戈博物馆文化之旅"以及"伊洛戈美食烹饪之旅"。同时在能力建设层面，菲律宾民间组建维甘文档工作室、维甘族谱工作室以及影像文档工作室。此类活动促使遗产保护组织成立，并强化现有的文化群体意识。一个名为"塔维德"（Tawid）的非政府历史文化民间组织形成，定期出版该组织的学术刊物《三堤》（Samtoy），该刊物名也来源于维甘地区的古代地域名称。此外，维甘历史协会牵头成立名为"达达皮兰"（Dadapilan）的历史研究机构，以伊洛戈大学研究中心人员和菲律宾国家建筑师行业组织成员为班底，在维甘市内开展相应的学术科研活动。①

（三）修葺保护与法规制定

无论是挖掘认知，还是美学鉴赏，其目的都是更好地进行修葺和保护。在修葺保护环节中，最重要的是将保护活动合法化、规范化。因此这一过程需要相关立法机构制定切实有效的地方性法规，形成统一保护标准，以供具体项目落实参考。同时，相关宪章、法规也对保护活动的专业人士开展工作提供法律保障。在法规的制定中，往往分为指导性法规和一般性法规。

维甘市政厅十分重视维甘古城的文化遗产保护以及旅游业的发展，自 20 世纪 90 年代起，先后出台 22 条行政条例，维护文化遗产和规范旅游业发展。其中较关键的法案分别是：1997 年通过的年度第 12 号条例，勘定维甘古城保护中的核心区和缓冲区；2000 年通过的年度第 4 号条例，制定《维甘古城保护准则》；2006 年通过的《维甘古城保护准则》修正案；2012 年制定的《维甘旅游开发规范》。通过一系列条例制度的完善，为保护和开发行为进行合法化规定，也为以后的发展利用提供法律支持。

2000 年，在维甘古城被列入世界文化遗产名录的第二年，维甘市政厅通过年度第 4 号行政条例，也称《维甘古城保护准则》，对维甘古城的保护措施进行制度化的明确和细化。《维甘古城保护准则》属于指导性法规，把古城内部各个

---

① National Museum Official Website. *Magsingal Branch Museum* [EB/OL]. [2019-01-17]. http://nationalmuseum.gov.ph/nationalmuseumbeta/ASBMD/Magsingal.html.

部分都列入其中,对地板、墙面、梁柱、台阶、屋顶及天花板等多方面细节进行保护。2006年,维甘市政厅通过《维甘古城保护准则》修正案。这一修正案在维甘古城保护历史上具有里程碑意义。该修正案重点突出在为所有已建成的文物建筑工程制定具体声明、重新定义保护条例、重组维甘古城文物保护委员会以及明确维甘市文物基金会的项目拨款。此外,维甘市政厅还出台多份一般性法规,分别对古城市容市貌整顿、非物质文化遗产推广、游客行为举止等方面进行法律说明。

(四)开发利用与价值转化

在开发和利用环节中,最大特点是将当地遗产资源进行商品和服务的转化,以便提高经济效益,改善居民生活。适当利用文化遗产,能够满足当地人民的物质和精神需求,也能进一步挖掘文化遗产背后更为丰厚的教育价值和经济价值。文物的教育价值体现在长期为当地居民提供精神寄托,而经济价值则是体现在短期内能带来一定数额的投资回报。目前被广大跨域旅游行业推行的、以文化遗产为主题的文化旅游,便是以历史古迹和传统节日为契机,通过收取旅游费用和创造就业机会来实现经济回报。同时通过旅游业带动相关行业的兴起,吸引越来越多的资本投资古城开发利用,进一步发展当地产业。

就开发利用措施而言,目前维甘政府最为重视的是维甘古城旅游行业的推广和建设。维甘古城的旅游业最直观的是体现在当地餐饮行业上。在古城内,当地餐饮店将菲律宾传统美食纳入到便利店和全球快餐连锁店中,例如在快餐连锁店快乐蜂(Jollibee)中可以看到鸡肉米粥 Arroz Caldo,在菲律宾超群集团(Chowking)的商店中可以买到菲律宾传统刨冰圣代 Halo Halo,以及在麦当劳出售当地特色菜肴——牛肉大蒜炒饭 Tapsilog 等。① 同时,将传统手工艺术摆上街头巷尾,让游客在文化遗产地感受当地非遗文化遗产魅力,当地百姓也通过售卖艺术产品地方式换取生活所需。此外,当地的文化工作者还开展其他旅游及商业活动体现对文化遗产的利用。目前,维甘市开展的以文化遗产为基础的项目包括:出台为房屋业主指定的《居民维修手册》、开放布里德克博物馆等私人博物馆以及市级维甘儿童博览园、举办中小型企业保护遗产商业峰会以及召开建筑师行业大会等各行业领航会议。

三、古城保护利用折射的群体文化价值认同

价值认同是指个体或社会共同体(民族、国家等)通过相互交往而在观念上

---

① Bacuyag A, Manalo K A, Micua M, et al. *Participation of the Residents of Vigan City in Promoting Heritage Tourism* [J]. *Communication Research*, 2015, 2 (1): 7.

对某一或某类价值的认可和共享，或以某种共同的理想、信念、尺度、原则为追求目标，实现自身在社会生活中的价值定位与定向，并形成共同的价值观。价值认同是社会成员对社会价值规范所采取的自觉接受、自愿遵循的选择。[①]而文化价值认同，则反映主体受文化因素影响而形成的对价值选择的一种倾向性态度。文化遗产是摧毁还是保护，是遗弃还是开发，任何一种历史选择都是当地居民集体意识体现。保护利用的具体举措，往往能够看出当地对遗产价值的评估结果和扬弃程度。在集体意识的指引下，遗产受众的文化价值取向便能逐渐清晰明确。

维甘古城是亚洲仅存为数不多的以西式建筑风格为主的历史古城，历史上饱经沧桑，经历数次战火的洗礼，如今却还完好如初。当地人不遗余力捍卫这座历史名城的尊严，由此可见他们对古城深厚的情感和真诚的留恋，同时菲律宾人在保护维甘古城这一过程中形成的文化价值认同，又能凸显集体意识和行为选择。

首先，就遗产保护而言，菲律宾以多元文化产品为基础，竭尽全力保留古城原貌。由于政治、社会、种族等方面的原因，东南亚国家在保护的内容方面存在一些认识上的偏差。东南亚国家中有若干民众对殖民时期的历史文化遗产保护持消极态度。柬埔寨首都金边曾是法国殖民时期总督府的所在地，保留大量法国殖民时期的历史建筑，但这些建筑几乎全部被排除在国家建筑遗产保护的名单之外。[②]但是在对待保护对象的问题上，菲律宾并没有持上述国家及政府的行为态度，也没有排斥殖民时期的文化遗产，而是果断将文化遗产视为本国重点保护对象之一，将其内化为本国文化符号。目前菲律宾拥有三处世界文化遗产，其中维甘古城和巴洛克式教堂均是西班牙殖民时期产物，对于殖民遗产保护如此到位的东方国家也实属少见。外来文化并非完全不可取，没有所谓的"传统"是一成不变的，均是动态融合演变的过程。对菲律宾而言，多元融合本来就是该国民族形成重要的环节，因此菲律宾对外来文化的认同感较高，更多的是挖掘内在价值，尊重多元受众的模式，融入符合当地实际的因素，最终实现内在转化，为我所用。

其次，就参与保护成员而言，菲律宾动员最广泛的力量加入保护开发活动，开诚布公分享古城遗产价值。在国内，政府通过舆论宣传，利用群众共同珍视文化遗产的心态取向，打造最广泛的保护团队，上至政府官员、资本家、大地主、知识分子，下至平民百姓，人人参与到保护活动当中。民众对维甘地区深厚情感引导大家做出牺牲，为保护共同家园而齐心协力。而在国外，菲律宾当局面向世界，借助有条件的海外科研单位加入保护行列当中。就参与保护成员这一问题，

---

① 梅萍，林更茂.民族精神与和谐社会的价值认同[J].当代世界与社会主义，2007（6）：150.

② 雷翔，陈玉.东南亚国家历史文化遗产保护的历程与转变[J].建筑学报，2009（6）：36.

在东南亚国家的文化遗产保护过程中也有较大的分歧,一些国家以"非传统安全"为由,抵制国外机构介入,提防心态严重。但是菲律宾在维甘古城保护事宜上,却十分欢迎国外机构参与其中。以日本丰田基金会这一民间组织为例,从 20 世纪 80 年代,在古城尚未申遗成功之时便帮助菲律宾勘察记录。在 2013 年台风"海燕"过境后的灾后重建工作中,也同样有该基金会的身影。此外,菲政府源源不断派遣维甘地区建筑专业的学生前往日本、欧洲等地留学深造,归国后加入专业建设团队,为保护开发出工出力。基于城内多元文化融合的背景,当地居民将保护工作看作更宏观的世界遗产活动,在交流和借鉴中寻求保护效果最优化。

最后,就遗产衍生产业而言,菲律宾在经济利益驱动下合理开发,达成谋求利益、促进发展的民间默契。正因为前期的妥善保护,使得维甘古城成为东南亚地区较为受欢迎的旅游景点之一。特别是在申遗成功之后,古城内部的商业活动更加兴盛发达。维甘几乎每个季度都有相应的文化节日,如一月的"维甘古城嘉年华"、"香肠节"(Longganisa Piyesta)、五月的"跳跃艺术节"(Binatbatan Piyesta)以及九月的"世界遗产城市联谊文化节"等,引导游客旅行消费。随着遗产旅游的不断深入,菲律宾政府巧妙借助这一不断吸引各国客源的古城平台,在旅游业中着重增加菲律宾文化元素的特色项目。将传统技艺融入商业活动,如在古城街道上随处可见传统手工艺、陶艺等艺术展示,既培养当地人的文化认知,又吸引游客兴趣,形成经济效益。

在菲律宾三大世界文化遗产中,当属坐落于中吕宋地区的伊富高梯田最具民族特色。但由于伊富高深处吕宋岛纵深处,山高路窄,对于基础设施建设能力本就薄弱的菲律宾来说,该地的开发难度较大,很难吸引大规模的境外观光旅游项目。相较于伊富高梯田,维甘古城的地理位置更加优越,交通便捷,因此不失为向世界展示菲律宾本土文化的窗口。同时对于农工商业并不十分发达的菲律宾,旅游所带动的第三产业日渐成为解决百姓就业问题的重要途径。据 2017 年菲律宾统计局数据,旅游业收入约占菲国内生产总值的 13%。综合多方面因素,菲律宾人民对待这两处文化遗产可谓一视同仁,没有因为维甘古城的外来文化因素而降低保护优先级。菲律宾人将保护维甘殖民遗产作为旅游行业开发的抓手,这一行为既能推介本民族文化,又能拉动地区经济增长,自然会成为菲律宾人民热衷的事业。

由此可见,在维甘古城保护和开发过程中,当地人逐渐形成较为统一的集体意识和价值认同,即以多元受众的文化场域为载体,以经济利益为导向,以开放包容的原则,妥善保护、适度开发,捍卫融合成果,弘扬本土元素,营造和谐良好的文化遗产生态。这一文化价值认同,不仅在古城保护上,在菲律宾文化形成的多个领域亦是如此。源远流长的文化交流史并没有彻底改变菲律宾文化容貌,菲律宾人民耐心探索融合的价值,在转化的过程中形成自己内在文化样式。同时作为新兴发展中国家，能将自身独具风格的文化产品转化为经济利益，带动经济增长，又反向促成更加开放的国民心态。因此维甘古城的保护史，正是菲律宾开放包容的文化价值认同形成过程的缩影。

四、结语

悠久的历史为维甘古城留下多元、绚丽的文化风貌。西班牙、菲律宾、中国、墨西哥等多种风格的文化在这片土地上相互交织、融合，加上幸运地避开多场天灾人祸，共同为今日的维甘留下一笔宝贵的历史财富。而如今越来越多的人关注古城的保护与开发，政府的配套政策措施及时到位，科研人员的学术研究应运而生，当地人对遗产的认知更加全面深入。维甘古城的保护和开发，在世界文化遗产中当属较为有效且成功。正是因为有这些行之有效的措施，使得古城在新的时代得到妥善保护和修复的同时，还能焕发新的文化和经济价值，造福后世。

伴随着古城的再一次繁荣，也引发研究人员对菲律宾保护开发维甘古城动机的思考。对于遗产所在地的民族和群体而言，他们既有保护自己文化遗产的权利，也有发展自己文化遗产或传统文化的权利，所以不管哪一种方式的保护措施和发展规划都应在尊重权利主体的自主权和意愿的前提下方可实施。维甘的历史是菲律宾历史的缩影。正如菲律宾在漫漫历史长河中孕育出的民族文化价值认同，能引导保护者形成包容乐观的心态，透析历史遗产的可观价值，从而主动参与、积极维护，珍视文化受众共同的精神家园。

参考文献

［1］雷翔，陈玉. 东南亚国家历史文化遗产保护的历程与转变［J］. 建筑学报，2009（6）：32—36.

［2］梅萍，林更茂. 民族精神与和谐社会的价值认同［J］. 当代世界与社会主义，2007（6）：150—153.

［3］色音. 应用人类学视野中的文化遗产保护［C］// 庆贺黄淑娉教授从教50周年暨人类学理论与方法学术研讨会论文集. 广州：中山大学，2002：66—68.

［4］袁菲. 城市发展历史与遗产保护［J］. 城市规划学刊，2013（2）：120—122.

［5］赵冲，严巍，胡安·拉蒙·希梅内斯·弗德乔，等. 西班牙殖民体系下的维甘城市街道格局初探［J］. 城市规划，2018，42（11）：130—136.

［6］Bacuyag A, Manalo K A, Micua M, et al. *Participation of the Residents of Vigan City in Promoting Heritage Tourism* [J]. *Communication Research*, 2015, 2 (1):

7-10.

[7] De la Torre, Visitacion. *The Ilocos Heritage* [M]. Makati City: Tower Book House, 2006.

[8] Stovel H. *Managing Change in Vernacular Settings* [J]. *Apt Bulletin*, 1987, 19 (3): 4-6.

[9] Tse N, Soriano M, Labrador A M, et al. *Decision making, materiality and digitisation: Esteban Villanueva's Basi Revolt Paintings of Ilocos* [J]. *Aiccm Bulletin*, 2018, 39 (1): 42-54.

[10] Zerrudo E B. *Pamanaraan: Writings on Philippine Heritage Management* [M]. Manila: UST Publishing House, 2008.

文学和文化交流研究

中国流行文学在东南亚的传播的理论思考：跨文化、跨语境和跨媒体①

北京大学外国语学院　吴杰伟

【摘　要】 本文选取中国流行文学文本，主要包括网络小说、电视剧、电影和短视频等在东南亚地区的传播情况作为研究对象，通过梳理不同流行文学类型在不同国家的传播情况，呈现中国流行文学在东南亚地区的接受程度和影响情况，从跨语境（流行文学翻译）、跨媒介（纸质媒介走向电子媒介）和跨文化（异文化环境中的文化接受）等方面思考中国现当代文化，特别是流行文化，在跨国传播中面临的机遇与挑战。

【关键词】 流行文学；东南亚；传播；交流

中国流行文化的主要表现形式，例如网络文学、电影和电视剧等，从东南亚地区的局部逐渐向全局扩展，形成了深受各阶层民众喜爱的局面。随着新媒体发展，中国政府和企业充分运用传播手段的特性，以直观感性的视听符号为吸引力，巧妙地承载中国文化价值，逐渐形成了中国文化传播的新局面，成为塑造国家形象的重要手段。2015 年，国家新闻出版广电总局发布《关于推动网络文学健康发展的指导意见》，明确提出"开展对外交流，推动网络文学'走出去'"。支持网络文学作品在坚守中华文化立场，传承中华优秀文化，展示中华审美风范的基础上，学习借鉴世界优秀文化成果和艺术形式；鼓励网络文学作品积极进入国际市场，在世界舞台讲好中国故事、传播好中国声音、阐发中国精神、展示中国风貌；支持有条件的网络文学企业通过海外并购、联合经营、设立分支机构等方式开拓海外市场，加大对优秀网络文学作品对外贸易、版权输出、合作出版传播渠道的拓展扶持力度；鼓励以技术、标准、产品、品牌、知识产权、差异化服务等自身优势和特点参与国际竞争②。加强和改进中华文化走出去工作，要创新内容形式和体制机制，拓展渠道平台，创新方法手段，增强中华文化亲和力、感

---

① 项目来源：教育部人文社会科学重点研究基地重大项目"中国与东南亚的文学和文化交流研究"（批准号：18JJD750003）。

② 新华网. 习近平主持召开中央全面深化改革领导小组第二十九次会议 [EB/OL].（2016-11-01）[2020-06-29]. https://www.xuexi.cn/dfe4826fbff2ab6ab5649908766e31b1/e43e220633a65f9b6d8b53712cba9caa.html.

染力、吸引力、竞争力，向世界阐释推介更多具有中国特色、体现中国精神、蕴藏中国智慧、能够被其他国家和地区所接受的文化产品，提高国家文化软实力。

一、流行文学在文本形式方面的扩展

流行文学主要指内容能通俗易懂，情节引人入胜，表现手法简单，具有休闲娱乐性的文学作品，体裁以小说为主，包括言情小说、武侠小说、玄幻小说等对阅读和理解背景要求较少的类型。随着互联网技术的发展，跨国、跨地区和跨媒介的文化和文学流动得到迅猛的发展，媒体传播全球化发展已经成为文化的跨国境、跨地区传播的重要推动力量。与此同时，文化的地域性传播也悄然兴起，全球性文化形式和区域性文化传统在各个角落都得到充分的体现。20世纪中叶之后，东北亚和东南亚之间的文化交流日益频繁，文学的多媒体文本得到广泛传播，其中又以日本、中国和韩国流行文化产品在东南亚地区的广泛传播最为显著。中国的电影和电视剧依托庞大的东南亚华人群体，于20世纪70—80年代在东南亚地区曾经形成了广泛而深入的影响，很多的影视作品成为映射东南亚社会现状的载体和民众表达情绪的手段。日本动漫被翻译成东南亚地区，如泰国、印尼的当地语言，通过文字、字幕和配音的方式在当地传播，形成了市场中的主导地位。20世纪90年代，日本动漫开始进入了鼎盛时期，形成了广泛的国际消费市场[1]。"韩流"在20世纪90年代初通过电影和电视剧开始在东南亚地区广泛传播，借由当地媒体平台，电视剧的传播范围更广泛，受众群体也更加大众化[2]。随着互联网技术的渗透，韩流成了一种跨国现象，其鲜明的"东方元素"，是吸引周边文化背景相近的国家与地区受众的一大特色，使韩国政府能够利用东南亚消费者中流行的文化主题来推广韩国文化，提升韩国的国际形象，如随着马来西亚"韩流"的兴起，许多马来西亚人通过观看流行的韩国电视剧而对韩国社会产生了积极的看法[3]。进入21世纪后，中国的电影、电视剧、流行小说等文化形式相继通过网络传播的方式，越来越多地进入亚洲大众的视野，并迅速在亚洲流行文化的舞台占据一席之地，继日本流行文化、韩国流行文化的广泛传播之后，成为东南亚地区重要的文化形态。从以往流行文化传播的过程看，虽然流行文化的形态比较多样，但在传播过程中，以一种文化形态作为突破口，形成文化流行的主要代表形式，并围绕着代表性的文化形态，建立不同媒介之间的

---

① 刘瑶. 日本动漫产业的发展历程、驱动因素及现实困境 [J]. 现代日本经济，2016 (1): 63—75.

② 夏丽丽. 流行文本与受众读解：韩剧在中国的收视研究 [M]. 北京：中国广播电视出版社，2011: 2.

③ Peichi C. Co-Creating Korean Wave in Southeast Asia: Digital Convergence and Asia's Media Regionalization [J]. Journal of Creative Communications, 2013, 8 (2/3): 193-208.

文化融合，建立流行文化标签和符号，从而建立流行文化的整体性形象。

文学创作活动伴随着流行文化的盛行，已经不是专业文学艺术界的专利，而是真正服务于一般社会大众的文化形态，体现着从精英文化的"阳春白雪"到流行文化的"雅俗共赏"的变化。文学作品的创作，在理念上与经典文化呈现出的差异性愈发明显：经典文化所具有的"精英性""永恒性"被流行文学文化的"平民性""世俗性"代替；同时不具备经典文学的"不可复制性"和"非商业性"，而是恰恰与之相反，具有"新异特性"，流行文学以新奇的样式发生，如果长期流行，则会向经典发生转移[1]。大众的阅读动机、阅读心理也随之发生变化，获取信息、消遣成为大众阅读的首要目的。简单、直接、感性，瞬间得到愉悦与满足，成为阅读流行文学的直接元素。正是因为它的感性、刺激等特性，使得时下背负着各种压力的大众，得到娱乐与放松。技术的进步，直接改变了人们的生活方式，间接改变着人们的精神世界，也在改变着阅读文化的品质与格局[2]。流行文学不排斥思想性，但其主要目的还是让大众在繁忙的生活之余放松休闲，愉悦身心。"私人时间"迅速增长而生的"无聊"，使流行文学消费具有成为打发时间的有效手段，成为流行文学兴旺繁荣的重要动力[3]。受众通过"娱乐"促进了流行文学的产生发展，又赋予了流行文学以娱乐的美学特征和文学使命。

在文字文本流行之后，受欢迎的流行文学还向图像化的反向扩展，文本形式被改变成漫画、电视剧和电影等产品，挑选拥有广泛而深厚的受众基础、具有通俗性和娱乐性、流行性的小说进行了第二次的文本创作，以网络作为重要载体进行传播，有力地推进流行文学的传播。在新媒体强大的推力下，流行文化得到快速发展，它以一种未曾出现的形式重视大众当下的现实生活与真实生活，它的世俗性、草根性与娱乐化在不断弥漫，国家意识形态、精英文化的话语霸权地位不断地被它冲击，教化文化对它的阻碍也在变小。如果说印刷媒介时代的通俗文化追求文本的通俗性，那么电子媒介时代的大众文化则转向文本的平面性，成为一种直接的平面文化，视觉媒介的感官冲击取代了印刷媒介的概念思维。如果说严肃的精英文化是一种超越性满足，那么快乐的大众文化则是一种本能性满足[4]。除了宏大叙事的电视剧和电影等图像化文本，"日常生活叙事"式的图形和视频直观、刺激、快捷、简单，"快手""秒拍""抖音"等移动端口短视频的流行都

---

[1] 怀伟，高筠. 流行文化［M］. 南昌：江西美术出版社，2012：15.
[2] 杨沉. 影响的焦虑：基于新媒介影响的阅读考察［M］. 芜湖：安徽师范大学出版社，2018：50—51.
[3] 陈文忠，李伟. 艺术与人生［M］. 芜湖：安徽师范大学出版社，2017：108.
[4] 陈文忠，李伟. 艺术与人生［M］. 芜湖：安徽师范大学出版社，2017：107—110.

再一次印证网络流行文化和流行文学文本的接受趋向快餐化①。

流行文化,作为一种民众喜爱的文化形式,它虽以整合的方式传播,但受众却是分散的,不同的受众群体以不同的方式欣赏不同的流行文化产品,因此,一方面,流行文化是全球性的;另一方面,流行文化需要得到当地受众的认可,它又是地方性的②。在流行文化盛行的环境下,文学文本和流行文化紧密地结合在一起,跨国流行文本的消费逐渐成为一种常态时,受众所接触到的是更多元化的文本内容。在此情境下,解读外来文学文本对本地受众的影响,就不能只局限于文字文本,而应充分关注多媒体文本;不能只关注文本在母语环境中的传播和接受情况,更需要考虑脱离母语环境之后的社会文化的背景,关注不同地域的受众对其读解的区分情况,关注受众通过接触流行文化与自己的日常生活勾连时,所建构的自身文化政治意义③。

二、中国流行文学在东南亚传播的过程

我国网络文学走出去,大致经历了三个阶段,第一阶段是在我国台湾地区"落地",第二阶段是在东南亚国家"开花",第三阶段即是在北美等其他地区"走俏",虽取得了长足进步,但尚处于"初试啼声"阶段。从地域上看,走出去仍以东南亚地区为主,在欧美读者中较受瞩目的 Wuxiaworld 目前也只有 30 多部译介作品,与国内每年百万部新创作小说的规模相比,走出去的仍是很小的部分。网络文学走出去仍有很大的空间,仍需不断探索④。东南亚地区作为中国的近邻,历史上曾经是中文小说传播的重要地区,现在则是中国网络小说传播的重要地区。网络小说在东南亚的传播包括两个领域,一个是将原来已经出版的小说通过网络在东南亚进行传播,另一个领域是通过网络创作的小说翻译成当地语言之后,在东南亚的网站上进行传播。2016 年之后,一大批网络小说被拍成电视剧和电影,如《花千骨》《琅琊榜》《盗墓笔记》等,口碑和收视率都有很大的突破,极大地推动了中国网络小说及其扩展文本在东南亚的传播。如果把中国流行文化传播的过程放在更广阔的社会情境中察看,它与世纪之交中国流行文化迅速发展、中国的经济实力与国际地位的提升密不可分。近 20 年来,伴随着市场化的潮流,中国的大众文化也在蓬勃发展,学界对此的关注和研究日趋增多。

---

① 刘雪梅,王泸生. 新媒体传播[M]. 广州:暨南大学出版社,2018:94.
② 尼古拉斯·阿伯克龙比. 电视与社会[M]. 张永喜,等译. 南京:南京大学出版社,2001:138.
③ 夏丽丽. 流行文本与受众读解:韩剧在中国的收视研究[M]. 北京:中国广播电视出版社,2011:5.
④ 乔燕冰. 中国网文"出海":越是网络的,越是世界的[N]. 中国艺术报,2017-04-10(S01).

由于网络的即时互联性,网络文学自诞生之日起就呈现出向外传播的倾向,不过最初的向外传播虽然有可能跨越国界,但还是被局限在同一文化圈,比如华人/汉字文化圈中。然而,三点原因推动着中国网络文学的跨文化国际传播。第一,从传播的需求层面来看,随着世界经贸、政治往来的日益密切和深化,文化的互联互通也成为一种潮流和倾向,人类天生对他者和自我有互相了解的欲望,这种好奇心可以通过很多种渠道,比如新闻、跨国旅游商贸、影视、文学等满足,另外随着中国的迅速发展和国际实力的上升,不少国人增强了文化自信,萌发了向世界传达中国文化和故事的愿望;第二,从供给层面看,中国网络文学经过 20 多年的实验探索,逐渐走出了一条专业化、产业化的可盈利道路,公司有着天然的扩张倾向,一部文学作品的附加值可以通过延长产业链或者扩大传播范围,增加读者来提高,在国内市场已经部分接近饱和的情况下,向外探索是企业明智的决策;第三,从政策层面看,文学文化交流也是国家外交和国际传播战略中不可失去的一环,流行文化也是国家竞争力的重要组成元素。近年来,国家积极出台相关政策,鼓励优秀中国文化"走出去",其中就包括鼓励中国网络小说积极出海。经过 20 多年的发展,网络文学已经成为当代中国流行文化中枝繁叶茂的一部分,其发展经历了从个人、小集体自发的文化现象,到形成集团化、专业化的以版权交易和知识产权开发为核心的网络文化产业链[1]。

　　在东南亚地区,越南是中国网络文学最为盛行的国家。国内知名网络文学网站晋江文学城自 2011 年就开始向外国输出版权,自签订了第一份越南文版权合同以来,至今已向越南输出二百多部作品的版权。2012 年,晋江文学城网络小说《仙侠奇缘之花千骨》泰文版权合同签订,2013 年该书在泰国一经上市便被抢购一空。2014 年在泰国书展上,泰语版《花千骨》成为吸引泰国青少年的主力。晋江文学城已先后同二十余家越南出版社、两家泰国出版社、一家日本合作方开展合作。通过晋江代理出版的中文图书,发行地已囊括中国内地(大陆)、中国香港、中国台湾以及越南、泰国、新加坡等地[2]。其中对中国网络文学最为亲密的国家莫过于越南,早在 2006 年就已经有越南翻译者把中国网络小说引进越南。据统计,2009 年至 2013 年,越南翻译出版了八百多部各类中国网络小说,差不多三天就有一本中国图书被译成越南文出版。这些作品在中国国内都有较好口碑,国外出版社敏锐察觉到它们的市场潜力,甚至有翻译网站与原作同步更新[3]。中国网络文学代表作几乎都被翻译成越南语出版,如天下霸唱的《鬼吹

---

　　[1] 罗先海."编年体"网络文学史研究的意义与维度[J].中国文学研究,2017(2):105—109.

　　[2] 庄庸,王秀庭.网络文学评论评价体系构建:从"顶层设计"到"基层创新"[M].福州:福建教育出版社,2016:54—55.

　　[3] 席志武,付自强.我国网络文学海外传播现状、困境与出路[J].中国编辑,2018(4):79—84.

灯》系列、蔡骏的《诅咒》系列、《荒村公寓》系列等,言情类的代表作家明晓溪、步非烟、饶雪漫、青衫落拓等近百位中国网络作家的作品都有越南语译本[①]。网络小说热还带动了越南人对中国电视剧、电影乃至电子游戏的热爱。由中国网络小说 IP 改编的影视剧几乎无一例外都大受欢迎,甚至一些在国内被"吐槽"的作品,在越南也获得了良好口碑。新华网曾如此报道越南人对中国网络文学的喜爱:"他们关注自己喜爱的中国文学作品更新。不懂中文没关系,用翻译器;用翻译器看得云里雾里也没关系,先知道个大概,等通中文的'好事者'翻译的越文版。"[②] 由于中国网络文学对越南青少年的巨大影响力,越南甚至一度下达了所谓的"禁网文令"。

三、流行文学的跨媒介、跨语境与跨文化

从文化传播的角度看,文化的发展经历了精英化—大众化—国际化—本地化的过程。在传统传播模式下,文化传播的途径相对单一,传播的速度也比较慢,而在网络传播的环境下,文化传播的速度更快,范围更广。中国的网络小说传播,已经从以往对经典作品的网络化传播,逐渐转变成众多的作家直接在网络上进行创作和传播的模式,完成了网络小说从精英化到大众化的转变,并在互联网的推动下,进入国际化传播的阶段。在网络小说的国际化传播过程中,一个非常重要的环节就是网络小说的外译过程与方式,也就是网络小说在国际传播的过程中,需要经过进入当地社会的过程,通过文字上的翻译,得到更好的传播效果。通过对中国文学、电影、连续剧、游戏、漫画、动画等"走出去"的文化产品观察,发现在东南亚地区,最具影响力的中国当代文学形象具有明显的网络源头特点,大多来自网络文学、网络动漫和网络游戏。在互联网技术推动下,中国文化借助视频、游戏、影视、网文等多种方式走向东南亚[③]。中国的网络文学在东南亚的传播,从一个角度体现了越来越多的当地人有了解中国文化的愿望。中国网络文学作为中国文学的组成部分,特别是作为中国当代文学的重要组成部分,也是了解中国文化的一个窗口。

通过网络视频播出与下载,流行文化在年轻受众中的影响迅速增加,文学作品的跨媒介传播得到充分体现。由于更加便捷,通过网络传播的比重和影响都在不断加大,经由网络渠道,甚至出现只在网络媒体传播而不在传统媒体上传播的

---

① 罗昕,王丽华. 哪里的读者最喜欢中国网文?北美、东南亚、日韩约各占三成[EB/OL].(2016-12-20)[2020-01-02]. http://www.thepaper.cn/newsDetail_forward_1583537.

② 章建华,闫建华,等. 中国网络文学在越南受欢迎[EB/OL].(2015-03-15)[2020-02-02]. http://www.xinhuanet.com/world/2015-03/15/c_1114645137.htm.

③ 彭健. 文化走出去须注重"互联网+中国元素"[EB/OL].(2019-06-12)[2019-06-29]. https://www.xuexi.cn/lgpage/detail/index.html?id=9029575493889991540.

文化产品。中国网络文学领域中，成千上万的文学青年在网络平台上挥洒着自己的想象力，他们对于未知世界的悬疑解密、对于情感世界的美好想象等，与社会上的流行文化产品都具有一定的共性[①]。在媒介融合的大背景下，中国网络文学作品改编成其他形式的文化产品，使两种媒介、两种文化产品从内容样式到生产机制都产生了有机的、整体的关联，构筑了一个多层级、可循环的文学媒介系统[②]。一方面，网络文学继续向主流化、精品化方向发展，出现了一批"经典性"的作品，另一方面随着"网络性"的深入，很多网络属性的基本设定，如文字的内容、故事的情节等，逐渐渗透到文化产品的内部，出现了大量的"数据库"式和"人工智能"式写作。中国流行文学在东南亚的传播，吸收了各种媒介的形式，文本形式和图像形式、内容形式和技术手段共同推进，呈现出非常丰富的层次。一个层次是从文字媒介扩展到图像和多媒体媒介，从纸质媒介扩展到电子媒介，通过载体的多样性和便利性，提高作品传播的效率，中国在电子媒介方面的传播已经形成了广阔的市场和传播空间，正在东南亚地区推广电子传播的模式。另一个层次的跨媒介，主要体现在从中国本地的媒介，扩展到东南亚地区当地的媒介，跨越了地区之间的媒介，中国的网络文学及其影视产品，主要在当地的媒介（文学网站、视频网站和电视台等）中传播，中国媒体和东南亚媒体之间的合作也正在逐步加强和深入。

中国流行文学在东南亚的传播，文字翻译群体发挥了重要的作用，为文学作品注入跨语境传播的助燃剂，从而将文学作品推广到更加广泛的范围。中国的流行文学的翻译，以网络文学翻译的数量最大，其中又以越南对中国的网络小说翻译最为兴盛。2008 年，中国网络女作家宝妻的作品《我比死神还爱你》《落尘埃的天使》《红杏的苍白呼吸》和《兄妹》共 4 部小说陆续被译介到越南，并受到大量年轻读者的欢迎。前 3 本都由河内文学出版社出版，《兄妹》由越南作协出版社出版。2009 年河内文学出版社出版宝妻的小说《四月的婚礼》，此书由著名翻译家阮成福翻译。到目前为止，宝妻的所有作品都有了越南语译本[③④]。网络小说由于翻译的字数较多，翻译的时间较短，依靠少量译者是无法承担的，所以现在网络小说的翻译都是由一个翻译团队完成的，团队中每个译者的身份和作用、翻译的策略和方法等直接影响到译作的质量和风格，以及作品的传播效

---

① 乔燕冰. 中国网文"出海"：越是网络的，越是世界的[N]. 中国艺术报，2017-04-10（S01）.

② 侯怡. 中国网络文学改编的电视剧研究[M]. 北京：人民出版社，2018：161.

③ 何明星，王丹妮. 文化接近性下的传播典型：中国网络文学在越南的翻译与出版[J]. 中国出版，2015（12）.

④ 裴氏翠芳. 中国现当代文学在越南[D]. 上海：华东师范大学，2011.

果[1]。符合对象国的文化流行符号、能够引起读者共鸣的作品是能够取得较好传播效果的作品。因此，充分理解对象国的文化、以读者为导向选择译介内容是提高译介效果的重要基础[2]。要把中国元素强的网络小说翻译成外文，并且保持其历史韵味和文化韵味（也就是中国元素），难度是很大的。相当一批网络小说的翻译者不具备中国的文化积淀，当他们面对中国元素很强的网络小说时，便会避而远之，而寻找相对来说更容易翻译的小白文，也就是简单易懂，却又充满新奇感的网络小说，翻译的难度较小，翻译者们的参与热情较高[3]。"译者向读者靠拢，采取相应于作者所采用的源语表达方式来传达原文的内容"[4]。为海外民众带来快感的外需驱动型文化输出才是中国文化输出的规模化道路，日本动漫是这样，美国好莱坞也是这样。中国网络小说的翻译以海外民众为基础，并在海外民众中口口相传，逐渐扩散，初步形成了可持续性的文化输出生态。在业界、学界和决策层的共同努力下，中国网络文学翻译将逐步走向正规化、产业化和高层次化，中国网络文学也将从中国文化输出的"黑马"成为中国文化输出的"领头羊"[5]。这些海外民间翻译团队构成了网络文学海外传播自发阶段的重要力量。随着网络文学海外市场的不断扩展，实力有限的民间翻译组已无法提供市场所需的大量优质的网络文学作品[6]。网络的快速发展也影响了人们各个方面的生活，其中也催生出语言的一种新语体，现在被称为网络语言。拼音简略，符号叠加，汉语谐音，英文缩写，词语借用，数字代码，传统词语新含义等等都成为现代网络语言的特征[7]。

由于文化背景的相似性，中国、日本和韩国流行文化在东南亚地区的广泛传播，其中一个重要的原因，是中日韩三国的文化产品扮演着东南亚本土文化与全球流行文化之间桥梁的作用[8]。2006年，中国当代言情小说一进入到越南，它就像一个新鲜的味道，而这个味道很适合越南读者的口味，也是越南读者多年以来

---

[1] 孙鹤云. 中国当代小说在韩国的译介与批评[J]. 韩国研究论丛, 2018（2）: 234—246.

[2] 孙鹤云. 中国当代小说在韩国的译介与批评[J]. 韩国研究论丛, 2018（2）: 234—246.

[3] 夏露. 网络小说中国元素与网络特性关系探讨[J]. 中华文化论坛, 2017（8）: 156—159.

[4] 华先发, 胡孝申. 翻译与文化研究[G]. 武汉：长江出版社, 2007: 10—12.

[5] 郑剑委. 中国网络文学的海外接受与网络翻译模式[J]. 华文文学, 2018（5）: 119—125.

[6] 席志武, 付自强. 我国网络文学海外传播现状、困境与出路[J]. 中国编辑, 2018（4）: 79—84.

[7] 黎黄英. 他们为什么喜欢？顾漫小说在越南的接受分析[D]. 广州：华南理工大学, 2017: 31.

[8] Otmazgin N. *Japanese Popular Culture in East and Southeast Asia: A Time for a Regional Paradigm?*[J]. *The Asia-Pacific Journal: Japan Focus*, 2008.

渴望的一种口味。越南年轻人从小学开始就一直接触到越南的现代文学作品，这些作品虽然很有历史意义但是对于年轻人来说，这些作品不接近他们的生活，在他们需要轻松、减少生活压力，有着内心的渴望的成长过程中，越南本土文学不能够满足这些要求。越南市场的中国当代言情小说最成功、最受欢迎之一就是顾漫的小说。顾漫的作品被越南读者称为中国言情小说的代表作品。原因是顾漫小说的人物都是理想形象，男的又帅又聪明又体贴及很重情，女的天真、可爱、贴心，这两个理想形象在一起是最好的搭配。跟《何以笙箫默》不同，顾漫的《微微一笑很倾城》带给读者是快乐，是幸福感[1]。故事核心关切的是个人欲望能否满足，以此赢得受众的情感共鸣与刺激[2]。东南亚地区的流行文化的发展过程，并不是一种外来流行文化取代另一种外来流行文化的过程，而是各种外来文化在不同的文化领域发挥作用，并共同影响当地人生活方式的过程[3][4]。自 2004 年起，《鬼吹灯》《诛仙》《将夜》等一大批优质网络小说开始被翻译成外国语言在泰国、越南、韩国和日本等周边国家传播，吸引了一大批海外读者。经过近 10 年积聚，我国网络小说开始在东南亚受到追捧。2013 年，《花千骨》在泰国引发购买狂潮。2014 年，越南排名前 100 的畅销小说全都翻译自中国的网络小说[5]。通过对国内专门从事小说泰语翻译的网络小说论坛、贴吧、站点的调查和统计，泰国读者阅读中国网络小说时，主要有以下几个动机：（1）只喜欢特定类型的网文，所以阅读时只选择该类型；（2）通过阅读中国网络小说，窥探中国富豪生活；（3）通过阅读中国网络小说，寻找感情寄托。也就是说，我国网络小说在泰国的传播是经过受众选择的受到追捧。依据以上的分析可以看到，我国网络小说在泰国的传播是以泰国受众作为主体的，受众在这一传播过程中处于主动地位，主动接触媒介，主动进行文本选择，通过自己的阅读心理和需求，选择特定的传播内容，通过特定的渠道，建立自己和中国网络小说的联系，以此满足自己的需求。而只有经过受众检验的小说，才可能在泰国得到更加广泛的传播，甚至被印刷出版为纸质书籍，出现在书店中，出现在读者手中。网民受众是中国网络小说对泰传播的第一层把关人群[6]。

---

[1] 黎黄英. 他们为什么喜欢？顾漫小说在越南的接受分析 [D]. 广州：华南理工大学，2017：54.

[2] 王梓睿. 网络小说 IP 影视化现象分析 [J]. 现代视听，2018（6）：46—50.

[3] Otmazgin N K. *Contesting soft power: Japanese popular culture in East and Southeast Asia* [J]. International Relations of the Asia-Pacific, 2008, 8 (1): 73-101.

[4] 赵蓉，于朔. 日本对华文化外交及其国家形象的构建 [J]. 日本学刊，2019（2）：69—86.

[5] 李童彬，蔡秋洁. 网络小说大众传播模式探究 [J]. 新媒体研究，2018，4（11）：9—11.

[6] 杨庆林. 我国网络小说在泰国的跨文化传播分析 [J]. 文化与传播，2018，7（2）：45—47.

四、结语

大众文化已经从一个无意识集合的底层文化慢慢发展成为现代工业社会产生,以都市受众为主要消费对象,通过现代媒介传播,满足读者的感性娱乐文化。所以当文学"被接受"与"满足感性娱乐"成为一个公认标准时,它就会跟大众文化产生交叉。从刚形成时的民间自我兴趣的创作到现在的大规模传播,网络流行文学经历过很多波折坎坷,但是从来不失去受众,不离开读者。在诸多常见而永恒的主题下,网络流行文学源源不断地输送着阅读快感。由于网络的特性是快速更新,快速传播,不断连载,技术先进带来了读者与作者之间交流的新方式,读者越来越容易和方便参与到网络流行文学的创作中去。这种参与感让创作者、传播者和读者的快感被放大[①]。

中国网络文学在东南亚的传播过程中,作品的内容、载体和形式都发生了变化。传统的中国文化输出往往以自我为中心,过度强调文化的博大精深,内容多为一板一眼的"阳春白雪",普通民众的接受度有限,这在无形中竖起了一道高墙,令那些想接触中国文化和文学的东南亚受众望而生畏。而中国网络文学则摆脱了这一传播局限,题材丰富,类型多样,能够满足国外受众的不同需求;内容简洁,语言通俗,故事结构甚至不太中国化,国外受众能够轻松理解,同时也减少了译者和翻译团队的翻译难度,即使翻译作品的质量略有瑕疵,也基本不会影响读者对小说整体故事脉络的了解。此外,中国网络文学本身也是动漫、游戏等新媒介艺术的产物,与各种世界流行文艺具有天然的同盟性,一定程度上加速了其在海外的传播。

事实上,一般中国人接触的外国元素,也往往来自通俗而非精英文化,如电影、电视剧、动漫、游戏等。中国网络文学在东南亚的传播,除了在创作质量上进行提升外,也需要同时兼顾真实性、平民化、移情性、多元性、幽默性、包容性等叙事方式,在某种程度上就是文学通俗化的表现形式,如果加以适当引导,使其在把握东南亚受众的需求习惯的同时,兼顾并放大自身的"文化吸引力",对于增强中国文化在东南亚的影响力是有积极意义的。具体而言,越来越多的外国人爱上这些中国网络小说,不仅会让他们潜移默化地感受中国文化的独特魅力,也会间接促使主动地去关注和了解他们感兴趣的其他类型的中国文化,这是文化输出中所产生的文化吸引力和吸附力的表现。

---

① 黎黄英. 他们为什么喜欢? 顾漫小说在越南的接受分析 [D]. 广州:华南理工大学,2017:35—36.

中国网络言情小说在越南：继承与重塑[①]

北京大学外国语学院　陈田颖

【摘　要】 网络言情小说在中国出现及发展十余年，不仅在国内兴起阅读热潮，同时传播到越南，受到越南读者的欢迎。网络言情小说在越南的传播热，作为一个文化交流、文化输出的社会现象，正日益得到学界的关注。本文通过研究网络言情小说在越南的传播情况，分析网络言情小说的接受与影响，结合两国历史上的文学渊源从而解读越南读者喜爱中国网络言情小说的原因，以期更正确地认识网络言情小说越南热等现象。

【关键词】 网络言情小说；传播；越南；文化接近

网络言情小说是指以网络平台为基础，由网络写手发表，伴随着网络的兴起而快速发展的一种小说类型，是在武侠、玄幻、都市、校园、星际等不同的背景设置中以异性之间的相爱过程为主要描述内容的一种文学体裁。通常网络言情小说的作者是女性，读者群体也主要是女性。

越南作为中国的邻国，自古以来与中国联系紧密，文化交流更为密切。中国的四大名著在越南家喻户晓，更有大文豪阮攸改编再创作中国文人作品《金云翘传》，使其成为越南民族文学瑰宝。到当代，中国网络言情小说在越南的传播与发展，成了中越文化交流新热点。

目前，越南学界对中国网络言情小说在越南的传播研究甚少，以在华留学生硕士论文为主，有范明俊采用 5W 模式结合实证研究中国网络言情小说在越南的传播[②]，黎黄英集中于顾漫的作品，更具针对性地剖析越南读者喜欢中国网络言情小说的原因[③]。张秋菊从传播学角度分析文化接近性背景下中国网络言情小说在越南成功传播[④]，黄东超紧跟国家文化"走出去"需求，讨论中国言情小说在

[①] 项目来源：教育部人文社会科学重点研究基地重大项目"中国与东南亚的文学和文化交流研究"（批准号：18JJD750003）。

[②] 范明俊. 中国网络言情小说在越南的传播研究 [D]. 广州：华南理工大学，2015.

[③] 黎黄英. 他们为什么喜欢？顾漫小说在越南的接受分析 [D]. 广州：华南理工大学，2017.

[④] 张秋菊. 文化接近性背景下中国网络言情小说传播研究 [J]. 中国报业，2018（24）：71—72.

越南传播对"一带一路"建设的启示[①],王妍丹从小说出版引申到小说改编影视剧的发展,以越南网络视频平台为例,说明中国网络言情小说对影视剧输出的传播影响[②]。可以看出,目前两国学界对中国网络言情小说在越南的研究尚不全面,且多停留在文化走出去、文化软实力或传播模式的角度,而未对中国网络言情小说在越南大受欢迎的原因进行深入探讨。

一、历史上中国才子佳人小说在越南的传播

言情小说是中国通俗小说的类型之一,创作历史悠久,长期保持着较为稳定的类型特色。随着现代互联网技术的发展,言情小说与大众传媒结合,形成了网络言情小说。那么言情小说在中越两国的传播如何,理解这一问题对探讨网络言情小说在越南的传播具有参考、借鉴意义。

言情小说起源于唐代传奇小说《莺莺传》。自元稹的《莺莺传》后,这类小说便频有出现,体裁由唐代传奇逐渐发展到明代章回体小说,尤其是至明末清初达到鼎盛,涌现了一大批此类小说,通常被称为才子佳人小说。其情节多是开头才子与佳人因缘偶遇,以诗文会友因而相互爱慕私订终身,中间或因恶人拨弄,或因政事牵连而历经离散,最后往往是才子金榜题名或圣明君主主持正义而才子佳人团圆美满。内容上的颇为相似使得才子佳人小说蔚为一派,代表性作品有《玉娇梨》《平山冷燕》《金云翘传》等。

中越历史文化渊源可追溯至公元前,自公元前214年,秦始皇统一岭南,设立南海、桂林、象郡,开启了中国封建王朝对南越或红河流域的开发,也拉开了漫长的中越文化交流史的序幕。公元前203年,南海郡尉赵佗自立为南越武王,建南越国,在不断扩大南越疆域的同时,他积极开发岭南地区(包括交趾、九真二郡在内),传播汉文化,"文教振乎象郡,以诗书而化训国俗"。公元1年,汉中人锡光任交趾太守,公元29年,南阳人任延任九真太守,他们教当地人栽培水稻,铸造铁制农具,制定婚娶礼法,极大地促进了当地社会进步与发展,"岭南华风始于二守焉"。至公元187年,士燮任交趾太守,他安土守境,保全交趾一郡免于中原战火,使得中原人士纷纷南下交趾寻求避难,其中知识分子便多达百人,如《理惑论》的作者牟子便避难于交州。在士燮治下,交趾也成了"通诗书,习礼乐"的"文献之邦"。一代又一代的统治者,极力推动着中原文化在交趾的传播。在汉文化的长期熏陶下,越南社会从政治制度到宗教哲学乃至语言文

---

① 黄东超. 从大众文化的视角看中国言情小说在越南的传播及对"一带一路"建设的启示[J]. 传播与版权,2018(2):155—157.

② 王妍丹. 中国网络小说对影视剧输出的传播影响:以越南网络视频平台 zingtv 为例[J]. 传播力研究,2019,3(19):27.

字,都与汉文化紧密相连。

伴随着汉文化传入安南,两国文字上也实现了互通。秦至东汉初年,已有汉字零星传入安南,被称为古汉越语。东汉末年至唐,汉字大量传入安南,越南语从汉语中吸取了大量词汇,随着地方官员的办学,汉字开始适用于民间,被称为汉越语。自越南丁朝建立到19世纪末,汉字一直是越南官方使用的正式文字,也是越南文学创作使用最多的文字。从僧侣到官吏再到国君,都留有大量汉文诗传世。被越南人誉为"千古奇笔"的《传奇漫录》更是越南第一部汉文传奇小说集。除了汉文学的兴盛,喃字文学在越南也兴起并走向繁荣。才子佳人小说在越南的传播过程中,越南文人们用喃字对其进行改写,使其成为本民族的文学作品,进一步扩大了其传播范围。18世纪初至19世纪中叶,在这一喃字文学繁荣期,以中国才子佳人小说为蓝本进行文学创作甚至成了社会潮流。例如阮攸的《金云翘传》是以中国明末清初青心才人的《金云翘传》为蓝本写就的六八体喃字长篇叙事诗,这也是越南喃字文学发展到顶峰的代表作,是越南文学的瑰宝。李文馥的喃字长篇叙事诗《玉娇梨新传》则是以清朝荑荻散人编次的才子佳人小说《玉娇梨》为蓝本。

文化、文字的相通,以及喃字的改写,都促进了封建时期才子佳人小说在越南的传播,在这一传播过程中甚至对越南当地的文化和文学造成了深远的影响,这一影响也不仅仅体现在创作主题、内容的模仿与借鉴上,更为重要的是封建时期的越南文学家在中越相近甚至可以说相同的文化背景下,一面接受汉文化熏陶,一面极力发扬本民族文化特色,注重汉文化与越南民族文化的融合。

二、当代中国网络言情小说在越南传播情况

到了当代,随着越南互联网的发展,网络也成了培育作家的温床,越南网络小说发展迅速。网络文学论坛相继出现,如 vanchuongviet.org 和 vanvn.net 等。网络文学论坛的涌现有助于文学作品的传播,不仅为作者提供文学创作新平台,同时也令读者可以更快地阅读到作者的作品而无需经历传统出版流程的等待时间。越南当代年轻作家中有不少人借助网络与读者互动,备受读者欢迎。他们在社交媒体上拥有大量读者粉丝,如阮秋水(Nguyễn Thu Thuỷ)、琼诗(Quỳnh Thy)、阮氏黄玲(Nguyễn Thế Hoàng Linh)等人,甚至如阮光韶(Nguyễn Quang Thiều)、邓申(Đặng Thân)等越南著名诗人也会借助网络来扩大自己的作品的传播面。由此可见,越南本土已形成较好的网络文学氛围,这一点使得中国网络小说传入越南时被更迅速地接受。

中国网络言情小说在越南的传播始于2006年,越南作家兼翻译庄夏将中国网络作家曹婷(笔名宝妻)的《我把爱情煲成汤》译成越南语版的《抱歉,你只是个妓女》(*Xin Lỗi, Em Chỉ Là Một Con Đĩ*),首次印刷出版上市后在3天内销

量便达5000册，风靡一时，此后更是再版多次，笔者2019年9月初在越南河内丁礼街书店调研时，仍然发现有该书于2019年7月发行的最新刊印版本，且被放置于显眼处以招徕读者。庄夏将中国网络言情小说引进越南的这一尝试，显然获得了极大的市场成功并刺激了越南图书市场，也掀起了中国网络言情小说引入越南的传播热潮。不少越南出版社开始发掘中国网络言情小说，通过购买海外版权、翻译、出版获得高经济效益。自曹婷的小说开始，大部分中国网络言情作家的畅销小说陆续被引进越南，以顾漫为例，其目前完成作品有《何以笙箫默》《微微一笑很倾城》《杉杉来吃》与《骄阳似火》，均已翻译为越南语出版并再版多次，她的作品销售量自2010年至2013年连续4年蝉联中国网络言情小说在越南出版的销售量榜首。其中仅《何以笙箫默》一书，目前已在越南出版5次。高销量、高盈利使得越南出版社引进中国网络言情小说的模式逐渐成熟并形成产业链，甚至越南部分规模较小的出版社至今只出版中国网络言情小说。据越南民越（Dân Việt）报统计数据显示，平均每家出版社每六个月的中国网络言情小说的销售量有2000—5000册①。在实体书市场萎缩的情况下，这一数据已充分证实中国网络言情小说为越南出版社带来利好。

网络言情小说在越南传播的另一个助推力来自在线阅读网站的涌现和网络言情小说在网站专栏化呈现。目前越南主要的阅读网站有sstruyen.com，webtruyen.com，sachvui.com，truyenfull.vn等。以sstruyen.com网站为例，该网站不仅在种类中将"言情"版块单列为一栏，且将其置顶显示。在该网站搜索顾漫的作品《微微一笑很倾城》，可以发现网站几乎实时翻译更新小说章节。如果比较同一作品在两国网站的点击阅读量，在中国独家授权连载的晋江文学网上的总点击数为99936018次②，而在越南sstruyen.com网站的总点击数为9898688次。基于两国人口数量，从点击率即可看出《微微一笑很倾城》在越南网站的受欢迎程度不逊于在中国网站的热门水平。除了顾漫、桐华等早期成名的言情作家，丁墨、玖月晞等后起之秀的作品点击率也表现不俗。网络言情小说的传播模式已从开端的以出版社为中心，由出版社挑选、购买纸质版权转变为以小说网站与读者为中心，主要由小说网站在线连载，实时翻译更新。网络言情小说的传播数量大增，可供读者选择的小说更多，对网络言情小说引进越南的主动权逐渐由出版社转移到读者手上。

网络言情小说的发展也整体带动了小说改编剧、改编电影在越南的多元化传播。网络言情小说知识版权产业即通俗意义上的IP改编是当下中国国内的影视

---

① 黎黄英. 他们为什么喜欢？顾漫小说在越南的接受分析［D］. 广州：华南理工大学，2017：8.

② 晋江文学网"微微一笑很倾城"小说主页［EB/OL］.［2019-01-23］. http://www.jjwxc.net/onebook.php?novelid=370832.

娱乐行业热点之一。IP 改编意味着网络言情小说通过电视剧、电影、漫画、广播剧等版权的转化，已从单纯的文字内容或单一的阅读平台跨越到多个不同平台来获得更多的关注量。网络言情小说的传播，不仅是原作被翻译，同时由网络言情小说改编的电视剧、电影、漫画等也被越南引入，这无疑增加了中国网络言情小说在越南的传播深度，并扩大了其传播广度。仍以顾漫的作品《微微一笑很倾城》为例，该作品改编的电视剧《微微一笑很倾城》，不仅在中国获得高收视率，同时在越南视频网站连载更新，引起讨论小说男女主角的"肖奈微微"潮，单在Youtube 平台上第一集的播放量已达 12017762 次[①]。此外，更有越南网友自发为电视剧创建了 Facebook 粉丝主页与社群，这些都成了他们讨论剧情、演员、原作的交流基地。在网络言情小说多元化传播的阶段，通过改编电视剧等方式，可以使得网络言情小说挣脱原先单一平台的束缚，将其传播半径从一个维度延伸到多个维度。这一形式也丰富了网络言情小说在越南的传播渠道，从实体书到在线阅读再到影视化，受众范围更为广泛。

三、网络言情小说传播个案研究：以丁墨网络小说在越南为例

在前文中，我们对网络言情小说在越南的传播有了大致的认识，认识到中越自古文化交流频繁，历史上以才子佳人小说为代表的中国文学在越南的传播几乎未间断过，当代依托信息技术发展的网络言情小说更是畅销越南，那么网络言情小说受欢迎程度如何具体体现呢？本节中拟以中国网络言情作家丁墨为例，通过比较其作品在中越两国的点击、发行表现，分析中国网络言情小说在越南的传播与接受情况，对信息时代中国网络文学在越南的现状及影响有一个全景式的展现。

（一）丁墨简介

丁墨是中国网络上具有相当影响力的言情作家，被誉为"女性网络文学超人气大神"[②]。她自 2005 年起以"丁墨"为笔名，在晋江文学网发表文章。从事业余写作 7 年后，2012 年丁墨辞职转做专职作者，相继发表十余部小说，多次横

---

① Yotube 平台 "Yêu Em Từ Cái Nhìn Đầu Tiên"（《微微一笑很倾城》译名）第一集主页[EB/OL]. [2020-05-09]. https://www.youtube.com/watch?v=wxHfpsBgR1g&list=PLIqURJwo1zkzIfKoB5OEqJW5em5v4PAZW&index=2&t=0s

② 2018 年中国网络文学作家影响力榜［EB/OL］.（2018-12-15）[2020-05-09]. http://mini.eastday.com/a/181215124824917-11.html.

扫首发网站的排行榜冠军，出版实体书也畅销①，如新作《挚野》出版上市 4 个月，累计销量突破 10 万册②，丁墨作品在中国毋庸置疑属于热门作品。

丁墨的作品题材广泛，从古代武侠到现代商战、悬疑乃至科幻主题均有涉猎。其中，《他来了请闭眼》《美人为馅》《如果蜗牛有爱情》等一系列探案言情类作品，开创了全新的言情小说模式，不仅吸引到大量读者关注推理言情类小说，并且也启发了其他言情小说作家开始创作这一类型的作品，如玖月晞的《亲爱的阿基米德》、桃桃一轮的《左不过高冷罢了》等。

除了受到读者、作者群体的认可，丁墨也得到了来自官方的荣誉，其作品上榜国家新闻出版署和中国作家协会主办的优秀网络文学原创作品推介名单，本人当选首届湖南省十大网络文学作家之一③，说明丁墨及其作品逐渐得到社会主流文化的肯定。

（二）丁墨作品在越南的连载出版情况

丁墨作品在得到国内市场肯定的同时，也走向海外。在越南，丁墨的小说主要通过两种渠道直接传播：网站在线阅读和出版实体书。

越南 sstruyen.com④、webtruyen.com, gacsach.com 等主要的小说网站均设有丁墨作品专栏，翻译并发表了丁墨几乎所有作品供越南读者免费浏览，其他小说阅读网站也或多或少选择了丁墨部分热门作品进行连载。以下是丁墨作品在上述三家网站连载情况统计。

表 1　丁墨作品越南在线阅读网站点击量表现（截至 2019 年 12 月 31 日）

作品中文名		作品译名	作品点击量（次）			
			gacsach	webtruyen	sstruyen	共计
探案言情	他来了请闭眼	Hãy Nhắm Mắt Khi Anh Đến	228504	2807757	35468	3071729
	如果蜗牛有爱情	Nếu Ốc Sên Có Tình Yêu	719912	2067415	38273	2825600
	美人为馅	Truy Tìm Ký Ức	18942	1445395	36352	1500689

①　丁墨《待我有罪时》悬爱来袭：破晓前后，总有人守护［EB/OL］.（2019-12-18）［2020-05-09］. http://m.sohu.com/a/361239609_120125273.

②　中国作协发布 2018 中国网络小说排行榜 丁墨《挚野》名列小说 20 强榜单［EB/OL］.（2019-05-13）［2020-05-09］. http://www.sohu.com/a/313674708_100163025.

③　首届湖南省十大网络文学作家丁墨［EB/OL］.（2019-12-21）［2020-05-09］. https://baijiahao.baidu.com/s?id=1653492152867036250&wfr=spider&for=pc.

④　sstruyen.com 于 2019 年进行改版，统计所列数据仅是近期几个月内的点击量累积。

（续表）

作品中文名		作品译名	作品点击量（次）			
			gacsach	webtruyen	sstruyen	共计
商战言情	他来请闭眼之暗酂	Hãy Nhắm Mắt Khi Anh Đến Ám Chi Lân	13387	765631	45855	824873
	待我有罪时	Chờ Tôi Có Tội	—	91806	56463	148269
	你和我的倾城时光	Thời Gian Tươi Đẹp Của Anh Và Em	81446	906836	17216	1005498
	莫负寒夏	Không Phụ Hàn Hạ	14972	599329	37353	651654
	慈悲城	Từ Bi Thành	325568	27624	20685	373877
科幻言情	枭宠	Kiêu Sủng	22060	800759	28439	851258
	他与月光为邻	Người Láng Giềng Của Ánh Trăng		735357	7947	743004
	独家占有	Độc Quyền Chiếm Hữu	451668	—	30643	482311
	乌云遇皎月	Mây Đen Gặp Trăng Sáng	255652	435018	—	690670
其他	君子好囚	Anh Hùng Thời Loạn	8406	167531	5923	181860
	江山不悔	Giang Sơn Bất Hối	—	165401	3177	168578
	挚野	Chí Dã				

总体上，丁墨的作品点击量均在六位数以上，其中点击量最高的《他来了请闭眼》达 3071729 次；纵向上，比较丁墨不同作品点击量，探案言情类的三部作品《他来了请闭眼》《如果蜗牛有爱情》《美人为馅》点击量最高，次之则是商战类与科幻类；横向上，比较同一部作品的点击情况，不同网站的数据具有明显的互补性。webtruyen.com 总体点击量最高，当该网站未连载某部作品，如《独家占有》，或上传较晚某部作品，如《慈悲城》，连载该作品且较早上传的 gacsach.com 便会获得更高点击量。可见越南读者选择小说网站时，首选条件是能最快阅读到作品，当多个网站同时更新时，作品更齐全的网站更受青睐，因此免费阅读的小说网站之间竞争关系同样激烈，这也造成作品点击量数据分散。

丁墨作品在越南网站的连载多由言情小说爱好者自发上传以供同好阅读，但其传播并未局限于此，越南图书出版市场也对她的小说做出了反应。通过丁墨作品在越南的全部出版情况，可知越南出版业对其的认可度。

表2 丁墨作品在越南的出版情况统计

出版名	出版越语译名	译者	出版社	发行年月
慈悲城	Từ Bi Thành	玉莹	作家协会出版社	2013/11

（续表）

出版名	出版越语译名	译者	出版社	发行年月
他来了请闭眼	Hãy Nhắm Mắt Khi Anh Đến	玉莹	文学出版社	2014/2
		玉莹	文学出版社	2018/8
望断归来路	Hai Lần Gặp Gỡ	Moguka Nguyễn	文学出版社	2014/3
如果蜗牛有爱情	Nếu Ốc Sên Có Tình Yêu	玉莹	文学出版社	2014/4
		玉莹	文学出版社	2017/9
独家占有	Độc Quyền Chiếm Hữu	玉莹	作家协会出版社	2014/4
你和我的倾城时光	Thời Gian Tươi Đẹp	玉莹	文学出版社	2014/6
枭宠	Mèo Hoang	阮宝玉	文学出版社	2014/8
		宝玉	文学出版社	2016/1
		宝玉	文学出版社	2018/8
江山不悔	Giang Sơn Bất Hối	范清香	时代出版社（I）	2014/9
		范清香	劳动出版社（II）	2014/10
		范清香	劳动出版社（III）	2014/11
美人为馅	Truy Tìm Ký Ức	玉莹	文学出版社	2015/4
他与月光为邻	Người Láng Giềng Ánh Trăng	玉莹	作家协会出版社	2015/10
征服者的欲望	Chiến Thần	宝玉	文学出版社	2016/4
莫负寒夏	Mạc Phụ Hàn Hạ	玉莹	民智出版社	2016/4
他来了请闭眼之暗粼	Sóng Ngầm-Hãy Nhắm Mắt Khi Anh Đến 2	韩舞非	青年出版社	2018/5
乌云遇皎月	Mây Đen Gặp Trăng Sáng	韩舞非	青年出版社	2018/12
挚野	Chí Dã	韩舞非	青年出版社	2019/11

目前，丁墨在越南被翻译并已正式出版的作品共 15 部，分别由 5 名译者翻译，6 家出版社发售。对比她在中国的出版情况，除去最早的《君子好囚》与最新的《待我有罪时》目前尚未在越南出版，其余 13 部作品均得以上市，同时《征服者的欲望》与《望断归来路》这两部在中国仅于网站连载的作品也在越南出版。其中，丁墨作品中有 7 部在 2014 年得到出版，涉及 4 位译者，4 家出版社，可见 2014 年越南言情小说出版市场对中国言情作家丁墨的高关注度。而且

该年出版作品中有 3 部之后被再版乃至三版，可见 2014 年丁墨作品越南出版成绩出色。

（三）丁墨作品在越南的接受分析

随着中越市场经济的发展，两国人民的文化选择多元化，文学的价值取向也发生了变化，读者、媒介等因素得到了空前的重视。网络言情小说的出现，本身就意味着凭借新媒体，作者与读者的互动实时化，读者对作者及其作品的认可直接刺激文学创作与传播[①]。围绕丁墨作品在越南的传播现状，我们可以了解到丁墨及其作品在越南的接受情况。

通过丁墨作品在越南小说网站的连载情况，可以看到《他来了请闭眼》是丁墨在越南点击量最高的作品，且表 1 中数据 3071729 次未包括 sstruyen.com 改版前的累计点击量，笔者于 2019 年 1 月曾记录当时在 sstruyen.com《他来了请闭眼》点击量已达 17028847 次。因丁墨已与该作中国首发网站解约，无法获得相关点击量数据，仅将其与君子以泽[②]的《桃花始翩然》比较，后者免费章节点击量为 1655495 次，加之对比两国人口基数，由此可知，前者在越南所取得的点击量成绩是值得被肯定的。

丁墨在越南网站平均点击量最高的三部作品均属于探案言情类，而这一类型也是丁墨在中国声名鹊起的代表作，她因此被中国读者封为"悬爱第一人"，这也侧面反映了两国读者的阅读偏好具有相似性，对带有推理元素的言情小说颇有好感。

值得注意的是，笔者统计越南网站上传丁墨作品时间时发现，丁墨早期发表的作品如《君子好逑》《枭宠》《独家占有》等在越南的上传多为 2013 年后，甚至比其之后的作品连载更晚；而《他来了请闭眼》《如果蜗牛有爱情》《美人为馅》等探案言情作品在两国的传播时间差则大大缩短，几乎可以与中国连载同步，可见这一类型作品吸引了越南读者的注意力，激发了他们的阅读兴趣，从而有同步更新的需求。

丁墨作品在越南小说网站的传播是免费的，而越南图书市场对其作品的出版则是化"读者对丁墨的接受度"为消费力，是对丁墨作品在越南受欢迎程度更为直白的体现。笔者整理表 2 数据，清楚地看到丁墨的《他来了请闭眼》《如果蜗牛有爱情》《美人为馅》《你和我的倾城时光》《莫负寒夏》5 部作品在越南出版时间或早于中国或同步。这一点颇值得我们思考，尤其《他来了请闭眼》仅是丁墨在越南实体出版的第二部作品，越南出版社为何有这一决定，在小说网络连载

---

① 童庆炳. 文学理论教程［M］. 北京：高等教育出版社，2008：309.
② 即天籁纸鸢，与丁墨相对同时期的热门网络言情耽美小说作家，2006—2016 年晋江作者总积分第一名，晋江文学网半年榜最新冠军。

刚完结时，不考虑参考中国的出版销量情况，比中国市场提前五个月发行。唯一可能的解释便是《他来了请闭眼》在越南网站连载时，得到了多数读者的正面反馈，且这一数量是超乎寻常、超乎预期的，文学出版社基于此对丁墨作品的销量持乐观态度。《他来了请闭眼》之后的再版也说明了首版销量不俗。不只文学出版社对丁墨有所期待，在 2014 年共出版了她五部作品，作协出版社、时代出版社等也看到了丁墨的读者号召力，同年出版了她的其他作品。除此之外，《征服者的欲望》《望断归来路》从未在中国出版，却在越南被出版，更说明了出版社对作家丁墨的信心，他们相信丁墨这一名字已是销量保证，越南读者"爱屋及乌"，对丁墨的作品全盘接受。

丁墨所著作品被中国读者公认为"又甜又刺激，又萌又感动"，在越南读者中也得到了"故事出彩，值得一读"（truyện rất hay, rất đáng đọc）的反馈。从上述有关丁墨在越南的接受解读，我们看到了以悬爱小说为代表的丁墨作品得到了中越两国读者的一致认可，他们对丁墨作品的接受度存在较大的相似性。面对丁墨类型多样的小说创作，从武侠言情到都市言情乃至科幻言情等，既有曲折生动的情节推动，又有甜蜜感人的爱情刻画，使越南读者阅读时既有惊喜的快感，又有情感的期待，越南读者对这些"外国作品"展现了高度的包容与认可。正是在读者对丁墨的高接受度驱动下，丁墨创作的网络言情小说在越南广泛传播，其作品的越南市场表现完全不逊色于中国市场。

网络言情小说的传播也并不局限于文字形式，由小说改编的影视剧也在越南广泛播出。据笔者统计，截至 2019 年 12 月，YouTube 平台上丁墨作品改编剧《他来了请闭眼》[①]和《你和我的倾城时光》[②]越语版累计播放量分别为 5479982 次和 63871155 次。丁墨作品改编剧可观的播放量，《花千骨》《杉杉来了》等其他改编剧在越南的收视热潮，都表明以网络言情小说为蓝本的影视改编剧同样得到了越南观众的喜爱。小说改编剧的出现也增强了中国网络言情小说在越南的传播深度，并扩大了其传播广度，反推动影视剧观众阅读小说原作。

从明晓溪、辛夷坞、匪我思存到顾漫、丁墨、玖月晞等，网络言情小说创作者层出不穷。丁墨只是其中一位代表性人物。丁墨作品在越南的翻译、出版与发行，是中国网络言情小说在越南传播的一个缩影。

---

① Youtube 平台"Hãy Nhắm Mắt Khi Anh Đến"（《他来了请闭眼》译名）主页[EB/OL]. [2020-05-09]. https://www.youtube.com/watch?v=nZVo0PCYSck.

② Youtube 平台"Thời Gian Tươi Đẹp"（《你和我的倾城时光》译名）主页[EB/OL]. [2020-05-09]. https://www.youtube.com/watch?v=dsezY-cIXrY&list=PLh4trvZExvP25XI_cMce55I2-K1Wz-SVd.

四、网络言情小说在越南传播的原因

当代中国网络言情小说得以在越南广泛传播,深受越南读者群体的喜爱,离不开语言翻译、文化环境、受众需求三方面因素。

(一)语言翻译

从历史上汉字直接传入到喃字的改写以传播才子佳人小说,当代中国网络言情小说在越南的传播也需要经历一个语言翻译的过程。网络言情小说传播到越南初期,即以出版社为主导的阶段,网络言情小说的语言翻译主要由出生于20世纪七八十年代,在中越关系正常化背景下成长的年轻译者进行,他们一般有在中国留学、工作的经历,多与中国密切接触,并具备一定的个人文学素养,于2000年左右开始接触翻译工作,翻译水平相对较高,译本的可读性较强。以越南著名网络译者庄夏为例,她毕业于河内外语师范大学中文系,之后在台湾攻读硕士学位,还曾是越南前锋报在台北的常驻记者,有着良好的汉语能力和渊博的文学底蕴。在翻译曹婷的《我把爱情煲成汤》时,庄夏先通过网络阅读小说原作,出于个人兴趣将其翻译成越南语版,并上传于自己的个人博客,然后得到出版社的关注,之后才进行正式出版,而这一出版也正式拉开了中国网络言情小说在越南的传播序幕。

随着中越两国文化交流的增多,越南高校更重视汉语学习,出现了不少中文教学班,同时越南政府也与中国政府达成合作,派遣一批又一批的留学生到中国学习,在中国的越南留学生数量目前约有1.4万人,尤其集中在云南、广西的高校。这些在越南学习中文或者到中国留学的越南人,是潜在的网络言情小说的译者队伍。伴随着网络言情小说在越南的大热,各类在线阅读网站涌现,与中国网站连载几乎同步更新,网络同步连载翻译需求大增,原先的相对专业的出版社译者数量远远不足以满足市场需求。在这一情况下,以兼职翻译赚钱为目的或出于对言情小说的兴趣爱好而进行翻译的译者开始出现。虽然他们的中文水平不一、个人文学素养不一,在翻译的过程中,更重视翻译速度而非翻译质量,甚至有译者通过谷歌翻译等工具直译中国网络言情小说,而未更好地转达原文内涵,造成网络言情小说质量上的良莠不齐,但这些译者恰恰是响应市场需求而填补这一空缺的。

无论是出版社译者抑或网站译者,他们都是网络言情小说在越南传播的桥梁,正因为有他们将网络言情小说从中文翻译成越南语,中国网络言情小说才得以在越南掀起热潮。

(二) 文化环境

越南虽然地处东南亚，但因接壤中国，与中国联系紧密，历史上长期受中国儒释道文化影响，在文化环境上深深区别于其他东南亚国家。尤其是越南北部地区，往往被认为属于东亚文化圈。文化环境这一因素，也可以理解为文化接近性。由约瑟夫·斯特劳巴哈（Joseph Straubhaar）于1991年首次提出的文化接近性[①]概念，指受众基于对本地文化、语言、风俗等的熟悉，较倾向于接受与该文化、语言、风俗接近的节目。

依据文化接近理论，网络言情小说之所以能在越南大受欢迎，重要原因便是中越文化上的接近性，即中越文化环境的相似性。中国与越南在历史上有着长期的密切交往，从文字到制度，从习俗到信仰，二者渊源颇深，接触颇广。越南有长期以汉字为官方文字的历史，也受到儒释道三教思想的影响，历史上才子佳人小说在越南的传播与改写等因素，都反映了中越文化的接近性，加深了越南民众对汉文化的熟悉感，促成了中国网络言情小说在越南的传播与发展。以阮攸改编的《金云翘传》为例，在其蓝本中，青心才人明确设定小说时代背景为明朝嘉靖年间，地名有北京、无锡、台州等。阮攸在改写为六八体长篇叙事诗时，却并未对这些设定做任何修改，并保留了大量文学典故。如此典型的中国明清才子佳人小说，通过改写成了越南家喻户晓的古典名著，成了越南文学宝库中的瑰宝。这正反映了越南民众对中国文学的高接受度。

延续至当代，当中国网络小说输出到欧美国家时，对于武侠、修仙小说中涉及的佛、道等艰深术语，西方普通读者往往无法理解。即使是精通中文的译者，在处理典故及佛道概念时，也往往无从下手，例如"色即是空"一词，仅仅四字，但需要译者先解释宗教，再解释这四字的缘由。这一点正是由中西文化间的巨大差异造成的，中西文化隔阂使得西方读者无法直接理解这些概念。而对于越南读者而言，由于两国文化的相似性，越南读者基本可以直接理解中国小说中所体现的风俗文化等，如"道"的概念，便是越南人非常熟悉的一个概念，甚至在越南民间文化中还存在"母道"这类民间道教信仰。

中越文化的相似性是网络言情小说在越南传播的内在因素。当网络言情小说折射出的思想观念、社会环境、文化内涵符合越南社会国情时，越南读者对其有较高的接受度和认同感，这无疑有利于扩大网络言情小说在越南的影响范围。

(三) 受众需求

丹尼尔·贝尔在《资本主义文化矛盾》中提到，"享乐主义的世界充斥着时

---

① Straubhaar J. *Beyond media imperialism: Asymmetrical interdependence and cultural proximity* [J]. *Critical Studies in Mass Communications*, 1991, 8 (1): 39-59.

装、摄影、广告、电视和旅行。这是一个虚构的世界，人们在其间过着期望的生活，追求即将出现而非现实存在的东西。而且一定是不费吹灰之力就能得到的东西。这种享受主义的世界给自然属性的人带来社会的快感。"[1] 读者个体需求可以理解为越南读者尤其是绝大部分女性读者，她们通过阅读中国网络言情小说满足自我的情感幻想并从中获得精神快感。网络言情小说主要面向年轻未婚女性，小说的内容本身包括人物设定、剧情发展等区别于现实社会，而极大满足女性读者对"理想生活""理想爱情"的向往，为这部分不满现实的女性提供了一个合理的解放途径，从而产生阅读快感，这种快感帮助女性读者逃避现实生活的压力，带她们进入理想的世界，再代入小说主角沉浸到一个幻想的爱情中，此外网络言情小说中多样化的爱情范式也是现实中大部分女性读者从未经历过的，这也带给她们新奇感。

2006年《我把爱情煲成汤》的热销现象及之后的"网络言情小说热"的出现，体现了越南读者群体对这一类型小说的倾向性，更反映了越南读者群体的精神文化上的需求。当越南本国文学作品无法充分满足读者的精神文化需求时，出版市场持续不景气，在庄夏的引进曹婷作品大获成功时，出版社意识到了这一点，选择引进中国言情小说来填补越南国内这一空白。越南读者群体的需求直接促进了网络言情小说大量传入越南并广泛传播，这一点与越南当代社会现状息息相关。随着互联网的普及、社会经济的发展、男女比例失衡等，网络言情小说天然所具有的网络化、自由化、大众化、女性化特征，恰恰填补了越南社会现实需求，也顺势占据越南图书市场不容小觑的一席之地。

中国与越南之间文化交流的悠久渊源，使得越南民众对中国文化较为熟悉，并有相当的文化认同感，而译者队伍的存在也很大程度上消减了两国之间的交流隔阂，加之越南读者无论个人或群体的精神文化需求，网络言情小说最终在越南大受欢迎。

五、结语

无论是才子佳人小说还是网络言情小说，都未脱离通俗小说范围，是大众文化的组成部分之一。追根溯源，今日的网络言情小说与历史上的才子佳人小说既在内容上一脉相承，又在形式上因时而变，前者延续了后者以爱情为主要内容的模式，并因传播媒介——网络的自由化、大众化特点影响，网络言情小说在小说内容、传播方式等方面更为通俗化。

不管是文字形式的网络言情小说，还是以图像形式出现的其衍生品——小

---

[1] 丹尼尔·贝尔. 资本主义文化矛盾[M]. 赵一凡, 译. 北京: 生活·读书·新知三联书店, 1989: 118.

说改编影视剧，都离不开历史上汉文化对越南民族文化的影响，恰恰是文化接近这一因素在发挥作用，有效减少了眼下网络言情小说在越南传播的文化阻碍，使得中国网络文本在越南的传播从根本上区别于在泰国等东南亚国家的传播，越南民众在阅读、理解中的文化障碍、文化落差更少，再加上中越语言传统上的亲缘性，越南社会大众文化发展的需求，网络言情小说近年来在越南发展势头大好。

可以看到，以丁墨为代表的中国网络言情小说作家，其作品在越南翻译、出版与传播时，无论是以文字形式，或影视形式，都为越南读者带来了熟悉又新奇的文化体验。越南读者认可了这种新鲜的阅读体验，才掀起了阅读中国网络言情小说的热潮。对越南读者而言，中国网络言情小说满足了其娱乐消遣需求，也丰富了他们的精神生活。对越南文学而言，中国网络言情小说影响了越南本土的言情小说出现新的类型、新的写作风格，深受年轻人喜爱的本土言情小说作为文化产品更对当代越南文学的发展做出了贡献①。

与此同时，单纯靠市场需求由民众自发推进中国网络言情小说在越南的传播并非长久之策。我们也应注意到其传播过程中出现了不少问题：大量网络言情小说的涌入，及模式化的内容会给读者带来审美疲劳，并反感这类套路；在越南市场上的中国网络言情小说"良莠不齐"，是否符合越南社会价值观，是否败坏社会风气都需要我们加强监管；不少越南的小说阅读网站乃至出版社，并未获得授权便进行连载、出版，常出现胡乱翻译的现象，这类盗版问题不仅损害原作者的权益，也影响到中国文化在海外传播的形象正面性……因此，网络言情小说在越南传播也需要两国相关力量的共同努力，这对增进中越友谊关系，提升中国文化软实力都有着重要作用。

参考文献

［1］丹尼尔·贝尔. 资本主义文化矛盾［M］. 赵一凡，译. 北京：生活·读书·新知三联书店，1989：118.

［2］范明俊. 中国网络言情小说在越南的传播研究［D］. 广州：华南理工大学，2015.

［3］黄东超. 从大众文化的视角看中国言情小说在越南的传播及对"一带一路"建设的启示［J］. 传播与版权，2018（2）：155—157.

［4］黎黄英. 他们为什么喜欢？顾漫小说在越南的接受分析［D］. 广州：华南理工大学，2017.

［5］童庆炳. 文学理论教程［M］. 北京：高等教育出版社，2008：309.

---

① 黎黄英. 他们为什么喜欢？顾漫小说在越南的接受分析［D］. 广州：华南理工大学，2017：6.

［6］王妍丹. 中国网络小说对影视剧输出的传播影响：以越南网络视频平台 zingtv 为例［J］. 传播力研究，2019, 3（19）：27.

［7］张秋菊. 文化接近性背景下中国网络言情小说传播研究［J］. 中国报业，2018（24）：71—72.

［8］Straubhaar J. *Beyond media imperialism: Asymmetrical interdependence and cultural proximity*［J］. Critical Studies in Mass Communications, 1991, 8 (1): 39-59.

互联网数据参考网站：

［1］晋江文学网"微微一笑很倾城"小说主页［EB/OL］.［2019-01-23］. http://www.jjwxc.net/onebook.php?novelid=370832.

［2］首届湖南省十大网络文学作家丁墨［EB/OL］.（2019-12-21）［2020-05-09］. https://baijiahao.baidu.com/s?id=1653492152867036250&wfr=spider&for=pc.

［3］2018 年中国网络文学作家影响力榜［EB/OL］.（2018-12-15）［2020-05-09］. http://mini.eastday.com/a/181215124824917-11.html.

［4］丁墨《待我有罪时》悬爱来袭：破晓前后，总有人守护［EB/OL］.（2019-12-18）［2020-05-09］. http://m.sohu.com/a/361239609_120125273.

［5］中国作协发布 2018 中国网络小说排行榜 丁墨《挚野》名列小说 20 强榜单［EB/OL］.（2019-05-13）［2020-05-09］. http://www.sohu.com/a/313674708_100163025.

［6］Yotube 平台"Yêu Em Từ Cái Nhìn Đầu Tiên"第一集主页 [EB/OL]. [2020-05-09]. https://www.youtube.com/watch?v=wxHfpsBgR1g&list=PLIqURJwo1zkzIfKoB5OEqJW5em5v4PAZW&index=2&t=0s.

［7］Youtube 平台"Hãy Nhắm Mắt Khi Anh Đến"（《他来了请闭眼》译名）主页 [EB/OL]. [2020-05-09]. https://www.youtube.com/watch?v=nZVo0PCYSck.

［8］Youtube 平台"Thời Gian Tươi Đẹp"（《你和我的倾城时光》译名）主页 [EB/OL]. [2020-05-09]. https://www.youtube.com/watch?v=dsezY-cIXrY&list=PLh4trvZExvP25XI_cMce55I2-K1Wz-SVd.

［9］越南 sstruyen 小说阅读网：https://sstruyen.com/.

［10］越南 webtruyen 小说阅读网：https://webtruyen.com/.

［11］越南 gacsach 小说阅读网：https://gacsach.com/.

中国网络文学在泰国的译介与跨媒介传播研究[①]

北京大学新闻与传播学院　张晓桐

【摘　要】 中国网络文学及改编的影视剧凭借独特魅力走红海外，是中国文化"走出去"的重要表现。泰国是中国的传统友好邻邦，也是共建"一带一路"的重要合作伙伴。在政府、企业和民众的合力下，泰国成为中国网络文学"走出去"的一个重要目的地。本文将聚焦于中国网络文学在泰国的译介和跨媒介传播活动现状，分析当下中国网络文学在泰国译介和传播的影响，总结中国网络文学出海泰国的经验教训。以期促进中泰文化交流和相关合作，并为中国文化进行国际传播提供借鉴。

【关键词】 中国网络文学；泰国；译介；跨媒介传播

一、引言

中国网络文学自 20 世纪 90 年代诞生以来，经过不断创新发展，逐渐以其创作阅读门槛低、互动性和新奇性强等特征赢得读者的喜爱。近年来，随着国家文化政策支持、海外市场需求扩大与国内外网文企业的业务发展，中国网络文学出海规模越来越大，甚至传播到美日韩流行文化占据绝对优势的地区，一度掀起当地中国网络小说热。在中国网络文学出海目的地中，东南亚是第一站，其中泰国由于华人基础大、文化吸引力和传统文学交流惯性等因素，成为中国网络小说出海的重要目的地。这个现象引发了学术界、产业界和政策界多重目光的高度重视。在 2017 年中国网络文学国际传播全球研讨会泰国专场上，泰国红山出版集团版权总监俞春华（Ken Yu）透露，目前泰国出版业界都在争相翻译中国网络小说，越来越多的泰国出版社和集团开始投入到网络小说的翻译，这从侧面证明了中国网络小说在泰国受欢迎的程度。[②] 有人认为中国网络文学有望成为像好莱坞电影、日本动漫、韩国电视剧一样具有国际竞争力的全球流行文艺，并能以此扩大中国对外传播的途径和优势。基于此，研究中国网络文学在海外的译介和传播

[①] 项目来源：教育部人文社会科学重点研究基地重大项目"中国与东南亚的文学和文化交流研究"（批准号：18JJD750003）。

[②] 新浪网.阅文集团发力东南亚市场 [EB/OL]. [2019-07-18]. https://t.cj.sina.com.cn/articles/view/6156769512/16ef8d8e8001001p5k.

现状颇为重要。

二、中国网络文学及其对外传播和外译概述

（一）中国网络文学的诞生与发展

1980年代中期，中国当代文学的先锋运动提出，"重要的不是写什么而是怎么写"，"形式即内容"，这与麦克卢汉的"媒介即信息"不谋而合。按照麦克卢汉的说法，媒介是人的延伸 2.0，网络类型文就是它的创造者们心理欲望模式的文学延伸。[①]伴随着技术进步和中国社会的重要转型，中国原创网络文学兴起于20世纪90年代，"70后"和"80后"开始在网络论坛、博客、邮件上创作、传播、阅读和评析文学作品。以华文网络文学诞生、发展为例，1991年，中国大陆留学生梁路平等创办的全球第一个华文网络电子刊物《华夏文摘》在美国创刊，通过电子邮箱的形式免费订阅；同年，王笑飞以电子邮件订阅系统的形式创办海外中文诗歌通讯网。1995年，水木清华站建立大陆第一个互联网上的BBS，随后其他高校也陆续紧跟而上。1998年第一部网络文学小说《第一次的亲密接触》问世并引发广泛阅读。此后，爱好文学的青年学生开始把其接触到的海外网络文学转贴到国内高校BBS，这算是国内网络文学的萌芽。[②③]

经过20多年的发展，网络文学已经成为当代中国流行文化中枝繁叶茂的一部分，裂变创新出多种文学种类和体裁——博客邮件文学、游戏小说、互动文学等等。而其行业发展则经历了从个人、小集体自发的文化现象，到形成集团化、专业化的以版权交易和IP（Intellectual Property）开发为核心的网络文娱文化产业链。网络文学成了文化创意产业的上游，是影视、游戏、动漫等文娱产业的源头活水。根据第三届中国"网络文学+"大会发布的《2018年度中国网络文学发展报告》显示："2018年，我国网络文学读者规模稳中有增，总计达4.3亿人，同比增长14.4%，网络文学作品总量超过2400万部……2018年重点网络文学企业总体收入规模达342亿元，其中主营业务收入总计达159.3亿元，同比增长23.3%，整个行业保持稳步增长状态。"

---

① 邵燕君. 网络文学的"断代史"与"传统网文"的经典化[J]. 中国现代文学研究丛刊，2019（2）：7—24.

② 罗先海. "编年体"网络文学史研究的意义与维度[J]. 中国文学研究，2017（2）：107—111.

③ 关于中国网络文学的发展历程，具体可以参见北京大学网络文学研究论坛编写的《中国网络文学大事年表》，该表最早作为附录，收于《网络时代的文学引渡》（邵燕君，广西师范大学出版社，2015）。

（二）中国网络文学的外译和对外传播概述

翻译是文学对外传播的第一步，网络文学也不外乎如是。然而与传统文学"走出去"依靠官方力量不同，诞生于草根的中国网络文学出海最初主要依靠民间力量，读者基于热爱而自发地开始了翻译，随后众包译者、翻译公司、出版机构、视频网站陆续加入，助推中国网络文学的外译传播。粗略统计，专门翻译并连载中国网络小说的英文海外网站有100多家，其中最有影响力的有WuxiaWorld、Novel Updates、Gravity Tales、起点国际等。当下，中国网络文学已被译为十几种语言，输出到包括美国、泰国、越南、韩国、日本、英国、法国、俄罗斯、土耳其在内的20多个国家和地区。然而，根据市场调查显示，当下中国网文的外译依旧存在很多挑战，比如优质翻译力量短缺、外译文本的选择困难、翻译标准的统一和翻译速度和质量的保持提升等等，这些挑战作为突出障碍制约了中国网络文学的规模化、体系化出海之路。

由于网络的即时互联性，因此网络文学自诞生之日起就呈现出向外传播的天然倾向。三点原因推动着中国网络文学的跨文化国际传播。第一，从需求层面看，随着世界经贸、政治往来的日益密切和深化，文化的互联互通也成为一种潮流和倾向，人类天生对他者和自我有互相了解的欲望，可以通过新闻、跨国旅游商贸、影视、文学等渠道得到满足，另外随着中国的迅速发展和国际实力的上升，不少国人增强了文化自信，萌发了向世界传达中国文化和故事的愿望；第二，从供给层面看，中国网络文学经过20多年的实验探索，逐渐走出了一条专业化、产业化的可盈利道路，企业有着天然的扩张倾向，一部文学作品的附加值可以通过延长产业链或者扩大传播范围，增加读者来提高，当国内市场已经部分接近饱和的情况下，向外探索是企业明智的决策；第三，从政策层面看，文学文化交流也是国家外交和国际传播战略中不可失去的一环，流行文化也是国家竞争力的重要组成元素。近年来，国家积极出台相关政策，鼓励优秀中国文化"走出去"，比如2015年1月，原国家新闻出版广电总局印发《关于推动网络文学健康发展的指导意见》；2016年和2017年，文化部相继出台了《"一带一路"文化发展行动计划》和《关于推动数字文化产业创新发展的指导意见》，相关政策大力支持中国优秀网络文学积极出海。

据腾讯研究院发布的《2019中华数字文化出海年度观察报告》显示，截至2018年12月，中国向海外输出的网络文学作品数量达11168部，出海题材已涵盖10余个热门品类，不仅传统的奇幻、玄幻、武侠等非现实类题材长盛不衰，现实主义的题材也越来越受欢迎。中国网络文学企业进一步加大海外市场布局力度，采取自营海外网站，自建翻译团队的方式，将中国网文传播到海外。

三、中国文学在泰国的译介

（一）泰国文学史中的文学外求传统

从古至今，不同民族和文化之间的对话和理解有不少是通过文学来进行的，文学是不同民族、文化和地域人群交流的一种方式，而这种方式的运用有赖于翻译。在泰国文学史中，翻译、改写和模仿域外的文学作品是其文学发展的重要一环。纵览泰国文学发展史，可以发现有三次大的翻译高潮[①]，是泰国文学史上的重要节点，对于推动泰国文学最终转型为现代文学起到了重要作用。三次翻译的高潮分别出现在泰国古代文学史初中期、后期和近代，对应的翻译源头则分别是以《罗摩衍那》为代表的印度佛教文学作品，以《三国演义》为代表的中国古典文学作品，和近代大批西方文学作品。泰国古代从事文学翻译工作的主要是佛教僧侣和王室文人，从事中国文学翻译的主要是泰国华人和华人后裔，近代从事翻译的主要是留学海外的留学生。值得注意的是，泰国国王和王室大多都有文学创作的传统，近代西方文学的译介受到曼谷王朝五世王和六世王的亲力支持。这三次翻译高潮都是泰国历史转型时期文化外求的重要表现，这种需求的形成既源于统治者的个人好恶，也与社会大众的整体诉求相吻合，对于丰富和发展泰国文化元素起到重要作用。

作为在东亚乃至世界上长期具有强大存在感的民族国家，中国在很长时间内是泰国文学外求的源头。由于地理位置相近，人员交往历史悠久，以及部分年代的官方助推，中国文学在泰国文化社会中具有很强的渗透性和影响力。根据学者的梳理，中国文学书刊在泰国的传播大体经历了三个阶段[②]，第一阶段是 1802 年至 1932 年，即中国传统历史文化影响时期，又称"三国演义"时期；第二阶段是 1932 年至 1975 年，是中国传统文化与中国现当代文化交替影响的过渡时期，又称"鲁迅、金庸时期"；第三个阶段是以 1975 年中泰建交至今多样化、多元化的历史时期。历史上，使以小说为代表的中国文学广为流传的媒介是拉玛六世时期（1880—1925）开始大量发行的报纸、杂志。[③] 还有别具一格的泰国民间戏剧将经典中国文学搬上舞台表演，使得中国文学能够突破文学媒介限制，得以在泰国社会进行更广泛的传播。200 多年的中泰文学交流史使得泰国现代文学自诞生之日起，血液中的体裁、语言和内涵就有着明显的中国风格。

[①] 李健. 论翻译在泰国文学发展史上的地位和作用：以近代文学为中心 [J]. 解放军外国语学院学报，2008（1）：71—75.

[②] 何明星. 从"三国演义"到鲁迅，中国文学在泰国的传播 [J]. 济南大学学报（社会科学版），2011，21（6）：45—52.

[③] 戚盛中. 中国文学在泰国 [J]. 东南亚，1990（2）：43—47.

（二）中国网络文学在泰国的译介

有学者指出，虽然新世纪的中泰文化往来，呈现一个多元化、多样化的局面，但是在新时期的中泰文化交往过程中，中国当代文学严重缺位。当代中国文学确实还没有一部作品能够在泰国产生较大的影响，与历史上中国文学在泰国的强大存在不可同日而语。对此有学者提出疑问：中国当代文学是否失去了向外影响力？[①] 对于这个问题，我认为持悲观态度的学者们不妨将思路跳出传统的、官方的文学译介交流，将目光投向人类的新生活空间——网络，因为中国网络文学早已乘着互联网发展和中国经济腾飞的东风，走出国门，吸引了世界的眼光，其中不可忽视的读者来源就是泰国。为了中国网络文学更健康地在泰国传播发展，将优质的中华文明向外推介，反映健康的中国形象，有以下三个关于中国网络文学在泰国译介的问题需要得到回答。

1. 文本选择

由于中国香港的功夫片和武侠片在泰国乃至东南亚十分受欢迎，因此连带着武侠小说也成为最初中国网络文学翻译为泰语的主要选择，甚至成了泰国小说的一个单列的门类即武侠小说（นวนิยายกำลังภายใน），这个词基本成了中国文化在泰国的典型标签。此后以玄幻、仙侠等非现实主义题材和以古代中国宫廷为背景的历史题材网络小说成为外译泰国的主要文本，而相关影视剧的火爆则进一步助推了这几类小说，比如近年来《甄嬛传》《延禧攻略》《琅琊榜》和《三生三世十里桃花》《将夜》的影视剧和小说在泰国都十分受欢迎。近年来由于中国游戏在泰国的异军突起，带火了以游戏和修炼为题材的网络小说，比如《全职高手》等。同时，描述男性同性恋的耽美文学也十分受欢迎，比如与出版社合作十分密切的泰国主流网上书城 Siam inter Shop 上列出的 2019 年最好卖的 6 本书都是描写男同性恋的耽美小说，其中译自中国的有四本，比如《相见欢》《漂洋过海中国船》等。

相比之下，风格严肃的现实主义题材文学向来不受网络文学读者的青睐，与国内网络文学读者类似，泰国网络文学读者也更加看重网文的消遣功能和阅读快感。

翻译不仅仅是将一种语言置换成另一种语言的行为，更是跨文化的传播与交际，在文化"走出去"的战略背景下，不可否认文学作品的外译有深刻的意识形态色彩甚至政治诉求，暗含着价值认同斗争。选择什么样的文本进行翻译和出海是由市场供需和双方的官方文化政策决定的，中国的文学作品外译由官方和民间

---

① 何明星. 从"三国演义"到鲁迅，中国文学在泰国的传播[J]. 济南大学学报（社会科学版），2011，21（6）：45—52.

两大力量助推。官方希望外译的文学作品是真正的精品，能充分展示输出国真正核心的文化、政治价值观或意识形态、国家政策、社会及发展模式等内在要素，能够塑造一个良好的国家形象，并有利于国家利益的实现，这往往反映在传统优秀文学的外译上。而民间的文学外译，特别是网络文学外译大多基于市场原则，哪种文学更受读者欢迎，更能谋利就翻译哪种文学。大众往往是喜欢猎奇而不喜欢思考的，这就导致很多外译的中国网络文学作品并不能代表中国主流价值观，甚至是粗鄙的，而在其中，追求速度、粗制滥造、风格内容雷同的网络小说十分扎眼，造成读者形成对中国形象的错误和负面认知。官方和民间的文本外译选择理念常常存在着冲突和张力，尽管官方一直强调和呼吁要努力传播当代中国的社会主义核心价值观念，讲好中国故事，但是打开海外的网文平台，来自中国的网文依旧鱼目混珠。

我国官方对于从境外引进的文化产品常常有复杂细致的审查，但是由于急于"走出去"，对于出口的文化产品则没有太多审查和筛选，导致有不少滥竽充数的文学披着中国文化的外衣在国际上代表着中国，这点需要引发重视。应该努力尝试将官方和民间的外译助推力量拧成合力，选择既能温和地反映中国核心文化价值观的，又与当地读者需求喜好相符合的作品进行外译。

2. 译者来源与翻译机制

东南亚是华人的传统聚居区，血缘和文化习俗的联系和阅读中国文学的传统使得东南亚地区有着一定的中国文学读者基础，很多华人从小学习汉语，出于对中国传统文化的喜爱而在个人博客上翻译连载中文网络小说，逐渐吸引了新一代的读者群，也将中国网文推介到中文圈之外，成为东南亚青年喜欢的流行文化。

翻译网站的成立给了外文网络小说一个集中展示的平台，东南亚的翻译网站比在北美更早出现，只不过规模和影响力不大，所以前期没有引发大规模的关注。目前进入国内网文研究者视野的东南亚网文翻译网站主要有两家，而且都是英译网站：书声 Bar（创立于 2012 年 8 月）和 Hui3r（2013 年开始翻译中国网文《华胥引》）。[①] 此外，一个亚洲翻译小说导航网站 Novel Updates 在东南亚地区也十分受关注，这是一个将亚洲地区小说的英文翻译汇总的导航网站。除了英译网站，也有粉丝等不及更新，自发通过翻译工具直接将中文原文翻译为泰语的。还有一类译者是网文影视化改编之后的字幕组成员，出于自身喜爱和吸引粉丝的目的而分工翻译网文。

在泰国，传统主流的文学翻译组织形式有两种，一是当地出版社通过社交媒体、熟人推荐等渠道在当地招募翻译，有的形成了长期稳定的合作，比如泰国出

---

① 邵燕君，吉云飞，肖映萱. 媒介革命视野下的中国网络文学海外传播 [J]. 文艺理论与批评，2018（2）：3.

版集团 SMM PUBLISHING 就在官网上列出了常常合作的五位译者及其翻译作品，这五位都是中译泰的译者。二是由输出国的出版企业组织翻译，并出售连带翻译作品在内的整套版权。当前，互联网发展衍生出多种形态，连带着网文翻译的机制也有了更多的创新。例如，阅文集团的起点国际经过摸索，创立了集内容评估、翻译招募、评判、合作、质量控制和管理把控于一体的翻译模式。该模式最大的创新在于，读者全程介入内容选择、翻译评判和质量跟踪反馈。但是，在现在英译译者数量还比较多情况下中译英作品翻译速度依旧达不到市场需求，那包括泰语在内的众多小语种的翻译则更加任重道远。

根据中国翻译协会发布的《2019 中国语言服务行业发展报告暨"一带一路"语言服务调查报告》显示，当前中国开设泰语专业的院校有 38 所，招生规模不到非通用语种招生总规模的一成，而泰语也是语言服务提供方急需的 5 大语种之一。据中国教育部数据显示，2018 年到中国留学的泰国学生达 28,608 人次，尽管看起来不少，然而市场上仍然缺乏优秀的中国文学泰语翻译人才。这种缺乏，一方面是由于泰语翻译人才基数小；另一方面则是由于优质专业的泰语翻译人才不愿意加入网文翻译。后者主要是由于翻译薪酬体系不规范、不透明，以及网文翻译任务量大、周期长、报酬低、翻译难。根据《2019 中华数字文化出海年度观察报告》显示，截至 2018 年，网络文学作品平均篇幅为 65.8 万字，超过六成的完结作品创作周期超过 6 个月。

3. 翻译策略

对于网络文学的翻译，目的地国的母语者作为翻译更受欢迎，因为不管是文化理解还是语言风格都更能贴合当地读者，这其中暗含了归化的翻译策略，是"译文接受者取向"的，翻译者主要运用目的语读者熟悉的表达方式和文化要素来替换原文的构成要素，让读者能更快地理解原文。虽然在归化策略上的译文能更加流畅地道，通俗易懂，容易被目的语读者接受，但是也存在原文的语言和文化要素丢失，导致读者被剥夺了接受、理解和欣赏异域文化的机会，也无益于目的语国家语言和文化的丰富发展。秉持着归化策略的译者最看重的就是译文的流畅度和易理解性，而归化策略的选择和成功实施则基于译者对两种语言文字的充分理解，在此基础上对译文进行意译、仿译、改译、创译等加工，如果译者本身不能很好地理解原文，那么翻译出来的文章即使通顺，也不免脱离原文。

中国网络文学大量地包括道教、武侠等独特的中国概念，其中很多术语，如"道""侠""真气""修炼"很难通过语言翻译成另一种语言，一些译者就会采用以零翻译、音译为代表的同化翻译策略，将源语言直接呈现在外语读者眼前。这种策略虽然看似尊重了原文，但是译文难免看起来生硬，不够自然流畅，甚至会影响读者的理解，从而不利于作品的接受和传播。

虽然不想承认，但是当前网络文学很大程度上还是一种消遣性质的快餐文化，更多以跌宕的情节和精彩的人设夺人眼球，语言是否出彩似乎并不重要，对于外译的网络文学更是如此。对于平均篇幅 65.8 万字的网络小说而言，海外读者常常没有耐心等待更新和翻译，因此在并不正规的网络文学外译中常常存在一种十分简化的翻译策略——合译，就是将原文的多个句子简化译为一句话，甚至省略大段与主要情节无关的描写和支线。在这种情况下，文化的沟通和交流，以及形象传输的效能则无疑大打折扣。

四、中国网络文学在泰国的跨媒介传播

（一）出版形式：纸质化和数字化并重

面对 2016 年前后掀起的中国网络文学"出海热"，国家新闻出版广电总局数字出版司网络出版监管处副处长程晓龙指出，我国网络文学走出去，大致经历了三个阶段，第一阶段是在我国台湾地区"落地"，第二阶段是在东南亚国家"开花"，第三阶段即是在北美等其他地区"走俏"，虽取得了长足进步，但尚处于"初试啼声"阶段。阅文集团 CEO 吴文辉在接受《中国艺术报》记者采访时介绍，中国网络文学的海外传播最早应该始于东南亚，足迹逐渐遍布全球。阅文集团最初通过港澳台地区的已授权中文繁体版作品传入东南亚，从而打入传统华语市场。目前主要集中在泰国、越南，数字出版和实体出版均有授权。尤其是泰国，自 2005 年以来一直有输出，以历史和言情类为主，成为传统的海外输出国。输出形式有多种多样，除了目前占主体的数字与实体出版授权之外，还有少量 IP 改编影视剧和动画作品的输出。①

最初进入东南亚的中国网络文学主要依靠实体出版，是从线上网文到线下实体书的一个跨媒介转化，这与泰国互联网的发展和普及程度紧密相关。网络文学依托的底层技术是互联网，泰国互联网肇始于 20 世纪 90 年代，但是受到金融危机、技术落后和政局动荡的持续打击而发展较为缓慢，在 2009 年全球金融危机逐渐平息后才迎来爆发式增长。据 2018 年 10 月泰国国家统计局公布的"全国家庭和个人上网统计"数据显示，泰国全国上网人口总数已经达到 5670 万，要知道泰国 2018 年人口总数大约为 6918 万，可见泰国国民的网络使用率是很高的。泰国网络文学的创作和阅读历史与中国类似，同样经历了一个由受过的青年学生发起，到逐渐平民化、大众化的普及过程，也走过了 20 多年，但是由于人口基数和市场规模小、阅读习惯不同，以及网络基础设施的普及速度慢等原因，导致泰国网络文学市场规模远远小于中国。据泰国电子书阅读交易网站 Meb 的总经理拉维翁（รวิวร มะหะสิทธิ์）介绍，泰国网络文学市场 2018 年的市场产值约为 6.5

---

① 乔燕冰．中国网文"出海"：越是网络的，越是世界的［EB/OL］．（2017-04-17）［2019-07-18］．http://www.xinhuanet.com/book/2017-04/17/c_129542539_5.htm.

亿泰铢（约合 1.4 人民币），但是只占图书行业总产值的 5%左右，还有很大的发展空间。[①]

随着泰国移动互联网的发展，越来越多的移动阅读 APP 在应用市场上推出，主流的有 MEB 公司旗下的 readAwrite，OOKBEE 公司旗下的 ธัญวลัย - นิยายออนไลน์ (Tunwalai Digital Book)和 Dek-D 公司旗下的 นิยาย Dek-D，这些平台大都提供了创作、阅读、评论、打赏等多重功能。除了移动 APP，还有众多的网文阅读平台，如 Kawebook, Tunwalai, Thai-Novel, Hellfact, Novel-Lucky, Novelrealm, Thaipoetsociety, Story.niyay 等。

在众多网络文学平台中，中国小说通常被列为单独的一个分类，其所占数量十分多，以主要销售实体图书的 Naiin 书城为例，共有书籍 15000 本左右，其中中国网络文学共 4500 本左右，占比约 30%。除了传统的言情、武侠题材，科幻小说、玄幻、耽美、游戏小说都受到泰国人的喜爱。在曼谷各大商场的书店中，最显眼的位置摆放的大部分是来自中国的网络小说。然而，经笔者观察，泰国网站上能够线上阅读全文的中国网文大部分在中国是不太知名的，特别是没有经过影视化改编，而类似《甄嬛传》《东宫》《庆余年》之类在中国比较火爆并且经过影视化改编的小说主要是通过实体化手段售卖纸质版书籍，在网上无法阅读全文，只能购买昂贵的实体书籍，比如一套（15 本）《庆余年》打八折后的售价为 2769 泰铢（约 580 元人民币）。由此可见，虽然数字化阅读是当下的潮流和未来发展的趋势，不过综合成本收益机制和版权保护的因素考虑，一些泰国本土出版社对火热网文的数字化出版依旧有疑虑，这在一定程度上制约了中国网络文学的传播扩散。

（二）影视化推动网文的对外传播和跨国泛娱乐产业发展

当前媒介环境已经发生了巨大的变化，在如今以互联网、移动互联网为平台的新媒介中，传统媒介与电子媒介进一步深度融合，催生出一条从文字到影视，从纸张到屏幕，线上线下无缝衔接的产业链。中国网络小说在泰国的传播还借助了影视化的东风。从网络小说到网络电视剧和网络电影，跨媒介传播既带来传播媒介的转变，也促进 IP 价值的进一步开发，商业利益的实现以及行业生态的完善。

以九夜茴创作的经典 IP《匆匆那年》为例，这本出版于 2008 年的中国内地网络小说被拍成电视剧和电影，其中电影于 2014 年 12 月上映，2015 年中国影视公司将电影版《匆匆那年》引入到泰国影院荧幕，受到了泰国观众的欢迎，得

[①] 数据来源：普华永道（泰国）. E-Book 给泰国图书行业带来机遇与风险报告［EB/OL］.（2018-06-28）［2019-07-18］. https://www.pwc.com/th/en/pwc-thailand-blogs/blog-20180628.html.

到了泰国电影导演的关注，随后决定翻拍泰国版《匆匆那年》，泰版《匆匆那年》电视剧于 2018 年 6 月开拍，2019 年 6 月播出，成为内地首部被改编为泰国版的经典 IP。而在这一连串的跨媒介传播活动中，《匆匆那年》的原著小说也受到泰国网民的关注，中国网络小说的曝光率在泰国也越来越高。

更具有说服力的案例是作者墨香铜臭原创的耽美玄幻小说《魔道祖师》及其衍生的改编作品在泰国的传播。原版《魔道祖师》于 2015 年 10 月 31 日起在晋江文学城连载至 2016 年 9 月 7 日完成，同名广播剧、漫画和动漫也先后面世，并获得很好的市场反馈，积累了良好的口碑和规模庞大的粉丝。由小说改编的电视剧《陈情令》于 2019 年 6 月 27 日起在中国腾讯视频和腾讯视频国际版 WeTV 同步播出，得到了泰国观众的热烈反应，与剧集和两大男主的相关话题，在泰国社交媒体上一度冲上了热搜第一，与此同时，剧照截图、人物表情包、同人漫画、粉丝剪辑视频、原创音乐，甚至是对主角服化道的模仿在泰国全网铺天盖地地传播，热度持续高涨。电视剧播出结束后，《陈情令》的演员于 2019 年 9 月 21 日在泰国曼谷召开了线下见面会，吸引了不少的泰国粉丝前去应援。该剧的影响力可以说达到了"出圈"的效果，不少从前不看中国影视剧的泰国人都被该剧呈现的少年侠义和雅致的东方意蕴所吸引，甚至就在 2020 年 1 月 16 日，该剧的几位演员还在泰国总理府受到了泰国总理巴育的接见，并受邀担任 2020 年泰国"欢乐春节"推广大使，进一步传播中国优良传统文化。泰国"欢乐春节"是由中国文化和旅游部、驻泰国使馆、泰国旅游体育部、国家旅游局共同主办，自 2004 年创办以来已发展为全球历史最久、规模最大、规格最高、影响最广的"欢乐春节"活动。由此可见该剧的正面影响力已经得到了市场和官方的双重认可，也是中国优质文化"走出去"的表现。

电视剧的火热吸引了泰国观众对原著的了解，《魔道祖师》的泰文版小说由泰国出版公司 Bakery Book 翻译引进，并于 2019 年 2 月开始发行售卖，不过和之前大火的 IP 作品一样，泰文版的小说依旧没有正版电子书，需要购买纸质版阅读，不过这依然没有阻挡泰国粉丝的热情，很多粉丝购买纸质版书后发布在社交媒体上，作为对原著和主演的应援。在移动互联网快速发展的时代，影视剧比文字的接受门槛更低，网络文学影视化传播反过来能够推动观众对原生文学的兴趣，从而进一步扩大传播的影响力。

五、结语

中泰两国交往历史源远流长，历来有文学交流的传统。在互联网时代，中国网络文学冲出国门，在泰国获得很强的存在感，收获了大量泰国书迷，也成为很多泰国人认知和想象中国的一个重要渠道。中国网络文学最初的对外传播是一个自下而上，由简至繁的推进过程，区别于官方主导的文学国际传播。但是中国网络小说在泰国的传播近年来也得到了国家政策和网文企业的支持,传播的数量和渠道的发展都有了很大的进步。但是还存在一些问题,比如缺乏优秀翻译、劣质网文驱逐优质文学,以及文学产业价值链条的不完全开发等,这些问题需要进一步了解和解决。本文的不足之处在于缺乏对传播效果的系统分析,这一方面是由于研究数据的难以获得,另一方面在于界定传播效果是一个比较大的话题,由于篇幅所限,本文只能忍痛暂时割舍,留待进一步的研究。

参考文献

[1] 何明星. 从"三国演义"到鲁迅,中国文学在泰国的传播[J]. 济南大学学报(社会科学版),2011,21(6):45—52.

[2] 李健. 论翻译在泰国文学发展史上的地位和作用:以近代文学为中心[J]. 解放军外国语学院学报,2008(1):71—75.

[3] 罗先海. "编年体"网络文学史研究的意义与维度[J]. 中国文学研究,2017(2):107—111.

[4] 戚盛中. 中国文学在泰国[J]. 东南亚,1990(2):43—47.

[5] 邵燕君. 网络文学的"断代史"与"传统网文"的经典化[J]. 中国现代文学研究丛刊,2019(2):7—24.

[6] 邵燕君,吉云飞,肖映萱. 媒介革命视野下的中国网络文学海外传播[J]. 文艺理论与批评,2018(2):3.

参考电子资源:

[1] 智通财经. 阅文集团拟斥1051.12万美元收购泰国网络文学公司OBU 20%股权[EB/OL].(2019-09-27)[2020-01-15]. https://finance.ifeng.com/c/7qJktYPCRnA.

[2] 普华永道(泰国). E-Book给泰国图书行业带来机遇与风险报告[EB/OL].(2018-06-28)[2019-07-18]. https://www.pwc.com/th/en/pwc-thailand-blogs/blog-20180628.html.

[3] 新浪网. 阅文集团发力东南亚市场[EB/OL].[2019-07-18]. https://t.cj.sina.com.cn/articles/view/6156769512/16ef8d8e8001001p5k.

[4] 乔燕冰. 中国网文"出海":越是网络的,越是世界的[EB/OL].(2017-04-17)[2019-07-18]. http://www.xinhuanet.com//book/2017/04/17/c_129542539_5.htm.

[5] 李婧璇. 阅文集团创新网文走出去模式[EB/OL].(2018-10-08)[2019-01-12]. http://data.chinaxwcb.com/epaper2018/epaper/d6846/d8b/201810/91759.html.

[6] 中国网络文学大会. 权威 | 2018 年度中国网络文学发展报告［EB/OL］.（2019-08-10）［2019-09-12］. https://www.sohu.com/a/332715922_1201246 26.

泰国社会对中国网络文学的文化想象

——以《步步惊心》在泰国的翻译与传播为例[①]

云南民族大学南亚东南亚语言文化学院 袁文艳

【摘 要】 继在欧美地区传播之后，中国网络文学在以泰国、越南为代表的东南亚地区得到广泛传播。中国网络文学以多种媒介、多种方式在泰国进行传播，既有自身的优势，也存在不足。泰国社会对于中国文学的文化想象历史经过几番变迁，形成了一定的想象基础。《步步惊心》是较早传播到泰国地区的中国网络文学作品之一，也是传播较为成功的案例之一，经过多年的传播，在泰国读者中形成了泰语版本和泰国版本。泰语版《步步惊心》较完整地传递了原著的基本信息，为泰国读者创造了文化想象的可能，也因为翻译的形似神异，限制了读者对原著的文化想象。泰国版《步步惊心》的作者完成了从读者到作者的身份转换，对《步步惊心》原文本进行了延伸，与原文本形成了互文关系，对泰国读者对《步步惊心》的文化想象进行了补充。本文将从中国网络文学在泰国的传播，网络小说和电视剧《步步惊心》在泰国的传播，泰语版和泰国版《步步惊心》对中国文化的想象来论述泰国社会对中国网络文学的文化想象。

【关键词】 泰国社会；中国网络文学；文化想象；《步步惊心》

一、中国网络文学在泰国的传播

中泰友好交流历史悠久，中国文学传播到泰国的历史也源远流长，早在中国文学作品翻译到泰国之前，就有中文作品随着航海贸易以及华人移民传播到了泰国。公认最早被翻译到泰国的中国文学作品是《三国演义》（泰译名《三国》），《三国演义》是对泰国文化影响最深、最广，持续时间最长的作品。曼谷王朝拉玛一世国王（1737—1809 年）曾下令翻译《三国演义》和《西汉通俗演义》（泰译名《两汉》），开启了中国文学在泰国传播的历史。据丹隆亲王统计，从拉玛一世到拉玛六世共有包括《封神演义》《西游记》在内的 32 部中国文学作品被译为泰文，拉玛六世时期中国古代通俗小说大量传播，如《聊斋志异》等。这个时期

[①] 项目来源：教育部人文社会科学重点研究基地重大项目"中国与东南亚的文学和文化交流研究"（批准号：18JJD750003）。

主要在王室政界流传，传播的主要是中国古典文学作品，这些作品给泰国社会带来的文化想象主要是历史、政治和鬼怪方面的。第二次世界大战之后，老舍的《骆驼祥子》、鲁迅的《狂人日记》等现代文学作品传播到泰国。这些作品大多传递的是民族觉醒、民主意识的文化意象，对泰国社会产生过一定积极的影响。但由于泰国政府"反共""排华"的政策，泰国社会对此类文学作品产生了不好的想象，认为这些作品是中国大陆进行共产主义传播的工具，不敢对其进行研究与探讨。直到 1975 年中泰建交之后，中国现代文学作品如雨后春笋般被翻译传播到泰国，如巴金的《家》、茅盾的《子夜》等，泰国社会对此类文学作品有了新的认识。在现代文学作品在泰国遭遇冷遇的时期，泰国迎来了香港武侠小说时期。金庸、古龙、黄易等香港武侠小说作家的作品源源不断地被翻译到泰国。《射雕英雄传》《倚天屠龙记》等武侠作品传递给泰国社会的是劫富济贫、心怀他人、牺牲自我的武侠精神。泰国读者对大侠、中国功夫等文化想象印象颇深。

2009 年以后，中国文学在泰国的传播进入网络传播时期，中国网络小说在泰国广泛传播。开始是由中国网络小说的运营网站将小说的版权售卖给包括 B2S Company Limited 和 Siam Inter Multimedia Public Co., Ltd. 在内的多家泰国的主流出版公司翻译出版。随着互联网的普及以及中泰文化互动的日渐频繁，阅文集团海外门户、起点国际等中国网络运营商搭建的阅读平台国际版也在泰上线，Dek-D, Meb 以及 Thai-novel 一类泰文阅读平台也应运而生。2017 年 9 月，中国网络文学国际传播全球研讨会泰国专场在曼谷召开。作为中国网络文学出海最早的输入国之一，就阅文集团旗下作品已授权泰国地区实体出版和电子出版品类总数接近 100 种。在 2018 年中国首届网络文学周上，泰国最大数字平台之一 Ookbee 中文编辑兼总经理 Thanitta Sorasing 女士称："中文小说译本是 Ookbee 的新项目，在短短几个月的时间内其受欢迎程度已经排名第一。有些小说甚至可以创造一个月百万的业绩。"[1] 泰译版《逆天邪神》阅读量达两千多万次，评论达五万多条。中国网络小说在泰传播过程中产生了一批由泰国人仿写的中国网络小说，其中一些作品也受到了泰国读者热捧[2]。由于中国网络文学的类型化特征，泰国读者对网络小说中的文化想象也更加多样化，喜欢不同类型网络文学作品的读者对其网络文学作品中的文化现象产生了不同的意象再造与意境重建。

通过对泰国畅销的中国网络小说研究发现，泰国读者更偏向于仙侠、玄幻、言情、耽美等类型，而在中国的网络小说中，此类作品数量庞大，容易满足泰国读者的需求。分众传播指的是传播者根据受众的不同群落和不同需求层面，分别

---

[1] 林梦芸. 泰国书店的畅销书专区，半数是中国网文［EB/OL］.（2018-05-20）［2020-04-21］. http://qjwb.thehour.cn/html/2018-05/20/content_3656027.htm?div=-1.

[2] 林梦芸. 泰国书店的畅销书专区，半数是中国网文［EB/OL］.（2018-05-20）［2020-04-21］. http://qjwb.thehour.cn/html/2018-05/20/content_3656027.htm?div=-1.

实施特定传播策略的一种传播方式。① 中国网络小说的类型化特征正好满足了泰国不同受众的不同偏好。分层的受众挑选与之对应的作者、作品以及阅读方式，支撑了不同类型、不同媒介的中国网络小说在泰传播。中国的文学作品在泰传播已久，泰国读者对于作品中的文化现象已有一定认识基础。新媒介前所未有地提高了信息知识传播的广度、深度和速度，一定程度上克服了传播过程中的时空局限性。除了以纸质图书和电子图书形式传播到泰国的网络小说外，新上线的阅读平台海外版同样允许作品在泰国与中国同步更新，其次以网络小说改编的影视剧、动漫、游戏以及其他周边产品也会在泰国传播，形成了一条较为完整的产业链。尤其是影视剧的传播和网络小说原文的传播形成了互动营销的局面。

各个国家都通过法律法规、检查制度、资助鼓励等来申明它们的价值立场，其主要目的是引导和规约有社会影响力的文学艺术在现在法制与公序良俗间的尺度。② 2011 年 10 月审议通过的《中共中央关于深化文化体制改革、推动社会主义文化大发展大繁荣若干重大问题的决定》提出，文化在综合国力竞争中的地位和作用更加凸显，维护国家文化安全任务更加艰巨，增强国家文化软实力及中华文化国际影响力的要求更加紧迫。③ 2016 年《澜沧江-湄公河合作五年行动计划》提出"加强文化政策信息共享，促进文化对话"。政策的支持使得运营商更有自信把视线投向东南亚市场。泰国到目前为止，没有明确出台禁止或限制某一类网络文学作品的法律法规。甚至可以看到一些在中国国内被禁的被称为"小黄文"的作品。

虽然中泰文化有一定的接近性，但是差异依然存在。能够阅读中文网络文学作品的读者占极少数，大部分读者依然要依靠泰译本。泰译本是译者的再创造，加入了译者的理解与价值观。相对于原文，译本已经存在折扣，而译者要比大多数读者更加熟悉中国文化，当读者读译本时再次产生折扣。部分作品并不是由原文翻译而来，而是由英文版翻译而来。泰国深受佛教文化影响，不论是译者还是读者都会以佛教的价值观来理解一些中国网络文学中的文化现象。而一些与泰国文化相似的文化现象又会被过度发挥。除了翻译质量问题，翻译速度也是不利于网络文学作品在泰国传播的因素之一。阅读平台海外版与国内同步更新的是中文版作品，小语种版目前尚在筹划当中。泰国网络小说一般限制在三十到四十章左右，中国网络小说大多数都超过一百章，一些作品甚至有上千章。以《斗破苍穹》为例，共有 1623 章，中文图书有 40 本，泰国目前由 Siam Inter Multimedia Public Co., Ltd. 翻译出版 20 本，每本售价 280 泰铢，不仅部分读者无法坚持读下去，一些读者也会因为经济压力而放弃。

---

① 唐小娟. 网络写作与新闻类研究 [M]. 北京：中国社会科学出版社，2018：55.
② 夏烈. 观念再造与想象力重建 [M]. 北京：北京大学出版社，2017：29.
③ 吴长青. 网络文学创作与研究概论 [M]. 南京：河海大学出版社，2017：167.

二、网络小说和电视剧《步步惊心》在泰国的传播

《步步惊心》由桐华所著，于 2005 年连载于晋江文学城。《步步惊心》分别于 2006 年、2009 年、2011 年由海洋出版社、花山文艺出版社和湖南文艺出版社出版成纸质书。电视剧版《步步惊心》于 2011 年在湖南卫视首播。

《步步惊心》是较早传播到泰国地区的中国网络文学作品之一，也是中国网络文学在泰国地区传播较为成功的案例之一。2011 年，中国大陆《步步惊心》电视剧首播之后，泰国观众就可以在 Youtube 等视频网站上观看。2013 年，Siam Inter Multimedia Public Co., Ltd. 翻译出版了泰文版《步步惊心》。一经出版就在 Siam Inter Book, B2S 等全泰最大的几家全国连锁书店热销。2015 年，泰语配音版《步步惊心》在 3 台黄金档播出。电视剧热播后，又迎来了新一轮小说的热销。此后，泰国出现了同类型的穿越小说《天生一对》，因某些情节与《步步惊心》的相似引起了观众对两部小说的热烈讨论。随着小说和电视剧在泰国双线传播，泰国的模仿写手相继在阅读平台上连载了结局重写版和若兰版《步步惊心》。2018 年由同名小说改编的泰国电视剧《天生一对》在泰国热播，中泰两国的读者和观众再次将两部作品进行比较，中国网友将《天生一对》称为 "泰版《步步惊心》。有泰国网友认为两部作品故事主线接近，发生在同一时期，都是穿越题材等，《天生一对》的作者 Romreng 对此专门在社交网站上做出了回应。

在泰传播的《步步惊心》可分为两类，一类是由原文直接翻译的泰语版《步步惊心》，另一类是由泰国写手重写的泰国版《步步惊心》。笔者搜集到的在泰传播的《步步惊心》一共有三个版本，一是由 Siam Inter Multimedia Public Co., Ltd. 翻译出版的官方译版《步步惊心》，即泰语版《步步惊心》；另外两部分别是由名为 Shesingonn 的作者于 2017 年至 2019 年连载于泰文网络文学阅读平台 Dek-D 上的《（结局）步步惊心　特辑　爱的维度……心灵的御座（จบแล้ว บู๊บู๋จิงชิน ตอนพิเศษ มิติรัก ... บัลลังก์หัวใจ）》（以下简称结局重写版《步步惊心》）和名为乘闲写写（นั่งว่างค่อยเขียน）的作者于 2018 年至 2019 年连载于 Dek-D 的《穿越时空　马尔泰・若兰　我是女主的姐姐（เจาะมิติพิชิตบัลลังก์ ม่าเอ่อร์ไท รั่วหลัน ฉันเป็นพี่สาวนางเอก）》（以下简称若兰版《步步惊心》），即泰国版《步步惊心》。

严绍璗教授认为，文化语境是文学文本生成的本源，因而任何作者都无法逃逸特定时空中两层文化语境：社会文化语境和认知文化语境。在世界大多数民族中，几乎都存在着本族文化和异族文化相抗衡与融合的文化语境。在这样的文化语境中，文学文本存在着变异活动，从而最终形成了文学的变异体。三版《步步惊心》皆发生于泰国社会文化语境之中。基于过去中国文学对泰国的影响，泰国读者产生了对中国网络文学的兴趣；中泰之间越来越频繁的经济贸易往来，增强了泰国人想要了解中国的好奇心；电视剧版播出之后，也让很多泰国读者对原著产生了兴趣，故而产生了官方译本的《步步惊心》。原故事本身的穿越主题在泰

国读者中广受欢迎。"虐恋"是当今泰国流行文化中不可或缺的元素,《步步惊心》的情节也让泰国读者尝尽"虐"的滋味。王子公主的故事是深受泰国大众喜爱的故事类型,但是在泰国关于王室的话题是一个禁忌,像《步步惊心》这样舶来的故事可以满足一下泰国大众的好奇心。东南亚是中国网络文学走出去的重要环节,加上政策支持,中方企业看准泰国市场,授权给泰方企业翻译出版;《步步惊心》在中国国内以及越南的成功传播也让泰方企业看到了极大的商机。重写版本的《步步惊心》的发生属于作者对原著的再创作,除了作者对于中国网络文学的兴趣等因素,更源于作者以及部分读者对于原著结局的遗憾以及对某个人物的喜爱。在认知文化语境方面,官方译版得益于译者对中泰两种语言、两种文化的熟悉,在较大程度上还原了原著。重写版本更加泰国化,更加符合泰国人的习惯,主要因为作者不懂中文,阅读的是官方译版,并没有接触过原著。

三、泰语版《步步惊心》的中国文化想象

拉扎斯菲尔德等人发现,信息是从广播和印刷媒介流向意见领袖,再从意见领袖传递给那些不太活跃的人群的。[①] 这就是两级传播理论。"意见领袖"是信息传播的中间站,是人群中较活跃的部分,在人群中影响广泛。文学作品的跨文化传播过程中,译者、文艺批评家、学者都有可能成为"意见领袖"。斯图尔特·霍尔的"编码/解码"理论指出"意义生产依靠于诠释,而诠释又靠我们积极使用符号——编码,将事物编入符码——以及靠另一端的人们对意义进行翻译或者解码来维持"[②] 译者将原著解码,重新编码翻译成泰文,读者接受译者的诠释。泰国读者对中国网络文学的文化想象来源于读者接受译者的阐释,然后个人对译者的诠释解码,再次编码。

晋江文学城连载版本的《步步惊心》和各出版社出版的版本在章节划分和内容方面都有不同。连载版共146章,图书版共41章和5章番外篇。图书版在内容上也对连载版进行了补充修改。官方译版是根据图书版本翻译而来。

文化意象通常渗透在形象性词语、典故、成语、比喻、谚语等文学元素中,包含着更为广阔、更为深沉的不同民族的文化内涵。翻译过程中文化意象的传递直接影响着读者对文学作品中文化的想象。中国文学作品在泰国翻译传播上百年,发展至今日,基本能够较为完整地传达原作特有的文化意象。作者截取康熙、雍正年间这段大历史背景,以穿越的主人公马尔泰·若曦(张晓)为主线,

---

[①] [美]保罗·F.拉扎斯菲尔德,伯纳德·贝雷尔森,黑兹尔·高德特.人民的选择:选民如何在总统选战中做决定[M].唐茜,译.北京:中国人民大学出版社,2011:128

[②] 金勇.形似神异:《三国演义》在泰国的古今传播[M].北京:北京大学出版社,2018:14.

虚构了一系列无关历史大结局的故事。若曦充当作者的眼睛在故事中验证着作者对这一段历史的想象，并以一个"他者"的视角对历史叙事中的历史与作者想象中的历史进行比照。女主在"九子夺嫡"前后与康熙儿子们上演了种种爱恨情仇。译者解码了作者对这段历史的文化想象，并进行了较好的传递。

但是，受文化差异与译者对原著文化了解的制约，译文与原著之间发生了形似神离的问题，使读者无法获得对原著更地道的文化想象。译文在对原著文化意象传递过程中主要存在以下三方面问题。

（一）文化多样性被删减

中国文化丰富多样，同一个文化意象因为时间、地点、表达者的身份、表达时的情感等不同，所选择的表达方式也不同。更何况一些中文词语之间的差别本来就很细微，基本不可能在泰语中找到意思完全吻合的对应词。因此，译者在处理这一类词汇时，就用它的基本词代替，导致文化多样性被删减。例如，译文中把"八阿哥""八贝勒爷"和"八爷"统一译为"องค์ชายแปด（八王子）"。作者在以若曦的口吻叙述时，称呼"八阿哥"是从张晓现代人的角度来叙述，不带有任何地位的悬殊和感情色彩。在故事开始的时候，称八阿哥为"八贝勒爷"是表示尊重，也是符合当时的礼仪的。而在若曦和八阿哥陷入热恋后，自然改口为"八爷"。称谓的变化反映着两人关系的变化。若兰和明慧称"贝勒爷"，而不是像若曦一开始称"八贝勒爷"，是因为她们是他的妻子，其关系更近；也不像后来的若曦称"八爷"，体现了古代举案齐眉、相敬如宾的夫妻关系。文中还出现了"佐鹰王子"，这里的"王子"也译为了"องค์ชาย（王子）"。译文中把这些称谓统一译成"องค์ชาย（王子）"，让文化意象的多样性被删减，读者很难对此类意象进行想象。类似的情况还有很多，例如"丫鬟"和"仆妇"都译成"สาวหลับใช่（女佣人）"；"阁楼"和"亭子"都译成"ศาลา（亭子）"；"贝勒府"的"府"和"乾清宫"的"宫"都译成"ตำหนัก（府邸）"等等。

（二）审美意象肤浅化

审美意象是审美思维高度抽象性的具体表现。译者首先充当读者，主动在艺术想象中重构审美意象，然后将再造的审美意象传递给大众读者。译者传递的审美意象也影响着泰国读者对作品的艺术想象。图书版《步步惊心》共有 45 个章节标题，其中 29 个出自中国古诗词，14 个直接引用诗词，15 个改编于诗词。

对照中泰文发现，大多数泰文只是根据原文进行了基本信息的传达，失去了原句的韵律美，对于不熟悉中文的读者来说，很难在阅读这些标题时联想到中国的诗词。审美意象的艺术意蕴在某个地区、某个时代、某种文化中一旦被固定下来，就会成为约定俗成的审美意蕴。在跨文化审美意象传递过程中，如果译者只是简单地进行基本信息传递，读者是没法获得文化意象背后的审美意蕴，也就不能进行有效的文化想象。在中文语境中，"鲜衣怒马"指美服佳马，表示豪奢，而不只是"漂亮的服饰卓越的马（อาภรณ์งามอาชาเลิศ）"。译者进行了意译的词句又失去了原句的艺术美感。在中文语境中，"鸳鸯"总是与男女之间的爱情联系在一起，"白头鸳鸯失伴飞"用失伴的鸳鸯来比喻失去爱人、孤独的人，而译文"爱分离，悲伤不能相守（คนรักพลัดพราก ตรอมจากไร้คู่เคียง）"很直观表达了原句的意思，却失去了原句的艺术美。该句出自宋代词人贺铸的《鹧鸪天·重过阊门万事非》，这是一首情深词美的悼亡之作。词人的妻子在苏州逝世，今重游故地，想起亡妻，十分怀念，写下这首悼亡词。了解该词的创作背景，就不难理解第二章中女主读到这首词时，"想到姐姐，一阕词没有读完，人已经痴了"，姐姐也是失了伴的鸳鸯，读到词人的心境，女主仿佛也就突然明白了姐姐。在第二章中，作者引用了七句，即"重过阊门万事非。同来何事不同归？梧桐半死清霜后，头白鸳鸯失伴飞。原上草，露初晞。旧栖新垅两依依。"译者只翻译了前四句，即"ผ่านประตูซูโจวสะท้อนใจ ร่วมทางมาแสนไกล ไม่ร่วมกลับ ต้นอู๋ถงเหี่ยวเฉาใกล้กลับ นิ่งสดับเสียงฝนอยู่คนเดียว（经过苏州门非常伤心，一起来却不能一起回。梧桐树枯萎将要永远辞别，一人静坐听雨声。）"读者看译文很难想象到"悼亡"，自然不明白读到该词为什么会想到姐姐。29个来自诗词的标题中有11个来自宋词，与第一章、第二章中女主爱读宋词形成了呼应，泰国读者，即使是会泰文的中国读者也很难从译文中读出这一点。

另外16个标题虽然不是出自古诗词，但也出自俗语，如，"一层秋雨一层凉""落花随水情亦逝"；或也遵循了古诗词的韵律美，如"木兰花开有情无""恩怨两边哪堪计"等。此外，漏译也是导致审美意象肤浅化的缘故之一。"一缕芳魂归青山"，译为"วิญญาณสาวงามกลับคืน（美女的灵魂回归）"，译文中省略了"青山"这个意象，"魂归青山"不仅指的是女主姐姐的香消玉殒，"青山"也是姐姐爱人的名字，所以也是姐姐与爱人的重逢。

（三）误译

撇除因不负责任的滥译而造成的翻译错误，对比较文学研究者来说，误译同样具有非常独特的研究价值，这是因为在误译中特别鲜明、生动地反映了不同文化间的碰撞、扭曲与变形，反映了对外国文化的接受传播中的误解与误释。[①] 泰语版《步步惊心》中的误译存在两种情况：一是译者在解码中文过程中发生的误解或者选择泰语词汇时产生的误用；二是用泰国文化语境下的表达方式代替原著的表达方式。

[①] 谢天振. 译介学导论[M]. 2版. 北京：北京大学出版社，2018：96.

"雷霆怒，痴人愿"译为"ฟ้าพิโรธ ความหวังของคนงมงาย（老天发怒，愚昧之人的愿望）"。"งมงาย"在泰语词典中的意思是 หลงเชื่อโดยไม่มีเหตุผล และไม่ยอมฟังความคิดของคนอื่น（没有任何理由地误信或不愿听他人的想法），带有贬义。而这里的"痴人"指的是十三阿哥的红颜绿芜，在本章中她苦苦求人让她去陪十三阿哥幽禁，这里作者没有贬低的意思，称她为"痴人"，更多的是怜爱。"对这些海上横行的海盗岂能手软？不杀一儆百，其余将更猖狂"译为"กับโจรสลัดที่ก่อเรื่องวุ่นวายไปทั่วพวกนี้ จะอ่อนข้อให้ได้อย่างไร ไม่เชือดไก่ให้ลิงดู พวกที่เหลือจะยิ่งได้ใจใหญ่（对这些在海上生事的海盗退让怎么行？不杀鸡儆猴，剩下的将心更大）"。"杀一儆百"与"杀鸡儆猴"虽然是近义词，都表示处死一个，借以警示其他。但用法上还是有细微的差别，"杀一儆百"指杀死一个，借以警示其他更多个，强调的是数量；"杀鸡儆猴"指的是杀死这一类，借以警告另一类。这里海盗是一个种类，杀死一个海盗以警告其他海盗，所以不能用"杀鸡儆猴"替代。这些属于译者在解码与编码过程中出现的误解与误用。

泰国人信奉奉献自我、积攒功德的佛教教义，在泰国文化语境下的很多表达都与佛教有关，另一方面，中国古代文化语境中"天朝上国"的自信也是泰国文化语境中不曾有的。"招抚他们为兵，既增加了海兵实力，让其他海盗心生忌惮，又扬了我们大清威仪"，此处"大清威仪"译为 บารมีต้าชิงเรา（我们大清的恩泽）。"บารมี"是佛教用语，指波罗蜜，恩德；"威仪"指威望、威严。"บารมี"更符合泰国读者的观念，但在进行文化想象时也会产生误解。

四、泰国版《步步惊心》的中国文化想象

美国社会学家罗杰斯认为信息的传播可以是"一级"的，即媒介信息可以直接抵达一般受众；而影响的传播则是"多级"的，其间经过大大小小的意见领袖。他将"两级传播理论"扩张到了"多级传播理论"。以《步步惊心》为代表的中国网络文学作品在泰国的传播过程中经历了多级传播。译者作为第一级的"意见领袖"将《步步惊心》翻译成泰文，一些模仿写手阅读官方译版《步步惊心》之后，对作品进行了重写，出现了结局重写版与若兰版《步步惊心》，出现了多级"意见领袖"。重写"指的是作家使用各种文体，以复述、变更原文本的题材、叙事模式、人物形象及其关系、语词等因素为特征所进行的一种文学创作。重写具有集接受、创作、传播、阐释与投机于一体的复杂性质，是文学文本生成、文学意义积累与引申，文学文体转化，以及形成文学传统的重要途径与方式"[①]。重写文本既是原文本的延伸，又与原文本之间存在互文关系。结局重写版和若兰版《步步惊心》是不同读者群体对《步步惊心》中人物命运的重写，也

---

① 黄大宏. 唐代小说重写研究[M]. 重庆：重庆出版社，2004：79.

是《步步惊心》文学意义的延伸。

结局重写版《步步惊心》，作者分别以若曦、十三爷、十四爷、八爷的口吻重新为原著中人物书写了结局。该版本从若曦嫁给十四爷后，在十四爷的府邸醒来开始。绿芜投河后被人救起，然后千辛万苦来到十四爷府邸投靠十四爷和若曦。八爷病重，十四爷和若曦回京探望八爷，若曦告诉八爷自己穿越者的身份，八爷知道雍正是天定的皇帝也就释然了。若曦因为进宫照顾生病的承欢与雍正重逢，并与雍正达成协议，若曦留在皇宫，雍正放过八爷和九爷。在若曦和十四爷的安排下，十三爷和绿芜"意外"重逢。八爷和九爷隐姓埋名到某乡下生活，八爷在乡下重新找到了自己的真爱。十四爷回到自己的府邸也找到了相伴一生的人。该版本的安排很符合现在泰国流行的模式。作为泰国作者，在重写的时候，作者没有来自历史真实的压力，可按照读者的情感需求重写。文中的表达、人物间的相处模式也是泰国模式。如，引用泰国式的诗歌；若曦比着手势对巧慧说"OK"，巧慧笨拙地学习，引得若曦大笑……在《天生一对》中也有相似的桥段。

若兰版《步步惊心》的主人公是《步步惊心》的粉丝，因为碰了一下书就穿越到若曦的姐姐若兰身上。主人公描述自己是一个喜欢自己老婆妹妹的阿哥的小老婆，说好听点就是侧福晋，这个侧福晋还怀着孕。像大多数穿越者一样，这个"若兰"没有花过多的时间纠结穿越这件事，很快地接受了这个事实，并在古代开始了生活。穿越者"若兰"没有原主对八爷的特殊情感，如果仍然保持冷漠的话对八爷不公平，遂开启了和解之路。为了在这个时代生存下去，穿越者"若兰"努力学习这个时代的文字，努力和他人搞好关系。该版本作为一个粉丝的穿越，主人公是来体验原著，并补充粉丝对若兰这个人物的遗憾的。文中不涉及历史，穿越者"若兰"和他人的互动对话都较少，甚至和另一位穿越者若曦也没有交集，大多都是以若兰的视角在叙述。

互文性，广义上指一切文本之间存在的"对话关系"，具体文学手法上指引用、模仿、拼贴、戏拟等具体的超文本手法。[1] 结局重写版《步步惊心》和若兰版《步步惊心》既是《步步惊心》的延伸，又和《步步惊心》之间存在互文关系。两部作品的题目中就包含着对《步步惊心》的借用，一个直接借用"步步惊心"，一个借用文中人物的名字。两部作品以《步步惊心》为背景展开想象，《步步惊心》是其前情，文中以回忆的方式引用《步步惊心》经典场面。借用人物的姓名也是一种会给读者带来期待的互文，在阅读后两部作品时，人物的性格和形象已经被熟知，读者不需要花时间去与人物熟悉。在文本形式上，结局重写版《步步惊心》和若兰版《步步惊心》是对《步步惊心》的补充与说明，形成了对话关系，尤其是若兰版《步步惊心》，主人公直接以熟知《步步惊心》原著的粉

---

[1] 唐小娟. 网络写作与新闻类研究 [M]. 北京：中国社会科学出版社，2018：103.

丝身份穿越到书中人物身上，是从故事人物角度对《步步惊心》进行的长篇作品式的评论。

五、结论

得益于受众的需求、文化相似性、传播策略和国家政策的支持，中国网络文学在泰国以翻译出版、仿写、电视剧、电影、游戏等方式广泛传播。也因为跨文化传播中的文化折扣问题，使其在传播过程中受到阻碍。泰国社会对中国文学的文化想象经过了古典文学时期、现代文学时期、香港武侠小说时期和网络文学时期的变迁，奠定了一定的想象基础。《步步惊心》是较早传播到泰国地区的中国网络文学作品之一，也是传播较为成功的案例之一，经过多年的传播，在泰国读者中形成了泰语版和泰国版。泰语版的发生源于过去中国文学在泰传播奠定的基础，中泰之间越来越频繁的交流和作品主题符合泰国受众的心理需求以及中泰双方运营商看到其中的商机。泰国版是作者对原著的再创作更多源于作者以及部分读者对于原著结局遗憾以及对某个人物的喜爱。泰语版较完整地传递了原著的基本信息，为泰国读者创造了文化想象的可能，也因为文化多样性被删减，审美意象肤浅化和误译等问题，限制了读者对原著的文化想象。泰国版《步步惊心》的作者完成了从读者到作者的身份转换，对《步步惊心》原文本进行了延伸，与原文本两者之间形成了互文性，对泰国读者对《步步惊心》的文化想象进行了补充。

中泰两国交往历史源远流长，历来有文学交流的传统。在互联网时代，中国网络小说冲出国门，在泰国获得很强的存在感，收获了大量泰国书迷，也成为很多泰国人认知和想象中国的一个重要渠道。中国网络文学最初的对外传播是一个自下而上，由简至繁的推进过程，区别于官方主导的文学国际传播。但是中国网络小说在泰国的传播近年来也得到了国家政策和网文企业的支持，传播的数量和渠道的发展都有了很大的进步，但是还存在一些问题，比如缺乏优秀翻译、劣质网文驱逐优质文学，以及文学产业价值链条的不完全开发等，这些问题需要进一步了解和解决。本文的不足之处在于缺乏对传播影响的系统分析，这一方面是由于研究数据的难以获得，另一方面在于界定传播的影响是一个比较大的话题，由于篇幅所限，本文只能忍痛暂时割舍，留待进一步的研究。

参考文献

[1]陈海燕.网络文学与动漫产业互动发展研究[M].成都：四川大学出版社，2017：6.

[2]程振红.网络穿越小说的文化想象：以《步步惊心》为例[J].丽水学

院学报，2014，36（1）：9—13．

［3］黄大宏．唐代小说重写研究［M］．重庆：重庆出版社，2004：79．

［4］侯怡．中国网络文学改编的电视剧研究［M］．北京：人民出版社，2018．

［5］金勇．形似神异：《三国演义》在泰国的古今传播［M］．北京：北京大学出版社，2018：14．

［6］戚盛中．中国文学在泰国［J］．东南亚，1990，2（1）：43—47．

［7］邵燕君．网络文学经典解读［M］．北京：北京大学出版社，2016．

［8］［泰］陈婷婷（Araya Thepstitsilp）．论1990年代以来中国小说在泰国的传播及影响［D］．昆明：云南大学，2017．

［9］［泰］徐佩玲．中国现代文学对泰国影响之研究［D］．济南：上东大学，2014．

［10］唐小娟．网络写作与新闻类研究［M］．北京：中国社会科学出版社，2018：55，195，103．

［11］唐迎欣．网络文学及其批评研究［M］．北京：人民日报出版社，2016．

［12］桐华．步步惊心［M］．长沙：湖南文艺出版社，2011：266．

［13］卫欣，陈相雨．媒介、社会与文化：新闻传播学热点问题研究［M］．合肥：合肥工业大学出版社，2016．

［14］吴长青．网络文学创作与研究概论［M］．南京：河海大学出版社，2017：167．

［15］夏烈．观念再造与想象力重建［M］．北京：北京大学出版社，2017：29．

［16］谢天振．译介学导论［M］．2版．北京：北京大学出版社，2018：96．

［17］杨沉．影响的焦虑：基于新媒介影响的阅读考察［M］．芜湖：安徽师范大学出版社，2018．

［18］杨庆林．我国网络小说在泰国的跨文化传播分析［J］．文化与传播，2018，7（2）：45．

［19］杨舒．《步步惊心》叙事模式分析［J］．学术交流，2012，6（1）：91—93．

［20］尹晓红．"穿越剧"的文化解读：以《步步惊心》为例［J］．东南传播，2013（2）．

［21］*พจนานุกรมไทย ฉบับทันสมัยและสมบูรณ์*［M］．บริษัทซีเอ็ดยูเคชั่น จำกัด(มหาชน)，2552．

［22］*ถงหัว เขียน อรจิรา แปล เจาะมิติพิชิตบัลลังก์ เล่ม*［M］．สยามอินเตอร์บุ๊ค，2556．

[23] *รอมแรง บุพเพสันนิวาส* [M]. บริษัท เอเอสเค มีเดีย จำกัด, 2556.

[24] Suwat Roongkaew, Kittithara Phuangthanasan, Arunothai Boonchom, Sujira Khongwan, Natthawiphanan Nonkaeo, Tanyarat Thongdee. *กลวิธีการใช้สำนวนภาษาเพื่อเปิดเรื่องในนิยายจีนแปลเรื่อง เจาะมิติพิชิตบัลลังก์* [J]. Proceedings of 14 th International Conference on Humanities and Social Sciences, 2018.

[25] ลลิดา วิษณุวงศ์, กนกพร นุ่มทอง. *การศึกษานวนิยายแนวย้อนเวลาของจีน เรื่องเจาะเวลาหาจิ๋นซี กับเจาะมิติพิชิตบัลลังก์ 1* [J]. 中国学研究期刊·泰国农业大学, 2552, 10 (2).

[26] Paul F. Lazarsfeld. *The People's Choice: How the Voter Makes Up His Mind in a Presidential Campaign* [M]. New York: Columbia University Press, 1968: 14.

抖音在东南亚的传播：影响、内容、特征与受众偏好[①]

北京大学外国语学院　马宇晨

【摘　要】短视频应用在2016年出现，并于2017年12月随着抖音以及快手的用户增长在中国兴起，成为塑造、传播大众文化的重要环节。TikTok作为抖音的国际版本，在东南亚具有广泛影响。针对短视频的流行，学术界褒贬不一，正面观点认为短视频为文化产业带来了新的业态，负面的观点则认为这一社会现象会有形成信息茧房、造成思维钝化，损害社交及认知能力的危险。本文选择2019年6月TikTok在越南、印度尼西亚、泰国、菲律宾、马来西亚等五个国家各自播放量最高的50条本地视频，通过对视频内容的分析，总结内容特征，进而分析受众偏好。

【关键词】抖音；东南亚；受众偏好

一、短视频应用的兴起、海外传播及其学术意义

随着智能手机以及移动网络的普及，人们的时间越来越多地消耗在智能手机的应用程序上。短视频应用在2016年出现，并于2017年12月随着抖音以及快手的用户增长在中国兴起，逐渐进入大众的视野，成为塑造、传播大众文化的重要环节。短视频应用高速发展的现象起始于中国，随后由中国向全球渗透。中国的短视频应用中，抖音拥有超过4亿的日活跃用户，是影响力较大的一款产品[②]，海外版抖音TikTok（以下简称TikTok）在国际上同样拥有较大影响力。

TikTok最早于2017年9月登陆苹果及谷歌应用商店[③]。仅2018年，TikTok获全球应用下载数量第四名。截至2019年底，TikTok已有超过5亿月活跃用户[④]，并位于2019年第三季度全球应用下载排行榜第二位，获得了超过1.77亿

[①] 项目来源：教育部人文社会科学重点研究基地重大项目"中国与东南亚的文学和文化交流研究"（批准号：18JJD750003）。

[②] 新华网. 抖音日活跃用户数超4亿：更多的人，更大的世界[EB/OL].（2020-01-17）. http://www.xinhuanet.com//info/2020-01/17/c_138712187.htm.

[③] TikTok Official Website [EB/OL]. [2019-10-18]. https://www.tiktok.com/en/.

[④] Neha Malara. Chinese video app TikTok bans paid political ads on its platform [EB/OL].

的安装量①。东南亚作为 TikTok 重点推广区域,拥有大量用户。根据 2019 年 3 月的数据显示,上述七个国家月活跃用户总计超过 5000 万,人均使用时长超过 30 分钟,月视频观看数超过 450 亿。在越南,从活跃用户数量角度而言,TikTok 已经超过了脸书公司(Facebook,以下简称 Facebook)旗下的应用照片墙(Instagram),成为紧随 Facebook 之后排名第二的社交媒体应用。在东南亚其他国家,TikTok 也逐渐成为重要的社交媒体平台及视频播放网站。

短视频应用兴起后,针对短视频的学术研究也逐渐出现。由于这一现象是 2016 年之后发生的,因此相关学术研究尚未形成体系,而是聚焦于几个侧重点。第一个研究的重点是以传播学理论解释短视频文化能够快速传播的内在机制,这类研究多借用巴赫金的狂欢理论,指出短视频应用给予了每位用户自由创作以及观看的权利,进而引发了狂欢节式的"全民参与"[2];也有研究进一步指出短视频应用中的创作艺术性以及技术性较低,诱导用户进行虚假的参与,进而得以传播[3]。另一类研究在亚文化的语境下进行分析,并结合史德耶尔的"劣质图像"理论,认为短视频应用通过技术美化引导用户生产"精致的劣质图像",并以这种图像为纽带使用户产生虚拟社区意识[4];有学者更进一步指出这种亚文化群体所代表的是对主流文化的戏谑和消解,并且商业资本在亚文化群体形成的过程中起了引导作用[5]。还有学者从美学的角度分析,指出新媒体短视频体现了一种后现代美学,具有无规则范式、艺术与生活界限模糊以及审美古典性丧失的特征[6];也有学者指出短视频呈现的身体美学是以肉身操演的形式刺激观众的感官,实际上是引导用户对个人欲望的宣泄[7]。

学术界对短视频文化出现对社会造成的影响褒贬不一。其中的正面观点认为

(2019-10-04) [2019-10-18]. https://www.reuters.com/article/us-tiktok-ads/chinese-video-app-tiktok-bans-paid-political-ads-on-its-platform-idUSKBN1WI2HI.

① SensorTower. *Global App Revenue Grew 23% Year-Over-Year Last Quarter to $21.9 Billion* [EB/OL]. (2019-10-23) [2019-12-01]. https://sensortower.com/blog/app-revenue-and-downloads-q3-2019.

② 白珊. 视觉景观下的狂欢与凝视:短视频文化的传播学分析[J]. 东南传播,2018(6):67—69.

③ 张慧喆. 虚假的参与:论短视频文化"神话"的幻灭[J]. 现代传播(中国传媒大学学报),2019,41(9):114—118.

④ 杨光影. "精致劣质图像"的生产与"虚拟社区意识"的形成:论抖音短视频社区青年亚文化的生成机制[J]. 中国青年研究,2019(6):79—86.

⑤ 吕培铭,魏明. 互联网群体传播视角下短视频的亚文化属性探析[J]. 东南传播,2018(4):35—37.

⑥ 贾陈瑾. 后现代视域下新媒体短视频的美学特征[J]. 新闻世界,2016(5):67—69.

⑦ 陈元贵. 喜剧狂欢·身体美学·欲望消费:审美文化视角下自媒体短视频论析[J]. 现代传播(中国传媒大学学报),2019,41(6):99—104.

短视频平台去中心化的机制以及基于技术的特效功能满足了大众的情感需求和表达欲望，同时使得大众能够参与到流行文化的创造中，为文化产业带来了新的业态；负面的观点则认为，短视频文化的流行以及伴随的社会现象会带来负面影响和冲击，有形成信息茧房、造成思维钝化，损害社交及认知能力的危险。这样的认知，一方面是由于短视频作品良莠不齐，一些传播广泛的不良短视频形成不良社会影响造成的；另一方面，青少年过度使用短视频应用也在一定程度上引发了专家学者的担忧。然而，仅以抖音为例，每个用户平均每天观看超过 100 个视频，尚未出现对这些视频作为一个整体所具有特征的实证研究。同时，针对使用短视频应用的群体对于短视频作品的偏好也鲜有研究涉及。梳理短视频应用的审美特性及其观众偏好，对于全面认识短视频对其用户群体以及整体社会的影响具有重要意义。由于短视频应用爆发式增长这一现象首先发生于中国，因此针对短视频的研究无论是研究者还是研究对象均以中国国内为主，缺乏对国外短视频平台的研究。本文以 TikTok 在越南、印尼、菲律宾、马来西亚以及泰国于 2019 年 6 月 1—30 日播放的视频为一手材料，针对五个国家播放量较大的视频进行分类，总结上述五个国家流行短视频的内容特征以及由此反映的受众偏好。

二、TikTok 东南亚流行视频内容分类

TikTok 的运营模式与抖音相似，均是通过算法推测用户的喜好，进而有针对性地进行视频推荐。同时，TikTok 还采取了分国别运营的模式，即一国用户所能看到的视频大部分是来自本国用户发布的视频，而非来自其他国家。因此，了解东南亚地区 TikTok 流行视频的类型，需要对东南亚各国观看量最高的本地视频进行汇总，并在此基础上进行分类和研究。

不同于油管（视频网站 Youtube，以下简称 Youtube）等传统视频网站基于订阅向用户推送视频，TikTok 通过后台算法推测用户的喜好并依此向用户推荐视频。根据 TikTok 算法的规则，平台推荐给每位用户的视频既是根据该用户观看视频的历史行为数据，同时也根据单个视频的历史数据表现。平台在后台能够对视频进行分类，同时也依据性别、地区、年龄等用户填写的信息对用户进行分类。当某用户对某视频展现出偏好，进行更长时间的观看或进行更多的互动，则更多与该视频同类的视频会被推荐给该用户；同样的，某视频在某一类用户中表现较好，则该视频会被更多地推荐给该类别用户。在这种算法规则的作用下，系统推荐给单个用户的视频所能体现出的是该用户个人的观看偏好，无法全面、客观考察一个国家或地区 TikTok 上流行视频的内容及种类。此外，TikTok 采取了较为严格的分国别运营模式。一个国家的用户所发布的视频构成该国家的内容池，另有少部分各国用户都易于理解的"全球化"视频也被添加进该内容池。TikTok 后台算法在向用户推荐视频时，其所推荐的视频均需来源于该用户所属

国家的内容池,而属于其他国家内容池内的视频则不属于该范畴。由于东南亚国家大多数用户采用本地语言拍摄视频,较少产生"全球化"视频,因此其创作的视频大多在本国用户间传播。

基于上述 TikTok 后台算法机制以及分国别运营模式,要对 TikTok 东南亚流行视频进行考察,首先需要选取东南亚各国用户拍摄的播放量较高的视频,并在此基础上对其进行分类和总结。本研究所采取的资料是 TikTok 在越南、印度尼西亚、泰国、菲律宾、马来西亚等五个国家在 2019 年 6 月播放量最高的 50 个本地视频,视频总数共计 250 个。根据视频的内容,可以将其分为颜值展示视频、搞笑幽默视频、才艺表演视频以及叙事类视频三个主要类别:

(一)颜值展示类视频

在选取的 250 个视频中,颜值展示类视频共计 90 个,是数量最高的视频类别。这类视频主要展现视频主体较高的相貌、身材以及可爱的形象,从而使观众进行更长时间的观看和更频繁的互动。此类视频通常以面容姣好的女子或帅气的男子为视频主体,通常会伴以流行音乐及音轨。视频主体面对镜头摆出各种表情、摆出各种手势、进行简单的舞蹈动作或是频繁换装,其目的是通过这些表情、手势、动作以及服饰展现"颜值"。此外,一些视频中的视频主体还会引导屏幕前的观看者与其进行互动,从而获得观看量及互动。由于这一类视频旨在向观众展示视频主体较高的"颜值"以及优雅的身体形态,因此通常不具有复杂的叙事情节,只有少量视频通过"丑"与"美"的对比来达到突出"美"的目的。同时,大部分视频没有特定主题,对"美"的展示是视频中一以贯之的主题。此类视频的代表详见附录例 1 至例 3。

(二)搞笑幽默视频

在选取的 250 个视频中,搞笑幽默视频共计 76 个。幽默搞笑视频旨在制造喜剧效果,所要达到的效果是使观看者捧腹大笑,进而获得更多的观看量和互动量。大部分幽默搞笑视频以幽默的独白、对白为切入点。这类视频中出现的主体人物以自己的原声或者平台提供的音轨讲述幽默独白及对白,并以此达到喜剧效果。少部分视频通过滑稽的形象、体态或行为达到类似的喜剧效果。在这类视频中,视频中主体人物通过平台提供的特效或是自身的外形形象、行为举止向观众传达幽默信息。另有一些则表现超出常识认知的场景或行为吸引用户。总体而言,这类视频普遍设计了反转、冲突的情节,通过这种反转和冲突以及夸张、恶搞、丑化等方式满足观看者的娱乐需求。此类视频代表详见附录例 4 至例 6。

(三) 才艺技巧表演类视频

才艺表演类视频指的展现是特殊才艺或技巧的一类视频，共计 29 个。视频拍摄者可以展示包括舞蹈、歌唱、绘画、极限运动等在内的才艺，以这些才艺的稀有性和特殊性吸引用户观看。此外，这类视频也包括教授日常生活技巧的视频。这类视频与前两类不同，通常不借助叙事情节或视频内主体自身的外形吸引观众，而是通过展示观看者在现实生活中难以见到的场景及行为，或者是展现在其现实生活中有实用性的知识，进而获得观看者的观看及互动。由于这类视频以所展现的内容为重点，因此其背景音乐的类型较为广泛，TikTok 平台上各种较为流行的音轨都可能成为其配乐。此类视频代表详见附录例 7 至例 9。

三、TikTok 东南亚流行视频审美特性

根据上述的 TikTok 东南亚流行视频及其主要类别，可以发现存在于其中的普遍审美特性，这些特性包括：主体大众化、逻辑碎片化、内容娱乐化以及表演同质化。

(一) 主体大众化

不同于传统媒体对表演者的严苛要求，TikTok 视频中的主体大多为普通用户，呈现出视频主体大众化的趋势。这样的趋势来源于视频创作和传播两个阶段因素的影响。视频创作阶段，短视频 App 搭载于智能手机的应用平台上，使用手机拍摄短视频是最为简便的方式，TikTok 应用内置的滤镜、贴纸等功能降低了创作出高质量视频的门槛。同时，短视频平台将创作的权利从专业的影视节目制作方移交到了普通用户手中，任何拥有智能手机和 TikTok 应用的用户都能进行短视频的拍摄，在这两个因素的影响下，TikTok 平台上视频的主体在创作阶段出现了大众化的倾向，任何人都拥有了成为短视频主体的权利。在视频传播阶段，传统媒体对平台上播放的视频进行严格筛选，所有观众看到的均是同一个画面。而在 TikTok 平台，推荐算法针对每个用户的喜好进行视频推荐，达到了"千人千面"的效果，一个短视频能够凭借更高的互动率、观看时长得到算法更多的推荐。在传统媒体上难以获得青睐的"大众化"视频，在 TikTok 平台上能够得到更高的观看量。由此，在视频传播阶段，视频主体也呈现出大众化的倾向。当然，视频主体的大众化并不意味着对视频主体不再存在任何限制。要获得足够的观看量，视频的主体需要在相貌、行为、语言或意涵层面有异于普通视频的特征，使用户能够更长时间地观看并互动，才能够成为 TikTok 平台上广泛传播的视频。附录中例 10 至例 12 的视频均体现出明显的主体大众化倾向。

（二）逻辑碎片化

由于 TikTok 平台设定的限制，普通用户能够发布的视频被限定在 15 秒以内，只有少部分拥有大量粉丝的用户能够发布最长达 60 秒的视频。基于这样的平台策略，TikTok 平台上播放的视频大多是长度在 15 秒以内的短视频。在如此紧凑的时间限制内，大多数短视频很难像电影或电视剧一样，通过"开头—发展—高潮—结尾"的完整结构进行叙事。大多短视频并不设置伏笔或铺垫，不对故事的背景进行介绍，直接呈现故事的高潮、冲突部分。例如附录中的例 13。

同时，即使是带有一定叙事结构的视频，其所使用的叙事结构也是通俗易懂的。这样简单明了的叙事方法使得不需要过多的背景铺垫，观众能够轻易理解，并对视频叙述的内容产生共鸣。此类视频以附录中例 14 为代表。

另外，许多视频是在另一视频的基础上进行改编和模仿的，观看者需要以其改编及模仿的对象为语境，才能够理解视频所呈现的意涵，如果脱离了原视频的语境单独观看，则会产生"不知所谓"的观感。例如，理解附录例 15 中的视频，需要以例 8 为背景。

（三）行为荒诞化

TikTok 用户的拍摄内容也呈现出荒诞化的特点。由上述视频内容以及分类可以看出，TikTok 上流行的视频大部分以娱乐为主，很少出现严肃的主题。由于娱乐化的内容更容易获得观看者的喜爱和共鸣，反映为更高的点赞数和停留时间，使得算法会推荐更多的同类视频给同一观看者，同时拥有更多点赞和停留时间的视频也会被推荐给更多用户进行观看。为了获取更高的观看量，视频中的主体就需要有异于常人的形象或行为。并不是每一位视频拍摄者都拥有能够让观众捧腹的搞笑创意、令人惊叹的特殊才艺或者能够得到大众审美欣赏的形象。于是，为了能够得到关注，许多视频拍摄者以荒诞的、不符合大众审美的行为和形象为卖点，也同样获得了成功。体现出这一倾向的视频包括附录中的例 16 至例 18。

（四）表演同质化

在 TikTok 上流行的视频往往拍摄门槛相对较低，因此，一个视频得到大量观看后，会迅速引来大量用户的模仿及翻拍。模仿视频采用与原视频相同的音乐，并且使用与原视频相似的叙事结构进行拍摄，仅仅将流行视频中的人物以及地点换成拍摄者自身以及拍摄者所能使用的场地。从用户角度看，如果一位用户因为拍摄某一特定类型或主题的视频而获得了大量粉丝及视频观看数进而成为网红，会有许多用户模仿其风格，拍摄类似的视频，以期获得关注。大量相似内容的发布会使这类视频在单个用户的推荐流中大量出现，足够多的用户对这类内容进行点赞和观看等互动行为会令算法将这类视频推荐给更广泛的用户，使得全体用户在短时间内被推荐大量的类似视频。附录中例 19 至例 21 三个视频表现出情节上的相似。

四、TikTok 东南亚受众偏好

在大众媒体时代，媒体上播放的内容由专业化的制作方决定，观众对于内容的偏好往往反映在某一节目、影片的收视率以及票房上。然而，收视率、票房数据，既取决于观众对内容的偏好，同时受宣传力度、政策限制等诸多因素影响。在自媒体、移动短视频时代，智能手机和手机应用已经普及，每个智能手机使用者都成了可触达的观众，同时推荐给观众的视频是由算法决定的，算法的数据来源于用户过往的表现。因此，TikTok 东南亚各国流行视频的内容机器审美特性可以有效反映东南亚地区 TikTok 用户对内容的偏好。通过对选区 250 条视频进行总结，可以发现 TikTok 东南亚受众对于内容的偏好体现在主体形象，内容题材，叙事结构以及表现形式四个方面。

（一）主体形象

东南亚 TikTok 观众对视频主体的形象有着两方面要求。在本文所收集的 250 个视频中，颜值展示类视频共计 90 个，占比高达 36%。除颜值展示视频之外，大量的幽默搞笑、才艺展示类短视频的拍摄对象，除非为了表演需要，大多数的视频主体都拥有具有吸引力的相貌或身材。此外，无论何种类型的视频，本地人形象占据主要地位的，很少出现外国人的面孔。以上两种现象的同时存在说明东南亚地区观众对短视频的偏好中，位于第一位的是视频主体的形象。作为流行视频中的主体，首先需要具备具有吸引力的外形，同时观众更偏向于本地化的形象。这样的观众偏好一方面来源于受众的审美需求，视频主体的吸引力本身就是促进用户与短视频产生互动的重要因素。另一方面，TikTok 拍摄界面提供的美颜、滤镜、瘦腿等附加功能，也对于美化视频主体的相貌及身材起了辅助作用。相关视频详见例 22 至例 24。

（二）内容题材

东南亚 TikTok 观众更加偏好与爱情相关题材的视频。TikTok 短视频的题材十分丰富，涉及日常生活中的方方面面。其中，与主要受众群体生活息息相关的主题格外受到欢迎。TikTok 的主要受众群体集中在 13—30 岁，其中以 13—24 岁的中学生以及大学生为主。处于这个年龄段的观众，其生活中主要关注点之一是爱情以及男女恋爱关系。东南亚地区流行的视频中出现的大量颜值展示视频，就是这一关注的具体体现。此外，东南亚地区流行的视频中还出现了大量的与爱情有关的搞笑视频。这些视频或是对年轻群体的爱情生活进行展示，或是对其进行调侃以及戏谑。相关视频详见例 25 至例 27。

（三）叙事结构

TikTok 东南亚观众在视频结构上也有所偏好，更加喜爱视频内产生的强烈的对比和冲突。由于 TikTok 上普通用户仅能发布 15 秒长度的视频，因此视频的叙事结构需要紧凑或富有强烈的戏剧冲突。以普通的颜值类视频为例，这类视频有一种较为常见的拍摄方法，以"美-丑"二元对立的结构，以搞怪或相对不具吸引力的视频主体做铺垫，或是在拍摄视频时突然有人闯入而害羞，导致视频拍摄"失败"。此外，在具有一定情节的视频中，拍摄者也会在视频中为人物塑造两种反差十分大的身份，利用前后反差制造强烈冲突，进而吸引用户的观看。这两种类型的视频均是通过视频内强烈的对比及戏剧冲突，来凸显其主题的。相关视频详见例 28、例 29。

（四）表现形式

TikTok 东南亚观众喜爱有较强节奏感且简单的表现形式。东南亚地区的 TikTok 上有许多结合流行音乐以及舞蹈、手势动作而形成的"爆款"视频及歌曲，这些视频均具有极强的节奏感，并且动作简单且富有趣味性，展现出了一定的相似性。以印度尼西亚的一个爆款歌曲《Disini Menunggu Disana Menanti》为例，歌曲的音乐短片（music video）中，歌手 Via Vallen 在副歌部分有一个以双手抚肩，之后左手背扶额，随后右手食指指左手掌心，最后双手屈臂双手掌心向天的动作，整个过程辅以身体随歌曲节奏的摆动。这样一个以传统的艺术视角难以称为舞蹈的动作，因为其富有趣味性的肢体语言，节奏感极强的音乐及身体摆动，在印度尼西亚和马来西亚的 TikTok 上引发了广泛模仿。附录中例 31 至例 35 均是对例 30 的模仿。

值得注意的是，用户对这种表现形式的喜爱不受国界的限制，音乐和视频能够跨文化传播。除了本地流行音乐外，许多来自区域外的歌曲也因其简单且富有节奏感被东南亚 TikTok 用户广泛使用。一些带有中国元素的音乐广受欢迎，通过 TikTok 视频进入了东南亚观众的视野。花儿乐队的歌曲《嘻唰唰》发行于 2005 年，以其简单易懂的歌词和朗朗上口的旋律而获得一定的关注度，其中主歌部分的歌词 "Mua，冷啊冷，Mua，疼啊疼，Mua，哼啊哼，我的心哦" 表达了男女青年在感情生活中的状态，受到广泛关注。在 TikTok，一位名为 "Miya 忩" 的女用户对《嘻唰唰》的主歌部分进行翻唱，并搭配具有较强节奏感的吉他和弦伴奏，制作成了符合 TikTok 平台要求的背景音乐。马来西亚以及菲律宾的 TikTok 用户将亲吻、飞吻或比心等动作与翻唱后的音乐结合，制作出相关的颜值展示类视频，在平台上得到传播。例 36 至例 39 的视频均采用了《嘻唰唰》作为背景音乐，表演者均搭配歌词做出相应动作。

五、结语

随着智能手机以及移动网络的普及，短视频逐渐成为塑造、传播大众文化的重要环节。针对短视频文化的学术研究从运行机制、功能作用、艺术创作、亚文化形成等角度出发，对这一新型现象进行研究。针对短视频文化兴起的态度较为多样，正面的观点认为短视频文化的兴起能够满足大众的情感需求和表达欲望，并推动文化产业的革新，负面观点则认为这一文化会对青少年的思维、认知产生冲击。要正确认知短视频文化对社会的影响，需要对短视频平台上播放的视频进行正确分类及解析。TikTok 是抖音短视频应用的国际版本，全球范围内拥有超过 5 亿的月活跃用户，在东南亚月活跃用户超过 5000 万，是十分重要的视频播放及社交媒体平台。本文收集了印度尼西亚、越南、泰国、马来西亚以及菲律宾五个东南亚国家 2019 年 6 月 TikTok 平台上播放量最高的本地视频，对这五个国家 TikTok 平台上流行视频的类别、审美特性以及受众偏好进行了总结。总体而言，东南亚地区 TikTok 中以颜值展示、幽默搞笑以及才艺表演三类视频为主。在这些流行视频中集中体现出主体大众化、逻辑碎片化、行为荒诞化以及表演同质化四点审美特性。同时，东南亚地区 TikTok 平台的用户在观看视频时也展现出一定的偏好，包括更倾向于本地化且有吸引力的视频主体、与日常生活相关的主题、具有强烈冲突的紧凑剧情以及简单而富有节奏感的表现形式，迎合这类偏好的音频或视频能够获得较好的传播效果。

附录：文章中视频链接及其相关信息

	视频网址	视频内容	视频来源
例 1	https://t.tiktok.com/i18n/share/video/6702293707485400322	本视频中，拍摄者右手伸出放于屏幕中间，将镜头依次对准四位男性被拍摄者。四位男性面带微笑，并将头放于拍摄者的右手手掌上。	菲律宾
例 2	https://www.tiktok.com/@catacutansheena/video/6699349497153080578?source=h5_t	两位女主人公先将小臂交叉摆出加号，随后分别摆出减号、乘号以及除号。	菲律宾
例 3	https://www.tiktok.com/@alifxaidil/video/6699585850222660865	六人在视频开始时身着普通上衣在路上行走，并纷纷低头	马来西亚

（续表）

	视频网址	视频内容	视频来源
	?source=h5_t	从树干下钻过。随后六人均换上了衬衫，视频通过音乐突出换装前后的差别。	
例4	https://t.tiktok.com/i18n/share/video/6700912046919142657	女主人公见男主人公正在使用手机，突然伸手索要，男主人公面对这样的情景不愿将手机交出，于是情急之中直接将手机摔在地上，以防止手机上的内容被女主人公看到。	越南
例5	https://www.tiktok.com/@skewview/video/6705227864507157762?source=h5_t	男主人公催促女主人公出门，女主人公正在化妆，而男主人公一再催促，于是女主人公迅速使用各类化妆品在自己脸上画出滑稽的形象，然后催促男主人公与其共同出门。	泰国
例6	https://www.tiktok.com/@kinopotter/video/6697853698418167041?source=h5_t	主人公首先以一条繁忙的街道为背景进行自拍，面带微笑，并以轻快的语气说道"好多人，好多人"，随后主人公情绪突然反转，面部露出悲伤的表情，开始在街道上奔跑，并在奔跑的同时感叹道"世上有这么多人，可我却找不到女朋友"。	菲律宾
例7	https://www.tiktok.com/@nisak_azzahra/video/6697533866615344386?source=h5_t	女主人公在视频开篇手持一件普通无领上衣，随后将其套在头上，在经过一系列动作后，普通的上衣变为了印度尼西亚女性日常生活中需要佩戴的头巾（hijab）。	印度尼西亚
例8	https://www.tiktok.com/@aon9119/video/6705603544453598466?source=h5_t	视频中的男主人公首先将一个藤球悬挂于树枝上，使其高度接近自身身高两倍。随后，男主人公起跳并做出后空翻动作，用右脚将球踢出画面外，然后平稳落地。	泰国
例9	https://www.tiktok.com/@nootomboy/video/6702293943763209474?source=h5_t	主人公首先拿出准备好的印花贴纸，将纸有色的一面置于衣服胸口，经过机器操作后向观众展示已经完成印花的上衣。	越南
例10	https://t.tiktok.com/i18n/share/vi	主人公跟随歌曲原声演唱并	菲律宾

(续表)

	视频网址	视频内容	视频来源
	deo/6697854816581897473	进行了录音，随后在播放录音的过程中，主人公不甚动听的歌声将自己与朋友吓到。	
例11	https://www.tiktok.com/@monciu1310/video/6697245552259681538?source=h5_t	成年男性赤裸上身，用白色头纱做打鱼的动作，在下网后收获了一名婴儿。	越南
例12	https://www.tiktok.com/@betu98/video/6698310961020898562?source=h5_t	主人公直面镜头，在说话的同时做鬼脸，并不时发出感叹。	越南
例13	https://www.tiktok.com/@min_tu804/video/6699360327609502978?source=h5_t	本视频中的女主人公骑着摩托车行驶在公路上，骑摩托车后座摆放了许多鸭子玩偶，鸭子玩偶的头随着路面的颠簸而摆动，形成了有趣的画面。	越南
例14	https://www.tiktok.com/@rpnzul/video/6704139498600533250?source=h5_t	本视频红衣服女主人公低头行走在草坪中，她身后一名穿帽衫的女子要从背后偷袭她，身穿黑色衣服的男主人公跑挡在了女主人公背后，并倒在女主人公身前。	印度尼西亚
例15	https://www.tiktok.com/@aum48160/video/6701523426399505666?source=h5_t	该视频是一个针对本文中例8的模仿视频，视频中女主人公试图模仿例8中的后空翻踢球动作，但是最终起跳高度不足，导致模仿失败。	泰国
例16	https://www.tiktok.com/@bietheska/video/6700800147552505090?source=h5_t	男主人公身着女装，手举遮阳伞，以唱歌的方式与小吃摊主对话，摊主也以唱歌的方式进行回应。	泰国
例17	https://www.tiktok.com/@fehfi_beauty/video/6699478845071953154?source=h5_t	女主人公着浓妆，对镜头进行独白，不时做出夸张表情。	泰国
例18	https://www.tiktok.com/@mario_jok/video/6699581103558135042?source=h5_t	成年男主人公着学生装，佩头饰，面对镜头唱歌。	泰国
例19	https://www.tiktok.com/@irfxn_/video/6705435338287959297?source=h5_t	本视频中，女主人公受到众多男性的催促，手持鲜花去向另一名男子求爱，被其拒绝。	马来西亚
例20	https://www.tiktok.com/@faris5008/video/6702992463239335169	失望的女子转身时发现刚才催促他的几位男性每人都手持鲜	马来西亚

349

(续表)

	视频网址	视频内容	视频来源
例 21	https://www.tiktok.com/@bella_tsy/video/6700130397893725441?source=h5_t	?source=h5_t 花单膝跪地。	印度尼西亚
例 22	https://www.tiktok.com/@123airabyou/video/6698309807134264578?source=h5_t	女主人公坐在椅子上，手持话筒，模仿主持人，与视频背景音乐进行问答。	菲律宾
例 23	https://www.tiktok.com/@skewview/video/6705227864507157762?source=h5_t	女主人公手持咖啡，与持手机进行拍摄的男子对话。	菲律宾
例 24	https://www.tiktok.com/@huynhnhu997/video/6697450317354781953?source=h5_t	女主人公在出门前化妆，男主人公进行催促，随后女主人公用口红在自己脸上画出夸张的妆容。	泰国
例 25	https://www.tiktok.com/@reencyngo/video/6677790688676973825?source=h5_t	女主人公在画面最左侧，在路上散步时偶遇前男友和其现女友，随即拉住路边的陌生男子假装自己男友。	越南
例 26	https://www.tiktok.com/@famymalik94/video/6697227014161714433?source=h5_t	四位男性躲在树后观察四位坐着唱歌的女性，并打赌谁能够成功追求她们。前三位男性失败后，第四位男性用银行卡为工具，成功进行追求。	印度尼西亚
例 27	https://www.tiktok.com/@shainadenniz/video/6696473147018841345?source=h5_t	男女主人公是情侣，两人面对镜头配合情歌进行表演。	菲律宾
例 28	https://www.tiktok.com/@hanphaam/video/6699598121703607554?enter_from=h5_t	视频中，少年男主人公伴随音乐准备开始拍摄视频，神情较为严肃，随后被闯入镜头的母亲发现，因害羞而大笑。	越南
例 29	https://www.tiktok.com/@doi991/video/6681165988756524289?source=h5_t	男主人公身着白色背心蹲坐在街头，看似经济窘迫，引来路过的情侣嘲讽。随后剧情反转，男主人公起立，走向自己的奔驰车并驾车离去，留下情侣错愕不已。	泰国
例 30	https://www.youtube.com/watch?v=YcjU0ZCG2SQ	歌手 Via Vallen 单曲《Disini Menunggu Disana Menanti》的音乐电视短片	
例 31	https://www.tiktok.com/@vebyy	视频中的主人公双手抚肩，	马来西亚

（续表）

	视频网址	视频内容	视频来源
	yyyyyy/video/6699356203417472257?source=h5_t	之后左手背扶额，随后右手食指指左手掌心，最后双手屈臂双手掌心向天的动作，整个过程辅以身体随歌曲节奏的摆动。	
例32	https://www.tiktok.com/@alfiarif/video/6700835286093434114?source=h5_t		马来西亚
例33	https://www.tiktok.com/@jirayut_thailand/video/6704785173189266690?source=h5_t		印度尼西亚
例34	https://www.tiktok.com/@ollemiyem/video/6703416216020684034?source=h5_t		印度尼西亚
例35	https://www.tiktok.com/@MS4wLjABAAAAF04EG_2srd07QXifMBMhjQ7Fbq3a0GD1ByhRc8-wlkGE_bO1aq18ecBnvnOO39Tv/video/6704138536976747778?source=h5_t		马来西亚
例36	https://www.tiktok.com/@eeluny_/video/6701180922240208130?source=h5_t	视频中主人公配合音乐中的歌词"Mua"，做出飞吻动作。	印度尼西亚
例37	https://www.tiktok.com/@n_shaaaaa/video/6703422557502164225?source=h5_t	视频中主人公配合音乐中的歌词"Mua"，做出嘟嘴动作。	印度尼西亚
例38	https://www.tiktok.com/@agassiching/video/6698309929574337793?source=h5_t	视频中主人公配合音乐中的歌词"Mua"，做出比心动作。	菲律宾
例39	https://www.tiktok.com/@shainadenniz/video/6696473147018841345?source=h5_t	视频中主人公配合音乐中的歌词"Mua"，做出亲吻动作。	菲律宾

新媒体背景下中国古装电视剧在越南的跨文化传播[①]

北京大学外国语学院 张心仪

【摘 要】20世纪90年代以来，中国电视剧开始在越南传播，题材多样，深受越南民众喜爱，其中尤以古装剧因制作水平、情节内容、文化传统上的诸多亮点形成了品牌效应。对比90年代的情况，新媒体时代中国古装剧在越南的传播呈现出许多新的特点，如播放渠道的全覆盖、民间力量的参与、"文化折扣"的减弱、社交平台的发酵等等。本文尝试通过对比分析得出新媒体时代古装剧在越南传播的新特点，同时对其目前发展的优势和困境进行评价，以期为日后深入研究这一现实问题提供参考借鉴。

【关键词】新媒体；古装电视剧；越南；跨文化传播

2002年，国家对文化事业高度重视，提出充分利用市场经济手段和现代传播方式，实施"走出去"战略。其中，国产电视剧以其直观感性的视听符号为吸引力，同时承载着国家的意识形态和文化价值，成为提高国家文化软实力，塑造国家形象的重要文化产品。近年来，随着电视剧制作水准的专业化以及国际营销能力的提高，国产剧走向海外已经取得了不少可圈可点的成绩。其中，日韩、东南亚等国尤其以相似的文化背景对我国国产剧更为认可，特别是古装电视剧在海外的品牌效应得以传播。越南是个吸收异域文化能力很强的国家，自古至今与中国的渊源颇深。90年代以来，中国电视剧在越南蔚然成风，深受各阶层民众的欢迎和喜爱，其中以古装剧取得的成绩最为亮眼。自从进入互联网时代，特别是新媒体传播力日益发酵以来，中国古装剧在越南的传播呈现出新的变化和特点，同时也面临着新的机遇与挑战。

一、中国古装剧在越南的发展脉络

（一）越南本土影视行业的发展

越南影视行业以电影（phim điện ảnh）和电视剧（phim bộ/phim truyện

[①] 项目来源：教育部人文社会科学重点研究基地重大项目"中国与东南亚的文学和文化交流研究"（批准号：18JJD750003）。

hình）两大产品为支撑。其中，电影出现较早，19 世纪末 20 世纪初，法国殖民者将电影带到了越南。革命时期电影多作为统治者宣扬革命的政治工具，革新开放后电影行业逐渐完善，一批优秀的越南裔导演拍摄的越南电影斩获过不少国际奖项。特别是近年来，越南本土电影在升级制作水平的同时，响应国家文化政策，积极融入国际社会，翻拍、合拍电影均收获了不少国内观众的好评，例如翻拍自韩国喜剧电影《奇怪的她》的越南贺岁影片《我是你奶奶》（*Em là bà nội của anh*）在 2016 年春节档收获 1020 亿越南盾票房，打破了当年的越南电影票房纪录。次年，好莱坞大片《金刚：骷髅岛》也由于在越南取景拍摄而吸引了大批越南民众观影，最终拿到 1500 亿越南盾票房的佳绩。越南通信传媒部一项民意调查曾显示，在越南人最喜爱的娱乐活动中，看电影排在首位。

而对比之下，越南本土电视剧行业的发展相对缓慢。1972 年，越南第一部革命电视连续剧《北纬十七度线上的日日夜夜》（*Vĩ tuyến 17 ngày và đêm*）诞生，但片长仅两集。越南现有 100 多个电视频道，据 2011 年统计数据，越南国产电视剧集数达 6000 集[①]，但多以农村题材和家庭题材为主，精品不多，制作水平良莠不齐，主要通过电视台以家庭为单位传播。

（二）越南引进海外电视剧的传统

由于电视剧行业发展水平与民众需求之间存在较大缺口，越南引进海外电视剧由来已久。1981 年，越南国家电视台（VTV）引进第一部海外剧——俄剧《钢铁是怎样炼成的》。此后，海外电视剧开始进入越南市场。出于文化接近性以及政治因素、国家文化建设的考虑，起初越南政府多引进中、日、韩以及其他东南亚国家的电视剧，而欧美国家的电视剧则相对较少。1992 年，越南国家电视台播放第一部由中方"赠送"的国产电视连续剧《渴望》，自此中国电视剧开始成规模地进入越南影视行业市场。从 90 年代的《西游记》《三国演义》《北京人在纽约》，到 21 世纪初的《大宅门》《金粉世家》《宰相刘罗锅》，以及经典的琼瑶系列、金庸系列，这些中国观众熟知的影视作品也无一例外地"出口"到越南的电视荧幕，成为众多越南 80 后、90 后共同的成长记忆。据统计，2011 年至 2013 年，中国电视剧在越南国家电视台（VTV）各频道平均年播放数量为 40 部。[②] 越南引进中国电视剧的题材多样，覆盖范围包括悬疑推理剧、家庭剧、历史剧、古装剧、轻喜剧、政治剧等，其中古装剧以制作精良、画面精美、剧情精彩、蕴含文化精髓的突出优势始终在越南市场居高不下。

[①] 数据来源：维基百科关于"越南电视剧"词条（phim truyện hình）[EB/OL]. [2019-01-12]. https://vi.wikipedia.org/wiki/Phim_truy%E1%BB%81n_h%C3%ACnh.

[②] 黎方龙. 中国在越南的文化软实力研究［D］. 南宁：广西民族大学，2017：24.

（三）互联网时代越南的海外电视剧播放

近几年来，随着互联网成为影视产品传播的主要载体，《古剑奇谭》《花千骨》《武媚娘传奇》《楚乔传》《后宫甄嬛传》《如懿传》等诸多在国内引起热议的古装电视剧更是在越南电视剧网站长期霸屏。据越南视频网站 Bilutv 数据显示，2017 年播放总次数最多的10部电视剧中，有八部是中国电视剧，另外两部是韩国电视剧，其中中国古装剧七部，现代剧一部，《三生三世十里桃花》以 480 多万播放量高居榜首。而另一越南热门视频网站 Zingtv 的数据显示，截至 2018 年 11 月，中国古装电视剧《三生三世十里桃花》的总点击量突破 3000 万，尽管这一数字的含金量有待考量，但对于一个人口为 9620 万的国家而言[①]，仍然能够在一定程度上反映中国古装电视剧在当地的强烈反响。相较于韩国影视作品的偶像元素品牌效应，无疑中国影视作品中的古风元素是吸引越南民众的一大亮点。在当下越南的流行文化中，"古风"和"韩流"作为两大标志性概念受到年轻人的追捧，以越南当红男歌手山松（Sơn Tùng）的音乐作品举例，在他的众多音乐短片中，明显以"古风"特色拍摄的歌曲"Lạc Trôi"自 2016 年 12 月 31 日发布至全球视频网站 Youtube，截至 2018 年底观看量高达 1.9 亿次，成为他的作品中最受越南年轻群体欢迎的单曲。因此我们看到，以汉文化为基调的影视作品、音乐作品，在现今越南社会仍然保持着强大的生命力，而这也是借助精美的古代场景、古代服饰、古代礼仪呈现古代故事的中国古装剧能够在当今越南的文化语境下获得高热度、高认可的基础。

二、中国古装电视剧在越南传播的今昔变化

（一）中国古装剧《还珠格格》与《延禧攻略》在越南的播放情况

进入互联网时代，以互动传播为特点的新媒体平台成为影视文化产品传播的主要媒介，在国内，借助社交网络、自媒体、各大视频网站以及搜索门户等渠道，一部受到高关注度的影视文化产品往往能够借助网络营销实现低成本、高附加值的运作，实现规模效益。这种新型传播方式在影视文化产品的海外传播中也不例外。我们仅以 1998 年台湾中视首播的古装剧《还珠格格》与 2018 年爱奇艺网络平台首播的古装剧《延禧攻略》为例，对比探究古装剧的海外传播在新媒体的发展下呈现出新的特点。

---

① 中华人民共和国国外交部. 越南国家概况（截至 2019 年 4 月的数据）[EB/OL]. [2020-05-08]. https://www.fmprc.gov.cn/web/gjhdq_676201/gj_676203/yz_676205/1206_677292/1206x0_677294/.

首先我们要对《还珠格格》这部剧存在争议的属性问题进行界定,根据《中华人民共和国著作权法》第十五条,"电影作品和以类似摄制电影的方法创作的作品的著作权由制片者享有"。该条法律仅对著作权归属进行了原则性的规定,影视传媒行业一般认为,投资人、出品方就是著作权人,而署名"制片人""制片方"的一方多为接受投资人、出品方委托负责拍摄、制作电视剧的个人和单位。《还珠格格》第一部和第二部是由台湾怡人传播有限公司和湖南华夏影视传播有限公司共同发行制作的,制作班底由台湾导演孙树培和大陆、台湾地区演员合作完成,因而属于大陆和台湾合拍的中国古装剧。这部改编自琼瑶小说的古装清宫剧于1998年4月在台湾中视首播,同年10月引进内地播出后,该剧及几位主演迅速蹿红。据资料显示,《还珠格格》第一部在北京有线电视台播出时的收视率是54%;1999年,《还珠格格》第二部在北京、上海及湖南台播出时平均收视率分别是57%、55%和52%,最高点突破65%,一度打破了亚洲收视纪录。①1998年,越南河内电视台购买了《还珠格格Ⅰ》的版权,并于黄金时间每晚九点播放,引发收视狂潮,一夜之间"小燕子"一角火遍越南。此后河内中央电视台VTV1,河内电视台HNTV1,胡志明电视台VTV9,SCTV曾多次重播,全国收视率一度突破1.9%。②虽然两国收视率计算方法存在差异,但1998年中国古装剧《还珠格格》"出口"越南确实成了家喻户晓的现象级文化产品。

《延禧攻略》是继《还珠格格》之后中国古装剧在越南传播的又一抢眼作品。2018年7月19日,清宫题材古装剧《延禧攻略》在爱奇艺视频网站首播,34天后播放量破百亿,打破爱奇艺网站的播放纪录,成为超预期的"黑马"作品。两周后,粤语版登陆翡翠台,同时马来西亚、加拿大、新加坡多地中文频道相继播映。8月9日,越南胡志明电视台SCTV正式于每周一至周五下午五点播映越南语配音版《延禧攻略》。但在官方电视台引进前,多家越南网络平台已经同步更新越南语字幕版的《延禧攻略》,在越南民众特别是年轻观众中吸引了大量关注。从GoogleTrend的数据来看,对比同期播放量较高的越南国产电视剧《家有儿女》(Gạo nếp gạo tẻ)与中国古装剧《延禧攻略》,越南地区用Google浏览器搜索这两部剧的热度最高值都达到了100,可以说"舶来品"《延禧攻略》在越南丝毫不输本地热门剧集(如图1)。③

---

① 数据来源:维基百科"还珠格格"词条[EB/OL].[2019-01-12]. https://zh.wikipedia.org/wiki/%E9%82%84%E7%8F%A0%E6%A0%BC%E6%A0%BC.

② 数据来源:Nguyenthiha(阮氏河).跨文化视角下的《还珠格格Ⅰ》越南语台词翻译研究[D].广州:华南理工大学,2017:9.

③ GoogleTrend数据搜索时间为2018年12月5日,下同。

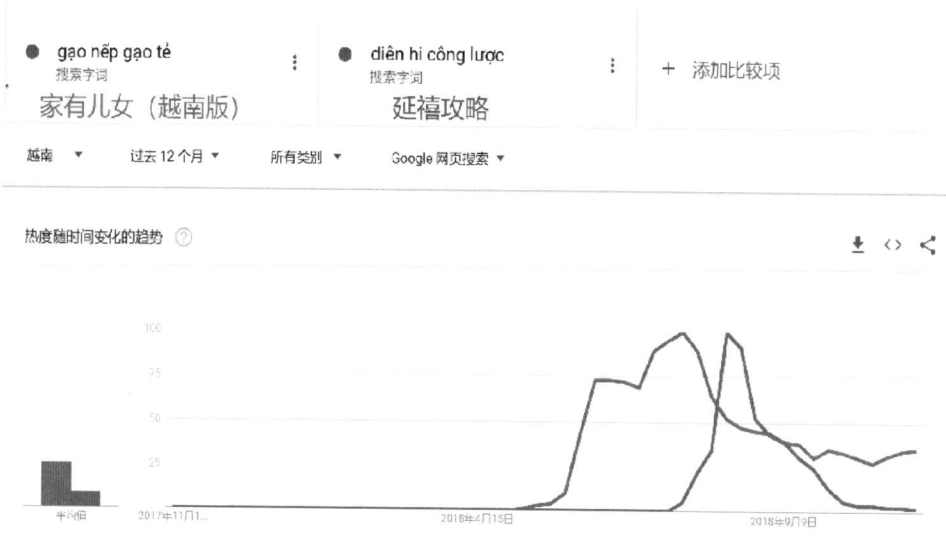

图 1　越南电视剧《家有儿女》和中国电视剧《延禧攻略》搜索热度比较

而对比同时期另一部中国古装剧《如懿传》在越南的播出情况,两部剧有相似的故事背景和主线人物,但《如懿传》在越南的热度则远不及《延禧攻略》(如图 2),这与国内两部剧的热度趋势是相一致的,也就是说,并没有出现"东边不亮西边亮"的海外特例。

图 2　中国电视剧《如懿传》和《延禧攻略》搜索热度比较

相比之下,《延禧攻略》在东南亚地区其他国家并没有得到过高的关注,在泰国大型网络论坛 Pantip 搜索"延禧攻略"关键词仅出现五个搜索结果，而 GoogleTrend 泰国、柬埔寨、缅甸地区"延禧攻略"关键词的搜索热度基本为零。可以说，2018 年中国古装剧《延禧攻略》在越南的热播是中国影视作品精品化与越南本土文化语境相适应而碰撞出火花的一大亮点。

（二）新媒体时代中国古装剧在越南传播的主要特点

虽然中国古装剧《还珠格格》与《延禧攻略》在越南都受到了极高的认可，但从其传播过程来看，两者间存在较大差异，与 20 年前的剧作相比，新媒体时代影视文化作品的海外传播出现了许多新的特点。

第一，从播放渠道来看，过去电视剧的海外传播以电视台为主要放送渠道，由于审查等原因引进速度慢，收视率是最大的评价标准，且在越南只有六大直辖城市有收视统计数据，而海外电视剧的播放渠道也以河内、胡志明市的国家电视台、市电视台为主。为保护本国文化产品，越南政府出台了相关政策限制黄金时间海外电视剧的播放，这对中剧的传播力度有一定的影响。但当下中国电视剧在越南传播的主要渠道是网络平台。截至 2018 年 1 月，越南互联网用户数达到 6400 万，渗透率为 67%，越南视频网站众多，且更新海外电视剧的速度很快。2018 年 12 月，在《延禧攻略》这部剧首播半年后，笔者仅在越南搜索引擎 Coccoc 输入"延禧攻略全集"（Diên Hy Công lược Full）这一关键词，就有超过 91 万个搜索结果，进入大多数视频网站可直接播放越南语字幕版的全部剧集，无需购买或开通会员，操作简单，覆盖面广。

第二，从参与方来看，《还珠格格》时期官方参与程度高，中国电视剧先是作为文化"赠品"送给越南，商业化之后多由越南文化部相关机构、各电视台购买版权并引进播出，剧中演员也经常作为两国文化交流的使者出访。例如《还珠格格》《情深深雨蒙蒙》等中剧在越南热播后，2001 年 12 月，演员赵薇受越南总理特邀参加中国访越代表团，作为文艺大使出访越南，并在河内举行的"中越文化交流演出晚会"上与越南当红歌手丹长（Dan Truong）合唱《情深深雨蒙蒙》，此次活动报道占领了河内报刊的整个版面。如今，《延禧攻略》时期的中剧"出口"有更多私人、民间力量的参与。一方面是由于目前购买版权、引进中剧的过程更加商业化，另一方面普通民众更多地参与到传播过程中来，成为"生产的消费者"，比如中剧字幕组的出现。一些精通中越双语、熟悉视频加工流程的越南网民自发组成字幕组，他们可以在拿到影视片源的第一时间加工出越南语字幕版的资源并发布在各大网络平台，目前越南较大的字幕组包括 C 社区、Zing 字幕组等，他们的更新速度与中国官方渠道相差无几，越南民众几乎能够与中国同步观看有越南语字幕版的更新剧集，这样的更新速度同比美剧、日剧等在国内的更新速度是相当突出的，正是他们的参与极大提高了中剧在越南传播的时效性。

第三,"文化折扣"的力度不同。所谓"文化折扣"是指当一种在国内市场很有吸引力的文化产品在国际市场传播时,由于当地风格、价值观、信仰、历史、神话、社会制度的差异而不能完全被当地群体理解,从而出现解码困难,导致其吸引力衰退、失去一部分文化价值和竞争优势。[①] 这种情况在文化产品的海外传播中是不可避免的,相比之下由于中越两国在历史环境、文化传统及社会制度上的亲近性,中国古装剧在越南传播所遭遇的"文化折扣"相对于东南亚其他国家是最少的。但《还珠格格》时期的中国古装剧在越南播出以配音为主,且由于配音行业的发展不足,越南为海外影视作品配音的方式通常是由一人负责全部角色和台词,不区分性别和人物,这种方式势必会影响到观众对角色的代入感、体验感。如今《延禧攻略》时期由于网络平台追求更新速度,大多采用添加字幕的语言解码方式,这样可以在保留角色原声的基础上让观众既能感受剧中人物所传达的情感、状态又能理解剧情的含义。对于中国古装剧这个特定剧种而言,复杂的古文、古诗台词在翻译过程中遇到的困难也是出现"文化折扣"的一大原因。虽然越南语中可以用"汉越词"的方式将汉语词汇一一对应,但要让观众理解文字背后所表达的真正含义并非易事。在过去的影视作品中,由于信息不对称等原因,多有古诗、成语等台词翻译错误而闹笑话的现象。如今随着大量中国古装剧进入越南、中越双语人才的培养水平提高以及现代通信技术实现了通畅的信息交换,翻译造成的"文化折扣"现象正逐渐减弱。例如在《延禧攻略》中,"艳压群芳""满口牡丹"等词被巧妙地译为"diễm lệ áp đảo vạn hoa thơm""mồm miệng xảo quyệt ngọt ngào",既不生硬又兼文雅,一旦有不理解的翻译,观众也会直接在网络平台提问,通过观影群体的互动解答,这有效地减少了一部分"文化折扣"。

第四,文化衍生品的繁衍能力和繁衍速度大不相同。这里所涉及的影视产品的衍生品既包括非物质形态的歌曲、广告等,也包括物质形态的服饰、手工艺品等。在《还珠格格》时期,衍生品品种较少,且主要为物质形态产品,比如印有主要角色的T恤、背包、扇子、画报等等,同时也包括一直以来越南影视文化产品的特色衍生品之一——翻拍视频。例如2014年以《还珠格格》为原型的翻拍搞笑视频"Châu Hoan Cua Chồng",在距离电视剧《还珠格格》开播16年之后出现的这部衍生搞笑视频在YouTube视频网站依然获得了2420万的观看次数,可见过去的影视剧由于精品少,一部佳作的衍生品往往能维持较长时间的影响力。《延禧攻略》时期的文化衍生品则主要依托网络媒体平台,多为非物质形态。例如,众多越南歌手或填词,或翻唱,或乐器演奏《延禧攻略》剧中插曲,

---

[①] 考林·霍斯金斯,等. 全球电视和电影:产业经济学导论 [M]. 刘丰海,张慧宇,译. 北京:新华出版社,2004:45.

涌现出不少具有越南特色的版本;"延禧攻略版"烤肉广告、同款仿妆教程、汉服搭配、发饰学习等也在越南网络上掀起一股"延禧风"。这一时期文化衍生品的种类繁多,更新速度快,仅在原剧开播两月后,Youtube 视频网站上就出现了越南翻拍搞笑版的《延禧攻略》(Diên Hy Công Lược),发布两个月收获了约189万次观看数,但就这些文化衍生品的影响持续性而言,高产出必然也意味着高替代率。

第五,互联网社交平台在新媒体背景下发挥的巨大作用不可忽视。1997 年越南正式开放互联网,《还珠格格》时期越南互联网处于起步阶段,民众主要通过线下社交关系传播交流影视文化产品。而现如今,越南互联网社交平台的发展可谓迅猛。2018 年越南市场研究机构 Q&ME 调查报告显示,受访用户中 98%的越南用户正在使用 Facebook。据统计,越南 Facebook 注册用户数高达 6000万,其中 2000 万用户每天使用 Facebook,45%用户借助 Facebook 首次接触新电影、专辑或图书,以 Facebook 为核心的社交平台成为越南民众日常生活中无法缺少的一部分。在 Facebook 上,我们发现古装剧《延禧攻略》的越南主页关注人数超过 2.5 万人,关于《延禧攻略》的幕后花絮、搞笑视频引起了较高热度,一则 5 多分钟的相关视频可以收获 250 万次播放量、上万条评论和上万次分享,这样的关注度和互动性是线下社交关系无法企及的。相比之下,图片、文字形式的电视剧花絮互动性较弱,而短视频的传播互动热度很高。至于专业的社交短视频软件如 TikTok(抖音海外版)等在"后电视剧"阶段更是借助流量红利起到了二次传播和发酵的作用。2018 年 5 月,TikTok 在越南 Google Play 和 App Store 两个应用商店双双拿下总排行榜的第一名。在 TikTok、秒拍等软件中,《延禧攻略》等中国古装电视剧的相关内容非常多。笔者仅在 TikTok 中搜索越南语关键词"延禧攻略",发现其浏览量高达 10.8 万次,其中包括仿妆、视频剪辑、演员花絮等与原剧相关的内容,也包括涉及中国景点、书法、古代建筑等中华文化元素的内容,不少年轻的越南民众正是通过这些文化产品对中国产生亲近感。在笔者接触的越南留学生中,有人提到选择来中国留学的原因:"没办法,谁让你们的电视剧那么好看,越看越想看,就想学中文,想来中国"。

相对于传统渠道的观众,新兴渠道的观众文化影响力更大,年轻人易于接受新鲜事物,社会交往频繁,他们在电视剧中吸收的文化观念能够直接迅速地体现在他们的生活方式及思维方式上。而越南是一个年轻人比重非常高的国家,截至2016 年,15—24 岁人口占到 13.8%,24—49 岁人口占 59.5%[①],越南的年轻一代正成为新媒体时代文化交流的先锋,通过各类字幕组、社交平台、粉丝组织等途径,他们自产自销,很快就可以在一部剧播出后形成"马太效应",成倍放大传

---

① 数据来源:越南国家统计局. 2016 年人口调查报告 [EB/OL]. [2019-01-03]. https://www.gso.gov.vn.

播效果，2018年中国古装剧《延禧攻略》在越南的风靡就是实证。

三、当前中国古装剧在越南传播的困境

尽管新媒体时代中国古装剧的海外传播出现了许多新的优势，但电视剧作为影视文化产品，它所承载的中华民族的特定文化释义和国家形象，进入海外地区不同的文化语境中，即使是在"文化折扣"程度相对低的越南，产生政策冲突和文化摩擦也是在所难免的。综合来看，目前中国影视作品在越南的传播仍然面临多种因素的阻碍。

首先是政治因素，影视产品的传播必然受到两国政治关系的影响，由于中越领土纠纷等问题的客观存在，涉及领土问题的现代剧、历史问题的古装剧在越南的传播往往并不顺利，例如2018年3月，中国电影《红海行动》因包含中国军舰"在两国有争议水域出现"的场景而在越南撤档。此外，由于越南历史上南北统一问题，部分年轻人受西方价值体系的影响较大，特别是在南部城市，他们更崇尚西方文化产品。同时，越南政府曾出台相关政策以保护本国文化产品的利益，例如黄金时间必须播放国产剧等，这些倾斜政策部分压缩了中国影视剧的发展空间。

其次是社会因素，在社会层面，部分越南民族主义对"Made In China""From China"等字眼持有警惕态度，文化产品也不例外。同时大量古装剧的"同质化"所带来的审美疲劳也是海外传播中需要解决的问题，在越南市场上的中国古装剧、古代言情小说等文化产品可以说是"良莠不齐"，避免"劣币驱逐良币"现象需要中越双方共同努力。

再次是经济因素，版权问题是目前中国影视剧"出口"越南亟须妥善处理的一大障碍，许多越南网络平台从非正规渠道获得中国影视剧的资源后发布，甚至一度出现越南网络平台更新中国电视剧的速度比国内官方平台还要快，盗版问题不仅影响出品方的经济利益，同时也影响中国海外文化传播的形象。此外，韩剧、日剧在越南市场的竞争力也不容小觑，韩国偶像剧品牌一直在亚洲地区占据优势，而近两年来在越南图书市场日本文学作品逐渐受到读者追捧，大有压制中国言情小说的势头，对日本影视产品在当地的发展起到不小的拉力。

最后要考虑到技术因素，尽管数十年来科技水平的发展已经攻克了影视作品海外传播过程中的众多难关，但我们也要认识到，技术层面的障碍依然存在，其主要表现在网络壁垒的限制和配音、翻译过程的"粗加工"。要将技术障碍降到最低，一方面需要扩大二次传播链条，让更多越南观影者成为"生产的消费者"，另一方面也需要在官方层面达成行之有效的传播协议，促进正规、合法的"精加工"剧集在越南的传播。

四、小结

拥有共同的文化渊源、相近的社会制度及相似的文化经验,这些优势有效减少了中国电视剧特别是古装剧在越南传播时的障碍,越南观众在解码中的文化落差相对其他东南亚国家更少。但以语言和文化传统上的亲缘性推进古装电视剧在越南的传播并非长久之计。一方面,要继续发挥中国古装剧的标签效应,扩大品牌优势,不仅需要古装剧生产精细化,也需要出口精细化;另一方面,要灵活面对跨文化传播中的大众心理和本土文化两大问题,需要对文化出海的政策采取"分而治之"的态度,抓住越南年轻化的人口特点和互联网渗透率高的社会趋势,是小到中国古装剧、大到众多文化产品在越南传播的关键突破口。

当下的越南社会,具有以年轻人为主要生产消费群体、以社交网络平台为主要衍生渠道的支撑影视文化产品传播和发酵的大量空间,充分利用新媒体的发展机遇,创新传播机制,选择合适的中国古装剧精品打造互联网营销渠道,让更多越南民众了解、感受、亲近中国文化,"国之交在于民相亲",中国古装电视剧在越南的积极传播将对中国文化软实力的增长以及未来中越关系的良性发展起到不可忽视的作用。

参考文献

[1] 考林·霍斯金斯,等. 全球电视和电影:产业经济学导论 [M]. 刘丰海,张慧宇,译. 北京:新华出版社,2004.

[2] 黎兰香. 1991年后中国电视剧在越南的跨文化传播研究 [D]. 上海:华东师范大学,2012.

[3] 黎方龙. 中国在越南的文化软实力研究 [D]. 南宁:广西民族大学,2017.

[4] 阮氏河. 跨文化视角下的《还珠格格Ⅰ》越南语台词翻译研究 [D]. 广州:华南理工大学,2017.

[5] 吴杰伟. 从文化差异的角度看中国影视作品在东南亚的传播 [J]. 亚太研究论丛,2012(1).

网络数据主要参考网站:

[1] 越南国家统计局:https://www.gso.gov.vn.

[2] 越南娱乐新闻网:Kenh14.vn.

[3] 越南电视台网站:https://vtv.vn/.

[4] 中国国家统计局:http://www.stats.gov.cn/.

［5］GoogleTrend 网站：https://trends.google.com.
［6］Youtube 视频网站：https://www.youtube.com.

柬埔寨电视台视频网站在传播中国流行文化中的实践与影响[①]

北京大学外国语学院　巩　洁

【摘　要】本文研究对象为在柬埔寨的中国流行文化,首先将介绍文学作品、影视剧、短视频及流行歌曲在柬埔寨的传播情况及传播途径,文章选择 CTV8HD 作为案例,通过数据统计分析中国影视剧在柬埔寨电视台的传播情况及受欢迎程度,统计柬埔寨民众喜爱的中国影视剧类型,最后结合实例总结中国流行文化对柬埔寨的影响。

【关键词】中国；流行文化；柬埔寨；影视剧

自 2013 年习近平总书记提出"一带一路"倡议以来,中柬两国来往日益密切。为促进两国人民之间的民心相通,中国政府正努力尝试,改变以往的单向式文化传播模式,实现双向互动,注重柬埔寨民众的反馈和接受程度,加强对柬埔寨的文化传播力度和文化接受程度。由于历史文化及相近的地理位置,两者文化既存在差异也有相似之处,这也为中国文化在柬埔寨的传播创造了有利的条件。中国与柬埔寨并非直接接壤,但关系却情如兄弟,尤其在"一带一路"倡议推出后,柬埔寨积极响应,两国在经济贸易上合作日益密切,推动了文化的交融互通。此外,中国自身经济的快速发展推动了出版行业和影视行业的发展,优秀的文学作品和影视作品不再满足于国内市场,将目光放向了更加长远也更有潜力的海外市场。同时,中国文化对柬埔寨又是具有陌生性的,不同文化的碰撞与陌生人群体之间的接触相似,具有一定的不可知性,在文化交流传播的过程中,一方面我们可能在进行与陌生人的交流,另一方面,我们本身也可能进入其他文化中,成为该文化的"陌生人"。如果不能恰当地处理本土文化和外来文化的关系,有可能在当地民众中产生怀疑、排外甚至仇视的心理,也称为文化误读。随着"一带一路"倡议的推进,避免文化误读的最佳方式就是通过针对对象国的跨文化研究,兼顾传播者和接受者,在充分了解两国文化差异的基础上,寻找接受者喜爱的文化类型,在传播过程中关注内容和价值观,减少文化误读现象的产

[①] 项目来源：教育部人文社会科学重点研究基地重大项目"中国与东南亚的文学和文化交流研究"（批准号：18JJD750003）。

生,从而更好地进行文化交流和传播。

一、中国流行文化在柬的跨文化传播概况

中国在柬埔寨较为流行的文化可大致分为四个方面:文学作品、影视剧、短视频、流行歌曲。20世纪前,文学作品主要以四大名著为在柬的主要流行文学,随着柬埔寨国内逐渐稳定,两国文化交流逐渐频繁,现代文学交流日益增多,以儿童文学为代表的中国流行文学在柬埔寨开始兴起。同时,柬埔寨网络及电视技术不断发展,柬民众对影视的需求增加,柬各大电视台在播放当地影视的同时,引入中国流行影视剧,在网络和电视台同步播出,网友普遍反响热烈,中国流行影视逐渐发展为固定影视节目。大数据时代到来后,手持手机就能够了解世界动态,以短视频为代表的碎片文化开始进入人们的生活,2016年TikTok的进入更是将中国流行文化以轻松娱乐的方式传入柬埔寨。四类流行文化在不同领域影响着柬埔寨民众,逐渐成为其日常生活的一部分。

传入柬埔寨的普及度较高的文学作品又可细分为古代文学和现代文学。以四大名著为代表的古代文学,除《三国演义》被译为柬文之外,《西游记》《红楼梦》《水浒传》暂未译成柬文版本,《西游记》目前有影视剧版本。除此之外,还有《论语》《诗经》《三字经》等经典也已在柬埔寨发售,柬埔寨皇家科学院常务副院长宋春奔也曾表示,中国文化博大精深,早年他接触过《三国演义》《论语》《诗经》等作品后就被中国古典文学所吸引。

现代文学交流最初以武侠小说和武侠电视剧为主。根据柬埔寨小说网站 Sabay enovel 显示,"流行影视"一栏就有金庸的《神雕侠侣》《射雕英雄传》。这些电视剧由于受到大众的喜爱,柬埔寨仙女图书馆作家才将其译为柬文作品。[1] 如《神雕侠侣》共有157章,自2016年6月开始在网站上更新,直至2017年7月更新完毕,译者不详。金庸2018年10月30日逝世,柬埔寨媒体 KNV(Kampuchea News & Views)对此进行了相关报道[2],总结其一生成果,可见其在柬埔寨的影响力之大。目前,中柬两国都很重视文学作品的互译交流,产生出一系列优秀的双语作品。2017年《中国短篇小说集》柬文版出版,书中集合了现代中国优秀作家余华、舒同以及一批壮族、土家族等少数民族作家的作品,小说的内容题材十分丰富,充分展现了中国社会发展风貌。2019年2月,在柬埔寨金边举行了"感知中国江苏文化周",其中就展出了中文版柬埔寨经典作品《珠山玫瑰》以及柬文版中国作家苏童的《万用表》一书,这两部书是凤凰出版传媒股份有限公司与柬埔寨高棉出版社合作开展"中柬互译项目"成功推出

---

[1] 柬埔寨 sabay 小说网:https://enovel.sabay.com/book
[2] KNV 新闻网:http://knv-info.com/archives/113026

的第一批互译图书，在此基础上，凤凰传媒拟以文学互译为起点，将互译项目进一步扩大至主题图书、人文社科、儿童文学领域。目前，儿童文学互译得到双方的肯定和重视，作家张炜的儿童文学作品《寻找鱼王》已经在柬埔寨出版，柬埔寨高棉出版社也对中国首位"国际安徒生儿童文学奖"得主曹文轩的经典作品《青铜葵花》表示很感兴趣，有意将其翻译成柬文并向柬埔寨推广。

相较于其他流行文化的跨文化传播，影视剧以其视听双通道、角色精神心理情感共鸣、内容源于生活、更加大众化通俗化等特点，更易进入海外市场。中国影视剧作为一种跨文化传播的文化产品，以其画面感生动易懂而流行于柬埔寨。近年来，中柬关系不断发展，文化交流事业蒸蒸日上，多部国产影视剧在柬埔寨电视台和网站播出，获得了良好反响。

柬埔寨电视台一共有 21 个[①]，表 1 为较为重要，具有一定代表性，且拥有独立的网站的柬埔寨电视台。

表 1 柬埔寨电视台概要

名称	网址	主要播放内容
PNN	http://pnn.com.kh/	柬、泰两国影视剧；娱乐节目如娱乐访谈；活动报道；少部分中国香港影视剧，如《天命》《城寨英雄》
Fresh News	http://www.freshnewsasia.tv/	新闻
SeaTV	http://www.seatv.com.kh/	教育、文化、新闻等相关内容
TV Khmer	https://www.tvk.gov.kh/	柬埔寨国家电视台，正式，播放国内外新闻，体育新闻，国际新闻，重大事件等
Bayon TV	http://bayontv.com.kh/	国内新闻、国际新闻、体育新闻、娱乐节目（以柬埔寨电视剧为主）
CTV8	http://www.ctv8.com.kh/	转播中韩两国的家庭关系、浪漫爱情、动作等电视剧。下属于 PPCTV[②]

在柬埔寨，中国影视剧也通过 Youtube 及各大电视台的 Facebook 主页传播，从 Youtube 的关键词"រឿងចិន"（中国电视剧）搜索，按照播放量排名，第一名就是周星驰的《喜剧之王》，从主页影视封面可以看出，很多周星驰的经典影片都被转译为柬文版。在柬埔寨及电视台电视剧方面，可以发现很多言情古装电视剧被大量引入，尤其是最近很多由小说作品改编的电视剧，在柬埔寨几乎可以做到同步上线，柬译版的更新速度很快，很多柬埔寨媒体及柬埔寨电视台会及

[①] 数据来自 KHTV7：https://khtv7.blogspot.com/
[②] http://www.khmerlive.tv/

时更新包括小说改编的一系列中国电视剧的播出情况，《何以笙箫默》《花千骨》《盗墓笔记》《云中歌》《华胥引》均在柬埔寨知名媒体 Sabay news 上有所报道。

国内以"抖音""快手"为代表的短视频应用软件迅速崛起的同时，海外短视频市场也在兴起发展，2016 年，抖音发布海外版"TikTok"，主要面对美国、印度、日本、柬埔寨、泰国、印尼等国。截至 2018 年 7 月，抖音全球月活跃用户量已超过 5 亿。在柬埔寨，短视频主要内容大多是舞蹈类、搞笑类和短影视剧，背景音乐和拍摄贴纸常常跟随国内抖音的流行趋势而更新，平台也会根据柬埔寨国内的重大节日而推出不同的拍摄道具以吸引用户。据 TikTok 官网统计数据①，柬埔寨国内人气最高的博主 KimYaya 于 2018 年 8 月 30 日入驻 TikTok，截至 2020 年 1 月 14 日，其全球排名第 1093 位，占排名的前 1%，目前拥有高达 194 万粉丝量，视频总下载量 26 万，总浏览量近 2 亿，最热门的视频观看量高达 388 万，获赞 51 万，在一个总人口 1500 万左右的国家，这个数据是较为惊人的，足以凸显 TikTok 短视频在柬埔寨的影响力，TikTok 已经成为当代柬埔寨年轻人社交的一种重要手段。

在 Youtube 网站，柬埔寨粉丝量较高的中文歌博主名为 Rean CN，实际上柬文译为"学习中文"，拥有 13.5 万粉丝，主页播放量最高的视频为歌手大壮的《我们不一样》②，有高达 1600 万播放量，这首歌可谓是传遍柬埔寨几乎人人都会哼唱的一首流行歌曲，在 2018 年走红的懂 15 国语言的柬埔寨青少年沙利的视频中，15 岁的沙利唱的中文歌就是《我们不一样》，一个在暹粒吴哥窟售卖小商品的初中孩子都会熟练地用中文完整地唱出这首歌，足以证明中文歌曲在柬埔寨的普及程度。其次是杨宗纬、张碧晨的《凉凉》，有 240 万播放量。这位博主的视频格式比较统一，背景图为歌手专辑页或宣传海报，一行中文歌词，第二行是中文拼音，第三行是配有中文发音的柬文音标，第四行是由中文翻译而来的柬文译文，歌曲仍为中文原唱。第二大中文歌博主是一个名为"ChinesesongKhmersub"的博主，拥有 3.26 万粉丝③，他的一些视频中会在前奏部分将中文词汇像单词表一样列出，配有柬文词义，更便于听歌的同时学习中文。比较流行的是周兴哲的《怎么了》，以其伤感的歌词背景和旋律走红于柬埔寨青年中，播放量突破 72 万，而周兴哲也因此成为大部分喜欢流行音乐的柬埔寨年轻人心目中的偶像歌手。

---

① Tikrank 网站：https://tikrank.com/
② Rean CN 个人主页：https://www.youtube.com/channel/UCJCTOFZMsDVTQ6H_mbhE0Yw
③ ChinesesongKhmersub 个人主页：https://www.youtube.com/channel/UCj96fDj-h1jX9fvTgzUiKeQ

二、中国流行文化在柬埔寨跨文化传播的主要渠道

中国对柬埔寨的文化传播主要以政府间的文化交流活动为主。中国驻柬埔寨大使馆曾发表声明表示，使馆肩负着推动两国文化交流与合作的使命，愿与柬埔寨文化同仁一起，共同架设好两国的文化交流之桥，为增进两国人民的理解和友谊、为世界文化的丰富多彩和健康发展做出贡献。中柬之间的文学交流主要是通过政府间的出版业推动以及民间协会的交流互通。如中国作家协会于2019年举办了首届"中国·东盟文学论坛"，柬埔寨作家也参与其中。广西科学技术出版社与柬埔寨皇家科学院常常进行交流互访，针对柬埔寨民族医学与中国传统医药、柬埔寨农业种植与中国农业相似的这两大特征，计划出版与医学、养生、农业等内容相关的跨国交流书籍。除政府交流外，也存在很多地方协会，如柬中友好协会、柬中记者协会、柬中商业协会等，柬埔寨国家文化艺术部下的柬中友好协会在两国文化交流领域发挥了较为重要的作用。协会建立了"柬中文化"的网站，网站中分为柬文化交流新闻热点、柬中文化传播的重要人物、柬埔寨文化、中国文化、柬中旅游、视觉柬中等六个模块，比较全面地向民众介绍两国文化。

中柬之间广播电视合作也是以政府间的交流合作为主，两国广播电视节目在内容和技术等方面相互借鉴。2016年8月，在"丝路电视国际合作共同体"倡议的推动下，继"Hi-Indo!"之后，中国国际电视总公司与柬埔寨新盟集团合作开办了中国节目专属频道"Hi-Cambo!（你好，柬埔寨！）"，因其良好的译制能力和内容资源，收视用户在开播1个月内达到30万，其中娱乐和纪录片收视率在柬埔寨卫星平台排行第5、第6名，成果显著。同年10月，双方签署了中国国家新闻出版广电总局与柬埔寨广播电视合作的相关协议，自2017年起，中柬政府间每年都会举行广播电视定期合作机制活动，在新闻报道、节目互制及人员培训等各方面进行交流合作。此外，云南、广西等地方电视台与柬埔寨国家电视台的合作交流也非常密切，云南广电传媒集团与柬埔寨国家电视台签署了DTMB+OTT项目建设合作协议，2014年，广西人民广播电台与柬埔寨国家电视台签署了开设《中国剧场》栏目的合作协议，并播出柬语配音的中国动画片《西游记》《猫眼小子包达达》，由当地著名导演和配音演员参与译制，在柬埔寨民众对中国古装剧产生兴趣后，又在半年内推出了柬语版的《三国演义》电视剧。除了电视频道和影视内容的交流互鉴外，两国在电视传播的技术手段层面也有一定规模的交流。2014年，云南广电传媒集团与柬埔寨国家电视台共同建立了柬埔寨数字电视有限公司，2015年投入运营，使得柬埔寨当地用户每月只需几美元就可收看70多个高清电视节目。同时政府也开始注重影视文学的合作交流，2019年中柬合作首部影片《柬爱》在中国国家博物馆举行发布会，该影片由中共腾冲市委宣传部、云南腾冲旅游发展局共同承办，影片积极响应了中柬建交60周年和"一带一路"的使命和号召，在旧金山国际电影节上斩获最佳国际剧

情片、最佳男主角和最佳编剧的奖项，有望在 2020 年的柬埔寨亚洲电影节上亮相。2019 年 9 月举行了首届中国-东盟电视周系列活动，柬埔寨国家电视台播出《结婚前规则》，"Hi-Cambo!" 频道播出纪录片《一带一路》《亚洲：文明之光》《穿越海上丝绸之路》，OneTV 高清电影频道播出电影《花鼓情》《奋斗》《恋恋有声》，One TV Sabay 频道播出《请勿靠近》《奔跑吧，兄弟》《奋斗》《恋恋有声》，此举向柬埔寨输入了一批国内流行的影视剧和综艺节目，是政府之间交流活动推动中国流行文化在柬传播的显著成果。

三、中国国产影视剧在柬埔寨传播个案分析：以 CTV8HD 电视台为例

在柬埔寨所有电视台中，CTV8HD 电视台是中国流行影视剧的主要播出电视台，该电视台下属于 PPCTV（金边市政有线电视），是柬埔寨第一家也是领先的有线电视服务和宽带互联网提供商。2013 年 PPCTV 推出了名为 CTV8HD 的免费电视台，覆盖柬埔寨全国，使用最新的高清电视广播和互联网协议网络技术，播报柬埔寨信息、影视剧和娱乐节目，是柬埔寨国内进口影视剧数量、种类较多的电视台，主要播出中韩两国的流行影视剧，在国内有着较大的影响力。柬埔寨 CTV8HD 电视台在 2018 年和 2019 年两年内引入的影视剧至少有 22 部，古装类有 20 部，根据小说改编为影视剧的占 60%以上。

表 2 2018—2019 年 CTV8HD 电视台引入中国国产影视剧名称及分类

分类	影视剧名称
小说改编剧	武动乾坤（同名小说） 封神英雄（《封神榜》） 射雕英雄传（同名小说） 铁道飞虎（《铁道游击队》） 扶摇（《扶摇皇后》） 莽荒纪（同名小说） 九州天空城（《华胥引》） 上古情歌（《曾许诺》） 无心法师（同名小说第二部） 《青云志》（诛仙） 柜中美人《胭脂罪》 《孤芳不自赏》（同名小说） 飞刀又见飞刀（同名小说） 香蜜沉沉烬如霜（同名小说）
古装传奇局 （非改编）	六扇门 天乩之白蛇传说 寂寞空庭春欲晚

(续表)

分类	影视剧名称
	医馆笑传 蜀山战纪 2 踏火行歌 拜见宫主大人 择天记 双世宠妃
民国爱情	活色生香
都市言情	大好时光①

CTV8HD 的中文影视剧播放时间分为三个时段，分别为午间时段 13:00—14:00、傍晚时段 17:00—18:00 以及晚间 21:00—22:00。以 2019 年 12 月为例，自 12 月 1 日至 12 月 31 日，电视台播出的中国影视剧为《射雕英雄传》及《封神英雄》，月总播放次数为 63 次，总观看量为 159.5 万，平均每集播放量为 2.5 万。同月分播出的泰剧月总播放次数为 10 次，总观看量 10.5 万，平均观看量仅有 1 万。中国电视剧的总观看量相较泰剧高出十倍多，平均观看量是泰剧的两倍，究其原因与中国电视剧的引入种类数量以及中国电视剧播出频率高相关，同时也能够反映出中国电视剧在柬埔寨电视台的地位十分重要，是吸引观众和流量的关键节目。

2017 年，《三生三世十里桃花》在柬埔寨掀起了一场中国电视剧的潮流，在《三生三世十里桃花》引入前，主要电视台 CTV8HD 的主页每条信息的浏览量保持在 3000—4000 之间，在《三生三世十里桃花》柬文版预告片首发后，单条浏览量高达 15.2 万，点赞突破 6000 次，之后的全柬文配音版发布后每集浏览量均破万。该电视台拥有《三生三世十里桃花》的版权，是首家将其译为柬文版进行宣传播放的电视台。以该电视台的 Facebook 主页从 2016 年 12 月至 2017 年 5 月的发帖情况为依据，从内容上将帖子划分为韩剧、柬埔寨本土剧/综艺、原创/转发贴以及中国电视剧四种类型，以一个月的时间为度量单位，统计每月每种类型贴的发帖数量，观察中国电视剧在该平台的发展动态。

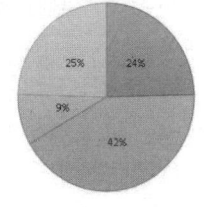
2016年12月份CTV8HD主页发帖情况

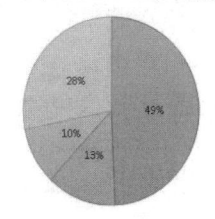
2017年1月份CTV8HD主页发帖情况

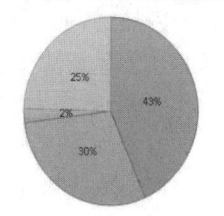
2017年2月份CTV8HD主页发帖情况

■韩剧 ■柬埔寨本土剧/综艺 ■原创/转发贴 ■中国电视剧

---

① CTV8HD Facebook 视频主页：https://www.facebook.com/CTV8HD/videos/

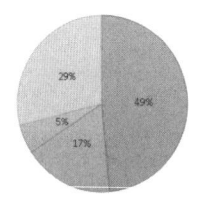 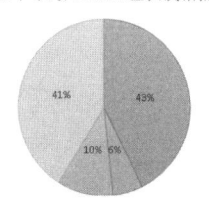 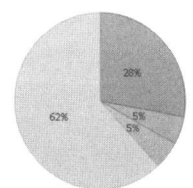

图 1　2016 年 12 月至 2017 年 5 月 CTV8HD 主页发帖情况

从表 3 数据饼状图中可以清晰地看到，在 2016 年底时，柬埔寨国产剧还是占有相当大的一部分比例，但从 2017 年开始，柬埔寨国产剧/综艺几乎逐月减少，这不仅与韩剧占据半个市场有关，更与中国电视剧的不断引入有密切的联系。从 2017 年 1 月到 3 月，中国电视剧的市场比例稳步增长，4 月比 3 月增加 59%，5 月中国电视剧所占比例更是高达 62%，这是一个韩剧都未曾达到过的份额比例。

对于 4 月、5 月中国影视在 CTV8HD 占比的激增，究其原因，与《三生三世十里桃花》的引入有非常大的关系。根据统计，在该电视台的 Facebook 主页上每条柬埔寨国产剧/综艺的相关信息浏览量保持在 1000—2000 之间，韩剧信息的浏览量保持在 3000—6000 之间。在 2017 年之前，CTV8HD 引入的中国电视剧有《神探狄仁杰》《江南四大才子》《无双谱》等在中国国内并不火热的影视剧，浏览量保持在 3000—4000 之间。2017 年以来，CTV8HD 在 1 月 8 日播出《少年四大名捕》，1 月 20 日发布《老九门》的预告片，并在 2 月份发布了《青云志》的预告，浏览量破万。4 月，电视台主页推出《择天记》《锦绣未央》的相关剧照以及预告片，并且首发《三生三世十里桃花》的柬文版预告片，浏览量高达 15.2 万，这一浏览数据从未出现过，甚至一名柬埔寨网友在评论区评论《三生三世十里桃花》为其心目中 2017 年排名第一的电视剧作品。5 月，除了主打剧《三生三世十里桃花》外，主页又推出了《飞刀又见飞刀》《孤芳不自赏》等国内热播剧，全柬文配音，每集浏览量均破万。可以看出，中国国产剧在柬埔寨的热度呈逐步上升趋势，频频打破浏览量纪录，并且备受好评。

2020 年 2 月 2 日，CTV8HD 的个人视频主页播放泰剧《爱不单行》最后一集，获得 1.3 万观看量，之后主页播出视频均为中国流行影视剧，再未引入其他外国影视剧。根据 2020 年 4 月至 5 月期间对 CTV8HD 主页数据的统计显示，共播出了四部中国电视剧，分别是《香蜜沉沉烬如霜》《武媚娘传奇》《武动乾坤》及《双世宠妃 2》。

表3 2020年4月至5月CTV8HD引入中国影视剧数据统计表

电视剧名称	总观看量（单位：万）	平均观看量（单位：万）	播放次数
香蜜沉沉烬如霜	92.6	4.4	21
武媚娘传奇	28.1	1.7	17
武动乾坤	22.2	1.1	21
双世宠妃2	18.9	3.8	5

从表3数据可以看出，同样是中国流行影视剧，《香蜜沉沉烬如霜》及《双世宠妃2》热度明显高于《武媚娘传奇》及《武动乾坤》。前两者与后者从内容上相较主要差别在于，剧情关注点不同，前者注重男女主角情感故事线，后者注重主人公传奇经历，丰富的感情线可能是吸引柬埔寨网民的重要因素。

图2 《香蜜沉沉烬如霜》部分网友评论截图

《香蜜沉沉烬如霜》在预告片被爆出时，帖子浏览量高达23万，1.5万点赞，其中有网友表示主题曲很好听很吸引人，也有网友评价演员颜值很高令人动心。在4月底影视剧快要完结的帖子中，很多网友表示故事很伤感，对女主人公的经历十分痛心，对情感代入感强的电视剧兴趣度更高。相比较而言，《武媚娘传奇》和《武动乾坤》的评论区非常冷清，甚至有些网友在这两部剧的评论区中催促电视台尽快更新《香蜜沉沉烬如霜》，足以见得这部影视剧深受柬埔寨网民的喜爱。无论是《香蜜沉沉烬如霜》还是《三生三世十里桃花》，在柬埔寨的流行都不是偶然的。通过与其他引入中国影视剧流行程度的对比，可以发现这两部古装剧都是网络小说改编，且剧情都以男女主人公感情线为主线，辅之神仙转世轮回的剧情，营造出仙气氛围，相比较于都市爱情或纯历史古装剧，类似的纯美仙境更加能够吸引柬埔寨观众的目光。

CTV8HD 作为一个中国影视剧主要播出的柬埔寨电视台，在中柬流行影视剧交流过程中发挥了重要作用，也是分析柬埔寨民众对中国流行文化反馈的重要平台。整体来看，柬埔寨民众对古装、玄幻、情感类型的影视剧更为关注，现代故事主题的中国影视剧则几乎很少进入柬埔寨民众的视线中。主题音乐、演员、剧情都是影响柬埔寨民众对影视剧评价的重要因素，知名中国明星或跌宕起伏的奇幻题材都是影视剧的流行加分项。

四、中国流行文化传播对于柬埔寨的影响

在中华传统文化博大精深的基础上发展出的中国流行文化内涵丰富，继承了优良传统和美德，展示出正面的价值观导向，讲述中国故事，向柬埔寨传递优秀积极的中华文化，让受众更好、更全面地了解不同阶段、各个时期以及不同中国作家笔下的中国面貌，从而获其启发，通过交流和借鉴从中获益，推动本国本土文化的持续发展，形成国际文化互推互助的良性循环。沙利的故事正是这一观点的实际印证，沙利是一位极具语言天赋的 15 岁少年，被一名马来游客发现并拍摄上传至网络，他用多种语言与游客对答如流，甚至还唱了一首自己改编的中文歌曲《我们不一样》。沙利因视频而走红网络，受到首相和中方企业家的关注，获得资助后来到中国留学，在接受中方记者采访时，他表示自己的梦想就是学好中文，等毕业后回国后找一份好工作，并投身于慈善事业。沙利于 2019 年 8 月参与湖南卫视的《汉语桥》节目，用流利的中文讲述自己的故事，得到全场的鼓励和掌声。沙利的故事受到广泛关注，究其背后原因，一方面与柬埔寨正处于中文学习的高热期，学习中文成为一种流行趋势，且中国赴柬游客逐年增多，为沙利创造了一个学习中文、接受中国文化的良好氛围；另一方面，互联网的高效性能够向柬输送大量中国流行文化，文化传播的时间和资金成本大大降低，中国文化随时可学，这才使得年仅 15 岁的少年，就可以凭借自学流利唱出流行中文歌，获得中国网友的赞赏和惊叹。沙利的事例不仅体现出中国文化对柬埔寨民众思想、生活的积极作用，也向双方政府展示了文化交往的正面事例，对两国的文化交流传播具有正面意义。

其次，中国流行文化在柬的广泛传播带动了两国政府、企业在相关领域的合作，为促进经济增长做出了贡献。主要体现在以下两个方面，第一，以 TikTok 和 Bigo Live 为代表的海外短视频、直播 APP 在东南亚十分流行，深受年轻人的喜爱，柬埔寨市场具有开发潜力。在 TikTok 进入柬埔寨市场前，民众的社交平台以 Facebook 为主，TikTok 的出现无疑为柬埔寨民众提供了一种拓宽人际关系网络的新手段，社会人际关系的不断加强有助于增强社会群体的凝聚力，增加社

会组织生命力，促进社会生产力的发展①。柬埔寨第一大 TikTok 主播的潜在收入预估为 5516 美金，第二大主播潜在收入在 5384 美金左右②，由于柬 TikTok 目前还未推出直播和购物车功能，故推测该价格可能为与合作商合作推广价格收入，而 2019 年柬埔寨人均年收入大概只有 1760 美元，足以见得海外短视频的传入能够在一定程度上促进消费，促进生产力发展，带动经济增长。第二，两国政府间在广播电视领域的合作和来往的增多，不仅丰富了柬埔寨国内电视节目内容，还推动了国内数据传播技术的改进，带动了其他相关领域如传播业、出版业、娱乐行业的发展。例如，柬埔寨出版商并不多，政府也没有明确的计划加强私营出版业，近年来两国出版商的合作频繁，以凤凰出版传媒为代表的规模较大的中国出版产业集团，近年来也开始重视中柬在青少年读物、旅游、教育培训等方面的合作，未来将会有更多的中国儿童、中青年读物在柬埔寨普及推广。

五、小结

以文学作品、影视剧、短视频、流行歌曲为主要形式的中国文化在柬埔寨受到大众的欢迎，反响良好，充分向柬埔寨民众展示了中国特色，影视剧中的汉服、唐装已经成为海外民众辨别中国文化的一大显著特征，而中国影视剧已经代替韩剧、泰剧和本土影视剧，成为柬埔寨民众娱乐生活中的主流影视节目。中国流行文化的传入，对柬埔寨来说，一方面满足了柬民众对娱乐应用产品及技术知识的需求，丰富生活，拓宽眼界；另一方面推动了两国政府之间在出版、广播电视、数字技术等领域的合作交流，推动柬埔寨文娱产业的发展，加深两国友好友谊。对于中国来说，两国间的文化交流是"一带一路"倡议的成功范本，应树立文化自信，更加积极主动地向世界传播中国文化。

参考文献

[1] 徐红林，毛卫利."一带一路"背景下中国对柬埔寨文化传播力的提升路径研究 [J]. 大理大学学报，2019（11）：95—101.

[2] 陈力丹."一带一路"下跨文化传播研究的几个面向 [J]. 江西师范大学学报（哲学社会科学版），2016（1）：69—73.

[3] 柬埔寨 Sabay 小说网：https://enovel.sabay.com/book.

[4] អ្នកសរសេររឿងគុនចិនដ៏ល្បីល្បាញ ដូចជារឿង «ទេពតន្ត្រីសេនាភ្លាហាន» «ទេពតន្ត្រីមហាបុរស» ទទួលមរណៈភាពហើយ [EB/OL]. (2018-09-10). http://knv-info.com/

---

① 彭贤，李海青. 人际关系心理学 [M]. 2 版. 北京：北京交通大学出版社，2013：180—184.

② 数据来源：https://tikrank.com/2165444695/TikTok-video-analysis/6550051148081840129

archives/113026.

[5] Tikrank 官方主页：https://tikrank.com/.

[6] KHTV7 柬埔寨电台综合网站：https://khtv7.blogspot.com/.

[7] Rean CN YouTube 个人主页：https://www.youtube.com/channel/UCJCTOFZMsDVTQ6H_mbhE0Yw.

[8] ChinesesongKhmersub YouTube 个人主页：https://www.youtube.com/channel/UCj96fDj-h1jX9fvTgzUiKeQ.

[9] *សៀវភៅសិក្សាភាសាចិន* [EB/OL]. (2015-05-01). https://itccambodia.wordpress.com/2015/05/01/%E1%9E%9A%E1%9F%80%E1%9E%93%E1%9E%97%E1%9E%B6%E1%9E%9F%E1%9E%B6%E1%9E%85%E1%9E%B7%E1%9E%93/.

[10] 彭贤，李海青. 人际关系心理学 [M]. 2 版. 北京：北京交通大学出版社，2013：180—184.

[11] សុខ លីនសុខ លីន 的 Tiktok 主页：https://tikrank.com/2165444695/tiktok-video-analysis/6550051148081840129.

中国流行文化在缅甸的传播与影响：传统联系与日趋多元[①]

北京大学外国语学院　张　怡

【摘　要】 进入21世纪以来，以影视作品为代表的中国流行文化在东南亚地区影响日益广泛，缅甸作为中国跨文化传播语境下的重要对象国也有着不俗的表现。借助主流媒体、社交网站等媒介以及在两国政府的积极引导下，不仅中国传统的历史剧、古装剧或新引进的都市剧、爱情剧等题材在缅甸当地社会造成了一定的影响，中缅双方还积极进行合作，拍摄出了一些优秀的影视作品；在缅举办"欢乐春节"系列活动、在华举行"中缅文化周"、中缅互派各种艺术团进行交流访问等等都进一步表明了新时期中缅文化交流的新成就，同时这也是中国流行文化在缅甸传播的重要体现。在"一带一路"的大背景下，我们还需要反思如何进一步发挥自身优势、增强国际营销能力，传播中国流行文化、讲好中国故事。

【关键词】 缅甸；中国流行文化；影视剧；人文交流

一、中国流行文化跨文化传播背景

中缅两国山水相邻，拥有近两千年悠久的文化交往史。在这个过程中，缅甸的饮食、服饰、文学、艺术等各方面都在不同程度上受到了中国文化的影响。在20世纪缅甸军政府统治时期（1962—1988），由于意识形态冲突、军政府实施的排外政策使得中缅交恶。政治因素不可避免会影响到文化交流。虽然1971年后中缅关系恢复正常，国家高层也进行过重要的文化交流互访活动，但是缅甸民众对于中国的认知仍然十分有限，并且普遍评价也不高。后期随着缅甸开放门户并积极推进对外交流，中国文化在缅传播也迈入了新阶段。2020年1月17日至18日，国家主席习近平对缅甸进行国事访问。双方一致同意以两国建交70周年为契机，弘扬中缅传统"胞波"情谊，深化全面战略合作伙伴关系，打造中缅命运共同体，推动中缅关系进入新时代，加强教育、文化、旅游、宗教、媒体等社会人文领域交流合作，增进两国人民相互了解与友谊。如此看来，中缅两国良好的

[①] 项目来源：教育部人文社会科学重点研究基地重大项目"中国与东南亚的文学和文化交流研究"（批准号：18JJD750003）。

政治外交环境无疑将为中国流行文化在缅甸的传播创造更加优异的条件。

（一）缅甸的流行文化概况

1. 本土流行文化的变迁：保持民族特色与追逐国际规范

随着 20 世纪全球化、媒体化、科技化以及计算机信息的网络化和数字化来袭，一方面，世界各国流行文化中原有的民族特色被进一步淡化，另一方面，各国、各地区和各民族流行文化的本土化和特殊化又得到了加强。缅甸流行文化也力图在国际化影响中展示自身的民族特色。在流行音乐方面，过去缅甸的音乐艺人们习惯于将国外的流行歌曲进行"二次加工"，取其旋律再进行缅语填词，这种混合体在当地被称为"复制音轨"。中国艺人朴树的《那些花儿》、光良的《童话》、张敬轩的《断点》、王力宏的《大城小爱》等歌曲都曾通过这种方式进入了缅甸乐坛。但随着线上音乐的兴起，缅甸的民众也逐渐接触到了更多国外的流行音乐，这就对缅甸的"复制音轨"模式提出了考验和质疑。缅甸的音乐艺人们也意识到了这个问题，于是抓住线上音乐商店这一平台，及时更新自己的专辑和单曲，发行更高质量的原创单曲，一大批优秀的本土原创歌手如 Saisai, Bunny Phyoe, Htet Mon, Ni Ni Khin Zaw 等出现在大众眼前。此外，缅甸音乐协会还于 2015 年表示将设立缅甸音乐学院大奖，以褒奖优秀的缅甸本土音乐人的成就。协会副主席吴温敏表示："设立缅甸音乐学院大奖的目的就是在全国范围内鼓励更多的音乐新人，激发他们创作的热情，相信这将推动缅甸音乐产业的发展。"[①] 在影视产业方面，缅甸国产电视剧的种类多为带有滑稽、搞笑风格的家庭伦理剧或是爱情剧。它们描绘了市井生活的千姿百态，满足了当地民众简单轻松的娱乐需求。在过去的二十多年里，缅甸观众对电视剧的热情多聚焦于国外。比如中国 1986 版的《西游记》就是他们茶余饭后翘首以盼的经典作品，还有日剧、韩剧等海外电视剧时至今日也仍为人们津津乐道，包括印度的电视剧在缅甸群众中也有不小的影响。现在，为了在新媒体市场中打造竞争力，缅甸电视剧制作从剧本出发，选取著名的小说进行改编，意在通过强有力的剧情结构来吸引国内观众的兴趣。目前着手拍摄的有《玛恩甘》（မအိမ်ကံ）、《我的上缅甸亲人》（အညာသူအညာသားကျွန်မဆွေမျိုးများ）、《红花璎珞与贝叶耳坠》（ဆူးပန်းခွေသွယ်ဘယက်နှင့်ပေရွက်လိပ်နားတောင်းဆင်）、《G 宿舍的女生们》（ဂျီဟောသူ）等等。此外，2019 年缅甸开始设置"明星奖"（Star Awards）来表彰包括在影视剧方面表现出色的新演员们。[②] 虽然现在缅甸国产电视剧还不能比肩于国外的作品，但相比从前已经有了很大的发展

[①] 李司坤. 缅甸流行音乐市场呈现新气象［N］. 光明日报，2016-03-02（12）.

[②] 七日新闻. 缅甸国产电视剧：渐入佳境［EB/OL］.（2019-05-15）［2020-01-06］. https://7day.news/အရှိန်ကောင်းလာသော-မြန်မာရုပ်သံဇာတ်လမ်းတွဲရေစီး-----156059.

与进步。除了电视剧系列，近几年来缅甸电影作品也呈现出多样化和国际化的趋势，兴起了恐怖灵异、寻根寻宝类等新兴题材，前者有代表作《蝴蝶屋》(The Only Mom)，在缅甸国内外都取得了不错的口碑，此外还有讲述缅甸本土神灵信仰(nat)的《高级标准》(High Standard)；后者有《印相的召唤》(Mudras Calling)、《从曼谷到曼德勒》(From Bangkok to Mandalay)等，这类作品多取景于缅甸的风景名胜，展现了当地的风土人情，为推广缅甸旅游业、塑造缅甸国家美丽新形象起到了一定的效果；缅甸影视公司还积极邀请国外影星们参与影片拍摄，影片在多个国家同步上映。例如 2019 年 10 月开拍的《没有天空的星星》有来自泰国的当红明星 Ken Phuphoom Pongpanu, Korn Kang 以及日本偶像团体成员 Win Morisaki 等人。缅方表示，希望通过国外艺人的加盟来扩大缅甸电影的粉丝市场、进一步增加缅甸电影的影响力。[①] 2017 年，缅甸导演 Wira 的电影《On Summer Day》参加了戛纳国际电影节，这也意味着缅甸影视产业与国际接轨的进程又向前迈进了重要一步。

2. 外来流行文化的影响：日韩风尚各领风骚

现在韩流文化在缅甸等其他东南亚国家靡然成风。电视剧、电影和流行音乐是拉动韩国流行文化传播的三驾马车，数字化技术、互联网技术和双向移民活动是韩国流行文化在东南亚传播的主要途径。"全球化的思维，本地化的行动"是韩国流行文化在东南亚传播的内在理念，从而实现了韩国流行文化与东南亚文化之间的紧密结合[②]。笔者在缅甸交换学习时，对此深有感触。当地不少青少年热衷追逐韩星，开始模仿韩剧中演员的穿着打扮，年轻女性不再穿清一色的"特曼"(缅甸女式筒裙)，而是穿起短裤和短裙。不仅是青少年，上了年纪的群体也能对各种韩剧如数家珍。韩国化妆品也成了人气商品，韩国餐馆生意兴隆，甚至在大街上一碰到妆容精致、面容姣好的女性，当地人就直接认为是韩国人。除了韩国商业公司的营销手段、韩国影视产品低成本易于引进、互联网技术的进步、Facebook 等社交媒体的有效传播以及韩剧所提供的理想化都市理念等外部因素，韩流在缅甸被广为接受的原因还在于贴合了当地居民喜欢轻松、单调冗长的生活基调与文化根基的核心思想。

不仅韩国电视剧引领了缅甸青年的时尚和化妆潮流，日本也通过引入偶像团体(如 AKB48)和动漫产业等措施加紧了对缅甸进行文化输出。截至 2018 年，缅甸仰光已经举办了四次日本-缅甸文化节，该活动是由日本大使馆和日本放送

[①] 缅甸中文网. 缅甸电影走向国家化！邀请日本、泰国多国当红小鲜肉参演［EB/OL］. (2019-09-10)［2020-01-06］. https://m.sohu.com/a/339975949_120110866/?pvid=000115_3w_a&from=singlemessage.

[②] 吴杰伟. 韩国流行文化在东南亚的传播分析［J］. 东南亚研究，2015(6)：90.

协会（NHK）的附属机构日本国际广播公司等实体机构主办的。其中，日本男团 PrizmaX 的缅甸籍主唱 Win Morisaki 的人气激增。Morisaki 通过 Facebook 在缅甸发展了一大批年轻女性粉丝。此外，他还出现在电影《My country, My home》中，该电影由 JIB 和当地广播公司缅甸国家电视台共同制作。除了偶像团体的效应，日本流行文化的影响力也体现在其他方面，比如缅甸数码艺术家 Wai La 的作品，展现了日本漫画风格的清晰痕迹。该系列描绘了在虚拟世界和现实之间来回移动的女高中生。Wai La 在 10 岁左右就对日本动漫产生了兴趣，"日本漫画在缅甸越来越受欢迎！"他说道。①

缅甸在 2011 年转向了民选文官政府统治，使公众无论是通过电视还是线上传播，都可以从国外获得前所未有的娱乐途径。不仅是缅甸，整个东南亚地区都处在国际文化竞争的环境之中。因此，中国流行文化在缅甸的传播，需要在了解缅甸国情的基础上，充分挖掘自身特色。

二、中国流行文化在缅甸的跨文化传播概况

（一）传播途径：主流媒体与社交平台共助力，线上交流与线下互动相结合

中国流行文化在缅甸的传播途径主要经由主流媒体、社交软件、文化交流中心、人员往来等方式。在缅甸，电视机构主要分为公营和私营两种，其中公营电视机构有两家：一家是缅甸信息部所属的缅甸广播电视台（Myanmar Radio and Television），简称为 MRTV；另一家则是 TATMADAW 电视广播机构（Tatmadaw Telecasting Unit）所属的 Myawady 电视台，简称为 MWDTV，交由缅甸军方管理。缅甸广播电视台（MRTV）隶属缅甸联邦宣传部，主要运行 MRTV（新闻频道）、MRTV-3（国际频道）和 MRTV-4（生活娱乐频道）三个电视频道。而 MWDTV 开播于 1993 年 6 月，它是在中国政府和缅甸政府合作下建立的。从 2011 年 3 月开始，缅甸新政府开始接手政权，于是缅甸国内的电视政策发生了变化。同年 10 月 27 日，新政府宣布正式解除对 BBC, Youtube, VOA 等外国网站的封锁和控制，恢复并发放卫星电视许可牌照。于是，作为缅甸最大的私营电视机构的天网卫星电视台（Skynet）便正式诞生了，并设置了多个电视频道。② 而官方引进的中国电视剧主要经由缅甸广播电视台（MRTV）播出。2016 年，中国国际广播电台在缅甸成立中缅影视译制基地，不仅推动了中国影视剧在

---

① Nikkei Asian Review. 缅甸掀起日本流行文化热潮[EB/OL]. (2018-03-22) [2020-01-04]. https://asia.nikkei.com/Location/Southeast-Asia/Myanmar-Cambodia-Laos/Japanese-pop-culture-fandom-spreads-in-Myanmar.

② 李法宝. 中国电视剧在缅甸传播的特色[J]. 西部学刊，2016（8）：51.

缅译制的常态化，更为中缅主流媒体进行深入合作提供了新平台。

除了主流电视台，社交媒体的兴起也为中国流行文化在缅甸的传播创造了条件。社交媒体的重要特点是"自己创造、共同分享"。在这种去中心传播模式中，人们主动参与到信息传递和文化交流与互动的过程中。根据统计数据，90%的手机用户都会访问社交媒体网络，而 Facebook，Twitter 和 Instagram 等是缅甸人中较为流行的社交媒体软件。它们使用方便，也是发布和传递消息最快捷的方式。① 通过 Facebook，笔者输入"Chinese movies""Chinese TV drama"等关键词可以搜索到许多相关的视频资源链接和讨论小组。像 2019 年大火的《陈情令》《三生三世枕上书》《绝代双骄》等结合中国古典元素与唯美爱情故事的影视作品，还有以侠客武打为主题的《射雕英雄传》《雪山飞狐》等都受到了缅甸观众的青睐，许多粉丝会在此页面中发表观影评价，或是表达对作品中明星的喜爱。

互设文化中心也是两国文化交流的重要平台之一。中国和缅甸于 2015 年 9 月 4 日签署了在两国建立文化中心的双边协议，旨在促进两国之间的双边合作和文化交流。中国文化部和旅游部副部长李金早表示，该文化中心将与缅甸艺术、文化和旅游部门合作，通过举办音乐表演、展览、研讨会和培训课程等形式，拉近中缅人民之间的距离，促进相互了解。为当地人民谋福利，增进中缅友谊。② 2019 年 6 月 3 日，由中国文化和旅游部主办的缅甸"2019 年中国旅游文化周"系列活动开幕式在仰光中国文化中心举行，后续又开展了云南民族歌舞团表演、缅中第三届智库论坛、第十八届"汉语桥"世界大学生中文比赛仰光赛区预赛和决赛、广西"文化走亲东盟行"缅甸站等形式多样的人文交流活动。缅甸仰光文化中心作为其中重要的一环，通过举办丰富多彩的活动，展现了当代中国的各地风貌，成了对外传播中国流行文化的关节点。

另外，中缅双方的人员往来交流也是流行文化传播的潜在途径之一。根据携程旅游发布的《2018 年中国游客出境游大数据报告》显示，中国游客赴缅甸出游人数达 29.7 万人次，同比增长 39.86%。③ 据缅甸旅游部门的最新统计数据显示，2019 年 1 月至 10 月，中国内地赴缅游客达 59.4 万人次，同比增长 161%，中国已成为缅甸最大外国游客来源国。两国间每周有 150 多个直飞航班，比 3 年前增加 7 倍多。④ 近年来随着中缅两国经济方面的合作增多，文化交流程度进一

---

① 温比颂. 缅甸数字媒体逐渐发展［J］. 王晓波，译. 经济与管理科学，2019（11）：42.
② China Daily. 中国文化中心在缅甸启动［EB/OL］.（2018-07-10）［2020-01-08］. https://www.chinadaily.com.cn/a/201807/10/WS5b440fe1a3103349141e1c7a_1.html.
③ 东博社.《2018 年中国游客出境游大数据报告》新鲜出炉：东盟国家表现如何？［EB/OL］.（2019-05-20）［2020-01-07］. https://mp.weixin.qq.com/s/CkQWd9dycKqf4B-iwqTkmQ.
④ 中华人民共和国文化和旅游部. 新年伊始 文旅交流"好戏"连连［EB/OL］.（2020-01-21）［2020-01-09］. https://www.mct.gov.cn/whzx/whyw/202001/t20200121_850499.htm.

步加深，缅甸来华留学生数量也大幅度上升，中缅两方几所高校相继签署了校际交流与合作协议；在中国"一带一路"倡议的影响下，由于进驻缅甸的中资企业越来越多，对中缅双语人才的需求也很大，不少缅甸人加入了学习中文的队伍，掀起"汉语热"潮流。语言是文化的载体，在学习中文的同时，他们会接触并进一步了解到中国的文化。在缅甸，无论是大学所开设的中文专业还是在各地所创办的孔子学院，都标志着缅甸汉语教学持续的影响力。例如在曼德勒福庆孔子课堂的组织与推动之下，缅北地区越来越多的汉教机构、华文教育学校、私立学校、曼德勒周边等高校都很重视 HSK（汉语水平考试，为测试母语非汉语者的汉语水平而设立的国际级汉语能力标准化考试）。[①] 据悉，缅甸参加 HSK 的人数在逐年稳步增长，2018 年上半年上缅甸报名参考人数再创新高，达到了 2373 人次。[②] 该年度的 HSK 考试不仅仅人数与考点都增加了，考生中有大部分为非华裔考生，可见 HSK 在缅甸主流社会中有了一定的影响力。在娱乐文化产业方面，两国人员也积极进行互动。在为中国电视剧进行缅语配音的初期阶段，中缅双方都没有经验。为了让中国电视剧更接地气，中方邀请了缅甸的演员来北京接受为期一个多月的配音培训。中方导演指导他们如何把握人的语气、怎么进入剧情，并让他们根据缅甸当地人的习惯，把翻译好的书面脚本重新改成口语化的台词。经后期检验，这样的人员交流工作为中国影视剧在缅甸的放送成功确实起到了关键的作用。2017 年以来，中国电影节活动已多次在仰光、内比都及缅甸各大城市举办，为缅甸民众带来具有代表性的中国电影作品。2018 年"中国电影节暨中国电影的澜湄之旅"缅甸站在仰光正式启动，开幕仪式一结束，中方工作人员便启程前往缅北克钦邦的密支那等六个省邦的乡村，携《战狼 2》《红海行动》《羞羞的铁拳》等影片，历时近 20 天，行程 5400 多千米，为当地民众举行免费露天电影放映，一共放映 27 场次缅甸语译制的中国电影。[③] 此外，还有各种艺术团和艺人的互访。2014 年 4 月初，缅甸副总统吴年吞率政府代表团和艺术团赴京出席"2014 中国-东盟文化交流年"开幕式；5 月，中国知名艺术家六小龄童到访缅甸，引起轰动；9 月至 10 月，广东歌舞艺术团 41 人、七彩云南艺术团 37 人和中国青年足球队等先后访缅；2015 年年初，以中国著名歌唱家杨洪基、郭蓉为首的"文化中国、四海同春"艺术团来缅参加"欢乐春节"演出活动；2016 年 7 月，云南省与缅甸接壤的四州市文化界人士齐聚德宏州，探讨如何依托国门

[①] 龙威（HTIKE LWIN KO）. 缅甸汉语传播对非华裔缅甸人中国形象认知影响研究 [D]. 北京：中央民族大学，2019：46.

[②] 2018 上半年 HSK 汉语水平考试在 12 个分考点举行 [EB/OL].（2018-05-21）[2020-01-13]. https://www.mhwmm.com/CH/NewsView.asp?ID=31584&from=singlemessage.

[③] 环球网. 中国电影缅甸下乡记 [EB/OL].（2018-11-30）[2020-01-09]. https://mp.weixin.qq.com/s/hALyg9ygXxare_MQL5rRQg.

书社、农家书屋推进中缅文化交流；9 月，来自中国瑞丽和缅甸木姐的两地文化人欢聚一堂，举办"2016 中国瑞丽·缅甸木姐文化交流活动"，共促中缅边境文化交流合作再发展；2017 年 2 月，中缅文化艺术交流洽谈会在京举行，探讨如何将中国的红色文化及艺术引入缅甸。①

随着传播介质的丰富与更迭，中国流行文化"入缅"的过程也逐渐建立起成熟的传播架构，助力中缅交流日渐丰富与多样化。

（二）传播内容：影视剧作品为主导，既有"经典"也有"新秀"

在电视剧方面，《西游记》《三国演义》《包公断案》等中国优秀经典名著改编剧一直都受到缅甸观众的青睐。以《西游记》为例，缅甸电视台从 1994 年 11 月至 1995 年 5 月每个星期日晚上播放 25 集电视连续剧 1986 版《西游记》，一时轰动了缅甸全国。②该剧的影响力如此之大，以至于二十多年后再进行缅语配音播出时仍然是好评如潮。除了经典名著题材，现代剧在缅甸市场也有着很好的反馈。2013 年 7 月，首部采用缅语配音的中国电视剧《金太狼的幸福生活》在缅甸国营电视台（MRTV）的频道首播，每周四、周五分别播出一集，时间为晚 7 点到 8 点的黄金时段。之后，由马伊琍主演的《婚姻保卫战》以每周一集的频率，在缅甸天网 MNTV 频道开播。该剧由中国国际广播电台译制，中国配音导演刘雪婷担任配音指导，缅甸知名演员锡都貌和迪丽欣赞等人均参与配音。2014 年 11 月，由中国石油天然气集团赞助、中国国际广播电台翻译制作的缅语版中国电视剧《门第》在缅甸电视台开播。为了确保配音质量，制作方特意邀请缅甸的影视明星和国家电视台、国家广播电台的 12 名知名主持人担任配音演员。这些现代剧为缅甸观众提供了认识和了解当今中国现代家庭的一个窗口。此外，还有 2014 年元旦播出的《舞乐传奇》。这是首部中缅合拍的大型历史传奇电视剧，根据公元 801 年缅甸古国骠国派遣使团前往中国长安献乐的历史记载改编而成。《舞乐传奇》围绕着和平友谊这一主题，融入武侠、爱情、悬疑、舞蹈等新鲜元素，将中缅两国文化交流的真实历史与传奇故事巧妙结合。2019 年 12 月 5 日，中国电视剧《欢乐颂》登陆了缅甸电视台（MRTV），受到了当地观众的热烈欢迎。为了庆祝中缅建交 70 周年，云南广播电视台与缅甸 YTV 电视台合作拍摄了反映中缅两国胞波情谊的纪录片《睦邻·缅甸》。该片分为《生生不息》《天赐国度》《诗意栖息》和《水梦山魂》4 集，通过 4K 高清技术尽显缅甸风景与人情之美，呈现了中缅山水相连的胞波情谊和两国睦邻友好、携手共进的美好愿景。

---

① 蔡馥谣，曹波．中国与"一带一路"沿线国家文化交流大事记：上［J］．中华文化海外传播研究，2018（1）：289—291．

② 汪大年．电视剧《西游记》风靡缅甸［J］．中外文化交流，1995（5）：61．

在电影方面，从 2017 年到 2019 年在缅甸内比都、仰光举行的"中国电影周"期间，缅甸观众可以到影院免费欣赏轮流放映的中国高口碑电影作品，如《大唐玄奘》《功夫瑜伽》《滚蛋吧！肿瘤君》《唐人街探案》《红海行动》《战狼 2》《旋风女队》《西虹市首富》等等，这成为缅甸民众进一步了解中国电影的契机。此外，2019 年在缅甸取景拍摄的中国香港电影《使徒行者 2：谍影行动》在缅甸上映后引发了各界热议。该片在拍摄时得到了缅甸政府的大力支持，也吸引了大批围观群众，关于片场的各种消息、图片、短视频都刷爆了缅甸的社交网站，而且多位缅甸明星也参与了进来。《使徒行者 2》不仅将缅甸神秘而富有魅力的文化背景展现了出来，又因为此类影片题材在缅甸电影市场较为少见，所以很好地吸引了缅甸民众的关注，从某种程度上也让他们从中了解了中国和中国文化[①]；除了官方译制引进的电影外，Facebook 等社交平台上也流行着以中国当代校园青春、都市生活为主题的文艺片，如《少年的你》《最好的我们》《致青春：原来你还在这里》等等，这类影片凭借外形姣好的演员、描绘青少年时期相似的心路历程等元素，吸引了不少当地人的关注。

（三）传播特点：古典传统作为特色，普世价值追求共鸣

以中国的影视作品为例，中国流行文化在缅甸的传播走的是"传统/现代+普世价值"的模式。首先，传统元素集中反映在中国古代人们的器物与精神两方面。早在秦汉之际，中缅两国就开始了交往。从最初的商业贸易，逐渐扩展到了制度、宗教、饮食、音乐等各个方面。虽然后期缅甸更多地受到了印度文化的影响，但是中缅两国的文化底蕴仍然具有较高的相似性。以《西游记》为例，除神奇玄幻的剧情、演员们精湛的演技外，该剧在缅甸获得广泛传播的一大原因还在于《西游记》所反映出的信仰观念、风俗习惯与缅甸人民有所相通。缅甸作为一个传统的宗教国家，当地 80%以上的人口都信奉小乘佛教，他们对于剧中人物历经千难万险最终求得真经的经历，还有慈悲为怀、乐善好施、众神庇护、终成善果等情节都能够产生共鸣与认同感。在器物方面，许多古装影视剧通过精美的道具和服装，加上以典雅气派的古典建筑、秀美壮丽的山水风光为背景，吸引了缅甸的观众。此外，"中国功夫"作为中国文化向外传播的代表性元素，也备受缅甸民众推崇。相比之前的《神雕侠侣》《李小龙传奇》《射雕英雄传》等多以展现中国传统武术文化为主的剧种，现在的作品虽然也糅合了武打场面、侠客精神等亮点，但重心更多放在了描写故事人物的爱恨情仇、家族纷争等人情伦理上。这类架空了历史时空的古装影视剧由于无需像纯粹的历史剧一样拘泥于符合史事的叙述，剧情也更为简单明快，符合缅甸民众的观影心理，更易于他们在观影过

---

① 醉美缅甸.《使徒行者 2》在缅甸刮起中国风！［EB/OL］.（2019-09-07）［2020-01-10］. https://mp.weixin.qq.com/s/yU5nzVtI7NcJW2HapjPgcw.

程中接受了解中国的文化,留下深刻的印象。再说到现代元素,像《金太狼的幸福生活》《羞羞的铁拳》《欢乐颂》《少年的你》等现实题材的影视剧则是制作者按照中国的编码方式,赋予人物和故事中国式的价值和意义,反映了中国的现实社会生活。缅甸民众在观看的同时也能从中发现自己生活的影子,比如父母为了孩子无尽的操劳与担忧、婚姻生活中的矛盾与不安、年轻人为了未来而努力奋斗等等,这些情境都可以引起他们的共鸣,并拉近中缅民生之间的距离。现代生活剧题材是对传统古装剧一个很好的补充,对于有些仍然对中国不怎么了解,甚至是充满偏见的缅甸人来说,这能让他们明白中国不只有武功侠客、神仙道士,还有高速发展的社会经济与丰富多彩的都市生活。

三、对中国流行文化在缅传播的思考

(一) 找到自身地位与创造品牌效应

在全球化浪潮的冲击下,跨文化传播日益频繁,各个国家或地区形成了自己的特色流行文化——西方有代表科幻剧和嘻哈音乐,韩国有韩剧和K-pop,日本则是动漫产品等等。中国也需要挖掘自身特色、找准定位,形成自己的品牌效应,积极广泛地参与世界范围内的跨文化传播来。目前看来,中国的古装影视剧作为中国的流行文化特色之一,在缅甸取得了较好的传播效果。笔者认为,传统上深受大中华文化圈影响的东南亚国家当前文化同质性仍然较高,由于本土的文化产品生产力较弱,尤其是优质影视剧的创作难以满足本国人民精神文化生活的需求,客观上也为中国电视剧在这些地区的成功传播提供了条件。无论中国的古装剧是否架空历史、改编过多,其深层次的文化内涵仍然是有别于西方的中国传统文化,只要形成广泛传播就会增强中国文化的海外输出力,提升中国文化在海外的知名度和美誉度。从海外用户的角度讲,古装剧直观地展现了中国文化的思维模式和传统生活方式。所以在国产剧的题材上,应坚持发挥好古装剧这一题材优势,并进一步拓展其他中国文化背景尤其是现实题材的影视剧目。在推广层面上,中央广播电视总台国际台东南亚中心副主任张雯雯也表示,国产剧也应该学习韩剧的推广模式。"韩剧的海外推广也是这样,它一开始是政府行为,一旦韩剧受到欢迎,受众形成观看习惯后,相关产业就跟进了。"她说,"做文化传播、民心工程,不是一两年就能见到效果的,要靠我们一点一点地努力,保持定力,明确方向。这是一个大工程,而影视作品的输出就是这个大工程中的一小块。"①

---

① 环球网. 中国电影缅甸下乡记[EB/OL]. (2018-11-30)[2020-01-10]. https://mp.weixin.qq.com/s/hALyg9ygXxare_MQL5rRQg.

（二）发挥地方政府与企业的积极性

推动地方政府与企业参与海外中国文化中心建设是有效途径之一。其中，云南省因为与缅甸相接壤的地理优势以及对缅悠久的交往历史而成了传播中国流行文化的主要力量。现在云南对东南亚国家的文化传播逐渐形成以省内主流媒体为主、多种媒体共同参与的传播局面，主要有云南广播电视台、云南人民广播电台、云南日报报业集团等主流媒体。《吉祥》《湄公河》《占芭》《高棉》杂志作为"云南外宣四朵金花"，为中国与东南亚国家在文化交流上搭建了较好的传播平台。2015年，云南广电传媒集团分别与老挝、柬埔寨、泰国等国家影视机构签订了《南丝路影视联盟》合作备忘录，以期在影视内容创作、发行播映和影视教育培训等方面展开交流与合作。本着共建、共商、共享为原则，构建一个开放、协作、创作的文化合作交流平台，通过影视文化先行，充分发挥影视对外传播和人文交流的重要作用；[①] 2019年，云南广播电视台与缅甸国家广播电视台展开了合作，云南国际频道与缅甸国家广播电视台计划在缅甸开办"电视中国剧场"[②]；2020年，云南广播电视台国际频道（澜湄国际卫视）将与缅甸国家广播电视台（MRTV）合作推动建设中缅互播互译合作中心，新一批中国影视作品将与缅甸观众见面。此外，广西壮族自治区也是中国对缅交流的重要窗口之一。近年来，广西广播电视台与缅甸在影视节目译制、广播节目交换、派驻工作人员、开展联合采访和联合组织策划大型活动等方面都展开了广泛的合作。广西广播电视台与缅甸国家广播电视台合办了《中国电视剧》和《中国动漫》等栏目，开创了中缅媒体合作传播的新模式。以华为为首的中国企业也助力了中缅两国科技文化的交流，2017年在缅甸仰光举行的第三届"缅甸青年微电影大赛"就由华为公司独家赞助，旨在促进缅甸影视行业的发展，挖掘新生代导演。此外，华为公司还为梦想联盟工作室捐赠拍摄资金1万美元，用于资助参加本届比赛的青年爱好者。

（三）明晰传播受众的分布与心理特点

了解中国流行文化的受众分布并以此为导向，针对不同的群体设计不同的文化传播方案，更有利于当地人接触和理解中国的流行文化。20世纪之前，东南亚对中国文化的创作和消费群体都是移居东南亚的华侨华人群体；20世纪之后，创作主体来自中国国内，消费的主体除了华侨华人之外，开始有越来越多的其他族群的民众加入。[③] 以华侨华人作为受众的优势在于文化的亲缘性和语言的

[①] 杨于明. "一带一路"背景下的中缅影视文化交流与合作 [J]. 传媒, 2019 (13): 44.
[②] 中国电视剧"走红"缅甸 [N]. 人民日报, 2020-01-16 (17).
[③] 吴杰伟. 东南亚的中国文化消费 [J]. 东南亚研究, 2012 (1): 103.

共同性，但是随着这一群体不断老龄化，其后人因为从小在海外长大，思维方式和行为习惯与老一辈的华侨华人也不尽相同。所以中国流行文化在缅甸既要打"亲情牌"，但又不能单纯地只是依靠开发华人市场来谋求发展，还需要吸引非华裔的缅甸人群体。当前中缅关系发展形势良好，缅甸国内学习汉语的热情也逐渐高涨。学习语言也是学习其所根植的文化，这也是缅甸民众了解中国文化的另一种方式。所以应把握这一时机，通过展开汉语传播工作，结合政府的文化宣传活动与商业交流，促进中国流行文化的进一步传播；其次，要关注不同年龄层的特点。根据 2020 年最新的数据，目前缅甸社会年龄结构处于增长型阶段，65 岁以下人口占总人口的 95%①，年龄构成类属于年轻型。青少年群体相比其他年龄段的群体对于外来文化的接受能力较高，他们的情感、价值观和认知能力可塑性更强，因此他们应当是中国流行文化传播的重点针对目标。在这个过程中，要关注和迎合缅甸年轻人的心理特点和需求，解决好文化传播中的外来化与本土化、传统与现代的关系。

四、小结

进入 21 世纪，随着缅甸逐渐加大对外开放的程度，当地民众也有了更多与国际社会接触的机会，对于文化生活的要求也在不断提升。现在缅甸的主流社会深受以韩流为主的各种流行文化的影响，韩流的传播模式可以说为中国提供了借鉴思路，但中国的流行文化仍需要结合自身的优势和缅甸受众的特点，开辟富有自身特色的传播模式。中缅两国互为友好邻邦并拥有悠久的文化交流史，中国流行文化作为中缅交往新时期的体现之一，通过社交媒体、官方机构、人员往来等途径，将集合了中国传统元素和现代特色的影视作品、舞蹈艺术、节日文化介绍给缅甸的民众，反映了中缅两方都能达成共识的价值观念和文化内涵，该传播过程也实现了"线上"与"线下"相结合、政府与民间相补充。为了进一步促进两国的文化交流，我们希望通过中国流行文化向缅甸更加全面、多角度地展示中国的形象，与缅甸人民分享"中国故事"，让他们更好地了解中国的历史、文化、思想以及中国人民的日常生活和精神追求。

参考文献

[1] 蔡馥谣，曹波. 中国与"一带一路"沿线国家文化交流大事记：上[J]. 中华文化海外传播研究，2018（1）：289—291.

---

① Countrymeters. *Myanmar Population* [EB/OL]. (2020-05-10) [2020-01-15]. https://countrymeters.info/en/Myanmar#age_structure.

［2］东博社.《2018 年中国游客出境游大数据报告》新鲜出炉：东盟国家表现如何？［EB/OL］.（2019-05-20）［2020-01-07］. https://mp.weixin.qq.com/s/CkQWd9dycKqf4B-iwqTkmQ.

［3］李法宝. 中国电视剧在缅甸传播的特色［J］. 西部学刊，2016（8）：51.

［4］李司坤. 缅甸流行音乐市场呈现新气象［N］. 光明日报，2016-03-02（12）.

［5］龙威（Htike Lwin Ko）. 缅甸汉语传播对非华裔缅甸人中国形象认知影响研究［D］. 北京：中央民族大学，2019：46.

［6］环球网. 中国电影缅甸下乡记［EB/OL］.（2018-11-30）［2020-01-09］. https://mp.weixin.qq.com/s/hALyg9ygXxare_MQL5rRQg.

［7］缅甸中文网. 缅甸电影走向国家化！邀请日本、泰国多国当红小鲜肉参演［EB/OL］.（2019-09-10）［2020-01-06］. https://m.sohu.com/a/339975949_120110866/?pvid=000115_3w_a&from=singlemessage.

［8］七日新闻. 缅甸国产电视剧：渐入佳境［EB/OL］.（2019-05-15）［2020-01-06］. https://7day.news/အရှိန်ကောင်းလာသော-မြန်မာရုပ်သံဇာတ်လမ်းတွဲရေစီး-----156059.

［9］汪大年. 电视剧《西游记》风靡缅甸［J］. 中外文化交流，1995（5）：61.

［10］温比颂. 缅甸数字媒体逐渐发展［J］. 王晓波，译. 经济与管理科学，2019（11）：42.

［11］吴杰伟. 东南亚的中国文化消费［J］. 东南亚研究，2012（1）：103.

［12］吴杰伟. 韩国流行文化在东南亚的传播分析［J］. 东南亚研究，2015（6）：90.

［13］杨于明. "一带一路"背景下的中缅影视文化交流与合作［J］. 传媒，2019（13）：44.

［14］中国电视剧"走红"缅甸［N］. 人民日报，2020-01-16（17）.

［15］中华人民共和国文化和旅游部. 新年伊始 文旅交流"好戏"连连［EB/OL］.（2020-01-21）［2020-01-09］. https://www.mct.gov.cn/whzx/whyw/202001/t20200121_850499.htm.

［16］醉美缅甸.《使徒行者 2》在缅甸刮起中国风！［EB/OL］.（2019-09-07）［2020-01-10］. https://mp.weixin.qq.com/s/yU5nzVtI7NcJW2HapjPgcw.

［17］2018 上半年 HSK 汉语水平考试在 12 个分考点举行［EB/OL］.（2018-5-21）［2020-01-13］. https://www.mhwmm.com/CH/NewsView.asp?ID=31584&from=singlemessage.

［18］China Daily. 中国文化中心在缅甸启动［EB/OL］.（2018-07-10）［2020-01-08］. https://www.chinadaily.com.cn/a/201807/10/WS5b440fe1a310334914

1e1c7a_1.html.

［19］Countrymeters. *Myanmar Population* [EB/OL]. (2020-05-10) [2020-01-15]. https://countrymeters.info/en/Myanmar#age_structure.

［20］Nikkei Asian Review. 缅甸掀起日本流行文化热潮 [EB/OL]. (2018-03-22) [2020-01-04]. https://asia.nikkei.com/Location/Southeast-Asia/Myanmar-Cambodia-Laos/Japanese-pop-culture-fandom-spreads-in-Myanmar.

印尼改革时期对外电影政策分析

北京大学外国语学院　温华翼

【摘　要】电影传播作为借助视听语言而得以实现的广义文学文本交流形式，在全球化语境下的文化传播研究中无疑是不可分割的一环，而文化传播所需要面对的一个重要课题即是对象国的政策环境。本文以 2011 年好莱坞电影在印尼的撤档事件作为切入点，分析了好莱坞电影在印尼电影史上的强势地位和在此背景下印尼政府与好莱坞之间的互动，本土电影的长期弱势为印尼决策者贯穿改革前后的保护性修辞和家长式逻辑提供了话语土壤，佐科政府相较于历届政府则提供了更为开放的对外电影政策环境，但外国电影进入印尼也需规避审查制度的高压红线。

【关键词】电影传播；好莱坞电影；家长式逻辑；开放；电影审查

　　电影作为文化产品，承载着多元而丰富的文化价值与社会符号意义，在文化传播中扮演着重要的角色。本尼迪克特·安德森（Benedict Anderson）认为，现代小说的结构与叙事技巧以及诗歌的语言能够重现（represent）民族这种想象的共同体，[1]那么能够让苏加诺（Sukarno）总统将好莱坞行政人员看作"政治上的激进派和革命者"的电影技术，在民族国家成为一种普遍国家形态的今天，必然成为官方政策制定者关注的对象。[2]1998 年苏哈托（Suharto）下台，标志着在印尼持续了三十余年的威权主义政体在事实上开始瓦解，随后进入改革时期（Era Reformasi）的印尼在经济、政治、文化、军事等各领域发生了系统性的变革。

---

① 本尼迪克特·安德森. 想象的共同体：民族主义的起源与散布［M］. 吴叡人，译. 上海：上海人民出版社，2019：15.

② 1956 年苏加诺总统对好莱坞的行政人员说，他把他们当作政治上的激进派和革命者，他们大大加快了东方的变迁。东方人在好莱坞电影里看到的，是一个一切普通人都有汽车、电炉和冰箱的世界。所以东方人现在把自己当成是被剥夺了普通人与生俱来的权利的老百姓。引自：马歇尔·麦克卢汉. 理解媒介：论人的延伸［M］. 何道宽，译. 南京：译林出版社，2013：335.

一、印尼电影审查制度调整的过程

(一)"成为自己国家的主人"

印尼的舆论圈有一句时常被提起的口号:"成为自己国家的主人"(menjadi tuan rumah di negeri sendiri),该口号在政治、经济、文化艺术领域的回响反映出,作为二战之后独立的现代民族国家,印尼在许多方面与外来产品有着难以分割的联系,甚至在某些领域对"舶来品"有着依赖性,只有在民族文化遭受外来威胁的语境里,才需要不断向历史深处打捞自身的价值。印尼电影在追求本土力量崛起的道路上长期面临的是底蕴丰厚的外国电影的攻势。

印尼政府曾就电影产业多次制定过税收调节计划,例如免税期、税收优惠和税收补贴,但本土电影在数量上仍不如进口电影。有人认为本土电影的艰难处境是由进口成品电影与进口电影生产器材之间税收成本的不匹配造成的,生产一部电影的花费高于进口一部电影。[①] 时任总统苏西洛(Susilo)在 2010 年 12 月 23 日的内阁会议上要求尽快制定合理的电影税收政策,经济统筹部部长 Hatta Rajasa 在会后的新闻发布会上称,民族电影已经负担起了教育性媒介的功能,甚至应该成为民族文化的堡垒,因此不应当让繁冗的赋税成为阻碍民族电影进步的负担。文化和旅游部部长 Jero Wacik 在年终新闻发布会上对总统的态度做了进一步的阐释,他表示将与财政部长一道努力,在必要时提升进口电影的税收,且预计相关政策将在 2011 年 1 月生效。[②]

如 Jero 所说,印尼政府在 2011 年 1 月做出了相关政策调整,在 1 月 10 日颁布了第 SE-3/PJ/2011 号税收总干事通函,要求对进口电影重新核算关税等税项。事实上,该通函是对 2008 年第 36 号法令与 2009 年第 42 号法令中关于进口电影税收内容的回顾与强调,并基于近年来进口电影的销售情况对有关法律规定做了新的阐释。[③] 该通函并未做出新的规定,实际上是对已有的规定做出执行要求,印尼政府通过该通函确认了进口税税基需将版权价值核算在内,根据计算,好莱坞电影进口商共拖欠应缴纳税款 310 亿印尼盾(约合 200 万美元)。[④] 此外,

---

① Kompas.com. *Pajak film dan masalah nasional* (电影税收与民族问题) [EB/OL]. (2011-02-24) [2019-12-02]. https://money.kompas.com/read/2011/02/24/14283479/pajak.film.dan.masalah.nasional?page=all.

② Kompas.com. *Pajak film dan masalah nasional* (电影税收与民族问题) [EB/OL]. (2011-02-24) [2019-12-02]. https://money.kompas.com/read/2011/02/24/14283479/pajak.film.dan.masalah.nasional?page=all.

③ Engine.Ddtc.Co.Id. *Surat Edaran Dirjen Pajak Nomor: SE-3/PJ/2011* (印度尼西亚共和国第 SE-3/PJ/2011 号税收总干事通函) [S/OL]. (2011) [2019-12-01]. https://engine.ddtc.co.id/peraturan-pajak/read/surat-edaran-dirjen-pajak-se-3pj2011.

④ Eric S. *Menjegal film Indonesia* [M]. Jakarta: Rumah Film, 2011: 61.

根据 2006 年第 17 号海关法第 17 条第 4 款的规定，对相关欠税者应按欠税总额的 100%—1000%处以罚款，①换言之，上述进口商将面临最高达 3100 亿印尼盾的罚款。

  从外国进口影片需要获得进口国家的许可，另一方面，从好莱坞进口电影需要获得美国影片公司的许可，因为被定性为拖欠税款，进口商无法继续进口好莱坞电影，美国影片公司也对这一政策表示不满，在各方未能达成一致的情况下，好莱坞电影在通函颁布一个月后正式撤出了印尼市场。2011 年 2 月 18 日，印尼最大的影院集团 21 电影（21 Cineplex）的发言人 Nooca Masardi 在通过电话确认了这一消息，他说："所有影院都不再上映外国电影，包括 21 电影集团"，但他同时表示，"希望美国电影能够继续在印尼发行。"②

  Noorca 对美国电影重新回到印尼银幕的期待并非个例，在过去的很长一段时间里，好莱坞电影始终占据着印尼影院里的大部分银幕，2011 年印尼国内约有 600 块银幕，但当年的国产电影只有 93 部。③ 6 月 16 日，财政部部长做出了新的规定，变更了进口电影关税核算方式，从原有的按进口电影总价的 10%征收进口关税的从价计征改为按每分钟电影时长征收 21000—22000 印尼盾进口关税的从量计征。④ 7 月 13 日，印尼出台了 2011 年第 102/PMK.011/2011 号财政部部长规定，其中第 3 条规定，进口商将进口故事片发行到各影院时需缴纳增值税，增值税的税基为商品的附加值，每一次发行拷贝的附加值统一规定为 12000000 印尼盾。⑤ 7 月末，《哈利·波特 7：死亡圣器（下）》与《变形金刚 3：月黑之时》在印尼上映，这次上映标志着好莱坞电影重回印尼。10 月 20 日，新的第 SE-79/PJ/2011 号税收总干事通函发布，正如旧的通函是对旧的法令所做的阐释一样，这份新的通函对三个月前发布的 102/PMK.011/2011 号财政部部长规定做出了阐释和强调，该通函的发布也意味着自 1 月份以来的有关对进口电影征税的纠

---

  ① 印度尼西亚共和国. *UNDANG-UNDANG REPUBLIK INDONESIA NOMOR 17 TAHUN 2006* (印度尼西亚共和国 2006 年第 17 号法令) [S/OL]. (2006) [2019-12-03]. http://supplychainindonesia.com/new/wp-content/files/UU_2006-17_Kepabeanan.pdf.

  ② Hendrawan S E. *Tak Ada Lagi Film Asing Di Bioskop* (电影院中将不再有外国电影) [EB/OL]. (2011-02-18) [2019-11-28]. https://money.kompas.com/read/2011/02/18/20560413/tak.ada.lagi.film.asing.di.bioskop.

  ③ Filmindonesia.Or.Id. *Daftar Judul Film Indonesia Berdasarkan Tahun "2011"* (2011 年印尼电影列表) [EB/OL]. (2011) [2019-11-28]. http://filmindonesia.or.id/movie/title/list/year/2011#.Xe376OgzbD4.

  ④ Eric S. *Menjegal film Indonesia* [M]. Jakarta: Rumah Film, 2011: 63.

  ⑤ Jdih.Kemenkeu.Go.Id. *PERATURAN MENTERI KEUANGAN NOMOR 102/PMK. 011/2011* (2011 年 102/PMK.011/2011 号财政部部长规定) [S/OL]. (2011) [2019-11-25]. http://www.jdih.kemenkeu.go.id/fullText/2011/102~PMK.011~2011Per.HTM.

纷在政策层面画上了阶段性休止符。但没有消息显示，此前宣称的进口商所欠税款已经缴纳，直到 2017 年，财政部部长仍在对欠税的进口商进行警示和提醒，与此同时进口电影的活动却一直持续。印尼本土电影在这次事件中短暂地成了"自己国家的主人"，这种暂时性体现出好莱坞电影在印尼电影史上的强势地位。

（二）外国电影在印尼

中国电影出版社在 1965 年翻译出版了两册有关印度尼西亚电影现状的辑录，收录了印度尼西亚电影协会主席巴赫迪亚·夏基安（Bachtiar Siagian）和抵制美国电影行动委员会总主席乌达米·苏里亚达马夫人在该时期所做的会议报告，辑录中弥散的是鲜明的反对美帝国主义的斗争话语。原文出版发行后不到一年时间就经译介进入中国电影界，从侧面可以看出，在当时的冷战背景下，中国电影界与印尼的左派电影人士之间联系紧密。或许上文提到的抵制好莱坞电影的运动可以放到彼时苏加诺总统与北京之间的密切关系这一政治背景中进行回顾。印度尼西亚共产党（Partai Komunis Indonesia）主席艾地（Aidit）说："这是亚非人民在文化领域中反对他们的头号敌人美帝国主义的一个组成部分。"[1]

但 1965 年"九三〇运动"之后，军政强人苏哈托上台，取代了苏加诺的领导地位，好莱坞电影在印尼再次流行。1967 年约有 400 部好莱坞电影在印尼发行，1969 年增至约 800 部。1964 年后的 15 年间，美国电影协会在印尼建立起了联通当地影院与发行商的产业链条。[2] 而直到 70 年代，印尼方才能够生产彩色影片和使用宽银幕技术，从而在技术意义上跨过与好莱坞电影竞争的门槛。[3] 在苏哈托统治下的新秩序时期（New Order Regime），虽然不时面临种种限制，但好莱坞电影凭借其强势的资本力量和丰富的电影内容始终占据着印尼主流院线电影的大部分市场。

在 21 世纪初期，印尼电影检查局（Lembaga Sensor Film，简称 LSF）对 2002—2009 年间的上映电影做了数据统计，获得上映许可的本土电影和进口电影的数量如图 1 所示。

---

[1] 叶维. 印度尼西亚抵制美国电影运动 [J]. 世界知识，1964（17）: 26.

[2] Moran A. *Film policy: international, national and regional perspectives* [M]. New York: Routledge, 1996.

[3] David H. *Cultural specificity in Indonesian film* [M]. London: Palgrave Macmillan, 2017: 73.

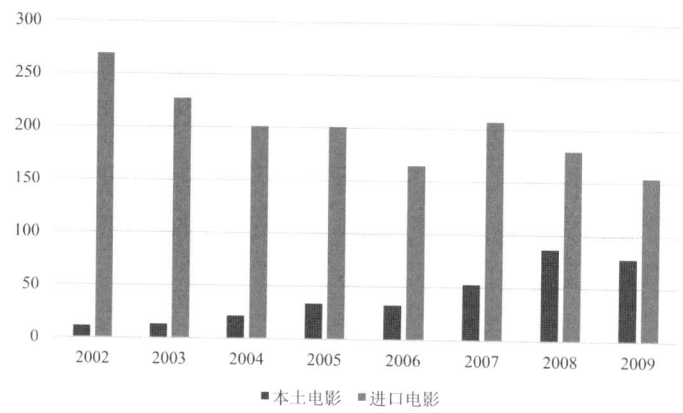

图 1　2002—2009 年印尼本土电影与进口电影情况①

从中可以看出进口电影在 21 世纪初在数量上相较于本土电影始终居于优势地位，其中大部分进口电影是来自美国的好莱坞电影。好莱坞的活动由于涉及国家对外宣传活动，属于广义公共外交范畴。美国电影协会为六大电影巨头公司服务，但却与美国政府有着密切关系，其五任主席兼首席执行官都与华盛顿首府有直接关系。② 媒介研究学者 Janet Wasko 指出，好莱坞电影的霸权地位是历史、经济、政治和文化因素共同作用的结果。娱乐产业是美国对外出口的第二大产业，所以好莱坞与它的代理人美国电影协会必然会采取手段对抗任何限制其电影产品推广的措施，这种对抗在加拿大、法国、韩国、泰国、印度的电影发展史中都能找到痕迹。③

美国电影协会亚太地区首席执行官 Mike Ellis 于 2011 年 2 月 23 日接受《雅加达邮报》采访时表示，协会中各影视公司没有进行过讨论或共同制定过决策，关于电影流通问题的决定是各公司基于各自的商业考量自行做出的，现在发生的一切不是"抵制"，而是美国电影协会与印尼政府之间对话的"努力"。④ 长期以来，如何处理本土电影与外国电影之间的关系都是决策者需要面对的重要议题。2011 年的事件以一种直观的形式暴露出了印尼电影生态中潜伏已久的问题，即

---

① 数据来源：印度尼西亚电影审查机构. https://www.lsf.go.id/publik/content/br5811980e51b77；Kompas.com. *Pajak film dan masalah nasional*（电影税收与民族问题）[EB/OL]. (2011-02-24) [2019-12-02]. https://money.kompas.com/read/2011/02/24/14283479/pajak.film.dan.masalah.nasional?page=all.

② 孙晴. 20 世纪 90 年代以来韩国电影政策研究 [D]. 济南：山东大学，2018.

③ Kompas.com. *Di Balik Kisruh Film Impor*（在进口电影乱局的背后）[EB/OL]. (2011-02-26) [2019-11-27]. https://nasional.kompas.com/read/2011/02/26/03294018/di.balik.kisruh.film.impor?page=all.

④ Eric S. *Menjegal film Indonesia* [M]. Jakarta: Rumah Film, 2011: 36.

印尼本土电影市场对进口电影，尤其是好莱坞电影存在依赖性，决策者也并非从不作为，不同时期的决策者都针对该问题做出过相应对策。

二、"后苏哈托时代"的政策共性

改革时期也被称为"后苏哈托时代"（Post-Suharto Era），两者在时间意义上均指 1998 年苏哈托下台之后的印尼，但苏哈托的下台并不意味着新秩序时期的体制性元素随之烟消云散，旧有的社会矛盾也并没有得到全方位的解决。改革是一个从旧向新的渐进的过程，本章重点关注 1998 年以后印尼对外电影政策的逻辑与实践同苏哈托新秩序时期的相似性。

（一）"保护民族电影"作为通用修辞

苏西洛总统在 2009 年 10 月 8 日签署颁布了 2009 年第 33 号关于电影的法令，或称第 33 号电影法，该电影法是 1998 年以后第一部也是到目前为止该时期唯一一部关于电影的法律，其中第二章第 3 条规定电影界的目标是：

高尚品格的培养；

民族生活智慧的体现；

民族团结和统一的维护；

民族地位的提高；

民族文化的继承和发展；

民族文化面向世界的推广；

社会幸福感的提升；

基于鲜活民族文化的电影的发展。①

这意味着，电影不仅仅被视作艺术品，它还被视作与民族文化紧密相连的文化产品，它负载着体现印尼民族文化、促进民族文化发展和推动民族文化走向世界的使命。无论是民间还是官方，"保护民族电影"（melindungi film nasional）都是与"成为自己国家的主人"一般普遍而通用的修辞，尤其在制定相关政策的时候，决策者的说法往往是为了"保护民族电影"。解构或精确定义"民族电影"的概念并将之放入民族主义的庞杂框架中是复杂的，但决策者将这一民族叙事纳入政策话语无疑能够带来想象性的感召力，从而获得某种合法性。"保护"是因为被保护的对象存在不足，印尼本土电影自诞生以来几经起落但在数量上却从未达到鼎盛，1966 年至 2018 年的本土电影数量如图 2 所示：

---

① 印度尼西亚共和国. *UNDANG-UNDANG REPUBLIK INDONESIA NOMOR 33 TAHUN 2009 TENTANG PERFILMAN*（印度尼西亚共和国第 33 号电影法）[S].

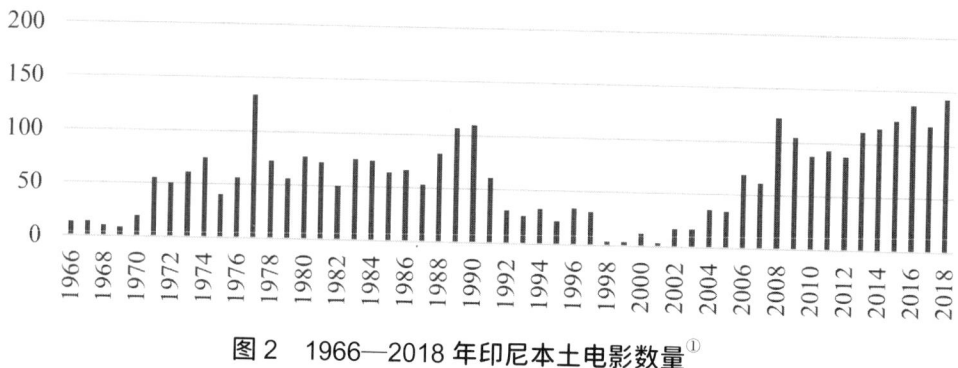

图 2　1966—2018 年印尼本土电影数量①

在整个新秩序时期，仅有三年本土电影的年产量超过一百部，在世纪之交的几年内更是跌入了谷底，本土电影的长期低迷一方面催生了本土民众与本土电影人士的焦虑与担忧，另一方面也为官方制定电影政策提供了话语土壤。1967 年苏哈托政府出台规定对每部进口影片征收 250000 印尼盾的税款，并宣称出于"保护民族电影"的目的这笔税收将用来资助本国电影生产，但事实上这笔税款多数被侵吞了。②印尼 70 年代本土电影产量的增长主要得益于当时印尼推行经济民族主义带来的经济增长，同时也因为 60 年代和 70 年代新加坡马来语电影制片业的衰落为印尼电影释放出了更多市场空间。③而这种决策者话语修辞与实践情况不完全相符的情况并非个例，有时甚至会因外部阻力过大而默许不利于本土电影发展的现象发生。90 年代初期印尼政府曾再次尝试过限制进口影片的数量，但美国电影协会称美国将停止进口印尼的纺织品和木材，这种限制只能不了了之。④并且 21 电影集团在 1990 年上映了《我的天，我的家》(*Langitku, Rumahku*)之后在 90 年代都未再放映过任何本土电影，而转为仅仅服务于好莱坞进口电影。⑤

在 2011 年的事件中，政府同样使用了这套说辞来回应电影界日益响亮的推动本土电影发展的诉求，并采取了出台税收通函补征版权税等税款的措施，在激起美国电影协会方面激烈反应的同时，也并未在国内电影界广获支持。在好莱坞电影退出后有人指出政府逻辑的缺漏之处，认为政府并未说明增加的税收如何促

---

① 数据来源：印度尼西亚电影网 filmindonesia.or.id.

② Moran A. *Film policy: international, national and regional perspectives* [M]. New York: Routledge, 1996.

③ David H. *Cultural specificity in Indonesian film* [M]. London: Palgrave Macmillan, 2017: 54.

④ Kompas.com. *Di Balik Kisruh Film Impor*(在进口电影乱局的背后) [EB/OL]. (2011-02-26) [2019-11-27]. https://nasional.kompas.com/read/2011/02/26/03294018/di.balik.kisruh.film.impor?page=all.

⑤ 王昌松. 投射国族影像：后"新秩序"时期的印度尼西亚国族电影 [J]. 当代电影, 2019（2）：64—68.

进本土电影的发展,也没有说明民族文化如何获益于这项政令。且印尼本土电影除了数量不足以外,还存在质量参差不齐等问题,一个突出的现象是本土制片方选用性感演员来包装恐怖片或喜剧,以打擦边球的方式突破电影审查在院线市场上大行其道,这一现象并未因为进口电影的离开而得到改变。①印尼是一个以穆斯林为主体的国家,除巴厘岛外多数地方都充斥着浓厚的伊斯兰教氛围,因此社会文化观念多受伊斯兰教影响,2009 年第 33 号电影法禁止影片中含有突出色情元素的片段。"性感"何以能在一个观众主体为穆斯林的社会中成为制片商吸引观众的武器或许是通往印尼穆斯林研究的另一个微妙线索,但此处关注的是这一线索所折射的本土电影状况,即许多制片商选择了一条相对低成本的吸引观众眼球的捷径,而不是选择其他方式,如提升特效水平、充实故事内容、提升导演水平。其导向的是印尼电影界推动本土电影发展诉求的另一个面向,即希望能获得政府更加多元化的支持,例如开办专门的电影制作培训学校、投资电影制作的上游产业、维护好珍贵的关于电影的历史档案。媒介研究学者 Budi Irawanto 在 2004 年提出,在印度尼西亚电影的制作过程中,电影流通的每个环节都存在问题并影响到电影的制作,制作后的审查、发行、监管与观众的欣赏评价都能影响到电影的制作。②制片人兼导演 Joko Anwar 强调了人力资源在电影生产中的重要性,但直到 2011 年印尼只有一家专门的电影学校,到 2015 年才增至三所。③

  印尼的对外电影政策是电影政策的重要一环,如何处理"内—外"的关系是本土电影发展必然要面临的课题,也是印尼政府在"保护民族电影"的修辞下重点关注的领域,但"保护"的暗喻将印尼本土电影视作处在外来入侵中的,需要政府给予照顾的客体,而在一定程度上掩盖了"发展"所蕴含的多样化诉求与多元面向。好莱坞电影对印尼院线的长期占据一方面给印尼电影界提供了发展的对照,另一方面也给政府的施政作为提供了发力点,但政府在这一领域的努力不仅时常遭受挫折,而且与电影界的诉求也存在微妙的错位。

---

  ① Kompasian. *Introspeksi Dari Dilarang Masuknya Film Impor* (反思进口电影禁令) [EB/OL]. (2012) [2019-11-26]. https://www.kompasiana.com/rennwidy/551030338133112f36bc6226/introspeksi-dari-dilarang-masuknya-film-impor.

  ② Kompas.com. *Di Balik Kisruh Film Impor* (在进口电影乱局的背后) [EB/OL]. (2011-02-26) [2019-11-27]. https://nasional.kompas.com/read/2011/02/26/03294018/di.balik.kisruh.film.impor?page=all.

  ③ Tribunnews.com. *Pengusaha Bioskop Tolak Pembatasan Film Impor* (影院方拒绝对电影进口的限制) [EB/OL]. (2015-02-11) [2019-11-23]. https://www.tribunnews.com/bisnis/2015/02/11/pengusaha-bioskop-tolak-pembatasan-film-impor.

(二)难以落实的配额制

进口配额制与银幕配额制是一国政府在跨国电影传播中为了保护本土电影的利益而时常做出的制度建设。进口配额制是对进口影片的数量进行限制,而银幕配额制则是对进口影片的放映时长进行限制。世贸组织的成员国同样会根据配额思想在不同文化领域制定相应的政策,或是通过对外来文化产品征收高额税款来补贴国内文化产业。而补贴政策往往与限制进口或对进口产品采取配额制相联系。面对电子技术迅速发展给欧洲电视市场带来的冲击,1989年,欧盟通过了两个旨在增加欧洲影视节目产量的指令。一个是"电视无国界指令",另一个是"媒体指令"。这两个指令的目的是保证有一半多的时间播放欧洲生产的节目。前者要求欧盟各国相互支持,播放成员国的影视作品,并规定了播放欧洲片和美国片的时间、时段额度。后者着重支持欧盟电影产品的市场推广。[①]在印尼,无论是苏哈托时代还是后苏哈托时代,对进口电影施行配额制都成为在"保护民族电影"修辞下的常规做法。

在1971年至1975年间,由Boedihardjo部长负责的进口配额制规定每年进口影片数量不能超过225部,[②]但实际上在70年代初每年约有750部外国电影进入印尼电影市场[③]。此后,对进口电影数量的限制一直持续到1999年,数量上从225部逐渐下调到200部最后停止在160部,1999年后这一进口配额制在改革与开放的呼声中被政府取消。

苏哈托时代的银幕配额制则集中体现在1975年出台的相关法令中,该法令规定每个月每家影院至少要放映两部国产电影,且至少放映两天。显然该法令的出台是为了保障本土电影享有足够的银幕放映时间,人为制造本土电影的生存空间和放映需求。但在20世纪70—80年代,印尼已有相当数量的多银幕影院,对于这些影院来说,分出一块银幕来放映本土电影,一部电影一天放映一次持续两天并非难事,且这种分配在符合法令要求的同时也能保障精彩的外国电影带来的充足客源。与进口配额制不同的是,银幕配额制并未随着改革时期的到来而走向终结。2009年第33号电影法规定影院在连续6个月的总放映时长内必须分配60%的时间给本土电影。[④]相比于1975年的法令,33号电影法的规定在字面上避免了给多银幕影院寻机钻空的空间,但这项字面上的进步并未带来实践上的落

---

① Chinamission.Be. 欧盟文化法规 [EB/OL]. (2007) [2019-12-01]. http://www.chinamission.be/chn/sbgx/wh/FG/.

② Eric S. *Menjegal film Indonesia* [M]. Jakarta: Rumah Film, 2011: 65.

③ Moran A. *Film policy: international, national and regional perspectives* [M]. New York: Routledge, 1996.

④ 印度尼西亚共和国. *UNDANG-UNDANG REPUBLIK INDONESIA NOMOR 33 TAHUN 2009 TENTANG PERFILMAN*(印度尼西亚共和国第33号电影法)[S].

实。该电影法一直以来缺乏配套的具体政府规定，据统计，21 电影集团在 2013 年的头 6 个月里只放映了 22%—27%本土电影，2014 年则是 31%。①

学者 Flibbert 在对世界电影贸易进行考察时将一国电影政策在经济领域划分为保护主义和自由主义两种倾向，在文化领域则划分为促进型和自由放任型。其中进口配额制和银幕配额制分别是经济领域和文化领域的指标。②印尼政府的电影政策就配额制的制定而言呈现出保护主义和促进型的倾向，在经济方面的保护和在文化方面的主动促进体现的是政策制定者家长式的思维，同时在客观上映射出印尼本土电影相较于进口电影，尤其是好莱坞电影的劣势地位。而配额制的难以实践则体现出印尼政府当局的政策并未被市场主体所认可与接受。本土电影从业者与影院经营者之间也存在诉求上的差异，政府的保护与促进或许响应了电影从业者的诉求，但落实相关政策必然对影院经营者的收益产生负面影响，因此苏哈托时期的多银幕影院对政府的法令只是象征性地遵从，后苏哈托时期一家独大的 21 电影集团对电影法规定也阳奉阴违。从苏哈托时期延续而来的不只有当政者家长式的政策逻辑与通用修辞，还有影院经营者出于商业利益驱动而对政令做出的潜在抵制。在这一互动中，行政人员的腐败与相关管制规定的缺乏也是配额制难以落实的原因之一。

Krishna Sen 指出，电影是一种文化产品的同时也是一种政治造物，它同样参与了"塑造新秩序"的政治进程。③受到国际资本主义的影响与裹挟意味着电影市场对进口电影的依赖在短期内是无法改变的，即使通过配额等手段做出了限制性规定，但市场经济本身的运行规律以及电影市场中的经营主体让这些规定的行政效力减弱。苏哈托之后的三个继任者都没有展现出足够改变现存权力结构的改革能力或意愿。虽然苏西洛的总统权威相比于前三者更加稳固，且他在经济和反腐领域做了诸多努力，然而他从未宣称过他作为一位独立且强势的民族领袖的地位，有评论家认为他的治理风格是"犹豫、拖延的"。④权力结构的延宕使得 1998 年之后的政治时间并未因"改革"的命名而在文化、经济、社会生活的诸多领域发生翻天覆地的变化，这种延宕在电影政策方面的表现即是"保护民族电影"修辞的延续与配额制的多番施行和难以落实。

---

① Kompasiana. *Daftar Negatif Investasi Film* (电影投资负面清单) [EB/OL]. (2016) [2019-11-27]. https://www.kompasiana.com/fauzanzidni/57453caa349373ff04cba363/daftar-negatif-investasi-film.

② Flibbert A J. *Commerce in culture: states and markets in the world film trade* [M]. London: Palgrave Macmillan, 2007: 28-29.

③ Shoesmith, Brian. *Sojourn: Journal of Social Issues* [J/OL]. Southeast Asia, 1996 (2): 334-337 [2020-01-07]. https://www.jstor.org/stable/41056945.

④ Jones T. *Indonesian cultural policy in the reform era* [J/OL]. Indonesia, 2012 (93): 147-176. doi: 10.5728/indonesia.93.0147.

三、佐科时期日益开放的政策环境

作为一位平民总统,佐科·维多多(Joko Widodo)相比于改革时期的前四任总统在改革进程上走得更远,已有学者对佐科执政时期的印尼政治、经济、外交与社会文化情况做了详尽的分析,与改革的深化相呼应的是,印尼的对外电影政策环境在佐科时期呈现出更加开放和市场化的特点。

(一)改善电影业投资环境

印尼政府曾采取征收进口关税、进口配额制、银幕配额制等方式限制进口电影在印尼的传播和保护本土电影的发展。在这一形势下,电影从业者与政策制定者逐渐将焦点转移到电影发行与制作中的外资引入问题上。有电影从业者认为,开放外资进入本土电影制作与发行可以推动电影生产者借由外资经验生产出高质量的电影,而政府也应当制定规定支持印尼的经济和文化繁荣。电影发行公司PT Tripar Multivision的创始人Raam Punjabi认为,泰国、越南、老挝、柬埔寨在宽银幕影厅建设上取得成功是因为与外国资本合作。[①]印尼政府在与社会各界的沟通和媒体报道中也逐渐表露出在电影投资领域推行改革措施的意愿。经济统筹部部长在2013年11月称,政府将在2010年第36号总统令的基础上开放五个经济部门,并将放宽对另外十个领域的外资准入门槛,这十个领域中就包括电影发行。之后,印尼经济统筹部召开了协调会议,形成修改投资负面清单的建议并提交时任总统苏西洛审核。苏西洛在2014年签署的第39号关于资本投资领域禁止和有条件开放的投资行业清单中规定,在电影发行领域外资最大占比可达49%。

苏西洛在签署上述总统令不久之后便卸任下台,新上任的佐科总统承接了解决电影投资相关问题的任务,且这位新总统在作风上显得更具改革精神。"创意产业"(creative industry)是由约翰·霍金斯(John Howkins)于1997年提出的概念,指的是对个人或集体创意加以利用开发的产业,知识产权是创意经济产业中的核心内容。苏西洛在21世纪初提出印尼应当注重发展创意经济,佐科总统在2015年成立了创意经济局(Badan Ekonomi Kreatif),负责协调推动印尼创意经济的发展,电影业顺理成章地被划入创意经济的范畴。创意经济局在成立之初便释放出了进一步调整负面投资清单的信号,随后佐科总统在2016年签署了第44号总统令,规定外资在电影发行和影院建设领域占比可以达到100%。外资获得进入印尼电影业许可的一个典型案例即是韩国CGV集团对Blitzmegaplex的收

---

① Erlangga D. *Asing Boleh Masuk Ke Bisnis Distribusi Film*(外资可以进入印尼电影发行)[EB/OL]. (2015-11-25) [2010-12-05]. https://money.kompas.com/read/2015/11/25/103350226/Asing.Boleh.Masuk.ke.Bisnis.Distribusi.Film.

购，组成了 CGV-Blitz 集团，并成了印尼排名第二的院线运营商，仅次于 21 电影集团。截至 2018 年 5 月，CGV 在印尼已拥有 49 家影院。①

放开电影业所属的创意产业投资限制实际上是佐科致力于建设"投资亲善型"国家的举措之一，是 16 轮经济配套措施中的一环，通过本轮投资负面清单的调整，对外资的限制由原本的 664 项减至 515 项。② 相比于此前的保护性措施，为外资进入印尼电影业松绑呈现出更加市场化的倾向，佐科政府尝试通过市场的力量去推动印尼整体电影业的发展和电影市场的繁荣，而非单纯保护本土电影。值得注意的是，自 2016 年以后，印尼票房前十的本土电影和进口电影的票房之和总体呈现增长趋势，但对该增长做出显著贡献的是进口电影票房，如图 3 所示：

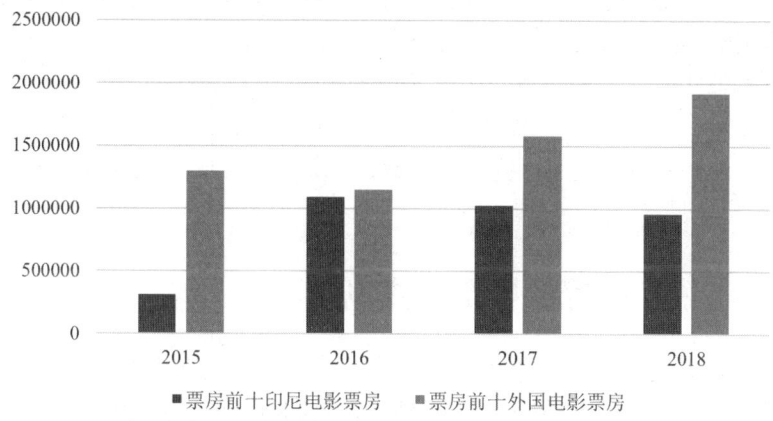

图 3　印尼本土电影与外国电影票房对比③

（二）响应电影界修订电影法的诉求

上述 21 电影集团之所以堂而皇之地违背 2009 年第 33 号电影法中对于放映本土电影时长的规定，一方面依靠集团本身雄厚的经济实力与盘根错节的政治网络，另一方面是电影法本身缺乏相应的政府规定和配套措施落实相关法条。全印尼影院联合会总主席 Djonny Syafruddin 曾指出，该电影法"为时过早且无法落实"。正如他所言，电影法在颁布之后并未出台相应的实施细则，目前经由总统令或部长规定明确的只有电影检查局（Lembaga Sensor Film）和印尼电影局

---

① 王昌松. 投射国族影像：后"新秩序"时期的印度尼西亚国族电影 [J]. 当代电影，2019（2）：64—68.

② 刘胜，胡安琪. 印尼外资政策变化及其对"一带一路"建设的影响 [J]. 东南亚研究，2019（2）：122—138，157—158.

③ 数据来源：https://en.wikipedia.org/wiki/List_of_highest-grossing_films_in_Indonesia.

（Badan Perfilman Indonesia）的相关事项。

其中和电影审查直接相关的"好电影"（film bagus）的概念并未得到标准明确的界定，并因此带来了有关电影审查的诸多争议。该电影法第 33 条第 1 款和第 2 款规定，电影放映商需定期向主管电影业的部长告知所放映的每部电影的观众人数，部长则必须定期向公众公示有关数据。① 但在实际操作过程中，观众人数的透明度始终是一个问题。印度尼西亚电影网（filmindonesia.or.id）发布的观众数量是目前公众可以公开访问的唯一数据来源。

在此背景下，印尼人民代表会议（Dewan Perwakilan Rakyat）代表 Venna Melinda 成功地将电影法的修订纳入了 2018 年国家立法计划。虽然该项立法计划未能在 2018 年如期实现，但这是印尼立法机构首次对修订电影法的呼声做出回应。教育和文化部电影发展中心负责人 Maman Wijaya 在 2019 年表示，"长期以来在落实电影法方面确实存在法规空白。在过去的十年中，全国电影业的产业情况和技术条件都发生了许多变化"，如果经讨论认为 2009 年第 33 号电影法不再使用，那么"将着手订立新的法律"。② 从中可看出，这一时期政策环境的开放不只表现为向外开放，也表现为向内开放，决策者在倾听建议与诉求方面更为务实。

四、红线：印尼的电影审查制度

印尼电影界曾有人担心外资的进入会让本土电影进一步失去生存空间，但 Djonny 认为，外资进入印尼不会造成外国文化和电影的扩张垄断，"因为电影的流通许可还是由电影检查机构负责。"③ 这一论断引出的是至今仍以强势姿态活跃在电影审查领域的印尼电影检查局。电影审核与电影分级背后的逻辑是针对电影内容建立了一套社会价值标准，被允许向公众放映的是符合"主流的""正面的"价值取向的电影④，预审、电影格式、电影节政策决定了电影是如何被制作与推广发行的。当下，印度尼西亚境内所有电影在进行公开发行与放映前，一律

---

① 印度尼西亚共和国. *UNDANG-UNDANG REPUBLIK INDONESIA NOMOR 33 TAHUN 2009 TENTANG PERFILMAN*（印度尼西亚共和国第 33 号电影法）[S].

② Kumparan. *UU Perfilman Kita Sudah Usang Dan Tak Relevan*（我们的电影法已经过时且不适用）[EB/OL]. (2019) [2019-12-02]. https://kumparan.com/kumparanhits/uu-perfilman-kita-sudah-usang-dan-tak-relevan-1553917885132020335.

③ Kemenperin.go.id. *Pembukaan DNI Distribusi Film dan Bioskop Perlu Diperjelas*（印尼电影发行与影院建设投资负面清单开放需要进一步解释）[EB/OL]. (2013) [2019-11-24]. https://kemenperin.go.id/artikel/7894/Pembukaan-DNI-Distribusi-Film-dan-Bioskop-Perlu-Diperjelas

④ 刘婷, 席冰. 世界各国电影分级与审查制度研究综述[J]. 电视指南, 2018（1）: 1—3.

必须通过印度尼西亚电影检查局的审查。LSF 执行电影审查需要通过教育和文化部部长向总统负责。

（一）印尼电影审查制度的发展历程

印度尼西亚的电影审查制度（以下简称电检制度）发端于荷兰殖民时期，最早的电检体制建立于 1916 年，至今拥有超过百年的历史。当时的电检制度受荷兰殖民者控制，所针对的是具有颠覆殖民政府动机或鼓励民族独立取向的电影。日本进军东南亚结束荷兰殖民统治后，将印尼电检制度归入了宣传部进行管理。

1945 年印尼宣布独立，首任总统苏加诺（Sukarno）同样重视电检制度在国家文化管理中的地位，并将之视作政治色彩浓厚的意识形态斗争工具，将矛头对准了具有"负面影响"的外国电影，并在 1964 年全面禁止从美国进口好莱坞电影。电检制度作为文化国防阵线的重要组成部分，其主管单位被划归国家资讯部管辖，其中有来自情报部门的成员。

1965 年，苏哈托上台，一改苏加诺时期反美的偏左路线，主张反共、正常化（Normalisasi）与秩序。苏哈托威权政体的建立伴随着政治态势的高压与思想管制的加强，1992 年，立法机构通过了第 8/1992 号电影法，禁止播放含有暴力、赌博、药物滥用、色情和违法等元素的电影，电检制度自此拥有了稳固的法律依据。这一时期印尼电检制度的关键词被概括为"SARA"，即族群（Suku）、宗教（Agama）、种族（Ras）、阶级间（Antar golongan），触犯 SARA 的电影或是遭到禁播，或是遭到删减，SARA 成了一项带有强制色彩的禁忌，同时成了苏哈托政权进行电影审查的思想工具。

苏哈托政权终结之后，印尼进入了改革时期，开启了民主化进程。根据 Ahmad Nuril Huda 对 Katinka van Heeren《当代印度尼西亚电影：改革的精神与过去的幽灵》（*Contemporary Indonesian Film: Spirits of Reform and Ghosts from the Past*）一书的梳理，后苏哈托时代的印尼电影受到新秩序时期电影政策和实践的遗产影响，这一影响持续到改革时期。[①] 电影实践受制于新秩序时期对国家与跨国政治间的想象，这决定了哪些图像和表演可以被印度尼西亚的观众所看到。在后苏哈托时期，虽然新媒体技术的产生和新媒体实践的变化使得新的电影制作方法与发行渠道勃兴，但新秩序的遗产并没有完全消失。

印度尼西亚电影协会（Masyarakat Film Indonesia，简称 MFI）在印尼电影史和电影审查制度史上扮演了重要角色，该协会是由新一代的年轻独立电影人和制作者，如 Riri Riza, Nia Dinata, Mira Lesmana 和 Shanty Harmayn 组成，成立之初是为了反对 2006 年印尼电影节的一次不公正颁奖，在该群体的反对之下，颁奖

---

① Huda A N. Review: contemporary Indonesian film: spirits of reform and ghosts from the past by Katinka van Heeren [J]. *Bijdragen tot de Taal-, Land- en Volkenkunde*, 2013, 169 (4): 545-547.

决定最终被撤回，而 MFI 并未就此停止活动，而是进一步关注国家电影政策的改革，主张电影审查制度与印尼人权法案相矛盾，要求立法部门废除落后的 8/1992 号电影法令。①

在对《莲花之歌》(Chants of Lotus)的审查以及 MFI 在立宪法院进行斗争的一年后，众议院用第 33/2009 号电影法取代了 1992 年电影法。政府将其视为符合 1998 年民主改革精神的更民主的法律。审查机制中对电影的切割减少，相反，审查委员会将把有问题的电影退回给电影制作者进行"再版"。如果被筛选的电影不符合审查标准，那么将对制作者给予制裁（依据第 60 条第 3—5 款）。该法第六条规定，禁止使用色情制品（但并没有对"色情制品"的明确定义）或涉及敏感的阶级/民族/宗教问题（第六条 a—f 项）。

新的电影法明确了电影业的目标：

a. 高尚品格的培养；
b. 民族生活智慧的实现；
c. 民族统一和团结的维护；
d. 民族尊严与地位的提升；
e. 民族文化价值观的发展和延续；
f. 民族文化走向世界；
g. 社会福利的增长；和
h. 发展鲜活的可持续的民族电影。

禁止电影包含如下内容：

a. 煽动公众进行暴力活动、赌博和滥用麻醉品、精神药物和其他成瘾物质；
b. 突出色情；
c. 引发群体之间，部落之间，种族和/或群体之间的冲突；
d. 诽谤，骚扰和/或玷污宗教价值观；
e. 煽动公众违法；和/或
f. 贬低人的尊严②

电影法第五十七条规定：每一部电影和电影宣传片在上映流通前都需要获得过审许可，审查包括对电影的主题、画面、片段、声音、翻译文本和观众年龄分层规定的审核。进行上述审查遵循的原则是使社会免受不良电影或电影宣传片的荼毒。从中可以看出，新的电影法依然遵循着新秩序时期制度中内蕴的家长式逻辑，该制度将国家放置到其易受侵害的公民的保护者的位置上，反对那些可能

---

① Paramaditha I. *Cinema Sexuality and censorship in post-Soeharto Indonesia* [G]// Tilman Baumgärtel. *Southeast Asian iependent cinema*. Hong Kong: Hong Kong University Press, 2012.

② 印度尼西亚共和国. *UNDANG-UNDANG REPUBLIK INDONESIA NOMOR 33 TAHUN 2009 TENTANG PERFILMAN*（印度尼西亚共和国第 33 号电影法）[S].

"激怒"他们从事颠覆行为的电影。

纵观印尼电检制度演变史,可以发现,印尼的电检制度由来已久,且电检制度始终作为意识形态控制和文化思想管理的重要工具。无论是在苏加诺时期,或是在苏哈托威权统治时期,直至新世纪民主化改革时期,对电影观众进行家长式保护的逻辑始终未曾消失,两套电影法案都给予了电检制度以重要地位,电检制度是电影制作人进行电影生产和推广必须面对的门槛,如果选题不当或画面处理不当将面临受到制裁的风险。

(二)部分遭禁进口影片举隅

进口电影在印尼的流通与上映除了要面对各种税收和配额制限制之外,还需要获得电影检查局的过审许可,电影审查发挥着文化防线的功能,过滤的是与国内社会主流意识形态或文化氛围不相符合的进口电影。通过探寻不同影片在印尼遭禁的原因,有助于了解印尼电影检查制度对进口影片的审查重点。

澳大利亚知名导演 Peter Weir 在 1982 年导演了《危险年代》(*The Year of Dangerously*),并以此提名了第 36 届金棕榈奖,这部电影重新挑起了关于"九三〇运动"的讨论,在 20 世纪 80 年代遭印尼禁映。加拿大名导詹姆斯·卡梅隆(James Cameron)执导的《真实的谎言》(*True Lies*,1994)则因为将恐怖分子描绘为阿拉伯人遭印尼封禁,印尼电影检查局认为这是将阿拉伯人和伊斯兰教等同于恐怖主义的偏见。① 美国导演米切尔·利希滕斯坦(Mitchell Lichtenstein)导演的恐怖片《阴齿》(*Teeth*,2007)讲述了长出阴齿的女孩的离奇遭遇,曾获圣丹斯国际电影节剧情片评审团特别奖,但因为故事情节围绕性器官展开在印尼遭到禁映。达伦·阿罗诺夫斯基(Darren Aronofsky)执导的《圣经》史诗灾难片《诺亚方舟:创世之旅》(*Noah*,2014)则因为改写了伊斯兰教经典中诺亚的故事而被封禁。《下流祖父》(*Dirty Grandpa*,2016)和《五十度灰》(*Fifty Shades of Grey*,2017)分别因为含有粗俗的污言秽语和包含许多饱受争议的性虐待镜头而遭禁,② 两者都触碰了印尼电影检查规范中关于性描写与性呈现的禁区。

从上述影片遭禁经历可以看出,印尼对进口电影的审查重心聚焦于影片对性与性别相关场景和主题的应用,对社会敏感议题,包括族群冲突与阶级分裂的回顾与揭示,针对这类题材所划定的雷区是高压而不容触碰的,这可能与印尼的宗

---

① Brilio.Net. *9 Film Ini Dilarang Tayang Di Indonesia, Alasannya Apa Ya?*(九部影片在印尼遭禁,原因为何?)[EB/OL]. (2017) [2019-12-01]. https://www.brilio.net/creator/9-film-yang-dilarang-tayang-di-indonesia-112554.html#.

② Kumparan. *5 Film Hollywood Ini Dilarang Tayang Di Indonesia, Terlalu Vulgar?*(这五部好莱坞电影因过于粗俗而在印尼被禁?)[EB/OL]. (2019) [2019-12-01]. https://kumparan.com/skyegrid-id/5-film-hollywood-ini-dilarang-tayang-di-indonesia-terlalu-vulgar-1rOe3WyLFXC.

教环境与政治历程有一定的关系。

五、小结

好莱坞电影在印尼电影史上长期占据了大部分票房市场，借由丰厚的资本与文化积累和优越的电影技术塑造了观众的审美品位，好莱坞电影始终是印尼对外电影政策制定与实施的重要领域，也是印尼本土电影从业人士寻求本土电影发展与"民族电影"繁荣无法回避的竞争对手。1998年苏哈托下台之后印尼进入了民主改革时期，但苏哈托时代的影响在印尼长期延宕，而另一方面印尼社会各界寻求改革的声音也愈发响亮，两者交织共同形成了改革时期的印尼对外电影政策的制定与施行语境。佐科政府相较于前任政府在如何促进印尼电影发展这一问题上呈现出更加开放的态度，外国电影进入印尼时面对的是更加宽松和市场化的政策环境。但需要注意的是，这种开放中也存在审查的红线，印尼电影检查机构对涉及宗教、政治敏感点与性呈现和性表达的电影依然持高压态度。

参考文献

中文文献：

［1］本尼迪克特·安德森. 想象的共同体：民族主义的起源与散布［M］. 吴叡人，译. 上海：上海人民出版社，2019：15.

［2］刘婷，席冰. 世界各国电影分级与审查制度研究综述［J］. 电视指南，2018（1）：1—3.

［3］马歇尔·麦克卢汉. 理解媒介：论人的延伸［M］. 何道宽，译. 南京：译林出版社，2013：335.

［4］刘胜，胡安琪. 印尼外资政策变化及其对"一带一路"建设的影响［J］. 东南亚研究，2019（2）：122—138，157—158.

［5］孙晴. 20世纪90年代以来韩国电影政策研究［D］. 济南：山东大学，2018.

［6］王昌松. 投射国族影像：后"新秩序"时期的印度尼西亚国族电影［J］. 当代电影，2019（2）：64—68.

［7］叶维. 印度尼西亚抵制美国电影运动［J］. 世界知识，1964（17）：26.

［8］Chinamission.Be. 欧盟文化法规［EB/OL］.（2007）［2019-12-01］. http://www.chinamission.be/chn/sbgx/wh/FG/.

英文文献：

［1］David H. *Cultural specificity in Indonesian film* [M]. London: Palgrave

Macmillan, 2017: 73.

[2] Flibbert A J. *Commerce in culture: states and markets in the world film trade* [M]. London: Palgrave Macmillan, 2007: 28-29.

[3] Huda A N. *Review: contemporary Indonesian film: spirits of reform and ghosts from the past by Katinka van Heeren* [J]. *Bijdragen tot de Taal-, Land- en Volkenkunde*, 2013, 169 (4): 545-547.

[4] Jones T. *Indonesian cultural policy in the reform era* [J/OL]. Indonesia, 2012 (93): 147-76. doi: 10.5728/indonesia.93.0147.

[5] Moran A. *Film policy: international, national and regional perspectives* [M]. New York: Routledge, 1996.

[6] Paramaditha I. *Cinema Sexuality and censorship in post-Soeharto Indonesia* [G]// Tilman Baumgärtel. *Southeast Asian iependent cinema*. Hong Kong: Hong Kong University Press, 2012.

[7] Shoesmith, Brian. *Sojourn: Journal of Social Issues* [J/OL]. Southeast Asia 11, 1996 (2): 334-337 [2020-01-07]. https://www.jstor.org/stable/41056945.

印尼文文献：

[1] Erlangga D. *Asing Boleh Masuk Ke Bisnis Distribusi Film*（外资可以进入印尼电影发行）[EB/OL]. (2015-11-25) [2010-12-05]. https://money.kompas.com/read/2015/11/25/103350226/Asing.Boleh.Masuk.ke.Bisnis.Distribusi.Film.

[2] Kompasiana. *Daftar Negatif Investasi Film*（电影投资负面清单）[EB/OL]. (2016) [2019-11-27]. https://www.kompasiana.com/fauzanzidni/57453caa349373ff04cba363/daftar-negatif-investasi-film.

[3] Filmindonesia.Or.Id. *Daftar Judul Film Indonesia Berdasarkan Tahun "2011"* (2011 年印尼电影列表) [EB/OL]. (2011) [2019-11-28]. http://filmindonesia.or.id/movie/title/list/year/2011.

[4] Kompas.com. *Di Balik Kisruh Film Impor*（在进口电影乱局的背后）[EB/OL]. (2011-02-26) [2019-11-27]. https://nasional.kompas.com/read/2011/02/26/03294018/di.balik.kisruh.film.impor?page=all.

[5] Kompasian. *Introspeksi Dari Dilarang Masuknya Film Impor*（反思进口电影禁令）[EB/OL]. (2012) [2019-11-26]. https://www.kompasiana.com/rennwidy/551030338133112f36bc6226/introspeksi-dari-dilarang-masuknya-film-impor.

[6] Eric S. *Menjegal film Indonesia* [M]. Jakarta: Rumah Film, 2011.

[7] Kompas.com. *Pajak film dan masalah nasional*（电影税收和民族问题）[EB/OL]. (2011-02-24) [2019-12-02]. https://money.kompas.com/read/2011/02/24/142

83479/pajak.film.dan.masalah.nasional?page=all.

［8］Jdih.Kemenkeu.Go.Id. *PERATURAN MENTERI KEUANGAN NOMOR 102/PMK. 011/2011* (2011 年 102/PMK.011/2011 号财政部部长规定) [S/OL]. (2011) [2019-11-25]. http://www.jdih.kemenkeu.go.id/fullText/2011/102~PMK.011~2011Per.HTM.

［9］Kemenperin.go.id. *Pembukaan DNI Distribusi Film dan Bioskop Perlu Diperjelas* (印尼电影发行与影院建设投资负面清单开放需要进一步解释) [EB/OL]. (2013) [2019-11-24]. https://kemenperin.go.id/artikel/7894/Pembukaan-DNI-Distribusi-Film-dan-Bioskop-Perlu-Diperjelas.

［10］Tribunnews.com. *Pengusaha Bioskop Tolak Pembatasan Film Impor* (影院方拒绝对电影进口的限制) [EB/OL]. (2015-02-11) [2019-11-23]. https://www.tribunnews.com/bisnis/2015/02/11/pengusaha-bioskop-tolak-pembatasan-film-impor.

［11］Engine.Ddtc.Co.Id. *Surat Edaran Dirjen Pajak Nomor: SE-3/PJ/2011* (印度尼西亚共和国第 SE-3/PJ/2011 号税收总干事通函) [S/OL]. (2011) [2019-12-01]. https://engine.ddtc.co.id/peraturan-pajak/read/surat-edaran-dirjen-pajak-se-3pj2011.

［12］Hendrawan S E. *Tak Ada Lagi Film Asing Di Bioskop* (电影院中将不再有外国电影) [EB/OL]. (2011-02-18) [2019-11-28]. https://money.kompas.com/read/2011/02/18/20560413/tak.ada.lagi.film.asing.di.bioskop.

［13］印度尼西亚共和国. *UNDANG-UNDANG REPUBLIK INDONESIA NOMOR 17 TAHUN 2006* (印度尼西亚共和国 2006 年第 17 号法令) [S/OL]. (2006) [2019-12-03]. http://supplychainindonesia.com/new/wp-content/files/UU_2006-17_Kepabeanan.pdf.

［14］印度尼西亚共和国. *UNDANG-UNDANG REPUBLIK INDONESIA NOMOR 33 TAHUN 2009 TENTANG PERFILMAN* (印度尼西亚共和国第 33 号电影法) [S].

［15］Kumparan. *UU Perfilman Kita Sudah Usang Dan Tak Relevan* (我们的电影法已经过时且不适用) [EB/OL]. (2019) [2019-12-02]. https://kumparan.com/kumparanhits/uu-perfilman-kita-sudah-usang-dan-tak-relevan-1553917885132020335.

［16］Brilio.Net. *9 Film Ini Dilarang Tayang Di Indonesia, Alasannya Apa Ya?* (九部影片在印尼遭禁，原因为何？) [EB/OL]. (2017) [2019-12-01]. https://www.brilio.net/creator/9-film-yang-dilarang-tayang-di-indonesia-112554.html#.

［17］Kumparan. *5 Film Hollywood Ini Dilarang Tayang Di Indonesia, Terlalu Vulgar?* (这五部好莱坞电影因过于粗俗而在印尼被禁？) [EB/OL]. (2019) [2019-12-01]. https://kumparan.com/skyegrid-id/5-film-hollywood-ini-dilarang-tayang-di-indonesia-terlalu-vulgar-1rOe3WyLFXC.

中国电视剧在菲律宾的传播
——以《流星花园》为例[①]

北京大学外国语学院 许 洋

【摘 要】 流行文化依赖大众媒体进行传播，对于社会具有深刻影响。从流行文化的视角来观察中国文化在菲律宾的传播状况，来自中国的电影、电视剧和网络小说均在不同程度上得到了当地民众的欢迎，其中电视剧的影响最为广泛。本文以《流星花园》为例分析了中国电视剧在菲律宾的传播过程中受到欢迎的原因。《流星花园》以现代方式重述了菲律宾民众耳熟能详的《灰姑娘》童话，跌宕起伏的情节为他们提供了精神的慰藉、实现了替代性满足，虚构模糊的环境设定则赋予了他们无尽的诠释空间，这些因素共同推动了《流星花园》在菲律宾的流行，该案例也为中国流行文化在海外的传播提供了值得借鉴的经验。

【关键词】 流行文化；中国电视剧；菲律宾

一、菲律宾流行文化概述

菲律宾流行文化起源于西班牙殖民者对菲律宾群岛的殖民统治。殖民者通过传播特定种类的文学和戏剧，宣扬天主教和西方思想，企图控制菲律宾人的精神世界。西班牙殖民时期较有影响力的流行文化载体包括 pasyon（描述耶稣受难过程的叙事诗）、sinakulo（描述耶稣生平和受难的戏剧）、korido 和 awit（有韵律的叙事民谣）、komedya（描述天主教徒和穆斯林斗争的戏剧）。早期的菲律宾流行文化是由殖民当局塑造的，被用以维护教会和殖民政府的利益。19 世纪末，菲律宾本地的知识精英开始运用流行文化对抗西班牙殖民者，利用文艺作品启迪民智，发起"宣传运动"，团结民众反抗殖民统治。20 世纪初，美国殖民者统治菲律宾，带来了新的流行文化形式。得益于美国殖民者开明的文化政策，这一时期不仅图书、报纸、连环画等纸质出版物大为增加，广播、电影等媒体形式也日益流行，但以上文化载体大都局限于城市区域的传播，对乡村的影响力较为有限。在一些领域，菲律宾流行文化出现了阶段性的繁荣，例如 1939 年时菲律

[①] 项目来源：教育部人文社会科学重点研究基地重大项目"中国与东南亚的文学和文化交流研究"（批准号：18JJD750003）。

宾制作的有声电影数量曾位列世界第五。二战后，菲律宾独立建国，菲律宾流行文化进入了新的发展阶段，涌现出大量本土文艺工作者和作品，具有菲律宾本土特色的流行音乐开始出现，广播、电视、电影等媒体取得更为广泛的发展，影响力从马尼拉等大都市逐步扩展到乡村地区。

进入21世纪以来，随着互联网、智能手机等新兴通信技术和工具的出现，菲律宾流行文化逐渐进入网络时代。电视剧、电影借助网络空间实现了更广泛的覆盖，传统意义上的电视剧已不再仅仅依赖电视媒体进行传播，而进入网络空间形成了所谓的"网剧"（即只在互联网视频网站播映而不进入电视媒体的影视剧目）。网络小说作为一种全新的文学载体开始出现，相较于传统纸质出版物具有更快的传播速度和更便捷的阅读体验。同时，Facebook, Instagram, TikTok等社交媒体日益流行，成为菲律宾青年人获取流行文化信息的重要门户，新媒体、自媒体的出现极大地改变了文化传播的途径，使得菲律宾一度被称为"世界社交媒体之都"[1]。

综上所述，菲律宾流行文化的发展融合了西班牙、美国和菲律宾本土的文化元素，始终具有深刻的时代印记，体现了多元一体、与时俱进的基本特征。

二、中国流行文化在菲律宾的传播

菲律宾在流行文化领域有着较为开放包容的传统，菲律宾观众对来自其他国家的流行文化产品接受程度较高。中国流行文化在菲律宾的传播主要依托电影、电视剧和网络文学三种形式。

电影是最早进入菲律宾的中国流行文化载体。1922年，中国电影《莲花落》在菲律宾放映，得到当地华侨的赞赏[2]，这也是首部在菲放映的中国电影。其后，《盘丝洞》《歌女红牡丹》《城市之夜》《母性之光》《八百壮士》《保卫我们的土地》等电影先后进入菲律宾放映。新中国建立到改革开放之间的时期，由于意识形态的差异，菲律宾基本没有引入中国大陆拍摄的电影。直至1981年，在菲律宾举办的第一届马尼拉国际电影节上，中国电影《舞台姐妹》和《农奴》参加展演，均获得"金鹰奖"；1983年，中国电影《城南旧事》在第二届马尼拉国际电影节上再获"金鹰奖"[3]。1987年，中菲两国合拍历史传奇故事片《苏禄国王与中国皇帝》，再现了明朝永乐年间苏禄国王亲率舰队出访中国并与永乐皇帝

---

[1] Vince. Research Confirms: The Philippines is Still the Social Media Capital of the World [EB/OL]. (2014-07-03) [2020-05-01]. https://sg.news.yahoo.com/research-confirms-philippines-still-social-033045566.html.

[2] 金宝山. 最早走向世界的中国电影[EB/OL].（2015-05-28）[2020-05-01]. http://www.rmzxb.com.cn/c/2015-05-28/507549.shtml.

[3] 田星. 1979—1984中国电影海外传播史研究[J]. 电影新作，2014（6）：33—39.

结下深厚友谊的佳话。21 世纪以来，中国在菲律宾定期举办中国电影节，每届播映 4—8 部中国原创电影，《嘎达梅林》《海角七号》《唐山大地震》《狄仁杰之通天帝国》等电影均通过此种途径进入菲律宾播出，《功夫瑜伽》《捉妖记 2》等电影则在院线上映，引发菲律宾媒体和观众的广泛关注。

相比于中国电影，中国电视剧虽然进入菲律宾时间较晚，但具有更广泛的观众群体。自 20 世纪 90 年代以来，菲律宾政府以立法等形式调整了此前本国电视媒体主要面向美国等西方国家的传媒开放的媒介政策[①]，向中国等亚洲国家扩大开放，积极引进亚洲电视节目，建立适应全球化背景的多元文化体系。外国电视剧最早开始在菲律宾广泛流行始于 1996 年墨西哥电视剧《玛尔玛》(*Marimar*)的引入，它带动了以墨西哥和南美电视剧为代表的拉丁美洲电视剧热潮。2003 年，台湾电视剧《流星花园》在菲律宾热播，亚洲电视剧逐渐取代拉美电视剧成为最受菲律宾大众欢迎的外国电视剧。菲律宾观众在亚洲电视剧的传播过程中逐渐创造出一系列固定的词汇用以指称它们，例如"Asianovela"，由"Asian"（亚洲的）和"Telenovela"（电视剧）组合而成，即亚洲电视剧，意指除菲律宾以外的亚洲其他国家和地区（主要包括中国、日本、韩国、泰国等）摄制的电视剧，该词最早流行于菲律宾当地的网络论坛，后开始广泛流行于菲律宾社会；除此之外，亚洲电视剧又依据地域不同主要分为三种"亚型"，即中国大陆及港澳台地区出品的"Chinovela"、韩国出品的"Koreanovela"和日本出品的"Japanovela 或 JDorama"[②]。菲律宾 ABS-CBN, GMA, TV5, PTV 等主流电视媒体均积极引入亚洲电视剧，并使用菲律宾语为其配音以促进传播效果。ABS-CBN 电视台在 2018 年专门成立了亚洲电视剧频道（Asianovela Channel），以回应菲律宾观众对亚洲电视剧的高度关注。菲律宾国家电视台（People's Television Network，简称 PTV）也于 2018 年开设"中国剧场"栏目，首批一次引入中国电视剧《鸡毛飞上天》等 4 部影视作品[③]。

除了电影和电视剧，中国网络文学在菲律宾也颇为流行，迅速成为中国流行文化在菲律宾传播的新兴载体。中国网络文学主要依靠互联网网站进行海外传播，菲律宾读者较为熟悉的相关网站主要有 Wuxiaworld（武侠世界）和 Webnovel（起点国际网）等。"武侠世界"是一位爱好中国网络小说的美国读者于 2014 年建立的网站，是最大的中国网络小说英文翻译平台之一，读者可在网站上阅读翻译完成的英文版中国网络小说。根据全球网站流量信息提供商 Alexa 公司的数据显示，截至 2017 年 5 月，武侠世界在全球的网站排名已至 1027 名，

---

① 彭伟步. 东盟五国对外媒介政策透视［J］. 国际新闻界，2002（6）：40—45.
② *ASIANOVELAS* [EB/OL]. (2009-07-11) [2020-05-01]. http://asianovelacraze.blogspot.com.
③ 新华网. 菲律宾国家电视台"中国剧场"开播［EB/OL］.（2018-06-13）［2020-05-01］. http://www.xinhuanet.com/2018-06/13/c_1122981662.htm.

月页面访问量达 1.5 亿次，其中 27.8%的访问者来自美国、8.9%来自菲律宾、5.9%来自印度尼西亚、4.7%来自印度、3.8%来自加拿大[①]，菲律宾是武侠世界网站第二大用户来源国。起点国际网是中国阅文集团于 2017 年建立的海外版网站。该网站不仅为中国网络小说爱好者提供英文翻译的平台（截至 2018 年 11 月，已有 200 余部英文版中国网络文学作品在该平台上线），还招募来自不同文化背景的译者将中国网络小说翻译为英语以外的当地语言，鼓励当地作者上传自己创作的原创作品，并对受欢迎的作者进行写作培训。与武侠世界类似，读者可以在起点国际网上阅读网络文学作品，并与网友交流讨论阅读体会。据统计，截至 2018 年 11 月，该网站拥有超过 2000 万用户，其中 30%的用户来自菲律宾，有近 1000 名菲律宾作者已在该网站上传了自己的原创作品[②]，最受欢迎的菲律宾作者 Anjeeriku 创作的作品《PS. I'm (Not) Over You》获得了超过 400 万点击量[③]。截至 2020 年 1 月，起点国际网上已有 5 部他加禄语网络小说，这一数目有望持续增加。

在中国流行文化向菲律宾传播的过程中，以上三种传播载体各有特点。某种意义上，三种传播载体处于不同的发展时期：中国电影是最早进入菲律宾传播的流行文化产品；中国电视剧当下广受关注，《流星花园》等作品已在菲律宾流行文化领域留下了深刻的"中国印记"；而中国网络文学起步最晚，但传播的速度和潜力不可小觑。本研究将聚焦于中国电视剧在菲律宾的传播，进行进一步的分析和探讨。

三、中国电视剧在菲律宾的传播历史与现状

电视剧是当代中国与菲律宾在人文交流领域的主要载体，研究中国电视剧在菲律宾的传播现状，不仅能为理解中国流行文化在菲律宾及东南亚的传播提供新的视角，还将为研究新时代中国与菲律宾关系、中国与东南亚关系提供新的思路。

本研究就近二十年来中国电视剧在菲律宾的传播现状进行梳理，考察其发展演变的规律，并以个案研究的方式、从流行文化的角度剖析中国电视剧代表作《流星花园》在菲律宾广泛传播的原因，由宏观到微观地探索中菲两国在流行文化交流中的特点，为"一带一路"背景下中国文化产品"走出去"、促进"一带

[①] 崔巍. 中国网络作家多了 2000 洋面孔 最爱写武侠修仙玄幻 [EB/OL].（2018-10-01）[2020-05-01]. http://media.people.com.cn/n1/2018/1001/c40606-30324010.html.

[②] Manila Bulletin. *The modern way of storytelling* [EB/OL]. (2018-12-14) [2020-05-01]. https://lifestyle.mb.com.ph/2018/11/28/the-modern-way-of-storytelling.

[③] Inquirer. *Webnovel: A paradise for digital novel readers* [EB/OL]. (2018-11-28) [2020-05-01]. https://lifestyle.inquirer.net/315277/webnovel-a-paradise-for-digital-novel-readers.

一路"沿线国家民心相通提供策略参考。

中国电视剧在菲律宾的传播始于20世纪90年代台湾电视剧的流行。菲律宾RPN-9电视台曾在90年代开设"周日中国剧场",播放来自中国的原版电视节目。其中包括电视剧《包青天》和美食节目《傅培梅时间》,"周日中国剧场"成为许多菲律宾人对中国电视剧的第一印象。进入21世纪,台湾电视剧继续在菲律宾各大电视台流行,《绝代双骄》《流星花园》《倩女幽魂》《恶作剧之吻》《恶魔在身边》《命中注定我爱你》等先后进入菲律宾电视媒体放映,其中一部分电视剧使用他加禄语重新配音,取得了较好的传播效果。如上文所述,《流星花园》在菲律宾取得了极为轰动的反响,为菲律宾流行文化注入了新鲜的中国元素,是中国流行文化在菲律宾传播的标志作品和典型案例。

据笔者运用互联网进行的统计,截至2020年1月,至少已有103部中国电视剧在菲律宾的各类媒体上映(包括港澳台地区电视剧,详见附录)。菲律宾电视媒体引入的首部大陆电视剧是2004年播出的《男才女貌》,尽管影响力不及《流星花园》,也引发了一定的关注;《隐形的翅膀》每周更新1集,从2015年一直放映到2019年,成为ABS-CBN有史以来播映持续时间最长的电视剧[①];2018年上映的大陆版《流星花园》,继台湾版《流星花园》之后,广受菲律宾观众欢迎;2018年ABS-CBN播出的《致我们单纯的小美好》,取得收视率同时段第一的良好成绩,最高收视率达15.9%;PTV播出的《鸡毛飞上天》,开播3个月取得了平均收视率15%的成绩和接近85%的民众好评率[②]。

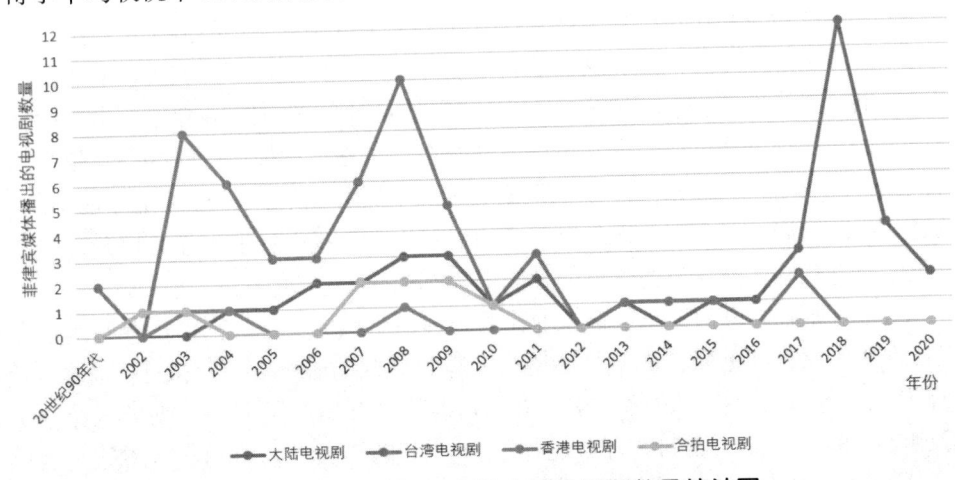

图1 菲律宾媒体播出的中国电视剧数量统计图

---

① Digong T. "Angel Wings" is the longest-running series on ABS-CBN[EB/OL]. (2019-05-30)[2020-05-01]. https://www.tataydigong.info/angel-wings-is-the-longest-running-series-on-abs-cbn.

② 光明日报. 你爱英剧美剧?这些国家更爱"中剧"[EB/OL]. (2018-12-24)[2020-05-01]. http://ent.cnr.cn/gd/20181224/t20181224_524459498.shtml.

从图1可以看出,中国电视剧在菲律宾的播映状况呈现出一些规律性特点。在引进数量方面,可以将中国电视剧在菲律宾的传播大致分为四个时期:第一个时期是20世纪90年代至2002年,这是中国电视剧在菲律宾传播的初始期,仅有少量中国电视剧进入菲律宾;第二个时期是2003年至2009年,自从《流星花园》获得全民关注之后,中国电视剧在菲受到追捧,年均引进9部中国电视剧,其中台湾电视剧居多,占引进总量的65%;第三个时期是2010年至2016年,即阿基诺三世执政时期,菲律宾政府奉行强硬的南海政策,造成黄岩岛对峙、南海仲裁案等国际政治事件,中菲两国关系降至低谷,菲律宾进口的中国电视剧数量明显减少,7年间共有14部中国电视剧在菲上映,大陆电视剧和台湾电视剧引进数量基本持平,2012年全年未引进中国电视剧,这一时期韩国电视剧取代中国电视剧成为菲律宾亚洲电视剧的代表;第四个时期是2017年至今,即杜特尔特执政时期,菲律宾政府在南海政策上有所缓和,中菲关系改善,中国电视剧在菲播映量也实现了历史的飞跃,仅2018年就有12部中国电视剧被引进菲律宾,接近2010年至2016年的引进数量总和,这一时期引进的主要是大陆电视剧,占比91%。四个时期里引进的香港电视剧和合拍电视剧的数量都不多,且在2011年后未再引进。

由此可以推测,菲律宾媒体播出中国电视剧数量的阶段变化与中菲两国之间政治关系的亲疏存在相关性。同时,菲律宾电视媒体大多数是由市场而非政府主导的,电视媒体在引进节目前首要考虑的是能否获得足够的收视率以获得利润,因此上述变化也反映出中国电视剧(尤其是大陆电视剧)逐渐得到更广泛的国际认可,近5年来中菲两国人文交流取得了实际成效,体现出菲律宾民众对中国文化产品的"接受度""好感度"有所上升。有学者对2004—2010年中国电视剧在菲律宾播出状况进行分析,认为中国电视剧在数量逐年增加的同时存在总量少、时段差、题材单一、发展不平衡的问题,其中台湾电视剧长期居于主导地位[1]。就近几年的发展形势来看,大陆电视剧在对菲出口数量上已取得显著提升,逐渐超越台湾电视剧,并与最为流行的韩国电视剧缩小了差距。

在电视剧题材方面,早期进入菲律宾媒体的中国电视剧大都以青春偶像剧为主,青年男女之间的爱情故事最能博得菲律宾观众的眼球。近年来《天盛长歌》《择天记》等改编自中国网络文学的玄幻古装剧则开始广泛流行,成了继青春偶像剧之后的又一热门题材。相比之下,如《三国演义》《水浒传》《雍正王朝》《成吉思汗》等中国古典题材电视剧尚未进入菲律宾媒体视野,而它们在马来西亚、泰国、柬埔寨等国则备受欢迎[2]。无论是青春偶像剧还是玄幻古装剧,其特

---

[1] 梁悦悦.中国电视剧在菲律宾:播出历史与现状[J].电视研究,2011(9):78—80.
[2] 李法宝.从"文化折扣"看中国电视剧在东南亚的传播[J].中国电视,2013(8):83—87.

点都在于对历史背景和社会环境的高度虚构与架空，由于菲律宾社会与中国社会在历史传统上有着较大差距，它们更容易获得菲律宾观众的认可，而情节复杂的古典题材电视剧则要求观众对中国传统文化有相当程度的了解才能较好地理解电视剧中的世界。

在传播媒介方面，近年来进入菲律宾媒体的中国电视剧逐渐呈现出"网络化"的特点。ABS-CBN 和 GMA 电视台都在社交网站 Facebook 上为亚洲电视剧建立了专门主页[①]，向粉丝推荐最新的上映信息，其中 2018 年大陆版《流星花园》得到了大量宣传。随着互联网的普及，影视剧不再仅仅依靠电视渠道进行传播，视频网站、社交媒体等成了新的传播平台，形成了与"电视剧"相对应的"网剧"，一些中国电视剧亦在网络平台上广泛传播。风靡世界各国的网剧平台 Netflix 自 2016 年进入菲律宾市场后也积极投放中国电视剧，其曾计划于 2018 年上线新拍摄的大陆版《流星花园》，但版权被 ABS-CBN 抢先购得，故而一度令菲律宾的 Netflix 观众颇感失望，Netflix 随即于 11 月宣布在平台上放映 2001 年台湾版《流星花园》，通过重温经典再次满足了观众的渴望[②]。近年来 ABS-CBN 和 GMA 等传统电视媒体新引进的中国电视剧有相当一部分在中国也属于"网剧"范畴，只在腾讯视频、优酷视频、爱奇艺、芒果 TV 等网络视频平台上播放而不登陆电视荧屏，它们高度贴合青年观众的审美趣味，内容不拘一格、活泼诙谐，这些"网剧"的特点与人口结构高度年轻化的菲律宾观众的需求颇为契合。

在传播效率方面，近年来中国电视剧通过译介进入菲律宾媒体的平均速度明显加快。2015 年之前，部分中国电视剧从其在中国境内上映到进入菲律宾媒体上映要经过 3 年甚至更久的时间差。而近年来，电视剧在中国和菲律宾上映的时间差已被显著缩短，大部分均已被压缩到 1 年以内的间隔，这一方面反映了信息技术、媒体技术的迅速发展，另一方面也表明中菲媒体之间互信加深，业务合作愈来愈顺畅高效。

总的来看，中国电视剧自 20 世纪 90 年代进入菲律宾媒体播映以来，由于中菲关系在波折中前行，中国电视剧在菲律宾的传播也经历了 2003 年前的初始期、2003—2009 年的高峰期、2010—2016 年的低谷期和 2017 年至今的新发展期。2017 年以来，中国电视剧在菲律宾引进数量大幅增长、引进题材更为丰富、传播媒介向网络拓展、传播效率稳步提升，呈现出繁荣的发展趋势。

---

① ABS-CBN 亚洲电视剧推介主页：https://www.facebook.com/KapamilyaAsianovelasABSCBN/；GMA 亚洲电视剧推介主页：https://www.facebook.com/gmaheartofasia.

② Coconuts Manila. *The OG 'Meteor Garden' is coming to Netflix Philippines tomorrow* [EB/OL]. (2018-11-14) [2020-05-01]. https://ph.news.yahoo.com/og-meteor-garden-coming-netflix-042529898.html.

四、《流星花园》在菲律宾受欢迎的原因剖析

在菲律宾的亚洲电视剧中,《流星花园》系列广受关注。它不仅是使得亚洲电视剧真正进入菲律宾大众视野的标志性作品,还不断有新版上映或旧版重播,已然成为菲律宾流行文化领域的"亚洲符号"。中国台湾、日本、韩国、中国大陆分别陆续拍摄了各自版本的《流星花园》并在菲律宾媒体中播映,每一部都引起了菲律宾观众的高度关注。

笔者认为,《流星花园》系列之所以能在菲律宾有着经久不衰的生命力,本质上不在于电视剧的商业属性和地域文化属性,否则无法解释为何由不同影视公司生产、带有不同地区独特文化印记的《流星花园》诸版本都能在菲律宾备受瞩目。《流星花园》受欢迎的核心,在于诸文本所共同具有的文学内涵契合了菲律宾观众的内心期待。因此不同国家出品、不同演员出演的各个版本都能引起菲律宾观众的共鸣。深入研究"流星花园热"得以出现的原因,将有助于理解菲律宾观众对外国电视剧的接纳倾向和审美偏好,从而回答"什么样的中国电视剧更适合引入到菲律宾乃至其他东南亚国家"这一问题。

"流星花园热"在菲律宾的出现,不是偶然的明星效应,而是由于《流星花园》文本契合了菲律宾传统性与现代性融合、本土文化与外来文化交织的社会状况,以现代的形式重述了民间文学的古老母题。从文学视角看,《流星花园》的故事属于普遍流行于世界各地的"灰姑娘"母题,其情节特征表现为受虐待的女性通过某种社交活动结识较高地位的男性,两人突破阻碍收获美满爱情。同时,《流星花园》中的女主人公并非是传统意义上的"灰姑娘",而是敢爱敢恨、独立自主的现代女性,表现出鲜明的人物个性。在这个意义上,《流星花园》是当代流行文化对民间文学中"灰姑娘"母题的重塑和超越。对菲律宾民众而言,"灰姑娘"并不陌生,该母题广泛存在于菲律宾不同民族的地方性文本之中,并已和当地文化紧密结合,演变成充满本土文化特色的民间故事[1]。《流星花园》虽然是讲述虚构故事的外国文本,但它却契合了菲律宾本土民间文学的传统。菲律宾有着丰富的"口头传统",史诗、神话、传说、民间故事等民间文学形式盛行于菲律宾群岛各民族的传统社会之中。民间文学是菲律宾传统文化的重要载体,通过代际传承将民族文化以活形态文本的形式留存至今。随着现代化进程的发展,菲律宾人逐渐向城市聚集,西方化的现代生活方式得以普及,城市中的史诗唱诵、巫术治疗已不再如同在偏远山区中一样流行,民间文学的口头传统在城市中已逐渐淡化,因此传统社会中带有魔法色彩的《灰姑娘》童话只如同文物一般在文学读本和儿童故事册中留存。但对于《灰姑娘》的热爱,反映着人类心理和审美价值的共通性,是人类社会长期以来形成的文化积淀,并不因民间文学传统的

---

[1] 史阳. 菲律宾民间文学[M]. 银川:宁夏人民教育出版社,2011:79.

消逝而减损。取代传统民间文学叙事形式的,恰恰是《流星花园》这类被现代媒介改造的、符合现代思维方式的《灰姑娘》童话。《流星花园》引人入胜、娓娓道来的叙事方式与菲律宾的民间文学传统高度契合,某种程度上,电视媒体扮演了现代社会中的讲述人,继续向菲律宾听众传达着古老母题的现代流行版本。从民间文学的角度可以理解为何不同版本的《流星花园》在菲律宾都能广泛流行,它们可以被视为同一个故事在流传过程中产生的异文,不断经历着文本再生产的过程,菲律宾观众也自发地加入这一进程中来,由听众转化为讲述人,创造出许多"山寨"网络版本[1],增强这一故事的传播效果。

《流星花园》走向流行的另一个原因是《流星花园》文本能够为菲律宾观众提供超越现实的"替代性满足"。根据弗洛伊德的精神分析理论,观众热衷于观看电视剧可以被理解为他们将自己带入电视剧所建构的情境,使自身欲望获得"替代性满足"的一种途径。弗洛伊德在《作家与白日梦》一文中说:"一个幸福的人从来不会幻想,幻想只发生在愿望得不到满足的人身上。幻想的动力是未被满足的愿望,每一个幻想都是一个愿望的满足,都是一次对令人不能满足的现实的校正。"[2]当人们在现实中的愿望无法满足时,往往会自然地产生相关的幻想,以获得所谓的"替代性满足",并对幻想产生持续依赖,包括电视剧在内的流行文化产品具有类似的功能,它们通过精心制作的可视化文本,帮助观众更好地完成幻想体验,充分实现"替代性满足"。菲律宾长期以来存在着发展不均衡、贫富差距悬殊的社会问题,占人口极少数的精英家族掌控着国家的经济命脉和政治局势,社会阶层流动的渠道并不畅通,底层民众很难通过自身奋斗改变个人和家族命运。因此,《流星花园》虚构的故事文本恰恰隐喻了菲律宾的社会结构,《流星花园》中的英德学园仿佛是微缩版的菲律宾社会,F4则是控制菲律宾社会的精英家族的缩影,大多数菲律宾民众在这个"学园"中扮演着女主角杉菜的角色,出身贫寒、努力奋斗、勇于追求梦想,在权贵面前亦不丧失尊严,渴望着能够冲破不公正的社会秩序,也不切实际地幻想着某一天能有富家公子/小姐爱上自己。观看《流星花园》让他们在无意识中找到了自己的影子,现实中高不可及的梦想在故事文本中逐一实现,皆大欢喜的美满结局给观众带来了极大的"替代性满足"。

《流星花园》流行十余年而不褪色的原因还在于,故事文本是高度虚构的,有利于观众根据自身经验进行诠释。《流星花园》中的环境、人物、情节,既离观众有一定距离,又似乎不太遥远,观众很容易将自己的人生经历置换到故事当

---

[1] Bernardo J. PANOORIN: Pinoy parody ng "Meteor Garden" teaser [EB/OL]. (2018-07-01) [2020-05-01]. https://news.abs-cbn.com/trending/07/01/18/panoorin-pinoy-parody-ng-meteor-garden-teaser.

[2] 弗洛伊德. 弗洛伊德文集:第四卷 [M]. 长春:长春出版社,1998:429.

中，从而使得电视剧所建构的世界更加丰满真实，观众通过这种方式将自己代入到电视剧中，与主角合一。例如，文本中的英德学园实际上是一个悬浮于时空中的概念，它可以在日本、韩国、中国，也可以在菲律宾，时空设定非常模糊，在人物形象、情节设计方面亦是如此。一方面文本植根于日常生活经验使得故事对观众而言并不陌生，另一方面文本的虚构性、模糊性又使其具有很大的想象空间，这是许多流行文学作品都共同具有的特征。《流星花园》的内涵可以因时因地不断变化，不同观众群体会特别关注同自身生活经历接近的情节，并根据自身的经验产生不同诠释。《流星花园》诸版本之所以能在菲律宾长期流行，让观众百看不厌，并非仅仅由于故事本身的魅力，还在于它"留白"的特征使得菲律宾观众能在观看《流星花园》的过程中找到支持自身信念和价值的有效信息，并赋予他们无尽的诠释空间。尽管中日韩等国同菲律宾在文化上有一定距离，它们制作的《流星花园》等电视剧却可以很顺利地为菲律宾观众所接受，这其中固然有字幕翻译和配音的作用，而流行文化本身易于传播的特性亦不应当忽视。

综上所述，《流星花园》是中国电视剧在菲律宾传播的成功范本，其成功源于它以现代的形式重述了"灰姑娘"的古老母题，虚构模糊、跌宕起伏的情节为菲律宾观众提供了现实生活中可望而不可得的替代性满足，其文学内涵契合了他们的内心期待。

五、小结

经过长期的融合、发展，今天的菲律宾流行文化具有多元一体、与时俱进的鲜明特征，而来自中国的流行文化在其中扮演着重要角色。现代意义上的中国流行文化进入菲律宾，可以追溯到 20 世纪上半叶中国电影的海外传播；21 世纪以来，经过近 20 年的发展，中国电视剧在菲律宾已成为广受欢迎的电视剧门类"Chinovela"，深入菲律宾的千家万户；2015 年以来，中国网络小说在菲律宾迅速传播，成为中国流行文化在菲传播的新兴载体。其中，中国电视剧是当前中国流行文化产品在菲律宾最为人所知的"名片"，本研究即聚焦于此开展分析探讨。

笔者认为，《流星花园》之所以能在菲律宾有着经久不衰的生命力，本质上不在于电视剧的商业属性和文化属性，而在于其所具有的文学内涵契合了菲律宾观众的内心期待，因此不同国家出品、不同演员出演的各个版本都能引起菲律宾观众的共鸣。《流星花园》是"灰姑娘"母题的现代流行版本，契合了菲律宾的民间文学传统，因此看似遥远的外国电视剧实际上是在讲述熟悉的家乡故事，《流星花园》通过现代电视媒体经历着不断的文本再生产过程，在菲律宾观众中口耳相传；《流星花园》文本恰好隐喻了菲律宾发展不均衡、贫富差距大的社会结构，为菲律宾观众提供了在想象中反抗现实秩序的可能，因此实现了超越现实的"替代性满足";《流星花园》高度虚构的人物、环境和情节使得菲律宾观众能在观看《流星花园》的过程中将自己的人生经历置换到故事当中,从而与主角合一,拥有无尽的想象和诠释空间。

通过分析中国电视剧在菲律宾的传播状况,有助于探索中国与菲律宾、中国与东南亚在流行文化交流中的特点及其在中菲关系、中国与东南亚关系中发挥的影响。如前文所述,中国电视剧已成为当代中菲两国文学、文化交流的主要载体之一,在推动中菲两国人文交流方面发挥着重要作用,对中菲关系有着不同于政治交往和经济合作的深远影响。电视剧作为一种新型的文学、文化载体,有着丰富的文化内涵,如何通过中国电视剧的海外传播,讲好中国故事,传播好中国声音,带动更多中国文化产品"走出去",促进"一带一路"沿线国家民心相通,是值得深入研究的命题。

附录:中国电视剧在菲律宾播映状况一览表[①]

电视剧中文名	电视剧外文名	出品地区	在菲首播时间
包青天	Justice Bao	台湾	20世纪90年代
傅培梅时间	Fu Pei-mei's Time	台湾	20世纪90年代
绝代双骄	Amazing Twins	大陆 台湾	2002
流星花园	Meteor Garden	台湾	2003
流星雨	Meteor Rain	台湾	2003
烈爱伤痕	Love Scar	香港	2003
女生向前走	Girls Marching On	台湾	2003
倩女幽魂	Eternity: A Chinese Ghost Story	大陆 台湾 香港	2003
永不言弃	My MVP Valentine	台湾	2003
贫穷贵公子	Poor Prince	台湾	2003
橘子酱男孩	Marmalade Boy	台湾	2003
薰衣草	Lavender	台湾	2003
海豚湾恋人	At Dolphin Bay	台湾	2003
西街少年	Westside Story	台湾	2004
男才女貌	Love in the City	大陆	2004

---

① 表中所列电视剧不包括重播的剧目,但包括同一电视剧的不同版本。

（续表）

电视剧中文名	电视剧外文名	出品地区	在菲首播时间
百分百感觉	Feel 100%	香港	2004
千金百分百	Twin Sisters: 100% Senorita	台湾	2004
狂爱龙卷风	Love Storm	台湾	2004
雪天使	Snow Angel	台湾	2004
爱在星光灿烂时	Starry, Starry Night	台湾	2004
爱情白皮书	White Book Of Love	台湾	2004
第101次求婚	101st Proposal	大陆	2005
吐司男之吻	Toast	台湾	2005
爱上千金美眉	Senorita Mei Mei	台湾	2005
王子变青蛙	Frog Prince	台湾	2005
仙剑奇侠传	Eternal Love	大陆	2006
恶作剧之吻	It Started with a Kiss	台湾	2006
神雕侠侣	Love of the Condor Heroes	大陆	2006
升空高飞	Hi Fly	台湾	2006
天国的嫁衣	Le Robe De Mariage	台湾	2006
第8号当铺	Pawnshop No. 8	台湾	2007
老鼠爱大米	Mice Loves Rice	大陆	2007
地下铁	Sound of Colors	大陆 台湾	2007
绿光森林	Green Forest	台湾	2007
恶男宅急电	Express Boy	台湾	2007
爱情合约	Love Contract	台湾	2007
天空之城	City of Sky	大陆	2007
紫禁之巅	Top on the Forbidden City	台湾	2007
真命天女	Reaching for the Stars	台湾	2007
还珠格格	My Fair Princess	大陆 台湾	2007
意难忘	Unforgettable Affection	台湾	2008
美味关系	Magic Love	大陆 台湾	2008
爱情魔发师	Magicians of Love	台湾	2008

(续表)

电视剧中文名	电视剧外文名	出品地区	在菲首播时间
放羊的星星	My Lucky Star	台湾	2008
第100个新娘	The 100th Bride	大陆	2008
这里发现爱	Wish To See You Again	台湾	2008
恶作剧2吻	They Kiss Again	台湾	2008
公主小妹	Romantic Princess	台湾	2008
换换爱	Why Why Love	台湾	2008
恶魔在身边	Devil Beside You	台湾	2008
深情密码	Silence	大陆 台湾	2008
樱野3加1	Sakurano	台湾	2008
三毛流浪记	Wanderings of San Mao	大陆	2008
篮球部落	Basketball Tribe	大陆	2008
花样少年少女	Hanazakarino Kimitachihe	台湾	2008
功夫足球	Kung Fu Soccer	香港	2008
转角遇到爱	Love at the Corner	台湾	2009
剪刀石头布	Game About Love	台湾	2009
斗牛，要不要	Freestyle	台湾	2009
命中注定我爱你	Fated to Love You	大陆 台湾	2009
篮球火	Hot Shot	台湾	2009
不良笑花	Miss No Good	台湾	2009
我的亿万面包	Love or Bread	大陆 台湾	2009
刁蛮公主	Mischievous Princess	大陆	2009
蝴蝶飞飞	Butterfly fly, fly	大陆	2009
小鲤鱼历险记	The Adventures of Little Carp	大陆	2009
嗨！亲爱的	Honey Watch Out!	台湾	2010
就想赖着你	Down With Love	大陆 台湾	2010
李小龙传奇	The Legend of Bruce Lee	大陆	2010
醉后决定爱上你	Love You	台湾	2011

(续表)

电视剧中文名	电视剧外文名	出品地区	在菲首播时间
天龙八部	8 Kingdom	大陆	2011
武十郎	Love at First Fight	大陆	2011
犀利人妻	The Fierce Wife	台湾	2011
下一站，幸福	Autumn's Concerto	台湾	2011
原来是美男	Fabulous Boys	台湾	2013
绝对达令	Absolute Boyfriend	台湾	2013
华丽的挑战	Skip Beat!	台湾	2014
听见幸福	Someone Like You	台湾	2015
恋恋不忘	Unforgettable Love	大陆	2015
隐形的翅膀	Angel Wings	大陆	2016
爱上两个我	Fall In Love With Me	台湾	2017
幻城	Ice Fantasy	大陆	2017
半妖倾城	Crimson Girl	大陆	2017
那片星空那片海	The Starry Night, The Starry Sea	大陆	2017
致，第三者	My Dearest Intruder	台湾	2017
流星花园	Meteor Garden	大陆	2018
致我们单纯的小美好	A Love So Beautiful	大陆	2018
蜀山战纪之剑侠传奇	The Legend of Zu	大陆	2018
大仙衙门	The Fox Fairy	大陆	2018
择天记	Fighter of the Destiny	大陆	2018
镇魂街	Rakshasa Street	大陆	2018
微微一笑很倾城	Love O2O	大陆	2018
鸡毛飞上天	Jimao	大陆	2018
大侠山猫和吉咪	Sammy and Jimie	大陆	2018
惹上冷殿下	Accidentally in Love	大陆	2018
快把我哥带走	Take My Brother Away	大陆	2018
天盛长歌	The Rise of Phoenixes	大陆	2018
烈火如歌	Fire of Eternal Love	大陆	2019
如果蜗牛有爱情	When a Snail Falls in Love	大陆	2019

（续表）

电视剧中文名	电视剧外文名	出品地区	在菲首播时间
风味原产地·潮汕	Flavorful Origins: Chaoshan Cuisine	大陆	2019
马可波罗——从历史走入现代	Marco Polo: Ang Makabagong Paglalakbay	大陆	2019
人不彪悍枉少年	When We Were Young	大陆	2020
延禧攻略	Story of Yanxi Palace	大陆	2020

参考文献

[1] 弗洛伊德.弗洛伊德文集：第四卷［M］.长春：长春出版社，1998：429.

[2] 崔巍.中国网络作家多了2000洋面孔 最爱写武侠修仙玄幻［EB/OL］.（2018-10-01）［2020-5-1］.http://media.people.com.cn/n1/2018/1001/c40606-30324010.html.

[3] 光明日报.你爱英剧美剧？这些国家更爱"中剧"［EB/OL］.（2018-12-24）［2020-05-01］.http://ent.cnr.cn/gd/20181224/t20181224_524459498.shtml.

[4] 金宝山.最早走向世界的中国电影［EB/OL］.（2015-05-28）［2020-05-01］.http://www.rmzxb.com.cn/c/2015-05-28/507549.shtml.

[5] 李法宝.从"文化折扣"看中国电视剧在东南亚的传播［J］.中国电视，2013（8）：83—87.

[6] 梁悦悦.中国电视剧在菲律宾：播出历史与现状［J］.电视研究，2011（9）：78—80.

[7] 彭伟步.东盟五国对外媒介政策透视［J］.国际新闻界，2002（6）：40—45.

[8] 史阳.菲律宾民间文学［M］.银川：宁夏人民教育出版社，2011：79.

[9] 田星.1979—1984中国电影海外传播史研究［J］.电影新作，2014（6）：33—39.

[10] 新华网.菲律宾国家电视台"中国剧场"开播［EB/OL］.（2018-06-13）［2020-05-01］.http://www.xinhuanet.com/2018-06/13/c_1122981662.htm.

[11] *ASIANOVELAS* [EB/OL]. (2009-07-11) [2020-05-01]. http://asianovelacraze.blogspot.com.

[12] Bernardo J. *PANOORIN: Pinoy parody ng "Meteor Garden" teaser* [EB/OL]. (2018-07-01) [2020-05-01]. https://news.abs-cbn.com/trending/07/01/18/panoorin-pinoy-parody-ng-meteor-garden-teaser.

［13］Coconuts Manila. *The OG 'Meteor Garden' is coming to Netflix Philippines tomorrow* [EB/OL]. (2018-11-14) [2020-05-01]. https://ph.news.yahoo.com/og-meteor-garden-coming-netflix-042529898.html.

［14］Digong T. *"Angel Wings" is the longest-running series on ABS-CBN* [EB/OL]. (2019-05-30) [2020-05-01]. https://www.tataydigong.info/angel-wings-is-the-longest-running-series-on-abs-cbn.

［15］Inquirer. *Webnovel: A paradise for digital novel readers* [EB/OL]. (2018-11-28) [2020-05-01]. https://lifestyle.inquirer.net/315277/webnovel-a-paradise-for-digital-novel-readers.

［16］Manila Bulletin. *The modern way of storytelling* [EB/OL]. (2018-12-14) [2020-05-01]. https://lifestyle.mb.com.ph/2018/11/28/the-modern-way-of-storytelling.

［17］Vince. *Research Confirms: The Philippines is Still the Social Media Capital of the World* [EB/OL]. (2014-07-03) [2020-05-01]. https://sg.news.yahoo.com/research-confirms-philippines-still-social-033045566.html.

论中国电视剧作品在泰国的传播[①]

广西民族大学　黄钰惠

【摘　要】本文梳理了20世纪70年代至今中国电视剧作品在泰国三台的播出历程，并剖析历史文化、市场经济以及观众审美三方面因素对中国电视剧作品在泰国传播的影响，最后就如何更好地推进中国电视剧作品在泰国传播提出一些建议。

【关键词】中国电视剧；泰国；传播；"一带一路"

随着"一带一路"倡议的深入推进与"中国文化走出去"策略的实施，中国电视剧作为中国文化的重要载体，如虎添翼般迅速传播世界各地。基于"一带一路"地缘关系，东南亚国家尤其是泰国，成为我国电视剧产品的出口国。中国电视剧作品在泰国的传播现状及发展趋势随之受到学界热切关注。当前的研究有针对中国偶像剧（周静，2015）、古装电视剧（王奕雯、李淼、李悦，2018）、武侠类影视作品（刘凤美，2010）、中国历史故事题材影视剧作品（范兰珍，2015）在泰国传播状况的探讨，也有针对中国电视剧在泰国第三电视频道的播出现状及特征进行的分析（梁悦悦，2013），但缺乏纵向"史"的梳理与分析，有关"中国电视剧在泰国传播的影响因素"的研究也较少有。鉴于此，笔者将对20世纪70年代至今中国电视剧作品在泰国第三电视频道的播出历程进行梳理，分析历史文化、市场经济以及观众审美三方面因素对中国电视剧作品在泰国传播的影响，探讨推进中国电视剧作品"走出去"的思路。

一、中国电视剧在泰国传播的非凡历程

中国电视剧在泰国的传播始于20世纪70年代的港台剧。而泰国第三电视频道（简称泰国三台）是最早引进中国电视剧的电视台，亦是播出中国电视剧较多的电视台。[②]泰国三台成立于1970年，是一家国营电视台。作为泰国国内收视率

[①] 本文是国家社会科学基金项目"中国当代文学在泰国译介中的文化形象重塑研究"（项目号：18XZW025）的阶段性成果。

[②]［泰］周静．论中国偶像剧在泰国的传播［D］．杭州：浙江大学，2015：10.

较高的电视台之一,其电视剧节目是最受泰国观众喜爱的节目类型之一。[1] 因此,研究中国电视剧在三台的播出情况将比较具有代表性。

(一) 20 世纪 70—90 年代:港台武侠剧的开天辟地

1974 年,由中国台湾华视公司(CTS)制作的电视连续剧《包青天》在泰国三台播出,这是在三台播放的首部中国电视剧。《包青天》共有 350 集,一经播出,便受到了泰国观众的热捧,于是三台将播放时间由最初一周只播放一天增至一周四天。[2] 三台开创了中国电视剧在泰国播放的先河,并就此打开了中国电视剧的泰国市场,成了当时中国电视剧在泰国市场传播的引领者。

因《包青天》的播出而引起的武侠热,在泰国持续了数十年。20 世纪 70—90 年代是中国古装武侠剧在泰国传播的鼎盛时期,三台先后引进了大量中国香港无线电视台(TVB)和丽的呼声(香港)有限公司(RTV)出品的古装武侠剧。这些古装武侠剧备受泰国广大观众的欢迎与喜爱,使得三台的收视率日益飙升。70—90 年代期间,在三台播出的中国电视剧共计 24 部,其中武侠剧 18 部即:《射雕英雄传》(1976 年版)、《神雕侠侣》(1983 年版)、《书剑恩仇录》(1976 年版)、《倚天屠龙记》(1978 年版)、《少年黄飞鸿》、《小李飞刀之多情剑客》(1978 年版)、《浣花洗剑录》、《萧十一郎》(1978 年版)、《天蚕变》、《天龙诀》、《武侠帝花女》、《大内群英》、《刀神》、《大侠霍元甲》、《天龙八部之六脉神剑》、《虚竹传奇》、《苏乞儿》、《鹿鼎记》、《射雕英雄传》、《绝代双骄》。此外,古装爱情剧《还珠格格》与民国爱情剧《上海滩》也得到热播,创造万人空巷的景象。

(二) 2000—2013 年:台湾偶像剧的黄金时代

泰国三台对中国电视剧成果引入所带来的经济效益,引发泰国其他电视台如七台、九台的争相效仿,各台纷纷播放中国港台武侠剧。此外,iTV 电视台也引进许多日韩剧,以瓜分市场。这就导致原先观看三台中国武侠剧的观众们被逐渐分流开来。面临这种愈发激烈的竞争形势,三台唯有引进新的电视剧类型,才有可能重新抓住观众的心,中国台湾偶像剧便接踵而来了。

2003 年,首部中国台湾偶像剧《流星花园》在三台的黄金时段进行首播。可以说《流星花园》在三台的播出和当年《包青天》的播出如出一辙,也深受泰国广大观众的追捧,三台也因此增加了该剧的播出时间。《流星花园》火了以后,三台趁热打铁,不断引进多部中国台湾偶像剧。继《流星花园》后,三台陆

---

[1] 梁悦悦. 中国电视剧在泰国:现状与探讨 [J]. 环球新视野,2013(1):75—77.
[2] 刘凤美. 武侠类影视作品在泰国 [J]. 电影文学,2010(15):21—23.

续引进了《流星花园Ⅱ》《麻辣鲜师》《贫穷贵公子》《橘子酱男孩》等 6 部偶像剧，2004 年引进了《薰衣草》《斗鱼》《战神》等 3 部偶像剧，2005—2010 年引进力度最大，共计 33 部，如《爱情白皮书》《海豚湾恋人》《蜜桃女孩》《雪天使》《公主小妹》《东方茱丽叶》《转角遇到爱》等。但在 2010—2013 年又呈缩减势态，才引进 11 部，如《至尊玻璃鞋》《痞子英雄》《翻滚吧！蛋炒饭》《亲亲小爸》《霹雳 MIT》《不良笑花》《桃花小妹》等。上述数据表明，三台在 2003 年因引进《流星花园》而引起的中国台湾偶像剧热潮，在十年间出现一个高潮到低潮的状态。①

除了中国台湾偶像剧以外，三台也有引进中国香港、大陆电视剧。但是中国台湾电视剧和中国大陆电视剧在播出类型上都呈现出"单一化"的特征，表现为台湾电视剧以偶像剧为主，大陆电视剧则以古装剧为主。相比之下，香港电视剧在播出类型上的分布则较为均衡。另外一方面，从播出时段来看，中国电视剧能在三台黄金时段播出的数量极少，与韩国电视剧相比，根本不占优势。②

可以说，在 2003—2013 年这 10 多年间，中国电视剧在三台的播出并没有达到理想的效果，这其中的原因是多方面的：第一，当时泰国正值"韩流"时期，韩国的偶像剧因韩星的偶像效应，加上他们不俗的演技，再配上浪漫的风景、唯美的画面，令人赏心悦目，受到了泰国青少年以及女性观众群体的喜爱；第二，中国电视剧同时也被其他电视台引进，由于电视剧的选择众多，导致观众被分流开来；第三，随着互联网的蓬勃发展，观众们不再局限于通过电视频道来观看电视剧，还可以通过网络，自由地选择自己喜爱的电视剧；第四，泰国本土的电视剧也呈现出良好的发展态势，许多泰国观众将目光重新投回本国出品的电视剧。

（三）2014 年至今：大陆网络剧的争锋时代

2014 年对于泰国电视产业而言是重要的一年，因为在这一年，泰国开始使用新的电视系统——"数字电视"。数字电视有着模拟电视无法比拟的优越性，前者在音质、画质、频道的多样性以及与观众的互动性方面都比后者先进很多。这将利于引进更多、更新的中国电视剧在泰国播放。同样地，亦是在 2014 年前后，网络电视剧开始在中国大陆兴起并蓬勃发展起来，在泰国播出后也引起了观众的广泛喜爱。

数字电视出现以后，泰国三台也增设了相应的数字电视频道，分别是：三台 Family（13 台）、三台 SD（28 台）以及三台 HD（33 台）。③ 于是，从 2014 年开

---

① ［泰］周静. 论中国偶像剧在泰国的传播［D］. 杭州：浙江大学，2015：10—23.
② 梁悦悦. 中国电视剧在泰国：现状与探讨［J］. 环球新视野，2013（1）：75—77.
③ 13 台属于青少年/家庭类频道，28 台属于娱乐类的标准清晰度频道，而 33 台则属于娱乐类的高清电视频道。

始，三台便通过自己的数字电视频道播放更多类型更丰富的中国电视剧。其中，引进数量最多的是中国大陆古装剧，共计 22 部。这些大陆古装剧主要来自网络文学，在大陆视作网络剧，内容涵盖了"武侠、神话、传奇、玄幻、奇幻、宫斗、穿越"等题材元素。例如《八仙全传》《步步惊心》《赤子乘龙》《仙剑奇侠传》《倾世皇妃》《半为苍生半美人》《西游记》（2009 年版）、《六扇门》、《大玉儿传奇》等等。此外，出现中国大陆现代青春偶像剧，并新增了"贺岁、奇幻"的题材元素，如《阳光天使》[①]、《十二生肖传奇》《旋风少女》《微微一笑很倾城》等。另外，三台所引进的中国台湾、香港地区的电视剧数量持平，均为 7 部。其中，台湾电视剧以青春都市偶像剧为主，新增了"科幻"的元素，如《熊猫人》《泡沫之夏》《紫玫瑰》《命中注定我爱你》《就想赖着你》等；而香港电视剧仍以古装武侠剧为主，也出现了"奇幻"的题材元素，现代剧方面则新增了"嫌疑"的题材元素，并开始出现以"民国初期"作为故事背景的年代剧，如《忠奸人》《太极》《射雕英雄传之九阴真经》《政律强人》《蜀山奇侠》《神雕侠侣》（1995 年版）等。

简而言之，随着电视行业的发展，电视剧作品在内容的制作上变得越来越丰富，数字电视的出现，无疑为中国电视剧在泰国的传播提供了更宽广的路径和更多的可能性，而中国大陆网络剧作为一股新生的力量，呈现出良好的发展态势，大陆网络剧争锋的时代已经到来。

二、中国电视剧在泰国传播的影响因素

中国电视剧在泰国之所以愈来愈受欢迎，并且出现类型上的多元化，其原因是多样的，既有两国历史文化长期交流的因素，也有当代市场经济的影响作用以及观众自身的审美结果。

（一）历史文化因素

中泰两国的交往历史悠久，友好关系源远流长，中国华人移居泰国已有好几百年的历史。从泰国第一个独立王朝——素可泰王朝开始，就有第一批中国华人移居泰国，此后，华人移居泰国从没有间断过。随着越来越多的华人移居泰国，泰国的一些临海城市如春武里、春蓬、尖竹汶等开始出现华人社区。[②]这些移居泰国的华人在泰国落地生根，安家立业，与泰族人通婚繁衍后代，直到 19

[①]《阳光天使》是由中国台湾地区与中国大陆联合制作的电视剧。
[②][泰]邢晓姿. 论中国传统文化对泰国社会之影响[J]. 中国石油大学学报（社会科学版），2011，27（3）：68—72.

世纪中期泰国已经形成明显的"华人社会"。①这些华人移居泰国的同时，也将中国文化带入泰国，给当地带来了深刻的影响。长期以来，华人凭借"敢闯敢拼、不言输"的精神，通过自身的勤劳与努力，已经发展成为建设泰国社会经济的最重要的族群之一，对泰国社会经济的发展发挥着极其重要的作用。加上长期与华人共同生活在一起，泰国人民耳濡目染华人的生活方式以及风俗习惯。这些因素都让泰国民众对中国文化的接纳度与认可度越来越高，为中国电视剧在泰国的传播奠定了良好的基础。

中国文化得以在泰国长时间地传播，也与泰族人自身的性格特征有很大关联，泰族人非常乐意去接纳和包容其他文化。在长达几百年的时间里，中国华人移民与泰族人能够友好和谐地生活在一起，两国文化相互影响和融合，泰族人以博大的胸怀接纳了华人移民，而华人移民也以实际行动为泰国做出贡献，这些因素都极大地促进了中国文化在泰国的顺利传播。泰国是中国一衣带水的邻邦，两国的地理位置十分靠近。地理位置的相近，为两国文化的相通提供了很大的可能性，泰国与我国有着相似的文化根基和人文思想，泰国观众在观看中国电视剧时容易产生认同感和共鸣，这也是中国文学作品、经典歌曲、影视剧作品在泰国都十分受欢迎的重要原因之一。久而久之，这种文化上的认同感也促使泰国人对中国文化产生了浓厚的兴趣，他们希望能更好地了解中国的历史、社会和文化，而通过观看中国电视剧去了解，是最为直接的途径。

（二）市场经济因素

2014年是泰国电视产业发展的一个分水岭，在这之前长达几十年的时间里，泰国采用的都是传统的电视系统，主要有六个电视频道，分别是第三电视台、第五电视台、第七电视台、第九电视台、泰国国家电视台以及iTV电视台。随着电视行业的逐渐发展，这些电视台的竞争愈发激烈，为了谋求经济效益以及长远发展，各大电台纷纷开始了新的尝试，其中三台、七台、九台以及iTV四个频道都开始引进中国电视剧。②

近几年，网络的兴起为电视剧的传播提供了更多的便捷，现代人更热衷于通过网络的形式来收看电视剧，这也极大地推动了中国电视剧在泰国的广泛传播。目前在中国，人们可以通过许多网络平台观看到自己喜爱的电视剧，如：爱奇艺、腾讯视频、优酷、PPTV等。而在泰国，一般只能通过视频网站YouTube观看中国电视剧。在这样的时代背景下，中国互联网巨头腾讯于2019年6月14日在泰国推出了"WeTV"，专门提供视频流媒体服务，以抢占流媒体电视

---

① 施坚雅. 泰国华人社会：历史的分析 [M]. 厦门：厦门大学出版社，2010：144.
② [泰] 周静. 论中国偶像剧在泰国的传播 [D]. 杭州：浙江大学，2015：13—18.

（Streaming TV）市场，目标是吸引更多人观看中国版权的视频节目。[1] 这也是腾讯首次在海外市场推出该服务。之所以选择泰国作为海外尝试的首站，原因主要有以下两点：一、泰国作为中国的比邻国家，深受中国文化的影响，对中国文化接受程度较高；二、泰国视频市场至今仍是一片蓝海。腾讯泰国总经理格提表示，泰国人平均每天上网的时间为 9.11 小时，其中有 3.44 小时用于观看流媒体电视，即在线视频。加上目前泰国的人口年龄结构趋于年轻化，而年轻人对互联网的依赖性又较大，这无疑为腾讯视频入场泰国提供了天然的市场。[2] 如今在泰国，只要在搜索引擎上输入"WeTV"，就会跳转到 WeTV 主页。WeTV 的主页分为四大板块：电视剧、综艺、动漫和电影。以"电视剧"板块为例，里面汇集了不少中国电视剧，包括某些当前在国内热播的电视剧，如《三生三世十里桃花》《致我们暖暖的小时光》《不完美的她》《清平乐》《陈情令》等。WeTV 也同时推出了移动手机客户端，手机用户下载 WeTV 手机软件后，便可在手机上观看 WeTV 里的电视剧。

（三）观众审美因素

前文说到，中国华人移居泰国后，长期与泰族和平友好共处，中国文化与泰国文化相互交融、影响，使得泰国人对中国文化拥有较高的接受度和认可度。加上中国文化与泰国文化的相近性，泰国人对中国文化容易感到自然、亲切。

从最初的中国武侠类电视剧在泰国传播来看，中国武侠类题材的电视剧之所以能够广受泰国观众的欢迎，首先，这些观众的主体为中国华人，他们虽然身居泰国，但仍保有对中国文化的浓厚兴趣，比如，喜欢观看武侠类电视剧；其次，中国武侠类题材的电视剧所反映出的"宣扬正气、惩恶扬善、知恩图报"等行为准则和道德标准与泰国人的道德观虽有所区别，但又有联系，泰国人会感到易于理解和接受。

2003 年首部中国台湾青春偶像剧《流星花园》在泰国的播出，打破了以往以武侠剧为主打的局面，给泰国观众带来了前所未有的视觉新鲜感。恰逢当时泰剧的故事情节、风格类型比较单一，基本都是围绕"三角恋、虐恋情深"等主题展开，而中国的青春偶像剧以其简单明快的故事情节，浪漫梦幻的表现风格，青春时尚的俊男美女主演吸引了众多青少年观众群体，迎合和满足了当时泰国观众的审美需求。

近年来，网络剧从兴起到爆发再到现今的日趋成熟，只用了短短的几年时

---

① 淘金东南亚. 腾讯布局抢占泰国流媒体电视市场，中国电视剧节目将打入泰国？[EB/OL].（2019-04-04）[2020-04-27]. http://mini.eastday.com/a/190404124627402.html?qid=02263.

② 和讯网. WeTV 落地泰国，腾讯流媒体的东南亚之路能否顺利？[EB/OL].（2019-06-17）[2020-4-27]. https://news.hexun.com/2019-06-17/197552532.html.

间。国内每年都会出品好几部口碑高、评分高的网剧,这些网剧传到泰国,同样深受泰国观众的喜爱,主要原因有以下几点:第一,选题新颖。有别于传统的电视剧题材,网络剧的选材一般都较为新颖,甚至出现一些大尺度的敏感题材,如:同性、盗墓等题材,极大地满足了观众的猎奇心理。第二,故事短而精。纵观国产的传统电视剧,普遍存在剧情冗长拖沓、节奏缓慢的问题。在社会快速发展的当下,人们的生活节奏变快,时间也变得碎片化,大部分观众无法长时间地追剧,网剧则弥补了这一点缺憾。加上网剧的受众一般为年轻人,新鲜而敏感的故事选题、精简而紧凑的故事情节正是年轻人的最爱。第三,新鲜的面孔、演技的精湛。传统电视剧往往倾向于挑选一些大牌明星进行拍摄,久而久之观众便对常年出现于电视屏幕的明星产生审美疲劳。网剧由于制作成本低,通常会选择一些新人来拍摄。这些新人凭借自身出色的外貌条件以及精湛的演技,赢得了观众的厚爱。[①]

三、中国电视剧作品在泰国传播的策略

从中国电视剧在泰国三台播出的四十多年历程中,中国古装剧始终在不间断地播出。从 2003 年开始,随着中国偶像剧出现在泰国三台的荧屏,中国现代剧逐渐进入泰国的电视剧市场。之后数字电视的出现以及腾讯视频 WeTV 进军泰国,中国现代剧出口泰国的数量也在逐年增加。中国电视剧走出去,代表的是中国的民族文化和国家形象,肩负着传播中国文化的使命。为了更好地促进中国电视剧在泰国乃至其他海外地区传播,我们认为可以采取以下策略。

(一)创新传统内容,增强文化吸引力

虽然从数量上看,中国古装电视剧一直是泰国进口最多的电视剧类型,但进入 21 世纪以来,大陆古装剧在制作过程中因太过于追求数量,而忽视了故事情节、价值观等问题,导致制作出来的古装剧存在故事情节失真,价值观有悖于泰国观众原有的价值观体系等问题。如近几年在泰国播出的中国古装剧,以宫斗剧最为常见,但是淳朴乐天的泰国人却难以从宫斗剧中小人得势、好人不得善终的故事情节中获得乐趣。与之形成鲜明对比的是,同样是古装剧,20 世纪 70—80 年代风靡泰国的金庸武侠剧却令泰国观众深深为之着迷。这无非是因为金庸武侠剧中"侠之大者,为国为民""除强扶弱"的价值观与笃信佛教的泰国人民相信"善有善报、恶有恶报"的信仰不谋而合。[②]宫斗现象只是我国某个特定历史时期

---

① 修芳芳. 浅析网络剧为何这么火 [J]. 参花(下),2018(1):124.
② 新华社. 中国电视剧出口泰国面临三大困扰 [EB/OL].(2017-04-07)[2020-04-27]. https://www.imsilkroad.com/news/p/15877.html.

存在的一种现象，并不能代表我们现在的国家形象和民族精神。我们的电视剧作品在"走出去"的时候，传播的应该是我们国家和民族的一些正能量、积极向上的元素，而不是某些负能量的、引发矛盾的甚至是暴露我们民族劣根性的元素。但目前，能代表我们民族精神"走出去"的优秀古装剧还是相对匮乏的。接下来，为了提升中国古装剧的吸引力，改进内容创作是必需的。我们可以把电视剧的主题内容定位在亲情、友情、爱情等积极向上的情感传达上[①]，将"勤劳、勇敢、热爱和平、不屈不挠、自强不息"等这些正面的、积极向上的民族精神元素自然地融入到故事情节中去。

（二）提高自身水平，拓宽国际视野

目前我们无法回避的一个问题是，泰国本土都市情感剧正日益发展壮大。从2019年的《天生一对》再到2020年的《铁石心肠》，泰剧已经强势地打入了大众的视野，并且深受泰国观众喜爱。不可否认，近年来流行的泰剧无论是在题材或内容上都进行了一番创新，增添了不少种类与新意。在制作技术上，画质越来越清晰，剧集数量也进行了精简。再加上颜值和气质都相当出众的男女主演、扣人心弦的故事情节，即使"虐恋情深、激烈冲突"仍旧是泰剧叙事模式的主旋律，但收获了一大批女性观众。据相关统计报告指出：泰剧的主要观众群体集中在15—35岁之间的女性群体，而这一群体又与网剧受众存在着很大的重合。[②]这对于在泰国电视台或在网络上播出的中国现代剧来说，无疑是一种强大的压力。在这样的形势下，中国现代剧欲在泰国市场谋求发展，首先需提高电视剧的制作水平。例如，在电视剧题材的选定上，可以在故事情节中自然地融入一些能够代表我们时代风貌和改革开放精神的现代中国的元素，如：高铁文化、互联网文化（网购、外卖、支付宝支付、微信支付、滴滴打车）等。这些都是能引起泰国人好奇，并想去深入了解的一面。这些题材既反映了现代中国的都市生活，也向泰国观众展现出充满活力、蓬勃发展的中国形象。但仅仅强调中国元素，而忽略了泰国观众的接受程度也是不可取的。因此，除了立足自身以外，我们还应具有国际视野，充分考虑泰国观众群体的文化传统、价值取向、审美需求和接受心理等因素，找出他们的兴趣点和关注点，进而有针对性地创作出优秀的电视剧作品。

（三）推进宣传方式，加强合作共赢

为了促进中国电视剧的对外传播，中方可以与泰方展开更深入的合作，加强

---

① 王奕雯，李淼，李悦. 中国古装电视剧在泰国影视市场发展研究［J］. 时代经贸，2018（14）：76—78.

② 骨朵网络影视. 进击的泰剧：泰文化的逆袭蜕变路［EB/OL］.（2019-06-23）［2020-04-27］. http://mini.eastday.com/a/190623225447561.html.

电视剧作品的中泰合拍。中方可以邀请一些当红泰国明星当主演或由他们来完成电视剧作品的配音工作，还可以选择去泰国取景拍摄。这样一来，既为电视剧作品增添了泰国元素，又给泰国观众带来不少亲切感。在电视剧开播前，可以通过泰国的社交网络平台传播一些电视剧的剧照或者宣传片，为新剧进行造势宣传，吸引观众的关注；在电视剧热播期，可以通过在社交网络平台建立的官方互动平台宣传海报、剧照，片中主演以及其他参演者也可以在社交平台上积极与观众进行互动，利用明星效应发布电视剧信息和宣传电视剧作品；后期还可以通过让中方明星参加泰方的综艺节目，或者举行粉丝见面会等宣传手段来宣传电视剧作品。

四、结语

电视剧作为人们日常生活的重要调剂品，在对外文化交流中扮演着重要的角色，更代表着一个国家或民族的形象，起到宣扬一个国家或民族的人文思想、价值观念以及道德观念的重要作用。中国电视剧在海外的有效传播，也将成为提升中国国家形象和中国国家文化软实力的有效途径。新媒体时代为电视剧的传播带来很多机遇的同时，也带来前所未有的挑战。因此，我们不仅要继续加快中国电视剧走出去的步伐，并且要调整策略，争取推出更优质的电视剧作品，让中国电视剧走出去的步伐更稳健更有力度，让海外观众能够更深入地了解我们博大精深的中国文化，感受到我们中国文化的独特魅力。

参考文献

［1］梁悦悦. 中国电视剧在泰国：现状与探讨［J］. 环球新视野，2013（1）：75—77.

［2］刘凤美. 武侠类影视作品在泰国［J］. 电影文学，2010（15）：21—23.

［3］范兰珍. 中国历史故事题材影视剧在泰国传播研究：以《三国演义》为例［D］. 南宁：广西大学，2015：6.

［4］施坚雅. 泰国华人社会：历史的分析［M］. 厦门：厦门大学出版社，2010：144.

［5］王奕雯，李淼，李悦. 中国古装电视剧在泰国影视市场发展研究［J］. 时代经贸，2018（14）：76—78.

［6］［泰］邢晓姿. 论中国传统文化对泰国社会之影响［J］. 中国石油大学学报（社会科学版），2011，27（3）：68—72.

［7］修芳芳. 浅析网络剧为何这么火［J］. 参花（下），2018（1）：124.

［8］［泰］周静.论中国偶像剧在泰国的传播［D］.杭州：浙江大学，2015：10.

中国传统文化在泰国社会的本土化
——以节庆民俗活动为例

信息工程大学 陈 羲

【摘 要】 中国传统节庆随着国际间人口流动而进入泰国社会,在全球化、资本主义、旅游经济等社会背景因素的影响下,根据泰国当地的经济文化等需求,由地方政府主办,华人华侨群体、当地其他族群和游客共同参与,并通过传承、变化、再造、应用的方式组织举办庆祝活动,在这一过程中不仅产生了新的内容和形式,而且逐渐融入泰国文化之中,成为其重要的组成部分。节庆民俗活动的举办,不仅推动了当地经济的发展、不同群体之间的融合,也强化了当地华人群体对原乡文化的认知与情感,同时在中泰两国间的友好交流中也发挥了重要的桥梁作用。

【关键词】 节庆民俗;泰国社会;本土化

据我国史料记载,中泰两国间的友好往来,最早可追溯到汉朝时期,距今已经有两千多年的历史。"估计传统泰华社会约为650万,加上近20年涌入泰国的40万至50万中国新移民,估计2007年的泰国华人华侨应在700万左右。由于华泰混血儿数量很大,如果他们大批认同华人身份,则这个数据可能大大低估。"[①] 庞大的华人华侨群体[②]对泰国的政治、经济、文化、社会等方面都起到了不小的作用。华人华侨虽然移居泰国,但仍然在居住地庆祝中国传统节日,保留和传承中国传统节日中的物质文化、伦理关系和精神信仰传统,并根据华人社区的历史记忆和当地的环境加以创造,直接或间接地渗透到泰国人民生活的各个方面,丰富了泰族文化,在泰国,无论语言、饮食、建筑、文学艺术、风俗信仰等

---

① 庄国土. 东南亚华人华侨数量的新估算 [J]. 厦门大学学报(哲学社会科学版), 2009 (3): 65—66.

② "华人泛指海外中国移民及其后裔……我倾向于将华人定义为:一定程度上保持中华文化(或者华人文化)和中国人血缘的非中国公民。华侨这一称谓在20世纪50年代以前可泛指海外中国移民及其后裔,在此之后,在政治和法律意义上仅指定居国外的具有中国国籍者,其他海外移民及其后裔则可称之为华人。"引自庄国土. 论东南亚的华族 [J]. 世界民族, 2002 (3): 38—39.

都可以看到中泰相互融合的现象。本文将从笔者参与观察的两处泰国华人华侨聚集区举办的具有代表性、节日氛围浓厚、仪式活动丰富多彩、群众参与度很高的春节、中秋节及九皇斋节这三大节日为例，以田野调查获得的一手资料为基础，试图展现在泰国社会背景下中国传统节庆民俗在泰国的现状，并运用创意民俗理论探讨其在泰本土化方式及发挥的重要作用。

一、中国传统节庆民俗在泰国的现状

（一）春节

春节是泰国华人华侨最重要的节日，根据中国历法每逢春节，泰国许多地方都舞狮跃龙，鞭炮锣鼓喧天，洋溢着浓厚的节日氛围。从腊月二十九大扫除，购买年货直至过完正月十五元宵节整个春节庆祝活动才算结束。曼谷唐人街即曼谷三攀他旺县耀华力区位于曼谷市西部，由三聘街、耀华力路、石龙军路三条大街及许多街巷连接而成，遍布街区的是数以千计的各种商号，悬挂着醒目的中文招牌，经营着来自中国和当地的商品，至今仍保留着中华传统文化和华人社区习俗特点，其规模及繁荣程度在东南亚各地唐人街中堪称魁首。下面本文将以曼谷三攀他旺县耀华力区春节活动为例来介绍泰国的春节活动现状。

进入正月，耀华力沿街贴满大红福字及对联，各种各样的庆祝活动接连不断，并且逐渐从家庭层面发展到了地方层面，甚至到了国家层面。地方层面，每年三攀他旺县政府作为主办方，联合县文化委员会、议会委员会，曼谷市政府，帕拉猜警局，泰国文化部、旅游体育部，包括一些国会议员，曼谷市议员、区议员，以及企业家们一起组织举办耀华力路春节庆祝活动。国家层面，自 2004 年以来，中国文化部与泰国旅游体育部每年都会在曼谷耀华力路联合举办"中国春节文化周"活动。中国文化部派出艺术团专程前往耀华力参加春节文化周活动。泰国王室和政府都非常支持文化周的举办，被誉为"中泰友好大使"的诗琳通公主亲临参加文化周，以表达王室和泰国人民对中国传统文化的尊重。

由三攀他旺县政府主办的春节庆祝活动在"崇圣门"牌楼前举办开幕仪式。开幕时举行祈福颂圣活动，诗琳通公主亲自点燃香烛，敬献花环，祭拜神佛，曼谷市长或副市长为开幕式致辞，曼谷艺术学校与文化部联合举办文艺表演。主办方还会搜集当地与中国文化有关的材料通过图片加文字的形式向参与的民众或游客展出。展出的内容大体上可以分为以下几个主题：街区的历史与重要性，中泰外交关系，中国历法、春节的起源与习俗包括泰国的春节习俗，中国文化艺术和泰国文化艺术，街区的宗教信仰和寺庙、生活方式，从中国传入的美食等。沿耀华力路搭建临时活动棚，例如戏剧活动棚，进行戏剧表演，特别是在泰国传承的潮州戏，还有戏剧扮相讲解和演示，群众也可以体验戏剧装扮，同演员合照，购买戏曲面具、玩偶等。饮茶活动棚，展示中国冲茶流程，分发中国茶和冲茶工具。有文学活动棚，讲解在泰国社会备受欢迎和推崇的文学作品《三国演义》，还有讲解中国的风水、占星、相面等的活动。还搭建了中国文化生活模拟区，把能够代表中国文化生活的场所例如：酒馆、中药店、中式家居、中式戏院等拿来复制成小小的展间，每个展区前的门上挂着相关的介绍牌，展间内有电视播放介绍视频及相关的表演。

每年的庆祝活动中有一项必不可缺，那就是颂圣恩活动。主办者在"崇圣门"牌楼前搭建一座用红、黄的中式花纹装饰的崇圣拱门，挂上大红灯笼，拱门下摆放许多桌子用来放置国王、王后的照片和用来签名祈福的条幅，还将国王的图像投影在安装有 8 块屏幕的八面圣坛上。圣坛旁边是展示国王在耀华力路演讲照片展，例如国王同戏剧演员关于文化艺术的讲话。中央舞台上播放皇家音乐视频和颂圣影片。当年有特殊事件，如庆祝诗琳通公主 60 大寿，则会摆放大量巨幅公主图像。

除了政府主办的庆祝活动外，当地私人组织和团体也会参与春节庆祝活动。一些华人寺庙也会依照传统举行宗教活动，例如龙莲寺，会在除夕当天举办跨年诵经祈福活动，争夺头炷香的活动，化太岁仪式等，福莲宫举行的拜妈祖求子活动等等。除了华人寺庙，一些泰式寺庙也会举办春节活动，例如金佛寺的"拜世界上最大金佛，祈福欢度春节"24 小时不间断祈福活动，拜财神爷和太岁爷三天三夜活动，分发红包、免费斋食等。岱密中学和孔子学院在耀华力路博物馆举办"体验中国"活动，让学生作为"唐人街小导游，中华文化传承者"向参与者展示中国剪纸、书法和茶文化。一些开在唐人街的公司会请来舞狮舞龙队走街串巷地进行表演。

作为曼谷著名旅游景点之一，春节期间商业活动自然不会缺少，商家们纷纷出动，长长的耀华力路两旁挤满了摊贩，各色美食和商品吸引着人们的目光。舞台表演的间隙进行抽奖活动，工作人员到处分发优惠券。"耀华力春节活动是泰国国内举办的最大的庆祝中国春节的活动，也是春节期间中国在海外举办的规模最大的'欢乐春节'活动。"[①]

（二）中秋节

中秋节在泰国社会从最初只有华人华侨庆祝到如今被当地其他族裔接受，开始集体举办庆祝活动，并且规模越来越大。目前每逢中秋节，泰国多个地方会举办盛大的庆祝活动，比如：董里府巴莲县，春武里府廊祝古村，春武里府帕那尼空县，乌泰他尼府首府等。帕那尼空县位于春武里府的北部，距离首都曼谷大约 87 千米，是一个由华、泰、老挝人组成的多元型社会，三个族群在日常生活和

---

① 帕素迪·达泰，曼谷市副市长在 2013 年耀华力春节活动开幕致辞中讲到。

经济文化活动中相互接纳、吸收、融合，对国家和地方认同感很高。当地人民除了庆祝传统泰式节日，老挝族群的祈福节①、敬鬼节②之外，与华人华侨有关的春节、端午节、中元节、中秋节、吃斋节等，也会举办隆重的庆祝活动。帕那尼空县从2001年开始举办大型中秋节集体庆祝活动，经过十几年的发展，活动规模不断扩大，内容不断丰富。下面本文将以春武里府帕那尼空县中秋节活动为例来介绍泰国的中秋节现状。

帕那尼空县中秋节活动由县文化局主办，县政府、各村社及私人组织等积极参与。中秋节最主要的活动就是拜月仪式，包括祭拜上香、游神赐福、扶鸾等活动。仪式开始后，准备祭桌的家庭由男主人带领着全家人燃香跪拜。游神赐福活动开始后，皮卡车队边行进边播送经文，英歌表演队伍紧随其后，车兜里两位全身穿着白衣的人手拿竹枝，向路旁的群众洒水送福。中间的皮卡车厢内摆有祭牌和刻着八仙图像的神龛，民众可以把香递给站在神龛两旁的人协助其插进香炉中以祭拜神灵。随之进行的是扶鸾活动。三位身着白衣白裤的男子，一人左手端钵，右手拿着竹枝，另外两人一人左手执剑，一人右手执令旗，共同举着一个造型类似"弹弓"，上头绑有红布，中间夹着一根香的细长木条，依次走向各个供桌，桌前站立的人集体跪拜，端钵的人洒水，手持"弹弓"的人用长木条点他们的额头，表示赐福给家庭里的每位成员。

游神赐福活动中进行的英歌表演③也是帕那尼空县中秋节活动的重头戏之一。英歌表演的步骤是请神、拜神、预演、正式表演和送神。表演时英歌舞队员面部涂抹脂粉，画有脸谱，做古代武士打扮，身穿黑色长袖镶白边的服装，头戴明黄色宽边行军帽，绑着腰带，用红色布条在腿上缠出"龙鳞"样式，一半人双手执木槌，一半人左手执鼓右手执木槌。表演时分两路纵队前进，除了执蛇的领队外，所有队员依照大鼓敲击节奏上下左右相互叩击，跳跃前进。每当队伍走到开阔场地时，例如十字街口，会停下来表演一段，以队形变化和常用套式动作表演为主，围成一个大圈或者几层小圈，或者排成四小路纵队。表演结束方式是做"蹉步撩槌"或"后抬腿斜击槌"的动作，在舞动中退场，从而整个英歌舞表演完毕。

猜谜活动也是当地中秋节庆活动的重要组成部分。中秋节当晚，早早就搭设好的谜棚里谜笺贴满白板。谜笺上除了文字谜，还有画谜，谜题有一些是泰文，有一些是中文，据当地猜谜俱乐部主席介绍，有些中文的谜题甚至与潮汕话有关，不懂潮汕话是无法猜出谜底的。棚里的猜谜者瞄准目标，先读谜号，再读谜题，最后报出答案。如若猜中，回报响亮的两响鼓声，再请猜谜者解释谜面和谜

---

① เทศกาลบุญกลางบ้าน Thitskan Bun Klang Ban
② งานบุญสารทลาว Ngan Bun Sat Lavw
③ เอ็งกอ Engko

底相对应的道理,如果解释正确回报鼓声两响再加一响洪亮的锣声,寓意"出击胜利,鸣金收兵"。活动主办人会向猜中者赠送谜赏,奖品不会太大,表达心意即可。

为了吸引更多人参与,同时使节日活动更丰富多彩,帕那尼空县中秋节活动会举办"月亮小姐"和"最美供桌"比赛,奖金丰厚。参与比赛的女性全部身着各色中式旗袍,手持中式蒲扇,妆容精致,身姿婀娜地站在自家精心装饰的供桌前。选美比赛受到了群众的热烈欢迎,宣布结果时舞台更是被围得水泄不通。除此之外,当天晚上还有舞狮舞龙表演,以及请一些小有名气的歌手、乐队、舞团在舞台上演出。过了供桌摆放区域是热闹的夜市,小商小贩们摆好各种食物、商品供游人挑选。在城内旧转盘前有吃月饼比赛,中文学校前有学生表演。中秋节那天,整个街道上空悬挂着一排排灯笼,街道里游人熙熙攘攘,一派热闹欢腾的景象。

(三)九皇斋节

九皇斋节,又叫九皇盛会、九皇爷诞、持戒-吃斋节、吃斋节,根据中国历法于阴历九月初一至初九举行。虽然中国传统八大节日并没有九皇斋节,但其随着中国人迁往海外而传播到了泰国,在泰国已有百年的历史,从最初的几根香就能祭拜,到后来的依附道观,再到现在独立成庙,举办大规模庆祝活动,成为泰国华人华侨与当地民众广泛参与的四大中国节日之一(春节,中秋,元宵,斋节),名声绝不逊色于其他中国节日。有着大量古老斋堂的曼谷耀华力路在节日期间是泰国最著名的斋食区,下面本文就以曼谷耀华力区九皇斋节活动为例来介绍斋节期间的风俗活动。

九皇斋节期间,耀华力路上插满了写着"斋"字的黄色三角旗,参加斋节的信徒们全身着白衣白裤,吃斋持戒。"崇圣门"牌楼是节日宗教仪式的活动中心,由慈济寺主要负责宗教仪式事务。主祭台上供奉九皇佛祖神像,其左侧供奉着"天地父母"、观音神像,其右侧上方悬挂着耀华力区 22 座华人寺庙的照片,桌上供奉着请自这些寺庙的神像香炉。在这里白天分发斋食、饮料,晚上有大乘佛教高僧带领信众集体诵经。节日期间主要的仪式有:立竹篙、请神、祭拜、酬神戏、绕境游神、施济、送神。

立竹篙仪式在农历八月三十白天举行,在牌楼处立竹篙,也叫作天宫柱,由长达 50 米左右的竹竿制成,用来为神明指路,祈求九皇大帝降临前来同庆共欢。请神仪式在慈济寺举行,农历八月三十、九月初一子时,"头人"[①]端着香炉于河边迎请,"头人"掷阴阳杯,当两次都掷出一阴一阳时,表明请神成功。送

[①] 前一年九皇斋节时通过掷阴阳杯选出的男性代表。

神仪式于初九晚上接近午夜时举行，在香炉中装上大米、鲜花、水果、香烛，信徒们持香护送，"头人"划船到河中间，把香炉放在河中。送神仪式结束后，牌楼主祭台前的天宫柱要取下上面的灯笼，放倒柱子，意味着九皇盛典的落幕。

所有节日活动中最受人欢迎的是游神活动，而其中最重要也是最丰富多彩的要数观音巡游仪式和漂纸水灯仪式。三攀他旺县文化委员会和大本头公庙为观音巡游仪式的主办者，会在当年中秋节从年龄为 16 至 25 岁间、身高 162 厘米以上、长居曼谷、能持续参加此项活动的华裔女性中决出最终的观音扮演人选，为巡游仪式做准备。巡游当天队伍从慈济寺出发，头车载着慈济寺的千手观音雕像和北传佛教高僧，一边行进一边向道路两旁人群洒水送福。紧随其后的是身着白衣白裤手持各类旗帜的队伍，再接着是工作人员队伍，舞狮舞龙队在其身后，队伍中夹杂着身着泰式服装表演泰国长鼓和"鹦鹉刺老虎"[①]，每逢寺庙就停下来表演一段以示尊敬。随后是用鲜花装扮的观音花车，观音扮演者坐在中间手持荷花，一男一女为童子位于两侧，身后是穿着旗袍、挂着绶带的前两年的观音扮演者，群众手持香烛簇拥着车队缓缓向前驶去，吸引了众多市民合影留念。赞助商家的广告宣传车为队伍结尾。

漂纸水灯仪式在初八举行，它是施济活动的一部分，形式与泰国传统漂水灯相似但目的不同，这里主要为了祭拜游魂野鬼。水灯是用祭纸做的，上面插着香烛，放有食物，水灯入水时口中要念诵，以告知鬼魂来吃那些祭拜的食物。清水祖师庙的水灯队伍是耀华力区最有名的，善男信女们手捧水灯从寺庙出发前往附近的湄南河边，从曼谷桥处乘船参拜沿途寺庙与斋堂，然后在建安宫处漂放水灯。斋节是一年当中人民集体参与积福行善的重要时机，施济活动在节日最后一天举行，华人寺庙、商会、慈善基金会，公司，民众等组织与个人出资购买米、油等生活物品，分发给前来排队的穷苦人民。

九皇斋节在泰国多地都有举行，曼谷耀华力路的九皇斋节与泰南的节日活动大不相同，因为节日委员会认为节日要强调身心纯净和持戒，要求不能出现类似普吉等地的乩童、走火炭等活动。节日期间大量的摊贩在此处售卖各种斋食，一些品牌也看准商机，支起帐篷搞起促销活动，不仅泰国人广泛参与，还有许多我国台湾、新加坡、马来西亚的信徒前来参加，一时间游客众多，热闹非凡。

二、中国传统节日在泰国社会的本土化

（一）中国传统文化在泰国传播的社会文化基础

泰国之所以能够接受中国传统文化，首先得益于中泰两国之间的友好交往及

---

① 鹦鹉刺老虎（กระตั้วแทงเสือ）是泰国从阿瑜陀耶时期流传下来的一种传统歌舞表演，表演者身着类似虎皮的衣服随着音乐跳跃翻转。

泰国温和的同化政策。泰国拉玛五世时期的王子、著名的历史学家丹隆亲王指出,历史上没有哪两个国家可以像中泰一样长期保持友好关系。这是因为两国之间没有敌对关系,两国人民像兄弟姐妹一样,保持交流沟通和互相帮助达千年之久。中泰两国民间与官方的友好交往可以追溯到汉代,基本处于相互友好的局面,虽然其中因政治原因有过低谷期,但对民间交往影响不大。特别是中泰建交之后,政治、经济、军事、文化、宗教等领域的友好互惠关系迅速发展。文化的传播离不开人,在一定程度上文化传播就是人际传播,这也是文化传播中最基本的方式。世界上的民族会不断出现小范围或大范围的移民,在移民的过程中人们会在不经意之间自然会把文化带过去,特别是把民俗带过去。当华人到达泰国后,接受泰国文化、语言以及宗教习俗,与泰国妇女通婚,建立家庭,同时泰国温和的同化政策为华人提供了平等的经商机会、平等的社会地位和政治待遇,华人实现了与泰国当地完整意义上的融合,正因为这种融合成功,中华文化得以落地生根,代代传承,并随着华人向主流文化趋同的过程中,逐步同本土文化产生融合,焕发新的生机。

其次得益于相似的文化与价值观。"中泰两国间数千年友好关系的基础是两国相似的文化与价值观,相似的文化和价值观塑造了两国人民和平友好,宽容仁慈的民族性,也是数百年来两国人民相互秉持善意和泰国社会善待华人移民的重要原因。任何文化都将引导置身其间的人们生活的方方面面,塑造一个国家、社区或者其他特定人群的共同性,这种共同性尤其表现在信仰、道德观念、行为、传统和语言上。"[①] 在中国,佛教是最受欢迎和被广泛认可的宗教,佛教寺庙遍布全国,也普遍出现在海外华人社区中。佛教作为泰国国教是泰国人生活的重心,虽然大乘佛教和上座部佛教有差别,但其最基本的教义和仪式大体一致。因此当声称自己也是佛教徒的中国移民进入泰国社会时,易于产生彼此认同和互相理解。华人熟悉适应泰国文化和习俗就变成一个简单的过程,比如参拜寺庙、捐赠布施,这些与他们在家乡的做法差别不大。泰国除了以佛教为主的宗教信仰外,还存在着一些以原始神灵崇拜为主体的民间信仰文化,这些原始信仰出现得比宗教要早,影响也更为久远,许多民间信仰因素也融入佛教之中,在当今泰国人的社会生活与精神世界之中发挥重要的作用,中国传统节日中包含的祖先崇拜、鬼神崇拜、自然神崇拜等在泰国社会中也存在,因此泰国社会中的其他族群比较容易接受。总之,佛教的宽容慈悲、万物有灵的原始信仰、热带民族热情平和的天性,使泰国成为一个兼容并包的国度,她乐于接受外来的宗教信仰、传统文化、风俗习惯,只要符合自己的需求,都可以一起参与。

再次也得益于华人华侨在泰国的社会地位。泰国华人华侨众多,据估计已超

---

① 庄国土. 文化相似性和中泰关系:历史的视角 [J]. 华侨大学学报(哲学社会科学版), 2013(2): 8.

过 700 万人。华人在某一国家总人口中所占的比重影响到他们在政治和经济上的作用程度，从而影响到针对华人及其活动的国家政策的制定。泰国华人华侨经济收入水平相对较好。中国人历来有勤劳能干、机敏向上的美好品德，华人华侨在泰国大部分居住于城市之中，主要从事商业贸易活动，经济活动规模越大，他们就越有能力建立较大的社区以容纳那些对保持中国传统文化和社会有益的成分，如中文学校。华人华侨还比较重视教育，其子女普遍受过中等以上教育，甚至出国留洋，这些华裔各有专长，现在多数已成为泰国国家政治和经济的栋梁。他们不仅在国内工商事业或跨国经济事业中大显身手，而且不少也成了泰国政坛的重要人物。从 1932 年实行君主立宪制以来，29 任泰国总理中约一半为华裔。"据估计，从 1986 年至今，泰国历届内阁中的华裔成员约占一半左右。"[1]

（二）中国传统文化在泰国的本土化方式

外来文化进入当地直到被当地接受的过程被称为本土化，"它所发展出来的特质是既有别于过去本土传统既有的，也不同外来的面貌，但却又同时与两者有着某种历史延续性的脐带关系"[2]。中国传统文化传播到泰国后，一方面华人华侨根据祖辈传下的历史记忆不断实践和传承节日庆典和仪式中的物质、社会和精神内容。另一方面，它们也在所在国的环境中，根据新的政治、经济和社会情况等特色发生变异，通过在原有文化基础上移植、嫁接、重新生长不断创造新的传统，与本地文化中其他文化元素相互渗透、包容、补充，并逐渐成为本地文化的有机组成部分。从这三大节日中可以看出，泰国社会中华人传统节庆组织的主体思路为：这是华人节日，以节日原有习俗为主，尽量使用现在泰国社会中被认为是华人文化的元素，运用多种形式来丰富节日内容以吸引群众参与。具体分析时，笔者按照创意民俗理论[3]将其划分为主要的四个点：传承——为能在海外彰显自我特色，须禀赋中华文化内涵；变化——为适应海外多变环境，须丰富表现形式；再造——为能与他国文化共存，须尊重并借鉴他者；应用——为能发挥民俗价值，须赋予民俗新的释义。

传承——为能在海外彰显自我特色，须禀赋中华文化内涵。传承是民俗学的关键词，"传统节日在每年的同一时间里以含有文化寓意的行为和寓含深厚文

---

[1] 许梅. 泰国华人政治生活的变迁 [J]. 东南亚研究, 2002（2）: 18.
[2] 林荣泽. 战后大陆来台宗教的在地化与全球化：以一贯道为例 [J]. 新世纪宗教研究, 2008（3）: 5.
[3] 创意民俗是指那些在现代泰国社会背景下，被重新创造或生产的民俗，其目的是在新的背景下传承、应用民俗，给民俗释义和赋予新的意义；或者说是为了增加民俗的经济价值而使用民俗，或者是为了创造地方或族群的特点而使用民俗。希拉蓬·纳塔朗教授于 2013 年提出了创意民俗理论，并在《创意民俗理论与研究》一书中做了完整的阐述。

化意义的节日食品、节日装饰物作为该节日文化的载体和表象符号,在每年的固定时间段被重复着,使人们即使离开该文化环境,也会对该文化行为和文化整体产生联想,深深融入他们的具体行为之中,甚至能从中看到我们都以为自己身上已经不存在的母文化生活习俗的星星点点的踪迹"[1]。节日信仰方面,华人的民间信仰不只是神明的崇拜,重点还是在祭典的迎神赛会上,举办各种大小型的宗教法事,让民众在进香奉祀的过程中,得到仪式性的精神安顿。泰国春节期间,耀华力区大大小小的寺庙,不论华人寺庙还是其他寺庙都会举行跨年诵经迎神祈福仪式。在崇圣门牌楼前的点烛祈福仪式中,诗琳通公主带领民众点燃蜡烛,敬献神佛。帕那尼空县中秋节庆祝最主要的内容就是摆供桌拜月神和观音。九皇信仰起源于中国,连续九天举行礼斗之俗,着白衣燃黄烛,吃素持戒,这些习俗在中国已经式微,在泰国却被很好地保留并发扬光大。节日习俗方面,爆竹迎年、贺岁拜年是新年中必不可少的传统习俗。华人会备年货、扫尘、三十在家中祭祀祖先、迎财神,去寺庙祭拜神灵,走亲访友拜年、发红包、交换橘子等。赏月团聚、吃月饼也是帕那尼空县中秋节的主要内容之一。节日风物方面,沿街张贴的春联福字,大红灯笼,供桌上的茶水、红粿、月糕、寿桃、糕烧、豆方、勝糕等食品,祭祀时使用的三牲、金银锭、大钱、粿丝等物品,人们身着的中式服装,节日娱乐方面,出现在各种华人节日的舞狮舞龙队,游神赐福队伍,酬神戏表演,所有这些具有特定文化含义的节日行为和符号,成为传统节日的代表性载体,展现了华人传统节日的文化内涵,也彰显出当地社区和人民自我特色。

  变化——为适应海外多变环境,须丰富内容和表现形式。现代社会生活的发展导致了新兴生活方式的产生,同时世界范围内的全球化浪潮其势汹汹,作为西方强势文化一部分的洋节开始进入泰国社会对传统文化进行冲击,原本属于华人华侨群体的传统节日要想被其他族群所接受,对节庆活动的丰富性要求越来越高,需要由单一项向多元化发展。信仰多样化,中国民间信仰本来就丰富多样,当初移往海外的人民多是逃避战乱,寻求一片可以吃饱立足之地,文化水平普遍较低,可能对于本土自己的信仰的了解就没有那么清楚,到了海外之后,与本土的宗教信仰混杂,那些原乡宗教仪式自然会产生变异,许多本不相关的神灵也会出现在节日期间。中秋节祭拜观音、八仙,九皇斋节更是将耀华力区 22 座华人寺庙所供奉的神灵香炉全部请到主祭台。"泰国人觉得不管是什么神灵,是中国还是泰国本土的,都能保佑人民,就都接受都拜"[2],因此使得其他人群对于节日的接受和参与度也得到提高。形式多样化,耀华力春节活动中以图片加文字形式的中华文化展览;把能够代表中国文化生活的场所拿来复制成小小的展间,并且在里面现场展示相关文化的中国文化生活模拟区;活动亭中的净面、相面、风

---

[1] 何彬. 春节与海外华人华侨的文化认知 [J]. 温州大学学报,2012(3):14.
[2] 2016 年九皇斋节期间,于曼谷耀华力路采访节日活动负责人之一缇帕婉女士说。

水、品茶等传统中国技艺；舞台上的中国艺术团文艺表演活动等，丰富了节日形式。九皇斋节的观音巡游仪式、漂纸水灯仪式、施济活动。帕那尼空县中秋节活动中的扶鸾、游神队伍、英歌舞表演、猜谜活动。在华人节日中添加中国文化元素，不仅能全面展示中国文化，而且能激起人们的兴趣，吸引他们参与其中。

  再造——为能与他国文化共存，须尊重并借鉴他者。因为融合是民俗文化传播的重要过程，如果一味传播不考虑融合，就容易形成对抗，不利于传播，如果不能融入当地的文化，就会被历史和社会逐渐遗忘。耀华力区举办华人节日活动基本都以"崇圣门"牌楼——被定义为"神圣"的地方作为主场地。崇圣门牌楼是2000年普密蓬国王72岁寿辰时，泰国华侨各姓氏宗亲总会筹划制作这个牌楼，作为献给国王的生日贺礼，匾额上的"王寿无疆"为诗琳通公主亲手书写。牌楼作为街区的标志并且被赋予了王室的象征意义，以此为活动主场地，就有了被当地其他族群所接受的情感基础。春节的颂圣恩活动，悬挂国王王后图像，以崇圣为主题命名节日，如2018年春节活动命名为"耀华力春节，颂扬十世王圣德"，表达十世王的圣德给社会人民带来新气息，以节日为契机为皇室成员庆生等，这些全都表达华人作为泰国公民对泰国、对皇室的忠诚。九皇斋节的巡游队伍旗帜分队中不仅手持斋旗，还包括泰国国旗、象征国王和王后的旗帜、国际佛教旗；在舞狮舞龙队伍中还掺杂着身着泰式服装表演泰国长鼓和"鹦鹉刺老虎"的演员。1934年12月8—12日，泰国第二个宪法日庆典之际，民党在其俱乐部——萨澜隆王宫举行了泰国第一次"暹罗小姐"选美活动，以此吸引民众目光，收到了不错的效果，从这以后选美活动在泰国流行开来，节日庆典等大型活动经常会举办选美活动来吸引大众的注意力和参与度，中秋节的月亮小姐比赛，九皇斋节中观音扮演者竞选，选择泰国人民喜闻乐见的形式，通过比赛竞争，奖金激励等使参与者重视起来认真准备，观看者则能从欣赏中获得乐趣。

  应用——为能发挥民俗价值，须赋予民俗新的释义。经济价值与商业活动，全球化和科学技术的发展使得整个世界联系在一起，旅游成为泰国经济收入的主要来源之一。在全球化和资本主义的作用下，人们开始用经济的视角看待文化，把文化作为资本，希望能够把文化价值转变为经济价值。文化资本虽然不能像经济资本那样量化，但同金钱、财力一样，作为人们社会生活中"资本"的一部分，可以通过对文化资源的挖掘和开发实现人文价值和经济价值的有机融合。华人华侨的传统节庆被地方政府挖掘开发，节日成了旅游宣传的卖点，市场成了节日的主场地，各种各样的商业活动，如赞助商的宣传，食品、纪念品等贩卖，一派红红火火的景象。据采访得知，九皇斋节期间街边两旁生意红火的小摊十天可得约十万泰铢的收入。"一种宗教习俗演变成一种社区性庙会是必然规律，只要这种宗教习俗仪式定期或周期性地在一个庙宇举行，只要广大信众愿意参与，只要这种仪式有浓郁的民间性也不带官方规限，那么这种宗教习俗迟早会演变成为民众踊跃参与，商业色彩和文化色彩兼杂的庙会。"①

三、本土化的中国传统节庆在泰国社会的影响与作用

个人层面：远古时期人们囿于自身的渺小和对神力伟大的敬畏，为了满足自身愿望，得到神灵眷顾，会进行祭祀祈祷，愿望达成，拜谢感恩并以歌舞等形式来取悦神明，现在人们大多是想从祭拜中获得精神安慰和支持。而且经过长时间的发展，节日民俗已经脱离仅通过宗教仪式来表达对神的尊敬而慢慢地褪去神秘外衣，具有世俗娱乐和调节生活节奏的功能。春节、中秋节讲求家人团聚，普通民众从中收获亲情的温暖与欢乐。九皇斋节要求吃素，让人们更关注身体健康。节日期间各式各样的活动让自己平时忙碌的身心得到放松，暂时抛却烦恼而参与其中，物质生活和精神生活得到调节。节日也给了政治家、公务员提供向民众展示自己的舞台，部分华人领袖也希望以此积累声望、信用和社会关系。巨大的人流量给商家提供了宣传自己品牌的机会，售卖纪念品、食物等也给他们带来了巨大的利润。

集体层面：社区利用传统文化让居民认识到自己居住社区的价值，以社区为荣，携手保护自己的家园，让其更宜居、更长久地存在。例如耀华力区的诺易社区②，2011年以"拜月神，保护曼谷王朝的遗产"为名举办中秋节活动，以节日活动为契机，向外界展示自己的悠久历史，以及社区内的古建筑和曼谷最古老商业区之一的价值，树立自身古文化社区的形象以对抗商业侵袭。因为当时整个社区正面临着社区土地所有者不愿再与社区续租，并正在同大资本家商谈交易，居民即将被赶出去的难题。社区举办节日活动就是要让政府和相关方看到"什么叫作社区"。社区是世代居住于此的人民的精神所在，彼此间相互了解，不分姓氏，齐心协力。现在由于城市的扩张，来自不同地区的人群涌入，国家只能根据现代管理体系将文化区域转变为行政区域。这种情况下，社区人民更应该紧密团结起来，关注那些只有社区内部才能理解的与人民生活、文化相关的地区历史，共同努力通过延续来创造具有生命的历史，建立社区的归属感，建立对曼谷的归属感。

地区挖掘并利用当地华人文化作为文化资本，以传统节日作为载体，选取最能代表和展现自身文化特点的节日，组织举办大型庆祝活动，运用特有的参与感、文化体验性、异域性等全方位展示地方自然、人文、经济社会等特征，为地域文化多元化发展提供便利。同时也起到了一定的介绍、宣传地方的作用，塑造当地形象，展现当地特色的作用。对于三攀他旺县耀华力区来说，因为这里是泰

---

① 高伟浓．华夏九皇信仰与其播迁南洋探说［J］．东南亚纵横，2002（Z1）：95.

② ตลาดน้อย

国知名的唐人街,华人聚集区,旅游区,商业贸易区,华人从阿公阿妈到孙子孙女,代代生活在这里,尽管泰国文化已经融入其中,但是这里浓重的华人文化不能消失,这是它的独特魅力与价值所在。盛会是吸引国内外游客来此旅游的好时机,成功实现将文化资本转化成经济价值,为旅游业和地方增加不少财政收入。春武里府帕那尼空县的中秋节活动"最近几年参与的人越来越多,到了中秋节,县政府会封路,并派出警察维护治安"[①]。

对于华人群体来说,由于时代的演变、同化政策与教育等因素的影响,泰国新生代华人被同化程度相对较高,举办各种节日活动多少深化其对原乡文化的感情与认知。同时也可以作为群体同胞之间的相互联系感情的媒介,旅居他乡需要同伴之间的相互帮助,同样的语言、生活习惯、信仰、独特的节日风俗使得他们容易走到一起来。表演队、灯谜社团、宗教社团等,既能够增进各阶层人士之间的友谊,维护协调乡亲之间的重要事务,也能加强群体凝聚力,形成稳定有效的关系网络。华人可以通过节日中的风俗习惯展示并传承自己的历史、文化,增强文化自信以此来对抗其他民族的文化入侵或塑造自己的群体特性,提高群体的社会地位,扩大群体影响力。例如,春节的施济活动中最典型的"大峰祖师庙",最初是收殓无主尸骸,后来成立"报德善堂"扩大施济工作,并不以单纯的"收尸善堂"为工作,而是成为一个有灾必救、有难即恤的慈善机构,而且其辖下设有"华侨医院"更是不分国籍、不分地域、不分宗教、不分阶层一视同仁为各界民众提供医疗服务。因此,大峰祖师庙特别是报德善堂以及华侨医院在泰国社会各界不仅具有普遍的影响力,还在泰国人心中具有很高的影响及地位,而其所承载的中华文化也在泰国的社会得到广泛的传播。

外来文化本土化之后,开始通过当地人群进行传播,因此对于传统文化在泰传承来说,利用节日这个载体大规模地展示其所包含的伦理秩序、道德观、服饰饮食等信息,让参与者直观地感受传统文化,过节知节,能油然而生喜爱传统节日、尊重传统节日并沿袭它的愿望。有了这种尊重和沿袭的愿望,就会自然自觉或不自觉地重视节日,自发过节。民俗教育的特征之一是它并非完全通过教室和学校教育形式实现。它往往没有固定模式,不计时间和地点,不拘人数和场合,反复用各种形式,逐渐形成每个人的文化记忆。孩子们学习舞狮舞龙,作为"唐人街小导游,中华文化传承者"展示中国的剪纸、书法、茶文化,体验戏剧、中医,帕那尼空小学教授英歌舞的第二课堂活动等,也都或直接或间接地促进了华人文化在泰国社会的传播。现在中国几乎已经找不到九皇斋节的身影,而泰国的华人还在大规模地举行九皇斋节本身就是对原乡文化的传承,活动的规模越来越大,甚至有其他国家的信众前来参与,对于节日传承就更有帮助。

国家层面:对泰国来说,不仅可以促进经济的发展,还可以增进民族间的融

[①] 采访巴云・阿耐(Prayun Anik),帕那尼空县副县长,2016 年 9 月 15 日。

合，强化华人群体对泰国的认同和对国王的忠诚，维护社会的稳定，也成为中泰之间友好交流的重要桥梁。节日是华人对当地其他族群和当地社会表达友好的重要时刻。为孤魂野鬼超度，分发生活用品和食品给穷人，斋节向穷人分发素食等，华人通过中国传统节日里的慈善活动向当地社会其他族群传递了友好的信息——虽有华人血统，但更是泰国人，也要承担地方社会的社会责任。通过颂圣恩活动表达对国王和皇室的效忠，以及对泰国的热爱。泰、老、华族聚集区的帕那尼空县，当庆祝华人节日时，当地其他族群也都会参加，团结一心，一起努力举办活动，节日期间欢腾喜悦的气氛，使人们之间的关系变得融洽和谐，无形中加强了当地三个民族群体之间的相互了解和融合。每年春节期间，中国驻泰大使馆会赠送纪念礼物，如 2007 年国王 80 大寿，赠送了一对白玉石狮子，2015 年诗琳通公主 60 寿辰时，赠送了重达 3 吨的 3 座白玉雕刻羊，现在都放置在"崇圣门"牌楼前。中国文化部与泰国旅游体育部在曼谷耀华力路联合举办"中国春节文化周"活动，由文化部部长或副部长亲自带领艺术团前往泰国多地进行表演，将浓浓的春节气氛带到泰国各地，共同打造最大海外春节活动，促进两国间的文化交流。

四、小结

随着世界全球化的日益加深，旅游业，特别是跨国旅游业的兴起，资本主义发展以及中国的经济发展使泰国华人认同成了有价值的社会标签，为中国传统节庆在泰国本土化和继续传承提供了条件。在这种背景下当地政府和华人华侨群体以中国传统节日为基础，运用传承、变化、再造、应用的思路来组织举办泰国社会中的华人华侨传统节庆活动。随着活动影响力不断增强，不仅吸引了大量华人华侨群体的参与，当地其他族裔也显示出极大的热情，甚至皇室、政府也参与其中，使得华人传统节庆成为泰国国家文化的重要组成部分，这不仅对当地的经济社会产生重要影响，对中泰两国间的友好交流也发挥了一定的作用。

参考文献

[1] 庄国土. 东南亚华人华侨数量的新估算 [J]. 厦门大学学报（哲学社会科学版），2009（3）：62—69.

[2] 庄国土. 论东南亚的华族 [J]. 世界民族，2002（3）：37—48.

[3] 庄国土. 文化相似性和中泰关系：历史的视角 [J]. 华侨大学学报（哲学社会科学版），2013（2）：5—14.

[4] 许梅. 泰国华人政治生活的变迁 [J]. 东南亚研究，2002（2）：16—20.

[5] 何彬. 春节与海外华人华侨的文化认知 [J]. 温州大学学报, 2012 (3): 11—14.

[6] 高伟浓. 华夏九皇信仰与其播迁南洋探说 [J]. 东南亚纵横, 2002 (Z1): 93—97.

[7] 林荣泽. 战后大陆来台宗教的在地化与全球化: 以一贯道为例 [J]. 新世纪宗教研究, 2008 (3): 2—47.

[8] 希拉蓬·纳塔朗. 创意民俗理论与研究 [M]. 曼谷: 诗琳通人类学中心, 2016.

[9] ศิราพร ณ ถลาง. *คติชนสร้างสรรค์บทสังเคราะห์และทฤษฎี* [M]. กรุงเทพฯ: ศูนย์มานุษยวิทยาสิรินธร, พ.ศ.2559.

19—20世纪柬埔寨对中国文学作品的译介

广西民族大学东南亚语言文化学院 王海玲

【摘 要】 中国文学作品在柬埔寨的译介是一个值得深入探讨的文化现象。华人自发翻译改写中国文学作品，政府组织下的中国小说译介，是包括政治、文学、文化寻根在内的各种诉求的凸显，在不同的历史时期呈现出不同的特点。结合两国的社会历史与文学发展状况，探讨中国文学作品在柬埔寨的译介、传播、接受和影响。

【关键词】 柬埔寨；中国文学作品；译介

引言

中国与东南亚各国地缘相近，文化交流和碰撞由来已久。在这片土地，各种文化相互交织、交融、共存、繁荣，各民族间文化的"对话"不断向前推进、发展。文化交往中的文学译介，在推动中国和东南亚文学共生共荣的进程中起到极为重要的作用。中国文学在东南亚国家中一直有着广泛的传播和影响。从19世纪开始，中国文学作品在柬埔寨便已崭露头角。古典文学名著、通俗小说是主要的译介对象，这些译作分属历史、武侠、爱情、传奇等题材，经过柬埔寨的内化，促进了柬埔寨文学的发展。

一、研究现状概述

国内关于柬埔寨文学研究的资料比较丰富，但对柬埔寨的翻译文学关注不多，其中包括中国文学作品在柬的译介研究。中国文学作品在东南亚的译介研究侧重关注越南、泰国、马来西亚、印尼等几个东南亚国家，对柬埔寨的译介情况大多一笔带过，鲜有深入。如沈建著的《历史上的大移民：下南洋》[1]，书中简略阐述了柬埔寨对中国文学作品的译介情况及对柬埔寨文学的影响；彭晖《柬埔寨文学简史及作品选读》[2]，傅岩松、胡伟庆《柬埔寨研究》[3]，覃圣敏《东南亚

---

[1] 沈建. 历史上的大移民：下南洋[M]. 北京：北京工业大学出版社，2013.
[2] 彭晖. 柬埔寨文学简史及作品选读[M]. 北京：外语教学与研究出版社，2003.
[3] 傅岩松, 胡伟庆. 柬埔寨研究[M]. 北京：军事谊文出版社，2004.

民族（越南 柬埔寨 老挝 泰国 缅甸卷）》①等书中略有提及；梁立基、李谋《世界四大文化与东南亚文学》中论述了中国古典和通俗小说在东南亚的流传、翻译、改写及影响，但对柬埔寨情况介绍较少；杨保筠的《中国文化在东南亚》②对中国文学作品在柬埔寨的译介状况仅做了简单介绍，并无深入分析。林金枝《福建文化在东南亚的传播及其影响》，文中也仅提到"在柬埔寨，据认为，十九世纪中国文学的翻译者，都是曾经在佛教寺庙里学过写诗的福建华侨后裔"③。

国外相关研究主要有金福娣（柬）、雅集艾·纳博特（法）合著的《十九和二十世纪中国文学对柬埔寨的影响》④，该书概述了十九世纪柬埔寨的历史背景，中国文学作品在柬的翻译和改写；论述了二十世纪上半叶通过越南和泰国传入的中国文学对柬埔寨的影响，以及1940—1975年中国文学在柬埔寨经历的停滞、恢复、发展三个阶段。金福娣（柬）的《高棉文学概论》⑤一书中专辟一章论述外国文学对柬埔寨文学的影响，其中包括中国文学作品的译介情况介绍，但也仅止步于此。法国著名东方学家克劳婷·苏尔梦选编《中国传统小说在亚洲》⑥，对中国传统文学的传入时间、传入途径、传播方式、作品及类型、译者、翻译和移植、接受情况、读者群体、对地方文学发展的影响等进行逐一分析，探讨了亚洲各国对中国文学作品的翻译和借鉴问题，柬埔寨相关介绍所占篇幅不大。

总体来看，国内外对中国文学作品在柬埔寨的译介研究绝大多数是对译介情况的简单介绍。本文尝试梳理19—20世纪中国文学作品在柬埔寨的译介情况，分析译介背景，促成因素，译介主体，译介目的和方式，译介特点，传播原因，探讨作为接受国的柬埔寨，其政治经济、社会历史、文化语境对中国文学作品译介与传播的影响。

二、柬埔寨华侨社会的形成与中国俚俗文学、戏曲的口头传播

中国俚俗文学和戏曲在柬埔寨的传播伴随着华侨移民展开，柬埔寨华侨社会的形成又推动了中国文学在柬埔寨的译介。因此，有必要简要回顾华侨移民柬埔

---

① 覃圣敏.东南亚民族：越南 柬埔寨 老挝 泰国 缅甸卷[M].南宁：广西民族出版社，2006.
② 杨保筠.中国文化在东南亚[M].郑州：河南教育出版社，2009.
③ 林金枝.福建文化在东南亚的传播及其影响[J].福建论坛，1989（6）.
④ [柬]金福娣，[法]雅集艾·纳博特.十九和二十世纪中国文学对柬埔寨的影响[M].金边：吴哥书局，2008.
⑤ [柬]金福娣.高棉文学概论[M].金边：高棉出版社，2003.
⑥ [法]克劳婷·苏尔梦.中国传统小说在亚洲[M].北京：国际文化出版公司，1989.

寨的历史。

中柬交往史可追溯到公元1世纪后期，中国古籍《后汉书》中载："肃宗元和元年，日南徼外蛮夷究不事人邑豪献生犀、白雉"。东汉章帝元和元年（公元84年），究不事人①遣使向中国东汉王朝赠送生犀、白雉等土特产品。这是扶南历史上第一次正式遣使中国，揭开了两国友好往来的序幕。此后不久，中国派出正式使团回访扶南。《梁书·扶南传》载："吴时遣中郎康泰、宣化从事朱应始于寻国"，至此，两国的友好关系得到进一步深化。除官方互派使节及朝贡贸易外，民间贸易往来不断，宗教、音乐、艺术、手工技艺等文化交流也日益频繁。华侨移居一直伴随着两国密切的交流和人员的往来，一开始是以零散的方式为主。17世纪，满族入关，明朝灭亡。国内政治形势的大变动，促使大批中国人，尤其是抗清失败的明朝官兵以及东南沿海地区的居民移居柬埔寨。《嘉定通志·疆域志》载："大明国广东省雷州府海康县黎郭社人莫玖，于大清康熙十九年（1680年）明亡，不服大清初政，留发南投于高蛮国南荣（即金边）府。""1840年鸦片战争以后，中国沦为半殖民地半封建社会，传统的自给自足的自然经济开始解体，农民和手工业者纷纷破产，陷入了空前的贫困之中。"②生活在社会底层的劳动人民受剥削最早，受害最深，被迫"下南洋"。抗日战争结束后内战爆发，政局不稳、社会动荡、战乱、自然灾害等因素，迫使东南沿海人民更大规模地涌向柬埔寨等东南亚国家。来自东南沿海各地的华人华侨中，以潮州人为最多，占77%，其次是广肇人、海南人、客家人和福建人。他们广泛分布在柬埔寨全国各地，主要集中在金边、马德望、贡布、干丹、磅湛、波罗勉等主要城市和较大省份。这些地区土地肥沃、物产较为丰富、交通便利，华侨集中在此从事商业、手工业、经济作物种植等。

大批华侨定居当地，在不断生存发展中出现了华侨的社会组织和传统社区，华侨社会逐渐形成。在这些移居的华侨当中，绝大多数是生活在社会底层的贫苦劳动人民。由于耕地不足，赋役繁重，三餐不继不得已来到柬埔寨谋生。他们背井离乡，漂泊海外，常常讲述自己熟悉的故事或唱唱戏曲作为娱乐消遣。由于移民的文化水平普遍较低，于是，以中国俚俗文学和地方戏曲为主的中国传统文化便通过口传的方式逐渐流传开来。"他们无文化，能听不能看，所以在他们当中流传的多是中国的俚俗文学，主要是民间歌谣，还有沿袭过去中国传统上的讲故事，如市场里有'讲古'、'劝善'等。"③柬埔寨的华侨移民中以潮人和广肇人为最多，他们带来的中国地方戏曲也以潮剧、粤剧为主。随着时间的推移，仅在华侨社会内部传播的潮剧、粤剧不断拓展其影响范围，受到了当地人的欢迎。安东

---

① 即高棉人。
② 周中坚. 华侨移居柬埔寨的过程及其历史原因[J]. 学术论坛，1985（8）.
③ 饶芃子. 中国文学在东南亚[J]. 世界华文文学论坛，1999（3）.

国王（1796—1860）执政时期，中国剧团经常受邀到皇宫演出。"十九世纪中叶，中国剧团在皇都乌栋的华侨社区、私人府邸和皇宫进行演出"[1]。统治者处于传播流的关键位置，这种自上而下的传播范式推动中国戏曲产生更大更广泛的影响。此外，"柬埔寨巴萨剧直接受到中国地方戏曲和越南地方戏曲——改良剧的影响。巴萨剧演出的剧目主要是中国小说，如《三国》《昭君》《哪吒》《薛仁贵》《狄青》。"[2] 柬埔寨巴萨剧发源于下柬埔寨克梁省巴萨县。十七世纪末，越南阮氏王朝对要求政治避难的华侨移民进行诱导，利用他们对下柬埔寨地区进行经济开发，为日后蚕食该地区打下基础，同时不断鼓励大批越南人向该地区移居。十九世纪初，下柬埔寨地区已被越南控制。由于越南人的侵入以及华侨移民的迁入，下柬埔寨已成为三个民族、三种文化相互交织、相互影响的地区。越南地方戏曲也同样受到中国地方戏曲影响，"1885年清朝外交官蔡钧出使越南时看过越南的地方戏，演的是三国故事。"[3] 在这里，巴萨剧、越南改良剧和中国地方戏曲既相互借鉴学习，也为占有一席之地而暗中较量。中国地方戏曲在当地大受欢迎，吸引了众多民众前来观看。为大力发展巴萨剧，吸引更多的观众，当时的巴萨剧戏班班主便从中国地方戏曲吸收了有利于自身发展的精华，同时将地方特色融入其中，对巴萨剧进行了改良，使其更符合当地群众的审美需求。经过改良后的巴萨剧逐渐受到大众的喜爱，原先仅在交趾支那地区表演的巴萨剧，从20世纪初便开始辗转柬埔寨各大省市进行巡演，所到之处呼声一片。为吸引包括华侨在内的更多观众观看，他们甚至将对白和演唱改为中柬双语。颇具娱乐化的戏曲传播方式无疑使中国古典和通俗小说得以进入大众视野，为大众所熟知，而这种传播方式也奠定了文本产生的社会文化基础。

三、19—20世纪中国文学作品在柬埔寨的译介情况

如果说中国俚俗文学的口耳相传大多限于华人社会，那么以古典和通俗小说为表演剧目的中国地方戏曲，已经广泛、深刻地吸引着当地民众，受到他们的关注和喜爱。这一点，从高棉语直接音译借用与戏曲相关的"戏""幕"等汉语词汇便可见一斑。而文本翻译便在大范围、经常性的口头文学传播之后产生了。"早先流行于东南亚的中国地方戏曲和说唱艺术，已经为以后大量翻译改写中国

---

[1] [柬] 金福娣，[法] 雅集艾·纳博特. 十九和二十世纪中国文学对柬埔寨的影响 [M]. 金边：吴哥书局，2008：9.

[2] [柬] 金福娣，[法] 雅集艾·纳博特. 十九和二十世纪中国文学对柬埔寨的影响 [M]. 金边：吴哥书局，2008：22—23.

[3] 梁立基，李谋. 世界四大文化与东南亚文学 [M]. 北京：经济日报出版社，2000：111.

古典和通俗小说开辟了道路和打下了基础。"①

每个时期的文学译介都具有其鲜明的时代特征。结合当时的历史文化背景、社会环境，考察译介主体的身份，所处的环境和时代，可探知译介动机、译介内容及译介方式选择的原因、受众的接受心态。

(一) 19 世纪的译介情况

从目前所掌握的资料来看，中国文学在柬埔寨最初的译介，仅有《许汉文》《王昭君》《狄青》《西汉演义》四本小说。《许汉文》成书于 1860 年，选取原作（《雷峰塔传奇》）的主要内容，运用柬埔寨四言诗进行改写。译者出生于金边，祖籍福建，曾在柬埔寨寺庙学习，姓名不详。《王昭君》成书于 1897 年，内容情节、人物角色大体不变，但套用了柬埔寨的自然景观。译者陈小，祖籍福建，自幼便在寺庙中读书识字。在兄长的提议下，他根据家中长辈口述，以七言诗形式改写。《狄青》柬文译本并无手稿留存，陈小仅在《王昭君》一书中开篇提及"昭君的故事相较之前狄青的故事要有意思得多"。我们无法推断《狄青》是否为陈小所译，但可以肯定的是，《狄青》的成书时间要早于《王昭君》。著名历史演义小说《西汉演义》，其柬文译本大约成书于 19 世纪末，译者不详。

这一时期的译介主体是在当地出生拥有华人血统的土生华人，即华裔。明末清初，来自闽粤沿海一带的居民大规模地移民柬埔寨。他们中有因生活所迫移民柬埔寨，也有大批为逃避战乱和政治迫害的革命者和文化人，具有较高文化素养，重视传承中国传统文化，"根"的意识比较浓重，有着强烈的民族认同感和文化认同感。侨居当地的华侨积极调试自我，努力适应当地社会生活，他们中的一部分人与高棉女子通婚，便有了第一代华裔。华裔之间或华裔与当地人之间互相嫁娶，便有了第二代。华侨历来重视子女的教育问题。华侨教育产生之前，柬埔寨寺庙是唯一的教育机构，部分华侨子女会被送到寺庙接受教育。柬埔寨寺庙不仅是佛教徒焚香礼佛的宗教活动场所，是弘扬和传承高棉民族传统文化的中心，同时也是文化教育的重要基地。寺庙除了中小学的基础知识，还教授巴利文、佛教教义、哲学理论、历史地理、文学艺术等知识。柬埔寨学龄儿童都会到寺院剃度当小沙弥，读书识字，学习佛教经典。作为这时期译介主体的华裔，接受过较为系统的高棉语教育，受到柬埔寨诗歌的浸润。"《王昭君》《许汉文》的译者已经成为地地道道的高棉人了，他们就像普通民众一样，进入寺庙里学习经文和文化知识，会用高棉语创作诗歌。"②

---

① 梁立基，李谋. 世界四大文化与东南亚文学[M]. 北京：经济日报出版社，2000：112.

② [柬]金福娣，[法]雅集艾·纳博特. 十九和二十世纪中国文学对柬埔寨的影响[M]. 金边：吴哥书局，2008：20.

这一时期中国文学作品的译介数量较少，一是少有深谙中柬双语的华裔译者。与老一代华侨不同，华裔虽不同程度地受到家庭传统文化的教育，父母亲友也私下教授华文或方言（如潮州话、闽南语、福建话等），但系统地学习华文和高棉文的华裔占比不大。二是华裔的文化身份认同。华裔是华侨华人中较为特殊的群体，他们处于家族生活与当地社会活动双重文化环境中。祖辈、父辈为实现文化传承和文化认同的目标，仍会对其进行语言文化教育，但他们的语言习惯、生活方式、宗教意识、价值取向一定程度上受到当地社会的同化，已经丧失了部分民族特性。一部分华裔文化归属感仍趋向于中国，而另一部分则模糊了文化身份认同。自幼受中国传统文化熏陶，自认为有别于高棉族群的华裔，他们对长辈口中所描述的故乡有着模糊又清晰的印象，渴望更多地了解中国文化。在文化身份认同的过程中，产生了文化寻根心理，且愈发急切和强烈，这一内在驱动力驱使着他们中的一些发出了译介行为。同时，他们的译介活动也受到自身所处文化环境的影响。华裔译者分别运用了四言诗、七言诗对《许汉文》《王昭君》进行变译。四言诗属于古体诗，是常见的柬埔寨诗歌体裁。1863年柬埔寨沦为法国殖民地后，其政治、经济结构、社会文化发生了巨大的变迁。随着西方资产阶级文化在柬埔寨的传播和渗透，柬埔寨的文学语言，文学形式和内容都发生了变化，诗人常以七言诗、八言诗为体裁进行诗歌创作，打破了以古体诗为主的创作形式。从选取译介内容到紧跟柬埔寨文学发展趋势的变译，无不昭示着译者所处文化环境、译者文化心理及文化态度对译介内容、译介方式的选择和影响。

华侨华人喜欢群居，往往是以宗族同乡为中心，华侨社会是以血缘和地缘为基础建立起来的。同一籍贯、操同一方言的华侨华人之间便形成了传统的亲密关系。19世纪以来，以手抄本形式传播的中国文学作品大多仅在华人族群中传阅，尽管华侨华人也与当地民众发生交往和联系，通婚现象也较为常见，但传播范围仍旧不大，影响微乎其微。

（二）20世纪的译介情况

20世纪的译介活动较19世纪更为复杂，译介主体不再限于华裔。华裔、当地作家自发翻译、改写与柬埔寨当局组织的翻译并行不悖，译介活动被政治、文化、文学等不同的诉求操纵和影响着。

19世纪末至20世纪上半叶，华侨移居柬埔寨数量持续增加，华侨社会迅速壮大。法国殖民当局为严格控制和管理华侨华人，实行了帮公所和帮长制度，分为潮州、广肇、客家、福建、海南五帮。柬埔寨当局对于华侨大量的涌入一直保持着极大的关注和警惕。"高棉传统社会文化是通过佛学院出版的文学作品来展现的，佛学院并没有忽视那些无孔不入，越发明显的中国影响力。这些影响力表现为华侨移民的不断迁入，以及华侨在柬埔寨经济发展、社会现代化和文化现代化进程中地位的日益凸显。……一方面利用《醒世箴言》对土生华人进行高棉式的伦理道德说教,另一方面则将从中国传入的新文学形式进行高棉化。……1932年,佛学院出版了一位名叫俄依的农民诗人的作品,他的诗篇中不乏针对经济地位较高华侨的言辞。1935 年,佛学院再次刊登了有关督促旅柬华侨入乡随俗,遵从当地风俗习惯的文章,而这篇文章的作者是福建人的后裔。……同时,高棉文化当局开始关注从中国传入的各种新文学样式……1933 年,佛学院学者开始着手让努·戈恩将中国小说《三国演义》从泰文版《三国》(1927 年版)译为高棉文。"① 当时,柬埔寨内有法国殖民统治,外有邻国虎视眈眈,除了对法国以及泰国、越南等时刻保持提防心理外,对于不断涌入和影响力持续扩大的华侨移民同样抱有警惕和防范心理。随着华人族群的壮大,华人文化影响力的日益增强,柬埔寨当局既想对华人及其后裔进行有效控制,又想从华人文化和文学中了解中国文化和文学,了解中国人的思想价值观念,以便更好地管理和控制。由于法国殖民统治对柬埔寨的政治体制、意识形态、语言文字、社会风俗等都产生了极大的影响,强势的外来文化让柬埔寨当局无力抵抗,而面对新的外来文化的输入,他们意识到这是对本土意识形态的再次挑战。既要了解,以便为我所用,同时严格把控,谨防被其渗透、同化甚至颠覆。柬埔寨佛学院是柬埔寨当局的出版机构,任何书籍的出版发行,都受到政府严密地监控和审查。政府组织下的《三国演义》译介活动是一种极有意识的政治行为,受制于当时的主流意识形态。

1953 年柬埔寨获得完全独立,1958 年中柬正式建立外交关系。随着国际国内局势的发展变化,50 年代中期至 60 年代末中柬友好关系的进一步加强,在柬华侨地位得到显著提高。为便于控制管理华侨,同时也意识到华侨对于国家经济发展和社会稳定的重要作用,1956 年,柬埔寨政府颁布国籍法及其他经济法令,华侨纷纷加入柬籍,真正融入当地社会,积极参与社会、文化、经济建设。这段时期,柬埔寨加强与中国各领域的交往,其中包括文学交流。"柬埔寨作家同我国的作家有着密切的联系,两国作家代表团互访,并介绍对方国家的作品。我国的《三国演义》、《水浒传》、《长征》、《青春之歌》、《王若飞在狱中》、《刘胡兰》、《董存瑞》、《鲁迅作品选》、《雪花飘飘》等文艺作品,先后被译成柬文出版。"② 中国文学作品在柬埔寨的译介呈现出前所未有的蓬勃发展之势。60 年代后期,"香港武侠片开始大范围地影响包括首都金边、各省市在内的地区。""当地报刊,甚至是主流刊物也常常连载中国小说。"③ 报刊连载的中国故事几乎取代

---

① [柬]金福娣,[法]雅集艾·纳博特. 十九和二十世纪中国文学对柬埔寨的影响[M]. 金边:吴哥书局,2008:28—29.

② 彭晖. 柬埔寨文学简史及作品选读[M]. 北京:外语教学与研究出版社,2003:11—12.

③ [柬]金福娣,[法]雅集艾·纳博特. 十九和二十世纪中国文学对柬埔寨的影响[M]. 金边:吴哥书局,2008:32.

了日常的新闻报道，中国的通俗小说、民间传说和武侠小说不间断地轮番上场，读者人数不断扩大，需求量节节攀升。在商业利益的驱使下，一些出版社开始大量地翻译出版中国的连环画，以满足不断增多的读者群体。武侠小说的译介进入繁荣时期，古龙、金庸、倪匡的多部武侠小说《流星蝴蝶剑》《陆小凤传奇》《射雕英雄传》《六指琴魔》等陆续翻译出版，在当地掀起了一阵武侠风。除此之外，一些作家为成为畅销书作家，从中获取更多利益，他们极力迎合民众的审美情趣和阅读心理，直接从中国电影中"就地取材"，进行小说创作。"在那个年代，作家将那些卖座的中国电影改编成小说在报刊上连载，如《梁山伯与祝英台》。华裔作家在进行文学创作时喜欢从中国小说中寻找灵感，后来，他们中的一些人只译不作。某些柬埔寨作家请来说书人（华人）口述那些最受中国民众喜爱的小说，直接改写为高棉文。部分谙熟法文的柬埔寨作家从法文版的中国文学作品中获取灵感，借用这些作品的主题进行创作。"①

1970 年，柬埔寨亲美右派势力朗诺-施里玛达发动政变，西哈努克被迫流亡北京。朗诺当局专门成立"柬埔寨华人联合会"，以进一步控制华人，并以"华人破坏高棉文化"为借口，禁止使用华文华语，严禁开展中华文化和习俗的活动，华人商店和住宅惨遭烧毁。1975 年红色高棉占领金边，实施"彻底消灭资产阶级"的大清洗运动，不允许华人讲华语和保存传统习俗，强迫华人完全归化高棉族，华侨华人被划入"资产阶级"阵营，被处以死刑或苦刑，迫使大批华侨华人逃离柬埔寨。60 年代末 70 年代初，柬埔寨国内局势动荡不安，经济日益萧条，人民生活苦不堪言，华侨华人处境堪忧。在这种形势下，柬埔寨文学事业仍持续繁荣发展，精品佳作层出不穷，作家人才辈出，中国小说的译介步伐并没有停止。70 年代初期至中期，武侠小说不断出版，多次再版，金边大街小巷的书店、报刊亭随处可见中国连环画小说，读者购买量有增无减。1975 年后，红色高棉禁用书籍和印刷品，柬埔寨出版行业遭受重创，报社被迫停刊，出版社被迫停业，大量书籍和文献被破坏、烧毁，中国文学作品译介也戛然而止。1979 年 1 月 7 日，越南军队占领金边，推翻红色高棉政权，扶植了以韩桑林为首的金边政权。这一时期，由于金边政权对华采取敌视政策，两国关系陷入低谷，往来几乎中断。

1993 年，柬埔寨在联合国的主持下举行了全国大选，国家重建步入正常轨道，中柬关系进入崭新的发展阶段，两国在政治、经贸、文化等领域的友好合作不断加强。随着两国交往的日益密切，中国传统文化典籍《弟子规》《孙子兵法》《论语》逐渐走进柬埔寨大众的视野。

---

① [柬]金福娣，[法]雅集艾·纳博特. 十九和二十世纪中国文学对柬埔寨的影响[M]. 金边：吴哥书局，2008：33.

（三）译介特点

19世纪，随着华侨移民的增多，中国文学作品最初由口头文学形式传播，后以手抄本的方式出现，译者主要为华裔，译介作品较少，多为零星的译介，传播范围也仅限华人族群。20世纪初，随着柬埔寨铅字印刷的出现、印刷业的逐步发展繁荣，极大地推动了报纸、杂志和书籍的出版。20世纪中叶以来，中柬交往日益密切，译介作品也随之增多，大量中国通俗、武侠小说在报刊上连载，连环画更是人手一册，相互传阅，可谓是"无翼飞，不胫走"，读者群体日益壮大，传播范围不断扩大。这一时期的译介主体除华裔外，当地作家、译者也占有较大比重。

19—20世纪，中国文学作品在柬埔寨的译介活动受政治、意识形态、社会及文化的影响，呈现出时断时续的特点。19世纪，中国通俗小说是主要的译介对象。华裔译者选择其为译介对象，更多是为了满足精神上的诉求。"中国古典小说，对土生华人而言，恰恰是他们了解遥远而亲切的祖宗之国，一解乡愁的媒介。"[①] 20世纪以来，除通俗小说外，武侠小说也备受民众喜爱。这是由通俗、武侠小说自身特点决定的，"中国通俗小说，大量地承载了中华民族文化的因素，它的认识价值有时超出了正史记载。……历史小说通常属稗官野史的性质，它是对历史的一种补充。通过历史小说，在享受文学作品带来的愉悦的同时，了解一个国家，一个民族兴废盛衰的历史，对普通人而言，比读史书更感兴趣"[②]。而武侠小说与以佛教因果报应为主题的传统高棉文学有着迥然不同的风格，让读者耳目一新。正因这类作品拥有较大的读者市场，到20世纪50年代至70年代中期，译介活动呈现出以整个社会需求与经济效益为导向的特点。

以改写为主的变译是19—20世纪中国文学作品在柬埔寨的主要译介方式之一。译者紧跟柬埔寨文学发展的步伐，尽可能贴合当地读者的审美，采用读者所熟悉的表达方式和文化内容对原文进行改写。在改写中国文学作品的过程中，译者始终与本民族社会文化发展和文学发展实际紧密结合，不脱离本民族的文化传统与审美习惯，这是由当时译者的文化立场和文化态度所决定。

20世纪70年代中期以前，中国文学作品在当地得到广泛的传播和接受，不仅与权力机构的支持，作品内容与当地社会文化和时代环境相融相关，还与译者敏锐地感知当下社会现实需求、文化需求，以及民众心理需求密切相关。20世纪上半叶，柬埔寨仍处于法国"保护"之下，柬埔寨民众深受法国殖民统治的迫

---

① 莫嘉丽．"种族、环境、时代"：中国通俗文学在东南亚土生华人中传播的重要原因[J]．暨南学报，1999，21（2）．

② 莫嘉丽．"种族、环境、时代"：中国通俗文学在东南亚土生华人中传播的重要原因[J]．暨南学报，1999，21（2）．

害，对实现国家独立、民族自强、社会进步的诉求异常强烈。《三国演义》具有极高的文学价值和艺术感染力，更为重要的是其主题和内容能极大满足在法国殖民统治下的柬埔寨民众的心理需求。《三国演义》反映了三国时代的政治、军事集团斗争，展现了当时的各类社会矛盾。内容是关乎国家、社会的大事，主题思想是"忠义"，忠君爱国、匡扶正义，同时传递着爱憎分明、疾恶如仇、惩恶扬善的民族感情。这样的文本内容契合民众心理需求，满足民众的阅读心理，使得情感得以共鸣。柬埔寨获得独立之后到1975年红色高棉掌权之前，国内政局相对稳定，经济持续增长，柬埔寨文化事业恢复发展，文学发展再现繁荣景象。处于和平发展阶段，民众的接受心态也随之改变。精彩绝伦的武侠著作牢牢吸引了当地民众的目光，这些作品有着无比丰富的想象力，塑造了许多行侠仗义、除暴安良的侠客形象，有着跌宕起伏的故事情节和生动鲜明的人物形象，能增添阅读的愉悦之感。对于读者来说，除了小说故事情节本身的极大吸引力，还有其中所颂扬民族大义和侠义精神能引起他们的阅读和情感共鸣。1975年后，中国文学作品译介由于受到柬埔寨政局动荡以及外交政策调整的影响而止步不前。

四、结语

译介活动在不同的历史时期受到多种因素的影响和制约，呈现出纷繁复杂的一面，又不同程度地促进了各民族文化间的交流。任何一个民族在推进民族文化建设和发展的过程中，都不会拒绝吸收外来民族的优秀文化传统。通过中国文学作品，柬埔寨作家从中汲取了养分，促进了文学创作，给柬埔寨文学注入了新鲜的血液。经过翻译、改写后的中国文学作品脱离了原作独立存在，在柬埔寨这一异域中重获新的生命。

参考文献

［1］沈建．历史上的大移民：下南洋［M］．北京：北京工业大学出版社，2013．

［2］饶芃子．中国文学在东南亚［J］．世界华文文学论坛，1999（3）．

［3］林金枝．福建文化在东南亚的传播及其影响［J］．福建论坛，1989（3）．

［4］周中坚．华侨移居柬埔寨的过程及其历史原因［J］．学术论坛，1985（8）．

［5］莫嘉丽．"种族、环境、时代"：中国通俗文学在东南亚土生华人中传播的重要原因［J］．暨南学报，1999，21（2）．

［6］彭晖．柬埔寨文学简史及作品选读［M］．北京：外语教学与研究出版

社,2003.

[7]傅岩松,胡伟庆.柬埔寨研究[M].北京:军事谊文出版社,2004.

[8]覃圣敏.东南亚民族:越南 柬埔寨 老挝 泰国 缅甸卷[M].南宁:广西民族出版社,2006.

[9]杨保筠.中国文化在东南亚[M].郑州:河南教育出版社,2009.

[10]梁立基,李谋.世界四大文化与东南亚文学[M].北京:经济日报出版社,2000.

[11][法]克劳婷·苏尔梦.中国传统小说在亚洲[M].北京:国际文化出版公司,1989.

[12][柬]金福娣.高棉文学概论[M].金边:高棉出版社,2003.

[13][柬]金福娣,[法]雅集艾·纳博特.十九和二十世纪中国文学对柬埔寨的影响[M].金边:吴哥书局,2008.

翻译研究

翻译转换视角下《茶馆》文化负载词泰译研究

云南师范大学　段召阳　王圆圆

【摘　要】文化负载词体现着某个国家独有的语言文化魅力，是文学翻译中的难点。本文选用卡特福德的翻译转换作为理论框架，从类别转换和单位转换两方面着手，探究中国文学《茶馆》中物态文化负载词、社会文化负载词、语言文化负载词及意识形态文化负载词的翻译策略。研究发现译者在处理《茶馆》文化负载词时，多用转换，不拘泥于形式的对应，灵活地运用多种翻译方法，力求最大限度地建立原语和译语的等值关系。

【关键词】文化负载词；翻译策略；翻译转换理论

文学作品记录社会历史，反映有着相同文化背景和使用同一语言群体的生活方式，因而有着大量承载风俗、信仰、器物等文化信息的文化负载词。中泰两国友好交往历史悠久，文化交流密切，大量优秀的中国文学作品被译为泰语，其中由泰国诗琳通公主翻译的《茶馆》泰译本以北京城内一家名为"裕泰"的茶馆为背景，展现了戊戌变法、军阀混乱和新中国成立前夕三个时代近半个世纪的社会变化，是中国社会发展的缩影。文中出现了大量反映中国传统历史文化的文化负载词，这些词汇在泰语中并无对应。本文以卡特福德的翻译转换理论为框架，从类别转换和单位转换着手，采用案例分析方法从物态文化负载词、社会文化负载词、语言文化负载词及意识形态文化负载词四个角度剖析《茶馆》中文化负载词的翻译，概括翻译方法。既说明了翻译转换理论适用性，又更为透彻地探究文化负载词的翻译。

一、文化负载词

（一）文化负载词的定义及特点

有关文化负载词（Cultural-specific terms）的定义，学界众说纷纭。常敬宇着眼于文化负载词反映文化信息的形式，指出："文化负载词是指特定文化范畴的词汇，它是民族文化在语言文化中直接或间接的反映，文化词汇与一般词汇的界定有以下两个特点：文化词本身载有明确的文化信息，并且隐含着深层的民族文化含义；文化词与民族文化有各种关系，有的是该文化的直接反映，有的是该文化的间接反映。"①认为文化负载词是通过明确的直接反映或隐含的间接反映来体现一定民族文化信息的词汇，并以此来界定文化负载词与一般词汇。陈建民从概念意义和文化意义的交叉关系出发，认为："文化词是指那些只有文化意义的词语或同时蕴含概念意义和文化意义的词语。"② วัลยาวิวัฒน์ศร 立足于文化交际，指出："文化负载词是一种只出现在原语中，而译语中所没有的词汇。"③尽管学者们从多维度研究文化负载词并给出文化负载词的不同界定，但这些定义却反映出文化负载词的普遍特点：文化负载词是某一特定文化的反映，只出现在该种文化中并为其他文化所没有；文化负载词通过直接或间接的方式反映文化信息；文化负载词不同于一般词汇，是只蕴含概念意义或同时蕴含概念意义及文化意义的词汇。因此，本文中所提及的文化负载词是指"属于特定文化范畴，直接或间接的反映某一文化，并为其他文化中所没有的词汇"，以该界定为依据，归纳出《茶馆》中所出现的所有文化负载词共214个。

（二）文化负载词的分类

对于文化负载词的分类，学界也尚未达成一致，文化负载词的划分既有从宏观角度也有从微观角度。从宏观角度对文化负载词进行划分的学者，具有代表性的如奈达将文化负载词分为生态文化负载词、社会文化负载词、物质文化负载词、宗教文化负载词及语言文化负载词五大类。张高翔则把文化词语分为四类。1.物态文化词语，如"粽子、泰山"。2.制度文化词语，如"科举"。3.行为文化词语，如"中秋"。4.心态文化词语，如"道、仁"。④有学者则认为过于笼统简单的分类，不利于对文化负载词的具体分析研究。因而进一步从微观角度将文化负载词细分，具有代表性的如杨德峰把文化词语分为 15 类：历史、地理、宗教、政治制度、人物、文艺、服饰、饮食、节令、习俗、礼仪、器具、建筑、成语、其他。⑤在文化负载词的翻译策略研究中，文化负载词的划分不应过分笼统或详细。因此参考尤金·奈达及杨德峰的分类法，结合对《茶馆》中的 214 个文化负载词的分析，将其分为 4 大类，即：1.物态文化负载词；2.社会文化负载词；3.意识形态文化负载词；4.语言文化负载词。再进一步细化为 14 小类，即：生态、饮食、服饰、器具、建筑、职位、社会组织、历史、社交、信仰、习

---

① 常敬宇. 汉语词汇文化 [M]. 增订本. 北京：北京大学出版社，2009.
② 陈建民. 中国语言和中国社会 [M]. 广州：广东教育出版社，1999.
③ วัลยาวิวัฒน์ศร. (2547). การแปลวรรณกรรม.พิมพ์ครั้งที่ 2 กรุงเทพฯ: โครงการเผยแพร่ผลงานวิชาการ. คณะอักษรศาสตร์จุฬาลงกรณ์มหาวิทยาลัย
④ 张高翔. 对外汉语教学中的文化词语 [J]. 云南师范大学学报，2003（3）.
⑤ 杜博.《成功之路》（高级部分）文化词语综合研究 [D]. 哈尔滨：哈尔滨师范大学，2015.

俗、文艺、熟语、修辞。

二、翻译转换理论与文化负载词翻译

英国著名语言学家和翻译学家约翰·卡特福德（J. C. Catford）将翻译定义为"用一种等值的语言（译语）的文本材料（textual material）去替换另一语言（原语）的文本材料"[①]。文本材料（textual material）强调它所译的并非是原语文本的全部，它只是被译语的等值成分替代，而如何找到译语的等值成分就成了翻译的核心问题。他还对文本等值和形式对应进行区分。文本等值是指在特定语境中的任何译语文本或部分文本成为一段给定原文文本或部分文本的等值成分，而形式对应是指任何译语范畴在译语的机体中尽可能占有与该原语范畴在原语中占同等的作用。在语言的一个层次或者是若干个层次上，可能会出现不等值的简单替换，如我们能够将等值的译语的语法和词汇替换原语的语法和词汇，也能用译语的字形替换原语的字形，但是译语的字形绝不是原语字形的等值成分。这就表明在翻译的过程中无法实现在每一个层次上都建立等值关系，即完全的对等。因此在翻译过程中实现文本等值的同时偏离形式对应是无可避免的，这就是"翻译转换"，即"偏离形式对等的等值翻译"。

他认为翻译转换有两种，即层次转换（level shift）和范畴转换（shift of category）。层次转换是指某种意义在一种语言中用语法表达，而在另一种语言中则用词汇表达。范畴转换可以进一步分为四种类型：结构转换、类别转换、单位转换和内部体系转换[②]。结构转换是最常发生的转换范畴，主要出现在语法结构上；类别转换即使用属于不同语法类别的词项来翻译原语词项，如词性的转移；单位的转换是指等级的变化，即原语某一等级上的语法单位的翻译等值是译语另一等级上的语法单位，如词转换为词组、词转换为句子；内部体系转换是原语和译语上具有基本对应的结构形式，在翻译过程中需要在译语体系上选择一个非对立的成分，如数字单复数的转换、名词单复数的转换等。

文化负载词是属于特定文化范畴，直接或间接地反映某一文化，并为其他文化中所没有的词汇。文化的空缺必定会造成词汇的缺失，使得原语和译语中无法找到对应的词汇。因此在翻译过程中，不应过于注重形式上的对应，应多用转换，灵活地运用多种翻译手法。

---

① 穆雷. 翻译的语言学理论[M]. 北京：旅游教育出版社，1991.
② 李杨. 纵观翻译等值：卡特福德、奈达比较研究[J]. 天津商务职业学院学报，2014（1）.

三、翻译转换理论的运用

卡特福德的翻译转换理论中有关层次转换（level shift）和范畴转换（shift of category）均涉及词的转换。但对《茶馆》译作的研究发现其并未完全覆盖层次转换及范畴转换的所有四种类型，但是在翻译过程中大量地运用了范畴转换中的单位转换及类别转换。单位转换主要是用译语中不同于原语等级上的语法单位翻译，如词转换为词组、词转换为句子；类别转换主要体现在词性的转移，如名词变为动词。

（一）单位转换

由于《茶馆》文化负载词无法在泰语中找到完全相对应的词汇，若只是简单地用语音拼写替换，不仅无法传递文化信息，还会造成译语读者的理解困难。因此译者多用单位转换，将词转换为词组，词转换为句子，虽在一定程度上增加了译作的篇幅，却便于读者的快速理解。

例 1. 我看看去，给她作点杂合面疙瘩汤吧！

译文：หนูดูแล้วมีแต่แป้งข้าวโพดผสมแป้งจากถั่ว จะทำซุปก้อนแป้งต้มให้แกกินละกัน

例 2. 老刘，就看你身上吧：洋鼻烟、洋表、洋缎大衫、洋布裤褂……

译文：ตาหลิว ดูตัวแกซิ ยานัตถุ์ฝรั่ง นาฬิกาฝรั่ง เสื้อผ้าต่วนฝรั่ง เสื้อนอกกางเกงผ้าฝ้ายฝรั่ง

例 3. 娘娘，我得到一套景泰蓝的五供儿，东西老，地道，也便宜，坛上用顶体面，您看看吧？

译文：พระนางพะยะค่ะ กระหม่อมมีชุดเครื่องบูชาที่มี 5 ชิ้น เป็นเครื่องลงยาจิ่งไท่หลาน เป็นของเก่า ของแท้ งดงามยิ่ง ราคาก็ไม่แพง จะทอดเนตรไหมพะยะค่ะ

例 4. 他们两仍穿灰色大衫，但袖口瘦了，而且罩上了青布马褂。

译文：ทั้งสองคนยังคงใส่เสื้อยาวสีเทา แต่ว่าแขนเสื้อลีบตามสมัยนิยม สวมเสื้อคลุมแขนกุดแบบจีนสีดำ

例 5. 那个老东西，掐你，拧你，咬你，还用烟签子扎我！

译文：ไอ้แก่นั่นทั้งหยิกแม่ บิดแขนแม่ กัดแม่ แล้วมันยังใช้ไม้แหลมสำหรับแคะฝิ่นทิ่มแทงฉัน

例 6. 若真的打起来，非出人命不可，因为被约的打手中包括着善扑营的哥们儿和库兵。

译文：ถ้าสู้กันจริงๆ ต้องมีคนตายแน่ๆ เพราะกลุ่มคนที่นัดจะมาตีกันมีเพื่อนพ้องเป็นพวกทหารชั้นผู้น้อยรักษาพระองค์จักรพรรดิและทหารที่เฝ้าคลังเสบียงต่างก็มีฝีมือร้ายกาจ

例 1 中的杂合面是指用杂粮制作的面粉。译者通过单位转换，将词语转换为词组，译作玉米粉和大豆粉的混合物 แป้งข้าวโพดผสมแป้งจากถั่ว。例 2 中的裤褂是指明清时候的男性服装款式，类似于旗袍，是用布制成的裤子和罩在外面的长衣。译者通过单位转换，将词转换为词组，将其译作罩于裤外的衣服 เสื้อนอกกางเกง。例 3 中的五供儿是指中国民间祭祀用盛祭品的器皿。译者通过单位转换，将词转换为词组，译作有五件的祭祀品 ชุดเครื่องบูชาที่มี 5 ชิ้น。例 4 中的马褂是一种穿于袍服外的短衣，译者通过单位转换，将词语转换为词组，译作 เสื้อคลุมแขนกุดแบบจีน。例 5 中的烟签子是指用竹木制的用于拨鸦片的木签。译者通过单位转换，将词转换为词组，译作用于拨鸦片的木签子 ใช้ไม้แหลมสำหรับแคะฝิ่นทิ่ม。例 6 中的库兵是指守仓库的士兵。译者通过单位转换，将词转换为词组，译作守仓库的士兵 ทหารที่เฝ้าคลังเสบียง。译者在处理上述翻译时，都运用了单位转换中词到词组的转换，该转换几乎涵盖了各类的文化负载词，多用于能从职能或特征进行描述的文化负载词，通过转换，用精简的话语就能说明一项译语中空缺的文化事项。

例 7. 王利发真像个"圣之时者"也，不但没使裕泰灭亡，而且使它有了新的发展。

译文：หวังลี่ฟาช่างดูเหมือนปราชญ์ปรับเปลี่ยนตามกาลเวลา (ในอดีตมักยกย่องกับขงจื่อ) ก็เลยรักษาร้านน้ำชาให้อยู่ได้ ไม่ล้มหายตายตามกาลเวลา แถมพัฒนาดีกว่าเดิม

例 8. 裕泰是硕果仅存的一家了，可是为了避免淘汰，它已改变了样子和作风。

译文：ร้านน้ำชายู่ไท่เป็นเพียงร้านเดียวที่ยังดำเนินกิจกรรมต่อไปได้ แต่เพื่อความอยู่รอดก็ต้องเปลี่ยนรูปแบบและการบริหาร

例 9. 从牢里出来啊，不久就赶上了庚子年；扶清灭洋，我当了义和团，跟洋人打了几仗。

译文：ผมออกจากคุกได้ไม่นานก็ถึงปีเกิงจื่อ (ปีเกิงจื่อ ตามปฏิทินจีนตรงกับค.ศ.1900พวกBoxerหรืออี้เหอถวนซึ่งมีคำขวัญว่า"พยุงราชวงศ์ชิง ทำลายสิ้นฝรั่งต่างชาติ"ผมก็เลยไปเข้าทำงานกับอี้เหอถวน(พวกBoxers)รบกับฝรั่ง รบกันหลายครั้ง

例 10. 我从二十多岁起，就主张实业救国。

译文：ตั้งแต่ผมอายุ 20 กว่าๆ ผมคิดว่าจะทำอุตสาหกรรมเพื่อกู้ชาติให้พ้นภัยถึงทุกวันนี้

例 11. 小妞的头上插着一根草标。

译文：บนหัวเด็กผูกเส้นหญ้าแห้ง แสดงว่าจะเอาเด็กมาขาย

例 12. 一个男子汉，干什么吃不了饭，偏干伤天害理的事。

译文：เป็นผู้ชายอกสามศอกทำมาหากินได้มากมาย แต่กลับหากินสกปรกขัดต่อศิลธรรมและฟ้าดิน

例 7 中的圣之时者是指圣人中能够适应时势发展的人。译者通过单位转换，将词转换为句子，将其译作能顺应时代发展的圣人 ปราชญ์ปรับเปลี่ยนตามกาลเวลา。同时括号加注释说明了该词语的由来，即过去多用于称赞孔子 ในอดีตมักยกย่องกับขงจื่อ。例 8 中的硕果仅存是指树上留下来的大果实，比喻经过淘汰，留下来的稀少可贵的人或物。译者在翻译的过程中，抛开了形式上的喻体，直接表达出喻义，通过单位转换中词到句子的转换，将其译作唯一一家能够继续经营下去的茶馆 เป็นเพียงร้านเดียวที่ยังดำเนินกิจกรรมต่อไปได้。例 9 中的扶清灭洋是义和团运动的口号，译者通过单位转换，将词转换为句子，将其译作扶持清政府，消灭洋人 พยุงราชวงศ์ชิง ทำลายสิ้นฝรั่งต่างชาติ。例 10 中的实业救国是指中国近代史上主张以兴办实业拯救中国的社会政治思想。译者通过单位转换，将词转换为句子，将其译作发展工业拯救国家 ทำอุตสาหกรรมเพื่อกู้ชาติให้พ้นภัย。例 11 中的草标是指插在物品上，作为出售标志的草束。译者通过单位转换，将词转换为句子，将其译作出售儿童的干草标识 เส้นหญ้าแห้ง แสดงว่าจะเอาเด็กมาขาย。例 12 中的伤天害理是指做事残忍，灭绝人性。译者通过单位转换，将词转换为句子，将其译作伤天害理的营生 หากินสกปรกขัดต่อศีลธรรมและฟ้าดิน。译者在处理上述翻译时，都运用了单位转换中词到句子的转换，该转换多用于语言类和历史类文化负载词的翻译。

无论是单位转换中词到词组的转换抑或是词到句子的转换，其本质都是抛开形式上的对应，在不同的层级上建立等值关系。《茶馆》中文化负载词的翻译虽未涵盖翻译转换理论中的全部转换类别，但其中大量运用了单位转换，该转换虽增加了文章的篇幅，但却能用相对精简的话语描述出一项文化空缺事物，虽在一定程度上削弱了原文的文化色彩，却利于读者的理解及对文章的整体把握。

（二）类别转换

《茶馆》中译者所用的类别转换多涉及词性的转换，如名词转换为动词、名词转换为形容词。多用于语言类中的成语谚语或富有隐意的文化负载词翻译。译者并未追求形式上的完全对应，而是通过转换表达出其本意，使其更符合译语的表达习惯。

例 13. 旗人当汉奸，罪加一等！

译文：เวลาทหารกองธงทรยศ โทษจะยิ่งหนักขึ้นเป็นเท่าตัว

例 14. 我要是会干别的，还开茶馆，我是孙子。

译文：ถ้าฉันทำมาหากินอย่างอื่นเป็น ยังจะเปิดร้านน้ำชา ฉันก็โง่เง่าเต็มที่เลย

例 15. 我走，好让你们省点嚼谷呀！

译文：ฉันจะไปแล้ว พวกคนจะมีกินเพิ่มขึ้นอีกสักหน่อย

例 13 中的汉奸原指出卖汉族利益的败类，后引申为背叛中国投敌罪无可赦之人，不只局限于汉族。译者在翻译的过程中并未将其译为出卖汉族利益的人，而是用背叛 ทรยศ 这一动词来翻译汉奸这一名词，通过词性的转移，将名词转换为动词，使得该词所指的意义范围扩大，不再局限于原意。例 14 中的孙子含有多重意义，一指子孙后代、二指骂人的贬义词、三指中国春秋时期著名的军事家孙子其人。结合原文可以看出，该处所指的是孙子的第二层含义，译者在翻译的

过程中用愚蠢 โง่เง่า 这一形容词来翻译孙子这一名词，通过词性的转移，将名词转换为形容词，将该词所指的引申义直接表达出来，有助于读者对译者的理解和把握。例 15 中的嚼谷意思是指生活费、口粮，多见于北京话的口语中。译者在翻译过程中，并未选择用粮食这一名词来替换，而是用吃 กิน 这一动词来翻译嚼谷这一名词，通过词性的转移，将名词转换为动词。使得该句的表达更为口语化，符合原文色彩。

在文化负载词的泰译过程中，或多或少会转变词性，其目的是为了更好地表达出该文化负载词所指代的本意，或使其更加自然流畅、符合译语的表达习惯。让读者在阅读过程中能不自觉地沉醉其中，获得与原语读者同样的情感体验。

四、《茶馆》中文化负载词的翻译手法

通过对原作和译作的对比研究发现，译者灵活地采用了多种文化负载词翻译方法，但每一大类别的文化负载词必定以一个翻译手法为主，并兼用其他不同的翻译手法来处理其中的难点词汇。不同的翻译手法所达到的翻译效果也有所不同，如音译最大限度地保留了原文色彩，传递原作文化信息，但却增添了译文读者阅读难度；意译有利于译文读者的理解，却弱化了原作中的文化色彩。译者大量运用意译及界定+解释的翻译方法，实现了单位转换和范畴转换，即从词到句子、词到短语以及词类转换，建立起原语和译语脱离形式的等值关系。

（一）界定+解释

即先用一个广泛词界定文化负载词所指事物的类属，再从特征或职能对该事物进行描述。该翻译方法只用于一种情形，即所译的文化负载词是能够从特征或职能两方面来进行描述的器物或活动。该方法能帮助译文读者从事物的特征或职能来理解自己文化中所没有的事物。其中物态文化负载词大量运用了该翻译方法。该方法的实质是在恰当的等级上建立原语和译语的等值关系，等级关系在级阶之间相互转换，并且常常是低级阶向高级阶转换，为了建立原语和译语与相同实体特征的关系，如词向词组转换、词向句子转换等。

例 16. 嗯！要是有炸酱面的话，我还能吃三大碗呢，可惜没有！

译文：เออ ถ้ามีบะหมี่ผัดซอสใส่หมูสับฉันยังกินได้ 3 ชามใหญ่

例 17. 我要是穿一身土布，象个乡下脑壳，谁还理我啊！

译文：ถ้าผมใส่เสื้อผ้าพื้นเมืองทอมือเหมือนไอ้พวกบ้านนอกคอกนา ใครจะมาสนใจผม

例 18. 我看看去，给她作点杂合面疙疸汤吧。

译文：หนูดูแล้วมีแต่แป้งข้าวโพดผสมแป้งจากถั่ว จะทำซุปก้อนแป้งต้มให้แกกินละกัน

例 19. 龙袍都做好啦，就快在西山登基！

译文：ตัดชุดเสื้อคลุมมังกรเสร็จแล้ว จะไปทำพิธีราชาภิเษกที่ภูเขาตะวันตก

例 16 中的炸酱面是中国传统特色面食，由菜、炸酱拌面而成。译者在翻译中先用面 บะหมี่ 表明该物的类属，再从事物的特征来描述炸酱面，将其描述为由炒酱加猪肉末做成的面 บะหมี่ผัดซอสใส่หมูสับ。帮助读者进一步理解这道中国特色美食。例 17 中的土布相对应于国外进口的机器制布，是由中国本地手工织成的布匹。译者在翻译时先用布匹 ผ้า 表明了该物的类属，在进一步将土布解释为本土手织的布 ผ้าพื้นเมืองทอมือ。很好地处理了此中可能产生的歧义问题，若直接译作土布，反而让读者无法理解。例 18 中的疙瘩汤是指北方最常见的面食。译者在翻译时先用汤 ซุป 表明了该物的类属，再进一步将其解释为煮面团汤 ซุปก้อนแป้งต้ม。例 19 中的龙袍是绣着龙形图案的皇帝袍服。译者在翻译时先用服装 เสื้อ 表明了该物的类属，再进一步将其解释为龙形图案的罩衫 ชุดเสื้อคลุมมังกร。以上范例均运用了广泛词界定类属+特征描述的翻译方法。

例 20. 你去和那老婆子说说，说好了，我送给你一袋子白面！

译文：แกไปพูดคุยกับนางแก่แรงที่นั่น ถ้าแกทำให้นางเชื่อได้ ฉันจะให้แป้งทำอาหารแกกระสอบหนึ่ง

例 21. 墙上醉八仙的大画，连财神龛，均已撤去，代以时装美人、外国香烟公司的广告画。

译文：รูปแปดเซียนขี้เมาขนาดใหญ่ที่แขวนอยู่ข้างฝากับหิ้งบูชาเทพเจ้าแห่งโภคทรัพย์ก็หายไป เปลี่ยนเป็นโปสเตอร์ภาพโฆษณาของบริษัทบุหรี่ฝรั่ง เป็นรูปสาว ๆ แต่งกายทันสมัยไปตามกาลเวลา

例 22. 这里也可以看到某人新得到的奇珍——一个出土的玉扇坠儿，或三彩的鼻烟壶。

译文：ที่นี่สามารถมองเห็นของล้ำค่าที่บางคนได้รับใหม่ ตุ้มหยกที่ห้อยพัด ขวดยานัตถุ์ทำด้วยกระเบื้องสามสี

例 20 中的白面指用小麦磨成的粉状物，用于制作面食。译者在翻译时先指明该物是一种面粉 แป้ง，再从职能的角度点明其作用是用以制作食物 ทำอาหาร。使读者能够结合文本大背景，感知到中国当时粮食短缺的社会状况。例 21 中的财神龛是一种供奉财神的四方柜子，中国惯有供奉财神神像以求财源广进的传统民间信仰。而泰国多信仰佛教，同样也有供奉佛像的习俗，因此译者借用了泰国奉神台 หิ้ง 一词，再解释其为供奉财神的神台 หิ้งบูชาเทพเจ้าแห่งโภคทรัพย์。例 22 中的玉扇坠儿指系在扇柄下端的装饰物。译者在翻译时先指明该物是玉坠 ตุ้มหยก，再从职能的角度点明其作用是系在扇柄下端的玉坠子 ตุ้มหยกที่ห้อยพัด。上述范例均运用了广泛词界定类属+职能描述的翻译方法。

例 23. 您，就凭您，办一、两百桌满汉全席的手儿，去给他们蒸窝窝头？

译文：คุณหรือครับ อย่างคุณที่ทำอาหารงานเลี้ยงหรู ๆที่มีแขกเป็นร้อยสองร้อยคน ตอนนี้ต้องไปนึ่งโวโถวให้นักโทษหรือครับ

例 24. 老人进来，拿着牙签、胡梳、耳挖勺之类的小东西，低着头慢慢的挨着茶座儿走。

译文：ชายชราคนหนึ่งเดินเข้ามาขายไม้จิ้มฟันหวีแปรงหนวดเคราเล็ก ๆ ไม้แคะหู และของเล็ก ๆ น้อย ๆ อย่างอื่น ก้มหน้าเดินช้า ๆ ตามโต๊ะต่าง ๆ

例 25. 没有<u>寿衣</u>，没有<u>棺材</u>，我只好给自己预备下点<u>纸钱</u>吧，哈哈，哈哈！

译文：ผมไม่มี<u>เสื้อผ้าสวยงามเตรียมไว้ก่อนตาย</u> ไม่มีโลงศพ ผมเตรียมให้ตัวเองได้แต่แบงก์กงเต๊ก กระดาษเงิน กระดาษทอง ฮ่า ฮ่า ฮ่า

例 23 中的满汉全席是清朝时期宫廷盛宴，上菜至少 108 种，菜式丰富、山珍海味无所不包。译者先用食物 อาหาร 一词表明类属，在描述其功能为宴会食物 อาหารงานเลี้ยง，最后在加以特征描述该宴会食物是极其的豪华 หรู ๆ，只用简简单单的几个词就将满汉全席的鲜明特征体现出来。例 24 中的胡梳是用以梳理胡子的小梳子。译者同样先表明该物是梳子 หวี 在从特征和职能两方面说明是用以梳理胡须和鬓发的小梳子 หวีแปรงหนวดเคราเล็ก ๆ。例 25 中的寿衣是指为亡人穿戴的衣服。译者先用衣服 เสื้อผ้า 一词表明类属，加以特征描述该服饰很美丽 สวยงาม，然后描述其功能是为逝世前准备 เตรียมไว้ก่อนตาย。上述几例文化负载词较之前几例，在译者的表达和读者的接受上都颇有难度，因此译者从职能和特征两方面进行解释，虽使得译文有些冗杂，但却让读者达到快速的理解。都采用了广泛词界定+职能描述+特征描述的翻译方法。

界定词+解释的翻译方法虽然在一定程度上会造成译文表达过于冗长，削弱原文文化色彩，但却能够帮助读者快速构建对本文化中空缺的文化事物的想象及理解。相较之加以大量的注释说明，又更加的简短明晰。

（二）音译

即用泰语来拼写文化负载词的语音，使之达到语音上的相似。对文化负载词的音译有两种方式，一是字对字的音译，以达到语音上的完全相似；二是简化发音。该翻译方法多用于专有名词的翻译，如建筑、历史类文化负载词的翻译。音译法多与其他翻译手法并用。在音译中，译者根据一套约定俗成的规则，用译语的字母或字形来代替原语的字母或字形，但他们不是翻译等值成分，只是简单的替换，因为他们不是根据与同一字形的实体关系选择出来的。译者之所以不翻译，而是简单地将其转移到译语文本中，是因为译者有意要将"文化色彩"带入到译语中。

例 26. 英法联军烧了<u>圆明园</u>，尊家吃着官饷，可没见您去冲锋打仗！

译文：กินเงินราชการไม่ใช่หรือ ตอนที่พวกทหารอังกฤษกับฝรั่งเศสไป<u>เผาหยวนหมิงหยวน</u> ทำไมไม่เห็นออกมาสู้ละ

例 27. 三爷你看，听说<u>西直门</u>的德泰，北新桥的广泰，鼓楼前的天泰，这些大茶馆都前先后脚儿的关了门！

译文：ดูซิ ร้านเต่อไท่ที่ซีจื่อเหมินก่วงไท่ที่สะพานใหม่ทางเหนือ ร้านเทียนไท่หน้าหอกลอง ร้านน้ำชาใหญ่เหล่านี้ต่างก็ทยอยปิดกิจกรรมไปหมดแล้ว

例 28. 别人都不理我了，我来和你说说：我到<u>天津</u>去了一趟，看看我的工厂！

译文：ไม่มีใครฟังผมเลย ผมก็ต้องมาพูดคุยกับคุณ ผมไป<u>เทียนสินดู</u>โรงงานของผมหน่อย

例 29. 天下太平了，圣旨下来，<u>谭嗣同问斩</u>！

译文：จักรพรรดิทรงมีพระราชโองการลงมาแล้ว <u>ถานซื่อถง(นักปฏิรูปที่มีความคิดโดดเด่นที่สุดในกลุ่มนักปฏิรูปร้อยวัน เขาถูกประหารชีวิตใน ค.ศ.1898)ถูกตัดสินประหารชีวิต</u>

　　译者根据圆明园的普通话发音，用泰语拼写为语音相似的 หยานหมิงหยวน 一词，同时在附录加入英法联军火烧圆明园这一历史事件的图文注释，帮助读者构建文化背景。例 27 中的西直门一词与圆明园同属于建筑类文化负载词。但在翻译过程中，译者单将西直门直接音译为 ซีจื่อเหมิน，并未加任何相关注释。例 28 中的天津，译者简化发音译作 เทียนสิน，也有译作 เทียนจิน，但前一种译法更便于泰语发音。译者同样未加任何注释。例 29 中的唐嗣同同样音译为 ถานซื่อถง，并在括号内加以注释，说明其人的生平事迹。

　　对于音译的文化负载词，译者并未完全加以注释，单一的音译文化负载词会造成读者理解上的困难。但对于对整体文本阅读不造成重大影响的文化负载词，译者在翻译时采用音译的方法，保留其韵味，同时省去过多的注释解释。但是对于一些具有重要性、影响整体内容把握的文化负载词，如具有历史文化背景的建筑物，译者就添加大量图文注释以构建读者文化背景。表明在翻译过程中，译者需对这些文化负载词进行整体把握和重要性排序，并以此为依据决定翻译手法的运用。

（三）直译

　　即寻求字词上的一一对应。虽会造成追求形式对应而忽略了其表达的内涵意义，但却能保留原语色彩。直译是限制在词级上的等级限制翻译，但可以根据译语语法做出相应的变化。

例 30. 你应当劝告大家，有钱哪，就该<u>吃喝嫖赌</u>，胡作非为，可千万别干好事！

译文：คุณต้องเตือนทุกคนด้วยว่า เวลามี ต้องใช้เงิน<u>กิน ดื่ม ไปซ่อง เล่นการพนัน</u>ใช้ชีวิตสุด ๆ เลย อย่าไปทำอะไรดี ๆ เป็นอันขาด

例 31. 您这么有学问，<u>上知天文下知地理</u>。

译文：คุณเป็นคนที่มีความรู้มากมาย <u>รู้ทั้งดาราศาสตร์เบื้องบน รู้ทั้งภูมิศาสตร์เบื้องล่าง</u>

例 32. ……和这位小丁宝，才都那么<u>才貌双全</u>，文武带打，我们是应运而生，活在这个时代，真是如鱼得水！

译文：กับคุณเสียวติงเป้านี่ ล้วนเป็นคนที่พร้อมทั้งหน้าตาและความสามารถ เก่งทุกอย่างทั้งบู๊ทั้งบุ๋น เป็นคนที่เกิดมาสมสมัย เหมือนกับปลาได้น้ำ

例 30 中的吃喝嫖赌本意是不务正业，译者直接字词对应翻译，虽保留了字词上的押韵，却未表达出本意。例 31 中的上知天文下知地理用于形容学问广博，无所不知。译者直译为 รู้ทั้งดาราศาสตร์เบื้องบน รู้ทั้งภูมิศาสตร์เบื้องล่าง。例 32 中的才貌双全是指才貌和才学都很好。译者直译为 พร้อมทั้งหน้าตาและความสามารถ。直译虽不易理解，却能最大限度地保留原语色彩。

（四）替换

即用译语文化中职能或特征相似的事物来替换原作中所不被熟知的文化负载词。尤其是在并不强调其特征或职能的情况下。如语言类文化负载词中熟语的翻译。

例 33. 我和庞家一刀两断啦，找我干嘛？

译文：ดิฉันกับตะกูลผางตัดญาติขาดมิตรแล้ว มาหาดิฉันทำไม

例 34. ……和这位小丁宝，才都那么才貌双全，文武带打，我们是应运而生，活在这个时代，真是如鱼得水！

译文：กับคุณเสียวติงเป้านี่ ล้วนเป็นคนที่พร้อมทั้งหน้าตาและความสามารถ เก่งทุกอย่างทั้งบู๊ทั้งบุ๋น เป็นคนที่เกิดมาสมสมัย เหมือนกับปลาได้น้ำ

例 35. 一言为定啦

译文：พูดคำไหนคำนั้นนะ

例 33 中的一刀两断本意指因某种原因造成感情破裂，单方或双方断绝往来。泰语中也有表达该意的熟语，虽表达形式不同，但所指意义相似。例 34 及例 35 在泰语中也有同样的表达，因此可以用来直接替换。

（五）意译

即抛开形式上的对等，用通俗的语言将文化负载词的本意表达出来。该翻译方法多用于意识形态文化负载词中有关抽象的信仰风俗、语言类文化词中有关熟语及有象征意义词语的翻译。意译相对直译来说是不受限制的，等值关系可以在不同级阶上相互转换。

例 36. 对，四爷，按老年间出殡的规矩，喊喊！

译文：ถูกแล้ว ซื่อเหยีย เรามาร้องตะโกนแบบขบวนแห่ศพไปสุสานในสมัยโปราณกัน

例 37. 三五十口子打手，经调人东说西说，便都喝碗茶，吃碗烂肉面，就可以化干戈为玉帛了。

译文：มีประมาณ30-50 คน คนที่ไกล่เกลี่ยพูดกับฝ่ายโน้นที ฝ่ายนั้นที ในที่สุดทั้งหมดก็เข้ามาในร้านน้ำชา ดื่มชา กินบะหมี่หมูสับ เลยเลิกทะเลาะกัน

例 38. 有我在这里监视着三教九流，各色人等，一定能够得到大量情报，捉拿共产党！

译文：ผมจะคอยเฝ้าระวังดู มีคนเข้ามาจากทุกหนทุกแห่งทุกชนชั้น เราจะได้ข้อมูลข่าวสารจำนวนมากที่เราต้องกันสำหรับปราบจับกุมพวกคอมมิวนิสต์

例 36 中的出殡是指移棺到墓葬地，译者在翻译时抓住了这一主要意思，直接将出殡翻译为将棺木移至墓地 ขบวนแห่ศพไปสุสาน，使得该文化信息通俗易懂。例 37 中的化干戈为玉帛本意指重修于好，结合上下文代指争吵双方重归于好，停止争吵。因此译者用意译法直接译为停止争吵 เลิกทะเลาะกัน。例 38 中的三教九流是指社会上各行业的人，译者意译为来自四面八方的人 คนเข้ามาจากทุกหนทุกแห่ง。意译法的使用虽在一定程度上改变了原作的表现形式，但对不同于原语文化的译语读者来说，其所表达的意义反而能更直观明了地体现出来。

（六）注释

即通过文本或图片的形式对文化负载词进行进一步的详解。该翻译方法作为其他翻译手法的补充翻译，通常不会单独使用，常与音译法并用。对文化负载词进行文本注释说明，其实质也是在跨级阶建立等级关系，译者在用音译的手法处理文化负载词时，只是简单地将原文转移到译文中，并未翻译，对于译文来说，该词汇并无任何意义。

译者在音译的同时在附录中增补大量的图文注释，多为带有历史信息且在阅读中影响读者文本背景把握的文化负载词注解，此外还有大量的茶文化知识。这与《茶馆》这一作品不无关系，《茶馆》以北京城内一家名为"裕泰"的茶馆为背景，展现了戊戌变法、军阀混乱和新中国成立前夕三个时代近半个世纪的社会变化。有关历史事件、历史人物类的文化负载词翻译变得至关重要，影响读者对作品的整体把握，因此译者用大量篇幅在附录中做出详解，以期为读者补充背景知识。

（七）略译

即省略不翻译。当某一文化负载词在作品中并无重要作用，即使省略也不影响读者对文本的理解。

例 39. 您甭吓唬我玩，我知道您多么照应我，心疼我，绝不会叫我挑着大茶壶到街上卖热茶去！

译文：คุณอย่าล้อผมเล่นครับ ผมรู้ว่าคุณเป็นห่วงผม เอาใจใส่ผม คุณไม่มีทางไล่ผมออกไปหาบเร่ขายชาร้อนข้างถนนแน่ ๆ

例 40. 看样子他们是北衙门的办案的（缉查）。

译文：ท่าทางพวกเขาดูเหมือนกับเป็นข้าราชการที่มาติดตามจับกุมคดีบางคดี

例41. 现在，人家总长次长，团长师长，要娶姨太太讲究要唱落子的坤角，戏班里的女名角，一花就三千五千现大洋！

译文：เวลานี้ พวกรัฐมนตรี รัฐมนตรีช่วย นายพลนายพัน จะมีเมียน้อยก็พิถีพิถันจะเอาแต่นักแสดงที่ร้องละครเพลงท้องถิ่น ดารางิ้วดังๆพวกเขาพร้อมที่จะจ่ายเงิน3,000 หรือ 5,000 เหรียญเงินต่างประเทศ

例39 中的大茶壶是指一种泡茶和斟茶用的带嘴器皿，属茶具的一种，用以泡茶。译者并未将其翻译出来，而是将其省略，译作"您肯定不会将我赶出去在路边到处挑着卖茶"。例40 中的北衙门是旧时的机构名，译者省略不译。例41 中的戏班是旧时对戏曲剧团的称呼，也同样被省略未译。虽省略但并未影响读者的理解，其实质是省去表意而译出本意。

五、《茶馆》各类文化负载词翻译统计

笔者以类别为单位统计了《茶馆》中共214个文化负载词的翻译手法，统计结果如下：

（一）物态文化负载词

通过对《茶馆》中有关物态文化负载词的统计发现，物态文化负载词共68个，译者使用了五种翻译方法，即1. 界定+解释；2. 音译；3. 意译；4. 替换；5. 注释。其中使用最多的为界定+解释，为75%。

（二）社会文化负载词

社会文化负载词共68个，译者使用了七种翻译手法，即1. 界定+解释；2. 音译；3. 意译；4. 替换；5. 省略；6. 注释；7. 直译。其中使用最多的为界定+解释，为34%。

（三）意识形态文化负载词

意识形态文化负载词共31个，译者使用了七种翻译方法，即1. 界定+解释；2. 音译；3. 意译；4. 替换；5. 省略；6. 注释；7. 直译。其中使用最多的为意译，为32.3%。

（四）语言文化负载词

语言文化负载词共47个，译者使用了3种翻译方法，即1. 意译；2. 直译；3. 替换。其中使用最多的为意译，为70.2%。

《茶馆》中译者使用最多的文化负载词翻译方法是界定+解释及意译。界定+

解释多用于能从事物职能或特征描述事物的文化负载词，而对于具有抽象概念的文化负载词，译者多用意译的方法传达其本意。无论是界定+解释抑或是意译，其实质都是建立译语与原语脱离形式的等值，文化负载词的翻译不可能达到完全的相等，文化的空缺必然会造成某些层面上的空缺，为了最大限度建立等值关系，译者必然要在翻译中灵活地选择翻译方法。此外，文化负载词的分类和文化负载词翻译方法的选择也具有一定的联系，译者在选择翻译方法之前，就已经对文化负载词进行了不自觉的分类，同类别的文化负载词翻译方法的选择很大程度上具有一致性，因此文化负载词翻译方法的研究也能帮助我们调整对文化负载词的分类。

六、结语

各个民族都有其独特的语言和文化，文化的空缺必然会导致词汇的空缺，造成翻译上的难点。所谓的将原语的文化意义完整地传达到译语是不可实现的，原语有原语的意义，译语有译语的意义。在正常情况下，全部的原语文本不能被译语替换，它只是被译语的等值成分所替代，因此在翻译过程中，原语和译语是无法在所有层面上建立等值关系，这时会不可避免地出现脱离形式的等值，即翻译的转换。

为了更好地传递中国文化，建立等值关系，译者在处理《茶馆》文化负载词时，多用转换，不拘泥于形式的对应，灵活地运用多种翻译方法，力求最大限度地建立原语和译语的等值关系。使用意译及界定+解释的翻译方法，实现了范畴转换中的单位转换和类别转换，即从词到词组、词到句子、词类别的转换。同时运用音译、直译等方法将原语的文化色彩引入到译语中，再加以大量的图文注释帮助读者构建文化背景。表明译者既保留了一定的文化色彩，又解决了译语读者对文化负载词的理解问题。

参考文献

［1］常敬宇．汉语词汇文化［M］．增订本．北京：北京大学出版社，2009．

［2］陈建民．中国语言和中国社会［M］．广州：广东教育出版社，1999．

［3］杜博．《成功之路》（高级部分）文化词语综合研究［D］．哈尔滨：哈尔滨师范大学，2015．

［4］李杨．纵观翻译等值：卡特福德、奈达比较研究［J］．天津商务职业学院学报，2014（1）．

［5］穆雷．翻译的语言学理论［M］．北京：旅游教育出版社，1991．

［6］张高翔．对外汉语教学中的文化词语［J］．云南师范大学学报，2003

(3).

[7] วัลยา วิวัฒน์ศร. *การแปลวรรณกรรม.พิมพ์ครั้งที่ 2* [M]. กรุงเทพฯ: โครงการเผยแพร่ผลงานวิชาการ คณะอักษรศาสตร์จุฬาลงกรณ์มหาวิทยาลัย, 2547.